FUNDAMENTOS DO ENSINO DE PORTUGUÊS COMO LÍNGUA ESTRANGEIRA

ORG. LUIS GONÇALVES

Copyright © 2016 Boavista Press
All rights reserved.
ISBN-13: 978-0996051149
ISBN-10: 0996051147
Roosevelt, NJ.

Índice

Introdução   5
Luis Gonçalves

Capítulo 1 - Os alunos e os professores

1.1 Português e as línguas estrangeiras: ensino e aprendizagem nos Estados Unidos da América   13
Celia R. P. Bianconi

1.2 É crescente a busca por aulas e professores de português na América Central. Quem são os alunos? Porque aprendem português? Quem são os instrutores? Que expectativas têm uns dos outros?   35
Marilia Gazola Pessoa Barros

1.3 A relação aprendiz-professor/professor-aprendiz e seus reflexos no ensino de português como língua estrangeira   41
Karine Dourado

Capítulo 2 - Metodologias e abordagens em PLE

2.1 Métodos De Ensino De Língua Estrangeira: Contextos Históricos e Aplicabilidade   51
Francisca Paula Soares Maia
Shirlene Benfica

2.2 O impacto da heterogeneidade linguístico-cultural em turmas de PLE: percepções de professores e aprendentes   61
Edirnelis Moraes dos Santos
José Carlos Chaves da Cunha

Capítulo 3 – Atividades e manejo da aula

3.1 Planificar uma aula: o que é um plano de aula? O que é um plano completo?   79
Giliard Dutra Brandão

3.2 Tarefa Comunicativa em Sala de Aula de Português como Língua Estrangeira   91
Eliete Sampaio Farneda
Miriam Kurcbaum Futer

3.3 Como desenvolver unidades pedagógicas comunicativas completas com principal, pré e pós-atividade, usando documentos reais 109
Marilia Gazola Pessoa Barros

3.4 Como elaborar sequências didáticas utilizando textos multimodais autênticos em aula comunicativa: o antes, o durante e o depois. 121
Ana Katy Lazare Gabriel
Milton Gabriel Junior

3.5 Histórias de vida e de letramento: um espaço de interlocução sobre a descoberta da escrita 135
Ana Célia Clementino Moura
Maria Erotildes Moreira e Silva

3.6 O uso de feedback corretivo: A percepção do aprendiz de português como língua estrangeira 151
Viviane Gontijo
Cristiane Soares

3.7 A avaliação como sinonímia e reflexão 177
Afrânio da Silva Garcia

Capítulo 4 - A utilização de documentos reais

4.1 Ensinar e aprender PLE com a imprensa escrita: algumas propostas 187
Rosa Bizarro

4.2 Aulas de redação em PLE: dois títulos e alguns questionamentos 209
Eloisa Moura

4.3 A literatura brasileira como instrumento motivador no processo de ensino/aprendizagem 219
Adriana Domenico
Roberta Rodrigues da Silva

4.4 A aplicação de técnicas de teatro no ensino de PLE 237
Denise Maria Osborne

4.5 Lendas indígenas: gênero do discurso e ensino integrado de língua e cultura na aula de PLE 263
Sulamita Bomfim Almendra
Filipe Pereira de Jesus Flores
Jancleide Teixeira Góes

4.6 S´tora ou Senhora Doutora: da questão do ensino das formas de tratamento em PLE 279
Isabel Roboredo Seara
Isabelle Simões Marques

Capítulo 5 - A gramática

5.1 Do "foco nas formas" ao "foco na forma": contributos para o ensino/aprendizagem do Português L2 em Cabo Verde *Jorge Pinto*	311
5.2 As gramáticas e suas aplicações no ensino de Português *Lilia Llanto Chávez*	331
5.3 O ensino de gramática para aprendizes de português como língua de herança *Gláucia V. Silva*	345
5.4 Gramática é língua, mas língua não é só gramática: o que ensinar nos contextos de ensino-aprendizagem de PLE? *Milena Fernandes da Rocha*	361

Capítulo 6 – Tecnologia na aula de PLE

6.1 As Tecnologias de Informação e Comunicação, TIC no ensino de PLE *Luiza Carravetta*	377
6.2 Uso da Mídia em aula de PLE: à procura de sentido para a exploração de vídeos publicitários *Ana Clotilde Thomé Williams*	393
6.3 Ensino de PLE e as novas tecnologias: o uso dos blogues *Davi Borges de Albuquerque* *Aurelie Marie Franco Nascimento*	415
6.4 Estratégias de sempre, tarefas de agora: Construção de conhecimento em chat didático de PLE *Ida Maria Rebelo Arnold*	427
6.5 Oralidade e novas tecnologias: uma experiência na aula de PLE *Adriana Cabrera Garcia*	441
6.6 Preparatório para o Celp-Bras: ensino de PLE totalmente à distância *Ana Luíza Gabatteli*	447

Capítulo 7 - Estudos de caso

7.1 O ensino de português como língua estrangeira no contexto universitário: uma análise da formação do professor de PLE na UFMG *Simone Garofalo* *Monique Longordo* *Mônica Brum* *Cíntia Antão*	461

7.2 Ações e reflexões no ensino de Português como Língua   481
Estrangeira no interior do Estado de São Paulo: focalizando
a cultura
Nildicéia Aparecida Rocha
Heloísa Bacchi Zanchetta

Introdução

O ensino de línguas estrangeiras está em constante movimento. Quanto mais conhecemos o sistema cognitivo humano, mais somos levados a renegociar metodologias e abordagens, numa busca constante pela eficácia e eficiência das nossas práticas pedagógicas. **Fundamentos do ensino de português como língua estrangeira** oferece um diálogo com o trabalho de vários autores com experiências diversas, em países diferentes, e que ensinam português com acesso a mais ou menos recursos, conforme o seu contexto de trabalho. O livro apresenta aspetos essenciais em termos de metodologias e abordagens teóricas do ensino comunicativo, enfatizando os aspetos mais importantes. Oferece muitos exemplos de como colocar essas teorias em prática na sala de aula, para que os leitores/instrutores possam escolher como integrar essas ideias nas suas atividades, de acordo com as suas crenças sobre o ensino de português como língua estrangeira.

Este livro apresenta questões fundamentais do planejamento de aulas e de cursos, e mostra alguns aspetos que, se o instrutor tiver em conta desde o início de elaboração do seu trabalho, vão facilitar o ensino, aumentar o impacto das aulas e abrir o caminho na direção dos objetivos a que tanto aluno quanto instrutor se propuseram no início do processo. Mostra também como criar sequências didáticas baseadas em documentos reais, e oferece várias sequências já preparadas e utilizadas por colegas experientes, que podem servir de modelo para que o instrutor desenvolva o seu próprio material, com documentos reais que respondam às necessidades dos seus alunos. **Fundamentos do ensino de português como língua estrangeira** discute ainda o lugar da gramática nestas sequências pedagógicas; qual gramática ou gramáticas são pertinentes para o aluno de português como língua estrangeira, e problematiza ainda como o conhecimento explícito de gramática não produz um conhecimento implícito da língua. No entanto, não esquece que a competência gramatical é uma das componentes da competência comunicativa e, por isso, argumenta o quanto as necessidades do aluno devem ser o princípio orientador do ensino da gramática.

No século XXI, as novas tecnologias da informação e comunicação já demonstraram ser uma mais valia para o ensino e aprendizagem de línguas estrangeiras e o instrutor de português como língua estrangeira tem que estar preparado para integrar estas novas tecnologias nas práticas pedagógicas da sua sala de aula. **Fundamentos do ensino de português como língua estrangeira** contém vários exemplos de como integrar na sala de aula atividades baseadas em suportes tecnológicos (como tecnologias móveis, redes sociais, e multimídia) e mostra como colocar a pedagogia no centro do processo de ensino e aprendizagem, com os conteúdos e atividades organizados à volta de áreas de aprendizagem da língua, como a pronúncia, o vocabulário, a gramática, ou as funções comunicativas.

O **"Capítulo 1 - Os alunos e os professores"** explora o aumento da procura de cursos de português um pouco por todo o mundo. Usando o exemplo do que vem acontecendo nos Estados Unidos da América (EUA) e na América Central, e em particular na Costa Rica. Apresenta um historial do ensino de línguas ,estrangeiras e do português nos EUA e examina quem são os alunos que estão por detrás desta procura pelo português, quais os seus interesses e o que os motiva a aprender a língua. Também procura quem são os professores que dão essas aulas e qual a sua formação. Finalmente, analisa as expectativas que tanto professores como alunos têm uns dos outros. Neste capítulo, estas questões guiam uma reflexão sobre os papeis do aluno e do instrutor no processo de ensino e aprendizagem de português. Mostra a importância de um instrutor ponderar sobre esses papeis, visto que eles são determinantes no êxito do processo de ensino e aprendizagem por afetarem todas as escolhas, desde a metodologia e estratégias de ensino, ao material pedagógico e tipos de avaliação.

Em seguida, o **"Capítulo 2 - Metodologias e abordagens em PLE"** traça o percurso feito pelas metodologias e abordagens de ensino e aprendizagem de línguas estrangeiras ao longo do século XX, atentando a que os avanços teóricos se construíram sobre o conhecimento produzido até então, e evitando o equívoco frequente de que cada passo implicou o repúdio de tudo o que era feito anteriormente. Depois de descrever as opções disponíveis, e tendo como exemplo o trabalho desenvolvido na Universidade Federal do Pará, este capítulo explora ainda o impacto da diversidade linguística e cultural dos alunos e instrutores nas escolhas metodológicas e de materiais didáticos feitas pelo instrutor.

Já o **"Capítulo 3 – Atividades e manejo da aula"** discute aspectos do planejamento, necessariamente desenvolvido pelos instrutores, que tenha em consideração a comunicação, os relacionamentos e o próprio espaço físico disponível, fundamentais para alcançar os objetivos pedagógicos da aula e do curso. O capítulo descreve ainda como a produção dos alunos e os recursos didáticos motivadores e comunicativos devem ser centrais no planejamento do instrutor, para a construção de um ambiente de aprendizagem criativo e independente. Para isso, é fundamental que o instrutor saiba planejar unidades pedagógicas comunicativas completas (com pré-atividade, atividade-principal, pós-atividade e expansão) usando documentos reais. Este capítulo inclui exemplos de unidades pedagógicas, que podem servir de modelo, que promovem a utilização da língua como veículo para o conhecimento multidisciplinar, e que desenvolvem as habilidades de leitura e escrita, e de compreensão e produção oral. Segue uma reflexão sobre cada uma das etapas de elaboração de uma sequência didática, utilizando textos multimodais, visando a ressaltar as possibilidades a serem exploradas no ensino de português como língua estrangeira através de textos autênticos. Por fim, termina com a questão dos tipos de avaliação disponíveis, o que cada um implica, em particular no que diz respeito a questões de ansiedade, e como aproximar o momento de avaliação à realidade.

Na sequência, o **"Capítulo 4 - A utilização de documentos reais"** apresenta como trazer a realidade dos falantes de língua portuguesa para dentro da sala de aula, recorrendo a todo o tipo de documentos do cotidiano dessas pessoas, feitos por e para falantes da língua portuguesa, e que permitam aos alunos comunicar para agir socialmente, mobilizando as competências e os recursos próprios a cada ato de comunicar intercultural. Em termos de comunicação escrita vemos, através da produção textual de aluno de português na Nigéria, os saberes do mundo real mobilizados na produção textual. O capítulo apresenta ainda uma série de exemplos concretos de como utilizar documentos e técnicas que colocam o aluno no centro da aprendizagem. Primeiro, uma experiência de ensino no Peru apresenta, através de atividades concretas, como a literatura pode servir para aprofundar o conhecimento intercultural utilizado no entendimento do outro. Segundo, explica detalhadamente como as técnicas de teatro e a aula de língua estrangeira partilham certas dimensões linguísticas que podem ser aplicadas com sucesso no ensino de português como língua estrangeira. Terceiro, propõe a utilização de lendas indígenas, para exemplificar uma sequência didática construída com o princípio do ensino integrado de língua e cultura, na busca de um conhecimento intercultural preciso, significativo e adequado. E finalmente, apresenta as formas de tratamento e de cortesia, que existem para o português europeu, com realce para usos do quotidiano, e propõe duas unidades didáticas para o ensino desse tema.

Relacionado ao capítulo anterior, o **"Capítulo 5 - A gramática"** usa o exemplo de um trabalho desenvolvido em Cabo Verde, e faz uma revisão do papel da gramática no ensino das línguas na segunda metade do século XX, focando nos princípios fundamentais de cada proposta de ensino e nas suas vantagens e desvantagens no sucesso para o processo de ensino e aprendizagem de português como língua estrangeira. Discute ainda o lugar da gramática na aula de português como língua estrangeira, mas não só, discute também qual gramática, a sua natureza, e que aspetos estruturais e funcionais devem ser usados no ensino. Neste capítulo, usamos as particularidades do aluno de português como língua de herança para ilustrar o quanto a aprendizagem de estruturas gramaticais tem que estar sempre subordinada ao princípio das características e necessidades próprias e peculiares do aluno. Finalmente, o capítulo termina analisando a limitação de reduzir o estudo da língua ao estudo estrutural da gramática, apresentando pressupostos e implicações para o ensino de línguas estrangeiras.

O **"Capítulo 6 – Tecnologia na aula de PLE"** explora as possibilidades criadas pelas novas tecnologias da informação e comunicação e aponta atividades concretas que podem ser utilizadas com sucesso nas aulas de português como língua estrangeira. O capítulo começa por explorar a evolução das novas tecnologias de informação e comunicação e as suas implicações para as práticas pedagógicas, para a organização do conteúdo (com uma lista de exemplos práticos), e para os elos de ligação entre o conteúdo, os objetivos propostos e os meios disponíveis. O capítulo explora ainda utilizações específicas que as novas tecnologias nos disponibilizam. Primeiro, foca na exploração de vídeos publicitários como veículo para um diálogo entre a língua e cultura nativas e a língua e cultura alvo, com o foco no desenvolvimento da competência comunicativa e intercultural do aluno de português como língua estrangeira. Segundo, propõe diversas maneiras de uso do blogue na produção textual na aula de português como língua estrangeira, e que podem ser alargadas à produção textual nas redes sociais e outras novas tecnologias. Terceiro, apresenta uma proposta didática de utilização do chat na aula, para interagir com falantes nativos e, em colaboração, desenvolver competências linguísticas. Quarto, propõe a utilização de aparelhos móveis para desenvolver a produção oral na interação espontânea. O projeto descrito mostra como a revolução digital agora permite praticar a linguagem e promover a aquisição de vocabulário, além de permitir a autoavaliação dos alunos. Finalmente, o capítulo termina com a apresentação de um curso totalmente à distância voltado para a preparação de alunos interessados em fazer o exame Celpe-Bras.

Por fim, o último capítulo **"Capítulo 7 - Estudos de caso"** fecha este livro com duas reflexões: uma, sobre a formação do professor de português como língua estrangeira no contexto universitário, utilizando a experiência da Universidade Federal de Minas Gerais; e outra, sobre o ensino nas aulas de português para estrangeiros intercambistas desenvolvido na Universidade Estadual Paulista de Araraquara, e a sua relação com a internacionalização das universidades brasileiras.

Muito obrigado pelo seu interesse em **Fundamentos do ensino de português como língua estrangeira**. Esperamos que ajude outros instrutores a entender o quanto, tanto alunos quanto instrutores, trazem para a sala de aula em termos de expetativas e práticas que acreditam ser propícias para a aprendizagem de português, e que isso os ajude a fazer as escolhas mais adequadas para os públicos que forem encontrando. O livro procura não só esclarecer as premissas por trás dos métodos e suas semelhanças e diferenças, mas também ajudar os instrutores a explorar suas próprias crenças e práticas no ensino de línguas. Mostra ainda como o ensino das línguas estrangeiras tem progredido para metodologias cada vez mais inclusivas da diversidade na sala de aula, e que hoje se coloca o aluno no centro do processo de ensino e aprendizagem. A atividade dos instrutores de português como língua estrangeira é feita com grande entrega, com reflexão profunda e é uma fonte de pesquisa inesgotável. O nosso objetivo é que as contribuições dos colegas, que escreveram os vários capítulos, guiem outros instrutores na tomada de decisões pedagógicas eficazes e socioculturalmente adequadas na sua própria atividade. **Fundamentos do ensino de português como língua estrangeira** mostra que neste mundo globalizado é cada vez mais necessário formar sujeitos inseridos e capazes de lançar pontes de comunicação entre indivíduos ou grupos de diferentes origens linguísticas e culturais. Boa leitura.

Luis Gonçalves

Capítulo 1
Os alunos e os professores

1.1 Português e as línguas estrangeiras: ensino e aprendizagem nos Estados Unidos da América
Celia R. P. Bianconi

O ensino de línguas estrangeiras nos Estados Unidos da América (EUA) teve início durante a colonização inglesa e os ingleses implementaram seu estilo de ensinar e suas crenças religiosas na colônia (Childers, 1964). Durante o período colonial, várias línguas além do inglês e das línguas indígenas eram faladas nos EUA. Segundo Watzke (2003), por volta de 1608, o francês e o espanhol não só eram amplamente falados como formalmente e informalmente ensinados por missionários nas colônias do norte do país, da Florida e da Califórnia. No entanto, o alemão era a língua predominante nas colônias em Delaware, Pennsylvania, New York e New Jersey (Ricento & Burnaby, 1998; Schmid, 2001).

Língua e religião tiveram um papel importante na formação da educação norte- americana. Por exemplo, os puritanos[1] acreditavam que a educação e o uso de linguagem apropriada eram cruciais para o entendimento da bíblia e dos sermões. Durante este período, o currículo escolar da educação de rapazes, os quais seguiam carreira em teologia, medicina e direito, adequava-se aos moldes tradicionais europeus (Childers, 1964). Na verdade, o sistema educacional durante o período seguia a tradição do utilitarismo, servindo como ferramenta para que grupos diversos criassem uma nova sociedade. (Perkinson, 1968).

De acordo com Pentlin (1984), os pais fundadores dos Estados Unidos da America acreditavam na importância da língua inglesa na educação das crianças norte- americanas. Nas escolas, as línguas clássicas como o latim e o grego eram requisitos obrigatórios para quem quisesse passar nos exames de admissão das universidades (Childers, 1964). No entanto, as línguas modernas[2] como o espanhol, o francês, e o alemão eram ensinadas nas escolas primárias com propósito profissionalizante. Desde o período da Renascença até grande parte do século XX, o latim foi considerado uma

---

[1] "Puritanos" era o nome dado no século XVI para os protestantes mais radicais dentro da igreja da Inglaterra, que pensavam que as reformas das doutrinas e estrutura da igreja inglesa não tinha ido

[2] "Línguas modernas surgiram em torno do Estado moderno europeu, e seu projeto colonizador. Elas são 'modernas' não simplesmente porque se opõem às línguas 'antigas', como o latim e o grego, mas também porque se opõem às línguas 'pré-modernas' dos colonizadores ou daqueles que estão fora do sistema colonial europeu. Assim, o francês, o alemão e o espanhol são ensinados como línguas modernas, enquanto Welsh, Quechua, Swahili, ou mandarim chinês não são. "Retirado e traduzido do site:
http://faculty.arts.ubc.ca/jbmurray/research/modlang.htm

língua universal e oficial da igreja, do estado e do direito (Childers, 1964; Kachru, 1992). O latim era ensinado em cursos de ensino médio nas escolas de gramática latina, porque essas escolas preparavam meninos por um período de sete a nove anos para estudar na Universidade de Harvard e outras faculdades (Inglis como citado em Watzke, 2003). As distinções entre o ensino de língua moderna, para fins de formação profissional no ensino fundamental, e do latim no ensino superior continuaram a existir até o secúlo XIX (Watzke, 2003).

A história do ensino de língua estrangeira nos EUA mostra que o alemão era a língua "não inglesa" mais falada durante a época colonial na América do Norte. A maioria das comunidades alemãs tinham suas próprias escolas onde os livros e o ensino eram apenas em alemão (Gaustad, 2006). O domínio da língua alemã, especialmente na Pensilvânia, provocou certa preocupação entre os governantes do país, principalmente porque o inglês não tinha ainda o status de língua oficial dos Estados Unidos[3] Benjamin Franklin apoiou a ideia de que, em vez de fazer os alemães aprenderem a falar Inglês, os americanos deveriam aprender a falar alemão (Schmid, 2001; Lemay, 2006). Essa atitude aparenta favorecer a língua alemã, mas Schmid (2001) explica que, num primeiro momento, Franklin sentiu que a língua alemã era de fato uma ameaça à nação, no sentido de que poderia muito bem tornar-se mais importante do que o inglês. Mais tarde, quando esta ameaça foi reduzida, Franklin eventualmente apoiou o ensino do alemão no ensino superior.

Os próprios pais fundadores dos EUA falavam muitas línguas e entendiam a importância do aprendizado de outros idiomas na formação de um cidadão bem-educado e na manutenção de relações diplomáticas com a Europa. Por exemplo, Franklin podia falar italiano e espanhol e o próprio Thomas Jefferson estudou francês, latim, grego e espanhol. No entanto, de acordo com Schmid (2001), Jefferson tinha receio de que os imigrantes não seriam capazes de assimilar o idioma e a cultura americana, transmitindo sua própria língua e costumes estrangeiros aos seus filhos nascidos nos EUA. A preocupação de Thomas Jefferson e de outros pais fundadores pode ser ilustrada pela famosa frase de John Adams citada em Schmid (2001) "eles devem abandonar seu ranço europeu" (p. 16).

Por outro lado, diferentes línguas faziam parte da vida cotidiana norte-americana devido aos diversos grupos étnicos, os quais caracterizaram a América do Norte. Embora o pluralismo cultural do povo americano tivesse permanecido inalterado, o idioma inglês tornou-se claramente a língua dominante. Laurence Fuchs (citado em Parillo, 2009) aponta que, em 1775,

---

[3] O inglês eventualmente não conquistou o status de língua oficial nos EUA. Houve forte defesa e ação em favor do Inglês como língua oficial nos EUA. Em 1923, uma proposta de declarar "americano" a língua oficial não foi levada a sério no Congresso, mas ganhou a simpatia do estado de Illinois, que hoje tem o Inglês como o idioma oficial do Estado (Crawford, 1992).

uma época marcada pela Revolução Americana, a maioria dos filhos e netos de imigrantes que falavam holandês, francês e sueco já estavam falando o inglês, bem como naturalmente os filhos e netos de colonos britânicos. Além disso, já em 1735, anúncios oferecendo aulas particulares de francês, espanhol e português eram publicados em grande número ao redor de Nova Iorque (Leavitt, 1961). Isso atesta o fato de que havia uma demanda para o ensino de línguas estrangeiras, apesar de não estar disponível para todos. Em termos da educação de ensino fundamental, a ênfase era dada ao ensino do idioma inglês. Childers (1964) explica que, antes do século XIX, o conhecimento de uma língua estrangeira era parte de uma educação privilegiada e um sinal de status, além de ser fundamental na preparação dos alunos para a continuação dos estudos. Childers também observa que, antes de 1775, francês, alemão e espanhol eram consideradas línguas modernas, tradicionais no sistema educacional dos EUA, devido em parte à iniciativa das escolas privadas que contratavam missionários franceses para ensinar a língua e a cultura francesa. Ao mesmo tempo, ricos colonos ingleses, especialmente no sul do país e na Nova Inglaterra, contratavam governantas francesas e alemãs para educar seus filhos (Childers, 1964, p.5).

Tendo em conta que a língua inglesa foi usada como uma ferramenta importante para moldar a identidade da América, a aprendizagem de outras línguas serviu como uma forma de diferenciar o sistema educacional americano dos privilegiados. O estudo de latim fazia parte dos estudos clássicos e era também um privilégio da elite. Falar outro idioma, em geral, ganhou status após a Revolução Americana. Por exemplo, durante a guerra os militares franceses deram apoio aos colonos americanos em sua revolta contra a Inglaterra, e, consequentemente, a língua francesa se tornou a língua moderna mais popular ensinada nas escolas privadas (Childers, 1964). Faculdades e universidades com fortes laços com o sistema educacional europeu começaram a ter uma atitude mais positiva em relação ao ensino de línguas estrangeiras modernas.

Línguas Modernas no Ensino Superior

A educação superior norte-americana seguia os moldes educacionais da Europa Continental e da Grã-Bretanha, baseando-se principalmente na estrutura de instrução das Universidades de Cambridge e Oxford, na Inglaterra. O objetivo era fornecer uma educação clássica. Enquanto o estudo das línguas clássicas como o latim e o grego começou a declinar em decorrência do mundo ter se tornado mais pragmático no século XVIII, as línguas estrangeiras modernas começaram a ganhar o seu espaço no ensino superior em meados desse século. Inicialmente, as línguas modernas foram oferecidas esporadicamente como cursos optativos em faculdades nos EUA (Leavitt, 1961; Childers, 1964). Por exemplo, como ilustrado por Childers (1964), a Universidade de Harvard começou a ensinar francês em 1735 com um único professor e adicionou outro em 1766. Em 1830, outras universidades já haviam adicionado o francês ao seu currículo, como William and Mary, Columbia, Williams, Princeton, e Universidade da Virgínia. Em 1870, com a mudança do sistema de currículo mandatório para o sistema eletivo, Harvard incluiu permanentemente o ensino do francês no seu currículo. Nessa época, outras instituições de ensino superior, como Amherst College e a Universidade de Yale já haviam adicionado o estudo do francês oficialmente ao seu currículo.

O estudo do espanhol também ganhou impulso no ensino superior na segunda metade do século XVIII (Leeman, 2007), mas teve menos importância do que o francês e o alemão, que eram cursos obrigatórios na graduação em muitas faculdades (Leeman, 2007). O interesse em espanhol foi crescendo lentamente, e em 1915 foi criada a American Association of Teachers of Spanish (AATS), para melhorar o ensino do espanhol nos EUA. Os cursos de espanhol só começaram a ter um número significativo de matrículas por volta de 1940, quando os alunos puderam , eventualmente, escolhê-lo como disciplina principal da sua concentração de estudos de graduação (Childers, 1964).

O ensino da língua italiana nos EUA seguiu um caminho diferente. A falta de instrução em italiano em escolas norte-americanas pode ser atribuída aos números significativamente menores de imigrantes italianos até a última parte do século XIX. Naquela época, francês, alemão, latim e espanhol já estavam estabelecidos como línguas estrangeiras tradicionais nas escolas (Marraro, 1944; Childers, 1964). O italiano já havia sido oferecido no ensino superior em 1779 na William e Mary College, devido aos esforços de Thomas Jefferson na criação de um departamento de Línguas Modernas. Mais tarde, em 1825, outras instituições como a Universidade de Harvard e a Universidade da Virginia adicionaram o italiano, e posteriormente em 1826 a Universidade de Columbia, e em 1830 a Universidade de Princeton também passaram a oferecer o italiano (Childers, 1964).

Em relação ao Português, particularmente relevante nesse estudo é o fato de que as aulas de língua portuguesa já existiam desde 1658, quando um grupo de judeus holandeses que havia se estabelecido no Brasil viajou para Nova York e fundou a Congregação Shearith Israel, onde espanhol, português e hebraico foram ensinados até meados do século XVIII. Em 1720, um padre francês chamado Peter Abad foi o primeiro a ensinar português no ensino superior em Baltimore (Tesser, 2005). No final do século XIX, cursos de língua portuguesa começaram a ser ministrados nas universidades de Harvard, Virgínia e Columbia. Em 1919, um estudioso chamado Brenner publicou um artigo na revista Hispania elogiando o idioma português e sua relevância para as relações comerciais e de outras naturezas entre Brasil e Estados Unidos (Brenner, 1919). Em 1944, português foi explicitamente incluído no nome da Associação de Professores de Espanhol e Português, uma organização fundada em 1917 e inicialmente chamada de Associação de Professores de Espanhol. A partir desse momento, estudiosos e universidades iniciaram os estudos do português europeu em conexão com os dialetos das colônias africanas e do Brasil. É relevante ressaltar que, naquela época, as universidades e os acadêmicos dividiam-se quanto à preferência por dialetos e variedades européias ou brasileiras, debatendo se deveriam concentrar-se na variação linguística lusitana ou colonial (Tesser, 2005).

De acordo com os fatos discutidos acima, é possível afirmar que a inclusão de línguas estrangeiras no sistema educacional dos EUA não aconteceu sem oposição e resistência, e que o estudo de línguas estrangeiras tem uma longa história de luta para adquirir seu status no ensino superior. O inglês sempre foi parte do sistema americano de educação superior, mas não teve o mesmo papel que as línguas clássicas e modernas, ministradas tanto para reforçar o status de uma "pessoa bem educada" na sociedade como pelo seu papel na diplomacia exterior. Em comparação, o inglês foi ensinado por razões políticas, e, finalmente, para fazer valer o domínio dos colonos britânicos e fazer do inglês a língua nacional dos EUA. Além do mais, o ensino do idioma anglófono tinha o propósito de angariar apoio político dos imigrantes que falavam outras línguas. A presença de imigrantes criou um dilema político, o qual Schmid (2001) chamou de "conflito neste assunto delicado" (p.16). O objetivo dos governadores era fazer os imigrantes se adaptarem ao novo país e, eventualmente, se esquecerem de onde vieram.

Atingir este objetivo não foi uma tarefa fácil. Um número grande de alemães, por exemplo, mostrou resistência para falar o idioma inglês, e foram forçados a se mudar para uma área predeterminada, na Pensilvânia, a fim de limitar a propagação do alemão entre falantes de inglês. Além disso, acreditava-se que os alemães não eram capazes de falar inglês (Schmid, 2001). Durante a presidência de Jefferson (1801-1809), o estado de Louisiana era povoado por imigrantes de língua francesa[4]. Embora o inglês fosse falado, nunca foi imposto ou forçado, mas o território foi estrategicamente povoado por muitos americanos que falavam inglês, o que de acordo com Baron (como citado em Schmid, 2001) foi concebido expressamente para "evitar que o território mantivesse a língua francesa" (p 16.). O idioma inglês não foi explicitamente imposto, mas a sua presença foi cuidadosamente planejada para evitar que os imigrantes não falantes de inglês falassem sua própria língua (Schmid, 2001).

Em um esforço para tornar o inglês um idioma dominante e significativo nos EUA, John Adams sugeriu que a língua deveria ser padronizada, e visualizou a necessidade de uma futura academia de língua inglesa, a fim de manter e

---

[4] O estado de Louisiana foi comprado da França pelos Estados Unidos durante a presidência de Jefferson.

fortalecer o inglês e o ponto de vista político americano de "Liberdade, Prosperidade e Glória". Segundo Schmid (2001), em 1780, "John Adams previu que o inglês ocuparia um papel dominante entre as línguas do mundo" (p.18). Em 1790, três quartos da população branca dos EUA era composta originalmente por falantes de inglês das Ilhas Britânicas (Parillo, 2009). À medida que os anos foram passando, o inglês tornou-se dominante nos EUA, e agora é um dos principais idiomas do mundo. Nos EUA hoje, o inglês é tratado como a língua da maioria e é considerado essencial para a mobilidade social e ascensão econômica, proporcionando o acesso à "cultura dominante" (Schmidt apud Ricento, 2006, p 8.).

Idiomas Estrangeiros e Guerra
Durante os tempos de guerra, o governo dos EUA e as instituições especializadas em negócios no exterior forneceram incentivos para a aprendizagem de línguas estrangeiras (LE). Novos métodos de ensino de LE foram criados e implementados em treinamento militar. Em 1941, durante a II Guerra Mundial, um programa da American Council of Learning Society (ACLS), financiado por uma bolsa da fundação Rockefeller, realizou treinamento de ensino de línguas aos especialistas americanos e apoiou os estudos de idiomas voltados para o treinamento militar. Além disso, forneceu fundos para o desenvolvimento de programas de línguas no Exército, assim como fundos para traduções, estudos de gramática, dicionários e bibliografias.
Ainda em 1941, o American Council of Learned Societies (ACLS) criou uma parceria com a Linguistic Society of America (LSA) para criação de um programa intensivo de idioma (ILP). Posteriormente, quando os Estados Unidos entraram na guerra em dezembro de 1941, o ILP fundiu-se com o Programa de Formação Especializada do Exército (FAE), que encomendou a elaboração de materiais e a criação de cursos intensivos em várias línguas que foram consideradas estrategicamente importantes como russo, alemão, holandês, espanhol, italiano, japonês, chinês (mandarim e/ou cantonês), tailandês e birmanês. Esse evento marcou o início de um longo período de colaboração entre as Forças Armadas e linguistas americanos (Seuren, 1998).
Em 1942, o Exército dos EUA criou o Programa de Formação Especializada do Exército (FAE) para atender as demandas de guerra por cientistas, engenheiros e linguistas. Além disso, o programa subsidiava universidades no treinamento de tradutores e intérpretes para atender as necessidades da guerra. De acordo com Byram (2008), o ensino e aprendizagem de línguas estrangeiras estão intimamente ligados à segurança nacional. Portanto, existe uma necessidade de programas estratégicos de ensino de línguas estrangeiras com apoio governamental.
Na década de 1930, os EUA procuraram melhorar sua relação com os países latino- americanos através de um esforço conhecido como a "política da boa

vizinhança". A política da boa vizinhança foi criada pelo Presidente F. D. Roosevelt no começo dos anos 1930, no período chamado pré-Segunda Guerra Mundial. Este foi o início de um intercâmbio acadêmico e profissional mais ativo, o que promoveu incentivos para o ensino e aprendizagem de espanhol e português na América. De acordo com Ornstein (1950), o ensino da língua portuguesa teve um crescimento extraordinário com a implementação da política da boa vizinhança.

Em termos da língua portuguesa, o aumento do interesse pela língua e pela cultura brasileira foi o resultado de uma publicidade planejada, dedicada a apresentar o Brasil para os americanos. Durante esse tempo, Nelson Rockefeller, o chefe do Escritório de Coordenação de Assuntos Interamericanos, foi responsável pela divulgação da imagem positiva dos países latino-americanos, especialmente o Brasil, nos EUA. O programa também foi criado para certificar a imagem dos EUA como um bom amigo perante o Brasil, usando o rádio como meio de comunicação de massa (Tota, 2009). Em 1939, durante a Feira Mundial de Nova Iorque, o Brasil teve uma presença marcante, com um pavilhão projetado pelos arquitetos Lúcio Costa e Oscar Niemeyer. De acordo com Tota (2009), durante a década de 1930 e início dos anos 1940, o Brasil e a América do Norte trocaram influências culturais, utilizando discursos transmitidos pelo rádio, fortalecendo a sua cooperação e transmitindo música brasileira nos EUA, e música norte-americana no Brasil. Ao mesmo tempo, os americanos foram apresentados para Carmen Miranda, que logo se tornou um ícone que por muitos anos carregou o estereótipo de uma imagem brasileira nos EUA (Tota, 2009).

Todos esses eventos fizeram com que os americanos tomassem consciência do valor da música brasileira, da arte, da literatura, dos bens de consumo e do idioma Português. Segundo Ornstein (1950), esses eventos colaboraram essencialmente para o crescimento do ensino do português e para o crescimento das matrículas em cursos de língua portuguesa naquela época. Vale ressaltar que o Brasil sediou, pela primeira vez, a Copa do Mundo de Futebol (FIFA) de 1950. A seleção nacional de futebol dos EUA foi classificada e competiu na copa. Naquela época, isso foi uma fonte adicional de atenção dada ao Brasil nos EUA.

Na década de 1950, a União Soviética lançou o Sputnik, o primeiro satélite em órbita da Terra. Esse foi outro evento que influenciou o ensino e aprendizagem de LE na América do Norte durante o período da Guerra Fria. Em seguida, foi aprovada a Lei de Defesa Nacional da Educação (DEN, 1958) pelo Congresso dos EUA para melhorar o ensino de matemática, ciências e línguas estrangeiras nas escolas públicas (Roby, 2003). Com a aprovação da lei, Scarfo (1998) sugere que "o Congresso reconheceu que a defesa e segurança do país eram inseparavelmente ligados à educação" (p.23). Durante esse tempo, laboratórios de línguas floresceram nas escolas e universidades, todos financiados pelo governo (Roby, 2003). De acordo com a Modern Language Association (2007) "...(a) agenda de defesa nacional e segurança surge em momentos de crise", o que tende a estabelecer metas e regulamentação para o ensino de línguas no ensino superior.

Várias décadas mais tarde, o fim da Guerra Fria, no final dos anos 1980 e, mais recentemente, os trágicos atentados contra os EUA de 11 de setembro de 2001 chamaram a atenção para a necessidade de falantes de outros idiomas além do inglês. Em particular, uma demanda muito maior por falantes de língua árabe foi criada por esforços militares após os acontecimentos de 11 de setembro, e falantes de árabe atrairam a atenção nacional, principalmente por razões de segurança (Wesche de 2003, a Al-Batal, 2007).

A história norte-americana mostra que a política, a segurança e os interesses nacionais e internacionais influenciam e conectam o ensino e aprendizagem de línguas e a defesa nacional. Currículos universitários geralmente incluem dois ou três anos consecutivos de estudo de uma língua estrangeira como parte de seus cursos básicos. Atualmente, nos EUA, o estudo de línguas menos comumente ensinadas, como português, árabe e outras, é apoiado pelo governo, e o estudo de línguas estrangeiras é parte do ensino superior. Por exemplo, Startalk que é mais um novo componente do programa "National Security Language Initiative" (NSLI) inaugurado em 2006, é um programa de ensino de língua estrangeira e treinamento de professores nas línguas que são menos ensinadas nas escolas e universidades.

Outros Programas e Línguas Estrangeiras na Educação Superior
Título VI é um programa de incentivo do governo, através do Departamento de Educação dos EUA, criado em 1958 como parte da ampla lei de Defesa Nacional da Educação (DEN), que apoia o estudo da aprendizagem de línguas. Cerca de 200 línguas têm sido apoiadas com o financiamento do programas do Título VI. Scarfo (1998) explica: "Título VI do NDEA foi intitulado "Desenvolvimento da Linguagem" e foi composto de duas partes, Parte A, intitulado "Centros de pesquisas e estudos", e parte B, "Institutos de Idiomas". A parte A consistia em três programas: centros, bolsas de estudo e pesquisas e estudos acadêmicos. O principal objetivo da Parte B foi proporcionar a formação avançada de professores de línguas em escolas primárias e secundárias e especialistas em treinamento de professores." (pp. 23-25).

Em 1959, um relatório elaborado pelo American Council of Learned Societies (ACLS) forneceu a base para o Comissário de Educação designar seis idiomas como sendo críticos, tornando necessário dar ênfase aos seus estudos prioritariamente: árabe, chinês, japonês, hindi-urdu, português e russo. No primeiro ano do programa, contratos foram estabelecidos com vários centros de ensino de línguas. Bolsas foram fornecidas aos estudantes das seis línguas prioritárias e projetos de pesquisa foram financiados para encontrar métodos de ensino mais eficazes, bem como para desenvolvimento de materiais. Quanto a Parte B do Título VI, a formação avançada foi realizada através de institutos que ofereciam sessões de treinamento de curto ou longo prazo.

Igualmente importantes são os programas Fulbright, que levam o nome do senador J. William Fulbright do estado de Arkansas. Após a Segunda Guerra Mundial, eles foram iniciados para promover uma melhor comunicação entre as pessoas dos EUA e os povos de outros países. Além disso, o Congresso aprovou o Mutual Education and Cultural Exchange Act de 1961, também conhecido como Lei Fulbright-Hays. Enquanto os programas Fulbright originais abriram as portas para o desenvolvimento de intercâmbios internacionais em educação, cultura e ciência, a Lei Fulbright-Hays concentrava-se no ensino de línguas estrangeiras. Uma seção da lei falava exclusivamente do fortalecimento da educação no campo de línguas estrangeiras. Atualmente, os programas oferecem muitas oportunidades de intercâmbio internacional. O programa Fulbright-Hays fornece fundos para estudos avançados e pesquisa no exterior. Há oportunidades para estudos de campo, estudos de línguas e formação de professores por meio de pesquisas para dissertação de doutorado, projetos de grupo e seminários.

Além dos programas citados, o Departamento de Educação dos EUA oferece bolsa de estudos em Linguagem e Área de Estudos Estrangeiros (FLAS), que fornecem apoio financeiro às instituições de ensino superior para auxiliar os alunos de graduação e pós-graduação em línguas estrangeiras modernas. Este é sem dúvida um importante incentivo para estudos de língua estrangeira; no entanto, nem todas as línguas recebem o mesmo apoio financeiro. O governo americano pode priorizar fundos para certas línguas consideradas críticas, enquanto que outros idiomas recebem menos apoio.

O Programa de Colocação Avançada e a avaliação de línguas estrangeiras no século XX e XXI

O Programa de Colocação Avançada (AP) teve início em meados do século XX. Ele trouxe os cursos e avaliações de nível universitário para alunos do nível secundário. O programa foi criado para diminuir a distância entre o ensino secundário e o superior, com recursos do fundo para o avanço da educação da Fundação Ford. O fundo promoveu dois estudos que sugerem que as escolas secundárias e faculdades devem trabalhar juntas para motivar os alunos e ajudá-los a progredir num ritmo mais rápido. De acordo com um relatório do College Board, em 1960, os fundos alocados para atividades como a formação de professores resultaram em grande motivação e feedback positivo dos profissionais do ensino secundário. Nas décadas de 1970 e 1980, muitas escolas adotaram o programa AP e até hoje essa iniciativa continua a reforçar a meta de excelência em educação. O programa AP abrange, entre outras disciplinas, matemática, ciência, física, história e línguas estrangeiras.

O programa AP oferece testes de língua estrangeira para francês, alemão, espanhol, japonês, chinês (mandarim e / ou cantonês) e mais recentemente italiano. Mas, o italiano foi suspenso desde maio de 2009, devido ao baixo número de inscrições. O fato de que apenas algumas línguas estrangeiras são parte do programa AP lhes dá uma vantagem. Os alunos geralmente continuam a estudar estas línguas específicas, uma vez que entram na faculdade. Os alunos do ensino secundário que estão interessados em línguas estrangeiras que não fazem parte do programa AP podem temer o fato de estar em desvantagem ao escolher uma língua que não faz parte do programa AP, tornando-se mais inclinados a limitar suas escolhas ao escopo das línguas estrangeiras que são parte do programa AP.
Nos EUA, o programa AP não é a única ferramenta de avaliação disponível. O Conselho Americano para o Ensino de Língua Estrangeira (ACTFL) oferece testes escritos e exames de proficiência oral para certificar professores e qualquer pessoa que esteja interessada em até sessenta línguas alternativas. Para o Português, a ACTFL oferece duas opções: a entrevista de Proficiência Oral (OPI), e os testes simulados de proficiência oral (SOP). As avaliações da ACTFL estão disponíveis em onze idiomas, incluindo o Português, e foram criados por Stansfield e Kenyon do Centro de Linguística Aplicada (CAL), (Cowels, Oliveira & Wiedemann, 2006). A Associação Americana de Professores de Espanhol e Português (AATSP) também oferece o Exame Nacional de Português (NPE), que funciona como uma atividade extracurricular para motivar os alunos do ensino médio, mas não é uma colocação ou teste de proficiência. Cowels, Oliveira e Wiedemann (2006) fornecem uma longa lista de exames de proficiência para áreas específicas desenvolvidas pelo governo dos EUA e pela ACTFL para atender as necessidades das organizações e comunidades profissionais. Por exemplo, o teste de Redação Empresarial da ACTFL em Português (BWT) consiste em várias tarefas escritas. Ainda, algumas escolas e universidades buscam outras maneiras de testar a proficiência dos alunos em Português, além de usar os testes padronizados de colocação. Essas instituições permitem que os professores de português administrem testes para os alunos que querem ser colocados em cursos mais avançados ou ficar isentos dos requisitos de língua estrangeira. Isso difere de outras línguas, como espanhol, que tem testes de colocação online que são utilizados na maioria das universidades.
Uma outra alternativa é fornecida diretamente pelo governo brasileiro. CELP-Bras é o único certificado oficial do português brasileiro como língua estrangeira desenvolvido pelo Ministério da Educação (MEC) do Brasil. O teste é oferecido duas vezes por ano no Brasil, Estados Unidos, Chile, Alemanha, Japão e muitos outros países. O teste de proficiência CELP-Bras não é só para os alunos que querem ser colocados em níveis de curso superior ou estar dispensado de cursos de idiomas. Ele também serve como uma

ferramenta valiosa para profissionais que buscam empregos em empresas multinacionais localmente ou no exterior, como parte do mundo globalizado.

Língua e Globalização

A fim de descrever a globalização de uma forma simplificada, podemos dizer que globalização é a integração de várias nações, e, em teoria, todas as nações, em um único mercado econômico. No entanto, a globalização é muito mais complexa do que isso. Trata-se de mais do que o intercâmbio econômico, as empresas multinacionais, as redes e a elaboração de políticas governamentais (Held, McGrew, Goldbatt & Parraton de 2004, Held e McGrew, 2004). Mohammadi (1999) (citado em Dorney, Cszér & Németh, 2006) define globalização como "a maneira pela qual, sob condições contemporâneas, especialmente, as relações de poder e de comunicação são espalhadas em todo o mundo, envolvendo compressão de tempo e espaço e uma recomposição de uma relação social " (p. 6). O avanço da tecnologia acelera o processo de globalização, tornando possível para os indivíduos em diferentes países se comunicarem e negociarem independentemente de sua distância. Isso gera mais consciência, interesse e demanda para o ensino e aprendizagem de LE. De acordo com Block e Cameron (2002), as tecnologias da informática, tais como a vídeo- conferência, praticamente eliminaram as distâncias geográficas e facilitaram muitíssimo a comunicação global. Embora a distância física seja superada, as barreiras de línguas diferentes ainda permanecem, aumentando assim a necessidade do ensino e aprendizagem de línguas estrangeiras.

A globalização, portanto, também fornece importantes incentivos e exigências para a aprendizagem de línguas estrangeiras, e pode ser um fator importante para se explicar a evolução das matrículas em cursos de línguas no ensino superior nos EUA. Dependendo de sua importância geopolítica e econômica, algumas línguas tornam-se mais importantes do que outras (Dorney, Cszér & Németh, 2006). Há muita discussão sobre a importância de "mercados emergentes" no novo mundo globalizado. Esta categoria inclui países como Brasil, Rússia, China e Índia, chamados países "BRIC". De acordo com a Goldman Sachs, os países do BRIC tem o potencial de serem agentes dominantes na economia global num futuro próximo. O Mercosul, o acordo econômico e político entre Argentina, Brasil, Paraguai e Uruguai, tem implementado programas de intercâmbio de idiomas como parte de sua missão. A Europa e a União Europeia também tem programas de intercâmbio de línguas em sua agenda. Como apontado em Maurais e Morris (2003), o mundo globalizado precisa de um plano "linguístico mundial" para equilibrar o domínio do inglês e para manter a diversidade linguística.

As estatísticas sobre matrículas em cursos de língua estrangeira (Welles, 2004) confirmam certa discrepância entre as línguas tradicionais, como francês, espanhol, alemão e italiano, e outras línguas estrangeiras nos EUA. Em geral, o interesse e as matrículas nos cursos de línguas tradicionais parecem ser uma constante; por outro lado, o interesse em outras línguas como o português está aumentando, em grande parte devido a fatores econômicos, como o BRIC e Mercosul. Como solução, as faculdades oferecem mais cursos para os estudantes escolherem, mas os recursos e orçamentos são difíceis e limitados. Neste momento, a política interna das instituições de ensino superior desempenha um papel importante na determinação da escolha de programas de LEs, e estas podem se tornar um assunto político de acordo com o mercado e as exigências globais. Uma vez que as faculdades e universidades enfrentam orçamentos limitados, muitas vezes optam por investir em certas línguas, em detrimento de outras.

As atuais mudanças econômicas globais podem ser responsáveis pelo aumento do interesse na aprendizagem de línguas estrangeiras e podem contribuir para o maior número de matrículas em cursos de línguas estrangeiras nas faculdades e universidades. Apesar de o inglês ainda ser o idioma dominante nas negociações ao redor do mundo e de ser a língua internacional da Internet, existe uma demanda por outros idiomas, forçando as faculdades a mudar suas ofertas de cursos e seu currículo. Particularmente, esse processo ocorre através da utilização de mais tecnologia no ensino de línguas estrangeiras e proporcionando, assim, uma educação mais globalizada.

O interesse recente pelo português pode ser parcialmente atribuído ao efeito BRIC e ao momento econômico de prosperidade no Brasil. Vale ressaltar que, no final de 2011, o Brasil se tornou a sexta maior economia do mundo, ultrapassando o Reino Unido. Não foi por coincidência que o Brasil foi recentemente escolhido como o país anfitrião para dois importantes eventos esportivos mundiais: a Copa do Mundo de Futebol em 2014 (FIFA), e os Jogos Olímpicos de 2016 no Rio de Janeiro, eventos que certamente já tem causado e causarão ainda mais atenção da mídia para o país e sua cultura.

Ainda que as faculdades e universidades nos EUA estejam dispostas a oferecer cursos de língua portuguesa, o potencial de crescimento continua limitado no presente momento. As razões podem variar, mas uma delas pode ser atribuída aos problemas burocráticos e econômicos no processo de implementação de um novo programa de língua no ensino superior. Uma pesquisa recente feita por Milleret (2010) aponta que o apoio e a estabilidade dos programas de português vem em primeiro lugar do chefe de departamento, em segundo lugar a partir de cursos ministrados em outros departamentos/organizações culturais, e em terceiro lugar do reitor da faculdade, e/ou um centro ou uma instituição. Tudo isso envolve uma grande quantidade de questões burocráticas e disponibilidade de recursos que podem impedir a rápida expansão de um programa de LE.

Em termos estatísticos, de acordo com Klee (2000) e Welles (2004), o estudo das línguas mais tradicionais, como o francês, o espanhol, e o alemão era responsável por 92% do total de matrículas em cursos de línguas estrangeiras nos EUA em 1960; em 1985, esse número caiu para 85%. Essa queda acontece paralelamente ao aumento do interesse em cursos de língua portuguesa e outras línguas, como o chinês e o árabe. O estudo de Klee mostra também que o crescimento no número de matrículas em cursos de chinês e japonês é positivo e consistente. Matrículas em cursos de árabe, italiano, e português também aumentaram, mas apresentam uma flutuação. As inscrições para cursos de espanhol só tem aumentado significativamente desde 1969. Klee também afirma que as faculdades tiveram que mudar suas ofertas de cursos para acompanhar as novas demandas de aprendizagem de línguas estrangeiras. Por exemplo, no caso do português, as faculdades e universidades estão motivadas a implementar programas de língua e literatura portuguesas nos EUA (Eakin & Almeida, 2005). No entanto, a mudança da cultura em relação às novas línguas em uma faculdade ou universidade bem estabelecida pode levar vários anos, ou mesmo décadas. Assim, novos programas e cursos de língua portuguesa são limitados quando comparados ao espanhol, que são oferecidos todos os semestres como parte integral de um departamento de ensino de línguas românicas e/ou departamento de espanhol e português.

Entre 2006 a 2009 houve um aumento nas matrículas dos cursos de línguas consideradas mais tradicionais: francês 4.8%; alemão 2.2%; italiano 3%; espanhol 5.1%, enquanto que português teve um aumento ainda maior, 10.8% (Furman et al, 2010). A Figura 1 mostra um gráfico da evolução do número de matrículas em cursos de português nos EUA entre 1983 a 2009. Em geral, as matrículas aumentaram significativamente durante o período de amostragem. Há um crescimento significativo a partir da década de 1980 a 1990; em seguida, um crescimento mais lento nos anos 1990. No entanto, na década de 2000 o crescimento no número de matrículas aumenta significativamente novamente.

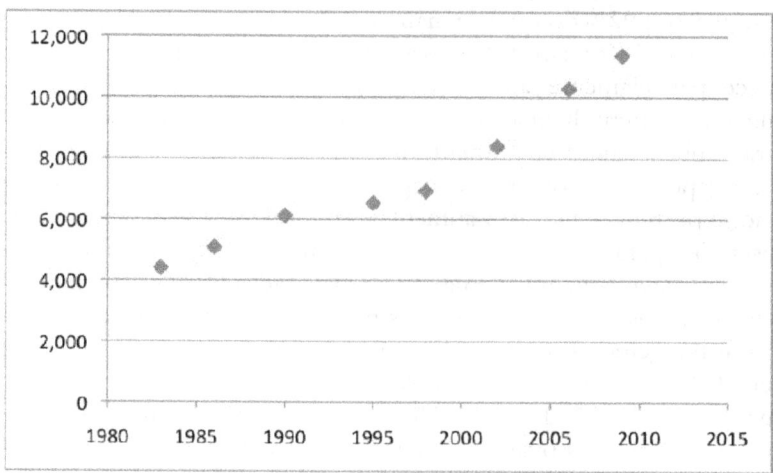

Figura 1: Matrículas em cursos de português nos EUA - Número de alunos
Fonte: MLA op. cit.

De acordo com a pesquisa da Modern Language Association (MLA, 2002), as matrículas em cursos de língua estrangeira no ensino superior têm aumentado significativamente desde 1998 (Welles, 2004). Os estudantes de hoje estão cada vez mais interessados em aprender chinês (mandarim e/ou cantonês), hindi e português. A Tabela 1 abaixo mostra um estudo da MLA mais recente (2009) com o nível de matriculas em cursos de português em cada estado dos EUA e o total entre 1983 a 2009. Primeiramente, houve um aumento de 4.397 para 11.371 estudantes de português em todos os EUA de 1983 a 2009. O estudo não dá uma causa nem explica por que as matrículas aumentaram; no entanto, uma possível causa é o fato de que houve uma mudança nos mercados econômicos mencionados acima.

Tabela 1
Português matrículas em os EUA - número de alunos - U.S. toda e por Estado

Tabela 1
Português matrículas em os EUA - número de alunos - U.S. toda e por Estado

Year	1983	1986	1990	1995	1998	2002	2006	2009
Entire US	4,397	5,071	6,118	6,531	6,926	8,385	10,267	11,371
Alabama	23	74	44	29	12	25	18	29
Arizona	98	182	161	347	221	288	386	546
California	662	756	713	693	413	755	1,112	1,366
Colorado	22	20	22	14	52	50	97	308
Connecticut	56	39	73	64	111	70	123	71
Delaware	0	0	0	0	0	0	0	18
District of Columbia	126	104	144	102	129	158	204	202
Florida	134	193	223	262	288	528	686	581
Georgia	22	90	236	301	402	331	379	268
Hawaii	0	0	4	23	0	0	42	14
Idaho	0	0	0	0	0	25	0	0
Illinois	101	128	245	190	119	243	197	139
Indiana	98	69	113	185	623	476	249	266
Iowa	57	104	75	90	123	73	97	70
Kansas	25	51	44	26	22	57	74	82
Kentucky	5	7	0	0	0	0	43	20
Louisiana	75	32	21	28	47	82	82	74
Maine	19	0	6	8	4	4	7	0
Maryland	3	50	121	92	82	90	61	114
Massachusetts	384	522	532	598	687	976	1,304	1,059
Michigan	49	23	58	77	58	82	141	111
Minnesota	60	50	89	32	85	101	119	153
Mississippi	17	18	26	37	39	27	24	13
Missouri	42	19	64	15	19	41	80	66
Nebraska	41	49	39	0	32	37	0	0
Nevada	0	0	0	0	0	0	20	22
New Hampshire	11	37	19	6	34	36	63	19
New Jersey	80	66	87	84	196	288	434	421
New Mexico	77	105	109	75	100	122	163	166
New York	396	351	316	437	304	414	708	1,148
North Carolina	456	519	497	576	629	544	607	708
Ohio	67	40	130	91	74	99	192	182
Oklahoma	14	6	9	33	20	45	22	54
Oregon	15	0	17	21	14	31	0	142
Pennsylvania	86	172	172	132	167	174	231	220
Rhode Island	278	226	244	264	219	251	389	377
South Carolina	49	56	26	58	61	127	113	138
Tennessee	120	231	286	153	165	163	265	340
Texas	180	190	225	296	291	399	441	490
Utah	211	237	539	657	665	810	745	928
Vermont	4	0	7	9	23	49	34	94
Virginia	43	40	47	71	74	24	39	70
Washington	21	0	30	76	58	71	70	51
West Virginia	15	0	9	12	0	0	14	5
Wisconsin	155	215	296	267	264	219	192	209
Wyoming	0	0	0	0	0	0	0	17

Fonte: MLA op. cit.

A Tabela 1 e a Figura 1 mostram que, em todos os EUA, as matrículas em cursos de português aumentaram 2.6 vezes entre 1983 e 2009. Estados como California, Massachusetts, New York, North Carolina, Texas e Utah (demarcados em verde na tabela) tiveram os maiores aumentos constantes de matrículas nesse período. Em alguns desses estados, como California, New York e Texas, minorias imigrantes estão se tornando uma parcela mais significativa da população total (McKay & Wong, 2000). Outros estados que possuíam números muito baixos tiveram drásticos aumentos, como Colorado e Vermont (demarcados em azul claro na tabela). Ainda outro grupo de estados mostra pouca atividade em relação à língua portguesa, por exemplo Delaware, Idaho, Nevada e Wyoming (demarcados em vermelho claro na tabela). Em geral, o quadro revela um aumento do número de matrículas em cursos de português nas últimas três décadas.

A informação da Tabela 1 pode ser interpretada em termos de mudanças percentuais em relação ao período anterior como mostra a Tabela 2. Em relação aos EUA como um todo, confirma-se a análise da Figura 1, a qual mostra que o crescimento dos cursos de português foi significativo nos anos 1980, entre 15 e 20 por cento. Nos anos 1990 o crescimento foi relativamente menor, entre 6.0 e 6.8 por cento. Observa-se o maior crescimento no início dos anos 2000, entre 21 e 22 por cento até 2006. Um pouco depois, entre 2006 a 2009, o crescimento estaciona em cerca de 10 por cento. Os dados mostram que é no início dos anos 2000, período de emergência do fenômeno BRIC, que o maior número de matrículas é registrado.

Tabela 2
As matrículas de Português no EUA - percentual alterar de período anterior, a partir de 1983 - EUA inteiro e por Estado

Tabela 2
As matrículas de Português no EUA - percentual alterar de período anterior, a partir de 1983 - EUA inteiro e por Estado

Year	1986	1990	1995	1998	2002	2006	2009
Entire US	15.3%	20.6%	6.8%	6.0%	21.1%	22.4%	10.8%
Alabama	221.7%	-40.5%	-34.1%	-58.6%	108.3%	-28.0%	61.1%
Arizona	85.7%	-11.5%	115.5%	-36.3%	30.3%	34.0%	41.5%
California	14.2%	-5.7%	-2.8%	-40.4%	82.8%	47.3%	22.8%
Colorado	-9.1%	10.0%	-36.4%	271.4%	-3.8%	94.0%	217.5%
Connecticut	-30.4%	87.2%	-12.3%	73.4%	-36.9%	75.7%	-42.3%
Delaware	--	--	--	--	--	--	--
District of Columbia	-17.5%	38.5%	-29.2%	26.5%	22.5%	29.1%	-1.0%
Florida	44.0%	15.5%	17.5%	9.9%	83.3%	29.9%	-15.3%
Georgia	309.1%	162.2%	27.5%	33.6%	-17.7%	14.5%	-29.3%
Hawaii	--	--	475.0%	-100.0%	--	--	-66.7%
Idaho	--	--	--	--	--	-100.0%	--
Illinois	26.7%	91.4%	-22.4%	-37.4%	104.2%	-18.9%	-29.4%
Indiana	-29.6%	63.8%	63.7%	236.8%	-23.6%	-47.7%	6.8%
Iowa	82.5%	-27.9%	20.0%	36.7%	-40.7%	32.9%	-27.8%
Kansas	104.0%	-13.7%	-40.9%	-15.4%	159.1%	29.8%	10.8%
Kentucky	40.0%	-100.0%	--	--	--	--	-53.5%
Louisiana	-57.3%	-34.4%	33.3%	67.9%	74.5%	0.0%	-9.8%
Maine	-100.0%	--	33.3%	-50.0%	0.0%	75.0%	-100.0%
Maryland	1566.7%	142.0%	-24.0%	-10.9%	9.8%	-32.2%	86.9%
Massachusetts	35.9%	1.9%	12.4%	14.9%	42.1%	33.6%	-18.8%
Michigan	-53.1%	152.2%	32.8%	-24.7%	41.4%	72.0%	-21.3%
Minnesota	-16.7%	78.0%	-64.0%	165.6%	18.8%	17.8%	28.6%
Mississippi	5.9%	44.4%	42.3%	5.4%	-30.8%	-11.1%	-45.8%
Missouri	-54.8%	236.8%	-76.6%	26.7%	115.8%	95.1%	-17.5%
Nebraska	19.5%	-20.4%	-100.0%	--	15.6%	-100.0%	--
Nevada	--	--	--	--	--	--	10.0%
New Hampshire	236.4%	-48.6%	-68.4%	466.7%	5.9%	75.0%	-69.8%
New Jersey	-17.5%	31.8%	-3.4%	133.3%	46.9%	50.7%	-3.0%
New Mexico	36.4%	3.8%	-31.2%	33.3%	22.0%	33.6%	1.8%
New York	-11.4%	-10.0%	38.3%	-30.4%	36.2%	71.0%	62.1%
North Carolina	13.8%	-4.2%	15.9%	9.2%	-13.5%	11.6%	16.6%
Ohio	-40.3%	225.0%	-30.0%	-18.7%	33.8%	93.9%	-5.2%
Oklahoma	-57.1%	50.0%	266.7%	-39.4%	125.0%	-51.1%	145.5%
Oregon	-100.0%	--	23.5%	-33.3%	121.4%	-100.0%	--
Pennsylvania	100.0%	0.0%	-23.3%	26.5%	4.2%	32.8%	-4.8%
Rhode Island	-18.7%	8.0%	8.2%	-17.0%	14.6%	55.0%	-3.1%
South Carolina	14.3%	-53.6%	123.1%	5.2%	108.2%	-11.0%	22.1%
Tennessee	92.5%	23.8%	-46.5%	7.8%	-1.2%	62.6%	28.3%
Texas	5.6%	18.4%	31.6%	-1.7%	37.1%	10.5%	11.1%
Utah	12.3%	127.4%	21.9%	1.2%	21.8%	-8.0%	24.6%
Vermont	-100.0%	--	28.6%	155.6%	113.0%	-30.6%	176.5%
Virginia	-7.0%	17.5%	51.1%	4.2%	-67.6%	62.5%	79.5%
Washington	-100.0%	--	153.3%	-23.7%	22.4%	-1.4%	-27.1%
West Virginia	-100.0%	--	33.3%	-100.0%	--	--	-64.3%
Wisconsin	38.7%	37.7%	-9.8%	-1.1%	-17.0%	-12.3%	8.9%
Wyoming	--	--	--	--	--	--	--

Source: MLA op. cit.

Os dados também mostram que há significativas mudanças nas matrículas por estado. Nos estados onde há o maior número estável de matrículas, California, Massachusetts, New York, North Carolina, Texas e Utah, há

mudanças moderadas, embora a California apresente um aumento relativamente grande em relação ao início dos anos 2000 (82 e 47 por cento). Os estados que inicialmente apresentavam números pequenos, como Colorado e Vermont, mostram aumentos muito maiores, da ordem de 100 e até 200 por cento. Outros estados como Alabama e Oklahoma mostram aumentos de mais de 100 por cento em alguns períodos da amostra.
Uma observação importante das Tabelas 1 e 2 é que, em muitos estados, observa-se um padrão "vai-e-vem" no número de matrículas. Em um período há matrículas, mas no período seguinte o número cai para zero (-100 por cento de mudança), quando nenhum curso é oferecido. No fim, as matrículas crescem de zero para um número positivo. Este é o caso de Kentucky, Maine, Nebraska, Oregon e West Virginia, onde em alguns períodos há zero matrículas, e em outros registra-se um número positivo de matrículas. Tomamos este padrão como evidencia das dificuldades em implementar e manter cursos de língua portuguesa nos EUA. Mas em suma, as tabelas 1 e 2 e a figura 1 mostram que as matrículas em cursos de português estão ativamente mudando num sentido positivo.

Considerações finais
Desde os tempos coloniais, o inglês tornou-se a língua da terra, e tornou-se a língua dos negócios dominante fora dos EUA. Ainda assim, apesar da mentalidade monolingue, vários fatores motivaram os EUA e suas instituições governamentais e educacionais para investir e apoiar o ensino e a aprendizagem de línguas estrangeiras, dentre eles a imigração, a guerra, a segurança nacional e assuntos geopolíticos, diplomáticos e econômicos. Fica claro, portanto, que o momento histórico e as circunstâncias determinam as exigências políticas para que determinados idiomas sejam aprendidos e seu ensino financiado.
O novo milênio iniciou-se com um mundo mais globalizado, com uma nova agenda para a educação e negócios. Isso reforçou a necessidade de se aprender línguas estrangeiras menos comumente ensinadas, como português, árabe, japonês e chinês. Dentro dos Estados Unidos, as minorias imigrantes estão se tornando um percentual mais significativo do total da população em vários estados, incluindo Califórnia, Nova York, Texas, Illinois, Flórida, Nova Jersey, Pensilvânia e Massachusetts (McKay & Wong, 2000). Esta tendência coloca questões e dilemas sobre as políticas e a política linguística, bem como sobre os direitos humanos. O fato é que a política linguística dentro de um país também depende de influências internacionais, políticas e econômicas.
No presente momento, as universidades, administradores, empresas e instituições vêem a língua portuguesa e o Brasil como importantes e fundamentais no novo mundo globalizado. Após a Segunda Guerra Mundial, o interesse em aprender a língua e a cultura brasileira aumentou devido ao

estreitamento das relações entre os Estados Unidos e o Brasil. Ornstein (1950) afirma que o português foi oferecido pela primeira vez no ensino superior no período entre 1826 e 1846, e em 1943 o português era oferecido em cerca de setenta e cinco universidades. Ornstein (1950) também afirma que antes da Segunda Guerra Mundial as universidades eram focadas no português europeu e o interesse era ensinar os Lusíadas. No entanto, durante e depois da guerra, o interesse se deslocou para o português brasileiro, em parte devido à política da boa vizinhança do presidente Roosevelt. Desde aquela época, percebe-se que os diversos dialetos do português foram levados em conta pelas instituições, alunos e a comunidade acadêmica. Todos tem a consciência de que o português não é apenas falado em Portugal e no Brasil, mas também na África e na Ásia, e que existem diferenças significativas na escrita e na fala do português de acordo com cada país e região do mundo. Registros históricos mostram significativa imigração de Portugal, dos Açores e das ilhas cabo-verdianas para os Estados Unidos no século XIX (Solsten, 1993). Além disso, desde 1980, um grande número de imigrantes brasileiros começou a povoar cidades em todos os EUA (Margolis, 1994). A imprensa popular no Brasil também destacou o crescente interesse em estudos brasileiros nos EUA, concentrando-se não só na língua e na cultura, mas também em outros assuntos acadêmicos (Buarque, 2009). Além disso, cursos de português foram interligados a programas de estudos latino-americanos, onde o foco é em parte sobre o Brasil. Atualmente, em 2011, o Brasil acumulou alguma importância no meio acadêmico nos EUA em áreas como energia, mudança do clima na floresta amazônica, e a desigualdade econômica. No entanto, o português como língua estrangeira ainda enfrenta muitos desafios em termos de crescimento acadêmico. Os dados da Tabela 1 e 2 mostram um padrão vai-e-vem de matrículas em muitos estados dos EUA. No entanto, devido ao crescente interesse por português, novos cursos são dedicados a língua e literatura lusófonas (Eakin & Almeida, 2005).
Em geral, de acordo com Ornstein (1950), o estudo de línguas estrangeiras nos EUA tem evoluído desde a Segunda Guerra Mundial. Línguas como o português do Brasil ganharam o seu lugar na educação universitária. O tema comum que ajudou a aumentar o interesse por português nos EUA é a difusão da cultura brasileira. O fenômeno BRIC mais recentemente pode ser um fator que contribui para aumentar o interesse dos alunos pelo português do Brasil e serve para incentivar ainda mais as faculdades e universidades, que dão aos estudantes opções para escolher a partir de um menu amplo de opções, a oferecer cursos de língua portuguesa. Os universitários podem agora escolher o idioma para estudar de acordo com seus próprios interesses e motivações.

Referências

Al-Batal, M. "Arabic and national language educational policy". The Modern Language Journal, 91(2), 68-271.

Block, D., & Cameron, D. (2002). (Ed.). *Globalization and language teaching*. New York, NY: Routledge. 2002.

Brenner, J. C. "The importance of the study of the Portuguese language". Hispania, 2(2), 87-93. 1919.

Buarque. D. "Antes visto como "exotico", Brasil vira referência em universidades dos EUA". 2009. Retrieved from http://g1.globo.com/Noticias/Mundo/0,,MUL1349665-5602,00-ANTES+VISTO+COMO+EXOTICO+BRASIL+VIRA+REFERENCIA+EM+UNIVERSIDADES+DOS+EUA.html

Byram, M. *From foreign language education to education for intercultural citizenship. Essays and reflections*. New York, NY: Multilingual Matter. 2008.

Camarota, S. A. "Immigrants in the United States. A profile of America's foreign born population". Backgrounder. Center for Immigration Studies, Washington, DC. 2007. Retrieved from http://www.cis.org/articles/2007/back1007.pdf

Childers, J.W. *Foreign language teaching*. New York, NY: The Center for Applied Research in Education, Inc. 1964.

Cowels, M., Oliveira, S., & Wiedemann, L. "Portuguese as a second language: In the United States, in Brazil, and in Europe". Hispania, 89(1), 123-132. 2006.

Crawford, J. *Language loyalties: A source book on the official English controversy*. Chicago, Il: The U of Chicago P. 1992.

Dörnyei, Z., Csizér, K., & Németh, N. *Motivation, language attitudes and globalization*. Tonawanda, NY: Multilingual Matters Ltd. 2006.

Eakin, M.C., & Almeida, P.R. (Eds.). *Envisioning Brazil: A guide for Brazilian studies in the United States*. Madison, WI: The U of Wisconsin P. 2005.

Furman, N., Goldberg, D., & Lusin, N. *Enrollments in languages other than English in United States institutions of higher education*. MLA web publication. 2010. Retrieved from: www.mla.org/2009_enrollmentsurvey

Gaustad, E. *Benjamin Franklin*. New York, NY: Oxford U P. 2006.

Held, D. A. & McGrew, G. (Eds.). *The global transformation reader: An introduction to the globalization debate*. (2nd ed.). Oxford, UK: Blackwell Publishing Ltd. 2004.

Held, D. A., McGrew, A., Goldbatt, D., & Paraton, J. "Rethinking globalization". In D. Held, & A. McGrew. (Eds.), *The global transformation reader: An introduction to the globalization debate* (pp.67-74). Oxford, UK: Blackwell Publishing LTD. 2004.

Kachru, B. B. (Ed.). *The other tongue: English across cultures*. (2nd ed.). Urbana: IL: U of Illinois P. 1992.

Klee, C. A. "Foreign language instruction". In Rosenthal, J. (Ed.). *Handbook of undergraduate second language education*. New York, NY: Laurence Erlbaum Associates, Inc. 2000.

Leavitt, S. "The teaching of Spanish in the United States". Hispania, 44(4), 591-625. 1961. Retrieved from http://www.jstor.org/stable/336603

Leeman, J. "The value of Spanish: Shifting ideologies in United States language teaching". ADFL, 38(1-2). 2007. Retrieved from http://mason.gmu.edu/~jleeman/leeman-adfl.pdf

Lemay, J.A. *The life of Benjamin Franklin*. Philadelphia, PA: U of Pennsylvania P. 2006.

Marraro, H. "Pioner Italian teachers of Italian in the United States". Modern Language Journal, 28(7), 555-582. 1944. Retrieved from http://www.jstor.org/stable/319295

Maurais, J. & Morris, M. (Eds.). *Language in a globalizing world*. Cambridge, UK: Cambridge U P. 2003.

McKay, S. L. & Wong, S.C. (2nd. ed.) *New immigrants in the United States: Readings for second language educators*. Cambridge, UK: Cambridge U P. 2000.

Milleret, M. "A map of Portuguese study in the USA." Presented at APSA, October 8, 2010. Brown University. Providence, RI. 2010.

Modern Language Association (MLA) Report. (2010). Retrieved from http://arcgis.mla.org/mla/default.aspx

Modern Language Association (MLA). (2002, 2007). Foreign language in higher education: New structures for changing world. Retrieved from http://www.mla.org/pdf/forlang_news_pdf.pdf

Mohammadi, A. "Communication and globalization process in developing world". In A. Mohammadi (Ed). *International communication and globalization*. (2nd ed.), London, UK: Sage Publications. 1999.

Ornstein, J. "Facts, and opinions on the present status of Portuguese". 1950 Retrieved from www.jstor.org/stable/334035

Parillo,V. *Diversity in America*. (3rd ed.). Los Angeles, CA: Sage Publications.Inc. 2009.

Pentlin, S.L. *The view of American founding fathers on the study of foreign languages*. Distributed by ERIC Clearinghouse, Washington, DC. 1984.

Perkinson, H. *The imperfect panacea: American faith in education 1865-1965*. New York, NY: Random House. 1968.

Peyton, J, K. "Professional development of foreign language teachers. Center for Applied Linguistics". 1997. Retrieved from http://www.cal.org/resources/digest/peyton02.html

Ricento, T. *An introduction to language policy theory and method.* Malden, MA: Blackwell Publishing Ltd. 2006

Ricento, T., & Burnaby, B. (Eds.) *Language and politics in the United States and Canada: Myths and realities.* Mahwah, NJ: Laurence Erlbaum Associates. 1998.

Roby, W.B. (2003). Technology in the service of foreign language learning: The case of the language laboratory. Retrieved from http://www.aect.org/edtech/19.pdf.

Scarfo, R. D. "The history of Title VI and Fulbright-Hays". In Hawkins, J., Haro, C. M., Kazanjian, M. A., Merkx, G. W., & Wiley, D. (Eds.). In *International education in the new global era: Proceedings of a national policy conference on the Higher Education Act, Title VI, and Fulbright-Hayes programs.* 1998. Retrieved from http://www.isop.ucla.edu/pacrim/title6/Over2-Scarfo.pdf

Schmid, C. *The politics of language: Conflict, identity, and cultural pluralism in comparative perspective.* New York, NY: Oxford U P. 2001.

Seuren, P. M. *Western linguistics: An historical introduction.* Malden, MA: Blackwell. 1998.

Solsten, E. (Ed.). *Portugal: A country study.* Washington, DC: GPO for the Library of Congress. 1993. Retrieved from http://countrystudies.us/portugal/

Tesser, C. C. "Brazilian Portuguese language and linguistics". In M. Eakin, & P. Almeida (Eds). *Envisioning Brazil: A guide for Brazilian studies in the United States* (pp. 73-92). Madison, WI: The University of W P. 2005.

Tota, P.A. *The seduction of Brazil: The americanization of Brazil during world war II.* (L.B. Ellis & J. D. Greenberg, Trans.). Austin, TX: U of Texas P. 2009.

Watzke, J. L. *Lasting change in foreign language education. A historical case for change in national policy.* Westport, CT: Greenwood Publishing Group, Inc. 2003.

Welles, E. B. "Foreign language enrollments in the United States institutions of higher education, Fall 2002". ADFL Bulletin, 35(2-3), 7-25. 2004.

Wesche, M. "Teaching languages and cultures in a post-9/11 world". The Modern Language Journal, 88(2), 278-285. 2004.

1.2 É crescente a busca por aulas e professores de português na América Central. Quem são os alunos? Porque aprendem português? Quem são os instrutores? Que expectativas têm uns dos outros?

Marilia Gazola Pessoa Barros

A procura pela aprendizagem da Língua Portuguesa como língua estrangeira, vem aumentando notavelmente nos últimos anos em várias partes do mundo. Vemos o crescente interesse de estudantes universitários e de profissionais de diferentes áreas em aprender o português. Esse interesse é movido por diversas razões: porque almejam um melhor salário e muitas empresas pagam mais àqueles que falam o português ou porque desejam fazer uma pós-graduação em uma universidade brasileira ou também, pelo que já foi o motivo principal — antes de o português se tornar uma língua comercialmente importante — porque gostam da sonoridade da língua portuguesa e se interessam pela cultura (dos diferentes países da comunidade de língua portuguesa).

Panorama da Situação Atual
A procura pela aprendizagem da Língua Portuguesa (variante brasileira) na América Central, é, sobretudo, pelo aumento de chances de trabalho em multinacionais como a Intel, Baxter, Bass, DHL, Emerson, Nokia, Sony, HP, para citar algumas entre muitas outras empresas instaladas em diferentes países da América Central. Para trabalhar nessas empresas não basta dominar o inglês é preciso falar dois ou mais idiomas, essas empresas oferecem suporte técnico para diferentes países, inclusive para o Brasil, por isso o português para essas empresas se tornou um diferencial importante no currículo de seus candidatos. Como manifestou Melissa Bonilla, representante da empresa Emerson, na VI Feira Bilíngue de Empregos, na Costa Rica:

> (...) tuvimos una muy buena respuesta de las personas tanto para nuestro centro de ingeniería como para el de servicios compartidos. Hubo una buena afluencia de ingenieros industriales, mecánicos, eléctricos y electro mecánicos, **incluso con dominio de un tercer idioma como el portugués**. En el caso de finanzas y contabilidad también recibimos un buen número de candidatos. (Grifo nosso. Revista Summa Domingo, 14 de Marzo de 2010 16h31min).

De acordo com as estatísticas da *Coalizão Costarriquenha de Iniciativas de Desenvolvimento* (CINDE), dos 100% das operações de serviços, 80% são feitas em inglês, 8% em espanhol, 7% em português e os restantes 5% em outros idiomas. (La Nación, Miércoles, 14 de Abril de 2010 12:09 In: Revista Summa.com). Levando em consideração a citação de Melissa Bonilla e a estatística apresentada pela CINDE, vemos que sendo o espanhol o idioma oficial falado na América central, temos como línguas estrangeiras: o inglês em primeiro lugar, seguido do português, como o segundo idioma mais importante na área de negócios dentro da América Central.

Há também uma crescente procura, dos estudantes centro-americanos, por cursos de pós-graduação nas universidades brasileiras. O que também promove a necessidade de cursos de português, para que esses alunos possam ter o diploma de proficiência em português (CELPE-BRAS), um dos requisitos para um estrangeiro entrar nas universidades brasileiras e para concorrer às bolsas de estudo.

Com este aumento de pessoas interessadas em aprender o português, nas escolas e nas universidades, começa a surgir a necessidade de profissionais capazes para o ensino do idioma. Mas, como nos países da América Central não há faculdades que formem professores de português, as faculdades de Letras Modernas oferecem as licenciaturas em Inglês ou Francês e Espanhol como língua oficial. As outras línguas (português, italiano, alemão, japonês, chinês, etc.) são oferecidas no currículo das disciplinas opcionais. Por isso, muitos dos que atuam na área do ensino de português são pessoas que falam o idioma como língua materna, como língua de herança ou como segunda língua. Não são professores de português, a maioria não tem a formação de professor, mas têm fluência no idioma. São brasileiras(os) que se casaram com costarriquenhos(as) e vivem na Costa Rica e em outros países da América Central, uns não têm profissão, outros são advogados ou de outras áreas.

No caso do português como língua de herança, são filhos de pais brasileiros que aprenderam o português em casa, o português falado com a mãe ou com o pai, alguns não dominam completamente a escrita, não têm um bom conhecimento do sistema linguístico (competência gramatical), mas têm fluência, às vezes com alguns vícios de linguagem e interferências do espanhol.

E os que aprenderam o português como segunda língua, muitas vezes não têm a fluência ou mesmo não conhecem as variações linguísticas e culturais, o que no caso do português do Brasil - por exemplo, os usos e costumes regionais - são explicações importantes para a aula.

No Brasil, nos Centros de Línguas que funcionam nas escolas da Rede do Estado de São Paulo, por exemplo, os professores que ensinam o espanhol, o italiano e o alemão, recebem uma vez ao ano (às vezes até duas vezes ao ano) uma capacitação oferecida pelas embaixadas dos respectivos idiomas aos professores locais, que trabalham com o ensino desses idiomas nos Centros de Línguas das escolas da Rede. Essas capacitações são feitas com os professores Leitores e com professores convidados de seus respectivos países e ajudam muito ao professor local, não só a melhorar a sua fluência, mas também na escolha dos materiais e na elaboração de material para sala de aula. O mesmo ocorre na América Central, no caso da Costa Rica, os professores Leitores (italiano, japonês e alemão) presentes nas universidades, com a ajuda de suas embaixadas e suas representações locais (centro de estudos e culturais) promovem uma vez ao ano a capacitação dos professores locais, que trabalham com os respectivos idiomas nas escolas públicas. É comum no currículo das escolas locais (do Ensino Fundamental e Médio) além do espanhol e inglês, oferecerem outro idioma a cada um ou dois anos, como o italiano, o português, o chinês, o japonês ou o francês. Ajudaria muito se o Leitor brasileiro pudesse contar com esse apoio para desenvolver cursos como esses também.

A universidade da Costa Rica oferece o curso de Língua Portuguesa, na faculdade de Letras Modernas, como disciplina opcional ou de extensão, para diversas carreiras, de diferentes áreas. No caso dos cursos de Pedagogia, Assistência Social, Odontologia, entre outras carreiras, grande parte do material teórico utilizado nesses cursos são de autores brasileiros e a maior parte desse material não está traduzido para o espanhol, outra razão para os alunos buscarem ajuda nos cursos de Português.

Os cursos de Português são bem concorridos, a nota de corte para se conseguir uma vaga é alta (9,0). As salas são sempre cheias, de 30 a 40 alunos por sala e a lista de espera, por uma possível desistência, é sempre longa (uma média de 100 alunos, por lista de espera). Apesar da grande procura dos alunos, por uma questão de infraestrutura (hierarquia linguística = poder econômico) são poucas as salas disponíveis para os cursos de português.

Dentro da Universidade da Costa Rica (UCR) há também um centro de línguas que oferece cursos livres de vários idiomas, inclusive o português, e esses cursos são abertos a toda a comunidade local, não só aos universitários. Por serem cursos pagos, a disponibilidade das salas acompanha a procura pelos cursos, mas há a dificuldade em encontrar professores capacitados para todos os cursos.

Outra grande dificuldade para os instrutores de português, além da falta de capacitação, é a falta de material didático. Não há um interesse, por parte das editoras e distribuidoras de livros, em investir na América Central, talvez pela falta de uma lei de direitos autorais, que proíbam as cópias dos materiais de forma indiscriminada. É certo que hoje com a internet o acesso à informação é muito mais fácil, mas o material que se encontra na internet precisa ser bem analisado antes de ser usado e adaptado à necessidade dos alunos e às aulas planejadas pelo instrutor, que muitas vezes não tem essa habilidade, precisa de ajuda/capacitação para aprender a elaborar seu material, na impossibilidade de usar um livro didático.

Divulgação da Língua Portuguesa nas Embaixadas Brasileiras
Os dados aqui analisados foram coletados no dia 29 de agosto de 2013.
Embaixada do Brasil no Panamá: o site está escrito em português e em espanhol, traz informações sobre o exame CELPE-BRAS, em espanhol, com o aviso de convocação para o início dos cursos de português oferecidos pelo Centro Cultural Brasil Panamá e todas as informações sobre os cursos (níveis, horários e n° de vagas).
Embaixada do Brasil na Costa Rica: o site está escrito em português, espanhol, com opções também para os idiomas inglês e francês. Não traz nenhuma informação sobre cursos de português ou do exame CELPE-BRAS.
Embaixada do Brasil em El Salvador: o site está escrito em espanhol, sem opção para o português. Não traz nenhuma informação sobre cursos de português ou do exame CELPE-BRAS.
No caso da Nicarágua, Honduras e Belize encontramos somente o endereço das embaixadas ou consulados, mas nenhuma informação.
No site da embaixada da Guatemala encontramos informações sobre aulas gratuitas de português oferecidas pela embaixada, do nível básico ao avançado. Encontramos também informações sobre bolsas de estudos para graduação, mestrado e doutorado e para o programa Brasil-Japão, que oferece cursos locais de especializações para diferentes áreas, como: Prática de Gestão Urbana ou Desenvolvimento de Imunobiológicos para a Saúde Pública.
Com o pouco apresentado acima, a primeira vista, percebe-se que as embaixadas do Panamá e da Guatemala têm um compromisso maior com a divulgação da Língua Portuguesa, no que diz respeito ao seu ensino. Divulgando nos sites os centros culturais e fundações brasileiras e mesmo oferecendo aulas gratuitas para as pessoas interessadas em aprender a língua portuguesa.
Entende-se que a internacionalização de uma língua envolve vários fatores, culturais, econômicos, sociais, políticos e que os fatores educacionais vão além de todos os outros. Por isso, seria interessante que as embaixadas divulgassem e incentivassem intercâmbios, convênios e acordos com as universidades, de modo a valorizar institucionalmente o ensino do português.

O Certificado de Proficiência em Língua Portuguesa para Estrangeiros (*Celpe-Bras*) e a Formação de Professores de PLE.
Por ser recente este crescente interesse sobre a Língua Portuguesa internacionalmente, ainda poucos conhecem o certificado CELPE-BRAS, é mais conhecido no mundo acadêmico, como requisito para bolsas de estudos nas universidades brasileiras. Aos poucos, na AC este certificado começa a ser aceito também por escolas de idiomas, como um certificado para instrutores de português, que aprenderam o idioma como língua estrangeira.

Assim como aconteceu no Brasil com o espanhol. O espanhol passou a fazer parte da grade curricular das escolas de Ensino Fundamental e Médio, mas não tínhamos, no inicio suficientes profissionais para ensinar em todas as escolas. Eram poucas as faculdades que ofereciam a habilitação em espanhol. O Instituto Cervantes começou a oferecer no Brasil, em todas as capitais, o diploma DELE, reconhecendo a proficiência do idioma em diferentes níveis. Ofereceu também o curso preparatório para o exame de proficiência e para os que já tinham a proficiência, o curso de formação de professores.

Ações como estas de formação e certificação de instrutores que já estão nas escolas, ajudam não só nas primeiras necessidades do professor, como na escolha e elaboração de materiais para a aula, como também, apresentam e aprofundam a parte cultural, acrescentando a literatura, a música e o cinema, para que o professor tenha mais ferramentas para o ensino do idioma, que não só a gramática.

Considerações Finais

Como mencionado na introdução, grande parte das pessoas que hoje ensinam português nas instituições de ensino de toda América Central não são professores de português, mas o seriam se tivessem a chance de uma formação adequada.

Pode-se perceber com o que foi exposto, mesmo de forma breve, que existe a necessidade imediata de projetos e ações para uma política linguística institucionalizada pelos órgãos governamentais, a criação de um Instituto Brasileiro, como a exemplo do Instituto Camões (Portugal) ou mesmo do Instituto Cervantes (no caso do espanhol). O projeto do Instituto Machado de Assis, seria um primeiro passo a frente. Um vasto campo de oportunidades se abriu no mundo para os falantes da Língua Portuguesa, que devem de ser apoiados, não só por uma questão política ou econômica de expansão da língua, mas, principalmente, pela constituição de uma identidade nacional que é representada pela sua língua, ou seja, pelos falantes da Língua Portuguesa.

Referências

Expresso online noticias: www.expresso.pt acessado 9:13 Domingo, 29 de
    janeiro 2012 In: http://aeiou.expresso.pt/a-lingua-portuguesa-
    pode-ser-alavanca-de globalizacao=f701906#ixzz1lcljN8mr

Pacheco, Denise Gomes Leal da C. Tese de doutorado *Estudo do Português*
    como Língua Estrangeira e os Materiais Didáticos: um olhar discursivo.
    UFRJ, Letras, Rio de Janeiro, *2006.*

Revista online Público: acessado em 06/02/2012. In
    http://www.publico.pt/Educa%C3%A7%C3%A3o/universidade-chinesa-cria-centro-de-estudos-dos-paises-de-lingua-portuguesa-1529265
Revista Summa online In: http://www.revistasumma.com/economia/2746-empresas-en-costa-rica-buscan-personal-que-hable-mas-de-dos-idiomas.html
---. In: http://www.revistasumma.com/negocios/2284-masiva-asistencia-en-primer-dia-de-feria-de-trabajo.html
Rottava, Lucia. *Português como língua terceira (L3) ou língua estrangeira (LE) adicional: a voz do aprendiz indicando identidade.* Revista Em Aberto, Brasília, v. 22, n. 81, p. 81-98, ago. 2009. In: http://emaberto.inep.gov.br/index.php/emaberto/issue/view/107

1.3 A relação aprendiz-professor e professor-aprendiz e seus reflexos no ensino de português como língua estrangeira

Karine Dourado

No processo de ensino-aprendizagem de uma língua estrangeira (LE doravante), precisamos levar em consideração vários aspectos que poderão ajudar, ou não, o aprendiz a se comunicar na língua-alvo. Sabendo disso, então, proponho o que, na verdade, é só o início de uma discussão/reflexão acerca do papel tanto do aprendiz, quanto do professor.

Por que ensinar língua como cultura?
Os seres humanos não vivem sozinhos no mundo, tampouco vivem sozinhos no mundo das atividades sociais como comumente entendido, mas eles estão a mercê da língua que é o meio de expressão de sua sociedade. É uma ilusão imaginar que as pessoas se ajustam à realidade sem o uso da língua e que a língua é meramente um meio incidental de solucionar problemas específicos de comunicação ou reflexão. O que importa é que o mundo real é em grande escala moldado pelos hábitos da língua do grupo. (SAMPSON, 1980, p. 82). A língua não é instrumento essencial só para as práticas de comunicação ou reflexão. Subtende-se, pela contribuição de Sampson (1980), que existem muitas outras funções tornando necessária a existência das línguas, e mais, que todos os sistemas sociais só são possíveis por meio da língua. As línguas são tão vívidas e dinâmicas, que parece absurdo tentar resumi-las às gramáticas, aos dicionários ou a qualquer outro material didático. A aprendizagem de uma língua vai além e é mais complexa do que a simples memorização de mecanismos formais registrados em um livro orientador.
Kramsch (1996) explicou que, "na prática, os professores ensinam língua, ou língua e cultura, ou cultura na língua, mas não língua como cultura"[5], daí a explicação para um série de alunos formados em cursos de línguas ou em cursos superiores destinados ao ensino de línguas, porém embebidos de pré-conceitos equivocados acerca das demais culturas e sobre o próprio conceito de cultura. O resultado são alunos supervalorizando outras culturas e minimizando a sua própria ou, quando não, o contrário.
A língua é o principal elemento para diferenciar as culturas. Sabendo disso, então, o profissional do ensino de línguas deve, por meio dela, despertar nos aprendizes a consciência de que, por trás dessa língua, há os falantes que a mantêm viva em suas relações comunicativas. Ou seja, os aprendizes estarão

---

[5] "In practice, teachers teach language, language and culture, or culture in language but not language as culture" (Kramsch, 1996).

lidando com um elemento continuamente transformado e transformador, e perceberá que a segmentação, comumente vista — seja no silenciamento presente no discurso, seja nos livros didáticos —, entre língua e cultura não é possível em nenhuma sociedade. Muitos de nós, professores de LEs, e autores desses materiais ainda não acordaram para a importância da educação linguística estrangeira como a possibilidade de desenvolvimento de compreensão, tolerância e respeito intercultural, por meio da conscientização de que as outras culturas são diferentes, possuem valores, regras e convenções distintas.

O enfoque que gostaria de propor para esse caso específico, do indivíduo se reconhecer e se identificar na aprendizagem de PLE, seria o de *cultura* como sendo o que aprendemos, desenvolvemos, construímos para podermos viver nos diversos meios, ambientes, situações, contextos em que nos encontramos. É todo o nosso conhecimento. É a nossa percepção de mundo, incluindo as nossas crenças e os nossos valores. Sendo assim, chegamos à nossa primeira questão: se cultura é o que somos, e se língua é cultura, como o professor de LE consegue trabalhar com seus alunos, de variadas culturas, se não os conhece ou não os busca conhecer? Se desconhece os motivos que os levaram a querer aprender português?

O que esperar do professor?

Quando o professor ensina a língua portuguesa a alunos de LE, está apresentando e representando a sua cultura, mesmo que esse não seja seu objetivo explícito. Afinal, cultura não se relaciona e não deve se relacionar somente ao conteúdo sobre cultura nos cursos de LE, mas deve estar presente nas ações e comandos mais perspicazes de cada professor, seja no modo como aplica os exercícios, seja nas histórias que conta.

A visão de cultura brasileira, em geral, ainda é estereotipada ou resumida a aspectos turísticos, como o país das festas, das mulheres bonitas, do futebol, do improviso e da corrupção. Entretanto, a cultura brasileira é também feita de aspectos quase imperceptíveis para nós brasileiros, mas não para os nossos alunos estrangeiros. Por estarmos imersos cotidianamente em mecanismos já automatizados, não nos damos conta dos variados costumes já legitimados e gerais da cultura brasileira, até que, dentro de uma sala ou em uma roda de conversa, surge um estrangeiro e faz uma pergunta cuja resposta parece óbvia ou até dispensável.

Ao assumirmos o papel de professores de PLE, além de mediadores e facilitadores da aprendizagem de Português, passamos a exercer a função de esclarecedores de aspectos culturais também. Sendo questionamentos positivos ou negativos, o profissional não pode, apenas, assumir o papel de superprotetor da cultura brasileira e defender ferrenhamente seus costumes e suas tradições, pois esses embates no espaço de ensino-aprendizagem podem prejudicar o processo e interferir negativamente na interação aprendiz-professor e aprendiz-aprendiz (NIEDERAUER, 2010). É necessário avaliar as ações com relação a esclarecimentos sobre cultura brasileira, sobretudo para adotar práticas mais comprometidas com o desenvolvimento de conhecimentos reflexivos sobre culturas.

Muitos questionamentos surgem com o olhar desses aprendizes sobre o nosso cotidiano, sendo a maioria baseada em curiosidades e em suas percepções a respeito das diferenças entre as culturas deles e as do professor, o que é totalmente esperado, uma vez que, provavelmente, não têm referência de muitos símbolos ou regras brasileiras em suas culturas ou estas são classificadas de forma negativa. De acordo com Moita Lopes (1998, p. 304),

> [...] é através do processo de construção do significado, no qual o interlocutor é crucial, que as pessoas se tornam conscientes de quem elas são, construindo suas identidades sociais ao agir no mundo através da linguagem.

A importância de haver profissionais preparados parece óbvia — até mesmo redundante: o fato de que para se advogar por uma causa é preciso ser advogado e com registro na ordem dos advogados; para se atuar na área da saúde é preciso ser médico, por exemplo, e com registro no conselho de medicina. Ou seja, existem conselhos que regem as profissões, existem exames, comissões para testar alguns desses conhecimentos. Por que para nós, professores de línguas estrangeiras, isso parece ser desnecessário? E a preocupação por essa legitimação não se resume ao currículo, mas preza pelo modo como a sociedade vê a LE, o papel que a ela se atribui e o modo como são vistos os professores que ensinam essa língua. E, claro, é preciso que se mencione o modo como os professores lidam com isso e a forma como se posicionam perante sua comunidade.

Os currículos relacionados à formação de professores vêm passando por sérias transformações na tentativa de oferecer ao mercado profissionais cada vez mais preocupados com questões operacionais, relacionadas à identidade, à socialização e às situações de prática. Atualmente, espera-se do professor de LE um posicionamento que reconheça a diferença cultural dentro de seu próprio espaço escolar, para, enfim, abandonar a perspectiva monocultural da postura que Stoer e Cortesão (1999) denominam *daltonismo cultural*, termo que será retomado na próxima seção. Espera-se um posicionamento consciente quanto à cultura do seu aluno e aos objetivos dele com a aquisição daquela nova língua. Afinal, as mudanças não se limitaram somente ao sistema educacional e à formação de professores de LEs, mas, hoje, os alunos interessados em se (re)descobrir e se (trans)formar por meio de uma outra cultura têm buscado essa aventura com intenções cada vez mais diversas e verticais.

O atual aluno de PLE

Com a minimização das distâncias entre as culturas, em razão, também, da internet, a troca de informações acerca de outros sistemas socioculturais tornou-se natural e o interesse por aspectos extralinguísticos está cada vez mais comum. A verdade é que os atuais alunos de PLE, e também os aprendizes de outras LEs, dificilmente estão chegando à sala de aula sem nenhum tipo de informação sobre a língua, sobre o país e sobre a nova cultura. Pelo contrário, já chegam, normalmente, com dezenas de dúvidas, sabendo suas preferências e seus objetivos com a aprendizagem daquela nova língua e, inclusive, sabendo, também, o que consideram incipiente nesse novo sistema social.

A globalização, a vontade de ser aceito nos grupos sociais, a visibilidade da LE e do país que a tem como língua oficial rompem com o caráter obrigatório da aquisição de uma nova língua e colaboram para tornar famosa a fase de adaptação/aculturação à nova língua, nomeada de *choque cultural* por Brown (2000, p. 183), em um processo mais fluido e atraente, principalmente se a língua a ser aprendida estiver em ascensão, como é o caso do português.

Tendo em vista que os atuais alunos de PLE já vêm possuindo suas próprias concepções, não cabe ao professor motivar uma aprendizagem que, por não coadunar com a visão do aprendiz e por configurar uma tentativa de defesa da própria cultura brasileira, acabe por desconsiderar toda a bagagem do aluno. Ou seja, sabendo que o desenvolvimento cultural se dá através do contraste entre o conhecido e o novo, representados, respectivamente, pela cultura do aprendiz e pela cultura em que está inserida a LE estudada, o professor de PLE deve, a partir desse contraste, guiar os aprendizes a terem um pensamento crítico, permitindo-lhes avaliar a sua própria cultura e a estrangeira, nascendo, assim, o respeito às diferenças culturais e a valorização da própria cultura naquilo que lhe é peculiar. Nessa direção, Trouche (2005, p.75) nos diz que:

> O trabalho com a Língua Portuguesa como língua estrangeira é o de propiciar aos alunos a vivência de novos valores culturais veiculados linguisticamente em contextos reais de uso concreto. Trata-se, pois, de um processo de desestrangeirização da língua, de percepção de identidades culturais, de respeito e compreensão das profundas diferenças que delimitam cada povo. Adquirir uma nova língua implica a compreensão e a aceitação de novos valores culturais.

Geralmente, pressupomos que podemos compreender padrões de comportamento através de nossos parâmetros culturais. No entanto, quando nossas expectativas são frustradas, reagimos negativamente, caracterizando a cultura-alvo como estranha ou esquisita. O sucesso da comunicação intercultural implica que uma mensagem produzida numa determinada cultura possa ser processada com sucesso em outra. Nesse sentido, uma integração entre o ensino de línguas e de culturas pode contribuir sobremaneira para o conhecimento do homem em geral, que, ao desenvolver a habilidade linguística e a sensibilidade cultural, pode, assim, desempenhar um papel de extrema importância na compreensão das diferenças culturais. Quais ações, então, podem ser tomadas para que as diferenças e as semelhanças culturais resultem em reflexões e não em embates? Três ações fundamentais, dentre muitas outras existentes, colaboraram nos processos de ensino-aprendizagem:

- **Seleção do material didático.** O professor responsável por elaborar um cronograma didático deve se preocupar com a escolha do material, já que esse material será a fonte principal de consulta e é o que estará por mais tempo em contato com o aluno. É importante que esses materiais — dicionários, livros didáticos, *web sites*, atividades produzidas pelo próprio professor, gramáticas — sejam desprovidos de qualquer tipo de preconceito, que valorizem a língua nos seus reais contextos de uso e que associem língua e cultura. A seleção/produção de um bom material depende, também, da disposição do professor em conhecer a cultura do(s) seu(s) aluno(s), saber o seu país de origem, alguns costumes, tradições e, ainda, as prioridades e os objetivos deles.
- **Incentivo à autonomia do aluno.** Vejamos o conceito de *autonomia* no minidicionário Silveira Bueno (2000):
    > AUTONOMIA, s.f. Faculdade de se governar por si mesmo; direito ou faculdade de se reger por leis próprias; emancipação; independência. **au.to.no.mi.a**

    Emancipação! Há alguma outra palavra que combine mais com ensino do que *emancipação*? Certamente não. O profissional engajado em incentivar a autonomia não está preocupado, apenas, com o resultado, mas, sim, com o processo por que passa o construto final de cada aluno. O profissional tem prazer e se interessa em conhecer as reflexões que seus alunos fazem com as atividades que são propostas, percebe as curiosidades do aprendiz e sugere caminhos de pesquisa e busca. Um trabalho que preza pela autonomia colabora para a formação de uma sociedade pensante e que, constantemente, se mantém em um processo de (trans)formação. Além disso, reafirma a ideia de que em nenhum momento os aprendizes são tábulas rasas, tampouco, o professor, e somente ele, é o detentor do conhecimento.
- **Abandono da perspectiva monocultural.** Reconhecer a diferença cultural na sociedade e na sala de aula traz como primeira implicação para a prática pedagógica o abandono de uma perspectiva monocultural da postura que Stoer e Cortesão (1999) denominam de *daltonismo cultural*. Segundo tais autores, o professor daltônico cultural é o que não se mostra sensível à heterogeneidade, ao arco-íris de culturas que tem nas mãos quando trabalha com seus alunos. Para esse professor, todos os estudantes

são idênticos, com saberes e necessidades semelhantes, o que o exime de diferenciar o currículo e a relação pedagógica que estabelece em sala de aula. Seu daltonismo dificulta, assim, o aproveitamento da riqueza implicada na diversidade de símbolos, significados, padrões de interpretação e manifestações que se acham presentes na sociedade e nas escolas. Quando se diferenciam os alunos não pela hierarquização de culturas, mas com respeito às especificidades de cada uma, o filtro afetivo do aluno fica em um nível mais baixo, afinal ele se sente respeitado pelo professor e essa posição é confortável para o aprendiz, que, enfim, consegue ter um rendimento melhor no seu processo de aprendizagem e, posteriormente, pode repetir a mesma ação para com a cultura dos demais aprendizes.

Por acreditar que experiências de ensino-aprendizagem só podem ser bem sucedidas se aprendiz e professor atuarem de forma conjunta é que indico essas ações. Em cada uma delas percebe-se um aspecto em comum: para serem executadas de forma positiva, há a necessidade de câmbios culturais, ou seja, do conhecimento da própria cultura mais o conhecimento da cultura alheia. É com esse compartilhamento de informações e descobertas culturais que professor e aluno se descobrem, se respeitam, se conhecem e, até, se reconhecem. Afinal, grande parte do que chamamos de "nossa" cultura também faz parte da cultura do outro.

Considerações finais

As discussões sobre o espaço nos livros didáticos destinado aos aspectos da cultura brasileira, as informações que os aprendizes recebem sobre a cultura do Brasil quando ainda estão no exterior, o ensino de línguas baseado, puramente, nos aspectos estruturais, nos levam a conclusões que salientam, ainda, algumas incipiências. Cabe uma mudança de postura por parte de nós, envolvidos no processo de ensino-aprendizagem de uma LE. Não há somente um veículo capaz de trazer "cultura" para as salas de aula. Professor, aluno, material didático e a própria situação de imersão linguístico-cultural em que se encontra o aprendiz estrangeiro radicado no Brasil, em consonância, são responsáveis por fazer do aluno um ser capaz de interpretar, agir, interagir com sucesso em situações dentro e fora das paredes da sala de aula, compreendendo os fatores que tornam a cultura do outro e sua própria cultura únicas e merecedoras de crédito, compreensão e respeito. O professor não mais se considerando o centro das ações e atenções, partindo de sua nova forma de enxergar e atuar no processo de ensino-aprendizagem de LE, estará dando um primeiro passo para novos olhares também por parte dos alunos, muitas vezes amarrados em metodologias de aprendizagem já insuficientes. É também de extrema importância levar em conta os reais objetivos dos alunos, desvendando as razões que os levam à sala de aula de LE, de forma a evitar perdas de tempo com assuntos pouco relevantes e ausência de temas importantes para o público em questão. Agindo dessa forma, estaremos dando um importante passo rumo a um processo de ensino-aprendizagem de inquestionável qualidade, sempre tão discutido e almejado por todos.

Referências

Bennett, M. J. Intercultural communication in a multicultural society: beyond tolerance. In: *TESOL Matters*, v. 6, n. 2, 1996.
Brown, H. D. *Principles of language learning and teaching*. 4. ed. NY: Addison Wesley Longman, 2000.
Bueno S. *Silveira Bueno:* minidicionário da língua portuguesa. Ed. ver. e atual. São Paulo: FTD, 2000.
Kramsch, C. J. *Context and Culture in Language Teaching*. 3a. ed. Oxford: OUP, 1996.
Niederauer, M. E. F. . Estranhamentos culturais em sala de aula de português para estrangeiros. In: Santos, Percilia; Alvarez, Maria Luisa O.. (Org.). *Língua e cultura no contexto de português língua estrangeira*. Campinas: Pontes, 2010, v. 1, p. 101-121.
Sapson, J. L. *Schools of linguistics*. Stanford: Stanford University Press, 1980.
Stoer, S. R.; Cortesão, L. *Levantando a pedra:* da pedagogia inter/multicultural às políticas educativas numa época de transnacionalização. Porto: Afrontamento, 1999.
Trouche, L. Leitura e interpretação: inferências socioculturais. In: Júdice N. (Org.) *O ensino da língua e da cultura do Brasil para estrangeiros:* pesquisas e ações. Niterói: Intertexto, 2005, p. 69-80.
Vian JR.,O. A educação linguística do professor de inglês. In: Szundy. P. T. C.; Araújo, J. C.; Nicolaides, C. S.; Silva, K. A. (Orgs.). *Linguística Aplicada e Sociedade:* Ensino e Aprendizagem de línguas no Contexto Brasileiro. Campinas: Pontes Ed., 2011.

Capítulo 2
Metodologias e abordagens em PLE

2.1 Métodos De Ensino De Língua Estrangeira: Contextos Históricos e Aplicabilidade

Francisca Paula Soares Maia

Shirlene Benfica

Levando em conta os espaços possíveis de aquisição de uma língua estrangeira, o presente texto focaliza no surgimento e mudanças das metodologias de ensino-aprendizagem no âmbito *formal*[6], ou seja, no espaço onde há, conforme nos mostra Almeida Filho (2010) a necessidade de um trabalho sistemático envolvendo ensino de línguas pautado em materiais de ensino, planejamento de uso desses materiais mediante procedimentos e técnicas, performance do educador e a avaliação do rendimento dos aprendizes em todo o processo.

Os termos *método* e *enfoque, metodologia, abordagem e procedimento* recebem uso indiferenciado na literatura, conforme nos ensinam Santana *et alli* (2005) e Martinez (*op. cit.*: 49)[7]. A seguir, traçamos um panorama das metodologias de ensino de línguas estrangeiras a partir de seus contextos históricos.

As metodologias tradicionais têm sua origem na Antiguidade, época em que se ensinava o latim e o grego por meio da tradução. São dois os métodos de ensino de língua estrangeira que surge a partir dessa vertente: o Método Gramática-Tradução e o Método Direto. Mesmo com o passar dos séculos e o advento de outras metodologias, esses métodos continuam sendo empregados, em respeito a situações específicas de ensino, como por exemplo, no ensino de Português para falantes de japonês, chinês, coreano, russo, árabe.

Método Gramática-Tradução

É também conhecido como método clássico, pois parte do exemplo de ensino do grego e do latim como língua estrangeira. O alvo é favorecer ao aprendiz a capacidade de ler e escrever na língua estrangeira, ou seja, não há preocupação com a comunicação oral. Desse modo, são usados recursos como listas bilíngues, dicionários, textos literários, sendo esses últimos a fonte de onde se extrai a gramática a ser memorizada. Contudo, apesar de lidar com textos da literatura clássica, tem por unidade de análise e de memorização a sentença.

Todo o processo tem por figura central o professor, considerado o centro de onde emana todo o conhecimento.

---

[6] Sobre essa questão ver Richards & Rodgers (2001).
[7] Para maior aprofundamento sobre o conceito de *método*, ver Vilaça (2008), In: http://publicacoes.unigranrio.edu.br/index.php/reihm/article/viewFile/43/78..

Método Direto

No século XX, críticas severas são feitas ao método da gramática-tradução, por não favorecer ao aprendiz as habilidades de falar e de ouvir a língua estrangeira a que se dedica aprender e por ser uma meta dessa época a comunicação entre os povos[8]. Passa-se, pois, a priorizar o oral. O aprendiz é levado a escutar os enunciados sem acompanhá-los por escrito. Também a boa pronúncia é enfatizada. Reside no método direto a base para as metodologias posteriores. Embora pareça não possuir uma teoria linguística explícita, concebe a língua como instrumento de comunicação; primeiro oral, depois escrita. Privilegia-se a aquisição da língua de maneira indutiva. Richards & Rodgers (2001), apontam como características desse método o ensino de estruturas e vocabulário feitos a partir do cotidiano e já na língua alvo, de forma graduada, podendo os alunos trabalhar em pequenos grupos, em aulas dinâmicas, com apresentação do vocabulário por meio de objetos (documentos reais) e desenhos, e o abstrato por meio de associação de ideias. O professor continua como o modelo da aprendizagem, devendo, portanto, dominar bem a língua alvo. Apesar de uma certa interação entre professor e aprendizes, ele ainda é o controlador de todo o processo: a fala dos alunos; o uso do livro; a sequência do programa; a correção dos erros; a condução do raciocínio indutivo; a consciência de suas próprias ações no método. Este método foi muito bem sucedido em institutos particulares de idiomas[9], com alunos motivados e professores nativos. Contudo, o mesmo não se deu nas escolas públicas, pelas poucas aulas dedicadas ao ensino de idiomas e pela limitada competência dos professores, que não dispunham de uma base teórica sólida em Linguística Aplicada, disciplina considerada essencial pelo movimento de reforma[10].

A segunda metade do século XX é marcada pelo surgimento de métodos de ensino de língua estrangeira com embasamentos científicos. Tem-se a alta do behaviorismo, cujos expoentes são Skinner e Pavlov, postuladores da teoria do estímulo-resposta no campo da psicologia; Bloomfield postula a linguística distribucional, geradora do estruturalismo americano e Saussure torna-se expoente do estruturalismo europeu.

Método áudio-oral

---

[8] Temos nessa época a introdução de ferrovias, o que favoreceu o movimento de deslocamento terrestre, de urbanização e de contato entre os povos, bem como uma era de invenções e descobertas com significativo desenvolvimento nas áreas da Ciência como Física, Química, Matemática, Biologia, Elétrica, Metalúrgica, que pode ser relacionado ao privilégio dado no ensino ao raciocínio indutivo.
[9] Um exemplo é o Berlitz, nos EUA.
[10] Movimento surgido nessa época para questionr o ensino de línguas e combater o método da gramática-tradução.

O método áudio-oral, também chamado de audiolingual ou audiolingualismo, surge nos Estados Unidos, depois da Segunda Guerra Mundial, diante da necessidade de militares aprenderem línguas e poderem atuar como tradutores, intérpretes, etc. Destaca Santana *et alli* (2005) que a língua é concebida como "um conjunto de estruturas organizadas hierarquicamente, cujo objetivo consiste em transmitir o significado". A língua passa a ser abordada em níveis: fonológico, morfológico e sintático (pouca relevância é dada ao nível semântico). As habilidades de falar, entender, ler e escrever devem ser desenvolvidas mediante a repetição de estruturas até que sejam automatizadas, de modo inconsciente, mecânico. Richards & Rodgers (*op. cit.*) mostram que nesse método a aprendizagem de uma língua estrangeira se dá mediante um processo mecânico de hábitos adquiridos por meio de exercícios estruturais e de memorização de diálogos. Primeiro os aprendizes têm contato recebem os elementos da língua de forma oral, com foco na analogia, buscando-se garantir a depreensão dos significados dentro de um contexto cultural e linguístico, jamais por meio de listas de vocabulário. O papel do professor continua sendo ativo e central; o modelo da boa pronúncia que os alunos devem imitar. Detentor do processo de aprendizagem, deve corrigir todos os erros dos alunos. É o "regente da orquestra".

Método Oral ou Situacional
A insatisfação com o método direto leva os britânicos a desenvolverem esse método, a partir de pesquisas sobre a frequência das palavras mais usadas nos textos escritos da época. O vocabulário, a gramática e a leitura são considerados como os aspectos mais importantes na aprendizagem de uma língua. Têm presença marcante a psicologia condutivista[11] e a linguística estruturalista. Apontam Richard & Rodgers (*op. cit.*) que tem primazia nesse método a língua oral, a língua alvo, apresentação dos elementos linguísticos em contextos situacionais; apresentação gradual do vocabulário e dos elementos gramaticais; o ensino indutivo; leitura e escrita como consolidação da base lexical e gramatical já trabalhada com o aprendiz. O professor continua como o modelo linguístico e "regente"- mor. É o ponto de referência de todas as atividades, cabendo-lhe primar pela correção da produção dos aprendizes.

---

[11] São seus representantes os psicólogos americanos John Broadus Watson (18781958), ClarckLeonard Hull (1884-1952), Edward Chace Tolman (1886-1959) e Burrhus FredericSkinner (1904-1990). Este último propõe o condutivismo radical ou behaviorismo, segundo o qual toda conduta humana é completamente determinada, nunca havendo liberdade de escolha. Fonte:
http://www.dicionarioinformal.com.br/significado/condutivismo/13232/

Método Audiovisual

Os métodos audiovisuais, elaborados entre 1950 e 1970, acabam resultando de duas correntes de pesquisa, uma nos Estados Unidos; outra na Europa, mais especificamente na França. A partir de trabalhos de *descrição da língua*, trabalhos sobre o léxico britânico tinham dado origem a um *basic English*, de concepção lógica e universalista, o que o tornam, pouco a pouco, a língua de comunicação mundial. O francês vê-se ameaçado e o governo franco cria a Comissão do Francês Fundamental, responsável por elaborar-lhe um "vocabulário essencial". Nasce assim o Estructuro-Global Audiovisual.

Concebida como um sistema de comunicação e expressão, priorizando-se o oral, enfatiza-se a língua familiar. Inspirado na linguística da fala de Bally, diverge do estruturalismo saussureano, pois tem por enfoque a *parole* e não a *langue*. A aprendizagem é vista como um fenômeno complexo, em que o componente psicofisiológico é tão importante quanto o linguístico. Apoiada na *gestalt*, postula que o cérebro percebe primeiro o todo, o global dos diferentes elementos captados pelos sentidos, filtros da percepção, o que remete a "uma concepção global da comunicação aberta *in fine* para a prática social" (Martinez, *op. cit.*).

Desse modo, nesse método a língua deve ser ensinada como comunicação; o diálogo é o ponto de partida e meio de contextualização dos exercícios estruturais; a boa produção fonética tem muita importância; jamais se deve recorrer à tradução; a fixação dos elementos linguísticos utilizados garante uma expressão espontânea, livre. A escrita só é introduzida após cinquenta horas de trabalho oral. O professor continua ocupando o papel central, modelo a ser imitado pelos alunos, que são ativos por terem que participar continuamente, mas passivos porque não decidem o processo.

Métodos Psicológicos

Caracterizam-se por estarem ligados a uma teoria psicológica, por isso são denominados de métodos psicológicos ou humanistas. São eles: Comunitário; Silencioso; Método Natural; Da Resposta Física Total; Sugestopédico. Dentre esses, abordaremos a seguir o método natural de Krashen-Terrell, por ser considerado o enfoque mais transcendente no ensino de idiomas dos anos oitenta. Richards & Rodgers (*op. cit.*) são cinco as hipóteses da teoria de Krashen: (i) hipótese da oposição entre aquisição e aprendizagem, em que a primeira seria não guiada, inconsciente; (ii) hipótese do monitor, que permite ao indivíduo modificar seus enunciados durante sua produção; seria o "controlador" pessoal da gramaticalidade; (iii) hipótese da ordem natural, segundo a qual a aquisição das estruturas dá-se na ordem de aquisição da língua materna; (iv) hipótese da formação de entrada ou *input*, que considera que os aprendizes adquirem melhor uma língua quando expostos a um *input* compreensível; (v) hipótese do filtro afetivo, em que o estado emocional do aprendiz atua como um filtro capaz de impedir ou bloquear a ação do *input* compreensível.

Método Comunicativo

A maioria dos métodos anteriores tinha por meta levar os aprendizes ao uso correto e apropriado da língua estrangeira. Contudo, professores e linguistas acabaram percebendo que, se em sala de aula os alunos conseguiam produzir sentenças gramaticalmente corretas, o mesmo não se dava em situações realmente comunicativas e reais fora do contexto formal de ensino. Com o surgimento do Mercado Comum Europeu e do Conselho da Europa, aumenta a necessidade de ensinar aos adultos as línguas europeias. O aumento dos intercâmbios gera a necessidade de um ensino de língua que expressa a realidade social. Informa-nos Martinez (*op.cit*):

> Em 1973 são publicados em estrasburgo os *Sistemas de aprendizagem das línguas vivas pelos adultos* (Trim, Richterich, Van Ek e Wilkins), e pouco depois o *Threshold Level*, programa comunicativo de nível mínimo definido para o inglês segundo diretrizes europeias (Van Ek, 1975).

Essa nova abordagem busca embasamento nas divisões conceituais da sociolinguística (Hymes, Gumperz e Labov), da etnografia, da etnometodologia e na noção de *ato de fala*, a partir dos trabalhos de filosofia da linguagem de Austin (1962) e de Searle (1969).

Segundo Richards & Rodgers (*op. cit.*), as origens do método comunicativo encontra-se nas mudanças sofridas na Grã-Bretanha nos finais dos anos sessenta e início dos setenta, quando o método situacional é questionado. Isso coincide com a publicação dos trabalhos de Chomsky, *Syntactic Structures*, em 1957, que por sua vez é contemporâneo da corrente cognitivista na Psicologia. Contudo, Germain (1993) ressalta que o enfoque comunicativo não tem suas origens diretamente relacionadas a Chomsky, devido a que, na gramática gerativa transformacional uma língua é considerada um meio de expressão do pensamento e não um instrumento de comunicação. Melhor dizendo, o trabalho de Chomsky aponta para as normas do sistema linguístico, mas o que se prioriza-se daqui em diante é a aquisição de uma *competência comunicativa*, ou seja, as normas de *uso*, em função do contexto social.

Martinez (*op. cit.*) propõe, a partir de Debyser (1986), quatro grandes orientações da abordagem comunicativa[12]:

- Uma "retomada do sentido", com uma "gramática nocional, gramática das noções, das ideias e da organização do sentido" e avanços mais flexíveis;

---

[12] Para mais detalhes sobre a abordagem comunicativa ver Almeida Filho (2010).

- Uma "pedagogia menos repetitiva", com menos exercícios formais em proveito "de exercícios de *comunicação* real ou simulada muito mais interativos", porque é "comunicando que aprendemos a comunicar";
- A "centralização no aprendiz", quando o aluno é "o agente principal de sua aprendizagem" e "o sujeito ativo e comprometido da comunicação";
- "*aspectos sociais e pragmáticos* da comunicação" inovadores, dado que não são os saberes, mas o saber fazer que é diretamente tomado como "objetivo da aula".

Vejamos em que essas orientações se desdobram.

A Perspectiva sócio-cultural da aprendizagem

Os estudos desenvolvidos sob a ótica sócio-cultural ou interacionista verificam como a ordem social é constituída na interação (Van Lier, 1996, p.184). Esta linha de pensamento foi inspirada nos princípios do materialismo dialético de Marx e Engels e foi desenvolvida por Vygotsky (Rego, 1998, p.28). Ele procurou construir uma nova psicologia integrando o homem enquanto corpo e mente, ser biológico e social, membro da espécie humana e participante de um processo histórico e cultural. Seu objetivo era "caracterizar os aspectos tipicamente humanos do comportamento e elaborar hipóteses de como essas características se formaram ao longo da história humana e de como se desenvolvem durante a vida do indivíduo". (Vygotsky, 1984[13], p.21 apud Rego, 1998). Nesta perspectiva, o desenvolvimento do indivíduo está localizado no discurso e nas atividades socioculturais que ele desempenha (Hall e Verptaetse, 2000, p.07). De acordo com Rego (1998, p.72), Vygotsky identificou dois níveis de desenvolvimento humano: um que se refere às conquistas já efetivadas pelo indivíduo (desenvolvimento real) e o outro que se relaciona às capacidades a serem construídas por ele (desenvolvimento proximal). Para Vygotsky, a aprendizagem depende da participação repetida dos indivíduos em atividades colaborativas. Nestas atividades, os indivíduos têm a oportunidade de desenvolver a ZDP (zona de desenvolvimento proximal) que é a distância entre o desenvolvimento real e potencial, ou seja, é a diferença entre o que uma pessoa pode alcançar sozinha e o que ela pode fazer quando recebe a ajuda de alguém mais experiente ou de um outro recurso cultural (Lantolf, 2000, p.17). A pessoa mais experiente ou o recurso serve como andaime para que o outro se desenvolva. Quando o "andaime" ocorre há a evidência de que se está trabalhando ou

---

[13] Vygotsky, L. S. A formação social da mente. São Paulo, Martins Fontes, 1984. In: Rego, T. C. Vygotsky: Uma perspectiva histórico-cultural da educação. Petrópolis. Editora Vozes, 1998.

desenvolvendo a ZDP. "A mediação é a chave para a construção do conhecimento" (Lantolf, 2000, p.17).

Sendo assim, o desenvolvimento cognitivo é moldado através destas atividades colaborativas que vão se constituindo em um conhecimento moldado pela experiência. O diálogo colaborativo passa a ser um meio para construir o conhecimento, desenvolvendo a compreensão e a fluência na língua. O professor, nesta perspectiva, assume o papel de mediador no processo, podendo promover momentos em que os alunos trabalhem de forma mais interativa, construindo seu próprio conhecimento de forma colaborativa, testando hipóteses e solucionando problemas. Os alunos, por sua vez, assumem o papel de membros culturais aprendendo a usar a língua estrangeira para alcançar objetivos sociais e cognitivos no novo contexto cultural que se constrói.

Foco na conversação

A análise da conversação é outra perspectiva para se analisar a interação. Ela se desenvolveu com base na sociologia nos anos 60 como uma variante da etnometodologia (Heap, 1997, p.217). Nestes estudos, faz-se a análise das relações entre língua e o contexto em que ela é usada (McCarthy, 1991, p.05), tentando compreender como falantes e ouvintes constroem a interação social através do uso de regras e de procedimentos.

A conversação analisada nestes estudos é, segundo Goffman (1963, p. 24[14]) apud Goodwin (1981, p.02), a interação focalizada, ou seja, o tipo de interação que ocorre quando duas ou mais pessoas se juntam e cooperam abertamente através da fala. Este tipo de pesquisa pode incluir a análise de comportamentos linguísticos e não linguísticos. Segundo Goodwin (1981, p.02), há análises dos turnos[15] e da organização da tomada de turnos que revelam regras que se diferenciam nos contextos. De acordo com Sacks, Schegloff & Jefferson (1978, p. 7) estas tomadas de turno[16] são utilizadas para

---

[14] GOOFMAN, E. Behavior in public places. Free Press, 1963. Apud: GOODWIN, C. Conversation interaction between speakers and hearers. New York: Academic Press, 1981.
[15] O turno é constituído de uma fala seguida da outra e sua definição não pode ser de uma unidade estática, mas sim de um processo de tempo ilimitado. A tomada é o momento de transição de um turno para o outro. Há problemas com a delimitação das tomadas de turno, tais como, as falas simultâneas e o silêncio entre os turnos. Estados particulares de orientação mútua entre falante e ouvinte são relevantes para a estrutura do turno. (Goodwin, 1981, p.02)
[16] A tomada de turno se dá de forma organizada, e esta organização é um instrumento que modela e dá corpo à conversa. A tomada de turno é um sistema de gerenciamento local e interacional Este sistema é considerado local, pois é direcionado e gerenciado ao próximo turno. Ele opera de forma a permitir a variação da ordem e do tamanho do turno através da interação dos falantes. O tamanho do turno pode ser caracterizado por dois aspectos diferentes da organização sentencial: a multiplicação da unidade sentencial em um turno e o

ordenar, alocar, regular a conversação em diferentes contextos e situações. A sala de aula, como qualquer ambiente linguístico, também tem uma organização conversacional, que tem sido investigada em pesquisas da Linguística Aplicada. Através deste tipo de análise torna-se possível compreender melhor como se dão os processos interacionais, o tipo de abordagem do professor e aspectos referentes à participação dos alunos.

Embora as pesquisas sobre interação tenham sido desenvolvidas sob diferentes perspectivas, elas compartilham algumas suposições comuns sobre a natureza da aprendizagem de línguas estrangeiras. Todas partem do pressuposto que o insumo deve ser compreensível para que a aprendizagem da LE aconteça. As pesquisas sócio-culturais e com foco na análise da conversação se preocupam em como a ordem social é construída através das interações linguísticas (Vygotsky, 1984, McCarthy, 1991, Heap, 1997). As pesquisas sobre a modificação do discurso e com foco na fala dos professores se interessam em compreender as regras da negociação para o desenvolvimento da interlíngua (Lamy & Goodfellow, 1999, Hall & Verptaetse, 2000).

Podemos dizer que nessa abordagem é de suma importância o processo psicolinguístico desempenhado pelo aprendiz, levando em conta que é a psicologia cognitiva que o embasa, o que prevê um aluno ativo, responsável por seu processo de aprendizagem. Dessa forma, o papel do professor passa a ser o de facilitador do processo de comunicação, tanto oral quanto escrita. É responsável por organizar a aula, propor atividades comunicativas, controlar o funcionamento do processo de aprendizagem, ou seja, gerenciar os elementos envolvidos (recursos didáticos, tempo, espaço, conteúdos, tarefas) enquanto o aluno é o maior protagonista da aula, pois cabe-lhe "dizê-la".

Contudo, inspirados no ecletismo da abordagem comunicativa, outros métodos surgiram. Só para mencioná-los: o ensino autônomo da língua; o ensino mediante tarefas; o método integral[17].

Referências

Almeida Filho, J. C. P. *Dimensões Comunicativas no Ensino de Línguas.* Campinas, Pontes, 2010.

Germain, C. *Evolution de l'enseignement dês langues:* 5000 ans d'histoire. Paris: clé International, 1993.

Lamy, M. N. Goodfellow, R. "Reflective Conversation" In The Virtual Language Classroom. *Language Learning & Technology.* Vol.2, N°. 2, January 1999, pp. 43-61.

---

aumento da complexidade da construção sintática com unidades sentenciais simples (Sacks, Schegloff & Jefferson, 1978, p. 41).

[17] Em geral a literatura de LE os trata apenas como parte da abordagem comunicativa.

Lantolf, J. P. *Sociocultural Theory and Second Language Learning.* Oxford. Oxford University Press. 2000:01-26.
Martinez, P. *Didática de línguas estrangeiras.* Tradução Marco Marcionílio. São Paulo: Parábola Editorial. 2009.
Richards, J. C. & Rodgers. *Approaches and Methods in Language Teaching.* Second Edition. Cambridge: Cambridge University Press, 2001.
Santana, G. et alli. *Questões de línguas estrangeiras:* línguas estrangeiras em questão. São Cristóvão. Editora UFS. Aracaju: Fundação Oviêdo Teixeira. 2005.
Van Lier, L. *Interaction in the language curriculum: Awareness, autonomy & authenticity.* London: Longman, 1996.
Vygotsky, L. S. *A formação social da mente.* São Paulo: Martins Fontes, 1998.

2.2 O impacto da heterogeneidade linguístico-cultural em turmas de PLE: de professores e aprendentes
Edirnelis Moraes dos Santos
José Carlos Chaves da Cunha

O Projeto *Práticas de ensino, metalinguagem e uso de material didático em turmas heterogêneas do ponto de vista linguístico e cultural*, que desenvolvemos na Universidade Federal do Pará (UFPA), tem por objetivo geral de investigação descrever e aferir a efetividade de práticas de ensino e de materiais didáticos no ensino de Língua estrangeira[18] (LE) em turmas heterogêneas do ponto de vista da Língua Materna[19] (LM) e de Língua segunda[20] (LS) dos alunos no Brasil (Belém e Oiapoque) e na Guiana Francesa (Saint-Georges).
Neste texto, nos deteremos mais especificamente numa primeira análise do impacto da heterogeneidade linguístico-cultural dos aprendentes em turmas de português como língua estrangeira (PLE). Importa-nos saber quais as percepções dos professores e aprendentes quanto ao trabalho com turmas heterogêneas. Afinal, para eles, qual o impacto dessa heterogeneidade no processo de ensino-aprendizagem do PLE? Em que medida ela pode favorecer e/ou desfavorecer esse ensino-aprendizagem? Em que condições?

Nos dados coletados, procuramos perceber como as representações que alunos e professores têm das línguas culturas (materna, segunda e/ou estrangeira) que dominam, de sua cultura educacional, de sua visão de mundo, de seus valores, de suas crenças... – obviamente diferentes umas das outras – impactam as práticas de sala de aula.

O impacto da proximidade ou do distanciamento das línguas-culturas
Um primeiro passo foi analisar os fatores impactantes decorrentes da percepção que os aprendentes têm da proximidade ou distanciamento de sua(s) língua(s)-cultura(s), daquela utilizada no Brasil, mais especificamente em Belém-PA.
Começamos pelas respostas dos alunos anglófonos. JAM 1, JAM 2 e TRI estão de acordo ao apontar que há um distanciamento entre o português e o inglês, já que as línguas não têm a mesma origem: "(...) porque estas línguas tem razes diferentes assim não têm muito comum entre os dois." (JAM2), o

---

[18] A Língua Materna é a que aprendemos primeiro e em casa, na interação familiar. Trata-se frequentemente da língua da comunidade (Spinassé, 2006). É a língua da primeira socialização (Cuq; Gruca, 2003).
[19] A Língua Estrangeira é toda língua não materna que se aprende em um contexto escolar.
[20] A Língua Segunda ou Segunda Língua se distingue das outras LE pelo status jurídico e/ou social e pelo grau de apropriação que a comunidade que a utiliza lhe deu ou reivindica.

que influencia na organização estrutural da língua: "totalmente diferente para português na forma, palavras, e conjugação" (TRI) e "tem diferences na construção das frases e os artigos e concordancias etc" (JAM1).
Quanto aos alunos africanos, a maioria, entenda-se seis alunos de nove, ao relacionar a LM ao PLE, evidentemente, levou em conta a língua materna africana, logo assinalaram o distanciamento do português:

- Eu considero minha língua materna [Tshiluba] distante da língua portuguesa porque não é uma língua latina como o francês, o espanhola (RDC4).
- Minha língua materna [Fon] tem nada semelhante à língua portuguesa Exemplo: Água na minha língua é sin (BEN).

RDC6 e RDC 7 compararam a LS (francês) com o português, por isso disseram que estas se assemelham. Esta semelhança também foi apontada por FRAN, cuja língua materna é o francês.

- Porque as duas línguas têm mesma origem além disso, o básico gramático é quase mesmo (RDC6).
- A construção gramática é muita próxima (FRAN).

Os dois discentes hispanófonos responderam que sua LM é muito próxima do português. Alguns estudos, como o de Richman (1965 apud Henriques, 2000, p. 226), mostram que entre o português e o espanhol "existe uma alta porcentagem de palavras cognatas (90.8%). O restante está assim distribuído: vocábulos heterossemânticos (4.7%), empréstimos de outras línguas (2.3%), FCs [falsos cognatos] (1.6%) e termos científicos (0.76%)".

- Acho que sim, é perto a língua Portuguesa falada no Brasil, da língua falada em meu país, porque tem muitas palavras, que são iguais, e também a gramática (CUB1).

HAI, HOL e JAP tomando como LM o crioulo, o holandês e japonês, respectivamente, disseram que o português se distancia muito de suas LM.

- Muito diferente língua entre português e japonês. e. Completamente gramatica, verbo e adjetivo (JAP).
- Nossa gramatica e muito / muito diferente. Também por pronunciar tem muitas diferencias (HOL).

No que concerne à proximidade ou ao distanciamento da LM favorecer a aprendizagem do PLE, podemos destacar tanto fatores que tanto facilitam, quanto dificultam essa aprendizagem. JAM1, que considerou o inglês distante do português, mencionou dois aspectos similares entre as duas línguas: "Inglês é próxima da língua pontuguêsa no respeito de semântica e pragmática" (JAM1), o que favorece a aprendizagem.

Para os hispanófonos a ocorrência de muitas palavras iguais facilita, todavia essa similaridade ao mesmo tempo pode atrapalhar, já que em um dado momento, como expõe CUB2, é difícil fazer a diferença: "Eu acho que tem coisas boas e más, você compreende fácil mas chega o momento que você não sabe qual está falando pela proximidade."

Para FRAN, a aproximação do francês e do português contribui para a construção do sentido: "Sim para a significação de algumas palavras que pode ajudar entender o senso de uma phrase [frase]". Fator mencionado também pelos alunos que possuem a língua francesa como LS, haja vista serem línguas neolatinas, terem uma organização gramatical semelhante e palavras parecidas:

- a língua portuguesa tem muitas regras gramáticas, com a base da língua francesa parece muito fácil aprender o português (RDC5).

Quanto ao distanciamento, apenas RDC8 respondeu que isto pode favorecer a aprendizagem, pois não irá fazer confusão com a sua LM, sobretudo na escrita: "Esse distanciamento favorece na minha aprendizagem mais no lado escrito porque na minha língua você tem que escrever o que você está ouvindo". Oito aprendentes (RDC1, RDC3, RDC2, RDC6, HOL, JAM2, JAP e TRI) disseram que o distanciamento não favorece a aprendizagem. No caso de JAP e HOL, foi visível, nas observações em sala de aula, um avanço mais lento em relação aos demais alunos que dominavam uma LS ou LE próxima do português.

Percebemos que os estudantes que já dominam uma língua próxima da LE que estão aprendendo – em nosso caso o português – trazem consigo um maior número de estratégias (como, por exemplo, analogias, transferências) para tentar compensar a falta de conhecimento da nova língua-alvo: "o fato que e aprendi e falo espanhol quase fluentemente, favorece minha aprendizagem da língua português, porque elas são muito próxima" (JAM).

Analisando as respostas dos seis professores-estagiários quando questionados sobre a proximidade ou distância de sua LM e da LE que ensinam, responderam que elas são próximas. Isto não é uma surpresa, já que eles ensinam o português que é a língua materna deles. P2 e P4 também lecionam o francês e consideram que há proximidade entre o português e esta língua, enfatizam o aspecto gramatical, tal qual os alunos.

Para os professores, o fato de ensinar a sua LM como LE favorece o ensino do PLE já que são falantes nativos, dominam a língua-cultura que lecionam. Entretanto, P5 e P6 destacam que ensinar sua própria LM como LE requer certas adaptações como procurar adaptar sua linguagem ao público alvo e adequar as práticas de ensino às motivações, interesses e necessidades desse mesmo público:

- precisei tomar alguns cuidados, já que o comum para mim é uma linguagem mais informal. Mas em geral, favoreceu no trabalho docente (PE 5).
- Hoje vejo as diferenças entre o ensino do português LM e LE e consigo fazer as adaptações de ensino de acordo com o público que trabalho, falantes nativos ou estrangeiros (PE 6).

De fato, ensinar a sua própria língua como LE demanda um bom conhecimento do público com o qual se vai trabalhar, tanto mais se, como é o caso aqui, este for bastante heterogêneo. Demanda também um cuidadoso trabalho de preparação das aulas e uma atenção toda especial para as questões (inter)culturais antes, durante e depois das práticas de ensino-aprendizagem.

O impacto da proximidade ou do distanciamento da Cultura Materna e da Cultura-Alvo
Tratamos, neste ponto, da relação de proximidade ou distanciamento entre a cultura materna (CM) de cada aprendente e a cultura-alvo, ou seja, a brasileira. Procuramos também saber se eles haviam tido alguma dificuldade com o ensino-aprendizagem da língua-cultura praticada no Brasil que pudessem atribuir à influência da cultura materna dos aprendentes.
Iniciamos com as respostas dos oito congoleses que nos surpreenderam ao mostrarem opiniões diferentes: RDC1, RDC2, RDC3 e RDC8 disseram que a sua CM e a Cultura brasileira (CB) são próximas; RDC4, RDC5, RDC6 e RDC7 consideraram que elas são diferentes. Aqui é possível confirmar um dos princípios da perspectiva acional-intercultural: o de que "não existe sociedade homogênea", já que, em tese, este grupo de alunos, por serem oriundos do mesmo país, deveria ter a mesma resposta. É importante reconhecer que cada aluno apresenta características específicas que o tornam único, que o fazem olhar o mundo a partir de seus conhecimentos e suas vivências.
Os aprendentes que marcaram a proximidade citaram a mistura da CB que também tem traços da cultura africana, como sabemos, devido à forte ligação entre as duas nações no passado:
- É próxima porque, na verdade o Brasil está vivendo a mistura das culturas, nesse caso tem as coisas ligado com a minha cultura como, a música, a comida, esporte, o jeito... (RDC1).

Aqueles alunos que destacaram o distanciamento mencionaram o modo de vestir, o relacionamento entre as pessoas e a organização familiar:
- Na minha cultura o valor de uma mulher é estar submetida ao homem, esto é, o homem é o chefe da família, e ele domina sobre a sua mulher e sobre as crianças (RDC6).
- Por exemplo as africanas não se vestem com as roupas longas, até aos pés (RDC7).

Seguindo esse panorama da distância entre as CM e a CB, FRAN, HAI e JAP mencionaram também o modo de pensar, de viver, de se comunicar:
- o jeito de falar pensar de viver (FRAN).
- muito distante da cultura brasileiro por causa do povo que é muito diferente, a mentalidade, a maneira de pensar as coisas (HAI).

Características também mencionadas por BEN, JAM1 e CUB1 como próximas de suas culturas maternas e da cultura-alvo: "Porque no meu país a comida típica é a base da farinha" (BEN); "nossos pensamentos são próximos" (JAM1) e "Eu acho que tem muitas coisas perto de minha cultura a cultura brasileira, com o jeito das pessõas, o jeito de se vestir, de fazer muitas coisas" (CUB1).

Logo, essa proximidade favorece a aprendizagem visto que uma adaptação a essa nova cultura, a brasileira, é mais fácil, como indicou CUB2: "Logicamente ao ser parecidos fica fácil se acostumar". Para JAM2, é possível "relacionar muitos coisa da minha cultura à cultura brasileira, por exemplo alguns provérbios da minha cultura a cultura brasileira tem com a mesma significa".

Até mesmo alguns alunos que expuseram que a sua CM é distante da CB defenderam esse fator como positivo para a aprendizagem, pois é fonte de novas descobertas:

- ajudei para saber mais como os brasileiros vivem e saber mais sobre a cultura brasileira (RDC2).
- Essa curiosidade é favorável para mim de aprender a língua. Quando a gente entra mais na cultura, mais a gente aprende palavras desta língua (HAI).

Entretanto, para outros, esse distanciamento dificulta a aprendizagem, já que fica mais difícil interagir com os usuários da língua-cultura que está sendo ensinada/aprendida: "diferentes expressões de falar, individualidade, estilo de vida" (JAP); e, além disso, um presumível choque cultural que demora certo tempo para se dissipar:

- esse distanciamento traz um choque cultural de vez em quando (...) este tempo que a gente passa para se conhecer pode defavorecer a minha aprendizagem (RDC6).

Para o estudante estrangeiro, entrar em contato com uma nova outra cultura pode desencadear empatia, conflito, cooperação, repulsão. Alguns estudantes levam um pouco mais de tempo para compreender e aceitar essa nova maneira de agir no mundo, o que, consequentemente, impacta o progresso de sua aprendizagem.

Em se tratando da percepção dos professores-estagiários, quatro deles (P1, P2, P3 e P5) disseram que a sua CM é muito próxima da cultura-alvo que ensino. Isto é lógico, porque falam da CB que é a CM deles: "Eu ensino a minha cultura, logo é próxima" (P1); "Próxima, pois minha cultura materna é a alvo dos meus alunos" (P3). Porém ressaltam que a CB é ampla: "Próxima. Mais uma vez, faz parte da cultura brasileira que é extensa" (P5), mas que é possível falar de uma perspectiva mais geral:

- posso falar de hábitos gerais dos brasileiros como, por exemplo, a base alimentar (feijão e arroz), os diferentes sotaques do Brasil (P1).

e ao mesmo tempo mais local:

- quando o manual apresentava aspectos de Minas Gerais, eu explicava como é na região em que eles estavam morando: norte, pois é com essa cultura que eles conviviam durante o período do curso (P5)

Para P1 e P3, o fato de afirmarem que ensinar a sua própria CM facilita o trabalho é ratificado porque falam de uma cultura que vivenciam:
- é muito mais fácil você falar sobre algo que você vivencia (P1).
- Essa proximidade favorece o meu trabalho como docente, pois é a mesma cultura que devo apresentar, ou relacionar com a dos meus alunos (P3).

Para estabelecer a proximidade ou o distanciamento da cultura que ensina, P6 respondeu que "Isto depende da nacionalidade do público com o qual trabalho". Aqui é possível inferir que a estagiária leva em consideração o público para o qual dá aula, já que é professora de português LE e de inglês LE. Por isso, pondera que
- A diferença cultural pode atrapalhar ou ajudar dependendo de como se lida com isso. Antes de começar as aulas procuro saber um pouco da cultura dos alunos e no decorrer do curso vamos descobrindo nossas semelhanças e diferenças (P6).

A partir das percepções dos professores-estagiários, notamos que há uma reflexão sobre o modo como vão apresentar a cultura para os alunos, com o intuito de promover o espaço da sala de aula como um lugar de diálogo entre as culturas maternas dos alunos e a cultura-alvo.

O impacto da diversidade de línguas-culturas em turmas de PLE

Algumas perguntas dos questionários tinham como objetivo verificar se, para os alunos e os professores, o ensino-aprendizagem do PLE seria favorecido se houvesse somente usuários da mesma língua-cultura na turma ou se essa aprendizagem seria mais fácil caso fosse constituída por usuários de várias línguas-culturas.

Quando essa questão foi tratada, dos dezoito aprendentes, dezessete responderam que o fato de haver várias línguas-culturas representadas na sala de aula favorece a aprendizagem da língua estrangeira. Um dos principais motivos apontados pelos estudantes é que isso os incentiva a falar em português:
- Eu acho que sim, porque maioria das vezes nós precisamos trabalhar juntos, assim nós devemos usar português para comunicação, qual me ajuda para praticar / usar a língua (JAM2)
- Favorece sim, como a gente não pode se comunicar na minha língua com eles, e mesma coisa na língua deles, este nos incentiva para se comunicar só em português (RDC6).

Além disso, a possibilidade de conviver com uma turma heterogênea do ponto de linguístico-cultural os faz aprender mais sobre as línguas-culturas dos colegas:
- Eu acho isso favorece porque cada um deseja saber sobre a cultura do outro (RDC8).

Em contexto heterogêneo, notamos uma curiosidade natural pela cultura do outro, como conhecer melhor os costumes, o modo de vida, a história de seus companheiros. Isto propicia ao aluno a ocasião de usar a LE mais adequadamente e, assim, comunicar-se de forma mais eficiente com os colegas e com os falantes nativos:

> • No debate [...] quando cada um defende sua parte numa língua comum que é a língua que nos estamos aprendendo. Isso ajuda muito para competividade de falar mais rápido e muito bem (HAI).

O aprendente CUB2 atestou que a variedade linguístico-cultural não favorece, porque, apesar de promover a interação, como mencionado pelos outros alunos, isto não é bom para a compreensão, já que, para ele, as pessoas não têm mesma facilidade para aprender:

> • é bom para interagir com outras culturas, mas para aprender eu acho que não é bom pois o português não é entendido com a mesma velocidade e facilidade para as pessoas de diferentes línguas (CUB2).

FRAN, que respondeu favoravelmente à heterogeneidade, também citou alguns entraves que este contexto provoca:

> • e [é] difícil as vezes de entender para um francês o português de um aluno cubano, o[u] inglês por causa de sumtaque (FRAN).

Quando questionados se estudar em uma turma de alunos da mesma língua-cultura facilitaria a aprendizagem do PLE, FRAN e JAP responderam que "sim", os outros dezesseis disseram "não". As respostas dos dois alunos não podem ser consideradas incoerentes com as primeiras respostas, pois um contexto heterogêneo não exclui a validade de um contexto homogêneo que pode beneficiar a aprendizagem em alguns aspectos como: "Vai aprender a pronunciar" (JAP) e "Talvez para ficar mais atento com a língua portuguese sem ouvir outras línguas" (FRAN), por exemplo.

Como foi relatado acima, a maioria disse que uma turma composta por alunos da mesma língua-cultura não ajudaria na aprendizagem da LE-alvo. O principal argumento é que não se esforçariam para se comunicar em português:

> • eu nunca vou me efforçar [esforçar] de falar português, só minha ligua, e será que uma grande dificuldade de aprender a ligua português (RDC7)

Essa heterogeneidade linguístico-cultural na percepção dos alunos pode tanto favorecer a aprendizagem, pois incentiva a interação na LE-alvo, além de motivar a saber mais sobre as línguas-culturas dos colegas; quanto dificultar, visto que os alunos e suas línguas-culturas não têm as mesmas peculiaridades, por isso a aprendizagem com tantas línguas-culturas em contato pode fazer com que não se leve em consideração as características linguístico-culturais de cada aprendente.

Examinando, agora, a resposta dos professores no que diz respeito à constituição da turma por alunos de mesma ou de diferentes línguas-culturas, notamos que três (P2, P4 e P5) deles disseram explicitamente que um grupo heterogêneo facilita o ensino de PLE:

- Facilita. [...] isso ajuda na hora de auxiliar o aluno se expressar em português: quando ele hesita, expõe a palavra que quer dizer, e eu ou a turma ajuda (P2).
- Acredito que facilitava [...] a colaboração em grupo, tolerância, respeito pelo outro, eles se tornam mais abertos a novas concepções de mundo vindas dos colegas (P5).

No excerto acima, percebemos que a declaração de P5 corrobora o que os alunos expuseram em suas respostas sobre a possibilidade de partilhar a sua língua-cultura e conhecer mais a do colega e, assim, compreender melhor a conduta de cada um, o que proporciona um ambiente propício ao diálogo intercultural.

Em relação à proposição de P2, ele relata que valer-se da ajuda do professor e dos outros os alunos para solucionar uma dúvida é um fator positivo em uma classe heterogênea. P2 observou isso na aula de P5:

- Durante uma aula de P5, na turma de 2011, os alunos tiveram dificuldades para compreender o uso de "nada". RDC3 entendeu que 'não quero comer nada" significa "quero comer tudo". P2 afirmou que isso existe na língua francesa. Os alunos francófonos compreenderam a referência. JAM1 disse que a dupla negação é um pouco difícil para ele porque isso não existe em inglês[21].

A partir deste exemplo, podemos dizer que uma dúvida em relação a uma palavra, uma expressão etc. pode ser resolvida pelo conhecimento que o professor tem da língua-cultura do aluno – o francês no excerto acima – e/ou dos colegas de classe que porventura entendam o que um dos aprendentes quer dizer.

P3 não disse claramente que é difícil trabalhar com público heterogêneo, porém como a turma de 2012, quando comparada à turma de 2011, foi constituída por mais alunos de línguas-culturas diferentes, ela acredita que isso pode ter influenciado a interação do grupo:

- Confesso que trabalhar com um grupo mais homogêneo [o de 2011] em termos de língua/cultura me pareceu ser mais fácil (...) Porém, não posso afirmar que o problema apresentado na turma de 2012 foi exatamente pelo fator língua/cultura diferente. Acredito que há inúmeros fatores envolvidos como religião, família, etc (P3).

De fato, é delicado afirmar exatamente o que pode prejudicar o relacionamento entre os alunos. Daí, a necessidade de se refletir sobre os

---

[21] Notas de campo de Headson Santos, bolsista PIBIC 2011/2012 que, sob a coordenação de José Carlos Cunha, desenvolveu a pesquisa "Práticas docentes em português língua-cultura estrangeira pelo viés da interculturalidade".

fatores que podem perturbar tanto a interação quanto a aprendizagem dos estudantes para que a heterogeneidade não seja tomada como um problema. Para P1, atuar com um grupo heterogêneo não facilita nem dificulta o ensino-aprendizagem, no entanto, complexifica. Segundo a professora-estagiária:

- lidar com pessoas de línguas/culturas diferentes requer uma nova perspectiva de trabalho, já que é necessário saber aceitar o que é diferente da minha língua/cultura, tentando criar um ambiente amistoso entre os alunos para que eles compreendam as diferenças entre cada língua/cultura, mostrando que não há o certo ou o errado, mas apenas visões de mundo diferentes e que eles irão se deparar com situações assim para resto da vida (P1).

Essa perspectiva apontada por P1 está de acordo com o proposto pela Pedagogia Intercultural, pois valoriza o trabalho em sala de aula a partir de uma dimensão intercultural e a interação entre os alunos para fazer com que eles falem de si e comentem sobre a cultura do outro por meio da língua-alvo, além de ter como objetivo "prepará-lo[s] para relações com pessoas de outras culturas" (Byram, Gribkova, Starkey, 2002), ao mencionar que os alunos serão confrontados a situações em que terão de expor seu ponto de vista e deverão respeitar a opinião do outro.

Quanto às turmas homogêneas do ponto de vista da língua e da cultura, P3 se absteve de responder, visto que nunca trabalhou com um público que tivesse esse perfil. Para P2, nesse tipo de turma, "eles [os alunos] falariam muito em língua materna. É assim com o FLE".

A resposta de P1, que assim como P3 nunca deu aula para uma turma homogênea, foi o relato de sua experiência com a aprendizagem de francês e a análise da prática de seus professores: "percebo que o trabalho do professor também é árduo, pois é difícil fazer os alunos falarem na LE, já que podem ser comunicar em língua materna. Contudo, para o docente é mais fácil prever certas dificuldades que alunos enfrentarão" (P1).

Logo, é importante ter/criar estratégias para incentivar os alunos a falarem na LE tanto em grupos homogêneos quanto heterogêneos. Por isso P4 não vê diferença entre públicos de LC diferentes e de mesma LC, porque "os alunos sempre são cheios de questionamentos e dificuldades o que os tornam iguais aos outros de língua/cultura diferentes".

Quando professores e aprendentes estão engajados na construção do conhecimento, isto é, quando os modos de agir de ambos estão voltados para um objetivo maior que é o de ensinar e aprender a nova língua-cultura, respectivamente, o risco de fracasso é menor.

Considerações Finais

Propusemo-nos, neste trabalho, a analisar as percepções de aprendentes e professores para encontrar respostas acerca dos possíveis impactos que podem favorecer ou desfavorecer o ensino-aprendizagem em turmas heterogêneas de PLE do ponto de vista linguístico cultural. Para realização dessa tarefa, adotamos o método etnográfico de pesquisa, utilizamos as respostas de vinte e quatro questionários (seis de professores-estagiários da UFPA e dezoito de alunos estrangeiros), assim como aproveitamos relatos de observação de aulas dos estagiários.

Os dados assim obtidos já nos permitem afirmar, entre outras coisas, que tanto o ensino, quanto a aprendizagem de uma nova língua-cultura estrangeira – em nosso caso o português –são fortemente impactados pelos conhecimentos e experiências acumulados em uma outra língua-cultura, seja esta materna, segunda ou estrangeira, sobretudo quando se trata de uma língua próxima da LE alvo.

Também é possível dizer que a heterogeneidade linguístico-cultural pode não apenas provocar a curiosidade pelo outro e por sua língua-cultura (o que favorece a aprendizagem), como também dificultar a interação e a integração de aprendentes em sala de aula. Ressaltamos que esta curiosidade natural em conhecer a língua-cultura do outro, propicia ao aluno a oportunidade de interagir na LE, pois é motivado a se comunicar por meio dela, não só para participar na sala de aula, mas também para interagir com os falantes nativos. A partir das percepções dos professores-estagiários, notamos que estes procuram não dissociar o ensino da língua do da cultura. Isto demonstra um compromisso deles em tentar promover o espaço da sala de aula como um lugar de diálogo entre as culturas maternas dos alunos e a cultura-alvo.

Trabalhar com um público heterogêneo demanda um trabalho cauteloso de preparação das aulas e uma atenção toda especial para as questões (inter)culturais antes, durante e depois das práticas de ensino-aprendizagem, para fazer da sala de aula um lugar de diálogo em que, a partir as percepções dos indivíduos ali presentes, possam ser construídas as interações em busca de uma (inter)compreensão entre as línguas-culturas.

Entretanto, é difícil estabelecer o que precisamente pode interferir tanto na interação quanto na aprendizagem dos estudantes. Por isso, é necessário aprofundar a reflexão sobre os fatores que podem favorecer ou desfavorecer o ensino-aprendizagem da língua-cultura estrangeira para públicos heterogêneos do ponto de vista linguístico-cultural, para que a heterogeneidade não seja vista como um obstáculo se potencialize seus impactos positivos e se minimize seus eventuais impactos negativos.

O interesse dessa pesquisa, que ainda está no início, reside no seu ineditismo uma vez que os poucos trabalhos existentes sobre heterogeneidade linguístico-cultural dos aprendentes no Brasil são de cunho histórico (Ex. Behares, 2003), sociolinguístico (Ex. Gagné, Stubbs, Bagno, 2002; Pessoa, 2011) ou cultural (Ex. Lima, 2011), não focam o impacto da heterogeneidade nas aulas de LE, nem visam a desenvolver e experimentar procedimentos, estratégias, materiais didáticos que tornem mais eficaz a intervenção do professor e a aprendizagem dos alunos.

Referências

Behares, L.E. Contribuição ao estudo da heterogeneidade linguístico-cultural da fronteira sul. *Diálogos Possíveis, Revista da Faculdade Social da Bahia*. Salvador: Faculdade Social da Bahia, v.3, n.1, p.29-45, 2003.

Byram. M.; Gribkova. B.; Starkey. H. *Développer la dimension interculturelle de l'enseignement des langues une introduction pratique à l'usage des enseignants*. Strasbourg: Conseil de l'Europe, 2002.

Conselho Da Europa. *Quadro Europeu Comum de Referência para as Línguas – Aprendizagem, Ensino, Avaliação*. Porto: ASA Editores, 2001.

Coste, D. Tâche, progression, curriculum. *Le françaisdansle monde*, Paris, n. 45, p. 15-23, Jan. 2009.

Cunha, J. Língua e ensino de língua – Estudo de língua e seu ensino no Brasil. *Revista do Gelne*, v. 10, n° 1/2. João Pessoa: Ideia, p. 60-65, 2008.

Cuq, J-P; Gruca, I. *Cours de Didactique Du Français Langue Étrangère et seconde*. Saint-Martin-d'Hères (Isère): Presses Universitaire de Grenoble, 2003.

Dell'Isola, R.L.P., Almeida; M.J.A. *Terra Brasil*. Minas Gerais: UFMG, 2008.

Desmeserets, C. V. L'interculturel dans la classe de français. *Actes du 12ème Congrès Latino-Américain des Professeurs de Français*. Rio de Janeiro: J. Sholna, 2003.

Furtado, R. *Uma abordagem (inter)cultural no ensino do FLE no Amapá: concepções e práticas do manual Portes Ouvertes*. 2005. Dissertação (Letras: Linguística e Teoria Literária) - Universidade Federal do Pará.

Gagné, G.; Stubbs, M. Bagno, M. *Língua materna letramento, variação e ensino*. São Paulo: Parábola, 2002.

Henriques, E.R. Intercompreensão de Texto Escrito por Falantes Nativos de Português e de Espanhol. *D.E.L.T.A.* v. 16, n.° 2, p. 263-295, 2000. <http://www.scielo.br/pdf/delta/v16n2/a03v16n2.pdf>. 13 jul. 2013.

Lima, L. M. Reconhecer-se como brasileiro ao conhecer a heterogeneidade linguístico-cultural hispano-americana. *Trabalhos de Linguística Aplicada*. Campinas, n. 50, p. 45-53, 2011.

Lima, E.E. et al. *Novo Avenida Brasil 1, 2 e 3:* Curso Básico de Português para Estrangeiros. - São Paulo: EPU, 2008.

Magalhães, M. C. C. Etnografia colaborativa e desenvolvimento do professor. *Trabalhos de linguística aplicada*, Campinas, n. 23, p.71-78, 1994.

MEC. *Certificado de Proficiência em Língua Portuguesa para Estrangeiros (Celpe-Bras)*. Disponível em: <http://portal.mec.gov.br/index.php?option=com_content&view=article&id=12270&Itemid=518>. Acesso em: 22 mar. 2012.

Moeschler, J. Pragmatique - Etat de l'art et perspectives. *Marges linguistiques*, n.1, mai 2001. http://www.marges-linguistiques.com M.L.M.S. éditeur.

Pessoa, M. S. Marcas Socio-Linguístico-Culturais em aulas de Língua Portuguesa materna e Não-Materna no Portal da Amazônia. *Revista Eletrônica da Associação dos professores de Português*, v. 1, p. 1-21, 2011.

Ramalhete, R. Tel pays, telle chèvre. *Le français dans le monde*, n° 272. 1995.

Sperber, D.; Wilson, D. *La pertinence. Communication et cognition*. Paris, Minuit, 1989.

Spinasse, K. P. Os conceitos Língua Materna, Segunda Língua e Língua Estrangeira e os falantes de línguas aloctones minoritárias no Sul do Brasil. *Revista Contingentia*. v. 1, p. 01-10, 2006. Disponível em: <www.revistacontingentia.com>. Acesso em 20 fev. 2010.

SESU/MEC. *Programa de Estudantes Convênio de Graduação*. Disponível em: <www. mec.gov.br/pecg>. Acesso em: 28 nov. 2008.

Thyrion, F. Les aspects métapragmatiques de l'apprentissage du texte argumenté". In : Bouchard, R.; Meyer, J.C. (org.). *Les métalangages de la classe de français*. Lyon : DLFM, 1995.

Vanderdorpe, C. Métalangages et savoir-faire. In: Bouchard, R.; Meyer, J.-C. (org.). *Les métalangages de la classe de français*. Lyon, DLFM, 1995.

UNIVERSIDADE FEDERAL DO PARÁ
INSTITUTO DE LETRAS E COMUNICAÇÃO
FACULDADE DE LETRAS ESTRANGEIRAS MODERNAS - FALEM
Fone: (091) 3201-7523 E-Mail: falem.ufpa@yahoo.com.br / falem@ufpa.br

QUESTIONÁRIO PARA PROFESSORES DE LE/L2 - RESULTADOS

ESCOLA/COLÉGIO: LÍNGUA MATERNA (L1):
NACIONALIDADE: LÍNGUA SEGUNDA (L2):
IDADE: LÍNGUA(S) ESTRANGEIRA(S)
PROFESSOR(A) DE LE/L2 HÁ (LE):
____ ANOS.

1. Que material(ais) didático(s) você utiliza em suas aulas de LE/L2?
2. Você segue as orientações metodológicas desse(s) material(ais) didático(s) com o(s) qual(ais) trabalha? ( ) Sim ( ) A maior parte delas ( ) Algumas delas ( ) Não. Explique.
3. No que diz respeito às atividades propostas pelo(s) material(ais) didático(s) que utiliza, você as realiza/faz realizar ( ) todas ( ) a maior parte delas ( ) al-gumas delas ( ) nenhuma. Justifique.
4. De um modo geral, as atividades propostas nesse(s) material(ais) podem ser consideradas gramaticais
( ) Sim ( ) A maior parte delas ( ) Algumas delas ( ) Não. Explique.
5. Os termos/expressões metalinguísticos/gramaticais utilizados no(s) material(ais) didático(s) e/ou na sala de aula facilitam o ensino/aprendizagem da LE/L2? ( ) Sim ( ) Frequentemente ( ) Às vezes ( ) Não. Justifique.
6. Quais as diferentes etapas de suas aulas?
7. As etapas de suas aulas correspondem às unidades de algum material didático adotado? ( ) Sim ( ) Não ( ) Em parte. Explique.
8. Que avaliação você faz de suas práticas de ensino? Justifique.
9. Que avaliação você faz do(s) material(ais) didático(s) utilizado(s)? Justifique.
10. Que avaliação você faz da metalinguagem empregada nas aulas e no(s) material(ais) didático(s)? Justifique.
11. Você considera sua LM ( ) Próxima ( ) Distante ( ) Muito distante da LE.

12. Essa proximidade ou esse distanciamento favorece ou não seu trabalho docente? Explique. Exemplifique.
13. Você considera sua cultura materna ( ) Próxima ( ) Distante ( ) Muito distante da cultura da LE/L2 que ensina? Explique. Exemplifique.
14. Essa proximidade ou esse distanciamento facilita ou não seu trabalho docente? Explique. Exemplifique.
15. O fato de haver na(s) sua(s) turma(s) alunos de várias línguas/culturas facilita ou não seu trabalho docente? Explique. Exemplifique.
16. Se sua(s) turma(s) fosse(m) constituída(s) somente por usuários de sua língua/cultura materna, você acha que isso facilitaria seu trabalho docente? Explique. Exemplifique.
17. Você conhece a língua/cultura materna de cada um dos alunos de sua(s) turma(s)? ( ) Não ( ) Um pouco ( ) Bastante ( ) Muito bem. Isto influencia sua atividade docente? Explique. Exemplifique.
18. Você tem/teve alguma dificuldade com o ensino de LE/L2 que possa atribuir à influência das LM de seus alunos? ( ) Sim ( ) Não. Se a resposta for afirmativa, cite exemplo(s).
19. Você tem/teve alguma dificuldade com o ensino de LE/L2 que possa atribuir à influência das culturas de seus alunos? ( ) Sim ( ) Não. Se a resposta for afirmativa, cite exemplo(s).
20. Outros comentários

Muito obrigado por sua colaboração!

UNIVERSIDADE FEDERAL DO PARÁ
INSTITUTO DE LETRAS E COMUNICAÇÃO
FACULDADE DE LETRAS ESTRANGEIRAS MODERNAS - FALEM
Fone: (091) 3201-7523 E-Mail: falem.ufpa@yahoo.com.br / falem@ufpa.br

QUESTIONÁRIO PARA OS ALUNOS DE PLE DA UFPA – 2011/2012

NOME:

NACIONALIDADE:

LÍNGUA MATERNA (OU LÍNGUA-1):

LÍNGUA SEGUNDA:

LÍNGUA(S) ESTRANGEIRA(S):

1. Você considera sua língua materna ( ) Próxima; ( ) Distante; ( ) Muito distante da língua portuguesa falada no Brasil? Explique. Exemplifique.

2. Essa proximidade ou esse distanciamento favorece ou não sua aprendizagem da língua? Explique. Exemplifique.

3. Você considera sua cultura materna ( ) Próxima; ( ) Distante; ( ) Muito distante da cultura brasileira? Explique. Exemplifique.

4. Essa proximidade ou esse distanciamento favorece ou não sua aprendizagem da língua portuguesa? Explique. Exemplifique.

5. O fato de haver na sua turma alunos de várias línguas/culturas favorece ou não sua aprendizagem da língua portuguesa? Explique. Exemplifique.

6. Se sua turma fosse constituída somente por usuários de sua língua/cultura, você acha que isso facilitaria sua aprendizagem da língua portuguesa? Explique. Exemplifique.

7. Suas professoras conhecem sua língua/cultura materna?

8. Se todas as suas professoras conhecessem a língua/cultura materna de cada um dos alunos da turma, você acha que isso facilitaria sua aprendizagem da língua portuguesa? Explique. Exemplifique.

9. Você tem/teve alguma dificuldade com a aprendizagem da língua portuguesa que possa atribuir a influência de sua língua materna? ( ) Sim ( ) Não. Se a resposta for afirmativa, cite algum (ns) exemplo(s).

10. Você tem/teve alguma dificuldade com a aprendizagem da língua/cultura praticada no Brasil que possa atribuir a influência de sua língua/cultura materna? ( ) Sim ( ) Não. Se a resposta for afirmativa, cite algum (ns) exemplo(s).

11. Outros comentários

Muito obrigado por sua colaboração!

Capítulo 3
Atividades e manejo da aula

3.1 Planificar uma aula: o que é um plano de aula? O que é um plano completo?

Giliard Dutra Brandão

A necessidade de se discutir planejamentos didático-pedagógicos que auxiliem o professor de línguas a enfrentar a sala de aula com alunos estrangeiros, seja em contexto de imersão ou não-imersão, é uma lacuna imprescindível para que os objetivos do ensino sejam alcançados. O crescimento da área de PLE e a institucionalização nas esferas públicas e privadas têm exigido dos professores posturas reflexivas, críticas e colaborativas. Espera-se que estes pressupostos possam, efetivamente, concorrer para que o processo formativo dos alunos se dê de maneira que os insiram em situações comunicativas, os quais tenham possibilidade de interagir com seus interlocutores de maneira satisfatória.

Almeida Filho argumenta que o planejamento "é um documento escrito, explícito, que contém previsões dos conteúdos-amostras e da natureza das experiências que se farão com e na língua-alvo" (1). O destaque para a palavra "previsão" é importante, uma vez que desmistifica que o professor seguirá fielmente o que foi planejado. Portanto, reconhecer que a relação entre professor e aluno deve ser dialética é outro fator de grande relevância. No entanto, cabe esclarecer que, o professor precisa ir à sala de aula consciente e preparado para ensinar o conteúdo elegido para determinada aula, mas também aberto à expansão de suas discussões previstas.

Essa perspectiva de planejamento requer do professor posturas não apenas de planejador, mas de um sujeito que tenha uma apurada competência sociocomunicativa, uma vez que é preciso ter domínio das instâncias relacionais e de gestão do espaço sala de aula, a fim de legitimar um ensino de qualidade.

O planejamento

O planejamento é componente importante do fazer docente. Não se trata, apenas, de um processo burocrático, porque se integra a outras práticas, inclusive ancoradas aos processos de definição dos objetivos de ensino e avaliativos. Na concepção de Libâneo

> o planejamento escolar é uma tarefa docente que inclui tanto a previsão das atividades didáticas em termos de sua organização e coordenação em face dos objetivos propostos, quanto sua revisão e adequação no decorrer do processo de ensino. O planejamento é um meio para se programar as ações docentes, mas é também um momento de pesquisa e reflexão intimamente ligado à avaliação. (221)

Este processo de adequação do planejamento no decorrer do ensino vale tanto para planos de aulas curtos, quanto para planos que exigem maior quantidade de aulas para se alcançar os objetivos delimitados. Esta gestão do planejamento exige do professor objetividade naquilo que se propõe, e ao mesmo tempo flexibilidade em sua prática pedagógica em torno das respostas que ele terá dos alunos durante o cumprimento daquilo que foi proposto. Sendo assim, o professor precisa refletir a respeito da eficiência pedagógica ao longo da execução de seus planos.

Tal flexibilidade está ligada, também, ao professor considerar as práticas sociais dos alunos, a fim de valorizar os conhecimentos que eles têm da língua que estão aprendendo. Freire aponta que

> Não é possível respeito aos educandos à sua dignidade, ao seu ser formando-se, a sua identidade fazendo-se, se não se levam em consideração as condições em que eles vêm existindo, se não se reconhecesse a importância dos 'conhecimentos de experiência feitos' com que chegam à escola. O respeito devido ao educando não me permite subestimar, pior ainda, zombar do saber que ele traz consigo para a escola. (64)

Mesmo que Freire não se debruça sobre o aprendiz de língua estrangeira, sobretudo de língua portuguesa, ele explicita elementos básicos e urgentes a serem considerados, quando se quer ensinar algo.

O professor precisa estar atento à fase diagnóstica, considerando os conhecimentos que os alunos já possuem. Em se tratando de aprendizagem de PLE é preciso estar atento aos objetivos das aulas ou qual é a finalidade do aluno em querer aprender português, por exemplo: intercambistas ou profissionais de determinada área específica, como engenharia, medicina etc. Todavia, além de identificar a especificidade de seus alunos, o professor precisa se atentar ao prazo global em que o curso ou as aulas serão ministrados.

Para Almeida Filho o planejamento se engendra da seguinte forma:

> Um no plano abstrato das ideias e outro no plano concreto da proposta escrita, no primeiro o planejamento será visto como uma dada representação do processo de ensinar e aprender, um processo de tomada de decisões, uma definição de objetivos e resultados esperados e uma especificação de conteúdos, já no plano concreto ele será como um roteiro para se alcançar os objetivos, uma seleção de experiências, um continuador da implementação das ações do cotidiano do curso e um mapa de percurso para guiar sobre avaliação dos alunos e do próprio curso. (15)

É nesta guisa que as discussões/propostas sobre o que é um plano de aula e um plano completo serão realizadas.

O plano de aula

Os elementos que comporão o plano de aula são: cabeçalho contendo nome da instituição (logotipo quando necessário), nome do professor, data, nome da disciplina ou tema, do módulo ou nível a que o aluno pertence (quando necessário), período ou carga horária da (s) aula (s), público-alvo, pré-requisito (quando necessário), objetivos (gerais e específicos), conteúdo, materiais e recursos didático-pedagógicos, avaliação (tipos e instrumentos), bibliografia e anotações.

Cabeçalho
Se o professor estiver atuando em alguma instituição de ensino é muito importante que insira o nome desta e, se necessário, incluir o logotipo institucional (pode ser acima do nome da instituição). Além disso, incluir o nome, a data da aula, o nome da disciplina e a carga horária. Veja:

(logotipo) **Nome da Instituição**
Professor: Giliard Dutra Brandão
Disciplina/Tema: Português como Língua Estrangeira/Análise do filme tal
Carga horária: 3 horas **Data**: 30/08/2013 **Nível** ou **Módulo**: Básico

Trata-se de uma proposta, ou seja, um modelo, que pode ser alterado (a) de acordo com a filosofia da instituição na qual o professor atua, caso exista um padrão pré-determinado, este deve ser seguido. No entanto, são elementos necessários que compõem o gênero plano de aula.
No campo "Disciplina/Tema" a proposta é de vislumbrar o plano de aula para outros contextos, além do ensino em cursos de línguas, ou de extensão, visto que pode ser aproveitado em planejamentos em cursos de graduação que ofertam **disciplina** de PLE na grade curricular. O **tema**, geralmente, é trabalhado em menos aulas. Outra possibilidade, é manter este formato "Disciplina:tema", não causando dubiedade na interpretação. O que interessa, aqui, é que o aluno receba o plano de aula e ao ler o cabeçalho dê conta de vislumbrar o que será discutido naquele dia ou período. E, para o professor, objetiva uma organização maior, proporcionando, quem sabe, a construção de um módulo com mais facilidade, algo próximo de um portfólio, com anotações gerais sobre o uso do plano de aula. No entanto, veremos mais adiante outros componentes. O professor poderá adotar as nomenclaturas nível ou módulo: não há necessidade, a não ser que o curso tenha um formato pré-determinado e utilize mais ramificações. Por exemplo: módulo I – nível I e módulo I – nível II etc. Em cursos de línguas, usam-se, geralmente, níveis. Exemplo: nível básico, intermediário e avançado. Ou, quando módulos: módulo de literatura, gramática, comunicação

/compreensão oral e escrita etc. Perceba que há uma gama de possibilidades, que pode ser readequada.
O público-alvo e pré-requisitos podem ser acoplados à tabela proposta na página anterior.

Público-alvo: engenheiros/médicos/intercambistas/candidatos ao Celpe-Bras/turma mista
Pré-requisito: geralmente, quando há mudança de nível

A inserção do público-alvo é muito importante para a prática pedagógica e, claro, para a organização do professor, porque os objetivos que serão elencados na próxima parte do plano de aula devem estar consonantes com ele. Outra questão, quando necessário vale inserir a nacionalidade do aluno. Perceba que cada público expresso no campo "público-alvo", utilizado como exemplo, já redimensiona o planejamento, porque estarão em *jogo* as escolhas dos materiais didáticos, das estratégias pedagógicas, o tempo de duração da aula ou curso, as finalidades do ensino etc. Assim, ocorrerá, também, com o nível de ensino ou aprofundamento em alguma temática.

Objetivos e conteúdos
Como citado anteriormente, os objetivos são elaborados/pensados para guiar o professor em suas ações pedagógicas e isso inclui outros elementos, como explica Almeida Filho em relação ao planejamento e à definição dos objetivos:

> O planejamento é, de maneira restrita, o processo ordenado e mapeado de decisões sobre inserções do conteúdo lingüístico (amostras da língua-alvo, explicações, generalizações sobre aspectos sistematizáveis dessas amostras e automatizações eventuais) do tipo de processo que será engendrado no curso, e da reflexão sobre as decisões e resultados, das experiências mínimas na e sobre a língua-alvo num curso de língua apresentado em forma de unidades de ensino-aprendizagem. Essas decisões são orientadas por uma dada abordagem de ensinar línguas e tomadas visando a consecução de objetivos reconhecidos dos alunos e do curso e/ou projetados para os alunos e curso. Sob a influência dos pressupostos do planejador (explícitos ou implícitos), um planejamento de unidades vai servir de base para a produção ou seleção de material-insumo com o qual alimentar o processo de ensino-aprendizagem. (2)

Este é o momento em que o professor se esforçará para sistematizar a proposta de ensino, ou seja, alinhar aos conteúdos. Os objetivos são expressos por meio de verbos.
Coll propõe que o conteúdo seja pensado tendo como foco as dimensões: conceitual – "o que se deve saber?"; procedimental – "o que se deve saber

fazer?"; atitudinal – "como se deve ser?"". Estas indagações estão intimamente ligadas à elaboração dos objetivos propostos.

O professor Doutor em Educação Escolar, Paulo Gomes Lima, organizou um quadro intitulado *"Verbos que podem auxiliar na construção de planejamentos e plano de ensino"*, em que são demonstrados verbos separados em objetivos gerais, verbos para formulação de objetivos específicos para as áreas humanas, exatas, artes e religião e educação física, postas separadamente. É preciso esclarecer que estes verbos não são estanques, não limitam o uso de outros verbos. No entanto, proporcionam ao professor reflexão sobre as possibilidades de uso e incorporações de outros. Para ilustrar, um recorte deste quadro foi realizado.

Segue-o:

Verbos para formulação de objetivos gerais

Conceituais	Procedimentais	Atitudinais
Adquirir conhecimentos para	Demonstrar	Apreciar
Adquirir autonomia para	Desempenhar	Assumir atitudes para
Analisar/avaliar	Discriminar	Colaborar para
Compreender	Estabelecer relações	Cumprir regras
Concluir	Falar	Demonstrar responsabilidade
Conhecer	Organizar	Escolher
Desenvolver capacidade para	Ouvir	Habituar-se
Dominar	Planejar	Interiorizar
Focalizar	Produzir	Mostrar autonomia para
Generalizar	Traduzir	Mostrar interesse em
Pensar sobre	Usar	Socializar-se com
Reconhecer	...	Valorizar
Refletir	...	...
...	...	...

Verbos para a formulação de objetivos específicos – Áreas de Humanas: L.Port, Hist e Geog.

Conceituais	Procedimentais	Atitudinais
Analisar	Abreviar/acentuar	Colaborar para
Argumentar	Apresentar/articular	Compartilhar
Caracterizar	Assinalar/coletar	Comunicar
Concluir	Compor/conjugar	Contribuir
Criticar	Construir/copiar	Conversar (dialogar)
Definir	Descrever/discutir	Cumprir responsabilidades
Descrever	Dramatizar	Decidir
Determinar	Editar	Envolver-se
Diferenciar	Encontrar	Falar
Discriminar	Escrever	Interessar-se
Explicar	Expressar-se	Mostrar autonomia em
Extrair	Ler	Ouvir
Identificar	Listar	Participar
Inferir	Narrar	Prestar atenção
Interpretar	Parafrasear	Questionar
Justificar	Pesquisar	Refletir
Ler	Pontuar	Usar
Memorizar	Procurar	...
Sintetizar	Produzir	
...	Pronunciar	
	Realizar	
	Recitar	
	Registrar	
	Reproduzir	
	Reescrever	
	Responder	
	Revisar	
	Saber fazer	
	Soletrar	
	Sublinhar	
	Utilizar	

Neste último quadro, vale acrescentar no tópico "procedimentais" os verbos: relatar, resumir, desenhar, criar.

Os verbos são amplos e mesmo não tendo a especificação do uso destes no ensino de língua estrangeira, percebe-se a viabilidade de seu uso. Não obstante, e esclarecedor, a referência à língua portuguesa na especificação é

indício de que, provavelmente, os quadros foram construídos com foco no ensino de língua materna, mas isso não afeta o uso no ensino de PLE.
Logo, a parte do quadro destinada à inclusão dos objetivos e conteúdos poderá ser construída assim:

| **Objetivo geral ou objetivos gerais** |
| Conceituais: |
| Procedimentais: |
| Atitudinais: |
| **Objetivos específicos** |
| Conceituais: |
| Procedimentais: |
| Atitudinais: |
| **Conteúdo(s):** |

Ao definir os objetivos, o professor pode optar em elaborar apenas um objetivo geral. A tentativa desta proposta é proporcionar ao professor possibilidades e não prescrever o uso de forma estanque. A grande relevância está em refletir a respeito de verbos que darão conta de auxiliar o professor em sua objetividade no ensino em sala de aula, a fim de a aula não se tornar improvisos constantes, apesar destes fazerem parte do processo de ensino.
O conteúdo será expresso em consonância com o tema e ancorado à disciplina. Trata-se, exatamente, daquilo que será ensinado na sala de aula. Por exemplo: Conhecendo os transportes públicos. Ou, apresentação pessoal etc.

Materiais e recursos didático-pedagógicos
Os materiais didáticos são aparatos feitos para fins pedagógicos. Os recursos didáticos são aparatos que não foram feitos para fins pedagógicos, mas o professor o adéqua para estes fins.
Segue a lista de alguns recursos visuais, auditivos e audiovisuais.

1. Livros
2. Filmes
3. Músicas
4. Chat
5. Quadro-negro
6. Gibis
7. Gráficos
8. Mapas
9. Bula de remédio
10. Fotografias

11. Pinturas
12. Fantoches
13. Maquetes
14. Jornal
15. Propagandas
16. Revistas
17. Anúncios
18. Objetos de casa
19. Folhetos em geral
20. Piadas
21. Cartolina
22. Data-show
23. Instrumentos musicais
24. Tintas
25. Tirinhas
26. Poemas

Há outros recursos ou materiais didáticos que podem ser incorporados, a depender da disciplina ou tema a ser ministrado.

> **Recursos ou materiais didático-pedagógicos:** inserir no plano um ou mais

Avaliação: tipos e instrumentos
Os instrumentos avaliativos ou processos avaliativos precisam ser pensados na perspectiva de o professor poder avaliar as suas ações pedagógicas e, também, mensurar o aprendizado do aluno.
As partes do plano de aula estão integradas/interligadas e o professor precisa ter uma visão macroestrutural do grande desafio que é ensinar. Sendo assim, o ele necessita de clareza ao propor um planejamento, objetividade para a sua execução e flexibilidades nos processos avaliativos, seja do seu plano de aula, da execução deste plano, bem como o aprendizado do aluno. Para Méndez:
> A avaliação é uma excelente oportunidade para que quem aprende ponha em prática seus conhecimentos e sinta necessidade de defender suas idéias, suas razões, seu saberes. Também deve ser um momento no qual, além das aquisições, aflorem as dúvidas, as inseguranças, o desconhecimento, se realmente há a intenção de superá-los. Ocultá-los é uma artimanha pela qual se paga um preço muito alto em etapas posteriores ou no futuro. Expressá-lo, com suas imprecisões, erros, confusões, acertos, certezas, sem o temor de subir ou baixar pontos em escalas tão confusas como os da qualificação, abrirá caminho para avançar junto ao conhecimento, na

apropriação, na formação do próprio pensamento que-se-está-formando. (15)

O autor se mostra flexível, postura que se defende na proposta deste capítulo. Assim, o processo avaliativo não pode ser reduzido a um mero instrumento de classificação, seja para mudança de nível, em se tratando do aprendiz de língua estrangeira em cursos de línguas. No entanto, este capítulo, também, volta-se para professores que trabalham ou trabalharão com preparatório de alunos para a feitura da avaliação do Celpe-Bras. Mesmo assim, o professor que atua ou atuará com estes alunos, precisarão conhecer os pilares de avaliação do exame de proficiência, a fim de levar para a sala de aula pressupostos que subsidiarão uma preparação mais qualificada.

Os tipos de avaliação são: classificatória, somativa, participativa, diagnóstica, formativa.

Segundo Romero, a avaliação classificatória engendra um espaço passivo e improdutivo para o aluno, uma vez que instaura no professor a figura principal na relação pedagógico e o coloca como "o dono do saber". Ademais, o aluno é avaliado prioritariamente pelos erros que apresenta nos instrumentos avaliativos, resultando em um aprendizado ineficiente.

A avaliação somativa, também, tem por objetivo classificar o aluno e determinar qual é o grau de domínio que ele apresenta. No caso do aprendizado de PLE, seria lecionar aulas ou unidades e no final aplicar uma avaliação, a fim de obter os resultados dos conhecimentos adquiridos. No entanto, este tipo de avaliação não é dialético, progressivo e paulatino, porque visa verificar se os objetivos definidos foram alcançados, mas não há garantia de que os conteúdos foram trabalhados de forma favorável à aprendizagem (Mira, Solé 378).

Já a avaliação participativa, promove um ambiente de ensino e aprendizagem com características dialéticas, no qual professor e aluno se interagem, em busca de um processo de construção de conhecimento efetivo.

A avaliação diagnóstica, segundo Miras e Solé é o processo inicial na relação entre o professor e o aluno, proporcionando um ambiente de conhecimento das habilidades que este leva para a sala de aula, resultado, constante, de suas práticas sociais. Esta avaliação possibilita ao professor interagira com o aluno, a fim de definir estratégias didático-pedagógicas que valorizarão os conhecimentos prévios dos alunos e conhecer dificuldades, restrições, empecilhos, ou seja, elementos que podem afetar negativamente o aprendizado. Na perspectiva de Luckesi

> [...] a avaliação deverá ser assumida como um instrumento de compreensão do estágio de aprendizagem em que se encontra o aluno, tendo em vista tomar decisões suficientes e satisfatórias para que possa avançar no seu processo de aprendizagem. (81)

A avaliação formativa, conforme aponta Haydt (17), promove um diálogo profícuo com os objetivos propostos pelo professor em seu plano de aula.

Sendo assim, a interligação entre os elementos do plano, algo já discutido neste capítulo, é novamente frisado com esta perspectiva teórica. Portanto, esta avaliação aproxima o professor do aluno e promove reflexões sobre as dificuldades e sobre o aprendizado, com o objetivo de construir conhecimentos. Este tipo de avaliação concorre para a promoção do diálogo constante entre os atores envolvidos no processo de ensino e aprendizagem. Para Abrecht

> [...] a avaliação no sentido de fazer o ponto de uma situação, mas também no sentido de relançar a aprendizagem: ela fornece elementos de orientação das aprendizagens anteriores. A avaliação formativa pode, ao mesmo tempo, motivar a aprendizagem, dinamizá-la – dando ao aluno a possibilidade de se situar, de assinalar o progresso realizado- fornecendo pontos de referência, rumos a seguir e possíveis saídas. (127)

Este tipo de avaliação tem caráter progressivo, visto que a intervenção pedagógica é realizada paulatinamente e envolve diferentes situações que promovam efetivas modificações no processo do aprender. Alguns instrumentos de avaliação, nas concepções de Libâneo. As provas podem ser organizadas em:

1. Escrita dissertativa.
2. Escrita de questões objetivas.
3. Certo-errado.
4. Questões de correspondência.
5. Questões de múltipla escolha.
6. Questões de interpretação de texto.
7. Questões de ordenação.
8. Entrevistas
9. Observação e registro
10. Diários
11. Portfólio

Outras possibilidades em se tratando do ensino de PLE: análise de imagens, principalmente para candidatos ao exame de proficiência Celpe-Bras; leitura em voz alta; promover situações reais de comunicação, como ir à farmácia, ao supermercado, à secretaria de escola/Faculdade realizar matricula, preenchimento de documentos formais etc.

Para exemplificar a parte do plano de aula, a avaliação pode estar assim:

> **Avaliação:** o tipo de avaliação adotado é a avaliação formativa, uma vez que se busca a construção de um ambiente favorável à aprendizagem, no qual o aluno interage com o professor horizontalmente. Como instrumento de avaliação, para esta aula serão utilizados o portfólio e o diário.

Os tipos de avaliação e os instrumentos podem ser combinados, não havendo necessidade de escolher apenas um. As escolhas serão realizadas considerando a proposta pedagógica.

Bibliografia e anotações
O campo destinado à bibliografia é para que o professor insira as referências bibliográficas consultadas, seja livros teóricos, materiais didáticos, fonte de onde se retirou imagem, vídeo, música etc. É de fundamental importância a inserção fidedigna de todas as fontes consultadas, a fim de evitar transtornos em relação aos direitos autorais. Além disso, consulte um manual de normalização de normas técnicas, para organizar a referenciação.
O espaço destinado às anotações é para que o professor anote, rascunhe possíveis mudanças no planejamento, ou destaque para algo que julga ter dado muito certo, assim com readaptações com vistas ao público-alvo.

Modelos de plano de aula
A seguir, serão apresentados dois modelos de plano de aula, elaborados a partir dos elementos discutidos ao longo deste capítulo. É pertinente frisar que os planos são possibilidades didático-pedagógicas que podem ser reelaboradas, sem perder de vista o público-alvo, os objetivos de ensino, a temática da aula, o (s) tipo (s) de avaliação e o (s) instrumento (s) que serão utilizados. Portanto, sinta-se à vontade para realizar combinações infinitas, com o objetivo de levar aos alunos um ensino de qualidade.

Proposta de plano de aula 1

(logotipo)   **Nome da Instituição**
Professor: Giliard Dutra Brandão
Disciplina: Fundamentos de Português como Língua Estrangeira (PLE)   **Tema:** Novas perspectivas para o Ensino de Português (variante brasileira)
Carga horária: 4 horas **Data**: 30/08/2013 **Módulo**: I
Público-alvo: Alunos do curso de Letras – 2º período
Pré-requisito: ------
Objetivos gerais   Conceituais: Analisar o cenário internacional/nacional do PLE.   Procedimentais: Demonstrar as potencialidades do PLE.   Atitudinais: Colaborar para o conhecimento da área de PLE.   **Objetivos específicos**   Conceituais: Identificar lacunas que dificultam a institucionalização do PLE.   Procedimentais: Utilizar de exemplos de práticas de ensino de PLE no Brasil e exterior.   Atitudinais: Refletir sobre o ensino de PLE em diversas esferas educacionais.
Conteúdo: Conceitos e reflexões em torno da nomenclatura PLE. Institucionalização do PLE. Cenários econômicos, políticos, culturais e sociais como propulsores do PLE. Quem ensina PLE? Onde? Como? Com que objetivo?. O ensino de PLE em contextos de imersão e não-imersão. Ensino de PLE em cursos de línguas, na graduação e autonomamente.
Recursos ou materiais didático-pedagógicos: Data-show. Gráficos. Mapas. Imagens.
Avaliação: Formativa, por meio do diário, de observação e registros.
Referências
Anotações

Proposta de plano de aula 2

(logotipo)   **Nome da Instituição**
Professor: Giliard Dutra Brandão
Tema: O dialeto mineiro
Carga horária: 3 horas **Data**: 31/08/2013 **Nível**: Intermediário
Público-alvo: Aluno de curso de idioma
Pré-requisito: Ter sido aprovado no Básico II
Objetivos gerais   Conceituais: Pensar sobre a variação do português brasileiro.   Procedimentais: Usar oralmente palavras do dialeto.   Atitudinais: Socializar-se com os colegas variações na língua materna (o aluno).
Objetivos específicos   Conceituais: Identificar as palavras que caracterizam o dialeto mineiro.   Procedimentais: Pronunciar as palavras que caracterizar o dialeto mineiro.   Atitudinais: Usar as palavras do dialeto em situações comunicativas propícias ao uso.
Conteúdo: O que é dialeto?. Quais são as palavras que caracterizam o dialeto mineiro?. Leitura de palavras do dialeto mineiro. Reconhecimento das palavras do dialeto em textos. Uso do dialeto em uma simulação em sala de aula.
Recursos ou materiais didático-pedagógicos: Livro. Quadro-negro. Tirinha.
Avaliação: Formativa, com uso de questões de interpretação de textos e observação.
Referências
Anotações

Considerações Finais

O objetivo deste capítulo não é ser estanque nas discussões em torno do planejamento, da planificação de aulas, mas é o de contribuir, pedagogicamente, para reflexões sobre o processo de feitura, tendo em vista as diversas finalidades do ensino de PLE.

A seguir há duas propostas de plano de aula, objetivando ilustrar o que foi discutido ao longo deste capítulo sobre como planificar uma aula. Em relação ao título deste, *"Planificar uma aula: o que é um plano de aula? O que é um plano completo?"*, é possível vislumbrar que o plano completo será aquele que o professor conseguirá prevê, propor, esboçar e se preparar adequadamente para as ações pedagógicas, com objetivos bem delimitados, conteúdos favoráveis à aprendizagem dialética, formativa, buscando um ensino de PLE de forma satisfatória. Todavia, refletir sobre a importância de cada elemento que compõe este plano de aula, na busca pela organização, sistematização e consolidação de um ensino de qualidade e que esteja focado no aluno, tendo este como pilar do processo de ensino e aprendizagem.

O professor, não somente de PLE, deve estar preparado para a busca pela formação contínua e reflexiva, porque assim terá subsídios teórico-metodológicos práticos para enfrentar os desafios que emergem do processo de ensino e aprendizagem.

Referências

Abrecht, R. *A avaliação formativa*. Rio Tinto – Portugal: Edições Asa, 1994. Impresso.

Almeida Filho, J. C. P. *O Planejamento de um curso de língua*: a harmonia do material-insumo com os processos de aprender e ensinar línguas. Mimeo, 2007. Impresso.

Coll, C. et al. *Os conteúdos na reforma*. Porto Alegre: Artmed, 2000. Impresso.

Freire, P. *Pedagogia da autonomia*: saberes necessários à prática educativa. São Paulo: Paz e Terra, 1996. (Coleção Leitura). Impresso.

Haydt, R. C. *Avaliação do Processo Ensino-Aprendizagem*. São Paulo: Ática, 1995. Impresso.

Libâneo, J. C. *Didática*. São Paulo: Cortez, 1994. Impresso.

Lima, P. G. *Verbos que podem auxiliar na construção de planejamentos e planos de ensino*. Web. 21 ago. 2013. <http://www.do.ufgd.edu.br/paulolima/arquivo/modelos/verbos.pdf>.

Luckesi, C. C. *Avaliação da aprendizagem escolar*. São Paulo: Cortez, 1995.

Méndez, J. M. Á. *Avaliar para conhecer, examinar para excluir*. Porto Alegre: Artmed, 2002.

Miras, M., Solé, I. A Evolução da Aprendizagem e a Evolução do Processo de Ensino e Aprendizagem. *Desenvolvimento psicológico e educação*: psicologia da educação. Ed. C. Coll, J. Palacios, A. Marchesi. Porto Alegre: Artes Médicas, 1996.

3.2 Tarefa Comunicativa em Sala de Aula de Português como Língua Estrangeira

Eliete Sampaio Farneda
Miriam Kurcbaum Futer

O docente deve observar o processo de aprendizagem e promover a interação estudante(s)–professor–material, observando a produção dos alunos e implementando recursos didáticos que sejam motivadores, com base na comunicação, ao mesmo tempo em que promove um ambiente de construção do conhecimento criativo e autônomo. O professor, antes visto como detentor do conhecimento e dele transmissor, passa a ser visto com um papel multi-funcional: não desempenha somente o papel de facilitador (aquele que vai promover o aprendizado de maneira mais prática), mas também o de negociador (aquele que vai negociar significados, sem coibir a ideia do estudante), o de orientador (aquele que, junto ao estudante, construirá os passos a serem seguidos no processo de aprendizagem) e, de acordo com Almeida Filho e Barbirato, também o de co-comunicador (30), ou seja, aquele que, de acordo com a necessidade, irá envolver-se, participando de tarefas comunicativas com os estudantes a fim de que estes adquiram competência comunicativa.

O termo competência comunicativa foi cunhado por Dell Hymes em 1972. O autor introduziu uma perspectiva sociolinguística ao considerar competência comunicativa não somente a competência linguística que o aprendiz possui de um novo idioma, mas, além disso, a habilidade de usar com propriedade esse conhecimento da estrutura da língua em diversos contextos de comunicação. A competência comunicativa, segundo Canale, é composta de quatro outras competências que englobam conhecimento e habilidades. São elas: competência discursiva, sociolinguística, estratégica e gramatical. Estas quatro competências estão interligadas (66). No entanto, no processo de ensino-aprendizagem de LE é importante também considerar a competência intercultural, pois é ela que vai fazer a ligação do estudante com o mundo e ampliar seu conhecimento. Este aumento de conhecimento embasará discussões, argumentações e considerações sobre a cultura da língua-alvo, dando ao falante não-nativo acesso a esta cultura. Nesta linha de envolvimento do estudante na cultura da língua-alvo, Santos conceitua cultura como uma teia de significados que são interpretados por elementos que fazem parte da mesma realidade social, os quais modificam e são modificados (51). A autora cita como exemplos as tradições, os valores, as crenças, as atitudes e os conceitos. Assim, a abordagem em sala de aula de LE prima por ser mais dinâmica, trazendo diversos elementos que desestrangeirizarão a LE e a cultura ligada a ela através do foco na realização de tarefas comunicativas.

Entendemos como tarefa comunicativa aquela que, além de viabilizar o desenvolvimento das quatro habilidades e levar o aluno a interagir e adquirir competência comunicativa na língua-alvo possibilita a compreensão e produção de diferentes tipos de textos, adequando a linguagem ao interlocutor. Em outras palavras, o foco não se encontra na forma (competência linguística), mas na aplicação do idioma em contexto de uso (competência comunicativa).

Abordagem Comunicativa e Autonomia
Na abordagem comunicativa, como o próprio nome sugere, a atenção é voltada para o ato de comunicação. Ao contrário de o que vemos na abordagem tradicional do ensino de línguas, em que o professor exerce o papel de transmissor do conhecimento e o ensino concentra-se na preocupação com a construção do conhecimento puramente gramatical ou da memorização de estruturas linguísticas, na abordagem comunicativa o docente exerce um papel multi-funcional, mediando o conhecimento e promovendo situações que estimulem a comunicação. O objetivo do professor é tornar o estudante competente comunicativamente, usando a língua em situações reais de convívio e relacionamento humano autênticos.

A abordagem comunicativa, segundo Almeida Filho, caracteriza-se por ter o foco no sentido, no significado e na interação propositada entre os sujeitos que estão aprendendo uma nova língua (51). Para o autor, o ensino comunicativo é aquele que organiza as experiências de aprender em termos de atividades/tarefas de real interesse e/ou necessidade do aluno objetivando a capacitação de uso da língua-alvo a fim de realizar ações autênticas na interação com usuários dessa língua. Essas ações devem conter elementos adequados aos lugares sociais de onde falam os interlocutores, as regras de formalidade, aos efeitos de sentido entre outros. A língua é utilizada para o desempenho das atividades e cumprimento da tarefa, preocupando-se com a realidade e com dados linguísticos autênticos.

Ao promover o cumprimento de tarefa comunicativa em sala de aula, o professor exerce, também, o papel de mediador entre o seu conhecimento a ser compartilhado, entre o material que traz aspectos sociais, políticos e culturais do país da língua-alvo e a bagagem linguístico-cultural dos estudantes.

A ideia do papel do professor como mediador do conhecimento surgiu com a teoria sócio-interacionista. O educador, de acordo com essa teoria, traz um conhecimento mais extenso do objeto de estudo e irá compartilhá-lo com seus aprendizes. Entretanto, é importante ressaltar que não estamos falando em transmissão do conhecimento, mas em seu compartilhamento, já que durante o processo de aprendizagem, o professor dará ferramentas aos alunos para que eles construam seu próprio saber. O professor instiga a construção da informação no aprendiz e, cada aluno, por sua vez, através da interação, promove a geração do conhecimento entre ele e seus colegas de sala. Esse processo não somente desenvolve o conhecimento, mas também a autonomia da aprendizagem no estudante, uma vez que há conscientização de que a formação do saber dá-se através do compartilhamento de ideias.

Em sua obra "Teaching and Researching Autonomy", Phil Benson define autonomia como "a capacidade de ter controle sobre sua própria aprendizagem"[22] (2) (*tradução nossa*). No entanto, devido ao aspecto social da aprendizagem, desde 1990 o conceito de autonomia passou a estar intimamente ligado ao conceito de interdependência. A autonomia é um aspecto psicológico no qual a colaboração entre indivíduos é de extrema relevância em seu desenvolvimento. Little afirma que, "por sermos seres sociais, nossa independência está sempre balanceada por nossa dependência de outras pessoas. Isso faz com que nossa condição essencial seja de interdependência." (citado em Schluchlenz 25). Ou seja, a interação entre os estudantes e a colaboração entre eles faz com que haja reflexão e análise – aspectos essenciais para a promoção de autonomia.

Gass e Selinker acreditam que a interação conversacional em L2 forma uma base para o desenvolvimento linguístico do aprendiz, não sendo, somente, uma prática de certos aspectos do idioma (349). A Hipótese da Interação, de Michael Long dá suporte a essa ideia quando diz:

> "... *negociação de significado* e, especialmente, o trabalho de negociação que desencadeia ajustes *interacionais* por parte do falante nativo ou interlocutor mais competente, facilita a aquisição uma vez que ela liga insumo, capacidades internas do aprendiz, particularmente a atenção seletiva, e produção de maneira útil."[23] *(tradução nossa)*(451-2).

E também diz que:

> "... as contribuições ambientais à aquisição são mediadas pela atenção seletiva e capacidade de processamento do desenvolvimento de L2 do aprendiz, e que esses recursos são reunidos de forma mais útil, embora não exclusivamente, durante a *negociação de significado*. O feedback negativo obtido durante o trabalho de negociação ou em outro lugar pode ser facilitador do desenvolvimento da L2, pelo menos para vocabulário, morfologia, sintaxe específica da língua, e

---

[22]. "the capacity to take control over one's own learning".
[23]. "... *negotiation for meaning*, and especially negotiation work that triggers *interactional* adjustments by the NS or more competent interlocutor, facilitates acquisition because it connects input, internal learner capacities, particularly selective attention, and output in productive ways."

essencial para aprender certas especificidades contrastivas entre L1-L2."[24] *(tradução nossa)* (414).

A Hipótese da Interação coloca o material utilizado e o desenvolvimento curricular como aspectos essenciais para a criação de um ambiente ideal de aprendizagem. A sala de aula deixa de ser vista como mero ambiente onde diferentes estudantes interagem, trazendo para o mesmo lugar suas diferentes experiências de vida e seus distintos estilos e estratégias de aprendizagem, e passa a ser encarada como um rico ambiente onde as variáveis trazidas pelos alunos vão trabalhar de forma uníssona, a fim de interagir e gerar novos conhecimentos que aprimorem sua aquisição de LE.

Segundo Almeida Filho e Barbirato, "o ambiente criado pelo uso de tarefas é de construção de significados na língua-alvo com o objetivo final de se obter algum resultado pré-estabelecido..." (39). Além de promover a decodificação cultural e linguística, *desestrangeirizando* o idioma em questão, o docente faz com que haja, como citado anteriormente, uma (inter)ação entre aluno(s)–professor–material, o que, por sua vez, gera uma (inter)dependência entre eles. Esse contexto de interação e compartilhamento de ideias possibilita a ressignificação do conteúdo, gerando, desta forma, novo conhecimento e, por conseguinte, auxiliando na promoção da autonomia de aprendizagem dos estudantes.

A fim de auxiliar a compreensão da proposta desse capítulo, faremos uma breve discussão a respeito das diferenças entre o significado dos termos "tarefa" e "atividade".

Tarefas e Atividades

A elaboração de "tarefas" e "atividades" nas aulas de LE tem sido alvo de muitos estudos e discussões. Entendemos por "tarefa" o produto final de uma série de diferentes "atividades" que levam ao cumprimento de um objetivo principal. Não há um conceito preciso de "tarefa", ou um consenso absoluto de o que ela significa. Willis informa que a palavra "tarefa" tem sido empregada incorretamente quando se quer designar "atividades" que não encontram os critérios necessários para o ensino de língua por tarefa. Segundo a autora, "tarefas" são "atividades" para as quais a língua-alvo é usada pelo aprendiz com um propósito comunicativo, a fim de obter um resultado (23).

A "atividade" é descrita como uma ação que ocorre em sala de aula e que é encontrada fora dela. É cada passo dado como parte de uma sequência de

---

[24]. "... environmental contributions to acquisition are mediated by selective attention and the learner's developing L2 processing capacity, and that these resources are brought together most usefully, although not exclusively, during *negotiation for meaning*. Negative feedback obtained during negotiation work or elsewhere may be facilitative of L2 development, at least for vocabulary, morphology, and language specific syntax, and essential for learning certain specifiable L1-L2 contrasts."

ações objetivando a execução da tarefa comunicativa final; uma simulação de contextos reais de uso da língua-alvo. Quando um professor pede a seus alunos que produzam um texto escrito em língua estrangeira sobre suas férias, essa atividade terá um propósito. No entanto, este propósito não serve à comunicação. Por outro lado, se para a mesma atividade o professor propusesse que seus estudantes trocassem informações sobre suas férias com colegas de sala através de mensagens eletrônicas e, assim, montassem um roteiro de viagem de férias, estaríamos nos referindo ao que os autores definem como tarefa comunicativa. Outro exemplo de tarefa seria o envolvimento de alunos na produção de um texto escrito que objetive a comunicação real, como ler um artigo em uma revista e escrever para o editor, posicionando-se a respeito.

Para Prabhu, "tarefa" é uma atividade que exige que os aprendizes cheguem a um resultado através do processo de reflexão, permitindo que o professor interceda na mediação deste processo (17). Segundo definição do *Longman Dictionary of Applied Linguistics*, uma "tarefa" é:

> "...uma atividade ou ação que é realizada como resultado do processamento ou compreensão da linguagem . . . Uma tarefa geralmente requer que o professor especifique o que será considerado como uma realização bem sucedida da tarefa" (Richards, Platt e Weber 289)[25].

Considera-se que o uso de uma variedade de diferentes tipos de tarefas torna o ensino de língua mais comunicativo, desde que propicie um objetivo para a atividade de sala de aula que vai além da língua pela língua. Para Breen, "tarefa" é uma série de planos de trabalho, com atividades de variadas durações cujo objetivo geral é a aprendizagem de línguas (23). Desse modo, vemos que os estudiosos citados anteriormente consideram que uma "tarefa" comunicativa prima pelo significado, e precisa ter um objetivo que dê sentido a ela, a completando e a diferenciando.

Segundo Scaramucci ("CELPE-Bras: um exame comunicativo" 110; "O projeto CELPE-Bras no âmbito do MERCOSUL" 80), a tarefa é um termo usado em Linguística Aplicada para se referir a atividade de ensino ou de avaliação diferente daquela usada nas abordagens tradicionais. Tem um propósito comunicativo e busca especificar usos que se assemelham aos da vida real, permitindo, assim, a apresentação de material autêntico. Esse, por sua vez, pode ser entendido como qualquer texto extraído da comunidade nativa da língua em estudo como, por exemplo, anúncios promovidos nos mais diversos meios de comunicação, reportagens, entrevistas, entre outros.

---

[25]. "… an activity or action which is carried out as the result of processing or understanding language… A task usually requires the teachers to specify what will be regarded as successful completion of the task."

Scaramucci afirma que as tarefas apresentam muitas vantagens, pois admitem uma avaliação integradora por apresentar situações que se parecem com fatos reais de comunicação, mostram, claramente, a que se propõem a avaliar e são mais envolventes, promovendo um maior engajamento do estudante. Segundo a pesquisadora, ao apresentar um recorte comunicativo, a tarefa permite a utilização de várias habilidades ao mesmo tempo. Uma situação comunicativa engloba o falante (autor do texto), a mensagem (o texto propriamente dito), o interlocutor (leitor) e também um propósito comunicativo. Para a autora, a própria tarefa é que determina o propósito e o parâmetro do que seria uma resposta adequada ("O projeto CELPE-Bras no âmbito do MERCOSUL" 80). Nesse contexto, pode-se dizer que a compreensão oral ou escrita é sempre relativa e está relacionada a um propósito. Em contraste com uma tarefa baseada na abordagem tradicional, cujo foco é a forma da língua e suas regras de uso, uma tarefa baseada na abordagem comunicativa leva o estudante a interagir de forma a desenvolver as quatro habilidades na língua-alvo. Quando da interação com interlocutores, um falante pode dizer o que quiser, no entanto, a sociedade exige certas escolhas vocabulares para certos contextos – às vezes, com maior ou menor grau de formalidade e polidez.

A tarefa comunicativa, buscando a criação e o fortalecimento das interações e das relações sociais, apresenta, como um de seus importantes aspectos, o princípio da pragmática funcional, o qual faz com que o aluno conheça os diferentes (con)textos, com seus diferentes interlocutores, de forma a promover o adequado uso da língua-alvo em situações reais ou possíveis simulações de eventos relacionados ao cotidiano. Assim, discutiremos a utilização de tarefas comunicativas com base nos gêneros textuais como meio de promover o conhecimento dos estudantes no que diz respeito aos diferentes (con)textos de uso da língua-alvo.

O Uso de Gêneros Textuais

O trabalho com gêneros textuais é muito interessante quando se trata de abordagem comunicativa. Trabalhar em sala de LE a partir dos gêneros é contemplar as quatro habilidades pois, em primeiro lugar, antes de qualquer produção escrita, haverá todo o preparo de audição, compreensão auditiva, produção oral; em seguida, haverá o preparo para a leitura, compreensão escrita, produção oral e, finalmente, o estudante terá a oportunidade de, em grupo, pares ou individualmente, produzir seu texto escrito.

A criação do senso de comunidade em sala de aula quebrará o período de silêncio e auxiliará o desenvolvimento oral do aluno. Em nosso ponto de vista, quanto mais seguro de suas habilidades estiver o aluno, melhores serão as suas produções orais e escritas e melhor será o seu desempenho na esfera social com o uso da língua alvo.

Diferentes tipos de interação e/ou interlocução requerem do usuário de uma língua a competência comunicativa com o fito de usar o tipo de texto mais adequado - cada texto aplica-se a determinada situação (Travaglia 122). Em outras palavras, o fato de o docente restringir a seleção de gênero textual no processo de ensino-aprendizagem implica na limitação da proficiência comunicativa do estudante de LE. Para o autor, Tipologia Textual é aquilo que pode instaurar um modo de interação, uma maneira de interlocução, segundo perspectivas que podem variar (123). Desta forma, podemos afirmar que, quanto maior for o leque de tipos de textos apresentados pelo professor, maior será a oportunidade que os alunos terão de aprimorarem sua competência linguística.

Ainda de acordo com Travaglia, a principal característica do gênero textual é o seu exercício de função social (123) – função esta que é sentida, pressentida, experienciada pelo usuário da língua. Grau de formalidade e polidez, conteúdo do texto e sua forma de exposição são algumas das características que apresentarão distinção de acordo com a função social do texto. É o caso, por exemplo, da redação de mensagem de correio eletrônico a um amigo, contando uma inconveniência provocada pelo atraso do voo em sua última viagem, e da redação de uma carta eletrônica à companhia aérea, reclamando da inconveniência pelo atraso do voo.

Ao selecionarmos o tipo de texto que queremos ensinar, temos uma gama de atividades para propor ao estudante, que variará de acordo com o contexto apresentado. As atividades podem ser: assistir a vídeos e reportagens, ler textos a respeito do tópico a ser trabalhado, discutir o tema, comparar dados culturais, opinar a respeito de uma situação, preparar painéis de debate, entre outros. Trabalhar gêneros textuais não significa dar ênfase à forma, mas sim adequá-la ao contexto comunicativo. O padrão gramatical é explicitado nos gêneros textuais, mas de forma integrada ao texto e ao contexto, ao invés de ensinado isoladamente. Essa prática auxilia o aluno a entender como a língua funciona em diferentes (con)textos, a partir do momento que ele tem a oportunidade de também ver a criação de significados através da escolha gramatical e vocabular (Hyland 153).

Ao se trabalhar gênero textual com uma abordagem comunicativa, deve-se levar em conta os elementos constantes do esquema[26] a seguir:

---

[26]. Esquema elaborado pelas autoras deste estudo Eliete S. Farneda e Miriam K. Futer (2013).

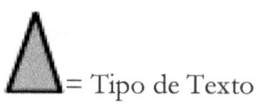 = Tipo de Texto

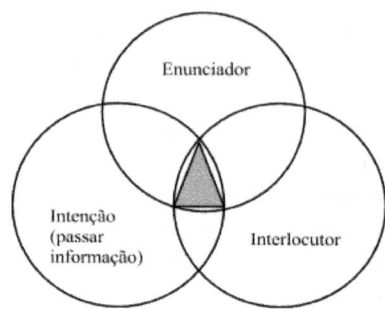

Tarefa Comunicativa

Dentre os diferentes contextos e considerando a função social do texto, há a situação ligada a falecimentos que, por diferentes razões, raramente é trabalhada em sala de aula - talvez porque desperte sentimentos e emoções não tão comuns no dia-a-dia das pessoas, mas que em algum momento terão de ser expressadas.

Nesta pesquisa, serão apresentadas atividades variadas utilizadas em sala de aula de Português como língua estrangeira, em ambiente universitário, de Trinidad e Tobago – um país caribenho anglófono, e que tiveram como objetivo maior a redação de uma carta de condolências. A sequência de atividades orais e escritas realizadas trouxeram subsídios para identificar as possibilidades de aplicação dessa proposta, como meio de divulgação e motivação de seu desenvolvimento em ambiente pedagógico.

A unidade apresentada foi baseada no incêndio de uma boate em que muitos jovens vieram a falecer – incidente ocorrido no início de 2013, na região sul do Brasil, na cidade de Santa Maria, o qual teve repercussão internacional. Desta forma, as atividades desenvolvidas fizeram parte de um processo que propôs a discussão de fatos reais, a comparação de elementos culturais e, não somente a redação de uma carta, mas também o envio de uma carta eletrônica de condolências ao Prefeito da cidade. Para alcançar tal objetivo, foi traçado um plano de ação com os seguintes elementos-chave:

- seleção de materiais para o ensino linguístico-comunicativo;
- escolha de atividades mais próximas do real com abordagem de diferentes gêneros textuais;
- seleção do tipo de texto "carta" e da espécie "condolências";
- procedimentos interacionais dentro e fora da sala de aula, na língua-alvo;
- orientação da língua-alvo em diferentes contextos;
- criação de um ambiente intercultural em sala de aula.

Dessa forma, o objetivo desta tarefa foi analisar a evolução dos estudantes durante o processo de desenvolvimento das atividades propostas. Chamamos este processo de *instrução orientada*[27] porque contituiu-se de uma série de atividades com base em um tema e propósito comunicativos. Esse processo dividiu-se em atividades pré-tarefa, tarefa e atividades pós-tarefa, incluindo práticas comunicativas como questionamento, tomada de posição diante de determinada situação, exposições de pontos de vista, descrições, narrativas, entre outras.

Durante as atividades, trabalhamos em colaboração com o estudante para que este tivesse sucesso em cada passo da complementação da tarefa. Ao mediar o aprendizado, auxiliamos os estudantes na compreensão de palavras e expressões, na estruturação do texto, na produção da linguagem de acordo com o gênero proposto.

Para desenvolvermos as atividades, tomamos por base a aplicação dos 5 Cs (Comunicação, Cultura, Conexão, Comparação e Comunidade) que representam os objetivos do ensino de LE (Phillips 94). O ensino de gramática integrou-se às habilidades de audição, fala, leitura e escrita. Buscamos sempre integrar a fala com a escrita, solicitando ao final de cada grupo de atividades e tarefas, um pequeno texto com palavras que foram importantes para o estudante na aula em curso. As tarefas foram completadas através de atividades que mostraram o processo de entendimento da linguagem. Utilizamos as denominações "fase interpretativa", "fase interpessoal", "fase de apresentação" indicados nos estudos de Adair-Hauck et al. (366)[28] para descrever as fases de complementação da tarefa.

Atividade Pré-Tarefa

Atividade pré-tarefa é uma atividade comunicativa que prepara o estudante para a tarefa propriamente dita utilizando a língua-alvo. Esta atividade deve estar relacionada ao tópico da tarefa e deve ser adequada ao nível de proficiência do estudante, para que haja provimento de novo insumo linguístico e consequente aprimoramento da língua-alvo.

---

[27]. "Os alunos orientados por objetivos de aprendizagem definem a sua competência numa tarefa de realização a partir de padrões auto-referenciais (Elliot, 1999, 2005), estão intrinsecamente motivados para compreender e dominar as tarefas de realização (task focused), para fazer novas aprendizagens e desenvolver competências (Lens & Vansteenkiste, 2006), com o objectivo de melhorar o nível de desempenho ou de aprendizagens anteriores (self-referenced) (Elliot, 1999, 2005)." (citados por Pedro Miguel Gomes Cordeiro, Willy Lens e Maria da Graça Bidarra 310).

[28]. "Interpretive mode of communication includes listening, reading and viewing skills. Interpersonal mode of communication refers to two ways . . . requires conversational partners to negotiate meaning with another in order to understand the message . . . Presentational mode of communication is generally formal speaking or writing activities to an audience of listeners or readers. It is the culminating activity that result in the creation of a written or oral product". (366).

Tema: Incêndio na Boate Kiss, na cidade de Santa Maria - RS
Nível: Português IB
a) Fase interpretativa para audição e fala
Consideramos como atividades pré-tarefa para desenvolver compreensão e expressão oral:

    1. discutir a respeito de organização/participação de festas universitárias;
    2. traçar paralelo entre as culturas brasileira e trinitário-tobaguense no que diz respeito ao tópico 1;
    3. assistir vídeos – reportagens sobre o incidente em Santa Maria;
    4. debater as possíveis causas e sobre os responsáveis pelo acontecido, comparando as Leis de ambos os países.

Instruções: Você irá assistir a um vídeo sobre um incidente ocorrido em uma Boate na cidade de Santa Maria, interior do Rio Grande do Sul. Após assistirmos o vídeo faremos algumas considerações a respeito do acontecimento.

Desenvolvimento: Após o vídeo, o professor lançou uma série de perguntas as quais os estudantes, em pares ou grupos responderam e posteriormente debateram. As perguntas lançadas foram: qual é o tema da reportagem? Quando aconteceu o incidente? O que ocasionou o incidente? O que os estudantes da universidade de Santa Maria estavam fazendo na boate? Houve vítimas? Quem eram essas vítimas? Alguém infringiu as leis elementares das normas de segurança? Quem seriam os possíveis responsáveis pelo incidente? Já aconteceu algum incidente semelhante a este em seu país? Quando? Onde? O objetivo destas atividades foi levar o estudante a comparar culturas, despertar a sensibilização em um contexto social próximo a sua realidade e criar o senso de comunidade.

b) Fase interpretativa para leitura e escrita
Consideramos como atividades pré-tarefa para desenvolver compreensão e produção escrita:

    1. ler textos jornalísticos diversos a respeito do incidente, os quais foram trabalhados por diferentes grupos com a troca de informações e observação de léxico;
    2. enfocar as características de um texto jornalístico (compromisso com a verdade, para quem é dirigido, componentes do texto que produzem efeitos de sentido);
    3. ler diferentes modelos de cartas e suas funções;
    4. escolher a espécie de carta "condolências" e ver alguns modelos;
    5. discutir as diferenças entre os modelos de carta de condolências, observando interlocutor e linguagem do texto;
    6. reunir o grupo de estudantes para decidir e negociar a seleção lexical.

Desenvolvimento: Selecionamos o gênero reportagem de um canal de TV online em que havia cenas do acontecimento e a transcrição da reportagem. Em pares ou em grupos, os estudantes fizeram a leitura assinalando palavras cujo significado necessitavam da mediação do professor para a construção de sentido. Nesta etapa, professor e estudantes (re)construíram o sentido do texto utilizando informações já presentes na memória discursiva dos alunos. Ao final, os grupos discutiram os conceitos referentes à reportagem (para que serve, a finalidade de ser fiel aos fatos, a imparcialidade e a quem se destina). O objetivo desta sequência de atividades foi fazer com que o estudante conhecesse os diferentes tipos de texto que, de acordo com o interlocutor, poderiam ter elementos-chave que dariam o devido efeito de sentido.

Tarefa:
Definiremos tarefa como o produto final de uma série de atividades.
a) Fase interpessoal para audição e fala:
Consideramos como tarefa para desenvolver compreensão e produção oral:
    1. comparar as leis de segurança de lugares públicos entre o país de origem dos estudantes e o país da língua-alvo;
    2. levantar as punições aplicadas para um caso como o da Boate Kiss;
    3. analisar o porquê de o incidente ter projeção internacional;
    4. buscar alternativas para minimizar o sofrimento das famílias.

O objetivo desta sequência de atividades foi o de preparar o estudante para a aula de produção escrita, dando a ele insumos suficientes para desenvolver, através do discurso oral, o futuro texto escrito.

Desenvolvimento: Mostramos um vídeo atualizado sobre os fatos do incidente trabalhado anteriormente. Após entenderem o significado de "festa pró-formatura", os estudantes reuniram-se em pares para: analisar e comparar dados culturais entre as comunidades estudantis universitárias do país da língua-alvo e do país dos estudantes; analisar fatos referentes à política e à economia que podem levar uma pessoa a corromper-se e discutir responsabilidades sociais.

Os estudantes levantam hipóteses sobre as causas do incidente e discutiram medidas de segurança em lugares públicos de ambiente fechado, como o caso da Boate Kiss. Os estudantes sugeriam meios para contactar as famílias das vítimas, a fim de expressar os sentimentos do grupo. Durante o processo de interação, moderamos as ideias sugerindo possíveis mudanças vocabulares, dando noções da política do país da língua-alvo, sem interferir na criatividade e senso de responsabilidade e crítica do estudante.

b) Fase interpessoal para leitura e escrita:
Consideramos como tarefa para desenvolver compreensão e produção escrita:
    1. produzir texto em grupo;

2. revisar produção escrita e efeitos de sentido em conjunto com o professor;
   3. elaborar o texto final.

Desenvolvimento: Trouxemos novos textos de reportagens atualizadas para discutir com os estudantes, reforçando o conceito assimilado sobre as características da reportagem. Após a leitura da reportagem e revisão das características e diante da vontade dos estudantes de entrar em contato com as famílias, pudemos falar sobre o gênero correspondência, criando com os estudantes um conceito adequado para a finalidade da aula. Dos diversos tipos de correspondência abordados, o tipo "carta" foi o mais citado.

Mostramos, através da interação interpretativa, diferentes espécies de cartas, por exemplo: carta de aconselhamento; carta ao editor de uma revista; carta de felicitações; carta de condolências e lançamos perguntas sobre o porquê das diferentes estruturas. Seguindo a linha de desenvolvimento da atividade de escrita, perguntamos aos estudantes qual seria a carta ideal para externar os sentimentos do grupo às famílias das vítimas da cidade de Santa Maria. Para escrever a carta, os estudantes reuniram-se em pares para elaborar cartas que ao final da aula seriam compartilhadas com os demais estudantes.

O objetivo desta tarefa foi fazer com que o grupo de estudantes escrevesse uma única carta de condolências. Para isso, tiveram de interagir negociando sentidos, uma vez que vários foram os textos escritos. Tiveram de manter vivo o senso de colaboração e espírito de comunidade e adotar o senso comum para escrever uma única carta.

Atividade Pós-Tarefa
Consideramos atividade pós-tarefa a tomada de decisão para o uso concreto da língua-alvo.

a) Fase de apresentação para audição e fala:
Consideramos como atividade pós-tarefa para desenvolver compreensão e produção oral:
   1. colocar-se no lugar dos donos da boate, dos pais dos estudantes, das pessoas dos órgãos públicos envolvidos e do grupo musical;
   2. discutir quais seriam as punições, do ponto de vista do grupo, caso houvesse algum culpado.

Desenvolvimento: Uma vez que os estudantes, em pares, puderam comparar, discutir, fazer juízo de valor a respeito do incidente, dividimos a classe em 4 grupos que representaram: os componentes do grupo musical, os familiares das vítimas, pessoas de órgãos do poder público supostamente acusadas de corrupção e os donos da Boate.

Os objetivos desta atividade foram de conscientização de consequências que podem repetir-se por falta de respeito às leis e às normas de segurança; de desenvolvimento do senso crítico, da sensibilidade e do respeito à opinião alheia.

b) Fase de apresentação para leitura e escrita:
Consideramos como atividade pós-tarefa para desenvolver compreensão e produção escrita:
1. Envio de carta eletrônica para o Gabinete do Prefeito de Santa Maria.

Desenvolvimento: Após a seleção do tipo de texto "carta" e da produção da espécie de carta "condolências" em grupos, os estudantes receberam o feedback a respeito da produção, fazendo juntamente com o professor as adequações necessárias. Em seguida foi feita a revisão dos conceitos e das características pelos estudantes. A carta foi escrita eletronicamente e enviada à Prefeitura de Santa Maria em nome de todos os estudantes do curso de Português IB. O texto enviado pode ser observado no Anexo deste capítulo. Ressaltamos que os nomes dos alunos foram omitidos para preservação de suas identidades.

Considerações Finais

No decorrer de nossas aulas percebemos que o uso de tarefas comunicativas centradas no significado e que tenham relação com situações reais, de fora da sala de aula foi muito importante no processo de ensino/aprendizagem de LE. Os alunos puderam interagir com maior desempenho elaborando não somente discursos analíticos e críticos, mas também textos coerentes ao contexto em questão.

Apesar da revisão colaborativa do texto em sala, algumas interferências linguísticas ainda fizeram-se presentes quando da digitação da carta eletrônica. Mesmo assim, foi possível observar melhora na desenvoltura linguística dos alunos. Verificamos que o trabalho com tarefas comunicativas expandiu os horizontes dos alunos em relação aos aspectos linguísticos e culturais da língua-alvo. Os estudantes demonstraram maior interesse pelas questões sociais do Brasil, buscando constante atualização no que diz respeito ao tema tratado. Esse vínculo criado, ao extrapolar os limites de sala de aula, possibilitou maior contato dos alunos com o idioma estudado de forma natural, ao mesmo tempo em que maior autonomia de aprendizagem do idioma foi gerada.

Pudemos contemplar o sucesso do trabalho com gêneros textuais, aplicando determinados tipos de texto e suas particularidades para situações específicas e garantir que o foco no sentido não está totalmente desvinculado da forma. Embora nosso foco não seja a forma, afirmamos que o trabalho com gêneros, na abordagem comunicativa, abre novos caminhos para a análise da gramática inserida no (con)texto e poderá viabilizar o aprendizado e aplicação da forma de maneira mais eficaz e consciente em situações reais de uso da língua.

Em resumo, a discussão de um tema real, com o qual os estudantes se relacionassem, o paralelo traçado entre as culturas dos dois países, as produções colaborativas entre estudantes e professores e a negociação de significados fizeram com que a tarefa comunicativa exercesse um impacto para além da sala de aula, mostrando resultados mais eficazes na aprendizagem desses estudantes.

Referências
Adair-Hauck, Bonnie et al.. "The Integrated Performance Assessment (IPA): Connecting Assessment to Instruction and Learning". *Foreign Language Annals* 39.3 (2006): 359-78. Impresso.
Almeida Filho, José Carlos Paes. *Dimensões Comunicativas no Ensino de Línguas*. Campinas: Pontes Editores, 2002. Impresso.
--- and Rita C. Barbirato. "Ambientes Comunicativos para Aprender Língua Estrangeira". *Trabalhos de Linguística Aplicada*. Campinas: Ed. da Unicamp, 36 (Jul./Dez.2000): 23-42. Web. 22 Mar. 2013.
Breen, M. "Learner Contributions to Task Design". *Language Learning Tasks*. Eds. C. Candlin e D. Murphy. Englewood Cliffs, N.J.: Prentice Hall, 1987. 23-46. Impresso.
Benson, Phil. *Teaching and Researching Autonomy*. 2ª edição. Grã-Bretanha: Pearson, 2011. Impresso.
Canale, M. 1995. "De la Competencia Comunicativa a la Pedagogía Comunicativa del Lenguaje". *Competencia Comunicativa: Documentos Básicos en la Enseñanza de Lenguas Extranjera*. Org. Miquel Llobera. Madrid: Edelsa Grupo Didascalia, 1995. 63-81. Impresso.
Cordeiro, Pedro M. G., Willy Lens e Maria da Graça Bidarra. "O Lugar das Variáveis Motivacionais no Processo de Instrução e Aprendizagem: A Teoria dos Objectivos de Realização. *Revista Portuguesa de Pedagogia* 43.2 (2009): 305-28. Web. 02 Ago. 2013.
Futer, Miriam Kurcbaum e Eliete Sampaio Farneda. "Holistic Assessment in Portuguese as a Foreign Language at UWI, St Augustine: A Case Study of the Introduction of the CELPE-Bras." Biennial Conference of the UWI Schools of Education. The University of the West Indies, St. Augustine, Trinidad e Tobago. 25 Abr. 2013. Apresentação de Pesquisa.
Gass, Susan M. e Larry Selinker. *Second Language Acquisition: An Introductory Course*. 3ª edição. Nova Iorque: Taylor & Francis, 2003. Impresso.
Hyland, Ken. "Genre pedagogy: Language, literacy and L2 writing instruction". *Journal of Second Language Writing* 16.3 (2007): 148-64. Web. 11 Dez. 2012.
Long, Michael H. "The Role of the Linguistic Environment in Second Language Acquisition". *Handbook of Second Language Acquisition*. Eds. William C. Ritchie e Tej K. Bhatia. San Diego, CA: Academic Press, 1996. 413-68. Impresso.
Phillips, June K. "Foreign language standards and the contexts of communication". *Language Teaching* 41.1(2008): 93-102. Impresso.

Prabhu, N.S. *Second Language Pedagogy*. Oxford: Oxford University Press, 1987. Impresso.
Richards, Jack, John Platt e Heidi Weber. *Longman Dictionary of Applied Linguistics*. Londres: Longman, 1985. Impresso.
Santos, Edleise Mendes Oliveira. *A Abordagem Comunicativa Intercultural (ACIN): uma Proposta para Ensinar e Aprender Língua no Diálogo de Culturas*. Tese de Doutorado. Biblioteca Digital da Unicamp, 2004. Arquivo PDF.
Scaramucci, M. V. R. "CELPE-Bras: um exame comunicativo". *Ensino e pesquisa em português para estrangeiros*. Orgs. Maria Jandyra Cunha e Percília Santos. Brasília: Editora Universidade de Brasília, 1999. 75-81. Impresso.
---. "O projeto CELPE-Bras no âmbito do MERCOSUL: contribuições para uma definição de proficiência comunicativa". *Português para estrangeiros interface com o espanhol*. Org. José Carlos Paes de Almeida Filho. Campinas: Pontes, 1995. 77-90. Impresso.
Schuchlenz, Christina. "Learner Autonomy". *Second Language Acquisition: the Interface Between Theory and Practice*. Eds. Martin Hanak-Hammel and David Newby. Austria: UNIGRAZ, 2003. 24-31. Arquivo PDF.
Willis, Jane. "A Flexible Framework for Task-Based Learning". *Challenge and Change in Language Teaching*. Orgs. Jane Willis e Dave Willis. Oxford: Heinemann, 1996. 235-56. Impresso.
Travaglia, Luiz Carlos. "Tipologia textual, ensino de gramática e o livro didático". *Língua e Cidadania: Novas Perspectivas para o Ensino*. Orgs. Cláudio Henriques e Darcília Simões. Rio de Janeiro: Europa, 2004. 114-38. Impresso.

Apêndice 1

From: Francoilize Sanoir (STA) [mailto:francoilize.sanoir@my.uwi.edu]
Sent: Tuesday, January 29, 2013 12:46 PM
To: gabinete@santamaria.rs.gov.br
Cc:
Subject: carta de condolências

Prezado Sr. Cesar Schirmer prefeito de Santa Maria,

Somos estudantes da Universidade das Índias Ocidentais em Trinidad e Tobago. Ficamos muito tristes ao saber da tragédia de sua cidade na boate Kiss. Sentimo-nos incapazes de encontrar palavras de consolo para sua dor, mas desejamos expressar nosso profundo pesar pelas perdas de tantas vidas. Nossas mais sinceras condolências às famílias das víctimas.
 Estamos rezando por eles e suas famílias com a esperança de que seus corações encontrem algum conforto.

 Recebam nossos mais sinceros sentimentos,

 Alunos do curso de Português- Língua Estrangeira 1B

3.3 Como desenvolver unidades pedagógicas comunicativas completas com principal, pré e pós-atividade, usando documentos reais
Marilia Gazola Pessoa Barros

Hoje várias universidades, em diferentes partes do mundo, oferecem o curso de português (PLE) em seu currículo, como matéria optativa dentro de diferentes áreas de estudo ou dentro da carreira de Letras. Na maior parte das universidades é oferecido não só o curso de Língua Portuguesa, como também o de Literatura Brasileira (ou Portuguesa). Os alunos que optam pelo curso de Literatura nem sempre são da área de Letras e muitas vezes não é exigido o conhecimento do idioma para participar do curso. O professor tem que trabalhar com diferentes níveis de conhecimento do idioma, da cultura e da Literatura em sala de aula e para dificultar mais o seu trabalho, o material para trabalhar: textos literários, nem sempre é bilíngue, grande parte, quando não todo, é em português. Qual material o professor pode utilizar para essa aula? Como conseguir que todos em sala de aula tenham condições de participar e de desenvolver suas habilidades em seus diferentes níveis?
Neste artigo apresenta-se uma sequência de atividades (pré, principal e pós) com documentos reais, neste caso são utilizadas partes de obras da Literatura Brasileira, para desenvolver unidades pedagógicas comunicativas completas, que ajudem aos alunos de português a desenvolverem suas habilidades de leitura, de fala e de escrita, ao mesmo tempo em que participam de uma aula de Historiografia da Literatura Brasileira. Estas aulas têm como público alvo alunos de diferentes áreas de estudos (Sociologia, Pedagogia, Engenharia, etc.), de diferentes níveis de conhecimento da língua portuguesa, têm como objetivo principal o conhecimento da historiografia literária brasileira e como objetivo paralelo o desenvolvimento das habilidades de comunicação, leitura e escrita da língua portuguesa. Com este artigo espera-se oferecer ao professor de PLE uma pequena ajuda para a elaboração de suas aulas e também de estimular a produção de mais, e diversos materiais para as aulas de PLE.

Ensino comunicativo e materiais reais ou autênticos
A proficiência em um idioma é a soma de diferentes competências: a gramatical, a sociolinguística, a discursiva, a referencial (a percepção dos diferentes discursos e as diferenças dos códigos escrito e oral, o conhecimento das regras sociais de determinado grupo, a história e o dia-a-dia que faz parte do contexto dessa linguagem) e a estratégica (que permite adequar o enunciado à situação).

Não basta conhecer a língua e o seu sistema linguístico, o ideal é saber senão usá-la, compreendê-la nos seus diferentes contextos sociais, para dessa forma poder sentir-se um verdadeiro sujeito da linguagem. A aquisição dessa competência é importante para que a comunicação aconteça dentro do ambiente dessa linguagem, para a compreensão do discurso do outro, do seu modo de agir, do comportamento social do grupo e o próprio.
Para adquirir essas competências, entender o sistema linguístico (competência gramatical) é importante, mas o mais importante é aprender a colocá-la em uso no mundo real desta linguagem. Por isso, acredita-se que ao produzir a interação em sala de aula, com a troca de informações, a busca e negociação de significados, facilite a aquisição. Seguindo as concepções de Bakhtin e Vygotsky sobre a construção do sentido, formação dos conceitos e da aquisição de linguagem, de que ao se engajarem em uma atividade de interação significativa os alunos podem descobrir as regras linguísticas e sociolinguísticas necessárias para a produção e a compreensão do novo idioma.
Portanto, entende-se aqui o ensino comunicativo como um ensino interativo, em que se trabalha com as diferentes competências: gramatical, sociolinguístico, discursiva, referencial e estratégica.
Quanto ao material autêntico são amostras (orais ou escritas) de comunicações reais, as quais o sujeito da linguagem está exposto diariamente. Pode-se trabalhar com todos os gêneros textuais que façam parte do mundo real da PLE e estes não devem ser adaptados ou facilitados. Deve haver uma seleção dos textos e uma intenção da parte do professor de propor a interpretação de algo, os textos devem ser interpretáveis, portadores de sentido.
Neste artigo, como mencionado acima, apresentam-se atividades com partes de obras da Literatura Brasileira, para serem desenvolvidas unidades pedagógicas comunicativas completas, com a intenção de que os alunos do curso de Literatura Brasileira também desenvolvam suas habilidades de leitura, de fala e de escrita, ao mesmo tempo em que participam de uma aula de Historiografia da Literatura Brasileira.

Literatura documental
Literatura = Sociedade, partindo dessa equação, encontra-se na Literatura Brasileira a Literatura Documental com os primeiros documentos, registros do inicio de uma nação, os relatos de viagem de diversos viajantes (aventureiros, estudiosos, religiosos), que apresentam suas aventuras, suas observações, fatos vivenciados em suas viagens pelo Brasil e que fazem parte da história do início desta nação.
No afã de retratar o Brasil, esta literatura documental é um misto de realidade e ficção, pois, muitas vezes tinha como objeto mostrar o grande êxito da viagem e de despertar nos seus leitores (a Corte) certos interesses que

financiariam novas viagens. Vê-se isso em um documento muito famoso, o primeiro desta Literatura documental *"A Carta de Caminha"*.
Exímio escritor e escrivão de profissão, Pero Vaz de Caminha foi encarregado de registrar em carta oficial a chegada, a descoberta da nova Terra e o fez no seu melhor estilo. Descreveu nos mínimos detalhes o novo mundo que se apresentava aos seus olhos de escritor e de escrivão, com um misto de pragmatismo e subjetividade, a carta de Caminha apresenta a realidade vista e descrita pelos olhos do escrivão e a ficção necessária, escrita pelas mãos do escritor no intuito de aguçar o interesse da Corte para as riquezas que poderiam ali existir, o que garantia que a viagem havia sido um sucesso e justificava novos investimentos.
E é esse o primeiro objetivo proposto aos alunos na leitura da carta de Caminha:

1. Identificar as supostas insinuações que Caminha faz à Corte.
Antes de fazer a leitura o professor deve apresentar a introdução acima sobre a Literatura documental e sobre o primeiro documento: *A Carta de Caminha*. Essa apresentação pode ser feita em português (segundo o nível da classe) ou no idioma estabelecido para comunicação geral com a classe. Para a primeira leitura da carta propõe-se que seja feita com o professor, que pode ler algumas partes e pedir para que alguns alunos também leiam algumas frases. O melhor é selecionar alguns parágrafos para a leitura em sala e não apresentar o texto completo. Discutir parágrafo a parágrafo com os alunos, verificando o que eles entendem, se eles compreendem a mensagem, mas procure não fazer a tradução palavra por palavra, somente de algumas palavras chaves se necessário e de algumas palavras arcaicas que podem ser apresentadas em um vocabulário extra.
Para essa primeira leitura pode-se também utilizar algumas técnicas de leitura, como a *"scanning"*: para examinar, sondar, explorar o texto. Numa primeira olhada no texto, buscam-se por algumas informações específicas, como verbos, cognatos, vocabulários conhecidos e repetidos. Sendo a *Carta de Caminha* uma narrativa, pode-se começar com a verificação dos verbos, para verificar o tempo verbal predominante e para se ter uma primeira ideia das ações praticadas pelos colonizadores. Por exemplo, dentro do contexto de uma carta que descreve a descoberta de um novo mundo, o uso dos verbos *ver, vir, mostrar, acenar* são frequentes no texto e os tempos verbais *Pretérito Perfeito e Imperfeito do Indicativo* que predominam, indicando fatos passados feitos, concluídos (no caso do Perfeito) ou contínuos, permanentes ou habituais, casuais e de incerta localização no tempo (no caso do Imperfeito). O texto apresenta também o *Modo Subjuntivo*, que facilita a localização das insinuações feitas por Caminha, pois é com esse Modo Verbal, que Caminha insinua o que ele *imagina existir* nesse novo mundo, faz suas colocações sem que sejam afirmações.

1º Exemplo:

Senhor,
(...) O Capitão, quando eles vieram, estava sentado em uma cadeira, aos pés uma <u>alcatifa</u>
<u>por estrado</u>; e bem vestido, com um colar de ouro, mui grande, ao pescoço. E Sancho de
Tovar, e Simão de Miranda, e Nicolau Coelho, e Aires Corrêa, e nós outros que aqui na
<u>nau</u> com ele íamos, sentados no chão, nessa alcatifa. Acenderam-se <u>tochas</u>. E eles entraram.
Mas nem sinal de cortesia fizeram, nem de falar ao Capitão; nem a alguém. Todavia **um**
deles fitou o colar do Capitão, e começou a fazer acenos com a mão
em direção à terra*, e depois para o colar,* **como se quisesse dizer-nos que**
havia ouro na terra*. E também olhou para um <u>castiçal</u> de prata e assim mesmo*
acenava para a terra e novamente para o castiçal, como se lá também houvesse prata!
Mostraram-lhes um papagaio pardo que o Capitão traz consigo; tomaram-no logo na mão
e acenaram para a terra, como se os houvesse ali. Mostraram-lhes um carneiro; não fizeram
caso dele. Mostraram-lhes uma galinha; quase tiveram medo dela, e não lhe queriam pôr
a mão. Depois lhe pegaram, mas como espantados.
Viu um deles umas <u>contas de rosário</u>, brancas; fez sinal que lhas dessem, e folgou muito
com elas, e lançou-as ao pescoço; e depois tirou-as e meteu-as em volta do braço, e acenava
para a terra e novamente para as contas e para o colar do Capitão, como se dariam ouro

por aquilo. Isto tomávamos nós nesse sentido, por assim o desejarmos! Mas se ele queria dizer que levaria as contas e mais o colar, isto não queríamos nós entender, por que lho não havíamos de dar! E depois tornou as contas a quem lhas dera. E então estiraram-se de costas na alcatifa, a dormir sem procurarem maneiras de encobrir suas vergonhas, as quais não eram <u>fanadas</u>; e as cabeleiras delas estavam bem rapadas e feitas.
(...) Ao sairmos do <u>batel</u>, disse o Capitão que seria bom irmos em <u>direitura</u> à cruz que estava encostada a uma árvore, junto ao rio, a fim de ser colocada amanhã, sexta-feira, e que nos puséssemos todos de joelhos e a beijássemos para eles verem o acatamento que lhe tínhamos. E assim fizemos. E a esses dez ou doze que lá estavam, acenaram-lhes que fizessem o mesmo; e logo foram todos beijá-la.
Parece-me gente de tal inocência que, se nós entendêssemos a sua fala e eles a nossa, seriam logo cristãos, visto que não têm nem entendem <u>crença</u> alguma, segundo as aparências.
Beijo as mãos de Vossa Alteza.
Deste Porto Seguro, da Vossa Ilha de Vera Cruz, hoje, sexta-feira, primeiro dia de maio de 1500.
Pero Vaz de Caminha.

Vocabulário:

Alcatifa por estrado: tapete, acarpetado acima do chão.
Nau: embarcação a vela.
Tochas: Haste que tem uma extremidade com substância inflamável, usada para iluminação ou sinalização.
Castiçal: Utensílio em que se colocam velas para alumiar.
Contas de rosário: Pequena esfera com um furo por onde pode ser enfiado um fio, para fazer um terço.
Fanadas: murchas, maltratadas.
Batel: barco, canoa.
Direitura: linha reta
Crença: fé, opinião.

Roteiro de atividades
O professor além da compreensão do texto pode trabalhar com as marcas características do gênero textual *carta* e dar alguns exemplos, mais atuais, que os de Pero Vaz Caminha, de como iniciar e terminar uma carta em diferentes situações (carta: oficial, comercial, coloquial, formal, etc.).
Após todo esse trabalho de compreensão, reconhecimento do texto e de suas características com a ajuda do professor, os alunos devem trabalhar em grupo para encontrar as frases com as supostas insinuações de Caminha, também produzir e responder as seguintes tarefas (os grupos funcionam melhor quando se estabelecem diferentes funções entre os alunos, como: um ou dois alunos anotam as respostas, outro para as correções orais e ajuda no

vocabulário e os que vão responder em nome do grupo, para a apresentação das respostas):
1. Apresentar (no caso do texto acima) três supostas insinuações;
2. Esclarecer, no entendimento do grupo, a que ele (Caminha) se refere, o que ele insinua;
3. Na Literatura do seu país de origem há algum documento parecido com a carta de Caminha? Dê alguns exemplos.
4. O que você sabe sobre os primeiros dias ou primeiros tempos do seu país? Compare com o que foi apresentado por Caminha, em sua carta, sobre a descoberta do Brasil.
5. Escreva uma carta a um amigo, um parente e tente convencê-lo a vir de visita ao país onde você agora vive. Descreva como é bonito o lugar, faça insinuações das vantagens que ele poderá ter com essa viagem, etc.

Outros temas da Literatura documental que podem ser trabalhado em sala de aula são: os relatos sobre o canibalismo; sobre rituais e religião; entre outros.

2º Exemplo:

Geração de 30/45 – Um novo estado poético fora dos limites do Modernismo: João Guimarães Rosa.

❖ Antes de apresentar o texto e o autor, é importante que o professor apresente a geração de 30/45 e sua proposta de uma linguagem em função de uma prosa complexa em que "o natural, o infantil e o místico assumem uma dimensão ontológica que transfigura os materiais de base" (BOSI, 2002, p. 388).

❖ Sobre Guimarães Rosa: *é um autor que investigou criteriosamente as potencialidades da língua, criando assim um modo próprio de se exprimir, uma linguagem profundamente elaborada, pelo ritmo e musicalidade das palavras, pela infinita forma de expressão das suas frases e vocábulos inventados ou recriados, do português ou de outras línguas, que levam o leitor a uma prática de leitura completamente diferente e que o ensina a sentir e a pensar sua própria língua com outra estrutura e ritmo.*

❖ Um breve relato sobre a história de Grande Sertão: Veredas (GS: V), que é a obra da qual foi retirado o texto para o exercício:

A história é sobre a vida de Riobaldo que, já mais velho e aposentado, tem todo o tempo para contar a sua história, entre outras, que fazem parte da sua vida e do sertão "Conto o que fui e vi, no levantar do dia" (GS: V, 2001, 20), diz Riobaldo quase no final de tudo. Há um interlocutor, um homem doutor da cidade, mas a este não se tem acesso. Por isso podemos dizer que, é na verdade, um monólogo, com um ouvinte que nunca interfere nas histórias que Riobaldo tem presente em sua memória. Durante três dias, numa narrativa ininterrupta, revela a esse ouvinte coisas que até então ele não havia contado a ninguém.

Riobaldo narra o que foi e o que viu no sertão, como meio para entender o seu destino, como meio para saber qual o sentido de uma vida. E passa a se colocar questões que, como ele mesmo percebe, ninguém pode responder " nem mesmo o senhor citadino, com toda leitura e doutoração" (GS: V, 2001, 18).

É a história de homens, do sertão, de jagunços que como descreve Antonio Candido (2002, p. 121) são homens livres, transformados pelo sertão em jagunços, por repudiarem a servidão eles se libertam pagando com a vida jogada a cada instante. Raros são aqueles apenas bandidos, cada um deles chega pelos caminhos mais diversos.

A vida de jagunço e de Riobaldo se cruzam ao encontro com Diadorim/Deodorina, mulher travestida de jagunço, por quem Riobaldo, sem conhecer a verdadeira identidade feminina, se apaixona, o que não é fácil para um homem admitir, ainda mais do sertão, ainda mais um jagunço. É por Diadorim que ele se empenha em combate e permanece na jagunçagem, e é ele/ela quem exige a vingança, pela morte de seu pai, morto pelo jagunço bandido Hermógenes. Em uma guerra que parece infinita. Para ter coragem e chegar a um fim, Riobaldo recorre ao pacto com o demônio.

Como foi dito acima, é realmente um breve relato para uma obra como Grande Sertão:Veredas. Por isso, para complementar e para que o aluno tenha uma ideia mais completa do que é *o sertão, o jagunço, o cangaço* e outras particularidades que fazem parte desse mundo apresentado por Guimarães Rosa, em GS:V, o professor pode apresentar trechos da mini série da obra, que está disponível na internet em: http://youtu.be/tv95oHdeuhY ou http://youtu.be/7mJnxi1eDqo .

Com a apresentação desses dois capítulos o aluno poderá ter uma primeira noção visual do que é o sertão, o cangaço, o sertanejo e o jagunço, que fazem parte de um Brasil que, mesmo entre os brasileiros, poucos conhecem.

No caso de GS:V, podemos entrar nesse universo ficcional criado por Rosa pela fala de Riobaldo, o seu léxico é a forma de expressar a sua visão de mundo, um mundo misturado não só nos espaços e nas personagens, mas também na linguagem. Rosa cria neologismos para a narrativa de Riobaldo, trata-se de um texto escrito com características de oralidade e essa linguagem inusitada inicia o seu leitor no mundo mental de Riobaldo, de experiências também inusitadas. Essas criações lexicais trazem ao texto efeitos e também significados especiais, porque fogem do uso comum da língua e ganham vida em um momento exclusivo, na fala de Riobaldo para expressar a sua visão de mundo.

É esta a forma que o autor encontrou para iniciar o seu leitor nesse universo de Riobaldo, onde tudo tem o seu significado, nada é por acaso. Com a reformulação do código linguístico, Rosa criou seu texto com suas personagens, seu mundo, seu léxico. Utilizou vários processos de criação neológica e termos populares para satisfazer às necessidades de seu texto, como a necessidade de se expressar por meio da arte.

As palavras sublinhadas no texto acima são alguns dos neologismos (ND = palavra não dicionarizada) e termos populares (TP = termo popular) utilizados por Rosa, em sua obra e **são esses neologismos e termos populares o objeto de estudo proposto na atividade que aqui apresentamos.**

Roteiro das Atividades

Após a apresentação feita pelo professor sobre a geração de 30/45, de sua proposta de uma nova linguagem, do autor e do contexto da obra, os alunos, em grupos, vão trabalhar com as palavras sublinhadas no texto. (aqui também os alunos devem estabelecer diferentes funções dentro do grupo, como: um ou dois alunos anotam / escrevem as respostas, outro para as correções orais e ajuda no vocabulário e os que vão falar em nome do grupo, para a apresentação das respostas).

Guimarães Rosa criou os neologismos e usou os termos populares por sua proposta de uma nova linguagem criativa e não por falta de vocabulário para se expressar, por isso pode-se encontrar na Língua Portuguesa palavras dicionarizadas que tenham significados similares aos termos populares e neologismos usados por Rosa em sua obra.

Verifique se a afirmação acima está realmente correta:
1. Buscando nos dicionários (da Língua Portuguesa), por meio das definições das palavras, sinônimos que se aproximem ao significado do neologismo.
2. Escrevendo frases como exemplos do uso dessas palavras.
3. Justificando a escolha do léxico (dicionarizado), caso o tenham encontrado;
4. E dando sua opinião se a afirmativa está correta ou não. Justifique com exemplos.

Para a realização dessas tarefas é necessário que os alunos tenham acesso à consulta de dicionários monolíngue e também bilíngue.

Trecho da obra Grande Sertão:Veredas:

*Diadorim e eu, nós dois. A gente dava passeios. Com assim, a gente se diferenciava dos outros – porque jagunço não é muito de conversa continuada nem de amizades estreitas: a bem eles se misturam e **desmisturam**, de acaso, mas cada um é feito um por si. De nós dois juntos, ninguém nada não falava. Tinham a boa prudência. Dissesse um, caçoasse, digo – podia morrer. Se acostumavam de ver a gente **parmente**. Que nem mais **maldavam**. E estávamos conversando, perto do rego – **bicame** de velha fazenda, onde o agrião dá flor. Desse **lusfús**, ia escurecendo. Diadorim acendeu um foguinho, eu fui buscar sabugos. Mariposas passavam muitas, por entre as nossas caras, e besouros graúdos esbarravam. Puxava uma **brisbisa**. O **ianso** do vento revinha com o cheiro de alguma chuva perto. E o **chiim** dos grilos ajuntava o campo, aos quadrados. Por mim, só, de tantas minúcias, não era o capaz de me alembrar, não sou de à parada pouca coisa; mas a saudade me alembra. Que se hoje fosse. Diadorim me pôs o rastro dele para sempre em todas essas **quisquilhas** da natureza. Sei como sei. Som como os sapos **sorumbavam**. Diadorim, duro sério, tão bonito, no relume das brasas. Quase que a gente não abria boca; mas era um **delém** que me tirava para ele – o irremediável extenso da vida. Por mim, não sei que tontura de vexame, com ele calado eu a ele estava obedecendo quieto (GS:V, 2001, p. 45).*

Vocabulário

Bicame (TP): *"E estávamos conversando, perto do rego – bicame de velha fazenda, onde o agrião dá flor"*: encanamento de água a descoberto.
Brisbisa (ND): *"Puxava uma brisbisa"*: o som de um vento suave.
Chiim (ND): *"E o chiim dos grilos ajuntava o campo, aos quadrados"*: som dos grilos.
Delem (ND): *"Quase que a gente não abria boca; mas era um delém que me tirava para ele."*: barulho do sino, comparado ao barulho do coração. (NSM, 2001, pag. 151).
Desmisturam (ND): *"a bem eles se misturam e desmisturam, de acaso, mas cada um é feito um por si"*: o prefixo "des" exprime a noção de negação.
Ianso (ND): *"O ianso do vento revinha com o cheiro de alguma chuva perto."*: pode ser a junção de *Iansã* (deusa dos ventos do candomblé) e de *manso*. (NSM, 2001, pag. 267).
Lusfús (ND): *"Desse lusfús, ia escurecendo"*: nem claro, nem escuro, lusco-fusco.
Maldavam (TP): *"Que nem mais maldavam"*: formado com base em maldade.
Parmente (ND): *"Se acostumavam de ver a gente parmente"*: em par.
Quisquilhas (TP): *"todas essas quisquilhas da natureza"*: coisa pequena, sem importância. (NSM, 2001, pag. 409).
Sorumbavam (ND): *"Som como os sapos sorumbavam."*: formado com base em sorumbático (triste). (NSM, 2001, pag. 468).

* Algumas das definições das palavras foram retiradas do livro *O Léxico de Guimarães Rosa* (2001), dicionário dos neologismos do autor, produzido por Nilce Sant'Anna Martins. (NSM, 2001, pag.).

Referências
Almeida Filho, J.C.P. de. *Dimensões Comunicativas no Ensino de Línguas Estrangeiras*. Campinas: Pontes, 1993.
Bosi, Alfredo. *História concisa da Literatura Brasileira*, 2002, 40ª ed. Cultrix.
Cândido, Antonio. *O homem dos avessos*. In Coutinho, E. (org.) *Guimarães Rosa*. Rio/Brasília: Civilização Brasileira/INL, 2002, p121 A 139.
Martins, Nilce Sant'Anna. *O Léxico de Guimarães Rosa*. São Paulo: EDUSP, 2001.
Rosa, J. G. *Grande Sertão: Veredas*. 1.ed. Rio de Janeiro: Nova Fronteira, 2001.
Vygotsky, L.S. *Pensamento e Linguagem*. Trad. Luiz Camargo. São Paulo: Martins Fontes, 1978.

3.4 Como elaborar sequências didáticas utilizando textos multimodais autênticos em aula comunicativa: o antes, o durante e o depois.

Ana Katy Lazare Gabriel
Milton Gabriel Junior

Ao receber um grupo de alunos estrangeiros ou ao iniciar aulas particulares, todas as preocupações pertinentes à organização do curso e ao planejamento das aulas tornam-se presentes, pois, é neste momento que se faz presente o desafio de tornar os alunos estrangeiros em comunicativos e autônomos ao utilizar a língua alvo, no caso, português brasileiro.

Dessa forma, este texto pretende, em um primeiro momento, discutir as etapas de elaboração de uma sequência didática que utiliza textos multimodais como material autêntico a ser aplicada em sala de aula de português como língua estrangeira e, em segundo lugar, pretende-se com este texto, explicitar uma sequência didática, bem como ressaltar algumas possibilidades a serem exploradas no ensino de PLE na utilização de textos autênticos.

O Ensino de PLE

Para o falante ter sucesso em situações de interações sociais, não basta que domine a norma ou o sistema formal da língua, mas que seja capaz de processar simultaneamente muitas outras informações, muitas delas de natureza não linguísitica, e que provém ou da situação de comunicação em si mesma, ou de convenções e regras de caráter sociais.

Dessa forma, lecionar português para estrangeiros requer conhecimentos teóricos e metodológicos diferentes dos necessários para o ensino de língua materna. Sabe-se que, há algum tempo, privilegia-se a abordagem estrutural, segundo Silveira (1998, p.9).

> "No que se refere ao ensino de língua materna, o ensino geral de línguas tem origem na tradição Greco-latina e objetiva a formação de um aluno ideal, universal e elitista... Este ensino está centrado, teoricamente, em uma unidisciplinaridade, tratando a língua pela variedade padrão gramatical normativo, portanto, privilegiam-se o ensino de regras gramaticais da língua exemplar e o texto literário. Metodologicamente, tal ensino está direcionado à reprodução de conteúdos previamente selecionados pelos professores a fim de moldar os educando e um modo padrão... No que se refere ao ensino de línguas para estrangeiros no Brasil, também essa sistematização formal foi seguida... Progressivamente, com o desenvolvimento dos

estudos linguísticos, verificou-se a necessidade de uma reformulação do ensino de língua, tanto a materna quanto a estrangeira."

A abordagem comunicativa

A abordagem comunicativa incentiva pedagogicamente a discursividade e aliada ao enfoque intercultural, além de tratar da cultura, não somente como complemento da norma, tão pouco como tópico isolado, compõem um conjuntode competências que se fazem necessárias ao ensino/aprendizagem de uma língua estrangeira.

De acordo com Almeida Filho (1993),a abordagem comunicativa focaliza o sentido, o significado e a interação entre os sujeitos que estão aprendendo uma nova língua baseada nas necessidades e nos interesses dos alunos. Tais atividades capacitam os alunos a utilizar a língua alvo em situações reais de uso, o autor ressalta que a língua descrita nas gramáticas tradicionais não são modelos suficientes para serem utilizadas como modelos de aprendizagem, embora caiba ao professor reservar momentos de explicitação de normas e formas gramaticais.

Nunan apud Brown (1994) lista cinco características da abordagem comunicativa:

 1. Uma ênfase no aprender a comunicar-se através da interação com a língua-alvo;
 2. A introdução de textos autênticos na situação de aprendizagem;
 3. A provisão de oportunidades para os alunos, não somente na linguagem, mas também no processo de sua aprendizagem;
 4. Uma intensificação das próprias experiências pessoais do aluno como elementos importantes na contribuição para aprendizagem em sala de aula e
 5. Uma tentativa de ligar aprendizagem da linguagem em sala de aula com a ativação da linguagem fora da sala de aula.

O enfoque intercultural

Estudos já realizados sobre o ensino de português para estrangeiros enfatizam a relação intrínseca entre cultura e linguagem, bem como a importância do desenvolvimento da competência intercultural do aluno estrangeiro, o que demonstra a necessidade do aluno de se desvencilhar dos preconceitos e estereótipos em relação à cultura alvo, pois estes impedem a comunicação intercultural eficaz, considerando que a aprendizagem se torna eficiente no momento em que ocorre a relação intercultural. Considera-se, nessa perspectiva que a sala de aula é um espaço onde professores e alunos aprendem a partir de suas experiências na e com a língua-alvo, isso se relaciona com o que foi citado por Almeida Filho (2011, p. 119): "A aula é o evento (social, físico, ritualizado) que organiza e permite vivenciar experiências com e na língua-alvo, com o fim último de desenvolver uma competência linguístico comunicativa na língua alvo". Com bases neste pressuposto, vale ressaltar que compete ao professor de língua portuguesa como língua estrangeira ter uma formação intercultural a fim de desenvolver em seus alunos estrangeiros a competência intercultural sem aculturá-lo. Ainda no tocante intercultural, Silveira (1998) corrobora com Almeida Filho (2011) ao postular que cabe ao professor ensinar o aluno a experienciar uma outra cultura, sem, de modo a fazê-lo internalizar as formas de pensamento e conduta da outra cultura, e é pertinente que o aluno se identifique a uma unidade cultural ideal, enquanto representações mentais persistentes, na diversidade cultural dos diferentes grupos culturais sociais, nativos da língua alvo.

Textos autênticos multimodais no ensino de PLE

O estudo e ensino de língua passaram por diferentes vertentes e enfoques, os quais ora privilegiaram a gramática, ora o sentido, atualmente a língua é estuda através de uma multidisciplinaridade que a compreende como atividade social, histórica e cognitiva, o que possibilita analisá-la e compreendê-la por meio da pluralidade em que se insere o ato comunicativo, demonstrando os diferentes usos da linguagem, além do diferentes significados construídos.

Atualmente, o ato comunicativo passa por mudanças que acompanham o desenvolvimento tecnológico, a internet. O discurso e as frases devem ser curtas, concisas e rápidas para que complementem o sentido da imagem, isto é, o discurso/texto utilizado atualmente para se comunicar é denominado de multimodal. Segundo a Teoria da Multimodalidade, texto multimodal é aquele cujo significado se realiza por mais de um código semiótico, conforme Kress& van Leeuwen (1996).

Textos multimodais circulam em diversos meios e estão presentes em diversos gêneros textuais; há a necessidade de desenvolver o letramento multimodal de acordo como (Jeitt; Kress, 2003). Assim, formular sequências didáticas de materiais autênticos significa saber utilizar, interpretar e (re) interpretar textos multimodais, uma vez que os primeiros elementos que chamam a atenção do leitor e fixam em sua mente são as imagens (ícones, símbolos), sendo lembrados mais facilmente do que os textos escritos, além de levar a novas significações que não pode ser expresso na escrita e ambas as linguagens colaboram para a construção de significado do texto verbal.

A construção de significado é produzida pelas culturas, uma vez que elas constroem e produzem imagens, símbolos com valores positivos ou negativos. Conforme Trevisan (1996) que trata do papel da cultura para a compreensão do mundo, além de tratar da relevância de uma pedagogia das imagens culturais para a compreensão, interpretação nas construções dos sentidos na linguagem.

Ao conceber o discurso, a linguagem, o texto como atividade social, histórica e cognitiva, devemos ter em mente que estamos trabalhando com a interdiscursividade e intertextualidade que nos remete a fazermos relações constante com as práticas sociais inseridos e veiculados pelos gêneros do discurso. Assim, todo discurso há um eco de vozes do passado que possibilitam criar novas perspectivas e novas realidades sociais por meio de uma abordagem multidimensional.

O antes

A fim de alcançar o objetivo comunicativo previstos na elaboração de uma sequência didática, cabe ao professor otimizar a atividade, dessa forma, vale ressaltar que ao iniciar a elaboração de uma sequência didática, cabe ao professor:

- Selecionar qual abordagem será utilizada;
- Realizar um levantamento dos contextos das atividades realizadas anteriormente, bem como verificar qual é a capacidade de assimilação dos alunos;
- Ter bem claro o que será apresentado e como será apresentado;
- Adequar a sequência ao tom aos alunos;
- Adequar a sequência de acordo com o grupo, levando em consideração a origem e cultura de cada aluno;
- Utilizar diferentes gêneros e tipos de textos;
- Fornecer exemplos de forma clara que atinja todo o grupo durante todas as etapas de realização da atividade, conforme apontado por Almeida Filho(2011, p.117):
"A ação de antecipar conteúdos, processos de implementação das ações planejadas e controle do desenvolvimento do curso e dos alunos, além de momentos de reflexão sobre o andamento e a experiência concluída constituem os pilares do planejamento contemporâneo."

Considerando que o objetivo comunicativo como o foco de uma sequência didática, cabe ao professor elucidar qual a relevância da atividade e o que os alunos serão capazes de fazer com o que vai ser ensinado, e por consequente, realizar previamente perguntas norteadoras, tais como:

1. Qual será o objetivo a ser alcançado após a realização da sequência didática?

As atividades propostas sempre acrescentam algo ao aluno, porém, com a elaboração prévia, há a possibilidade de:

- Prever conteúdos a serem mais ou menos explorados;
- Direcionar os alunos a certos tópicos que são objetivos da sequência;
- Considerar que os alunos possam nortear a aula e

- Prover conteúdos não previstos.

2. O que eu quero que meus alunos saibam após esta atividade?

Ao preparar uma sequência de aulas para um determinado nível tende–se a nivelar ou dividir os conteúdos a serem ensinados com base em tópicos gramaticais, apresentando-os sequênciamente, tal como, um sumário de livro didático, contudo, ao preparar uma sequência didática, cabe ao professor:

- Prever, na medida do possível, quaisquer resultadosda sequência selecionada, assim, cabe prever tópicos normativos, funcionais, semânticos, estilístico, culturais e ideológicos.
- Verificar quem são os alunos, quais são suas nacionalidades, seus interesses e metas estabelecidas ao término do estágio, assim Viana (1997, p.33) aponta que,

"[...] não se pode deixar de considerar como essencial a descoberta de quem é o aluno. Isso é geralmente realizado através do levantamento de dados contextuais e focalizando necessidades e interesse, expectativas e eventuais fantasias dos aprendizes. O resultado desse levantamento possibilitará a identificação dos objetivos atingidos, o planejador iniciará as reflexões que levarão à elaboração das unidades que serão introduzidas para a experiência do aluno com as amostras da língua alvo."

3. As questões são adequadas ao nível? São claras e objetivas?

Se por um lado, ser professor de língua estrangeira não sendo nativo demanda de, além de adquirir a língua e a cultura da língua a ser ensinada, por outro prisma, ser professor nativo pode induzir a generalização, ou falta de parâmetros para distinguir o grau de dificuldade ao preparar a sequência didática. Desse modo, uma sequência será ideal após ter sido aplicada mais de uma vez para diferentes grupos e analisadas.

4. Como será organizada a interação entre os alunos e entre os alunos e o professor?

Ao preparar uma sequência didática, cabe ao professo ter em mente:

- A quantidade de alunos no grupo;
- Como a mesma sequência pode ser realizada em diferentes disposições de grupos e prever imprevistos que possam impedir a presença do ou de mais de um aluno do grupo na aula, considerar que alunos estrangeiros podem faltar por motivos diversos, dessa forma, mesmo com um grupo grande de aluno, cabe reorganizar a atividade em:
    - Pequenos grupos;
    - Duplas,
    - Trios;
    - Duplas e trios.

Assim, para a preparação de uma sequência didática vale considerar a quantidade de alunos e ter uma segunda opção de interação entre os alunos.

5. Qual será o papel do professor? Líder, monitor, orientador, facilitador, orador?

Cada professor possui sua autenticidade e um modo individual de interagir com os alunos, porém, vale evidenciar que o sucesso da aula correrá como insumo de vários fatores, dentre eles, o papel que o professor desenvolverá. Outros trabalhos citam diferentes papéis que competem a um professor. Os diferentes papeis do professor tem sido sugerida por Dell'Isola (2005, p.11):

> "A figura de autoridade deve dar lugar a novas funções de guia, consultor, conselheiro, coordenador e comunicador. Por exercer diferentes papeis como o de assistente, tutor, organizador, investigador, participante, encorajador, apresentador, controlador e avaliador, dentre tantos outros, o professor deve alternar constantemente sua maneira de atura em sala de aula, de acordo com as necessidades. Para isso, é imprescindível que e tenha discernimento de qual é o melhor momento para desempenhar cada um dos papéis que lhe cabem. Assim, certamente estaríamos em vias de criar um ambiente democrático onde se busca uma relação de simetria e igualdade."

A autora também afirma que o professor é imprescindível para promover:

- Um clima apropriado para aprendizagem acontecer;
- respeito à individualidade das pessoas;
- sentimento de inclusão de cada aprendiz;
- desenvolvimento adequado de estratégias de aprendizagem;
- Um movimento em direção à autonomia de aprendiz.

6. Quanto tempo os alunos levarão para ler, para refletir, para interagir? Como saber se os alunos estão envolvidos ou não?

Ao preparar a atividade considere que os alunos precisam de tempo paraler, para refletir, entender a cultura do outro, tempo para comparar as culturas envolvidas no processo. Dessa forma, tudo o que for apresentado deve ser relevante, ter significação, estar contextualizado, nenhuma atividade pode ser aplicada ser conexões com o que está sendo ensinado, tudo tem que fazer parte de uma sequência lógica, assim, deve-se considerar que alunos estrangeiros tiveram uma formação diferenciada a do brasileiro e em sua maioria, conforme pesquisas realizadas, estes alunos tiveram uma formação que privilegia a norma culta, o que demanda uma aula didaticamente elaborada, com um equilíbrio entre a flexibilidade do brasileiro e com a devida presença de estruturas. Dessa forma, durante toda a aplicação da atividade cabe ao professor exemplificar, sanar qualquer duvida pertinente ou não ao assunto abordado bem como trabalhar questões fonéticas a fim de evitar a fossilização.

O durante
A título de exemplificação, ilustraremos a seguinte sequência didática, por nós intitulada: "*Johnnie Walker* e a lenda do Gigante Adormecido." Cabe ressaltar que esta atividade foi apresentada no VIII PLE-RJ[29].
Os materiais utilizados foram:
- Cópia da capa promocional do jornal Folha de S. Paulo[30];
- Cópia digitalizada da lenda do "Gigante adormecido", também extraída do Jornal Folha de S. Paulo;
- Exercícios práticos de fixação e de compreensão leitora e
- Vídeo "A lenda do Gigante Adormecido" propaganda do uísque *Johnnie Walker*.[31]

Tempo estimado: 2 horas/aula.
Nível: intermediário ou avançado.
Propósitos:
1. Comunicativo
Proporcionar interação entre os alunos a partir de diferentes dispositivos (textos e o vídeo, bem como fomentar relações entre os textos, o vídeo, os exercícios propostos.
2. Cultural
Propiciar o entendimento do processo de seleção, com base cultural, dos tempos: pretérito perfeito e pretérito imperfeito do modo indicativo, considerando-se que tal seletividade ocorre com base cultural.
O exercício de preenchimento de lacuna ressaltou dúvidas em relação à seleção entre os pretérito perfeito e pretérito imperfeito do modo indicativo, tal como o questionamento a seguir:
"*Se eu estou contando uma história que já está finito, porque eu digo habitava, andava?*[32] *Kate Witte, mestranda da universidade de Mariland USA.*
A explicação tem base no seguinte postulado: Nas interações comunicativas. Entende-se que o tempo gramatical está na inter-relação da enunciação com o enunciado. Um problema para alunos do português brasileiro é a diferença entre a seleção do pretérito perfeito e do pretérito imperfeito do modo indicativo, com base nesta dificuldade cabe categorizar analiticamente o falante como narrador ou observador. Assim, o pretérito imperfeito do modo indicativo é selecionado por um sujeito enunciador que se situa no passado,

---

[29] Atividade apresentada no Encontro de Português Língua Estrangeria na Universidade Federal Fluminense na cidade de Niterói/ RJ em 2012.
[30] Em 09/11/2011, o Jornal "Folha de S. Paulo" publicou a propaganda da companhia de uísque *Johnnie Walker* como capa promocional.
[31] ®*Keepwalking, brazil*, vídeo disponível no link: https://www.youtube.com/watch?v=RTtcNP7lmUo
[32] A citação está descrita conforme fora enunciada pela aluna em sala de aula.

em ralação ao tempo da enunciação, como observador de uma ação verbal em curso, dessa forma, o enunciador se compromete como que é dito, enquanto o pretérito imperfeito modo indicativo é selecionado por um enunciador que se situa no passado, em relação ao tempo da enunciação como narrador de uma ação verbal conclusa, narrando fatos. (Lazare-Gabriel, 2010).

A atividade propiciou tambéma oportunidade de ressaltar a importância do Brasil no contexto econômico mundial e da necessidade de aprender a língua portuguesa. Uma vez que a escolha do Brasil como cenário para a propaganda da empresa *Johnny Walker*, uma vez que, ao criar suas propagandas, a empresa privilegia temas que estão em evidência no contexto mundial, considerando, também, conforme comentários de alunos estrangeiros durante a sequência didática, que o uísque é um bebida cara e de consumo de grandes empresários, conforme comentário de um aluno:

"*O uísque é um bebida "prêmio" para nós empresários, bebemos o uísque após fecharmos um grande negócio*" Daniel Carofilis, diplomata da Embaixada do Equador no Brasil.

Considerando que a seletividade lexical dos tempos verbais citados são explicitados pelo viés cultural, cabe à explicitação gramatical ser formalizada através das formas normativas.

Sequência didática

Durante as atividades de leitura e de vídeo, sugerimos seguir a sequência utilizada no ensino de línguas estrangeiras, ou seja, a leitura superficial de imagens ou do texto escrito *skimming*, a leitura detalhada de imagens ou do texto escrito *scanning*, compreensão, decodificação bem como conexões coma realidade e confrontos culturais.

1. Apresentar cópia da Lenda com lacunas a serem apresentadas (tópicos normativos);
2. Breve questionário com perguntas relacionadas à compreensão leitora;
3. Exercício de reescrita de trechos e expressões idiomáticas;
4. Momento de interação entre os alunos para verificar suas respostas e possíveis trocas ideias.
5. O grupo em círculo realiza a correção do questionário do exercício de reescrita;
6. Apresentação do vídeo e breve momento de descontração. Neste momento verifica-se claramente como os textos multimodais se completam harmoniosamente e estimulam o aluno a vivenciar as normas linguísticas, formais e coloquiais e a cultura em ambiente descontraído e favorável à aprendizagem.
7. Apresentação da lenda. Neste momento vale apresentar o Rio de Janeiro, cartão postal do Brasil, mostrar imagens da Baía da Guanabara com as montanhas e o perfil do "Gigante";

8. Realizar perguntas orais disparadoras de interação em grupo:
a) "Porque esta locação foi escolhida?";
b) "Agora sabendo que o que faz um gigante não é o sue tamanho, mas o tamanho dos passos que dá." "Com base na afirmação reflita o que nos faz pleno e completo?"
Nesta fase da sequência, os alunos provavelmente estarão envoltos no tema e dispostos a refletir sobre temas mais pessoais, momento propício para trabalhar a argumentação.

O depois
Cabe, após a realização da sequência, solicitar a elaboração de um texto a ser enviado por e-mail, dessa forma há a possibilidade de verificar como os alunos escrevem e-mail. Nesta atividade o aluno apresentará uma lenda ou um herói de seu país, cabe aos professores, neste momento, checar a utilização dos pretéritos, bem como valores culturais, os quais poderão estar presentes nos textos, tais como, valores culturais/ideológicos atribuídos aos termos lexicais: herói, mártir, de acordo com a origem e cultura do aluno.
Sugerimos que na aula seguinte, comentar sobre as produções e praticar com outros textos multimodais o uso do futuro do pretérito e suas formas de solicitações e iniciar outra sequência didática.

Considerações Finais
Para validar uma sequência didática e qualificá-lo como aplicável, num ambiente de ensino de PLE, faz-se necessário utilizá-la em diferentes grupos de alunos, em diferentes momentos bem como observar a aplicação bem como os resultados obtidos.
A fim de receber um retorno da atividade a ser aplicada seja específico pré elabore questões que possam ser feitas pelos alunos e antecipe problemas e possíveis soluções. A utilização de textos multimodais e vídeos de conhecimento global favorecem a aprendizagem ao oferecer aos alunos a possibilidade de sentirem mais confortáveis para interagir, baixa a ansiedade o filtro emocional dos alunos; há espaço para a reflexão sobre sua vinda ao Brasil e seu contexto socioeconômico e temas que possibilitam a reflexão de interpessoal.

Referências
Almeida Filho, José Carlos Paes de. *Alguns significados comunicativos de línguas.* In: Almeida Filho, José Carlos Paes de. Dimensões comunicativas no ensino de línguas. Campina: Pontes editores, 1993.

----.*Tendências Atuais no ensino de línguas*. In: Almeida Filho, José Carlos Paes de. Fundamentos de abordagem e formação no ensino de PLE e de outras línguas. Campinas, SP: Pontes editores, 2011.

Brown, H. D. *Teaching by principles: an interactive approach to language pedagogy.* New Jersey: San Francisco State University, 1994.

Dell'isola, Regina L. Péret. *Em busca da formação continuada de professores de português como língua estrangeira: alguns parâmetros.* In: Júdice, Norimar (Org.) Ensino da língua e da cultura do Brasil para Estrangeiros: pesquisas e ações. Niterói: Intertexto, 2005.

Jewitt, C. e Kress, G. (Eds.).*Multimodal literacy.* New York: Peter Lang, 2003.

Kress, G. e Leeuwen, T. *Reading Images: the Grammar of Visual Design.* Londres: Routledge, 1996.

Silveira, Regina Célia Pagliuchi. *Aspectos da identidade cultural brasileira para uma perspectiva interculturalista no ensino/aprendizagem de Português Língua Estrangeira.* In: SILVEIRA, Regina Célia Pagliuchi (Org.) Português: língua estrangeira: perspectivas. São Paulo: Cortez, 1998.

Viana, Nelson. Planejamento de cursos de línguas-pressupostos e percurso. (p.31) In: ALMEIDA FILHO, José Carlos Paes de (org.). Parâmetros atuais para o ensino de português língua estrangeira. Campinas: Pontes, 1997.

Capa Promocional e Caderno Especial 2. Folha de S. Paulo, São Paulo, capa, 09 de out. de 2011.

johnniewalkerbrasil. ®KEEP WALKING, BRAZIL. YouTube. 2011. Disponível em <Vídeo: https://www.youtube.com/watch?v=RTtcNP7lmUo>. Acesso em nov. de 2012.

Apêndice 1

FOLHA DE S.PAULO

DOMINGO, 9 DE OUTUBRO DE 2011

Pão de Açúcar era parte de um gigante

No início dos tempos, na parte sul das Américas, habitava um gigante. Um dos poucos que andavam sobre a Terra.

Gigante pela própria natureza, e sendo natureza ele próprio, era feito de rochas, terra e matas, que moldavam sua figura. Pássaros e bichos povoavam e viviam em seu corpo e rios corriam em suas veias. Era como um imenso pedaço de paisagem que andava e tinha vontade própria.

Caminhava com passadas vastas como vales e tinha a estatura de montanhas sobrepostas. Ao norte, em seu caminho, encontrava sol quente e brilhante nas quatro estações do ano. Ao sul, planaltos imensos. A oeste, planícies e terras cheias de diversidade. E a leste, quilômetros e quilômetros de praias onde o mar tocava a terra gentilmente, desde sempre havia também uma floresta como nenhuma outra no planeta. Tão grande, verde e viva que funcionava como o pulmão de todo o continente à sua volta.

Mesmo diante de tudo isso, um dia, enquanto caminhava o gigante se inquietou.

Parou então à beira-mar e ali, entre as águas quentes do Atlântico e uma porção de terra que subia em morros, deitou-se. E destado neste berço esplêndido, olhou para o céu azul acima se perguntando: "O que me faz gigante?"

Em seguida, imaginando respostas, caiu em sono profundo.

Por eras, que para os gigantes são horas, ele dormiu. Seu corpo gigantesco entrando, a joelho dobrado formando um grande monte, uma rocha imensa denunciando seu torso titânico e a cabeça indizível, coberta de árvores e lirios.

Sonhou até se tornar lenda no mundo. Uma lenda que devia que o futuro pertencia ao gigante, mas que ele nunca acordaria e que o futuro seria para ele sempre isso: futuro.

No entanto, com o passar do tempo ficou claro que nem mesmo as lendas deviam dizer "nunca".

Depois de muito sonhar com a pergunta sobre si, o gigante finalmente despertou com a resposta.

Acordou, ergueu-se sobre a terra da qual era parte e ficou de frente para o horizonte.

Tirou então um dos pés do chão e, adentrando o mar, deu um primeiro passo.

Um passo decidido em direção ao mundo lá fora para encontrar seu destino.

Agora sabendo que o que o faz um gigante não é seu tamanho, mas o tamanho dos passos que dá.

Primeiro caderno / pág. A2

NEGÓCIOS
Brasil é berçário de empreendedores

Aproveitando o bom momento econômico do país, milhares de brasileiros estão deixando seus empregos para realizar o sonho do negócio próprio, um desejo de 52% da população, segundo pesquisa. Atentos ao futuro profissional, essa nova geração de empreendedores aposta no conhecimento e na determinação como o melhor caminho para o sucesso. A expectativa é de que nos próximos anos o Brasil alcance um número recorde de abertura de empresas, realidade que já vem sendo observada pelas juntas comerciais em diversos Estados.

ARTE
Exposição inédita no país encanta visitantes

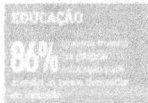

CIDADE
25 de Março já vê movimento em compras de Natal.

EDUCAÇÃO
86%

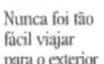

VIAGEM
Nunca foi tão fácil viajar para o exterior

Apesar da alta do dólar, a oferta de pacotes de viagem para o exterior aumentou significativamente, gerando uma disputa por clientes entre as agências de viagem que apostam a preços promocionais para conquistar o consumidor.

MEIO AMBIENTE
Brasileiros estão mais conscientes do consumo de água e energia

Pesquisa aponta mudança de hábito na população, que tem consumido mais água e energia em casa e no trabalho.

CLIMA
Calor e pancadas de chuva na capital.
16°C

Mulheres assumem

Ao longo dos anos, o mercado de trabalho vem acompanhando uma transformação no cenário corporativo com mulheres ocupando postos de prestígio à frente de grandes instituições. Esse câmbio de poder, mais evidente em empresas multinacionais, atinge-se a aposta de toda uma geração de mulheres, atraídas por cargos estratégicos e escolhas valiosas.

Esta tendência que se se percebida em grandes corporações, mas também em empresas familiares e em diversos setores da economia. Pesquisas realizadas por empresas de recrutamento profissional indicam que essas mulheres ocupam apenas cargos de maiores comandos ainda estão por vir. Por outro lado, a participação feminina em cargos de confiança ainda presenta certa resistência, principalmente em segmentos mais conservadores, por talento e indústria automobilística.

Talitha Valentoeta, diretora de operações de uma multinacional

Apêndice 2

2 especial ★ ★ ★ DOMINGO, 9 DE OUTUBRO DE 2011   FOLHA DE S.PAULO

No início dos tempos, na parte sul das Américas, habitava um gigante.

Um dos poucos que andavam sobre a Terra.

Gigante pela própria natureza, e sendo natureza ele próprio, era feito de rochas, terra e matas, que moldavam sua figura. Pássaros e bichos pousavam e viviam em seu corpo e rios corriam em suas veias. Era como um imenso pedaço de paisagem que andava e tinha vontade própria.

Caminhava com passadas vastas como vales e tinha a estatura de montanhas sobrepostas.

Ao norte, em seu caminho, encontrava sol quente e brilhante nas quatro estações do ano. Ao sul, planaltos infindáveis. A oeste, planícies e terras cheias de diversidade. E a leste, quilômetros e quilômetros de praias onde o mar tocava a terra gentilmente, desde sempre. Havia também uma floresta como nenhuma outra no planeta. Tão grande, verde e viva que funcionava como o pulmão de todo o continente à sua volta. Mesmo diante de tudo isso, um dia, enquanto caminhava, o gigante se inquietou. Parou então à beira-mar e ali, entre as águas quentes do Atlântico e uma porção de terra que subia em morros, deitou-se. E, deitado nesse berço esplêndido, olhou para o céu azul acima se perguntando: "O que me faz gigante?"

Em seguida, imaginando respostas, caiu em sono profundo.

Por eras, que para os gigantes são horas, ele dormiu. Seu corpo gigantesco estirado, o joelho dobrado formando um grande monte, uma rocha imensa denunciando seu torso titânico e a cabeça indizível, coberta de árvores e limo.

Dormiu até se tornar lenda no mundo. Uma lenda que dizia que o futuro pertencia ao gigante, mas que ele nunca acordaria e que o futuro seria para ele sempre isso: futuro.

No entanto, com o passar do tempo ficou claro que nem mesmo as lendas devem dizer "nunca".

Depois de muito sonhar com a pergunta sobre si, o gigante finalmente despertou com a resposta.

Acordou, ergueu-se sobre a terra da qual era parte e ficou de frente para o horizonte.

Tirou então um dos pés do chão e, adentrando o mar, deu um primeiro passo.

Um passo decidido em direção ao mundo lá fora para encontrar seu destino.

Agora sabendo que o que o faz um gigante não é seu tamanho, mas o tamanho dos passos que dá.

Apêndice 3

COGEAE – PUC/SP
Português Brasileiro: Língua e Cultura

A - Leia a Lenda e complete:

"No início dos tempos, na parte sul das Américas, _____(habitar) um gigante. Um dos poucos que _____(andar) sobre a Terra.
Gigante pela própria natureza, e sendo a natureza ele próprio, _____(ser) feito de rochas, terra e matas, que _____(moldar) sua figura. Pássaros e bichos _____(pousar) e _____(viver) em seu corpo e rios _____(correr) em suas veias. _____(ser) como um imenso pedaço de paisagem que _____(andar) e _____(ter) vontade própria. _____(caminhar) com passadas vastas como vales e _____(ter) a estatura de montanhas sobrepostas. Ao norte, em seu caminho, _____(encontrar) sol quente e brilhante nas quatro estações do ano. Ao sul, planaltos infindáveis. A oeste, planícies e terras cheias de diversidade. E a leste, quilômetros e quilômetros de praias onde o mar _____(tocar) a terra gentilmente, desde sempre. _____(haver) também uma floresta como nenhuma outra no planeta. Tão grande, verde e viva que _____(funcionar) como o pulmão de todo o continente à sua volta. Mesmo diante de tudo isso, um dia, enquanto _____(caminhar), o gigante _____ (inquietar-se). _____(parar) então à beira-mar e ali, entre as águas quentes do Atlântico e uma porção de terra que _____(subir) em morros, _____(deitar-se). E deitado nesse <u>berço esplêndido</u>, olhou para o céu azul acima se perguntando: "O que me _____(fazer) gigante?"
Em seguida, _____(imaginar) respostas, _____(cair) em sono profundo.
Por eras, que para os gigantes são horas, ele _____(dormir). Seu corpo gigantesco estirado, o joelho dobrado formando um grande monte, uma rocha imensa denunciando seu torso titânico e a cabeça indizível, coberta de árvores e limo.
Dormiu até se tornar lenda no mundo. Uma lenda que _____(dizer) que o futuro pertenceria ao gigante, mas que ele nunca _____(acordar) e que o futuro _____(ser) para ele sempre isso: futuro.
No entanto, com o passar do tempo ficou claro que nem mesmo as lendas devem dizer "nunca".
Depois de muito sonhar com a pergunta sobre si, o gigante finalmente _____(despertar) com a resposta. _____(acordar), _____(erguer-se) sobre a terra da qual _____(ser) parte e ficou de frente para o horizonte.
_____(tirar) então um dos pés do chão e, adentrando o mar, _____(dar) um primeiro passo.
Um passo decidido em direção ao mundo lá fora para encontrar seu destino.
Agora sabendo que o que o faz um gigante não é seu tamanho, mas o tamanho dos passos que dá."

Após a leitura do texto, e sabendo que o que o faz um gigante não é seu tamanho, mas o tamanho dos passos que dá, **responda as seguintes questões:**
   a. Que tipo de texto é esse? Há textos como estes em seu país?
   b. O que é uma lenda?
   c. Em sua opinião, onde se passa essa história? Justifique extraindo trechos do texto.
   d. O que fez o Gigante se inquietar?
   e. De acordo com o texto, o que faz do Gigante, gigante? Justifique.
   f. A frase em itálico: *Gigante pela própria natureza* e berço esplêndido faz referência a um símbolo brasileiro. Você o conhece?

Reescreva os seguintes trechos:
   a. Era como um imenso pedaço de paisagem que andava e tinha vontade própria.
   b. Mesmo diante de tudo isso, um dia, enquanto caminhava, o gigante se inquietou.
   c. Em seguida, imaginando respostas, caiu em sono profundo.
   d. Depois de muito sonhar com a pergunta sobre si, o gigante finalmente despertou com a resposta.

Assista ao vídeo e reformule suas respostas do exercício B.
   http://www.youtube.com/watch?v=_2cA63D3QMU

Após assistir o vídeo, responda oralmente:
   a. Qual foi a locação desta propaganda?
   b. Em sua opinião, por que você acha que este tema e esta locação foram escolhidos pela agência que produziu a propaganda para a *Johnnie Walker*.

Reflexão e Debate.
   "Agora sabendo que o que o faz um gigante não é seu tamanho, mas o tamanho dos passos que dá."

Produção Textual.
   Você trabalha em uma empresa multinacional no Brasil e foi escolhido (a) para elaborar um artigo para ser publicado no jornal mensal distribuído na empresa. Neste artigo, você deverá narrar sobre uma personalidade ou lenda muito importante na história de sua nação.

3.5 Histórias de vida e de letramento: um espaço de interlocução sobre a descoberta da escrita

Ana Célia Clementino Moura
Maria Erotildes Moreira e Silva

O processo de aprendizagem de uma língua, em contextos onde ela assume o estatuto de segunda língua (PL2) tem suscitado, dentre outras necessidades, a busca por metodologias em que o ensino seja estruturado em práticas comunicativas, nas quais a interação e a interlocução sejam as protagonistas, e os aprendizes possam, assim, viabilizar, de modo mais produtivo, a aquisição de outra língua, além da materna. Tal exigência se torna mais urgente quando o fenômeno ocorre em um espaço geopolítico e geográfico, no qual duas ou mais línguas coexistem, como é o caso dos países da África e da Ásia, onde o português é adotado como idioma oficial e de escolarização. Na busca por um modelo de trabalho que atenda a esta demanda, a Universidade Federal do Ceará (UFC), a Universidade Federal do Rio Grande do Sul (UFRS) e o Centro de Estudos e Pesquisas em Educação, Cultura e Ação Comunitária (CENPEC/Olimpíadas de Língua Portuguesa), recebem professores de Cabo Verde, de Angola e de São Tomé e Príncipe, para participarem de uma formação continuada de professores que objetiva, entre outras ações, discutir sobre o ensino da língua portuguesa, através da leitura, da produção textual e da análise linguística.

Vale salientar que essa formação em serviço ocorre desde 2009 e faz parte das atividades do Projeto José Aparecido de Oliveira, uma célula do Programa Linguagem das Letras e dos Números, realizada, anualmente, em Fortaleza-Ceará, em uma ação de cooperação entre o Brasil e países da África que integram a Comunidade de Países de Língua Portuguesa (CPLP), a partir de um projeto iniciado pela Secretaria de Ciências e Tecnologia do Ceará (SECITECE), sob a coordenação geral e supervisão do Dr. Hélio Guedes de Campos Barros. O projeto inicial foi, então, adaptado para favorecer a formação continuada de professores de português, que atuam em países da CPLP, sob o financiamento da Coordenação de Aperfeiçoamento do Ensino Superior (CAPES) e dos Ministérios das Relações Exteriores (MRE) e das Ciências e Tecnologia.

Neste âmbito, no presente capítulo, apresentamos as bases teóricas e relatamos as atividades práticas que constituíram dois módulos didáticos, realizados em uma etapa da formação ocorrida em 2012, com professores de São Tomé e Príncipe, cujo objetivo principal era discutir diferentes abordagens para o ensino de PL2, na perspectiva sócio-interacionista. Nesta concepção, considera-se que o desenvolvimento cognitivo de um indivíduo ocorre a partir da ação e reflexão sobre suas práticas sociais, envolvendo, assim, a interferência de outros indivíduos no processo de aprendizagem e a reconstrução pessoal do sentido daquela aprendizagem.

Ao trocarem experiências e transmutarem para a escrita as emoções despertadas ao escreverem sobre a descoberta da escrita, os professores, colaborativamente, tanto se apropriaram de uma abordagem diferente para o ensino de português como segunda língua, ao vivenciarem a produção textual como um processo de criação e de análise linguística, como se perceberam como sujeitos de sua própria história.

O módulo aqui relatado se constitui, assim, em um espaço de interlocução sobre suas primeiras vivências com a leitura e a escrita, ao produzirem um livro com suas histórias de vida e de letramento, através de trocas, de acordo com os parâmetros da Metodologia da Aprendizagem Cooperativa (Johnson & Johnson, 1999) e dentro da abordagem processual que norteia a produção textual (Vieira, 2002; Parâmetros Curriculares Nacionais de Língua Portuguesa – PCN-LP, 1998).

Assim, com base na premissa de que qualquer produção linguística é um processo de enunciação, a realização deste módulo permitiu uma troca de experiências acerca das vivências destes professores com a língua portuguesa, durante atividades em que a oralidade, a escrita e a reflexão linguística são ferramentas de apropriação do português, em uma aprendizagem cooperativa e produtiva, traduzindo-se, ao final, em um espaço de crescimento dos saberes sobre a língua e, principalmente, em um mergulho existencial sobre si e suas relações intra e interpessoais.

Aprendizagem Cooperativa: um módulo de descobertas e revelações
O que seria da vida sem a cooperação? Que conhecimentos poderiam ser construídos sem a parceria? Que sentido existiria no individual, se não existisse o coletivo? Em que medida se poderia falar do viver em sociedade se não fosse percebida a existência e a presença do outro? As respostas a essas perguntas – e a outras possíveis voltadas para o mesmo foco – se voltam para relevância social e educativa da Metodologia da Aprendizagem Cooperativa, reforçam e justificam seu uso em escolas, com o objetivo de estabelecer a parceria e o diálogo na construção de práticas sólidas de aprendizagem, entre os indivíduos.

Compreendemos que a opção por adotar a Metodologia da Aprendizagem Cooperativa em sala de aula pressupõe um desejo de se firmar um compromisso com a construção de um processo de inclusão, de interação e de participação dos indivíduos para que, juntos, conquistem saberes e construam suas liberdades individuais em prol do coletivo, pois os alunos terão oportunidade de vivenciar tomadas de decisões que envolvem seus próprios interesses, a partir do respeito pelo outro. Assim, os indivíduos constroem consciência participativa, autonomia e experimentam, desde cedo, práticas de socialização.

Para que um grupo seja reconhecido como cooperativo, é imprescindível que, ao longo do trabalho desenvolvido entre os participantes, estejam presentes os cinco elementos essenciais ou básicos a esta metodologia: i) a interdependência positiva; ii) a responsabilidade individual e de grupo; iii) a interação estimuladora, preferencialmente face a face; iv) as competências sociais; v) o processamento de grupo ou avaliação (Johnson & Johnson, 1999).

Quando os indivíduos concebem que cada um deles só será bem sucedido se todos do grupo o forem, quando compreendem que a construção dos saberes só se dá com ajuda mútua, estará sendo praticada a interdependência positiva, o primeiro elemento da aprendizagem cooperativa. Ora, se o sucesso de um está interligado ao do outro, cada participante precisa assumir a responsabilidade de alcançar os objetivos conjuntamente. Ou seja, os resultados do trabalho do grupo advêm do desempenho de cada um.

Fixa-se, neste ponto, o segundo elemento: a interação face a face, quando as relações pessoais se estabelecem e o desenvolvimento de valores plurais são promovidos e fortalecidos. Reside, portanto, neste estabelecimento de relações, a interação estimuladora.

Outro componente da aprendizagem cooperativa consiste na promoção de oportunidades em que são desenvolvidas competências interpessoais e grupais, imprescindíveis ao trabalho em grupo, tais como a espera do momento para falar, o elogio ao outro, a partilha de materiais, assim como o ato de pedir ajuda, falar em tom baixo, de forma a não atrapalhar outros grupos, encorajar os colegas, partilhar ideias, aceitar as diferenças, ser paciente e aprender a lidar com os conflitos de maneira construtiva. O quinto elemento igualmente fundamental da aprendizagem cooperativa é a avaliação do grupo. Nenhum trabalho prescinde de ser avaliado e assim não seria com os grupos cooperativos. É por meio da avaliação do grupo que os participantes analisam sua participação, refletem sobre suas atitudes e se ajustam, enquanto indivíduos condutores de uma ação cooperativa eficaz.

E foi concebendo o quão importante é, para a formação do indivíduo, assimilar e introduzir em seu cotidiano pressupostos da aprendizagem cooperativa que aplicamos duas técnicas da referida metodologia – o *jigsaw* e as histórias de vida - nos módulos iniciais do Curso de Formação Continuada para professores de Língua Portuguesa.

A primeira técnica - *jigsaw* ou quebra-cabeças - foi originalmente desenhado por Aronson e colaboradores (1975, 1978, 1980) e tem por objetivo o desenvolvimento da interdependência, pois as tarefas de aprendizagem são distribuídas, igualmente, a cada participante. Dentro de um mesmo grupo, quando se vai abordar um conteúdo, todos dominam um determinado tópico do conteúdo, o que vai caracterizá-los como especialista no tópico. Como cada grupo é especialista em um tópico, cada grupo é considerado 'grupo de peritos', em assuntos diversos que devem ser repassados aos demais participantes do grupo maior, que é a turma na sua totalidade.

Esta técnica foi utilizada para a leitura dos textos teóricos que embasaram o processo de produção textual e a elaboração de conceitos relevantes na formação de um docente que atua no ensino de português, dentro da abordagem sócio-interacionista, tais como a noção de letramento, o ato de ler e a aquisição de uma segunda língua, conceitos que são construídos com a troca entre os sujeitos do processo.

A segunda técnica – história de vida – é o ponto de partida do módulo ora apresentado. Iniciamos o primeiro módulo com essa técnica, por entendermos que seus principais objetivos "casavam" com o objetivo de integrar o grupo de professores que passaria um mês inteiro em formação, convivendo diariamente com parceiros, trabalhando em grupo, partilhando conhecimentos e construindo saberes do ofício de ensinar uma língua não materna, aprendida pela imersão.

Assim, ao trabalhar as histórias de vida, destacamos, então, como objetivos fundamentais: a) proporcionar o conhecimento mútuo entre os participantes, de modo que pudessem compartilhar pontos importantes de sua vida; b) promover aos participantes a oportunidade de se conhecerem mutuamente, de modo que aprendessem a trabalhar em equipe, ou seja, dentro de uma célula estudantil de aprendizagem cooperativa; c) aproximar os participantes, a fim de tornar o ambiente emocionalmente agradável e propício ao agir cooperativo.

Além disso, percebemos que vivenciar estes momentos em que as histórias de vida foram contadas, também algumas competências específicas emergiam e, gradativamente, eram fortalecidas. Vimos, por exemplo, o quanto, ao longo da manifestação oral da história, a comunicação oral era desenvolvida, presenciamos a audição atenta dos colegas àqueles que detinham a vez de narrar a história, quer a sua, quer a do colega; presenciamos a tentativa de cada relator de ser fiel ao que o colega havia narrado, exercitando a capacidade de memorização e de organização das ideias.

Várias histórias mereceriam ser aqui recontadas, entretanto, se assim o fizéssemos, estaríamos invalidando a existência de *Revivências*, compêndio do qual transcrevemos alguns excertos, a título de ilustração e que se constitui no produto final da unidade didática ora relatada. Durante a produção das histórias que integram o compêndio, vieram à tona momentos difíceis, atribulados, vividos por um indivíduo cuja história talvez possa mesmo representar a vida de muitas outras pessoas, quiçá de um povo ou de uma nação. Lembranças marcantes da infância emergem quando a lembrança é convocada:

> Na idade de três anos, eu, João Andrade, conheci um momento ímpar de tristeza, pela impossibilidade de nunca mais poder assentar à mesa de refeição, com meus pais. Passei a dividir-me entre eles,

para não perdê-los. Dominicalmente, ia à igreja evangélica que meu pai frequentava, mas não deixava de ir, antes, para a igreja católica, onde minha mãe era crente, naquela altura, só para contemplar o maior número de crianças da minha idade que assistiam à missa. Até a moeda de um escudo que o meu pai mo dava para a coleta da igreja, eu dividia em dois, Isto é, cinquenta cêntimos para cada igreja, sem que o pai soubesse.
>Trecho transcrito da história de João Lopes Sequeira de Sousa Andrade.

Revelaram-se, aqui, agradecimentos, o reconhecimento de momentos bons da vida, como no primeiro excerto a seguir, ou de momentos de auto-avaliação, na passagem transcrita em seguida, ou seja, boas lembranças que, também, foram despertadas, no instante de rememorar trajetórias.

Agradeço a Deus pelas duas famílias maravilhosas que me deu. A primeira, aquela de onde sou originária e a segunda, aquela que formei. Uma verdade que não posso omitir é o grande amor e imenso orgulho que sustento por eles, nomeadamente, os meus queridos pais, que este ano completam quarenta e três anos de casados, a minha avó paterna, hoje com oitenta e dois anos de idade, o meu marido, companheiro e amigo, que escolhi para partilhar minha vida, as minhas duas princesinhas, alegria do meu lar, e os meus muito amados irmãos.
>Trecho transcrito da história de Adelaide Paraiso Gama.

Infelizmente, convivi pouco com o meu pai. Isto porque a morte o levou mais cedo e, na altura, tinha eu apenas dez anos. Não digo que por isso a minha infância não foi melhor, podia ter sido, como também pior. Portanto, não lamento a sorte que tive, pelo contrário, aprendi a viver com isso e hoje me sinto uma pessoa segura, responsável pelos meus actos, capaz de ajudar aqueles que de mim precisarem. Até porque, defendo que cada um escreve a sua história, cada um constrói o seu próprio destino.
>Trecho transcrito da história de Djamilo Correia Gonçalves Afonso.

É interessante perceber o exercício de alguns em se avaliar como pai ou mãe, partindo, em geral, de sua própria experiência na família de origem.

Sou um pai com dificuldades e faço muito esforço para dar aos meus filhos o carinho, a ternura e o amor que na vida é essencial. Não tive esta aprendizagem do berço, mas faço de tudo para fazer com que meus filhos não passem o que eu passei. Nunca meu pai me acarinhou, nunca passou a mão em minha cabeça e nunca me perdoou de um mal que tivesse cometido. Eu sentia ciúmes dos meus colegas e vizinhos que viviam situações contrárias a minha.

Trecho transcrito da história de José Fernando Andrade Loudoufi Guê.

Histórias de Vida e de Letramento: atividade principal

A vivência das técnicas demonstradas acima e a escrita da primeira versão das histórias de vida foram atividades preparatórias para o segundo módulo da formação continuada de que participaram os vinte e cinco professores de São Tomé e Príncipe, ainda na perspectiva de possibilitar a docentes, que atuam no Ensino Médio deste país, um espaço no qual eles pudessem perceber que o letramento é construído na e pela interação com pessoas que exercem atividades de leitura e de escrita no cotidiano, libertando-o das amarras do fazer escolar.

Iniciamos, assim, a produção da Revista *Revivências*, com a elaboração e organização das Histórias de Vida e de Letramento dos participantes da formação, através do relato de suas experiências e descobertas, agora realizadas com o aval de uma interdependência positiva, entre os autores, quando a responsabilidade individual se mescla à grupal, em uma interação estimuladora, com o bom uso das competências sociais e, principalmente, com a avaliação frequente do que era descoberto e discutido no processo de aprendizagem da abordagem processual da produção textual.

Deste modo, ao relatar suas histórias de vida, abordando conceitos de mediação, motivação e interlocução, além do valor da escrita, com o registro de suas memórias, os participantes vivenciaram a geração de ideias, a organização do texto escrito, assim como a revisão e a editoração como etapas da produção oral e escrita, de acordo com os parâmetros da abordagem processual (Vieira, 2002).

Aliada a esta abordagem, os docentes também vivenciaram os pilares da metodologia da Aprendizagem Cooperativa (Johnson & Johnson, 1999), estudados no primeiro módulo da formação e, em um momento de descoberta, transpuseram, para a escrita, suas histórias de letramento.

Deste modo, aos poucos, cada professor pode aplicar essas abordagens de ensino, ao compartilhar com seus pares suas descobertas sobre diferentes possibilidades de ensino de uma língua, sem correr o risco de dissociar a escola da vida.

Além disso, a vivência de uma sequência didática acerca da produção de um texto com um destino real mostrou aos professores que a leitura e a escrita são práticas complementares, numa vertente em que o ensino da língua é, ao mesmo tempo, esteio e meta. Em todos os momentos, o envolvimento foi intenso e profícuo em atividades que contribuíram para o aprimoramento profissional dos docentes, mas, além disso, permitiram momentos únicos de reflexão sobre o estar e o fazer de cada um no mundo, a partir e com o aperfeiçoamento de suas práticas de letramento.

A possibilidade de que os professores pudessem refletir sobre suas concepções de língua e de ensino de português, fugindo da abordagem prescritiva e percebendo a língua como um espaço de interlocução e de troca, também, norteou a realização das atividades, que foram desenvolvidas durante 20 h/a. Em momentos distintos, as histórias de vida e de letramento desses professores foram retomadas e traduzidas em desenhos e em palavras, até o momento em que foram editadas e enviadas para publicação, na Revista *Revivências*, uma palavra em crioulo forro que remete a lembranças.

Atividades iniciais: da geração à organização do texto

Em um primeiro momento, após mergulharem na Aprendizagem Cooperativa (Johnson & Johnson, 1999), os professores partilharam, oralmente, em pares e de forma voluntária, suas histórias de vida. Após a socialização destas descobertas, todos escreveram a primeira versão de suas vivências, com o objetivo de transpor para o papel as emoções vividas durante os relatos orais, de modo que as descobertas partilhadas ficassem registradas.

Neste momento, ideias foram geradas e fatos marcantes foram selecionados para se constituírem em informações a serem registradas, por escrito, na primeira versão dos textos. Um dado que merece registro é o fato de que as cenas escolhidas para a escrita foram aquelas que mais emocionaram os professores, durante os relatos orais. Ao fazer o acompanhamento da escrita, percebemos como as mãos corriam ágeis no papel e nos teclados, para que aquele momento de emoção pudesse ser transcrito sem que nada se perdesse. Cada lágrima, cada sorriso, cada conquista fincava raízes na escrita e se perpetuava em palavras, naquele momento de criação.

Ao serem recolhidos e lidos pelas professoras responsáveis pela formação, várias possibilidades de trabalho com a língua foram descortinadas, destacando-se, dentre elas, a análise de aspectos comuns à norma do português europeu que não fazem parte do português brasileiro, como o uso dos clíticos ou o uso dos verbos no pretérito imperfeito, com o objetivo de se referir a ações concluídas que, na norma padrão brasileira, são concretizadas com o uso do pretérito perfeito, conforme ilustra o exemplo abaixo.

A opção pela escolha que melhor representasse a intenção comunicativa do autor/a, revelou que não há necessidade de um engessamento entre este ou aquele tempo verbal, durante uma narrativa, já que o contexto permite a compreensão da intenção comunicativa, além de revelar que, em alguns casos, o português, seja ele usado na Europa, na África, na Ásia ou no Brasil, traduz a emoção do momento. Trata-se de trabalhar a adequação da língua ao momento, em vez de valorizar este ou aquele uso:

> - Que menininho tão fofinho! De repente o silêncio tomava conta da sala que foi interrompida por uma voz vinda lá do fundo:

- Argimiro, vem assentar-se do meu lado.

E lá fui. Tratava-se do Alfredo, o vizinho onde vivíamos. Assim, começava a fazer as primeiras amizades quando assentei do seu lado.

> Texto transcrito da história de letramento de Argimiro Martins.

A criação, na abordagem processual (PCN-LP, 1998; Vieira, 2002), antecede e, de certa forma, é priorizada na primeira fase da produção textual, despertando o conhecimento prévio do aluno-produtor quando orienta o professor para a necessidade de fornecer ao aprendiz a indicação do gênero a ser produzido, a explicitação do objetivo da produção, assim como a sugestão de uma provável audiência, por serem pontos que interferem nas escolhas linguísticas do produtor e contribuem para que a elaboração de um texto que tenha sentido para o autor.

Ao eleger esta abordagem, oferecemos aos professores a possibilidade de trabalhar a escrita com um propósito real e, a partir de uma situação autêntica de comunicação, dar ao produtor a possibilidade de partir de seus conhecimentos anteriores para elaborar um texto novo, tornando-o autônomo, em relação à escrita.

Nessa mesma perspectiva, iniciamos a produção do resgate das memórias dos professores, em relação a suas primeiras experiências com a leitura e a escrita. O processo de geração de ideias foi iniciado com um momento de introspecção, ao som de uma melodia infantil, em que os professores foram convidados a mergulharem em suas lembranças da infância para resgatarem as memórias desse letramento inicial. Ao despertarem tais lembranças, todos as registraram em desenhos que, em seguida, foram apresentados, voluntariamente, aos demais colegas.

Neste momento, muitas semelhanças foram notadas em relação às memórias dos autores: em meio a muita emoção, deu-se a identificação de momentos de angústia, calados na memória de tempos difíceis, quando crianças perderam seus pais para a guerra e, por isso, não puderam estudar ou por momentos de rara beleza, quando algumas destas crianças, hoje professores, reencontraram seus pais e puderam lhes mostrar que já sabiam ler ou conseguiram superar os momentos difíceis, com o passar dos anos:

> (...) O nosso pai trouxe-nos para São Tomé com intuito de voltar para Angola no sentido de cuidar dos bebês. Posteriormente, ouvimos que o menino havia falecido. Fomos acolhidos pelos familiares que, por sua vez, tinham muitas dificuldades financeiras. Passamos muitas dificuldades quando éramos pequenos e fomos forçados a fazer trabalhados destinados às pessoas crescidas, com vista a garantir a nossa subsistência. Crescemos no clima de agressividade, pois tomávamos muito chicote se desobedecêssemos às ordens que eram implantadas. Não tivemos amor, nem carinho dos nossos pais. Éramos infelizes.

> Trecho transcrito da história de vida de Adelaide
> Fernandes.

Em outros momentos, a emoção narrada ao se descobrir que a leitura das cartas enviadas por estes pais já era possível ou, em algumas situações divertidas, quando o riso tomou conta da sala, ao se ouvir em um relato, o momento em que uma criança deparou-se com a escrita da palavra "SPRIT" e, ao tentar saber a que aquela palavra se referia, foi advertido, por sua tia, que a palavra [ESPRITU] (espírito) só deve ser pronunciada na igreja, como ilustra o exemplo abaixo:

> No dia seguinte, eu disse à tia que já sabia de que se tratava. Antes que suas pálpebras e os cílios se abraçassem, logo disse eu: "É Esprito". Ela sorriu e entristeceu: falar do "esprito!?, Talvez, na Sé! ... " Como se quisesse explicar alguma coisa. A voz trêmula do Manelito invadiu o espaço dizendo: SPRAIT. É o "s" com que se escreve SAPATO... SAPATARIA...".
> Logo ficou cravado o 'S' de sapataria, na minha mente, até que um dia eu o encontrei, quando passava em frente a uma tabacaria e no céu vi escrito: "Sapataria", pois nesses espaços fazia-se tudo de um pouco e lá arranjava-se sapato que necessitavam de reparação. A partir daquele momento, comecei a ler todas as placas que eu encontrasse pela rua com muito cuidado para descobrir novas palavras... e acertá-las.
> Trecho transcrito da história de letramento de
> Pelágio Bandeira.

Em seguida, o registro escrito dessas lembranças foi feito, impulsionado pela troca de impressões entre os colegas e pelo aumento da cumplicidade entre aqueles professores de regiões longínquas, que não se conheciam, até então, mas que partilharam e libertaram suas angústias, através da escrita, naqueles textos. Havia, agora, dois registros escritos a serem partilhados e aperfeiçoados: as Histórias de Vida e os relatos sobre a descoberta da escrita pelos professores.

Após a leitura da primeira versão das narrativas pelos professores responsáveis pela condução do módulo, todos receberam seus textos, com sugestões sobre o conteúdo e a forma, respeitando-se a estrutura formal e temática do gênero, embora tenha sido esclarecido, inicialmente, que as observações se destinavam a tornar o texto mais poético e qualquer alteração ficava a critério do autor, com exceção, apenas, a algumas normas gramaticais e ortográficas, que seriam seguidas, de acordo com a norma padrão que rege a escrita em português.

A etapa a seguir, denominada de revisão ou refacção, que faz parte da segunda fase da produção textual, de acordo com a abordagem processual da escrita (Vieira, 2000), permitiu um olhar mais individualizado aos textos. Cada autor, com hora marcada, reuniu-se em pares com outro colega ou com uma das professoras da formação, para rever seu texto e prepará-lo para a editoração/edição final.

A revisão colaborativa

As memórias têm semelhanças com a biografia, mas diferem deste gênero pela liberdade de criação, que lhe é peculiar. Para aguçar o caráter literário das histórias de vida e de letramento colhidas entre suas lembranças, os professores passaram a ler e a discutir relatos de memória de autores brasileiros, cujo tema são as recordações infantis. A leitura desses textos suscitou discussões de aspectos e de fatos até então não mencionados nos textos produzidos, como as impressões que alguns adultos causavam nas crianças, conforme excerto abaixo, escrito na fase de revisão do texto:

> A minha avó era uma senhora em torno dos cinquenta anos, com cabelos ainda pretos, baixinha e fofinha, religiosamente cuidava de mim e me ajudava com os deveres da escola. Rodeada de flores e plantas de um verde exuberante, no jardim da nossa, a avó colocava duas cadeiras de plástico e sentávamos juntas uma da outra. Pacientemente, ajudava-me a desenhar as letras, a pegar no lápis e a escrever corretamente nas linhas do caderno diário. A vovó reservava pelo menos duas horas por dia, no período da manhã, só para se ocupar comigo, com objetivo de acompanhar todas as atividades escolares que eu deveria fazer em casa, a pedido da minha professora. Numa daquelas aulas, euforicamente, descobri que já conseguia escrever as letras que formavam o meu nome. A alegria era ainda maior porque eu e a minha avó temos o mesmo nome; por isso, já podia exibir para a vovó que já sabia escrever, também, o nome dela. Ela ficou tão satisfeita e, com o passar do tempo, passou e me pedir que escrevesse cartas para minha mãe em São Tomé.
>
> Trecho transcrito da história de letramento de
> Adelaide Paraíso Gama.

Após este momento, além da revisão gramatical e ortográfica, as produções dos professores receberam elementos que os tornaram literários e poéticos, com o acréscimo de emoções e sensações descobertas na troca com os outros, dando a cada criação uma identidade única. Após a realização de um atendimento individual, a cada autor acrescentou peculiaridades a seu texto, seja com a descrição das brincadeiras realizadas na escola ou com o relato do contato com as primeiras letras, que, à época, era feito em casa, conforme os exemplos abaixo:

> Meus irmãos (...) faziam ver que a escola era um lugar de se fazer amizades, brincar, aprender a ler e escrever. Chegavam à casa alegres, contando as brincadeiras que faziam na escola como: o "titi" que fizeram e quem ficou" caço de cinza". "Caçô de cinza" é aquela pessoa que no decorrer do "titi" não consegue pegar ninguém para

lhe substituir; o tempo do intervalo se vai e a pessoa ainda continua sem ser substituída; deste modo, vem os colegas a lhe chamar "má penado caçô de cinza".

Trecho transcrito da história de letramento de
Alberto F. Lima.

Minha mãe (...) sonhava fazer dos filhos grandes estudiosos. Quando chegava o momento de ensinar a ler e a escrever, o seu grito espancava as nuvens e a chuva tombava de júbilos: "Suzinai, está na hora de aprender a ler...!" Então, aparecia o menino disposto a aprender a arte de leitura e da escrita, mesmo antes de frequentar a escola. A minha satisfação era como a imensidão do céu, mas o que temia era quando a minha mãe sentava ao meu lado com o cinto em cima da mesa. (...) Poucas eram as vezes em que o meu pai retirava o seu tempo para me ensinar, mas eu gostava do seu ensinamento, porque a paciência era a sua companheira. Ele não precisava lançar os berros, caso falhasse na leitura. Tratava-me de anjo aprendiz e o seu consolo era impensável: "Filhinho esta letrinha é com o rabinho pra baixo".

Trecho transcrito da história de letramento de
Suzinai Coelho.

Na etapa da revisão dos textos, muitos desafios surgiram e um deles, em especial, abriu espaço para uma ampla discussão sobre a necessidade de se considerar o biletramento, quando o ensino de uma língua se dá em contexto bilíngue, como é o caso das escolas dos países africanos. Ao escrever, os professores usaram palavras do crioulo forro e do l'ínguè, dentre outras variedades, para expressar, com mais propriedade, as emoções relatadas em suas histórias de vida e de letramento:

Daquele instante, também me recordo da Dona Áurea Leitão, minha primeira professora, brincalhona, mas muito determinante na condução das aulas, pois, no momento de correção do dever, quem não lhe obedecia, recebia castigos, como, por exemplo, ajoelhar defronte ao quadro. Um dia , quando escrevi a palavra "pescador", ela me disse que não desta forma que se escrevia, pois grafei a palavra '"PECADOR" esquecendo o "s". Apanhei um **colico** na cabeça e, até hoje, ainda **sinto o nó de seus dedos, em minha cabeça**. E noutro momento, quando pronuncie erradamente no ato de leitura a palavra "descontentamento", ganhei outro **colico**.

Trecho transcrito da história de letramento de
Baltazar Quaresma.

A paráfrase e a contextualização da situação, em português, surgiram como um modo de traduzir a intenção comunicativa dos autores, sem alterar ou substituir as palavras ou expressões oriundas da primeira língua adquirida por estes professores.

> Depois do pequeno almoço, ela colocou-me um vestido bem bonito, com riscos cor de rosa que foi oferecido pela minha madrinha e uma **chupa**, que a minha mãe tinha comprado já algum tempo, **numa loja de sapatos**, chamada Mesquita. Dentro do plástico estava um caderninho, um lápis, uma borracha e uma afiadeira vermelha. Toda contentinha, acompanhada da minha mãe, dirigímos à escola.
>
> Trecho transcrito da história de letramento de Leonilde Nazaré António.

Essa possibilidade de trabalho tanto respeitou as escolhas lexicais de cada ilha, como tornou o texto mais rico, linguisticamente, diminuindo o risco de comprometer a carga emotiva da história ali contada. Interessante ressaltar que esta foi uma das opções eleitas pelo do grupo, assim como a escolha do português brasileiro para a finalização dos textos que, inicialmente, foram escritos nos moldes do português europeu, respeitando-se as necessidades comunicativas dos autores das memórias.

Discussões metalinguísticas muito profícuas nasceram, neste momento, e permitiram a partilha de aspectos do português europeu, como o uso de maiúsculas no início dos meses do ano, levando a uma reflexão sobre o modo como a língua portuguesa é ensinada, ainda hoje, com ênfase nos aspectos gramaticais, sem a devida consideração com as variedades que a língua oferece e que o aprendiz adquire pelo uso, mas não sabe adequar à dada uma situação comunicativa.

Para dirimir quaisquer dúvidas, consultamos a gramática da língua portuguesa, com base em Cunha e Cintra (2000) e os autores revisaram seus textos com total liberdade, enviando-os via e-mail para que pudessem ser organizados e publicados em um livro.

Cinquenta histórias na Revista *Revivências*: uma ferramenta para conclusões?

As Histórias de Vida e de Letramento, após a revisão individual ou em dupla e devidamente digitalizadas, pelos professores em formação ou pelos ministrantes do módulo, foram enviadas pela *web* para que fossem formatadas e publicadas. Enquanto isso, já em outro módulo, os professores divulgavam, o lançamento da Revista *Revivências* e convidavam os leitores de um jornal *on line*, também produzido por eles, para o evento, caracterizando a extensão de uma autêntica situação comunicativa e reafirmando a necessidade de uma abordagem da escrita com uma função social real, para que a atividade comunicativa origine outros gêneros e adicione vitalidade à língua.

Em meio à digitalização dos textos e dos desenhos produzidos no início da produção textual, surgem os autores preocupados em acrescentar, retirar, rever ou modificar o texto, uma vez que a fidelidade e o carinho pelos fatos relatados renderam as belas histórias que seriam lidas por seus amigos e familiares, quando retornassem à terra natal, além de se tratar de um registro único em suas vidas. Mais uma vez, abrimos espaço na agenda da noite e muitos autores revisaram seus textos que, após as desejadas modificações e sem tempo para novas revisões, foram enviados à gráfica.

Além disso, ainda havia a necessidade de eleger um título para um livro que coadunasse cinquenta histórias e representasse as aspirações de vinte e cinco autores de diferentes regiões. Os títulos foram sugeridos e, em uma eleição sigilosa, o título foi escolhido, representando a vontade de uma grande parte dos professores que compareceu ao momento eletivo. Outras emoções se descortinaram, representando a ansiedade por ver o "filho"/texto bem posto na vida, integrando um livro que traduzia pedaços da existência de colegas que se conheceram há, apenas duas semanas. Era visível a emoção e a busca de notícias sobre a edição.

Dentre as atividades desenvolvidas, sejam elas de preparação, de produção ou de fechamento/editoração dos textos, procurou-se enfatizar a necessidade de um contato real com a língua, de modo que seu uso traduzisse as experiências de cada um, com amplas discussões sobre a função social da escrita e a vivência do processo de produção textual, nas modalidades oral e escrita, desde a geração até a publicação do livro, uma das metas desta unidade didática.

A atividade final do módulo ocorreu em um encontro noturno, quando a capa do livro foi submetida à aprovação dos professores. Nesse momento, o espírito revisor identificou a necessidade de mudanças para que o título ficasse mais "enxuto", mais literário, em um cuidado e apreço bem distintos - por parte dos professores em formação, no papel de alunos - do que é visto nas salas de aula, quando o texto é produzido como uma obrigação e não pelo deleite da criação.

No quadro a seguir, sintetizamos a base teórica que alimentou a preparação dos módulos I e II aqui descritos, nos momentos iniciais da formação continuada dos professores de português de São Tomé e Príncipe e sua respectiva aplicação nas atividades desenvolvidas:

Síntese didática

Teorias de base:	Etapas da Unidade Didática:	Atividades da Unidade Didática
1. Metodologia da Aprendizagem Cooperativa (AC) - Johnson & Johnson (1999). 2. Abordagem processual da produção de textos (Vieira, 2005).	1.1. Princípios básicos da AC: interdependência positiva; responsabilidade grupal e individual; - interação estimuladora, preferencialmente face a face; competências sociais; - Elementos da produção textual: tema, objetivo comunicativo, provável audiência e gênero textual a ser produzido. - Etapas da produção textual: geração de ideias	Atividades de preparação: -Relato oral das Histórias de Vida. - Produção dos desenhos cuja temática são os primeiros contatos com a leitura e a escrita; - Apresentação da proposta: Produção de uma revista com as histórias de vida e de letramento dos participantes da formação continuada de professores.
1. Metodologia da Aprendizagem Cooperativa (AC) - Johnson & Johnson (1999). 2. Abordagem processual da produção de textos (Vieira, 2005).	1.1. Princípios básicos da AC: interdependência positiva; responsabilidade grupal e individual; competências sociais; processamento de grupo ou avaliação. 2.1. Etapas da produção textual: produção da primeira versão, revisão ou refacção do texto e produção da versão final do texto.	Atividade principal: - Produção escrita das Histórias de Vida e de letramento, em três momentos distintos: produção da primeira versão do texto, revisão em dupla das histórias produzidas e editoração ou preparação da versão final das histórias de vida e de letramento.
1. Metodologia da Aprendizagem Cooperativa (Johnson & Johnson, 1999). 2. Parâmetros Curriculares Nacionais – Língua Portuguesa, 1998.	1.1. Princípios básicos da AC: competências sociais e processamento de grupo ou avaliação. 2.1. Etapa final da produção textual: divulgação do produto, com propósito comunicativo autêntico.	Pós-atividade: - Escolha e formatação da capa da Revista *Revivências*. - Avaliação das atividades desenvolvidas, durante o módulo. - Publicação e lançamento da revista.

A finalização da capa e a visualização do formato em que as histórias seriam publicadas, expostas lado a lado e complementadas com os desenhos produzidos, durante a atividade que antecedeu a produção das memórias de letramento, trouxe a certeza de que ali estava uma possibilidade de desenvolver a escrita, através de uma situação comunicativa autêntica, em que cada autor(a) transfigurou em palavras sua emoção e um pedaço de sua vida, usando a língua para registrar o estar e o ser de cada um no mundo.

Ao concluir nosso relato, apresentamos a avaliação dos professores santomenses acerca das atividades desenvolvidas: ao ressaltarem as implicações pedagógicas da experiência vivenciada, destacaram a mudança de concepção em relação ao ensino de línguas, ressaltando, principalmente, a nova perspectiva da sala de aula, que foi construída, durante a evolução do trabalho. Para além de um lugar de discussão sobre regras gramaticais e ortográficas, a aula de português tornou-se, assim, um espaço de interlocução entre docentes e aprendizes, constituindo-se um espaço de interlocução sobre as possibilidades da língua. Nas palavras de Gika Lima, professora participante da formação, ao escreverem com base em suas vivências aprendizes e professores constroem, em conjunto, um sentido para esta escrita, por traduzirem "nosso viver, o viver de nossa terra" ou, em crioulo santomense: *vivê nom, sá vive tela nom*.

Referências

Almeida Filho, José Carlos P. *"O ensino de português como língua não materna: concepções e contexto de ensino".* Disponível em http://www.museulinguaportuguesa.org.br/files/mlp/texto_4.pdf.

Brasil, MEC. Parâmetros Curriculares Nacionais: Língua Portuguesa. Secretaria de Educação de Educação Fundamental:Brasília, 1998. 144 p.

Clara, Regina Andrade; Altenfelder, Ana Helena. *Se bem me lembro...* São Paulo: CENPEC. Fundação Itaú Social. Brasília, DF, 2008.

Jacobs, George M. & Goh, Christine C. M. *O aprendizado cooperativo na sala de aula*. São Paulo: Special Book Services Livraria, 2008.

Johnson, D. W. Johnson, R. *Learning together and alone: cooperative, competitive and individualistic learning*. Englewood Cliffs, NJ:Prentice-Hll, 1999, 5th Edition.

Lopes, José, Silva, Helena Santos. *A aprendizagem cooperativa na sala de aula: um guia prático para o professor*. Lisboa: Lidel, 2009.

Moura, Ana Célia C. (org.) Revivências. Revista publicada dentro do Programa Linguagem das Letras e dos Números – Projeto José Aparecido. MEC/CAPES/UFC, 2012.

Soares, Magda (2006). *Letramento: um tema em três gêneros*. 2. ed. Belo Horizonte: Autêntica.

Vieira, Iúta Lerche. *Escrita, pra que te quero?* Fortaleza: Edições Demócrito Rocha; UECE, 2005. 204 p. Coleção Magister.

3.6 O uso de feedback corretivo: A percepção do aprendiz de português como língua estrangeira

Viviane Gontijo
Cristiane Soares

Pouco se questiona atualmente sobre o papel da atenção no aprendizado de uma língua estrangeira. Desde que fora apresentada por Schmidt & Frota, a hipótese do registro consciente (Noticing Hypotheses, 1986), ou seja, a ideia de que para converter insumo1 (input) em insumo absorvido (intake) o aprendiz precisa estar atento para determinada característica da língua, tem servido de base teórica para inúmeros estudos destinados a investigar a relação entre atenção e aprendizado. Schmidt (1990) afirma, por exemplo, que o aprendizado acidental, não-intencional é possível e efetivo quando a tarefa direciona a atenção do aprendiz para uma determinada forma. Destacam-se, assim, estudos que têm dado preferência ao uso do insumo evidenciado ou enhanced input (Sharwood Smith, 1991, 1993), enquanto outros destacam a maior eficiência da produção ou output (Leow, 1997, 2000; Izumi & Bigelow, 2000; Izumi, 2002; Mackey, 2006). Swain (1995), por exemplo, salienta que a produção é importante para fazer com que os aprendizes percebam a distância que existe entre o que querem e o que conseguem dizer, fazendo-os reconhecer o que não sabem e o que sabem apenas parcialmente na língua-alvo (*noticing or trigeering function of output*).

Buscando opções que contribuíssem de forma eficaz para o direcionamento da atenção do aprendiz ao desenvolvimento da oralidade, a fase inicial desse estudo foi dedicado à criação de atividades orais2 que auxiliassem aprendizes a desenvolver a pronúncia em português. Optou-se, então, por atividades que fizessem os participantes gravar, ouvir e analisar sua própria produção, o que convencionou-se chamar de output analysis (Soares & Gontijo, 20133). A escolha destas atividades se justifica por acreditar-se que elas seriam mais eficientes em fornecer aos alunos a oportunidade de reconhecer seus erros e corrigi-los, hipótese essa que foi confirmada posteriormente (Soares, 2013). Optou-se ainda pelo uso sistemático e periódico de tais atividades, uma vez que uma pesquisa recente sobre ansiedade em aulas de PLE (Gontijo, 2013) havia apontado que a maioria dos alunos experimentava ansiedade linguística na hora da prova ou da apresentação oral pelo fato de só realizar esse tipo de atividade ao final do semestre. Portanto, a falta de familiaridade com este tipo de exercício gerava muita tensão. Outros alunos indicaram o fato de estarem recebendo nota e serem avaliados pela performance em atividades orais como uma das maiores fontes de ansiedade. Tais resultados sugeriram que as atividades orais deveriam tornar-se uma prática frequente nos cursos de PLE e que os professores deveriam repensar os tipos de avaliação e feedback utilizados neste contexto.

Além disso, os resultados apresentados por Soares & Gontijo (2013) revelaram que os aprendizes gostariam de receber feedback mais frequentemente e que ter as tarefas gravadas e avaliadas não gerava ansiedade. A partir de então, passou-se a questionar que tipos de feedback corretivo (FC) seriam mais adequados em resposta a estas atividades. Portanto, o presente estudo pretende destacar o impacto causado pelo uso do FC no aprendizado e desenvolvimento da pronúncia em aulas de PLE, assim como os tipos de FC de preferência dos alunos. Questionou-se, primeiramente, os possíveis reflexos positivos e negativos do uso do FC no aprimoramento da pronúncia. Poderia ser o FC fonte geradora de ansiedade? Os diferentes tipos de FC dados pelo professor teriam impacto diferenciado no aprendizado dos alunos? Que tipos de FC se mostrariam mais eficientes em cursos de PLE?

Buscando responder tais indagações, o presente trabalho propôs-se a revisitar, primeiramente, importantes estudos relacionados ao uso do feedback corretivo em cursos de língua estrangeira. Para tanto, investigou-se os tipos de FC que alunos de PLE preferem receber nas atividades orais e, finalmente, se as atividades orais— que têm sido reconhecidas como potenciais fontes de ansiedade, como veremos a seguir— aliadas ao FC oferecido pelo professor poderiam influenciar o desempenho desses alunos e, consequentemente, o desenvolvimento da oralidade nos cursos de PLE. Na próxima seção, portanto, serão apresentadas as teorias que serviram de suporte teórico para o presente estudo, onde serão discutidas, principalmente, questões relevantes sobre o papel do feedback corretivo no processo de ensino-aprendizagem e da relação entre FC e ansiedade.

Suporte Teórico

O feedback corretivo é entendido como a correção ou comentário feito em relação a um erro cometido pelo aprendiz numa situação de interação na língua-alvo. Sua eficácia no processo de aquisição de uma língua segunda (L2) tem sido o foco de muitos debates, mas pouco consenso. Um dos fatores determinantes para tal impasse reside no fato de que para se apurar os efeitos do FC é imprescindível que se considere a opinião tanto dos professores quanto dos aprendizes, assim como das percepções (de si mesmo, do outro, do processo de aprendizagem) e das dinâmicas estabelecidas nas interações entre indivíduos.

Apoiados na hipótese apresentada por Long (Interaction Hypothesis, 1996), muitos estudos têm voltado sua atenção para o papel da interação na aquisição e, particularmente, da negociação de sentido, na tentativa de entender os processos cognitivos desencadeados nos atos conversacionais (Gass, Mackey & Pica, 1998; Mackey & Philp, 1998; Swain & Lapkin, 1998; Mackey, 2012; Mackey, Gass & McDonough, 2000; Yoshida, 2008 e 2010).

O autor afirma que na interação a atenção do aprendiz é direcionada aos mecanismos da língua-alvo, dando-lhe a possibilidade de avaliar e contrastar o insumo recebido com sua produção. Além disso, a constante necessidade de esclarecimentos ou reformulação de enunciados direciona a atenção do aluno a aspectos específicos da língua, dando-lhe a possibilidade de acessar ou reavaliar o conhecimento que já possui com a finalidade de produzir uma linguagem mais adequada na L2. Mackey (2012) salienta que, tradicionalmente, a negociação de sentido era vista e codificada em relação aos três Cs que, em inglês, se referem a confirmation checks (confirmação: Você quis dizer...?), clarification requests (pedidos de esclarecimento: Como assim? O que você quis dizer?) e comprehension checks (verificação da compreensão: Você entendeu?). Entretanto, estudos mais recentes na área de aquisição de segunda língua têm argumentado que os aprendizes podem beneficiar-se também de outras formas de respostas interativas, entre elas as formas explícitas de FC. Mackey (2007) classificou os tipos de FC em: recasts (movimento corretivo quando o instrutor ou outro falante mais competente na L2 reformula o enunciado onde se verificou um erro, oferecendo ao aprendiz uma versão mais apropriada na língua-alvo), feedback metalinguístico (quando o professor usa metalinguagem para se referir ao erro cometido pelo aluno) e negociação de sentido (através de pedido de esclarecimento, confirmação e etc).

Muito tem-se discutido sobre os benefícios dos diferentes tipos de FC. Alguns pesquisadores (Ellis, 1994; Krashen, 1982) têm observado, inclusive, uma maior ocorrência de recasts nas interações entre professores e aprendizes em sala de aula. Diferente do que tal preferência possa sugerir, a eficiência do recast no desenvolvimento da L2 continua sendo veementemente discutida. Uma das razões para tal debate reside no número limitado de evidências empíricas que sustentem a relação entre recasts e o despertamento da atenção do aprendiz para correções na forma. Lyster (2004) tem insistido que o recast não é efetivo porque os alunos não percebem as correções que lhes são feitas em sala de aula, e muitos outros estudos têm sido apresentados na tentativa de averiguar tal afirmação (Long, Inagaki & Ortega, 1998; Mackey e Philip, 1998; Mackey & Oliver, 2003; Lyster, 2004; Seedhouse, 2004; Loewen e Philip, 2006; Long, 2007; Ellis 2007).

Loewen e Philip (2006) argumentam, portanto, que para que o recast seja efetivo ele precisa ter as seguintes características: 1) induzir ao registro consciente (noticing); 2) ser direcionado a estruturas que os alunos estejam prontos para aprender; 3) ser linguisticamente relevante e 4) ser direcionado repetidamente a uma mesma estrutura. Grande parte da discussão envolvendo a eficiência de recasts recai sobre a qualidade e quantidade de atenção que esse tipo de correção demanda por parte do aluno. Mackey (2012) adverte que os "(...) recasts nem sempre demandam uma participação

substancial por parte do aprendiz e é possível que não sejam eficazes a menos que os aprendizes os interpretem como uma forma de feedback". (p. 14) Neste sentido, Lyster (2004) argumenta que a reformulação apresentada pelo professor pode ser compreendida pelo aluno tanto como confirmação ou reprovação. Dessa forma, o reconhecimento por parte do aprendiz de que houve uma falha no uso da língua e que uma correção está sendo feita em resposta a essa falha é primordial para que essas interações possam levar ao aprendizado. Com o intuito de lançar novas luzes sobre a discussão, alguns trabalhos têm investigado como alunos e professores percebem e interpretam o feedback durante as interações comunicativas em sala de aula. Há mais de uma década, Mackey, Gass & McDonough (2000) apresentaram os resultados de um estudo que investigou quanto do feedback dado pelos professores era percebido por 10 aprendizes de inglês e 7 aprendizes de italiano como língua estrangeira e o quão apurada essa percepção era em relação ao foco do feedback recebido (se em relação ao léxico, à morfossintaxe, à fonologia, etc.). Os dados apontaram que os participantes da pesquisa perceberam mais adequadamente o feedback relacionado aos erros lexicais e fonológicos e que estavam normalmente equivocados quanto a sua percepção em relação ao feedback relacionado à morfossintaxe. Na tentativa de interpretar tais resultados, os pesquisadores conduziram um pós-teste, recorrendo aos vídeos de interação entre alunos e entrevistadores para apurar qual dentre os três tipo de feedback (recast, negociação de sentido ou combinação de recast e negociação de sentido) era mais comumente associado a determinado tipo de erro. Recasts foram desencadeados principalmente em resposta a erros de morfossintaxe (75%), 11% em relação a problemas de léxico e 14% de fonologia. Negociações de sentido foram identificadas como respostas, principalmente, aos erros de fonologia (74%), aos erros de léxico 19%, e em menor escala, aos de morfossintaxe (7%).
Comparando esses resultados, os autores sugeriram uma maior eficácia da negociação de sentido quando comparada ao recast, uma vez que parecia haver uma relação entre a pouca percepção do feedback de morfossintaxe e o tipo de feedback escolhido pelo professor para a correção desse tipo de erro, nesse caso, recasts. A explicação para tal ocorrência, argumentam, poderia estar associada ao fato de que a negociação de sentido exige uma participação mais ativa dos aprendizes (os fazendo voltar, repensar e reformular o enunciado inicial), o que pode resultar numa maior atenção do aluno direcionada à forma em questão. O recast, por outro lado, não demandaria tal participação por parte do aprendiz e esse, não estando tão atento ao feedback, poderia inclusive identificá-lo como sendo apenas uma repetição do que foi dito, e não como a correção de um erro cometido. Vale salientar novamente que esse FC foi dado aos alunos durante interações comunicativas em sala de aula. Interessaria, portanto, averiguar se os mesmos

resultados seriam confirmados ou se haveria uma correlação caso o FC também fosse oferecido de forma escrita.

No cerne da discussão sobre a eficiência do FC está a questão de como medir, de forma precisa e apurada, a percepção e o nível de aprendizado que tipos variados de feedback proporcionam aos aprendizes. Inicialmente, supôs-se que seria possível apurar o grau de percepção e aprendizado dos alunos medindo-se a interpretação feita pelo aprendiz do ato ilocucionário (uptake), ou seja, observando-se a resposta imediata dos aprendizes ao feedback recebido, normalmente caracterizada pela simples repetição do enunciado corretivo oferecido pelo professor. Gass (2003) argumenta, no entanto, que a repetição do recast pode, muitas vezes, ser uma simples "mímica" e não o resultado de uma reformulação do enunciado original que leve ao aprendizado. Essa repetição pura, segundo o autor, não geraria nenhum tipo de revisão do conhecimento da L2 por parte do aprendiz. Por essa razão, têm-se insistido em afirmar que o uptake não deve ser entendido como prova de que os alunos perceberam o feedback.

Ainda referindo-se à correlação existente entre os tipos de feedback oferecidos pelos professores e a natureza dos erros cometidos, Yoshida (2008) apresenta os resultados de uma investigação que observou: a) como professores decidem que tipo de feedback dar ao observar determinado erro e b) se os alunos prefeririam receber recasts ao invés de outro feedback e por quê? Em seu estudo, Yoshida revela que, apesar de alunos e professores considerarem a autocorreção (situações em que o professor não oferece a forma correta diretamente, mas induz o aluno à correção do seu erro) como a forma mais eficiente de aprendizado, 51% dos feedbacks dados pelos professores ocorreram em forma de recast, sendo que destes apenas metade levou os estudantes à interpretação do ato ilocucionário (uptake).

Além disso, analisando as respostas dadas pelos instrutores quanto aos motivos que os levaram a escolher um e não outro tipo de feedback, Yoshida destacou aqueles que teriam mais influência na escolha dos professores. Primeiramente, a percepção do professor em relação ao aluno teve grande influência sobre sua decisão. Assim, alunos considerados "fortes", mais competentes ou capazes, recebiam feedback em forma de negociação de sentido, ou seja, que pudesse induzi-los à autocorreção, enquanto aqueles alunos que eram identificados como tendo mais dificuldade recebiam recast ou, em outras palavras, uma correção direta que não exigisse participação ou negociação por parte do aprendiz. Em segundo lugar, os professores justificaram sua escolha por recast como uma forma de "poupar" tempo nas correções, uma vez que tinham que gerenciar o pouco tempo que dispunham em sala de aula. Finalmente, o recast foi apontado como uma estratégia social para manter uma atmosfera de apoio na sala de aula, uma vez que essa forma de feedback não exporia o aluno, mas o colocaria em uma posição desconfortável caso não fosse capaz de fazer a autocorreção. Yoshida termina por argumentar que o fato do recast não se apresentar como a forma mais eficiente de feedback pode estar relacionado ao foco de atenção dos alunos durante a interação, que pode estar direcionado a diferentes elementos da interação uma vez que recast não exige nenhuma participação ativa do aluno na correção, conforme já discutido anteriormente (Mackey, Gass & McDonough, 2000).

Em um segundo estudo, Yoshida (2010) investigou a divergência de percepção entre alunos e professores e conclui que o fato de um aluno notar que estava recebendo feedback do professor estava diretamente relacionado à percepção que esse professor tinha daquele aluno específico. Alunos considerados mais capacitados recebiam feedback que requeria sua maior participação, o que direcionava a atenção do aluno para a forma em questão, proporcionando, assim, maiores chances de aprendizado. Yoshida salienta por fim que o fato dos alunos considerados "fortes" responderem imediatamente ao feedback, repetindo o enunciado sugerido pelo professor (uptake), muitas vezes levou o professor a um erro de interpretação, já que este entendia que o aluno estava percebendo a correção, quando o que acontecia, na verdade, é o que o aluno estava repetindo mecanicamente o que o professor havia dito, sem dar devida atenção à correção. Yoshida termina sugerindo ainda que se considere igualmente a influência dos fatores individuais e seu impacto na percepção e consequente aprendizado dos alunos.

Dentre esses fatores individuais, destaca-se a ansiedade linguística, que tem sido considerada como uma das diferenças individuais mais significativas na área de aquisição de L2, sendo vista como fator afetivo mais importante a influenciar o sucesso na aquisição de numa língua estrangeira (Horwitz, 2001). Assim, a ansiedade tem sido considerada ora como tendo um efeito facilitativo (Alpert, 1960; Kleinmann, 1977) na aprendizagem, ora como tendo um efeito debilitante (Krashen, 1982; Horwitz, 1986 e 2001), ora como não tendo efeito nenhum (Sparks & Ganschow, 1991) no desempenho e desenvolvimento linguístico de uma L2. Definida como "a apreensão que aprendizes de língua estrangeira sentem quando a situação exige o uso da língua-alvo na qual o indivíduo não é totalmente proficiente", a ansiedade vivenciada em aulas de língua estrangeira "(...) é a propensão do indivíduo de reagir de uma forma nervosa quando fala, escuta, escreve ou lê numa segunda língua" (MacIntyre, 1999, p. 26).

De particular importância para a discussão do presente trabalho são os estudos que têm investigado a relação entre ansiedade linguística e FC. Havranek (2002) sugeriu que a ansiedade influencia a eficácia do FC (entre eles recast), e os resultados apresentados por DeKeyser (1999) indicaram que estudantes com bom desempenho no passado, que demostravam grande aptidão para língua e baixos níveis de ansiedade, beneficiaram-se mais do FC.

Disposta a averiguar a possível conexão entre ansiedade, recast e produção modificada, Sheen (2008) apresenta resultados que sugerem que o fato dos recasts levarem ou não à produção modificada e ao aprendizado está diretamente associado ao nível de ansiedade linguística apresentado pelos aprendizes. Sheen comparou os resultados obtidos entre quatro grupos de alunos: 1) alunos com alto nível de ansiedade que receberam recast, 2) alunos com baixo nível de ansiedade que receberam recast, 3) alunos com alto nível de ansiedade que não receberam recast e 4) alunos com baixo nível de ansiedade que não receberam recast. Os resultados mostraram que o grupo com baixo nível de ansiedade que recebeu recast teve um desempenho significativamente melhor do que o grupo com alto nível de ansiedade que recebeu recast e do que o grupo com baixo nível de ansiedade que não recebeu recast. Além disso, os resultados ainda mostraram haver uma relação entre os benefícios do recast e ansiedade, indicando que o recast beneficiou apenas os alunos com baixo nível de ansiedade. Segundo a autora, esses dados são bastante surpreendentes uma vez que é comum considerar-se recast como uma forma de FC que não faz o aluno se sentir ameaçado ou inseguro (elevando seu nível de ansiedade). Para Sheen, tais resultados estariam associados ao fato dos alunos terem completado atividades orais, já que falar em sala de aula tem sido considerada por alguns autores a tarefa que mais gera ansiedade entre os aprendizes (Howirtz, 1991). Finalmente, os resultados indicaram que os alunos com nível mais baixo de ansiedade corrigiram seus erros com mais frequência, produzindo níveis mais altos de produção modificada.

A revisão de estudos sobre a eficácia do uso de FC comprova que existe uma tensão entre teoria e resultados empíricos. As pesquisas aqui discutidas apontam para a necessidade de se repensar o uso do FC, de se considerar a opinião do aluno com relação ao uso do mesmo e de averiguar a relação entre ansiedade e tipos de FC. O presente estudo busca contribuir para essa discussão, investigando particularmente a preferência de alunos de PLE em relação ao feedback recebido em atividades orais. Conforme exposto anteriormente, tarefas e testes orais têm sido considerados uma das maiores fontes geradoras de ansiedade entre os alunos. Pareceu fundamental, portanto, desenvolver tanto atividades quanto formas diferenciadas de dar feedback que pudessem diminuir a ansiedade na realização das atividades. A metodologia e os instrumentos usados serão descritos na seção seguinte. Três perguntas, portanto, orientaram essa investigação:

1) Que tipos de FC os aprendizes de PLE preferem receber oralmente e por escrito?
2) De acordo com os aprendizes, o FC é uma ferramenta válida para melhorar a performance nas atividades orais?
3) Há, na opinião dos alunos, uma relação entre FC e ansiedade?

O Estudo
1. A metodologia
Os métodos qualitativos e quantitativos foram utilizados para a execução desta pesquisa. A parte qualitativa contou com a análise de dados coletados através de atividades orais e de um questionário desenvolvido para acessar a opinião dos alunos sobre o feedback escrito recebido em resposta a estas atividades. Para a porção quantitativa optou-se pelo uso de porcentagem, já que o pequeno número de participantes e a natureza do estudo inviabiliza e dispensa o uso de testes estatísticos.

No início do semestre, os alunos registrados nos cursos de PLE assinaram um termo de consentimento autorizando as pesquisadoras a utilizar as gravações e as respostas obtidas no questionário e no ansiômetro. Os dados dos alunos que não quiseram participar do estudo foram desconsiderados.

2. Os participantes
Este estudo contou com a participação de 17 aprendizes de duas turmas de nível básico-intermediário (segundo semestre) de PLE de uma universidade localizada no nordeste dos Estados Unidos. O grupo de participantes era heterogêneo, composto por falantes de herança de português, falantes de espanhol e falantes de inglês que haviam aprendido pelo menos uma outra língua estrangeira. Essa diversidade, apesar de não ser ideal para fins pedagógicos ou de pesquisa, proporcionou a formulação de relevantes hipóteses e sugestões para futuras investigações, como será exposto a seguir.

3. Os instrumentos
Os dados para este estudo foram coletados por meio de três instrumentos de pesquisa: as gravações das atividades orais feitas pelos participantes, um questionário desenvolvido para acessar a opinião dos alunos quanto ao feedback recebido nas atividades orais e um ansiômetro usado para medir ansiedade antes, durante e depois de cada atividade oral.

3.1 As atividades orais
As atividades orais (Apêndices 1 e 2) proporcionaram a prática da habilidade comunicativa em sala de aula e em casa. Os participantes completaram 8 atividades orais durante o semestre, recebendo feedback sobre sua performance em todas as atividades.

Para completar os exercícios orais, os alunos recebiam ou a descrição de uma situação comunicativa ou um texto curto (canção, poema, ou parágrafo) que privilegiava os tópicos e/ ou as características fonológicas ensinadas previamente em aula. Assim, cada atividade oral contava com uma pré-atividade, onde os alunos eram expostos à determinada característica da língua e tinham a oportunidade de praticá-la, fazendo diálogos ou completando exercícios orais. Nessas práticas realizadas em sala de aula, os alunos recebiam FC oral da professora.

Para a realização das atividades em si os alunos tinham que gravar sua performance. As atividades variaram, sendo que algumas foram concluídas em casa e outras em sala de aula. Após cada atividade, os alunos preenchiam um formulário fazendo uma autoanálise do seu desempenho e, em seguida, recebiam feedback da professora, indicando os segmentos de fala que haviam dificultado a compreensão e que deveriam ser melhorados. O FC dado às atividades orais foi feito por escrito. Para tanto, desenvolveu-se um instrumento bastante simples, mas que dava à professora a opção de simplesmente indicar erros de estrutura, uso de vocabulário ou pronúncia que haviam sido cometidos, deixando ao aluno a oportunidade de correção, ou de apontar o erro e fazer a correção imediatamente (Apêndice 3). Optou-se pelo uso desse instrumento pois pretendia-se investigar se haveria uma diferença entre os tipos de FC que os alunos preferiam receber oralmente e por escrito e se, de alguma forma, seria possível criar um instrumento que ajudasse a diminuir a suposta ansiedade vivenciada durante as atividades orais.

Finalmente, cabe salientar que os alunos não recebiam nota pelo desempenho após as atividades, mas ao final do semestre, por haverem (ou não) completado satisfatoriamente as 8 atividades. A periodicidade das atividades orais durante o semestre, assim como a avaliação somente no final do semestre foram adotadas como forma de incentivar a prática da comunicação oral, fazer com que os alunos se familiarizassem com as atividades e diminuir a tensão causada pela avaliação dada ao desempenho oral.

3.2 Questionário

No final do semestre, um questionário foi administrado para averiguar a opinião dos alunos sobre o FC dado após cada atividade oral. Esse questionário era eletrônico e continha 6 questões. A primeira delas, pedia simplesmente para os alunos determinarem quem era sua professora. A segunda questão acessava a opinião dos alunos sobre a autoavaliação das atividades e a importância de ter as atividades orais avaliadas pelo professor. A questão 3 era composta por uma escala tipo "likert", contendo dez questões sobre o FC recebido em atividades orais em sala de aula, enquanto a questão 4, também composta pela mesma escala, tinha oito questões sobre o feedback escrito recebido em relação às atividades orais. A questão 5 buscava investigar a opinião dos alunos sobre ansiedade linguística durante as atividades e a questão 6 era reservada para comentários e sugestões.

3.3 Medindo ansiedade

O ansiômetro foi o único instrumento destinado a medir ansiedade apenas (Apêndice 3). Ao respondê-lo, os alunos relataram como se sentiram antes, durante e ao final de cada atividade oral. A versão do ansiômetro usada neste estudo baseia-se no instrumento utilizado por MacIntyre & Gardner (1994). Ele é composto por três "termômetros" com escalas de 1 a 10 para os alunos indicarem o quão ansiosos estavam no começo, no meio e ao fim de cada atividade oral (Apêndice 4). Os alunos foram instruídos a completar este questionário imediatamente após terminar a atividade.

Além das três escalas, o ansiômetro também possui 4 perguntas: 1) Que pensamentos você teve durante esta atividade oral? 2) Que tipos de emoções desencadearam durante esta atividade oral? 3) Por que você acha que teve estas emoções em relação a esta atividade? e 4) Que aspectos desta atividade influenciaram seu nível de ansiedade? Os dados coletados através do ansiômetro foram contrastados com a performance dos participantes e com os resultados sobre níveis de ansiedade obtidos nas respostas do questionário.

Análise de resultados e discussão
Os dados obtidos através do questionário permitiram responder diretamente a uma das questões de pesquisa e lançaram luz sobre aspectos pertinentes as demais perguntas. Todas as questões mediram a opinião dos alunos numa escala de 1 a 4, sendo 1) descordo completamente, 2) descordo, 3) concordo e 4) concordo completamente.

Embora os dados coletados em resposta à questão 2 não tenham permitido responder diretamente às questões de pesquisa anteriormente apresentadas, eles são pertinentes à medida que revelaram a opinião geral dos alunos sobre o FC e ao mesmo tempo nos auxiliaram a melhor interpretar os dados colhidos nas questões subsequentes. A questão 2 subdividia-se em 4 perguntas que procuravam averiguar a preferência dos estudantes quanto a serem ou não avaliados nas atividades orais (questões 1 e 2), quanto a autoavaliação (questão 3) e a quanto à escuta das gravações (questão 4).

Em primeiro lugar, vale apontar que 58.8% dos alunos disseram concordar e 29.4% disseram concordar completamente com a afirmação de que o desempenho oral deve ser avaliado, enquanto 5.9% dos alunos disseram discordar e 5.9% disseram discordar completamente da mesma afirmação. Quando a gostar de ouvir suas gravações, 47.1% dos alunos disseram concordar completamente com a afirmativa, 35.3% disseram concordar, 11.8% disseram discordar e 5.9% disseram discordar completamente. Apesar de haver uma variação maior dentre as respostas a essa segunda pergunta, verifica-se que a maioria dos alunos disseram gostar de ouvir suas gravações. É interessante observar, no entanto, que a maioria deles (64.7%) disse discordar quando perguntados se gostavam de autoavaliar seu desempenho (Questão 3: "Eu gosto de fazer a autoavaliação do meu desempenho nas atividade orais"). Do restante, 29.4% disseram concordar e 5.9% disseram concordar completamente com a mesma afirmativa. Os dados obtidos em resposta às duas últimas perguntas parecem contraditórios, uma vez que os alunos são requisitados a ouvir suas gravações justamente para avaliar sua produção. Uma hipótese que pode ser considerada é o impacto psicológico que essas atividades podem ter sobre os alunos. Se, por um lado, falar numa língua estrangeira pode, a princípio, intimidar alguns participantes, o fato de completar uma atividade oral e conseguir expressar-se numa língua estrangeira – mesmo que com algumas inadequações– pode, por outro lado, ser interpretada como uma grande conquista, o que contribui para a formação da identidade e da autoestima linguística positivas. Quanto à autoavaliação, no entanto, em diversas oportunidades, os alunos expressaram seu descontentamento em avaliar sua produção porque consideravam que não tinham o conhecimento necessário para desempenhar tal tarefa. Além disso, pode-se considerar que alguns estudantes podem ver a identificação e correção dos próprios erros como uma forma de reconhecer o que ainda não conseguem fazer na língua-alvo, o que macularia a identidade linguística positiva de que se falou anteriormente. Estas hipóteses corroboram os argumentos de que a baixa autoestima linguística e a percepção que o aprendiz tem de seu desempenho ao usar a língua alvo podem ser fontes significativas de ansiedade linguística (Price, 1991). Uma outra hipótese seria a preferência mais passiva por parte do aluno em relação à correção, o que também transparece nos tipos de FC escrito de maior preferência dos alunos. Os dados obtidos em resposta às questões 3 e 4 do instrumento permitem responder diretamente à primeira questão de pesquisa previamente proposta: Que tipos de feedback corretivo os aprendizes preferem receber oralmente e por escrito?

A questão 3, que referia-se unicamente ao FC oral dado em sala de aula, foi subdividida em 10 perguntas: a primeira buscava averiguar se os alunos tinham alguma objeção a serem corrigidos na presença de outros alunos, e as questões 2 a 10 referiam-se à preferência dos alunos quanto a tipos específicos de FC.

Os dados em resposta à pergunta 1 revelam que a totalidade dos alunos, mesmo em sala de aula e na presença de outros alunos, prefere receber FC (41.2% concordam completamente e 58.8% concordam com a afirmação).

No que diz respeito aos tipos de FC recebidos em sala de aula, destacaram-se as formas de FC onde o professor indica, direta ou indiretamente, o erro cometido dando ao aluno a oportunidade de fazer a correção. Assim, 41.2% disseram concordar e 58.8% disseram concordar plenamente com a afirmação de que gostam de receber o feedback dirigido, em que o professor ajuda o aluno a perceber que cometeu um erro, dando-lhe a oportunidade de autocorreção. Contraditoriamente, cerca de 93% dos alunos disse gostar também de receber recasts, correção oferecida pelo professor sem dar-lhes oportunidade de autocorreção.

Os FCs que se limitam a pedir esclarecimento indicando que um erro pode ter sido cometido (Ex: O que você quis dizer?) ou aqueles que se caracterizam pela repetição do enunciado (no caso, reproduzindo o erro cometido) tiveram o menor índice de preferência entre os alunos. O pedido de esclarecimento (clarification request) e a repetição do enunciado (request to repeat) foram, assim, os métodos corretivos de menor preferência. Pelo menos a metade dos participantes disse não gostar quando o professor tenta ajudá-los a reconhecer o erro fazendo perguntas ou quando o professor tenta induzi-los a reconhecer o erro pedindo que repitam o que foi dito. A maior variação de resultados foi encontrada no uso de pedido de esclarecimento e identificação do erro (pinpointing). Mais de 29% dos alunos disseram não gostar quando o professor aponta a pronúncia errada, reproduzindo-a e cerca de 23% não gostam quando o erro é indicado indiretamente. Mesmo com a variação, pelo menos a metade dos participantes parece não estar incomodada com o uso de pedido de esclarecimento e identificação dos erros. A divergência de opiniões quanto a estes dois tipos de FC parece bastante relevante. Em primeiro lugar, vale notar que essas duas formas de feedback dão pouca ou nenhuma oportunidade ao aluno de perceber e autocorrigir o erro. No caso dos pedidos de esclarecimento, o aprendiz pode ficar inseguro quanto a parte do enunciado que precisa ser melhorada, o que, evidentemente, dificulta quando não impossibilita a autocorreção. Já em relação à identificação do erro (Ex: Gosto DE chocolate) há uma correção imediata feita pelo professor, não dando ao aluno a oportunidade de refletir e, talvez, reformular seu enunciado. O fato de que esses dois tipos de FC sejam considerados os de menor preferência por uma parte representativa dos aprendizes parece reforçar os resultados anteriormente apresentados que indicam a preferência por formas de FC que deem a oportunidade de reavaliação e correção do erro cometido.

A análise dos resultados permite ainda observar que há uma preferência bastante diversificada quanto ao tipo de FC recebido em sala de aula. Em primeiro lugar, é preciso considerar que os alunos podem ter imaginado situações conversacionais diferentes ao responder o questionário. Assim, um FC que oferece a oportunidade de autocorreção pode parecer mais desejável nos casos em que os alunos cometem erros por descuido, e não por desconhecimento do conteúdo. No entanto, a correção feita diretamente pelo professor pode parecer mais desejável e até eficiente quando o aluno não tem ideia do erro que foi cometido ou de como corrigi-lo. Outro dado de grande importância refere-se à preferência em geral por formas de FC que criem a oportunidade de autocorreção. Essa informação parece de particular relevância uma vez que o mesmo resultado não se repete quando analisados os tipos de FC recebidos por escrito. Assim, por se tratar de situações de interação, a sala de aula pode parecer o ambiente ideal onde a autocorreção acontece como consequência de trocas e negociações, o que tornaria essas formas de FC bastante eficientes no processo de aprendizagem. De forma geral, parece relevante que os alunos expressem sua preferência por receber FC em situações em que a correção pudesse supostamente lhes causar algum tipo de constrangimento, como é o caso da interação em sala de aula.

A questão 4, que referia-se ao FC dado por escrito, foi subdividida em 8 perguntas: a primeira buscava averiguar novamente a preferência dos alunos por receberem feedback; a segunda referia-se à possível ansiedade causada pelo FC; as questões 3, 4, 5 e 6 referiam-se aos tipos específicos de FC que os alunos prefeririam receber; a questão 7 perguntava se os alunos ouviam novamente sua gravação buscando identificar os erros apontados pela professora após receber o FC, e a questão 8 investigava se os alunos acreditavam que o FC os auxiliava a melhorar sua produção oral.

As respostas dadas às questões 3 a 6 apontaram uma maior preferência por recast (correção direta dos erros, neste caso, quando o professor indica o erro cometido por escrito e faz a correção em seguida) e por feedback guiado (quando o professor indica exatamente onde está o erro, mas sem fazer a correção). Os resultados mostram que 58.8% dos alunos concordam e 41.2% concordam totalmente com a afirmação de que gostavam de receber recast. Quanto ao feedback guiado, 5.9% discordam, 58.8% concordam e 35.3% concordam completamente com a afirmação de que gostavam de receber esse tipo de FC. Em relação ao pintpointing, especialmente quando perguntados se gostavam quando a professora apontava diretamente o erro salientando as diferenças entre português e espanhol, 5.9% discordaram completamente, ao passo que 29.4% concordaram e 47.1% concordaram completamente com tal afirmativa. Por fim, quanto às correções indiretas feitas através do pedido de esclarecimento (Ex: o que você quer dizer?) as opiniões divergiram: 5.9% dos participantes discordaram completamente e 35.3% discordaram da afirmação de que gostavam de receber esse tipo de FC, enquanto o mesmo número de participantes, 35.3%, indicaram que gostavam de receber esse tipo de FC.

Como podemos notar, a preferência dos alunos recai sobre aqueles tipos de FC em que o professor oferece a "resposta certa" e identifica claramente o erro cometido, ao invés dos FCs que indiretamente indicam o erro ou que dão ao aluno a oportunidade de analisar e autocorrigir sua produção. Duas questões parecem fundamentais para que se faça uma análise cuidadosa de tais resultados. Em primeiro lugar, parece decisivo o fato de que essas não eram situações de interação– diferente das interações em sala de aula–, onde o aluno poderia se beneficiar de outras "pistas" ou trocas inerentes a qualquer situação real de comunicação. Outra hipótese que parece bastante plausível, refere-se à experiência dos alunos enquanto aprendizes de outras línguas estrangeiras. Novamente, por não terem a oportunidade de interação e por estarem num nível básico-intermediário, os participantes desse estudo parecem acreditar que não têm os recursos ou conhecimento necessários (estruturas gramaticais e léxico variado) para fazer as correções. Consequentemente, parece haver uma certeza de que "o que eu produzi é o melhor que eu posso fazer" ou "se eu disse isso é porque acredito que esta seja a forma certa". Respostas, aliás, muito recorrentes nas autoavaliações.

Um outro aspecto refere-se à proficiência da maioria dos participantes em outras línguas românicas. Mais especificamente, a proficiência em espanhol, por exemplo, dificultaria a percepção dos erros cometidos, já que as diferenças fonológicas entre as duas línguas são significativas. A indicação e correção direta feita pelo professor seria, portanto, um mecanismo mais confiável, já que o conhecimento do aluno poderia direcioná-lo a outras incorreções.

Contrastando os dados obtidos em relação ao FC recebido oralmente, em sala de aula e aquele recebido por escrito em respostas às atividades orais em si, percebe-se uma maior preferência pelas formas de feedback que deem ao aluno a oportunidade de correção, no primeiro, ao passo que há uma grande inclinação dos alunos pelo recast no segundo. É curioso observar ainda que há uma confluência de opiniões entre dados colhidos em relação ao FC escrito e à questão em que os participantes expressaram seu descontentamento em autoanalisar sua performance, quando sugeriu-se que os alunos pareciam preferir uma posição mais passiva em relação à correção. Independente da preferência por um ou outro tipo de FC, parece indiscutível que, na opinião dos alunos, o feedback se caracterize como uma forma eficaz de aprendizado, o que permite responder a segunda questão de pesquisa sugerida nesse estudo: De acordo com os aprendizes, o FC é um instrumento válido para melhorar a performance nas atividades orais? As respostas dadas às questões 7 e 8 respondem diretamente à essa questão. Os participantes acreditam que mesmo os tipos de FC que oferecem correção direta (recast, feedback guiado e pinpointing) contribuem para a melhoria da performance oral. Cerca de 17% dos alunos concordaram e 82.4% concordaram totalmente com essa afirmativa. No caso do FC escrito, é preciso considerar que os aprendizes podem estar sendo beneficiados não só pelo feedback, mas pela reavaliação que o feedback proporciona, já que 70.5% deles dizem ouvir novamente as gravações após receber o feedback com o objetivo de observar os erros apontados na avaliação. É importante notar também que a eficiência dos tipos de FC apontada pelos aprendizes pode não estar somente relacionada ao tipo de FC recebido, mas sim à natureza das atividades que, de forma geral, despertam a atenção dos estudantes para detalhes de pronúncia e comunicação. Já tendo tido a oportunidade de ouvir, praticar e reproduzir a característica fonológica em questão, parece plausível que no momento da avaliação esta seja feita pelo professor (e não pelo aluno em formulários de autoavaliação), como forma de reafirmar o conhecimento expresso ou reparar os erros cometidos.

Voltando o foco da discussão à questão da ansiedade, parece plausível argumentar que a resistência que os participantes demonstraram com relação ao uso de autoavaliação e à alguns tipos de FC deve estar, pelo menos parcialmente, relacionada a aspectos considerados fontes de ansiedade linguística. Vale lembrar que, de acordo com alguns estudiosos (Heron, 1989; Arnold, 1990), a ansiedade linguística afeta a capacidade que o aluno tem de julgar suas habilidades linguísticas e de permanecer autoconfiante. Assim, na tentativa de melhor entender a relação entre ansiedade linguística e FC, examinou-se os dados coletados através do questionário e, posteriormente a variação dos níveis de ansiedade obtidos pelo ansiômetro.

Conforme mencionado na seção anterior, a afirmativa 2 da questão 4 questionava se receber FC gerava ansiedade linguística. Quase metade dos alunos (47%) discordou completamente e mais de 52% dos estudantes discordaram da ideia de que o FC faz com que eles se sintam ansiosos com relação a sua performance. Além disso, na questão 5, que perguntava se havia algo que o professor pudesse fazer para diminuir a ansiedade gerada pelo recebimento de FC, 94% dos aprendizes apontaram que não era necessário que o professor fizesse qualquer modificação no tipo de feedback oferecido, pois eles acreditam que os mesmos não influenciam os níveis de ansiedade durante as atividades orais. A síntese desses resultados nos permite questionar quais são as fontes de ansiedade registradas na hora das tarefas orais. Se a ansiedade linguística não está relacionada à correção, a que ela pode ser atribuída?

Conforme mencionado anteriormente, os níveis de ansiedade que os alunos registraram no momento da execução das atividades orais foram medidos, mas neste estudo analisamos os resultados obtidos durante uma atividade oral apenas.

Ao analisar estes dados a variação dos níveis de ansiedade determinou a necessidade de se estabelecer 3 subgrupos. O grupo 1, era composto por 8 aprendizes que começaram a atividade oral com o nível de ansiedade baixo (entre 1 e 2). Porém, no meio da tarefa esse nível aumentou para 7-8. Ao final da atividade, foi observada uma queda desta ansiedade linguística para o nível 3. Já o Grupo 2, composto por 6 participantes, começou a atividade oral com o nível de ansiedade bem alto (8-9), no meio da atividade relatou a queda desta tensão para o nível 6 e, ao final já estava mais tranquilo, atingindo o nível 2. O Grupo 3, com apenas 3 participantes, marcou o nível 6 de ansiedade ao iniciar a tarefa oral, registrou uma pequena queda, mas não manteve este estado até a conclusão do exercício e registrou um pico de ansiedade ao final da tarefa oral, chegando ao nível 9. Os resultados aqui descritos podem ser vistos no gráfico 3.

Além de responderem à escala (1-10) do ansiômetro, os participantes também ofereceram explicações para as emoções experimentadas durante a atividade oral. A alta variação dos níveis de ansiedade não reflete as explicações dadas pelos alunos. Os participantes do grupo 1, que incialmente tiveram um acréscimo da ansiedade, mas conseguiram gerenciar esta emoção e se sentiram mais confortáveis ao final da tarefa, indicaram que durante a atividade oral estavam excessivamente preocupados com a possibilidade de não serem entendidos, focaram excessivamente nos aspectos fonológicos por não confiarem que poderiam pronunciar as palavras corretamente, se preocuparam com o sotaque e com a performance. Em geral, todos os participantes do grupo 1 relataram que tiveram que lidar com muito medo.

Estes aprendizes enfatizaram o alívio indescritível que sentiram quando terminaram a tarefa.

As explicações fornecidas pelo grupo 2 justificam as diferenças percebidas entre os níveis de ansiedade registrados no grupo 1 e 2. Para os participantes do grupo 2, no começo da atividade, o nível de ansiedade era alto porque se preocupavam excessivamente com a estrutura gramatical recém aprendida, (Ex: pretérito perfeito vs. imperfeito), estavam frustrados com a tarefa oral anterior, preocupados com a avaliação, com os resultados, e seu nível de fluência durante a atividade. Os alunos do grupo 3 forneceram apenas algumas explicações diferentes das dadas pelos grupos 1 e 2. Para eles, o alto nível de estresse e preocupação não permitiu que concentrassem na atividade e fez com que ficassem nervosos e muito preocupados com o tempo gasto para concluir o exercício e com a falta de vocabulário.

A maior diferença atestada através da análise dos dados está no fato de que os participantes do grupo 3 demonstraram estar muito preocupados com temas que não estavam necessariamente relacionados à atividade. Vale ressaltar que ao comparar a variação da ansiedade e a performance destes participantes, não foi possível estabelecer nenhuma relação entre ansiedade e resultados. Nem foi possível conectar ansiedade linguística à opinião do aluno sobre o tipo de FC recebido, visto que em nenhuma das explanações e elucidações fornecidas pelos aprendizes no ansiômetro, os tipos de FC foram mencionados. Não obstante, foi possível averiguar uma relação entre a variação dos níveis de ansiedade, background dos aprendizes e resultados. Esta análise aponta para a necessidade de se desenvolver um estudo que considere as diferenças de perfil linguístico existentes entre os aprendizes de PLE.

Novamente, os resultados obtidos através do ansiômetro nos permitem argumentar que a ansiedade linguística durante as atividades orais é uma realidade. Embora o desconforto sentido durante as tarefas orais não tenha sido atribuído ao tipo de feedback oferecido pelo professor, ele parece estar parcialmente ligado ao medo que os alunos têm de cometer erros e, consequentemente, serem corrigidos. Deste modo, talvez seja possível especular a existência de uma relação indireta entre FC e ansiedade durante as tarefas orais, mesmo que ao responder o questionário de pesquisa os alunos não a tenham percebido. O que vale também ressaltar é que o ansiômetro talvez meça a ansiedade de maneira mais eficiente do que o outro instrumento, já que o primeiro acessa a ansiedade no momento em que a atividade está sendo concluída, enquanto o questionário, aplicado dias depois da execução dos exercícios, depende de um esforço de recordar o que aconteceu durante atividades concluídas no passado.

Os resultados parecem indicar que os alunos conseguem se beneficiar das tarefas orais e gerenciar bem a maioria dos tipos de FC investigados nesse estudo desde que o professor tente perceber se o FC está sendo compreendido pelo aluno (Lyster, 2004) e se o aprendiz está atento a essa correção para conseguir interpretá-la e se beneficiar dela (Mackey, 2012). Para tanto é necessário o uso frequente de atividades que despertem a atenção consciente do aluno. Tal prática ajudará o aluno a evitar a repetição automática da correção recebida, procurando identificar as falhas apontadas pelo professor e corrigi-las o que, consequentemente, o levará a se sentir mais confiante e possivelmente menos ansioso quanto ao uso da língua alvo.

Considerações finais
Os resultados do presente estudo permitem concluir que, embora exista divergência em relação à preferência dos alunos em relação aos tipos de FC recebidos oralmente ou por escrito, a maioria dos participantes demonstrou-se favorável ao uso do FC e seu impacto no desenvolvimento da oralidade em português. Enquanto as formas de FC que criavam a oportunidade de autocorreção foram apontadas como as de maior preferência nas situações em sala de aula, o recast revelou-se como a forma preferida pelos alunos quando o FC foi dado por escrito. A explicação para tal divergência reside, primeiramente, na natureza da situação comunicativa, ausente nos casos de avaliação por escrito. Assim, a interação proporcionada em sala de aula cria uma situação que privilegia o uso da autocorreção. Em segundo lugar, destacou-se a experiência dos participantes enquanto falantes de outras línguas românicas. No caso principalmente dos alunos com proficiência em espanhol, argumentou-se que as diferenças entre este e o português parece ser fonte de dúvida para os estudantes, o que dificultaria o julgamento e a escolha de formas apropriadas na língua-alvo.

Como salientou-se na parte introdutória do presente estudo, a criação de atividade orais tinha por objetivo familiarizar os alunos com a pratica da oralidade, dando-lhes a oportunidade de se expressarem e se ouvirem em português. A constância das atividades, assim como a atribuição de nota apenas no final do semestre foram ainda tentativas de minimizar a ansiedade linguística vivenciada durante estas atividades, ou transformá-la numa aliada, numa ansiedade linguística que funcionasse como elemento motivador no desempenho e no aprendizado de PLE. Da mesma forma, optou-se por diferentes canais de feedback (oral e escrito) na tentativa de verificar se uma destas formas revelar-se-ia como agente atenuador da ansiedade geralmente associada às atividades comunicativas, nomeadamente às atividades orais.

A análise do ansiômetro revelou, no entanto, que grande parte dos alunos ainda se sente apreensiva na hora de realizar estas atividades e que, embora não atribuam a ansiedade experimentada durante a realização das tarefas ao feedback, é possível que haja uma relação entre FC e ansiedade linguística. Para futuras investigações, seria interessante observar o nível de ansiedade dos alunos no momento em que uma outra forma de FC é oferecido. Cabe salientar ainda a importância de se acessar a opinião do aprendiz e considerá-la como parte relevante no desenvolvimento de materiais e no processo de escolha das práticas pedagógicas que não excluam o principal coadjuvante do processo ensino-aprendizagem: o aluno.

Referências

Almeida Filho. José Carlos Paes de. *Glossário de Linguística Aplicada*. Projeto Glossa. Web. 12 de abril de 2013.

Alpert, R., and R. N. Haber. "Anxiety in Academic Achievement Situations." *The Journal of Abnormal and Social Psychology* 61.2 (1960): 207-15. Print.

Arnold, Jane. *Affect in Language Learning*. Cambridge, U.K.: Cambridge UP, 1999. Print.

Dekeyser, Robert M. "The Effect of Error Correction on L2 Grammar Knowledge and Oral Proficiency." *The Modern Language Journal* 77.4 (1993): 501-14. Print.

Ellis, Rod. *The Study of Second Language Acquisition*. Oxford: Oxford UP, 1994. Print.

Gass, Susan M., Alison Mackey, and Teresa Pica. "The Role of Input and Interaction in Second Language Acquisition Introduction to the Special Issue." *The Modern Language Journal* 82.3 (1998): 299-307. Print.

Gass, Susan. "Input and Interaction." *The Handbook of Second Language Acquisition* (2003): 224-55. Print.

Gontijo, Viviane. "I start to sweat, I crack my fingers and I hold my hand": The Impact of Anxiety on the Learning of Portuguese. Doctoral Dissertation. University of Massachusetts Dartmouth, North Dartmouth, Massachusetts IN May 2013.

Havranek, Gertraud. "When Is Corrective Feedback Most Likely to Succeed?" *International Journal of Educational Research* 37.3-4 (2002): 255-70. Print.

Heron, John. *The Facilitators' Handbook*. London: K. Page, 1989. Print.

Horwitz, Elaine. "Foreign Language Classroom Anxiety." *Modern Language Journal* 70 (1986): 125-32. Print.

Horwitz, Elaine Kolker, Dolly J. Young, and Robert C. Gardner. *Language Anxiety: From Theory and Research to Classroom Implications*. Englewood Cliffs, NJ: Prentice Hall, 1991. Print.

Horwitz, Elaine. "Language Anxiety and Achievement." *Annual Review of Applied Linguistics* 21 (2001): 112-26. Print.

Izumi, Shinichi, and Martha Bigelow. "Does Output Promote Noticing and Second Language Acquisition?" *TESOL Quarterly* 34.2 (2000): 239-78. Print.

Izumi, Shinichi. "Output, Input Enhancement, And The Noticing Hypothesis." *Studies in Second Language Acquisition* 24.04 (2002): 541-

77. Print.

Kleinmann, Howard H. "Avoidance Behavior In Adult Second Language Acquisition." *Language Learning* 27.1 (1977): 93-107. Print.

Krashen, Stephen D. *Principles and Practice in Second Language Acquisition.* Oxford: Pergamon, 1982. Print.

Leow, Ronald P. "Attention, Awareness, and Foreign Language Behavior." *Language Learning* 47.3 (1997): 467-505. Print.

Loewen, Shawn, and Jenefer Philp. "Recasts in the Adult English L2 Classroom: Characteristics, Explicitness, and Effectiveness." *The Modern Language Journal* 90.4 (2006): 536-56. Print.

Long, Michael. "The Role of the Linguistic Environment in Second Language Acquisition." *Handbook of Second Language Acquisition.* San Diego: Academic, 1996. 413-68. Print.

Long, Michael H. *Problems in SLA*. Mahwah, NJ: L. Erlbaum Associates, 2007. Print.

---., Shunji Inagaki, and Lourdes Ortega. "The Role of Implicit Negative Feedback in SLA: Models and Recasts in Japanese and Spanish." *The Modern Language Journal* 82.3 (1998): 357-71. Print.

Lyster, Roy. "Differential Effects Of Prompts And Recasts In Form-Focused Instruction." *Studies in Second Language Acquisition* 26.03 (2004): 399-432. Print.

MacIntyre, Paul D. "Language Anxiety: A Review of the Research for Language Teachers." *Affect in Foreign Language and Second Language Learning: A Practical Guide to Creating a Low-anxiety Classroom Atmosphere.* Boston: McGraw Hill, 1999. 24-45. Print.

Mackey, A. "Feedback, Noticing and Instructed Second Language Learning." *Applied Linguistics* 27.3 (2006): 405-30. Print.

Mackey, Alison, and Jenefer Philp. "Conversational Interaction and Second Language Development: Recasts, Responses, and Red Herrings?" *The Modern Language Journal* 82.3 (1998): 338-56. Print.

Mackey, Alison, and Ron Oliver. "Interactional Feedback and Childrens L2 Development." *System* (2002): 459-77. Print.

Mackey, Alison. *Conversational Interaction in Second Language Acquisition: A Series of Empirical Studies.* Oxford: Oxford UP, 2007. Print.

---. *Input, Interaction, and Corrective Feedback in L2 Learning.* Oxford: Oxford UP, 2012. Print.

Mackey, Alison, Susan Gass, and Kim McDonough. "Mackey A., Gass S. & McDonough, K. (2000). How Do Learners Perceive Interactional Feedback?" *Cambridge University Press* 22 (2000): 471-97. Print.

Oliver, Rhonda, and Alison Mackey. "Interactional Context and Feedback in Child ESL Classrooms." *The Modern Language Journal* 87.4 (2003): 519-33. Print.

Paes, José C., and John Robert. Schmitz. *Glossário De Lingüística Aplicada:*

Português-inglês, Inglês-português. Campinas, SP, Brasil: Pontes, 1998. Print.

Price, Mary L. "The Subjective Experience of Foreign Language Anxiety: Interviews with Highly Anxious Students." *Language Anxiety: From Theory and Research to Classroom Implications*. Englewood Cliffs, NJ: Prentice Hall, 1991. 109-25. Print.

Schmidt, Richard W. "The Role of Consciousness in Second Language Learning." *Applied Linguistics* 11.2 (1990): 129-58. Print.

Schmidt, Richard W., and Frota, Sylvia. "Developing Basic Conversational Ability in a Second Language: A Case Study of an Adult Learner of Portuguese." *Talking to Learn: Conversation in Second Language Acquisition*. By Richard R. Schmidt. Rowley, MA: Newbury House, 1986. 237-326. Print.

Seedhouse, Paul. *The Interactional Architecture of the Language Classroom: A Conversation Analysis Perspective*. Malden, MA: Blackwell Pub., 2004. Print.

Sheen, Younghee. "Recasts, Language Anxiety, Modified Output, and L2 Learning." *Language Learning* 58.4 (2008): 835-74. Print.

Smith, Michael S. "Speaking to Many Minds: On the Relevance of Different Types of Language Information for the L2 Learner." *Second Language Research* 7.2 (1991): 118-32. Print.

Smith, Michael Sharwood. "Input Enhancement in Instructed SLA." *Studies in Second Language Acquisition* 15.02 (1993): 165-79. Print.

Sparks, Richard L., and Leonore Ganschow. "Foreign Language Learning Differences: Affective or Native Language Aptitude Differences?" *The Modern Language Journal* 75.1 (1991): 3-16. Print.

Soares, Cristiane. "Teaching Portuguese pronunciation to Spanish speakers". *Vozes do Vale*. 2.4 (2013). Web 01/10/2013.

Soares, Cristiane, and Gontijo, Viviane. "Improving oral skills through phonetic and phonemic awareness". AAAL, Dallas, TX, IN 16 March 2013.

Swain, Merrill. "Three Functions of Output in Second Language Learning." *Principles and Practice in Applied Linguistics: Studies in Honor of H.G. Widdowson*. Oxford: Oxford UP, 1995. 125-44. Print.

Swain, Merrill, and Sharon Lapkin. "Interaction and Second Language Learning: Two Adolescent French Immersion." *Modern Language Journal* 82 (1998): 320-37. Print.

Yoshida, Reiko. "How Do Teachers and Learners Perceive Corrective Feedback in the Japanese Language Classroom?" *The Modern Language Journal* 94.2 (2010): 293-314. Print.

---. "Theachers' Choice and Learners' Preference of Corrective Feedback Types." *Language Awareness* 17.1 (2008): 78-93

Apêndice 1

Role 1: You are traveling to enjoy the Carnaval in Rio. Your friend is in Rio now. Call him/her and ask how the weather is, the forecast for the weekend, what type of clothing he/she took and what you should take. Also, you want to ask everything about the place where he/she was last year. Ask all the details about the last trip. Don't forget to ask your friend to compare with the present situation and give you suggestions.

1. Previsão do tempo
2. Lugares para visitar
O Cristo / Preço: R$35
A feira de Ipanema / Preço: gratis
Sambódromo
Passeio de Bondinho / Preço: R$55
Visitar Santa Tereza

Role 2: You are visiting Rio for the third time. You friend is going to call you to ask questions about your experience in the "Cidade Maravilhosa".

Give all the information you can – she/he needs details because it is going to be his/her first time visiting Brazil.

The oral task is not a phone interview. You are expected to interact with your colleague naturally. Please read the criteria used to evaluate your interaction.

Apêndice 2

1. Read the lyrics of the song "Sozinho" by Caetano Veloso and circle all instances of the [s] sound and underline all instances of the [z] sound:

Às vezes no silêncio da noite
Eu fico imaginando nós dois
Eu fico ali sonhando acordado
Juntando o antes, o agora e o depois
Por que você me deixa tão solto?
Por que você não cola em mim?
Tô me sentindo muito sozinho
Não sou nem quero ser o seu dono
É que um carinho às vezes cai bem
Eu tenho os meus desejos e planos secretos
Só abro pra você mais ninguém
Por que você me esquece e some?
E se eu me interessar por alguém?
E se ela, de repente, me ganha?
Quando a gente gosta
É claro que a gente cuida
Fala que me ama
Só que é da boca pra fora
Ou você me engana
Ou não está madura
Onde está você agora? (2x)

2. Listen to the song as many times as you wish and make sure you identified all the [s] and [z] instances:
http://www.youtube.com/watch?v=wb4RauhteFA

3. On the table below, write the words you identified having [s] and [z] instances.

[s]= sim	[z]= zebra

4. Finally, read or sing the lyrics paying special attention to the pronunciation of the words you listed on both columns. Record yourself and post the recording on the course website.

Apêndice 3

Aluno: _____   Data da gravação:_____

Comentários gerais: Só serão comentadas as inadequações que causaram real dificuldade na compreensão/ comunicação.

_____
_____
_____
_____
_____

Pronúncia	
Estrutura	
Você disse	Você deveria ter dito

Apêndice 4

Please use the scales below to rate your anxiety level before, during and after your oral task.

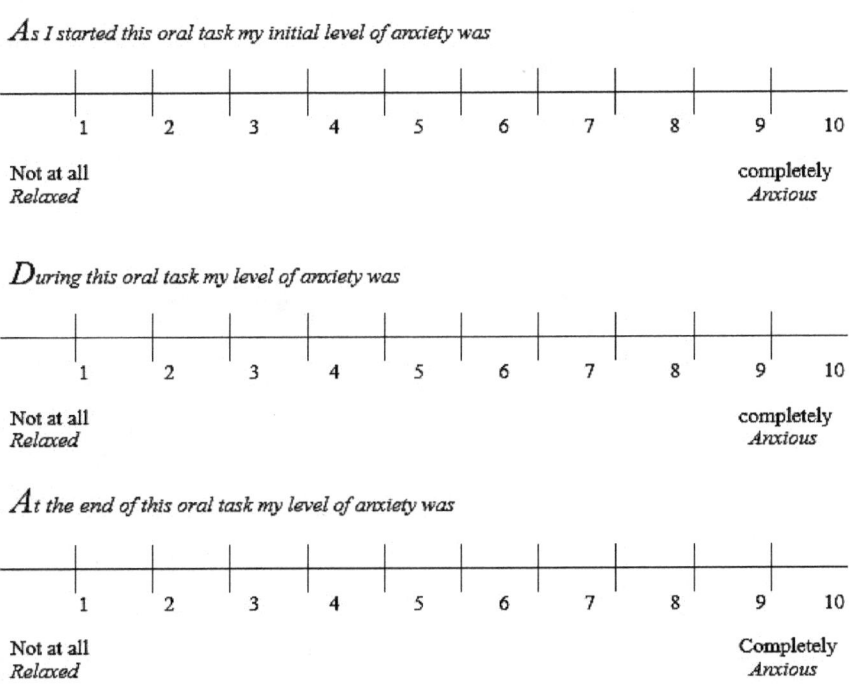

Please answer the following questions.

1. What thoughts did you have during this Oral Task?

2. What emotions did you experience during this Oral Task?

3. Why did you feel this way about this activity?

4. Which aspects of this task influenced your levels of anxiety?

3.7 A avaliação como sinonímia e reflexão
Afrânio da Silva Garcia

Um dos grandes problemas da prática pedagógica, principalmente no ensino de português, é decidir sobre que *tipo de avaliação* deverá ser empregado para verificação da aprendizagem: provas, trabalhos práticos, projetos, monografias, apresentações orais, etc.

Um auxílio inesperado com o qual o professor de português pode contar para definir qual a melhor forma de avaliação do rendimento de seus alunos reside na *etimologia dos sinônimos* empregados para designar os tipos de avaliação disponíveis: *exame, teste, prova, avaliação, verificação*, etc.

Mergulhando na origem desses termos, podemos elaborar *parâmetros úteis e definidos* para nossas avaliações, de acordo com o os *objetivos* que queremos alcançar, o *público-alvo*, o tipo de *auditório* de nossas aulas ou palestras, o grau de *certeza* que queremos atingir, a *necessidade documental* a que estamos sujeitos, o maior ou menor *nível de honestidade* do alunado, etc.

Uma vez cientes exatamente do que cada tipo de avaliação implica, estaremos bem mais à vontade para a realização de nossas verificações de aprendizagem, pois elas tenderão a se aproximar cada vez mais da realidade e da eficácia.

A Sinonímia Concernente à Avaliação

A sinonímia concernente à avaliação encontrada nos dicionários e compêndios de educação compreende os seguintes grupos de palavras:

a) Palavras que dizem respeito à **observação**, como apresentação, ato de esquadrinhar ou de perscrutar, demonstração, exame, exame crítico, exame cuidadoso, examinação, exibição, investigação, observação, observação minuciosa, verificação, verificação de aprendizagem.

b) Palavras que dizem respeito à **sondagem**, como análise, apuração, avaliação, avaliação crítica, averiguação sistemática, averiguação, escrutínio, experiência, experimentação, experimento, pesquisa, sondagem, teste.

c) Palavras que dizem respeito à **comprovação**, como arguição, certame, certificação, competição, comprovação, concurso, prova, prova oral, questionário, sabatina.

d) Palavras que dizem respeito à **tarefa**, como dissertação, ensaio, estudo, estudo pormenorizado, monografia, tarefa, tarefa a cumprir, trabalho, trabalho escolar, tese.

Optamos por reunir as palavras que dizem respeito à **tarefa** no grupo das palavras que dizem respeito à **comprovação**, uma vez que **tais tarefas são**

voltadas para a comprovação do aprendizado ou da aquisição de uma determinada habilidade.

O estudo etimológico dessas palavras revelou que a maioria tinha em sua origem quase a mesma significação que no português atual. São dignas de nota apenas a palavra **exame**, proveniente de **enxame**, por associação entre a quantidade de questões ou pensamentos e um enxame de abelhas, e **sabatina**, originalmente uma revisão realizada aos sábados.

3- A Avaliação como Observação

Uma das perspectivas que podemos adotar com relação à *avaliação* é considerá-la um tipo especial de *observação*, em que *verificaremos* como o aprendiz está incorporando os saberes e as técnicas que lhes foram ensinados em sua consciência e em sua vida.

Esse tipo de *avaliação* leva em conta as diferenças individuais na medida em que ele não cobra do estudante uma *meta* a ser alcançada, apenas verifica os *progressos* e as *dificuldades* que o aluno *demonstra* em seu processo de aquisição do conhecimento. Podemos dizer que ele é muito mais oneroso para o docente do que para o discente, uma vez que sua função primordial é evidenciar se os objetivos estabelecidos estão sendo alcançados.

A avaliação como *observação* é *ideal* para os cursos de alfabetização e para a primeira série do ensino fundamental, visto que a criança sendo (quase que inevitavelmente) submetida ao *estresse* de se ver separada da mãe (ou dos pais) ficaria ainda mais ressentida se tivesse que ser submetida a provas e passar por comparações, e provavelmente ficaria ainda mais desestimulada. Os clubes e academias sabem disso muito bem, tanto assim que os cursos de natação para crianças pequenas dão medalhas para todos aqueles que efetivamente se esforçam, não importando o seu desempenho. Por outro lado, o processo de ensino-aprendizagem de crianças pequenas não é, de forma alguma, *uniforme* e, em muitos casos, tampouco é *linear*. Algumas crianças aprendem literalmente brincando aquilo que outras crianças têm que se esforçar muito pra aprender; algumas crianças evoluem nas etapas da alfabetização (pré-silábica, silábica, etc.) de forma *progressiva e contínua*, enquanto outras ficam *estacionadas* numa determinada etapa por algum tempo ou até *regridem* para uma etapa anterior antes de tornarem a progredir. Imagine o grau de *constrangimento* e *frustração* se elas fossem submetidas a exames para *comprovar* seu rendimento e ficasse *provado* que elas estavam "piores" (melhor dizendo, tinham regredido) no seu aprendizado.

Outro tipo de ensino em que a avaliação como *observação* é *aconselhável* é o ensino de habilidades artísticas, culturais ou esportivas. Embora todos já tenham sonhado em ser um atleta ou artista de sucesso, o talento das pessoas varia enormemente; no entanto, é uma das funções mais importantes da educação facilitar o acesso de todos, mas principalmente das crianças, às artes, à cultura e ao esporte. Afinal, como dizia Dewey: "O objetivo da educação é *melhorar a vida do educando ou da nação*." E ele prossegue, incisivo:

"Se não servir para melhorar, não é educação". A *alegria da vida é parte dessa melhoria*, e a apreciação ou execução de uma obra de arte, a fruição da cultura, o deleite do esporte fazem parte dessa vida melhor que é o objetivo mesmo da educação; ora, haveria maior *desmancha-prazeres* do que um mestre que submetesse um aluno a uma *prova de rock'n'roll*, ou de *impressionismo*, ou de *"pelada"*? Além disso, embora se possa (e deva) estudar as jogadas de Pelé, os acordes de Pixinguinha, as cores de Van Gogh, a essência da qualidade dessas pessoas não pode ser aprendida – pode-se apenas tentar estimular o aluno e dotá-lo de saberes e técnicas que o levarão a ser tão bom ou melhor do que estes ídolos, mas *nunca como esses ídolos*!

Em suma, podemos dizer que a *avaliação como observação* constituiria a melhor opção em relação aqueles saberes cujo *aprendizado é extremamente variável*, seja porque o *sujeito* do aprendizado apresenta *diferenças individuais* que não podem nem devem ser relevadas; seja porque o *objeto* do aprendizado é, por sua própria natureza, difuso e em evolução constante.

A Avaliação como Teste

O renomado educador Pedro Demo (Saber Pensar, 2002) defende o *teste* como o melhor tipo de avaliação, dizendo que a educação deve ser submetida ao mesmo tipo de avaliação que fazemos com todas as outras coisas: *"testar para ver se funciona"*. É inegável a sabedoria desta comparação, que critica uma deficiência presente em muitos tipos de provas ou exames:
a *desvinculação* entre o que é *cobrado* na avaliação e aquilo que realmente tem *importância* e *utilidade*, em termos práticos.

Outro pensador ilustre, Gustavo Bernardo (Educação pelo Argumento, 2002), radicaliza sua crítica ao modelo de *prova* propondo a adoção da *"cola"*, rebatizada eufemisticamente como *consulta*, em todas as avaliações, partindo do argumento (altamente questionável) de que o aluno cola porque os métodos de avaliação são *absurdos* e *perversos*. Sem insistir muito no termo, ele também propõe uma avaliação como *teste* como a melhor opção.

De maneira geral, ambos estão certíssimos: sempre que tivermos uma turma ou estudantes com um mínimo de *engajamento* e nos for dado um mínimo de *liberdade de cátedra* (para quem não sabe esta noção pedagógica importantíssima: a liberdade de um mestre ou professor proceder aos ensinamentos da maneira que ele achar mais produtiva e eficaz), devemos fazer *experiências, sondagens, testes* e similares conforme o desenvolvimento do processo de ensino-aprendizagem, para *"ver se está funcionando"*, ou seja, ver se nosso aluno está *aprendendo e apreendendo*, se ele realmente está *incorporando* os saberes, técnicas e habilidades que estamos ensinando na sua vida e na sua prática.

Essa é sem dúvida a melhor avaliação, mas a que exige maior esforço: o aluno terá que realmente se integrar ao estudo e à aprendizagem; o professor terá que participar também das avaliações e partilhar os progressos e dificuldades de seus alunos; terá que haver um processo constante e permanente de retroalimentação (*feedback*), com os alunos e os professores se comunicando continuamente; enfim, o curso será muito mais *ativo* e *dinâmico*, mas também muito mais *extenuante*, sendo que alguns hábitos tradicionalmente associados à educação, como a *distância entre professores e alunos* (nos dois sentidos) e a "*bagunça*", terão que ser drasticamente abandonados.

Com a salutar adoção da *avaliação como teste*, os *meios de avaliação* se ampliarão muito: além do *teste escrito* tradicional, há que ter provas práticas, pesquisas na internet e nas bibliotecas, saídas em grupo, elaboração de material instrucional em multimídia, atividades extracurriculares, estágios, etc. A *pesquisa real*, com *estatísticas reais* e *resultados reais*, deverá ser feita. No âmbito do ensino de português, uma *revolução* vem sendo feita a partir do estudo da Norma Urbana Culta, desmitificando várias crenças arraigadas nos compêndios de português. A *Gramática do Português Falado*, do professor Ataliba Castilho, veio sacudir os alicerces dos estudos do vernáculo.

O próprio *papel do professor* também se modifica quando ele adota a *avaliação como teste*: ele passa a ser o *coordenador* de uma *equipe de pesquisa*, o *orientador* de um *grupo de estudos*, o *editor de artigos* produzidos em sala de aula ou sobre o assunto estudado, o *professor-responsável* pela participação de seus discípulos em *eventos acadêmicos* em ou *feiras científicas*, tudo muito vivo, muito instigante e muito, muito trabalhoso.

A literatura especializada vem chamando esse professor que adota esta postura de *professor profissional*, mas esta nomenclatura não é correta. Por um lado, os professores tradicionais, em que pese terem adotado, de maneira geral, a *avaliação como comprovação*, muitas vezes foram *profissionais brilhantes*, que *nos ensinaram muito* (como meus inesquecíveis professores Dalva, do Ensino Fundamental, Ronaldo, de História, Tanajura, de Português, e Jacira, de Inglês). Por outro lado, muitos usam esta nomenclatura com um sentido *mercantilista*, chamando de professores profissionais aqueles que são, de uma certa forma, explorados, tendo de trabalhar dentro e fora da escola, sem uma contraparte financeira que justifique seu esforço extra.

A avaliação como *teste*, mesmo que o professor só tenha condições de aplicar *testes escritos*, ainda é a melhor opção. Infelizmente, o aluno brasileiro ainda está mal acostumado a uma educação que exige muito pouco dele, de tal forma que o professor chega a se assombrar quando encontra um aluno participativo. Mas o professor deve *insistir* e submeter seus alunos a *testes* e *sondagens*, fazê-lo participar de *experiências* e *pesquisas*, enfim, fazer avaliações que *analisem* de maneira objetiva o desenvolvimento de seus alunos .

A Avaliação como Comprovação

A *avaliação como comprovação* é, sem dúvida, a melhor opção em situações de *conflito* ou *descaso* com a educação, o que é tão frequente no Brasil, onde mais parece que a *escola existe como uma desculpa* para políticos corruptos roubarem somas astronômicas que são destinadas à educação, mas que ninguém sabe onde vão parar, visto o estado de abandono em que nossas instituições educacionais vivem, sem bibliotecas, com prédios caindo aos pedaços e móveis quebrados, professores mal pagos e, o que é pior, sem ter sequer papel higiênico e sabonete nos banheiros.

Nesse contexto, qualquer professor com um mínimo de responsabilidade tem que optar por um tipo de avaliação que *prove* e *comprove* que seus alunos adquiriram *um mínimo de conhecimento* que os tornou ao menos *razoavelmente preparados* naquela área de saber ou naquela técnica ou habilidade ensinada: em suma, a famigerada *prova*.

Professores universitários estão cansados de, imbuídos das melhores intenções, passarem excelentes trabalhos de pesquisa, envolvendo livros e sites de qualidade, para receberem *trabalhos de uma ou duas páginas*, feitas de qualquer jeito, ou trabalhos mais extensos, *inteiramente roubados da internet*. Em cursos de especialização, mestrado e doutorado, é prática comum o aluno *encomendar* sua monografia, dissertação ou tese a uma das centenas de empresas que anunciam esse tipo de serviço e aparecer com sua tarefa pronta sem sequer se reunir com o orientador. No ensino fundamental e secundário, e também nos cursos de graduação, a *"cola, sombra da escola"* (como diz Gustavo Bernardo, 2002) ocorre na maior *desfaçatez*, ao ponto de vários professores receberem *redações absolutamente idênticas*. Nas instituições particulares, o número de *conflitos* e *processos* envolvendo alunos que colam e negam a evidência chegou a tal ponto que essas instituições muitas vezes optaram por *aplicar prova sem a presença do professor*, apenas com um ou mais fiscais encarregados unicamente de coibir a *"cola"* e adotarem como norma padrão a *prova de múltipla escolha*, pois esta não dá margem a duplas interpretações, que poderiam ser usadas pelos alunos e seus advogados.

Neste contexto de *desonestidade, descaso* e *corrupção*, só a avaliação como *prova* é capaz de produzir um *documento* minimamente confiável contra *abusos* e *corrupções*. Inclusive porque os *diplomas* e *certificados* de conclusão de cursos servem para *atestar a competência* para alguém exercer um ofício ou uma profissão. Como podemos em são consciência dar um diploma de professor de português a quem não sabe português? Ou um certificado de operador de raios-X a quem não sabe operar esse tipo de máquina? O incêndio da boate Kiss está aí para provar o perigo de se atestar falsidades.

O professor que lida com alunos *desonestos* ou *negligentes* deve aplicar somente avaliações de *comprovação: provas, exercícios feitos em sala de aula, arguições*, e *tarefas*, muitas tarefas, sempre realizadas em *sala de aula*, para estimular os alunos negligentes a produzirem e, ao mesmo tempo, retribuir o interesse dos alunos interessados e diligentes (que sempre há), os quais não merecem receber do professor o descaso que seus colegas lhe proporcionam.

Em situações muito complicadas, pode-se até fazer uma *prova de múltipla escolha*, contanto que se *aumente a gama de opções*: em vez de quatro ou cinco, vinte ou trinta. Na minha prática pedagógica, como professor de português de instituições privadas (como diz a piada, *privadas* mesmo), já dei provas de sintaxe em que pedia para o aluno relacionar uma coluna com dez orações sublinhadas a outra coluna, com os vinte e dois tipos de oração do português. Provavelmente alguém colou, mas o trabalho de selecionar e falar dez orações em relação a vinte e dois tipos deve ter dificultado bastante esse tipo de fraude.

Isso é bom? Não, mas é o que temos para hoje, e o professor tem que ensinar no mundo real, na escola real e para o aluno real, e tentar fazer o melhor que pode. Somente a *avaliação como comprovação*, a *prova*, pode garantir um mínimo de credibilidade na aferição dos resultados. Tanto é assim que, se por um lado proliferam faculdades particulares em que *todos os alunos passam* (e com nota alta!) e entidades públicas já perpetraram a *aprovação automática* e usam apenas o ENEM – Exame Nacional do Ensino Médio como *critério para aprovação* nas universidades, por outro lado, entidades sindicais como a OAB - Ordem dos Advogados do Brasil e o Sindicato dos Médicos insistem em fazer suas próprias provas e avaliações para garantir um mínimo de competência aos advogados e médicos.

Considerações finais

Como vimos anteriormente, embora a *avaliação como teste* seja a *mais abrangente e eficaz*, ela não pode ser usada indiscriminadamente, pois seu emprego depende de condições específicas tanto do aluno, que deve ser empenhado e participante, quanto do professor, que deve estar disposto a se envolver pessoalmente no trabalho e na avaliação de seus alunos, bem como orientá-lo em suas produções e pesquisas.

Casos há em que a *avaliação como observação* é a mais indicada, principalmente com crianças pequenas e com habilidades que variam de pessoa para pessoa, Em situações de *conflito* ou de *descaso*, no entanto, o mais aconselhável é a *avaliação como comprovação*, que não dá margem a dúvidas e fornece um documento que talvez seja necessário no futuro, além de ser mais difícil de fraudar.

Essas são algumas questões suscitadas pela *sinonímia de avaliação*, que podem servir de orientação para os colegas professores na hora de escolher o melhor tipo de avaliação para suas turmas, além do seu discernimento, valorizando sempre sua liberdade de cátedra.

Referências

Alves, R. *Avaliação Educacional.* São Paulo : LTC, 2013.
Boas, B. M. *Avaliação Formativa.* São Paulo : Papirus, 2012.
Bernardo, G. *Educação pelo argumento.* Rio de Janeiro : Rocco, 2007.
Demo, Pedro. *Saber pensar.* São Paulo: Cortez: Instituto Paulo Freire, 2002.
Esteban, M. *Escola, currículo e avaliação.* São Paulo : Cortez, 2005.

--- (org). *Avaliação: uma prática em busca de novos sentidos*. Rio de Janeiro : DP&A, 2004.
Freire, P. *Pedagogia da autonomia*. São Paulo : Paz e Terra, 2011.
---. *Pedagogia da esperança*. São Paulo : Paz e Terra, 2003.
---. *Pedagogia do oprimido*. São Paulo : Paz e Terra, 2004.
Hoffmann, J. *Avaliação mediadora*. Porto Alegre : Mediação, 2012.
---. *Avaliação: mito e desafio*. Porto Alegre : Mediação, 2000.
---. *Avaliar para promover*. Porto Alegre : Mediação, 2011.
---. *O jogo do contrário em avaliação*. Porto Alegre : Mediação, 2005.
Luckesi, C.C. *Avaliação da Aprendizagem Escolar*. São Paulo : Cortez, 2006.
Romão, J. E. *Avaliação Dialógica*. São Paulo : Cortez, 2008.
Saul, A.M. *Avaliação Emancipatória*. São Paulo : Cortez, 2004.
Soares, M. *Linguagem e escola: uma perspectiva social*. São Paulo: Ática, 2007.
Teixeira, J. & Nunes, L. *Avaliação Escolar: da teoria à prática*. Rio de Janeiro : WAK, 2008.

Capítulo 4
A utilização de documentos reais

4.1 Ensinar e aprender PLE com a imprensa escrita: algumas propostas
Rosa Bizarro

A Educação em Línguas hoje: que desafios?

A Educação em Línguas, hoje, é um campo de ação, reflexão e estudo inesgotável que nos permite compreender que, apesar de globalizado, o mundo em que vivemos necessita de todas as línguas para combater a massificação e formar indivíduos (pessoas) como cidadãos atentos ao mundo em que estão inseridos e capazes de promoverem a mudança, o crescimento, quer em termos individuais quer coletivos.

Alunos críticos, cabeças pensantes, cidadãos autónomos e participativos necessitam de processos de ensino e de aprendizagem adaptados às suas necessidades (como pessoas, como indivíduos, como cidadãos), motivadores, mas também responsabilizadores do seu papel na sociedade que integram e que, em simultâneo, ajudam a criar.

Neste sentido, o ensino das línguas estrangeiras, em geral, e o do PLE, em particular, têm-se manifestado abertamente a favor de metodologias ativas que tornem o aprendente o centro de todo o processo educativo, sem, obviamente, se esquecer quem ensina, o que se ensina e aprende, como e com quê, onde, quando...[33] - metodologias que tomem em consideração a diversidade de públicos a que se destinam, os distintos contextos de aplicação, os recursos (humanos e materiais) de que necessitam, no esforço continuado de promoção do conhecimento e respeito de Si e do Outro e que contribuam para o exercício pleno da cidadania.

Hoje, preconiza-se, na Educação em Línguas, a aliança entre a abordagem comunicativa e a acional (CE, 2001). Assim, para saber comunicar em LE, o aprendente deve adquirir e desenvolver a chamada competência comunicativa - que, como nos lembra o Conselho da Europa (2001, pp. 34-35), compreende três componentes: a *linguística*, a *sociolinguística* e a *pragmática*[34],

---

[33] A este propósito, ver, entre outros, Bizarro, 2008.

[34] "A **competência linguística** inclui os conhecimentos e as capacidades lexicais, fonológicas e sintácticas, bem como outras dimensões da língua enquanto sistema, independentemente do valor sociolinguístico da sua variação e das funções pragmáticas e suas realizações." (CE, 2001, p. 34). "As **competências sociolinguísticas** referem-se às condições socioculturais do uso da língua. Sensível às convenções sociais (regras de boa educação, normas que regem as relações entre gerações, sexos, classes e grupos sociais, codificação linguística de certos rituais fundamentais para o funcionamento de uma comunidade), a componente sociolinguística afecta fortemente toda a comunicação linguística entre representantes de culturas diferentes, embora os interlocutores possam não ter consciência desse facto. As **competências pragmáticas** dizem respeito ao uso funcional dos recursos linguísticos (produção de funções linguísticas, actos de fala) e criam um argumento ou um guião de trocas interacionais. Diz também respeito ao domínio do discurso, da coesão e da coerência, à identificação de tipos e formas de texto, à ironia e à

pondo-a ao serviço da ação social, das necessidades de atuação quotidiana. Em termos pedagógicos, o aprendente será levado a realizar tarefas (que definiremos, com Nunan, 2004, p. 4, como: "a piece of classroom work that involves learners in comprehending, manipulating, producing or interacting in the target language while their attention is focused on mobilizing their grammatical knowledge in order to express meaning, and in which the intention is to convey meaning rather than to manipulate form."), com o intuito de aprender a comunicar, comunicando. É, pois, com o agir finalística e socialmente orientado do aprendente que a aula de LE se deve, nesta ótica, prioritariamente, preocupar.

Saber comunicar para agir socialmente, em termos individuais, mas – sobretudo - cooperativos (Bessa & Fontaine, 2002) é o desafio que se coloca a qualquer aluno de LEs, que deve mobilizar todas as suas competências e recursos (incluindo a comunicação não verbal) no ato de comunicar "com" e "para" o Outro. É este, por conseguinte, o desafio do aprendente de PLE de hoje.

Que papel é, então, suposto ter o professor de PLE, no âmbito destas exigências? É o que tentaremos equacionar seguidamente.

O professor de PLE e os seus próprios desideratos

Consciente da importância da sua ação e das exigências múltiplas que lhe são colocadas não só pelos empregadores, a sociedade, as famílias, mas – e sobretudo – pelos seus próprios alunos, o professor de PLE precisa, também ele, de (re)pensar o mundo, furtando-se a decisões meramente *reprodutoras* (Bourdieu & Passeron, 1970) de modelos cujos resultados deixaram de corresponder às necessidades atuais de formação. Longe vai o tempo em que se ensinava uma LE apenas para que o aluno lesse obras de grandes autores, na língua em que haviam sido escritas, ou para que "brilhasse" em sociedades cosmopolitas e fechadas. Por conseguinte, nos nossos dias – tal como o Quadro Europeu Comum de Referência para as Línguas (QECR) tem o cuidado de enfatizar –, o estudo de línguas estrangeiras é um desafio que se impõe mesmo em matéria de opções políticas. Os países da EU devem, com efeito:

> • preparar todos os Europeus para os desafios da enorme mobilidade internacional e de uma cooperação mais próxima não só nos domínios da educação, cultura e ciência, mas também nos domínios do comércio e da indústria;

---

paródia. Em relação a esta componente, mais ainda do que à componente linguística, é desnecessário acentuar o forte impacto das interacções e dos ambientes culturais nos quais estas capacidades são construídas." (idem, p. 35)

- promover a compreensão e a tolerância recíprocas e o respeito pela identidade e diversidade cultural através de uma comunicação internacional mais eficaz;
- manter e desenvolver a riqueza e a diversidade da vida cultural europeia através de um conhecimento recíproco e cada vez maior das línguas nacionais e regionais, incluindo aquelas que são menos ensinadas;
- responder às necessidades de uma Europa multilingue e multicultural, desenvolvendo de forma considerável a capacidade dos europeus comunicarem

entre si, para lá de fronteiras linguísticas e culturais, o que exige um esforço bem alicerçado ao longo da vida, que deve ser encorajado, visto numa base mais organizada e financiado em todos os níveis de ensino pelas autoridades competentes;
- evitar os perigos que possam resultar da marginalização daqueles que não possuam as capacidades necessárias para comunicarem numa Europa interactiva. (CE, 2001, p. 22)

Neste sentido (o qual configura igualmente uma realidade que se manifesta noutros continentes, noutras realidades sócio-políticas e culturais), o professor de PLE – mediador, facilitador, mas também guia de aquisição de saberes diferenciados – vai levar os seus alunos a melhor compreenderem a sua própria forma de estar e de se entenderem, mas também a forma de estar, de viver e de entender o Outro e o mundo em que todos se encontram, promovendo a desconstrução e a análise de estereótipos, o reducionismo das generalizações, o respeito por si e pela Diferença, desde que marcada pela defesa (intransigente) dos Direitos do Homem e da sua dignidade, a capacidade de interagir. Obviamente, os conhecimentos linguísticos não são esquecidos. Mas há que os fazer emergir a favor da construção de pessoas e de sociedades inclusivas, pensantes, críticas, capazes de construírem pontes de diálogo e pontos de encontro. (Bizarro, 2012).

Por este esforço de mediação, passa necessariamente a escolha dos materiais a utilizar no processo de ensino e de aprendizagem dos seus alunos, materiais que não se esgotam nos comummente designados "materiais pedagógicos" ou "fabricados"[35], mas que devem ser também escolhidos em função do caráter autêntico que possua a língua-cultura que veiculam. Sabemos que os materiais autênticos perdem muito da sua autenticidade quando entram na sala de aula: as condições de receção passam a ser outras, os destinatários primeiros ficam relegados para segundo plano. Mas tal facto não pode impedir – quanto a nós – a sua utilização para promover aprendizagens diferenciadas, seja qual for o nível de ensino em que se apliquem. Com efeito, a sua "força" comunicativa é tal que "bastará" ao professor pensar na

---

[35] Úteis, mas não suficientes...

abordagem metodológica mais adaptada ao seu público, nas finalidades formativas em vista, no tempo que lhes concederá...
Encontram-se, neste caso, os materiais extraídos da imprensa escrita. E se muito se tem escrito já sobre a utilização dos jornais na educação (por exemplo, Antepara 2003, Chandler 1990, Clifton 2006, Dycus 1996, Kitao 1996), a verdade é que o ensino e a aprendizagem do PLE têm beneficiado pouco – que saibamos – da reflexão sobre o assunto. Conhecemos a importância do uso de novas tecnologias na sala de aula de línguas, entendidas como "obrigatórias" pelo seu grau de contínua novidade e de interatividade que algumas delas promovem com o aluno, mas pensamos que não chegam para motivar todos os aprendentes, nem são aplicáveis em todos os contextos de ensino e aprendizagem. Há, pois, que repensar continuamente os recursos e os materiais da educação disponíveis, avaliando a adequação de uma escolha, segundo critérios específicos, em função das realidades existentes e das finalidades educacionais em vista. E este trabalho cabe ao professor.

Competência leitora e imprensa escrita
Uma das competências exigidas a qualquer aluno de uma língua estrangeira é a competência leitora. Saber ler em LE textos diversificados, em termos tipológicos, temáticos, discursivos, é, de facto, uma das competências básicas a desenvolver desde a iniciação. Quando o estudo de uma LE se inicia em idade precoce, a aquisição/ consolidação desta competência é particularmente apoiado pelo desenvolvimento dessa mesma competência em Língua Materna. Mas seja qual for o "tempo" dessa experiência, ao estabelecer um vaivém metacognitivo entre LE e LM, por exemplo, o professor de LE deve preparar os seus alunos para a aquisição de métodos e técnicas de leitura variados, que tornem mais eficaz e proficiente esse ato. (ver, para este fim, entre outros, Adams, Davister, & Denyer, 1998; Gaonac'h, 2000).
Ler em LE exige ser sempre assumido como um ato finalisticamente orientado. Lê-se para recolher informações, para estudar, para desfrutar... Mas lê-se também para agir socialmente. As atividades de pré-leitura (que permitem a antecipação semântica, a formulação de hipóteses – para posterior confirmação ou infirmação, a convocação de experiências diretas ou indiretas...) apresentam-se como necessárias, porque motivadoras e preparatórias, a este ato exigente, no qual o acesso ao sentido ganha particular relevo. Processo ativo, a leitura "não deve ser uma prática apoiada na mera decifração, ela deve ser sim uma leitura-compreensão capaz de evocar no leitor as potencialidades do material impresso, i.e., o alargamento dos seus conhecimentos da sua imaginação, permitindo-lhe também o acesso às mais variadas formas de escrita". (Pinto, 1998, p. 99).

Há, assim, vantagem em diversificar os textos utilizados no processo educativo. As fontes autênticas onde o professor – e o próprio aluno – pode(m) recorrer para obter os textos que melhor se adequam às diferentes finalidades educacionais são variadas, com destaque, a nossos olhos, para a imprensa escrita[36]. Com efeito, seja ela generalista ou especializada, a imprensa escrita oferece textos de tamanho e forma variadas, tipologicamente distintos, com temáticas para todos os gostos, sendo, quase sempre, escritos com rigor, na língua "viva" dos nossos dias, permitindo, ainda, um conhecimento ativo, direto, atual do que se passa no nosso mundo. Os modos de pensar, de viver, de agir... da(s) comunidade(s) que usam como LM a LE que se quer ensinar e aprender manifestam-se aí abertamente. A capacidade de fazer emergir a Diversidade, mas também a Semelhança (social, individual, cultural...) é inequívoca.
E se há também vantagem em partir das experiências e dos saberes prévios dos alunos, para fomentar novas aquisições, julgamos que, nomeadamente com alunos adolescentes e adultos, a competência leitora de um jornal e/ou revista é algo que não se pode perder no ensino e na aprendizagem de uma qualquer LE (Antepara 2003).
O gosto acrescido nas aprendizagens que a sua utilização proporciona ("Já consigo ler o jornal em Português e compreender melhor como os portugueses vivem....Também vejo melhor como há gostos parecidos entre os jovens portugueses e os jovens chineses..." – disse-nos uma aluna chinesa, entusiasmada com o recurso frequente ao jornal diário, nas nossas aulas, no âmbito do processo de ensino e aprendizagem em PLE, numa instituição de ensino superior do Porto, onde lecionámos) sublinha o interesse da sua adoção. Para além do mais, a variedade discursiva e temática, entre outros aspetos, dos seus textos facilmente correspondem aos interesses e necessidades formativas dos aprendentes, por muito distintos que sejam.
Nesta ordem de ideias, apresentaremos, de seguida, algumas propostas de trabalho destinadas a alunos de PLE (norma europeia), de diferentes níveis de proficiência[37]. São meros exemplos[38] do que se pode fazer com os nossos alunos (independentemente da respetiva língua materna, do seu género, da sua etnia, da sua religião, do seu nível socioeconómico...) que – estamos certos – os ajudarão a dotar de sentido o processo de ensino e de aprendizagem em PLE que se encontrem a desenvolver.

---

[36] Também na sua versão on line.
[37] Por razões de compreensão/aferição internacional, adotaremos a proposta do QECR, relativamente à formulação dos níveis de aprendizagem de uma LE, correspondente a um utilizador elementar (níveis A1 e A2), um utilizador independente (níveis B1 e B2) e a um utilizador proficiente (níveis C1 e C2).
[38] Os textos utilizados podem facilmente ser substituídos por outros com idênticas caraterísticas e potencialidades pedagógicas, igualmente extraídos da imprensa escrita (versão impressa ou on line).

A imprensa escrita na aula de PLE: alguns exemplos

Antes de apresentarmos algumas propostas possíveis de didatização de textos escritos retirados de jornais e revistas portugueses, gostaríamos de evidenciar que as nossas propostas se destinam a públicos aprendentes adultos, em contexto formal de aprendizagem, os quais sabem já o que é um jornal e/ou uma revista, conhecendo também a sua função social e política. Não trataremos, pois, aqui, de questões relacionadas com a produção e receção deste tipo de textos pelos seus leitores habituais, antes os introduziremos nas aulas de PLE como exemplos vivos de utilização da língua em aprendizagem, da(s) sua(s) cultura(s) e, ainda, como meios potencializadores de um conhecimento/entendimento intercultural que entendemos como fazendo parte integrante da Educação em Línguas. Com a realização das tarefas propostas, os aprendentes desenvolverão especificamente a competência de leitura em PLE, aplicando estratégias de seleção, de informação, análise, comparação, síntese, entre outras, para além das competências da produção escrita e de interação oral. Ao trabalhar com outro(s) colega(s), cada aprendente ocupará posições e desempenhará papéis que são, de facto, muito similares aos da vida em sociedade, dotando de maior significado as aprendizagens aqui reforçadas.

Optámos pela escolha dos textos apresentados em anexo, porque consideramos que correspondem aos desideratos acima explicitados e porque acreditamos que os textos relativamente curtos, variados, expressivos e que "falam" da vida, da sociedade, das pessoas cuja língua se pretende ensinar e aprender são sempre veículos potenciadores de múltiplas aprendizagens que devem ser fomentadas.

As propostas de trabalho que seguem estão destinadas ao nível A, ao nível B e ao nível C, globalmente considerados, sem subdivisões internas de cada um dos níveis, atendendo às "fronteiras" ténues que os distinguem e acreditando que a heterogeneidade (níveis de conhecimentos, níveis de proficiência, idades, experiências de vida prévia, entre outros aspetos) que caracteriza qualquer turma é uma realidade incontornável, a encarar como uma mais-valia (pela Diversidade de todos os tipos que introduz) em todo o processo formativo. Do encontro dos diferentes modos de "saber", "fazer" e "ser" e da sua interação cooperativa, nasce o que aqui nos propomos ilustrar como aprendizagens a realizarem PLE.

Nível A – Utilizador elementar

I – Imagine que vai fazer uma viagem a Portugal. Escolha, com o seu/a sua colega do lado:

1. O destino da sua viagem.
2. A razão que o leva a viajar.
3. A duração do seu período de ausência.
4. O(s) meio(s) de transporte que vai utilizar.

5. O tempo meteorológico que vai fazer.

II – Leia, de seguida, os documentos em anexo (n°s 1, 2 e 3), publicados em diferentes jornais portugueses.

III - Compare as opções que tomou com o/a seu/sua colega do lado com as que os textos que leu sugerem.

IV – Tomem, em conjunto, a opção final, que apresentarão a toda a turma.

Nível B – Utilizador independente

a. Faça uma lista, com o/a seu/sua colega do lado, das profissões que conhecem, indicando as respetivas funções.
b. Leia os textos "Cientista que quis ser médica ganha bolsa de 1,4 milhões" (anexo 4) publicado pelo jornal *Público*, em 16 de junho de 2013, e "Gosto de um bom jantar com amigos" (anexo 5), publicado pelo *Jornal de Notícias*, em 2 de fevereiro de 2013.
c. Com o/a seu/sua colega do lado, faça uma lista das semelhanças e diferenças existentes entre ambas as personalidades apresentadas.
d. Imagine que, com o/a seu/sua colega do lado, tem a possibilidade de entrevistar Mara Freire. Que perguntas lhe fariam?
e. Compare a personalidade "retratada" no texto "Gosto de um bom jantar com amigos" com uma do seu país de origem que tenha a mesma profissão e que apresentará, de seguida, a toda a sua turma.

Nível C – Utilizador proficiente

i) Vai organizar, com os colegas da sua turma de PLE, uma Semana Cultural em Língua Portuguesa para toda a sua escola.
ii) Com os seus colegas, faça(m) um *brainstorming* dos aspetos culturais que gostariam de apresentar no evento referido.
iii) Depois de terem lido os documentos em anexo (n°s 6, 7, 8, 9, 10 e 11), publicados na imprensa escrita portuguesa, preencham, em conjunto, a seguinte grelha preparativa do evento.

Objetivos a atingir	
Data de realização	
Atividades a desenvolver/ Aspetos a evidenciar	
Local	
Horário das atividades	
Participantes a convidar	
Recursos materiais necessários	
Apoios a obter	
Divisão de tarefas pelos elementos do grupo	

iv) Preveja com os seus colegas o modo e a forma de:
   - publicitarem o evento;
   - fazerem a respetiva avaliação.

Considerações finais

Foi nossso propósito proporcionar uma reflexão sobre os desideratos que se levantam à Educação em Línguas, hoje, e, logo, ao Português como Língua Estrangeira. Advogámos uma prática pedagógica voltada para o fomento da comunicação, mas também da ação social, atenta à realidade em que se insere. Focámos o papel fulcral do professor em todo este processo. Realçámos as potencialidades formativas do material escrito pela imprensa – fonte, por excelência, de autenticidade cultural e linguística. Apresentámos algumas propostas concretas de didatização de textos extraídos de diferentes jornais/revistas portugueses – facilmente transferíveis para outros textos com idênticas caraterísticas -, em que as competências de leitura, de produção escrita, de interação oral, de trabalho cooperativo, no respeito de Si e do Outro foram particularmente enfatizadas. Não esgotamos o assunto. Esperamos, contudo, com este contributo dar mais um passo em prol de uma educação humanista, com sentido, em que acreditamos.

Referências

Adams, G., Davister, J., & Denyer, M. (1998). *Lisons futé: stratégies de lecture*. Bruxelles: Duculot.

Antepara, R. (2003). Using News Stories in the ESL Classroom. *The Internet TESL Journal*, 9, 12. Disponível em http://iteslj.org/techniques/Antepara-5Ws.html. Acedido em 14 de agosto de 2013.

Bessa, N., & Fontaine, A. M. (2002). *Cooperar para aprender: Uma Introdução à aprendizagem cooperativa*. Porto: Edições ASA.

Bizarro, R. (2008). "O ensino-aprendizagem de uma Língua Estrangeira: do objeto aos objectivos", in R. Bizarro (org.) *Ensinar e Aprender Línguas e Culturas Estrangeiras, hoje: que perspectivas?* (pp. 82-89). Porto: Areal Editores.

---. (2012). Língua e Cultura no ensino do PLE/PLS. *Linguarum Arena*, 3. Disponível em http://ler.letras.up.pt/uploads/ficheiros/10953.pdf. Acedido em 14 de agosto de 2013.

Bourdieu, P., & Passeron, J.-C. (1970). *La reproduction – Éléments pour une théorie du système d'enseignement*. Paris: Éditions de Minuit.

Chandler, C. E. (1990). Using Newspapers in the ESL literacy Classroom. *ERIC Digest*. ERIC Clearinghouse on Literacy Education for Limited-English-Proficient Adults. Disponível em http://www.ericfacility.net/databases/ERIC_Digests/ed321619.htm. Acedido em 14 de agosto de 2013.

Clifton, J. (2006). Using Newspaper Articles Communicatively in the ESL Classroom, *The Internet TESL Journal*, 12, 2. Disponível em http://iteslj.org/Techniques/Clifton-Newspaper.html. Acedido em 14 de agosto de 2013.

Conselho da Europa (2001). *Quadro Europeu Comum de Referência para as Línguas*. (Trad. port.). Porto: Edições Asa.

Dycus, D. (1996). Making Jigsaw Activities Using Newspaper Articles. *The Internet TESL Journal*, 2, 2. Disponível em http://iteslj.org/Techniques/Dycus-Jigsaw.html. Acedido em 14 de agosto de 2013.

Gaonac'h, D. (2000). La lecture en langue étrangère: un tour d'horizon d'une problématique de psychologie cognitive. *Aile – Acquisition et Interaction en Langie Etrangère*, 13, 5, 5-14.

Kitao, K. (1996). Teaching the English Newspaper Effectively. *The Internet TESL Journal*, 2, 3. Disponível em http://iteslj.org/Lessons/Kitao-Newspaper.html. Acedido em 14 de agosto de 2013.

Nunan, D. (2004). *Tasked-Based Language Teaching*. Cambridge: Cambridge University Press.

Pinto, M. G. (1998). *Saber Viver a Linguagem – Um Desafio aos Problemas de Literacia*. Porto: Porto Editora.

Apêndice 1 – "GeoStar – Destinos de Sonho", publicado no *Público* de 21 de abril de 2013.

Apêndice 2 – "Campos de Férias de Língua e Cultura Portuguesas", publicado no suplemento da APCC, parte integrante do jornal *Expresso* de 15 de junho de 2013.

CAMPOS DE FÉRIAS DE LÍNGUA E CULTURA PORTUGUESAS

Constituindo uma nova área de atuação da APCC, os Campos de Férias Linguísticos destinam-se principalmente a filhos de emigrantes, estudantes de língua portuguesa no estrangeiro e a todos os jovens estrangeiros que, quer residindo em Portugal ou no estrangeiro, pretendam associar uma excelente experiência de férias em Portugal à aprendizagem da língua portuguesa. Nestes Campos de Férias combinam-se lições interativas em turmas internacionais com atividades radicais, muitos jogos e convívio com jovens num ambiente fantástico!

O êxito da aprendizagem depende em parte da fórmula proposta: integração no meio linguístico, contato com jovens e adultos que residem em muitas zonas de Portugal e com a realidade cultural do país. Por outro lado depende da competência dos professores, que são cuidadosamente selecionados.

Os Campos de Férias Linguísticos destinam-se a jovens entre os 10 e os 16 anos de idade, são organizados no Mosteiro de Vairão e têm a duração de 15 dias. A formação linguística tem uma carga horária de 40 horas. Os professores têm formação pós-graduados em português língua estrangeira. Os programas seguem os níveis previstos no Quadro Europeu Comum de Referência para as Línguas (QECR) com o apoio científico do Camões, IP.

PARA + INFORMAÇÕES

http://portuguese-learning.apcc.org.pt/

Apêndice 3 – "**Previsão do tempo**", publicado no *Diário de Notícias*, em 7 de junho de 2013.

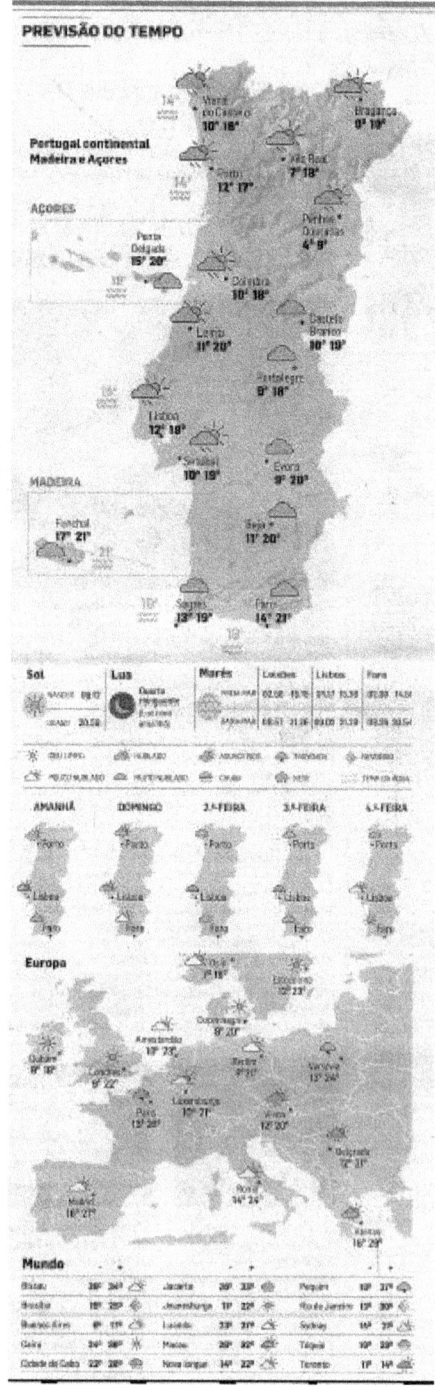

Apêndice 4 – "Cientista que quis ser médica...", publicado no *Público* de 16 de junho de 2013.

Ciência
Alexandra Campos

Desenvolver fármacos alternativos é o objectivo da investigadora da Universidade de Aveiro, que esteve quase a emigrar

Desde criança que queria ser médica. Apesar de óptima aluna, não conseguiu, "por um triz", entrar no curso de Medicina. Para não ficar um ano a subir a nota, Mara Freire optou por candidatar-se a Química Analítica na Universidade de Aveiro, onde se licenciou e acabou por se doutorar, em 2007.

Há males que vêm por bem. "Hoje sou muito mais feliz", admite, radiante, a cientista de 33 anos, que acaba de ganhar uma bolsa de 1,4 milhões de euros do European Research Council - Centro Europeu de Investigação, uma espécie de Prémio Nobel da investigação na Europa. Um prémio que lhe vai permitir, ao longo de cinco anos, desenvolver "uma tecnologia sustentável de purificação de anticorpos". O objectivo final é conseguir "desenvolver biofármacos baratos e mais eficazes do que alguns dos actuais antibióticos", a partir de anticorpos retirados da gema de ovo.

Seleccionada entre mais de três mil candidatos, Mara, que nasceu em Oiã (Aveiro), arrebatou o prémio máximo na categoria *Starting Grant* do Centro Europeu de Investigação, destinado a projectos de investigadores com menos de sete anos de actividade após o doutoramento. A cientista, que trabalha no Centro de Investigação em Materiais Cerâmicos e Compósitos (laboratório associado da Universidade de Aveiro), explica que hoje é cada vez maior a preocupação com o aparecimento de micro-organismos resistentes aos antibióticos e que é grande o interesse no desenvolvimento de novos fármacos alternativos aos actuais. O problema é que o custo da produção de anticorpos é elevado - são necessárias práticas invasivas para os obter de pequenos mamíferos. "Uma potencial alternativa baseia-se na imunoglobulina Y (IgY), um anticorpo produzido em grande quantidade e presente na gema de ovo", explica. Só que o custo do IgY ainda é considerável, por não existir uma "técnica de purificação eficaz que separe a imunoglobulina de outras proteínas contaminantes". É no desenvolvimento desta tecnologia que se vai empenhar Mara Freire e a sua equipa – que é hoje composta por sete alunos de doutoramento, mas que, graças ao prémio, será alargada para 12 elementos. A bolsa permitirá ainda adquirir equipamento.

Ganha a investigadora, ganha a Universidade de Aveiro (aonde Mara acabou de regressar, depois de ter passado pela Nova de Lisboa, enquanto estagiária de pós-doutoramento) e ganha o país. Porque Portugal esteve quase a perder a investigadora, que no ano passado ponderou emigrar para os EUA. Foi convidada para o MIT - Massachusetts Institute of Technology e considerou a hipótese de ir trabalhar para um laboratório no Alabama, mas preferiu ficar porque não quis abandonar a sua equipa e também por razões pessoais. Pensa que "foi uma escolha acertada". Só lamenta que o país continue a deixar sair para o estrangeiro "tantos alunos brilhantes".

Apêndice 5 – "Gosto de um bom jantar...", publicado no *Jornal de Notícias* de 2 de junho de 2013.

"GOSTO DE UM BOM JANTAR COM AMIGOS"

Apresentador do Porto Canal recorda a sua meninice e conta como chegou à TV

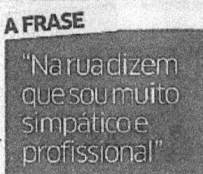

A FRASE
"Na rua dizem que sou muito simpático e profissional"

Como foi a sua infância?
Nasci no Porto e tive uma infância muito feliz, com muita rua e muito futebol num terreno que existia em frente a minha casa.

Que sonho acalentava?
Diz a minha mãe que em menino eu dizia que queria ser "padeiro para fazer uma omelete", depois comecei a pensar ficar ligado ao desporto e ser professor de Educação Física.

As suas origens foram importantes na construção da sua forma de ser?
Claro que sim, sou da Fontinha (zona típica do Porto junto ao Bonjardim e Santa Catarina), e isso deu-me a possibilidade de conviver com gente muito diferente e deu-me a capacidade de desenrasque.

Em que fase soube que queria enveredar pela área da comunicação?
As coisas foram acontecendo até perceber que gostava e podia viver "disto".

O que melhor relembra dos seus tempos de estudante?
Lembro-me bem que fiz parte da seleção de futebol do liceu Rainha Santa Isabel e depois do Liceu Carolina Michaëlis. Um luxo!

Como começou o seu percurso profissional?
Um colega de escola, que já fazia rádio, achou que eu tinha jeito (andava sempre a fazer relatos, a cantar e imitar spots) e convidou-me para fazer um programa com ele (aceitei para ganhar uns trocos para gastar no fim de semana), fiz-me profissional de comunicação na Rádio Lidador (Maia), passei pela Antena 1 (RDP), e agora Porto Canal (desde o início do projeto).

Imaginou que um dia teria o seu próprio programa televisivo?
Nunca pensei nisso Quando comecei a trabalhar na televisão, só tinha uma dúvida: saber se gostaria tanto de fazer televisão como gostava (e gosto) de rádio. Depois de perceber que sim e com tanta gente a acreditar em mim, achei que podia crescer e ter um programa, mas acho que posso e quero crescer mais, tenho ainda muito para aprender.

Quando não está no "À conversa com Ricardo Couto", como ocupa o seu tempo?
No 'Grandes manhãs' (Programa de segunda a sexta-feira, das 11 h às 13h, ou seja, estou no Porto Canal todos os dias) e quando não estou no "ar", ou a preparar os programas, se não tiver outros trabalhos (uma vez que apresento e faço animações de vários eventos), estou com a minha família em diferentes atividades, vejo alguma televisão e gosto de um bom jantar com amigos.

Os portuenses abordam-no muito na rua?
Felizmente abordam cada vez mais, é muito bom receber esse apoio de quem nos vê. Quando nos abordam, são sempre simpáticos, no meu caso dizem que gostam dos meus programas, que sou sempre muito simpático e profissional.

Em 2012, fez parte da lista dos 'Mais Sexy' do Norte de Portugal. Como se sentiu com a nomeação?
Nem quis acreditar quando me mostraram, não entendi bem porquê, pensei em vários homens que deviam estar na lista e não estavam, mas sinceramente fiquei contente, por isso quero agradecer a quem fez a lista e em quem votou em mim.

Apêndice 6 – "Estamos mais próximos do que parece", publicado na *Revista* (Jornal *Expresso*) de 15 de junho de 2013

login
///PROTAGONISTA

Rodrigo Leão e a Sétima Legião protagonizam no próximo sábado o primeiro dos dois concertos que a banda fará este ano. Na véspera, **Paulo Furtado** e os Wraygunn tocam pela primeira vez num estádio. É a reunião de duas gerações no festival Portugal ao Vivo

"ESTAMOS MAIS PRÓXIMOS DO QUE PARECE"

Vinte anos depois da primeira edição do festival Portugal ao Vivo, que levou ao Estádio de Alvalade a nata da música portuguesa, o festival renasce num confronto de gerações. Sexta-feira e sábado próximos, o Estádio do Restelo junta The Gift, Pedro Abrunhosa, Miguel Araújo, Deolinda e Wraygunn (no primeiro dia) e Xutos & Pontapés, Resistência, Sétima Legião, GNR e Madredeus (no segundo). Um confronto de gerações da música portuguesa separadas por 20 anos. Rodrigo Leão tocou com a Sétima Legião e os Madredeus em 1993. Paulo Furtado, mentor da banda Wraygunn, só tem memória do festival pelas reportagens feitas na altura.

Qual a importância do Portugal ao Vivo?
Rodrigo Leão: A valorização da nossa música. Sentimos que é muito positivo poder estar presentes neste festival ao lado de tantos grupos com quem já trabalhámos direta ou indiretamente. Recordo as colaborações que já fiz com os The Gift e com Rui Reininho, por exemplo. No fundo, é defendermos aquilo que é nosso.
Paulo Furtado: A partir do pretexto de 20 anos depois fazer o mesmo festival, percebemos que as bandas portuguesas podem encher estádios, o que não era possível antes. Este é um momento diferente. Olho para o cartaz do primeiro dia e não posso deixar de dizer que podia ter 30 programas diferentes, 30 alinhamentos diferentes. Existem hoje tantas bandas interessantes que poderiam estar ali a celebrar a música portuguesa na sua variedade. Creio que era importante haver mais eventos deste género em várias escalas.
Como vê o trabalho das gerações mais novas?
Rodrigo Leão: Não acompanho tanto quanto gostaria a produção nacional. Mas durante muito tempo, como programador do Frágil, tive oportunidade de conhecer muitos grupos que estavam a começar. Apesar da crise tão profunda da indústria musical, consegue-se sentir uma energia muito grande nas pessoas que estão a fazer música. Há muita gente que continua a acreditar na música e a fazer o possível e o impossível para avançar. Há mais criatividade, creio. É muita vontade.
Paulo, como olha para os músicos mais velhos?
Paulo Furtado: Com muito respeito. É uma geração que ainda está no ativo com dignidade e com interesse. Foram estes músicos que desbravaram o caminho. Oiço muitas vezes o Zé Pedro, por exemplo, contar como faziam as viagens por esse país fora, como tocavam em sítios sem condições nenhumas.
Há uma interação entre as duas gerações?
Rodrigo Leão: Há sobretudo muitas colaborações entre bandas e entre músicos. Estamos mais próximos do que possa parecer. Até nas influências musicais. Mas, além disso, as condições de trabalho não são tão diferentes do que eram há 20 anos. Já não há ninguém que venda. Gravamos em casa. Adaptámo-nos todos a esta crise. E isso acabou por aproximar inconscientemente as duas gerações.
Paulo Furtado: Não estamos muito longe uns dos outros. Há muitos pontos de contacto. Já nos cruzámos em muitos momentos do passado. Eu mais como o Zé Pedro e com o Rui Reininho. Há efetivamente uma proximidade.
O que recorda do Portugal ao Vivo de 1993?
Rodrigo Leão: Era uma altura em que os Madredeus davam muitos concertos lá fora. Eram 70 espetáculos por ano, uma coisa de loucos. A Sétima Legião tocava menos. Eu quase já não podia estar presente. De resto, penso mesmo que o último concerto da banda foi no Portugal ao Vivo. Foi uma experiência muito forte. Estávamos a tocar para 20/30 mil pessoas em Alvalade. Recordo que estava muito contente por poder partilhar aquele momento tanto com a Sétima Legião como com os Madredeus – uma experiência nova para o grupo que, com aquele som tão acústico, se apresentava ao vivo num estádio.
O que espera deste Portugal ao Vivo?
Paulo Furtado: Espero que as pessoas apareçam. Vai ser curioso perceber como é que a música dos Wraygunn vai resultar amplificada num estádio. Só toquei uma vez num estádio e por breves minutos – na Figueira da Foz, na primeira parte dos Blur e da Siouxsie and The Banshees.
Rodrigo Leão: Espero que as coisas corram bem. É importante divertirmo-nos em palco. É fundamental sentirmo-nos bem e sentirmos que a música portuguesa existe. É uma forma de incentivar as pessoas a acreditarem que vale a pena tentar com o mesmo entusiasmo com que nós o fazíamos quando estávamos a começar há 30 anos no Bairro das Estacas.
Paulo, qual será o papel dos Wraygunn?
Paulo Furtado: Representar o rock, fazer um bom concerto e levar fantasia às pessoas, para que durante dois dias possam, de forma saudável, escapar a esta nuvem negra que se abateu sobre o país. ● ALEXANDRA CARITA

> O PAPEL DA MÚSICA
> "LEVAR FANTASIA ÀS PESSOAS, PARA QUE DURANTE DOIS DIAS POSSAM ESCAPAR A ESTA NUVEM NEGRA QUE SE ABATEU SOBRE O PAÍS"

Apêndice 7 – "Salmonetes com tomates e azeitonas", publicado na *Revista* (Jornal *Expresso*) de 15 de junho de 2013.

logout
///RECEITAS

POR
JAMIE
OLIVER

Esta é uma maneira deliciosa e mediterrânica de cozinhar peixe. Juntei batatas novas a esta receita, porque são ótimas e absorvem os molhos

SALMONETES COM TOMATES E AZEITONAS

PARA 4 PESSOAS

- 4 salmonetes, sem vísceras nem escamas e golpeados na pele
- Azeite
- Uma colher de sopa de colorau
- 2 limões
- 500 g de batatas novas
- 350 g de tomates-cereja, alguns cortados ao meio
- Um bom punhado de azeitonas pretas sem caroço
- 3 dentes de alho finamente fatiados
- Salada verde para acompanhar

1. Pré-aqueça o forno a 220° C/gás 7. Esfregue o peixe com azeite e tempere por dentro e por fora com colorau, sal marinho e pimenta preta. Polvilhe com as raspas de limão.
2. Leve a ferver uma panela com água e sal. Adicione as batatas e deixe ferver durante 10 a 15 minutos, até ficarem apenas macias. Escorra.
3. Fatie os limões que foram raspados e ponha-os numa assadeira grande com os tomates, as azeitonas, o alho e as batatas. Coloque o peixe por cima, regue com azeite e meta no forno por 15 minutos até estar bem assado. Sirva com uma salada verde e um vinho branco fresco.

Apêndice 8 – "3 guias com os segredos mais bem guardados...", publicado na *Revista* (Jornal *Expresso*) de 15 de junho de 2013.

Fundamentos do ensino de português como língua estrangeira

Apêndice 9 – "Mudar um povo a partir de uma favela", publicado no *Público* de 21 de abril de 2013

MUDAR UM POVO A PARTIR DE UMA FAVELA

Há 26 anos, o actor Guti Fraga criou um grupo de teatro numa favela do Rio de Janeiro para provar que a cultura não é só para as elites. Acredita ter ajudado a derrubar uma das maiores barreiras entre classes

CLÁUDIA SOBRAL

Guti Fraga tinha 25 anos e muita vontade de começar a mudar o Brasil. E a fomé-lo, então que fosse a partir "de baixo". Por isso não estranhamos quando nos conta hoje, aos 61 anos, que logo um mês depois de ter chegado ao Rio de Janeiro percebeu que Copacabana não era para ele e decidiu fixar-se no Morro do Vidigal, uma favela da Zona Sul do Rio, olhos postos nos bairros de Ipanema e Leblon onde viviam os ricos.

No Vidigal não é só a geografia que atrai quem chega de fora. Naqueles tempos, as rendas – que nos últimos anos a especulação imobiliária atirou para valores exorbitantes para muitos deles e isso ajudou. Guti estudava jornalismo e trabalhava como actor de teatro até ter desistido de uma coisa pela outra. Incomodava-o ver nas pessoas potencialidades que não eram aproveitadas por nunca sairem dali, incomodava-o que a maior parte dos projectos culturais a que os moradores das favelas do Rio de Janeiro tinham acesso viessem de fora, que não fossem construídos a partir de dentro.

Em 1986, juntou o cenógrafo Fernando Mello da Costa ao iluminador Fred Pinheiro e ao dramaturgo Luís Paulo Corrêa e Castro e fundou o Nós do Morro, uma escola de teatro para todos e onde as aulas são gratuitas. Inicialmente, servia só os moradores mas agora alargou-se a gente de todo o mundo. Ao telefone com a Revista 2 a partir do Vidigal, de onde nunca mais quis sair, Guti diz que o projecto é uma onda que apanhou nessa altura e que hoje continua a surfar, num tubo sem volta.

A ideia era que aquele não fosse um grupo de teatro qualquer. Guti queria um grupo que ajudasse também na educação dos habitantes do morro, que seguisse uma "filosofia multiplicadora" – receber e dar depois a quem precisa. "Solidariedade de verdade", sublinha. "Juntando a isso disciplina, organização, responsabilidade e cidadania."

Os primeiros 15 anos não foram fáceis. Passaram sem apoios nem patrocínios. Como fazia então? "Não fazia. Sobrevivia." As participações em televisão davam-lhe dinheiro para pagar as contas e comer uma vez por dia. "A realidade era essa", diz. "Eu não podia abandonar essa ideia que eu tinha construído."

No início, ele era o único professor, depois os alunos foram virando "multiplicadores", como lhes chama, e hoje são 26 os professores de áreas ligadas ao teatro e ao cinema também – da interpretação à capoeira, da literatura dramática às aulas de canto.

Com o tempo foram aparecendo os apoios, o Nós do Morro pôde sair do Vidigal e abriu-se ao exterior: às outras favelas, mas também aos bairros ricos da Zona Sul, ao Brasil inteiro e a outros países. Depois vieram os projectos internacionais, os trabalhos no Reino Unido e em Portugal, a que o actor já chama "casa" de tantas vezes que já visitou o país.

Em Maio, por exemplo, estão em Lisboa a apresentar a peça *Bandeira de Retalhos* no Chapitô e a parceria já dura há 15 anos. Começou em 1998 com uma colaboração entre escolas de vários países para um filme sobre estereótipos). É uma peça sobre a ameaça de remoção das favelas na década de 1970 numa altura em que, afirma, "lutamos contra uma outra forma de remoção", que é a especulação imobiliária feita pelas pessoas de fora que chegam, compram e transformam. E que fazem com que "o pobre hoje não possa pagar o que pagava de aluguer".

O Vidigal já mudou muito desde que ele se mudou para lá. "Os barracos eram todos de madeira", por exemplo. Não gosta que lhe perguntem se o bairro era perigoso. Não vê o Vidigal como um lugar de violência, sempre viu o Vidigal como um lugar de pessoas simples com uma forma alternativa de vida, argumenta. "As favelas vêm da falta de alternativa, da necessidade de se morar mais perto do lugar onde se trabalha."

O marco mais importante na história do Nós do Morro terá sido em 2002, com o filme *Cidade de Deus*, de Fernando Meirelles, em que metade do elenco era do Vidigal. "Foi a primeira vez que eu saí da nossa base, da nossa sede", conta Guti, que foi convidado para fazer os *castings* e dar formação aos actores nos meses antes do início da rodagem.

Hoje, diz o actor, "praticamente não há filme brasileiro que não tenha um actor do Nós do Morro". Alguém se consegue esquecer de Zé Pequeno? Leandro Firmino nem queria ser actor, sonhava ser militar. Foi a um desses *castings* por acaso, arrastado por um amigo, e acabou por ser uma das personagens principais do filme.

Mais actores brasileiros que tenham começado nesta escola do Vidigal? Roberta Rodrigues, Thiago Martins, Micael Borges, Babu Santana, os nomes vêm-lhe à cabeça de imediato. Uns são do Vidigal, outros de outras favelas, como Thiago Martins, que nasceu no Morro do Cantagalo. Pelo Nós do Morro já passaram mais de 11 mil alunos de todas as idades, todos os anos são cerca de 400. "Este ano, para nós, foi muito difícil porque tinha quase 2000 pessoas para 80 vagas, fiquei muito chateado por não poder receber pelo menos metade das pessoas que nos procuraram", conta. E não eram apenas do Vidigal. "Eram de fora do Vidigal, do Brasil inteiro, da Amazônia ao Rio Grande do Sul, França, Colômbia, Argentina, Paraguai, muito impressionante."

Se na história do Nós do Morro há um antes e um depois da *Cidade de Deus*, no Vidigal há um antes e um depois do Nós do Morro. O Vidigal continua a não ter uma escola ou um posto de saúde melhor do que a Rocinha ou o Complexo do Alemão. Mas tem uma massa crítica que não existia há 30 anos. "Em 27 anos, quantas pessoas já passaram pelo Nós do Morro... e às vezes não puderam continuar mas fazem questão que os seus filhos estejam, para terem as oportunidades que o país não tiveram", diz. "Hoje temos gerações que já têm uma diferenciação enorme, que já não pensam que a arte é uma coisa para elites. Acho que quebrámos essa barreira."

Para Guti, o Nós do Morro conseguiu o mais importante, que era derrubar a maior de todas as barreiras entre classes. "O que nos diferencia hoje da classe média e da classe alta é apenas o dinheiro e não o intelecto", diz. "E essa é a grande transformação que a gente pode conseguir para um povo."

● http://www.nosdomorro.com.br/

Apêndice 10 – "No saldo destes 25 anos....", publicado no *Diário de Notícias* de 7 de junho de 2013.

No saldo destes 25 anos, por cada jovem a menos há um idoso a mais

CÉU NEVES

'VOX POPULI' Este país é para jovens?

Rúben Araújo
25 anos, 9.º ano
Cortador de carnes

"Não tenho razão de queixa – eu e a minha mulher trabalhamos – mas como as coisas estão, acho que não. Temos um filho e não vamos ter mais. Já há dificuldades com um"

Helena Gaspar
21 anos. Estudante.
Curso Geografia

"Não. A idade da reforma aumenta e não há emprego. Após a licenciatura gostaria de trabalhar para pagar o mestrado. Se não, vou para França, onde tenho família"

Joana Jordão
20 anos. Estudante.
Curso Prof. Moda

"Não. A população está mais envelhecida e muitas vezes somos mal interpretados. Emigrar já faz parte do nosso presente, embora tentemos primeiro ficar no País"

Marisa Santos
25 anos. Estudante.
Curso Prof. Moda

"É um país de velhos, que não aceita as ideias dos jovens. Antes do fim do curso, já temos projetos para fora. Milão é a capital da moda, mas há mais hipóteses fora da Europa"

Ricardo Gonçalves
26 anos. 12.º ano.
Assistente de loja

"A nível de emprego não é. Estou efetivo e ainda não sai da casa dos meus pais. Está complicado. Eles trabalham, mas lá está... não há certeza quanto ao futuro"

As mulheres em Portugal têm uma esperança de vida de 82,6 anos. E os homens vivem em média 76,7. Muito por benefício do Serviço Nacional de Saúde, que fez com que os portugueses tenham mais anos de vida. Mas têm nascido menos crianças e isso é uma dificuldade para a Segurança Social e, também, coloca problemas sociais, como afirmam os especialistas. Uma tendência que acompanha a "transição demográfica mundial que questiona as estruturas económicas, sociais e culturais e as relações entre as gerações", diz o estudo "25 anos de Portugal Europeu". A questão é que, mesmo com menos pessoas em idade ativa, estes não encontram emprego e emigram. E o País vai envelhecendo.

Em duas décadas, Portugal subiu do meio da tabela para o País mais envelhecido da UE. A inversão demográfica portuguesa deu-se no início do século XXI, quando a população com 65 e mais anos ultrapassou pela primeira vez o grupo dos que têm entre 0 a 14 anos. "No saldo destes 25 anos, por cada jovem a menos há um idoso a mais." Em 2010, o índice de envelhecimento (IE) da população portuguesa era de 117,6, o que significa quase 118 velhos por cem jovens. Em 2012 esse índice chegava aos 129,6, quando em 86 (ano da entrada de Portugal na CEE) se situava nos 52,4.

"O envelhecimento da população afeta a economia", diz Eugénio Rosa. O economista explica que, "embora esteja a aumentar a esperança de vida, a tendência é para que as pessoas se reformem e deixem de produzir, o que tem efeitos na Segurança Social". No entanto, o economista, que tem estudado a evolução das pensões, sublinha que os "prejuízos para a Segurança Social não são tão grandes como se pretende fazer querer". Mas uma maior proporção de idosos é um problema, com efeitos a vários níveis, incluindo na qualificação da mão de obra portuguesa. Eugénio Rosa frisa que 60% da população empregada tem o ensino básico ou menos habilitações. Os mais jovens são os mais qualificados (a educação é outro dos ganhos) e emigram.

A distribuição etária difere do interior do País – onde o envelhecimento é notório – para o litoral, devido aos fluxos migratórios. "É nas periferias de Lisboa e Porto que se concentram os concelhos mais jovens. O ritmo de perda de população é agora mais intenso no Norte e nas regiões autónomas", referiu estudo. E é preciso encontrar equipamentos e apoios sociais para estas pessoas. Segundo os Censos 2011, 60% dos idosos vivem com outra pessoa do mesmo grupo etário, "fenómeno que aumentou na última década e se concentra no centro e Alentejo", naquela que é uma das regiões da UE mais envelhecidas.

A questão é que há menos jovens, e os que há não encontram trabalho e a idade de reforma está a aumentar. Os últimos dados do Eurostat indicam um novo recorde de desemprego jovem, 42,5%. Eugénio Rosa sublinha que as políticas têm de ser alteradas para que o País seja para jovens. E o demógrafo Leston Bandeira critica: "As políticas atuais parecem completamente disparatadas. A idade de reforma tem funcionado como uma espécie de regulação do mercado laboral, para que os jovens a ele tenham acesso, o que é visível em países como a França. Aliás, o presidente francês diminuiu a idade de reforma. Cá aconteceu o contrário."

129,6
Índice de envelhecimento em Portugal em 2012
63,5 em 1990

ENTRE 1986 E 2010
30% de redução da população jovem
60% de aumento da população idosa

8.º país mais envelhecido da UE27

4 ativos por cada idoso

Apêndice 11 – "E nos festivais de verão o que havemos de vestir?", publicado no *Diário de Notícias* de 7 de junho de 2013.

COISAS NOVAS NO CABIDE
Joana Emídio Marques

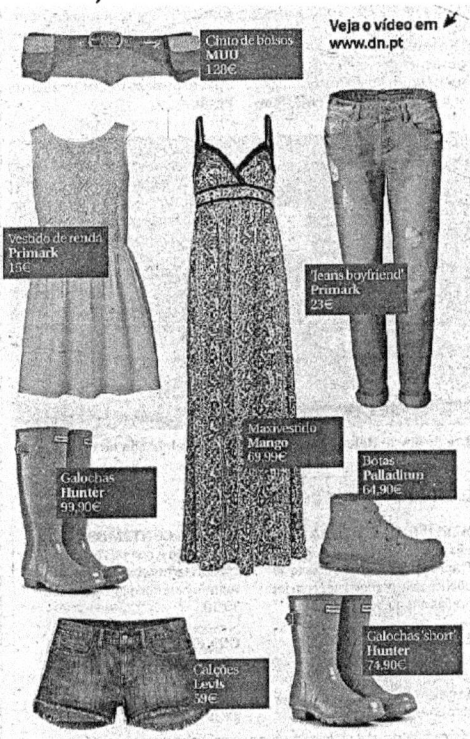

E NOS FESTIVAIS DE VERÃO O QUE HAVEMOS VESTIR?

Os grandes festivais de música tornaram-se, pelo mundo fora, um lugar de romagem obrigatória, e uma espécie de ritual de passagem no qual se cumpre um certo ideal de juventude, música e festa. Mas, também por isso, foram tomados de assalto pelas estrelas de cinema e televisão, pelas marcas que nada têm a ver com música ou cultura, e correm o risco de se tornar mais uma montra, uma fogueira de vaidades e menos uma experiência cultural relevante. O que se veste nos festivais de verão já tem objetos icónicos como os calções rasgados, as camisas de xadrez, mas também tem as novidades anuais. Fomos espreitar as imagens de Coachela (na Califórnia) e do South by Southwest (Austin, Texas) e descobrimos que o *look* deste ano inclui umas *Hunter* em tons pastel, botas de inspiração militar com vestidos de renda, malas e coletes de franjas, *tops* curtos com *jeans* versão *boyfriend* e sandálias de tiras. O maxivestidos, os chapéus de abas largas em ráfia e as carteiras para usar a tiracolo fazem a versão mais nostálgica dos festivais dos anos 60. As noites, não obstante o calor dos ritmos, pedem casacos de malha largos e confortáveis ou blusões de pele. Na verdade as marcas de grande consumo estão cheias de peças inspiradas na música e nos festivais. Portanto o grande desafio é mesmo conseguir estar nos melhores concertos no meio de tanta oferta.

4.2 Aulas de redação em PLE: dois títulos e alguns questionamentos
Eloisa Moura

A partir da leitura e da análise de dois diferentes textos produzidos por um aluno de PLE (Português Língua Estrangeira), no Curso de Proficiência CELPE-BRAS, em uma universidade pública federal da Nigéria pretendemos suscitar reflexões sobre a eficácia e a eficiência da produção textual nesta modalidade de ensino.

A releitura de textos produzidos por um de nossos estudantes adulto e de formação universitária a nível de graduação já concluído, nos conduziu a pensar qual o caminho que construímos e os saberes mobilizados na produção textual no referido curso. Será que estamos utilizando ferramentas adequadas ao nosso objetivo, será que são adequadas às capacidades de nossos estudantes de PLE?

Por outro lado questionamos se as TIC's estarão colaborando na produção textual mais aprimorada ou não? Pois sabemos que nas mensagens de texto que a maioria dos estudantes escrevem há supressão de algumas letras ou mesmo abreviaturas de vocábulos, ou seja a criação de um novo código de comunicação. Acreditamos que esta forma de comunicar sintetizada poderá influenciar a qualidade da escrita de textos acadêmicos.

Prosseguimos a reflexão apresentando algumas incorreções e/ou alguns equívocos que observamos analisando um dos textos produzidos a partir do título: "As vantagens".

De as bibliotecas serem equipadam com audiolibros
O título apresenta uma grafia incorreta da contração 'de+as' seguida de uma flexão verbal inadequada. Queremos esclarecer que o interesse nesta análise pretende promover e valorizar a produção de nossos estudantes com o objetivo de gerar textos que possam servir de apoio nos estudos de outros alunos de PLE, ou quem sabe ainda uma compilação dos melhores textos dos dois últimos períodos de nosso curso.

A translineação às vezes prejudica a redação dos nossos estudantes que comparam em um primeiro momento o português com o inglês, porém na Língua Portuguesa é necessário uma sílaba para que a separação esteja correta.

Outro recurso que os estudantes utilizam com frequência nos primeiros exercícios de produção textual é o emprego do verbo no infinitivo quando surge a dúvida ou mesmo no caso do aprendizado incipiente dos tempos e modos a serem empregados.

A concordância nominal ou verbal é outra dificuldade expressa nos textos analisados para este estudo (artigo).

Acreditamos que será possível a implementação de uma proposta de aprimoramento vinculada a um exercício de escrita que se realize desde os primeiros contatos com o novo idioma. Como por exemplo: além de ouvir/verbalizar palavras, expressões/ saudações em um primeiro momento, propiciar a escrita individual e coletiva simultâneas, e inclusive implantar um blog do grupo a partir de uma temática diversificada que perpasse e ultrapasse os domínios da sala de aula e vá ao encontro da cultura, da literatura, da música e de outras expressões artísticas / culturais que sirvam de ponte para a produção textual enriquecida através destas múltiplas possibilidades e limites.

Outro cuidado que devemos ter ao trabalhar com nossos estudantes de PLE são as questões relativas à semântica, pois a Língua Portuguesa acredito é um idioma muito rico em significados e sentidos, o que não ocorre por exemplo nos idiomas anglófonos (inglês e alemão p. ex.). Esta área torna-se um campo fértil para um estudo com os alunos, e poderá ser extremamente prazerosa se não fizermos apenas o uso puro e mediato do dicionário, mas formos encontrando sentidos e significados em diferentes tipologias textuais e diversificadas situações de ensino-aprendizagem.

Uma atividade de escrita criativa que nos ocorre também poderá ser o diálogo com a imagem estática ou em movimento, por exemplo o planejamento de uma visita a uma exposição ou galeria de arte e depois reproduzir em um texto o que foi visto / observado. Quiçá dividir o grupo de estudantes em dois grupos menores propondo a cada um deles apenas observar e a outro verbalizar e escrever, para em uma terceira atividade encaminhar um debate sobre as diferentes sensações que as imagens provocam /despertam.

Há ainda a possibilidade de antes da correção do professor /da professora os alunos trocarem os textos uns com os outros procurando identificar os pontos fortes e as possíveis fragilidades de cada autor, propor uma sugestão. A proposta de realizar um ditado de palavras, expressões ou sentenças acreditamos que será um instrumento valioso onde será possível avaliar a percepção da sonoridade e a ortografia entre outras habilidades dos estudantes.

Os próprios livros didáticos que utilizamos em sala de aula, e para atividades após as aulas poderão servir de apoio desde as primeiras lições para que o aprendizado da escrita vá evoluindo gradativamente, isto é, a partir de cada uma das unidades de trabalho ou de conteúdo o próprio título poderá servir de tema condutor ou central para outras possibilidades de escrita, não há necessidade de fixarmos nos primeiros exercícios de produção textual a uma exigência de extensão prévia. A proposição no momento inicial é de criar um ambiente, e um momento no qual a escrita flua de forma despretensiosa até que se fixe uma prática passo a passo de textos elaborados e aprimorados continuamente. Pois uma das competências que se espera do estudante em escala global: expressão espontânea e fluente; uso eficaz da língua com flexibilidade na vida social, profissional ou acadêmica; expressão com argumentos diferentes e discussão das vantagens e das desvantagens sobre um assunto estabelecido; uso da linguagem padrão.

Retomando uma proposição de escrita que contemple as competências elencadas e necessárias encontramos em Carravetta (1991, p. 89) algumas possibilidades de através de diferentes propostas de trabalho com o jornal introduzido nas aulas de Língua Portuguesa que produzirão momentos propícios para o aprimoramento da leitura, da compreensão e da escrita. A autora apresenta três trabalhos que se realizarão a partir do jornal e da dramatização e do jogral como uma síntese e/ou uma capacidade (uma habilidade) além das triviais já exercitadas. Outra valiosa contribuição da proposta será elaborar uma avaliação pelos próprios alunos das atividades realizadas, ou seja, um feedback que faz com que todo o processo de escrita seja revisado, aprimorado e/ou evidencie o que se pode reelaborar ou construir de modo a tornar o trabalho ainda mais significativo e produtivo e não apenas uma tarefa rotineira a mais.

Nos textos analisados o aspecto da compreensão ou melhor do conteúdo a ideia principal está adequadamente expressa, porém talvez pela insegurança do aluno observa-se uma dificuldade em desenvolver o tema com propriedade. Isto é refiro-me a livre expressão escrita ainda que se limite ao tema/assunto sugerido.

A seguir sugerimos uma atividade de produção textual para PLE nos moldes que já estamos aplicando com êxito em sala de aula tanto da graduação como no preparatório CELPE-BRAS. Cremos que a atividade poderá ser transposta a diferentes grupos nos diferentes níveis do aprendizado (básico/intermediário e avançado) respeitando ou adaptando às necessidades e as características específicas de cada grupo que já devem ser conhecidas pelo professor através de uma sondagem prévia dos seus alunos.

Uma das primeiras propostas que costumamos sugerir ao estudantes é a carta, uma carta pessoal mesmo contando por exemplo, para um familiar ou um(a) amigo(a) a sua vida de estudante longe de casa ou no ambiente da universidade, a princípio estabelecemos um diálogo entre a professora (o professor) e os alunos. Poderá ser mostrado um modelo de carta e também a audição da música "Meu caro amigo", de Chico Buarque, o video clip da música também poderá servir de ilustração como enriquecimento desta atividade. Para na sequência solicitarmos a escrita da carta propriamente dita. Outra possibilidade de produção textual pode ser um blog exclusivo para redação do grupo de estudantes e que possa incluir novos temas semanalmente, por exemplo, escolher um assunto do momento como algum evento esportivo ou cultural que interesse ao grupo e mobilize / incentive a escrita.

O vocabulário que tende a se ampliar com a produção escrita é outro ponto que deve ser trabalhado com dedicação, mas com um exercício constante de

compreensão dos vocábulos a partir das consultas ao dicionário e para além dele.
Um trabalho com os diferentes tipos de texto para produzir outros tornará possível um leque de práticas, como redigir uma descrição ou uma narração, e passo a passo fazendo a distinção entre as duas. A proposta do encadeamento segue a ideia de Chassot (2008, p. 199) que argumenta: "o estabelecimento de relações neste binômio, que nos faz distinguidos como homens e mulheres: escrita e leitura [...]Assim, brindemos por primeiro nossa capacidade de fazer escritura e...façamo-las."
A partir de algumas das proposições pretendemos acrescentar uma ideia de trabalho com a crônica como um dos caminhos de produção textual, bem como de protagonismo na autoria. Utilizando por exemplo um texto de Martha Medeiros, "Anjos":

Fala-se muito em Deus, mas pouco em anjos. Acredito neles,nos zelosos guardadores, não sentados em nuvens tocando trombeta, mas aqui, no plano terreno. Você pode ser meu anjo, e eu o seu.
Vou compartilhar uma história que aconteceu no final de fevereiro.

A partir do uso de um fragmento do texto encaminharemos questões como:
- Você crê em anjos? (sem tratar de aspectos religiosos ou sectários)
- O que é um anjo para você?
- Prossiga a história da autora com as suas ideias e opiniões.
- Leia a história que resultou das duas (a autora Martha e a sua produção).

Os exercícios com parágrafos sugeridos por Garcia (1982, p. 463) são apropriados para o desenvolvimento da escrita em PLE.
Conforme Guedes (1991, p. 146):"Escrever também é escrever sobre.Escrever é, a partir de determinado assunto, organizar enredos, quadros, ideias, argumentos para agradar, agitar, divertir, comover, esclarecer, intrigar, convencer um determinado grupo de leitores, habilidades comuns que devem ser dominadas pelo escritor de qualquer texto."
Percebemos então que se deve conduzir o aluno a experimentar as diferentes possibilidades de escrita ora exemplificando, ora apenas sugerindo o assunto e outras vezes permitindo um tema livre para que a escrita seja em alguns momentos um espaço de liberdade. Na verdade o que se espera da produção textual (redação) é estabelecer nexo, elos entre a leitura, organização do conhecimento e a expressão com clareza, que produz sentido.
A partilha da produção escrita no grupo de estudantes, isto é, a promoção da leitura para os colegas do grupo elucidando os pontos fortes de cada autor gerando assim estímulo para todos.
E aliando a todo este trabalho a leitura que sendo informativa ou interpretativa servirá de farol luminoso para a construção de textos de

excelente qualidade, não sugerindo imitação ou cópia, mas orientando os sentidos da visão e da interpretação para aquela leitura das entrelinhas, dos detalhes mais expressivos e peculiares de cada texto e de cada autor, que passam muitas vezes despercebidos do leitor que não se dedica a uma leitura rigorosa e atenta.

Há diferentes níveis de leitura que foram propostos por Molina (1992) que compreendem: leitura elementar, leitura inspecional, leitura analítica e leitura sintópica, sendo que ao adquirir a competência na leitura é possível transitar entre os quatro níveis adensando conhecimentos, conteúdos e significados advindos das perquirições do leitor.

Pensar a produção escrita e a leitura como elos de uma mesma corrente, onde uma possibilite fortalecer a outra. Leitura e escrita compreendidas aqui como práticas sociais. Outra atividade prática que pode resultar da leitura é a síntese das principais ideias do texto ou mesmo a proposta de uma resenha de um assunto/ texto determinado previamente.

Conforme Mattoso Camara Jr. (1978,p. 58) argumentou: "escrever não é uma prerrogativa dos literatos, mas uma atividade social imprescindível." E será nesta perspectiva que vamos envolvendo nossos estudantes no mundo da leitura e da escrita com a indissociabilidade das duas, resultando em protagonismo de leitores / autores, ousamos argumentar.

Em que sentido a leitura e a escrita ampliam o conhecimento do idioma e se entrelaçam no ensino de PLE? Observamos que os estudantes que leem tem uma escrita de melhor qualidade e argumentos mais elaborados no momento da escrita, mas não somente a leitura do que se trabalha em sala de aula, e sim aquela busca contínua e intensa de conteúdo seja em jornais, revistas, livros, histórias em quadrinhos com material impresso ou mesmo na web.

O estudo das figuras de linguagem e a sua aplicação na escrita são um conteúdo que enriquecerá a produção textual e o conhecimento da Língua Portuguesa. Através do emprego das figuras de linguagem é possível explorar os múltiplos sentidos na escrita como por exemplo com o uso da palavra "fabricar" poderá expressar ricas e inúmeras acepções em diversos contextos que se pretenda atribuir: manufaturar, construir, engendrar, cunhar, maquinar, preparar, inventar ou forjar, este vocábulo com o objetiva de ilustrar.

Se a leitura e a escrita se encontram na produção textual, a escrita se amplia e se redimensiona. Isto é, ocorre a aquisição de um novo valor, novo sentido porque faz com que na proporção em que o repertório da leitura torna-se enriquecido e reabastecido com frequência e método os textos / a produção textual apresenta uma notável qualidade.

Esta qualidade decorrente do processo do conhecimento ampliado do idioma, como já foi afirmado.

Um jornal a ser criado pelo grupo de alunos orientados pelo(a) professor(a) é uma atividade que tem no ato de redigir o seu ponto culminante. Contudo o jornal poderá apresentar conteúdos que interessem aos alunos e ao público externo. Então a turma de alunos será dividida em 2 ou 3 grupos, de acordo com o número total de alunos, e as matérias do jornal serão definidas pelo grupo, bem como as funções de cada colaborador(a)/colunista.

Pensar um título ou nome do jornal em um primeiro momento, e o número de páginas e os principais temas que gradativamente vão gerando textos para serem apresentados e estruturados e organizados dentro do espaço do jornal. Inclusive uma ou mais colunas poderão ocasionalmente solicitar e é claro receber e publicar textos dos leitores (as), que serão alunos de outras turmas ou de leitores da comunidade externa.

A partir do jornal poderá ser criado o "CLUBE DA PRODUÇÃO TEXTUAL" que terá um número "x" de associados cuja a primordial obrigação do associado será trazer quinzenal ou mensalmente um texto de sua autoria para apresentar no grupo com tema livre ou sugerido.

As atividades sugeridas neste estudo pretendem conferir autonomia e protagonismo aos estudantes no processo de ensino/aprendizagem do idioma e sintonizam com a perspectiva de Becker (1999, pp. 89-90) quando afirma: "Em uma sociedade submetida a rápidas e por vezes traumáticas mudanças em tantas áreas, o ensino deve ser dinâmico para poder acompanhar, e se possível antecipar, essas mudanças."

Portanto se propõe e se enfatiza a criatividade, a imaginação dos estudantes através da leitura de textos diversos, seguida de uma produção textual que se quer também diversificada, para que resulte na possibilidade de redigir nas diferentes situações que eles enfrentarão no âmbito acadêmico, profissional e pessoal.

Porque a produção textual não deverá se reduzir a cópia de um ou mais modelos padronizados, mas de construção de uma estratégia e de utilizar recursos de construção textual, uma tessitura de argumentos elaborados onde passo a passo nossos estudantes possam lidar com a análise, a síntese e as relações entre fatos, textos de diferentes estilos e conteúdos.

Para que as propostas de elaboração sejam desenvolvidas a pleno faz-se necessário um leitor competente que saiba apreender os sentidos explícitos e implícitos dos textos em estudo, e a partir destas práticas a construção e a produção textual se dê na perspectiva do aprimoramento do texto contemplando unidade, coerência e escolha semântica adequada ao conteúdo que está sendo apresentado.

É fundamental e enriquecedor que se enfatize na produção textual um desempenho, uma destreza que coloque em evidência o raciocínio, o pensamento crítico e a elaboração da análise e da síntese.

A leitura e a produção textual que se propõe, apóia e pretende um diálogo com o hibridismo, a textualidade e a expansão da escrita, promovendo uma produção textual em movimento que dê conta de nosso tempo e suas múltiplas mediações.

E como se encontra a escrita em expansão? A escrita em expansão está nas mídias como a televisão e a internet, bem como na atitude interpretativa diante de uma narrativa escrita ou contada por imagens, porque estamos todos alunos e professores imersos e relacionados nestes ambientes direta ou indiretamente.

Então através deste exercício contínuo da leitura e da escrita que perpassa os livros novos ou antigos, os jornais do dia impressos ou online e os filmes de temáticas diversas e animações, vamos oportunizando aos nossos estudantes a experiência de se tornarem construtores ativos no seu processo de expressão escrita. Este processo resulta do contato, da exploração e da análise de todos os enlaces entre a fala, o gesto, os sons, a interpretação e a expressão que se divulga e se amplia no ato da comunicação, na riqueza do mundo de nossos estudantes que se traduzem nas teias das palavras bem combinadas e estruturadas em texto.

Na busca da ampliação do vocabulário e das atividades em escrita temos as expressões idiomáticas que servirão de caminho para conhecimento e aprendizado contínuo. Estas expressões mostram um pouco mais de nossa língua e de nossa cultura, bem como a forma do convívio brasileiro no cotidiano. Há condições de através da inclusão das expressões idiomáticas conduzirmos um diálogo com o objetivo de ilustrar o siginficado ou a situação adequada para o uso. A proposta de elaboração de um texto poético também é pertinente, por exemplo sugerir que escrevam partindo da expressão: *Sombra e água fresca*, que expressa querer desfrutar de uma tranquilidade plena. Uma possibilidade que enriquece o conhecimento das expressões idiomáticas e dos falares pelo Brasil afora será reunir as expressões idiomáticas que são utilizadas com maior frequência nas diferentes regiões, e quem sabe apontar as diferentes interpretações da mesma expressão idiomática em uma e outra região.

Um exemplo de texto poético com a expressão: SOMBRA E ÁGUA FRESCA

Quero "sombra e água fresca"
Não a sombra refletida...
A sombra que eu quero
É a sombra da palmeira altaneira
A água fresca que espero
É a água de coco
E uma brisa trigueira...
(Eloísa)

O texto acima serve apenas de ideia, mas há possibilidade de proposta para um debate desencadeado a partir do texto, uma escrita com extensão determinada previamente pelo professor e o grupo de estudantes. O grupo também será desafiado a continuar escrevendo os poemas ou jogo de

palavras tendo como ideia principal uma ou mais expressões idiomáticas.
Pensamos que no momento de receber e trabalhar, corrigir os textos dos alunos devemos ler e assumir um comportamento de acolhida irrestrita, mesmo quando a nossa expectativa e anseio enquanto professores seja frustrada, não devemos esperar pelo texto que gostaríamos de ter em mãos. Devemos reconhecer em cada trabalho de produção textual de nossos alunos o esforço global que cada um ou cada uma realizou para alcançar o objetivo, isto é, temos que acompanhar e valorizar as etapas todas desde as primeiras sentenças até o desenvolvimento de um texto com um fôlego mais intenso e elaboração detalhada.

A escrita primorosa exige um exercício sistemático e frequente, bem como supõe diálogo, interlocução, por este motivo apontamos / sugerimos em alguns momentos das atividades nos quais os próprios colegas sejam os primeiros interlocutores e leitores, pois como a escrita é uma prática social não se escreve para guardar na gaveta ou esconder de nós mesmos e dos demais, e sim para a troca de ideias, de rumos, para fruição, para o elogio ou para a crítica.

> Assim precisamos mesmo é: *estabelecer uma relação viva com o texto de seu aluno* (Guedes, 1991, p. 161).

Não é somente propor a leitura e a escrita / produção textual como um ato em sequência e automático, mas é necessário que estas vivências sejam o motivo que moverá os estudantes ao gosto pelo trabalho criativo da escrita nesta perspectiva, de busca de novos horizontes que a escrita amplia e oferece aos que nela se permitem envolver, viajar e aprender.

Produção textual em PLE nos transforma em professores e alunos jardineiros, cada dia preparando um terreno fértil com as inúmeras sementes, que são as preciosas palavras de um glossário que cada um de nós poderá garimpar e até experimentar aqui e acolá algum neologismo, pois a riqueza de possibilidades e habilidades que vamos desenvolvendo neste jardim de palavras temático e extremamente novo a cada estação.

A leitura e a produção textual proporcionam uma abertura interdisciplinar e temática, porque provoca e permite acesso a assuntos e temas diversificados que têm na linguagem o fio condutor, sendo possível prosseguir aprendendo, debatendo, discutindo e dialogando a partir dos textos e conteúdos que se produziram no âmbito do ensino de PLE.

Esperamos que a produção textual conduza os alunos a um aprendizado com autonomia da sua expressão em diferentes contextos e situações. A leitura será mais uma vez a ferramenta fundamental para o enriquecimento da escrita.

A leitura que pensamos será aquela que aponta possibilidades que não vislumbramos anteriormente, vinculando a leitura como o momento no qual

se provoca a imaginação e em consequência a fruição se intensifica. Através destes momentos especiais de leitura que a capacidade inventiva e artística floresce em textos que se reinventam e faz sentido aproximarmos Bachelard (2006) quando diz: "imaginar será mais que viver".
Assim os estudantes permanecerão desafiados para a produção textual em um período prazeroso aliado ao gosto literário que se transforma em hábito. Castro Pinto (2013) nos dá um contributo apreciável ao conferir através da psicolinguística e dos estudos sobre as fases do desenvolvimento humano para a aquisição das habilidades / atividades de leitura e escrita. A autora prossegue com a tomada de consciência no aspecto de escrita e leitura dos textos acadêmicos. É importante acrescentar na perspectiva desta estudiosa a escrita apresenta uma alta exigência e desempenho na ação fazendo-se necessária uma maior precisão na escolha de vocábulos que expressem com maior exatidão as ideias na forma adequada e na linguagem que o aluno tem em mente. Neste contexto adquire sentido as categorias de ideação, que geram pensamentos criativos e encaminham para a organização da estrutura frásica em um primeiro momento e da estrutura textual na sequência.
Apontamos ainda que há um conjunto de posicionamentos e atitudes fundamentais para o estudante trabalhar em relação ao (s) texto (s) que resultarão na escrita acadêmica qualificada.
Tomamos então a leitura e a escrita como fenômenos complementares, na perspectiva de adequação da forma e do conteúdo que evidenciará o equilíbrio entre as atividades / habilidades nestas duas áreas possibilitando aferir com propriedade o grau da proficiência da leitura e da escrita de nossos alunos em PLE.
Observamos ao longo deste trabalho quão desafiadora e enriquecedora se faz a produção textual em PLE, pois precisamos descortinar, desvelar enfim "[...] se aprende também a recortar o mundo de forma diferente [...]" (Bittencourt, 1997)
Contudo acreditamos que há possibilidades e limites em inúmeras situações de ensino–aprendizagem que estão disponíveis aos professores, bem como a motivação e as características de cada grupo devem ser sondadas primeiramente e sempre levadas em conta no momento do nosso planejamento, na escolha desta ou daquela abordagem ou prática. Porque uma metodologia nem sempre funcionará da mesma forma para todos, e também não pretendemos impor uma cartilha ou uma receita.
As leituras de acordo com cada etapa do aprendizado e as inúmeras atividades práticas favorecerão passo a passo o desenvolvimento da competência comunicativa para a produção textual em PLE.
A psicolinguística constitui uma via que tornará possível "saber ler" e "saber escrever" com um desempenho adequado.
Em síntese os alunos perceberão os fenômenos da leitura e da escrita como complementares e indispensáveis para que através do quebra-cabeça da

leitura seja construído o mosaico ordanado das palavras na produção textual.

Referências

Bachelard, Gaston. *A prática do devaneio*. 2ª ed. Trad. Antonio de Pádua Damesi. São Paulo: Martins Fontes, 2006.

Becker, Bertilo F. Metodologia do ensino focada nos processos. In: Educação, n° 37, Porto Alegre: PUC, 1999.

Bittencourt, Terezinha. Contribuições da Linguística ao ensino de Português Língua Estrangeira. In: Judice, Norimar (Org.). *Ensino de Português para estrangeiros*. Ciclo de Palestras. Niterói, EDUFF, 1997.

Carravetta, Luiza Maria. *Métodos e técnicas no ensino do Português*. Porto Alegre: Mercado Aberto, 1991.

Chassot, Áttico. *Sete escritos sobre educação e ciência*. São Paulo: Cortez, 2008.

Garcia, Othon Moacir. *Comunicação em prosa moderna: aprenda a escrever, aprendendo a pensar*. 10ed. Rio de Janeiro: Ed. da Fundação Getúlio Vargas, 1982.

Guedes, Paulo Coimbra. Ensinar literatura é a tarefa do professor de português. In: Letras de Hoje. Porto Alegre, v.26, setembro de 1991.

Medeiros, João Bosco. *Redação Científica: a prática de fichamentos, resumos e resenhas*. 2ed. São Paulo: Atlas, 1996.

Ohuschi, Márcia Cristina Gleico. *A produção de texto no Curso de Letras: diagnóstico de ensinar a escrita*. Maringá, PR. [s. n.], 2006.

Pinto, Maria da Graça Lisboa Castro. A leitura e a escrita: um processo conjunto assente numa inevitável cumplicidade. In: Letras de Hoje, Porto Alegre, jan./mar. 2013.

Sacconi, Luiz Antonio. *Nossa Gramática Completa*. 29ed. São Paulo: Nova Geração, 2008.

Santos, Liliane Santos and Darcilia Simões (orgs.). *Ensino de Português e Novas Tecnologias Coletâneas de Textos apresentados no I SIMELPE*. Rio de Janeiro: Dialogarts, 2009.

Simpósio Internacional de Estudos de Gêneros Textuais (5.:2009ago. 11-14: Caxias do Sul,RS) Caderno de resumos do V Simpósio Internacional de Estudos de Gêneros Textuais/ Organizadores Marcos Antonio Rocha Baltar...[et al.]. Caxias do Sul. RS: Educs, 2009.

4.3 A literatura brasileira como instrumento motivador no processo de ensino/aprendizagem

Adriana Domenico
Roberta Rodrigues da Silva

O Projeto Contos foi desenvolvido no Peru durante quatro anos, a partir da abordagem intercultural e comunicativa e utilizou elementos da cultura brasileira, nesse caso a literatura, como instrumento motivador no processo de ensino/aprendizagem da língua portuguesa do Brasil.

Por meio da leitura de textos curtos, contos e crônicas, os alunos de PLE tiveram a oportunidade de entrar em contato com a cultura, com os costumes e com a história do Brasil, ao mesmo tempo em que enriqueceram seu vocabulário e melhoraram a sua produção oral e escrita, de modo significativo, mesmo em casos de alto grau de timidez e dificuldade de aprendizagem. Esses textos tornaram-se um elemento importante de motivação e integração e interação entre os alunos dentro do processo de ensino/aprendizagem do idioma.

Nesse processo, o professor atuou como mediador nas atividades que foram desenvolvidas pelos alunos que, a partir do texto original, produziram um vídeo adaptando esse texto para os dias atuais. A atividade foi direcionada da seguinte maneira: os alunos receberam por e-mail contos ou crônicas para leitura e uma agenda de trabalho com datas de cada etapa da atividade que foi desenvolvida, a saber: período de leitura em casa; interpretação do texto por meio de exercícios e resolução de dúvidas e discussão em aula; apresentação prévia por escrito do roteiro do vídeo; devolução do texto com as devidas correções e apresentação do vídeo para todos os alunos da instituição.

Os alunos leram obras de diversos autores brasileiros como Machado de Assis, Carlos Drummond de Andrade, Clarice Lispector, Luis Fernando Veríssimo, Fernando Sabino, Lima Barreto, Lygia Fagundes Teles entre outros. Apresentamos a seguir esse projeto e os pressupostos teóricos que fundamentaram nossas escolhas.

A Literatura como um elemento motivador no processo de ensino/aprendizagem de PLE

A literatura é uma forma de arte que encanta e apaixona seus leitores. Um aluno que se propõe a aprender uma língua estrangeira entra em contato, não somente com o idioma em si, mas também com os elementos culturais que envolvem um universo desconhecido como os costumes, a música, a história, a alimentação, e também, a literatura da língua-alvo. Para Almeida Filho (p.108), a cultura governa a maior parte das atitudes, dos comportamentos, das representações e dos costumes dos falantes de uma língua. Ela frequentemente orienta as ações e as perspectivas desses falantes sem que eles estejam conscientes disso.

De acordo com Penny Ur (p.201), a literatura é um instrumento significativo no processo de ensino/aprendizagem de uma língua estrangeira, pois faz parte da cultura alvo. A leitura de textos literários envolve tanto as emoções quanto o intelecto dos leitores, e, além disso, traz exemplos de diferentes estilos de escrita e representações de vários usos autênticos da linguagem sendo, portanto, um bom recurso para expansão de vocabulário. A literatura encoraja o pensamento sensibilizador, crítico e criativo do leitor contribuindo para a ampliação do seu conhecimento de mundo.

Por isso, propusemos dentro do curso de PLE, uma atividade que englobasse a cultura e a literatura e envolvesse alunos e professores ao mesmo tempo. A nossa intenção foi dar aos alunos a oportunidade de usar os conteúdos estudados na língua-alvo em um contexto real e criativo a partir da leitura e da discussão do texto literário e da produção de um vídeo. Diante disso, era, também, nossa intenção que os alunos se sentissem motivados a ler e a compreender textos autênticos.

Dörnyei (p.10-11) afirma que a motivação não é mais vista como um reflexo de forças internas tais como instintos, necessidades, estados emocionais e energia psíquica; e tampouco é considerada estritamente em termos de comportamentos como uma função de estímulo e reforço. Assim, entendemos a motivação como um processo que atua de fora para dentro – porque as atividades intervêm diretamente nos pensamentos dos indivíduos e na forma de integração e interação com a língua-alvo; e de dentro para fora – porque promove uma mudança no comportamento do indivíduo dentro de um contexto.

Reforçando essa ideia, Gardner (p.1-2) defende que a motivação instrumental e a motivação integrativa facilitam a aprendizagem de uma língua-alvo. A motivação integrativa é baseada em atitudes positivas dos alunos com relação à língua-alvo, o que os leva a um desejo de fazer parte da dessa cultura ou interagir com aquele grupo social. A motivação instrumental é caracterizada por um desejo de obter reconhecimento social; refere-se às considerações práticas e pode estar conectada com vantagens econômicas, muitas vezes, decorrentes do conhecimento de uma língua estrangeira.

Acreditamos que no ambiente de aprendizagem de idiomas a interação e a integração entre professor e aluno, aluno e grupo são fundamentais para romper a heterogeneidade existente neste ambiente. Para tanto, entendemos que a utilização de atividades teatrais são efetivas no processo de ensino/aprendizagem de uma língua estrangeira por serem envolventes, divertidas e motivadoras para os alunos e, também, por promoverem oportunidades variadas para os diferentes usos de linguagem, envolvem sentimentos e são uma experiência valiosa com a língua-alvo.

Ainda nesse sentido, Maley (2005) nos mostra que as atividades teatrais dão aos aprendizes de língua estrangeira a oportunidade de empregar as habilidades da língua de modo natural e espontâneo em contextos situacionais que retratam situações da vida real. Além disso, essas atividades ajudam o aluno a reconhecer seus pontos fortes e fracos sobre o domínio da língua e estimulam o equilíbrio da heterogeneidade da sala de aula, pois incentivam a criatividade, a imaginação e a tomada de risco que são fatores importantes para uma efetiva aprendizagem de língua. Essa tomada de consciência dá ao aluno autoestima e confiança para expressar-se na língua alvo e expor seus pontos de vistas.

A literatura a favor da abordagem comunicativa e intercultural

Um dos conceitos mais importantes e difundidos da teoria literária é o de que uma obra não existe por si mesma, o texto é uma obra aberta aos diferentes olhares – o do leitor e o do produtor – e por isso, permite variedades de interpretações e até mesmo reconstruções. Em uma abordagem comunicativa e intercultural de ensino e aprendizagem de PLE, espera-se estabelecer um diálogo cultural ou constituir aquilo que Edleise Mendes (p.142) denomina "zona fronteiriça" ou "terceiro lugar". Para a autora, a perspectiva intercultural faz com que a língua-alvo não esteja restrita às atividades propostas na sala de aula, mas sim que ela se torne um instrumento de interação, cooperação e integração entre indivíduos de origens distintas.

Em nossa experiência, a utilização do texto literário como instrumento motivador no processo de ensino/aprendizagem de PLE e as atividades relacionadas conduziram os alunos ao uso da língua-alvo em situações reais de uso. Os pressupostos que guiaram nosso projeto foram oferecidos por Maria Nilse Schneider (p.70), para quem "na abordagem comunicativa, os conceitos atividade, interação social, motivação e postura comunicativa exercem um papel fundamental". Em relação às atividades, a pesquisadora destaca que a aquisição da competência comunicativa na língua-alvo requer atividades focalizadas no desenvolvimento da fluência e da acurácia (do aperfeiçoamento). Atividades centradas na acurácia refletem o uso correto da língua em contextos de aprendizagem formal e monitorada. Atividades focalizadas na fluência refletem a comunicação real e o uso natural da língua em contextos situacionais, bem como o uso de estratégias de comunicação. Estas atividades permitem ao aluno interconectar as diferentes habilidades (ouvir, ler, escrever e falar) e aplicar o que foi estudado.

Em nosso, projeto aplicamos todos esses conceitos à medida que todas as etapas do projeto foram planejadas e monitoradas pelo professor, os alunos compartilharam suas ideias sobre o projeto com seus companheiros e com o professor, opinaram sobre a atividade, tiraram suas dúvidas e discutiram o texto lido, contextualizando-o a partir do uso das estruturas e vocabulário estudados com a interconexão das quatro habilidades ouvir, ler, escrever e falar.

O registro escrito também foi abordado em nosso projeto, por esse motivo as noções de coerência e coesão textuais foram apresentadas aos alunos para que eles pudessem produzir um texto organizado e com linguagem adequada. Para tanto, utilizamos as noções de coesão e coerência propostas por Eggins. A noção de coerência relaciona-se com a "boa formação" do texto, oral ou escrito, sendo estabelecida na interação entre dois indivíduos. A coerência faz com que o texto faça sentido para os leitores.

Eggins (1994) afirma que o texto coerente tem dois aspectos importantes, o cultural que relaciona-se à estrutura de gênero textual, e portanto faz com que o texto respeite os estágios e as finalidades de cada gênero; e o situacional referente às variáveis de assunto, relação entre os interlocutores e ao uso da linguagem. Como exemplo, podemos citar os contos de fadas em que encontramos situações fantásticas nas quais crianças viajam a outros mundos, animais falam e utilizam linguagem oralizada, o que não seria admitido em gêneros mais formais como uma carta comercial.

A noção de coesão é explicitamente revelada por meio de marcas linguísticas e superficiais do texto, sendo, portanto, de caráter linear, já que se manifesta na organização sequencial do texto. É nitidamente sintática e gramatical.

De acordo com Eggins (1994), um texto será coeso se mantiver os participantes, em nosso caso os elementos da história, observar seleção lexical adequada; e utilizar elementos linguísticos como conjunções para relacionar as orações. O quadro abaixo foi utilizado para a correção do texto-roteiro que os alunos produziram para o vídeo.

Parâmetros para avaliação escrita				
	INSATISFATÓRIO	SATISFATÓRIO	BOM	MUITO BOM
COERÊNCIA				
Tema	O tema proposto não foi respeitado.	Algumas referências ao tema proposto foram feitas.	O tema proposto foi respeitado.	O tema proposto foi bem desenvolvido.
Organização	O encadeamento de ideias é confuso e nos piores casos torna o texto incompreensível.	O encadeamento de ideias é um pouco confuso.A releitura para compreensão.	O encadeamento de ideias é organizado com início, meio e fim do texto, mas a organização interna do parágrafo é confusa.	O encadeamento de ideias é bastante organizado e a organização interna do parágrafos também.

COESÃO				
Estrutura Uso das estruturas da língua referentes ao nível	O uso inapropriado das estruturas da língua é frequente tornando a releitura necessária para uma compreensão.	O uso inapropriado das estruturas da língua é ocasional tornando a releitura necessária para uma compreensão.	O uso inapropriado das estruturas língua não interfere na compreensão do texto.	Poucos ou nenhum erro no uso das estruturas da língua.
Vocabulário Uso das palavras e das expressões idiomáticas referentes ao nível.	Uso do vocabulário do nível é restrito e, às vezes, inapropriado. A releitura necessária para uma compreensão.	Uso do vocabulário do nível é limitado. A releitura necessária para uma compreensão.	Uso ocasional do vocabulário do nível e também bom uso de vocabulário em geral.	Uso frequente e apropriado do vocabulário do nível. Bom uso de vocabulário em geral.

Quadro 1- Parâmetros para avaliação escrita desenvolvido para o Projeto Contos

Definir quais seriam os parâmetros que nos guiariam no reconhecimento do nível de proficiência linguística de nossos alunos para que pudéssemos adequar à atividade também foi nossa preocupação. O Quadro Europeu Comum de Referências para as Línguas foi escolhido e a partir dele tivemos a certeza de que a atividade proposta era compatível com as expectativas do nível de proficiência dos alunos, o nível intermediário.

DESCRIÇÃO DO NÍVEL INTERMEDIÁRIO			
O aluno é capaz de compreender as questões principais em linguagem clara e estandardizada e os assuntos lhe são familiares (temas abordados no trabalho, na escola e nos momentos de lazer, etc.). É capaz de lidar com a maioria das situações encontradas na região onde se fala a língua-alvo. É capaz de produzir um discurso simples e coerente sobre assuntos que conhecidos ou de interesse pessoal. Pode descrever experiências e eventos, sonhos, esperanças e ambições, bem como expor brevemente razões e justificativas para uma opinião ou um projeto.			
Input			Output
Leitura	Acuidade Auditiva	Produção Escrita	Produção oral
É capaz de compreender textos com linguagem clara e objetiva como descrições de acontecimentos, sentimentos e desejos, cartas pessoais e e-mails, texto literários, artigose reportagens sobre assuntos contemporâneos.	É capaz compreender os pontos essenciais de uma sequência de fala clara e objetiva sobre assuntos do seu cotidiano Compreende os pontos principais de programas de rádio e televisão sobre temas atuais ou assuntos de interesse pessoal ou profissional.	É capaz de escrever um texto articulado de forma simples sobre assuntos conhecidos ou de interesse pessoal, como cartas e e-mails pessoais descrevendo experiências e impressões defendendo seu ponto de vista.	É capaz de articular expressões simples para descrever experiências, acontecimentos, sonhos, desejos e ambições. É capaz de explicar ou justificar opiniões e planos, contar uma história, relatar o enredo de um livro ou filme e descrever as suas reações.
INTERAÇÃO ORAL			
O aluno é capaz de lidar com a maior parte das situações que podem surgir durante uma viagem a um local onde a língua-alvo é falada. Consegue entrar, sem preparação prévia, em uma conversa sobre assuntos conhecidos, de interesse pessoal ou do dia a dia como: família, passatempos, trabalho, viagens e assuntos da atualidade.			

Quadro 2- Descrição linguística do desempenho oral adaptado do Quadro Europeu Comum de Referências para as Línguas

A seguir apresentamos as atividades desenvolvidas e aplicadas em nosso projeto.

Proposta de atividade

LITERATURA BRASILEIRA	
Ter contato com a Literatura por meio de contos e crônicas é importante para quem está estudando uma língua estrangeira porque entramos em contato com a cultura e os costumes desse país, além de enriquecermos nosso conhecimento e ampliarmos nosso vocabulário.	
AGENDA DE TRABALHO	**CRITÉRIOS DE AVALIAÇÃO**
1. Professor envia aos alunos o texto a ser lido, o calendário das atividades e o roteiro de atividades. 2. Leitura guiada do texto em casa com exercícios a serem respondidos. 3. Releitura, correção e discussão do texto em sala de aula. 4. Apresentação da proposta de trabalho a ser apresentada pelos alunos. 5. Correção-1, entrega do texto para professor 6. Devolução do texto corrigido pelo professor. 7. Correção- 2, entrega do texto para professor. 8. Devolução do texto corrigido pelo professor. 9. Sessões de ensaio para a preparação da gravação do vídeo. 10. Entrega do DVD ao professor. 11.Apresentação da atividade para sala de aula ou para a instituição.	1. Pontualidade no cumprimento das datas previstas para cada etapa da atividade. 2. Participação na elaboração da atividade. 3. Apresentação da atividade: as apresentações prévias (texto para correção) e o produto final (Vídeo em DVD). 4. O aluno receberá o quadro "Descrição do nível intermediário" a fim de iniciar um processo reflexivo sobre a sua produção em PLE. Apresentado no corpo do texto. 5. O aluno receberá o quadro "Parâmetros para avaliação escrita" contendo os elementos que serão avaliados na sua produção escrita. Apresentado no corpo do texto. 6. A avaliação da atividade será feita por meio de quadros avaliativos sobre todas as fases da atividade que os grupos, o aluno e o professor completarão para compor a nota final. Ver anexos. 7. Observação: o texto deve ser corrigido o número de vezes que o professor achar necessário.
Duração do vídeo	03 a 05 minutos
Formato para a entrega do trabalho	DVD
Roteiro	Texto escrito com diálogos
Características do vídeo O texto literário deverá ser reescrito na forma de diálogos adaptados e dramatizados com linguagem, personagens e cenário atuais; Número de personagens: 3 a 5; Trilha sonora: música brasileira; Atuação de todos os participantes do grupo no vídeo; Não serão aceitos textos no gênero crítica literária, teatro de marionete e fantoche; A edição deverá conter nome dos integrantes do grupo, do professor e nível do grupo.	

Quadro 3- Agenda de trabalho e critérios de avaliação

Esta atividade dever ser aplicada a partir do nível intermediário de acordo com o quadro adaptado do Quadro Comum Europeu de Referência para as Línguas que propusemos.

Roteiro para elaboração da atividade

Ao escolher o texto a ser lido pelos alunos, o professor deve considerar os temas já abordados em aula, as estruturas linguísticas e o vocabulário já estudados. O texto deve ter de 4 a 7 páginas, enredo intrigante e final inusitado sensibilizando e despertando a criatividade do aluno. É importante que o professor estipule o período de cada fase da atividade para que o aluno possa organizar-se no cumprimento das tarefas.

Após a escolha do texto, o professor deve preparar atividades de leitura para auxiliar os alunos na compreensão do texto. Essas atividades devem explorar os aspectos gerais da história, seus os elementos específicos e ajudar o aluno na decodificação de vocabulário novo e de expressões idiomáticas. A seguir, apresentamos um roteiro com sugestões de atividades de leitura que poderão ser desenvolvidas e aplicadas pelo professor.

Atividade de pré-leitura
Nesse estágio, as atividades devem ativar o conhecimento prévio dos alunos sobre o tema do texto ou apresentar assuntos novos de modo eles que despertem a curiosidade dos alunos.
Sugestões de atividades:
a) apresentação de vídeo sobre a vida e obra do autor escolhido
b) apresentação de fotos e/ou ilustrações relacionadas ao texto escolhido
c) apresentação do título do texto por meio de jogos ou discussões acerca do provável enredo da história

Atividade de leitura
Leitura 1
Nesse estágio, os alunos iniciam a leitura guiada do texto com o objetivo de uma compreensão ampla na qual as informações gerais do texto - "O que?", "Quem?", "Onde?" e "Quando?" - devem ser entendidas. As atividades preparadas pelo professor devem chamar a atenção dos alunos leitores e ajudá-los a localizar os fatos essenciais da história no texto.
Sugestões de atividades:
a) apresentação de sentenças sobre a sequência do texto para que os alunos as coloquem em ordem
b) questões de múltipla escolha
c) questões para assinalar verdadeiro ou falso
Leitura 2
Nesse estágio, os alunos fazem uma releitura do texto e decodificam vocabulário e expressões linguísticas, em seguida respondem questões específicas - "Como?" e "Por quê?" - e relacionam essas informações com aquelas obtidas anteriormente, tendo assim uma compreensão global do texto. O professor deve estabelecer e mediar um diálogo intercultural no qual discussões a cerca dos temas abordados no texto são debatidos com a intenção de conscientizar o aluno sobre as diferenças ou similaridades culturais entre as duas culturas. Essa discussão dá aos alunos a oportunidade de uso real da língua-alvo.
Sugestão de atividades:
a. relacione as expressões idiomáticas com os seus significados
b. exercícios com sinônimos e antônimos
c. perguntas abertas e debate sobre o texto
Após a conclusão dos estágios anteriores, atividades pré-leitura e leitura, os alunos participam de atividades em grupos e desenvolvem a atividade proposta, o vídeo.

Atividade de pós-leitura
Nesse estágio, os alunos participam de atividades de pós-leitura, a partir das quais refletem e desenvolvem as atividades relacionadas que são propostas pelo professor. Em nosso projeto, os alunos, em grupo, produziram um vídeo no qual o texto literário foi recriado na forma de diálogo e adaptado com linguagem, personagens e cenário atuais.
Essa atividade pode ser apresentada no formato peça de teatro, caso os recursos para gravação não estejam disponíveis.

Considerações finais
Ao adaptarem o texto lido para diálogos simples, contextualizados e atuais que compuseram o roteiro do vídeo no Projeto Contos, os alunos se integraram, cooperaram e interagiram com um único propósito, conceber um produto final que fosse comum a todos os participantes do grupo. Esse trabalho em conjunto ajudou a romper as diferenças existentes no mundo heterogêneo que é a sala de aula, pois o objetivo em comum que tinham, aplicar os conteúdos estudados da língua-alvo de maneira criativa, desvendando os códigos linguísticos e culturais do texto literário, constitui-se como um elemento motivador para o trabalho em equipe.
Esse processo que foi desenvolvido a partir de atividades monitoradas pelo professor com foco na acurácia, as atividades de leitura, e no desenvolvimento da fluência, por meio de atividades que demandaram maior autonomia dos alunos – processo de produção do vídeo e todo o processo de produção oral- possibilitou aos alunos a interconectar as quatro habilidades do idioma e conseqüentemente desenvolver autoconfiança e segurança ao utilizar a língua alvo em contextos reais, durante as discussões em sala de aula, e em contextos situacionais, nos diálogos produzidos para o vídeo.
Em termos de produção lingüística, os alunos tiveram a oportunidade de usar as estruturas e o vocabulário estudados em situações reais de uso, antes e durante a preparação da atividade. Eles puderam refletir sobre sua própria cultura e expressar seus pontos de vistas sobre a cultura alvo, comparando-as. Assim, puderam construir novas visões de mundo sobre a cultura alvo ou desconstruir pré-julgamentos que faziam parte de seu repertório cultural até então. Certamente, um novo olhar perante a outra cultura foi estabelecido por meio de uma experiência, na qual a reflexão sobre os diferentes aspectos que permeiam a cultura e o idioma alvo foi um elemento chave.
A junção de instrumento tecnológicos, recursos simples de filmagem como telefones celulares e câmeras fotográficas como os utilizados pelos alunos, à literatura redimensionou o modo como os alunos interagiram e receberam a leitura de um texto literário. Eles tiveram a oportunidade de incorporar a literatura aos elementos de suas vidas diárias e, também, a de reconhecerem-se como leitores de autores canônicos na língua alvo.

A autorreflexão conduzida pela auto-avaliação teve um papel importante nesse processo de ensino aprendizagem e de interação, visto que a autoavaliação, após a apresentação do vídeo, foi um momento no qual todos os envolvidos no processo tiveram a chance de se autoavaliar e depois avaliaram seus colegas. Essa avaliação aconteceu sem a necessidade de atribuir notas e sim reconhecer o desempenho de todos os membros do grupo dentro de cada fase do processo. Essa reflexão, guiada pelas referências sobre os níveis de proficiência linguística e pelos parâmetros textuais permitiram que os aprendizes tivessem um norte ao se avaliarem e, conseqüentemente começassem a desenvolver a conscientização sobre eles mesmo enquanto aprendizes-falantes de um novo idioma e, também, traçar novas etapas e desafios que o motivem a continuar a aprender a língua alvo. As atividades desenvolvidas para a aplicação desse projeto encontram-se nos anexos. Nossa sugestão é que o docente possa recriar ou adaptar nossa proposta de acordo com sua realidade.

Referências

Almeida Filho, José Carlos Paes de. *Fundamentos de Abordagem e Formação no Ensino de PLE e de Outras Línguas*, Pontes Editores 2011. Livro.

Castro, Carla Augusta da Costa Santos, A Motivação e a Autonomia através do uso do computador no ensino-aprendizagem de inglês, Revista Sigma Eletrônica. Instituto de Ensino Superior do Amapá, 30 julho de 2013.<http://www.iesap.edu.br/sigma>

Eggins, S. *An Introduction to systemic functional Linguistics*. London: Pinter, 1994.Livro.

Gardner, R. C., & Lambert, W. E. (1972). *Attitudes and motivation in second language learning*. Rowley, MA: Newbury House. Livro.

Maley, A.; Duff, A. *Drama Techniques: A resource book of communication activities for language teachers*. Cambridge: Cambridge University Press, 2005. Livro.

Quadro Europeu Comum de Referências para as línguas: Aprendizagem, ensino, avaliação. Coleção perspectivas actuais /educação. Edições Asa. 2001. Manual.

Santos, Percilia e Alvarez, Maria Luiza Ortiz. *Língua e Cultura no contexto de português língua estrangeira*, Pontes Editores, 2010. Livro.

Schenneider, Maria Nilse. *Abordagem de ensino e aprendizagem de línguas: comunicativas e intercultural*. Sistema Eletrônico de Editoração Revistas. Universidade Federal do Rio Grande do Sul, 8 ago, 2013. <http://seer.urfgs.br/contingetia>

Ur, Penny. *A Course in Language teaching: Practice and Theory*.Cambridge teaching training and development, Series Editors: Marion Williams and Tony Wright. Cambridge University Press. 1991. Livro.

Anexos

O Golpe do Comendador - Fernando Sabino

Ele sabia que aquilo ainda ia acabar mal. Ele era noivo, à antiga: pedido oficial, aliança no dedo, casamento marcado. Mas, no ardor da juventude, não se contentava em ter uma noiva em Copacabana: tinha também uma namorada na cidade.

Encontravam-se na hora do almoço, ou em algum barzinho do centro, ao cair da tarde, encerrado o expediente. Ele trabalhava num banco, ela num escritório. A noiva não trabalhava: vivia em casa no bem-bom.

E tudo ia muito bem, até que a namorada, que morava na Tijuca, resolve se mudar também para Copacabana.

A princípio ele achou prudente não voltarem juntos, já que uma não sabia da existência da outra. Com o correr do tempo, porém, foi relaxando o que lhe parecia um excesso de precauções. Mais de uma vez eu adverti ao meu amigo:

— Cuidado. Um dia a casa cai.

— Seria o auge da coincidência — protestava ele.

Pois acabou acontecendo. Foi numa tarde em que os dois voltavam de ônibus para Copacabana, muito enleados, mãozinhas dadas. Ali pela altura do Flamengo, ao olhar casualmente pela janela, ele viu e reconheceu de longe a moça que fazia sinal no ponto de parada.

Em pânico, o seu primeiro impulso foi o de gritar para o motorista que não parasse, para evitar o encontro fatal. Era o cúmulo do azar: havia um lugar vago justamente a seu lado, naquele último banco, que comportava cinco passageiros.

O ônibus parou e ela subiu. Ele se encolheu, separando-se da outra, mãos enfiadas entre os joelhos e olhando para o lado — como se adiantasse: já tinha sido visto. A noiva sorriu, agradavelmente surpreendida:

— Mas que coincidência!

E sentou-se a seu lado. Você ainda não viu nada — pensou ele, sentindo-se perdido, ali entre as duas. Queria sumir, evaporar-se no ar. Num gesto meio vago, que se dirigia tanto a uma como a outra, fez a apresentação com voz sumida:

— Esta é a minha noiva...

— Muito prazer — disseram ambas.

E começaram uma conversa meio disparatada por cima do seu cadáver:

— Você o conhece há muito tempo? — perguntou a noiva titular.

— Algum - respondeu a outra, tomando-o pelo braço: — Só que ainda não estamos propriamente noivos, como ele disse...

— Ah, não? Que interessante! Pois nós estamos, não é, meu bem? E a noiva o tomou pelo outro braço:

— Você não havia me falado a respeito da sua amiguinha...

Atordoado, nem tendo o ônibus chegado ainda ao Mourisco, ele perdeu completamente a cabeça. Desvencilhou-se das duas e se precipitou para a porta, ordenando ao motorista:

— Pare! Pare que eu preciso descer!

Saltou pela traseira mesmo, sem pagar, os demais passageiros o olhavam, espantados, o trocador não teve tempo de protestar. Atirou-se num táxi que se deteve ante seus gestos frenéticos, foi direto à minha casa:

— Você tem que me ajudar a sair dessa.

Amigo é para essas coisas, mas não me dou por bom conselheiro em tais questões. Mal consigo eu próprio sair das minhas: a emenda em geral é pior do que o soneto. Ainda assim, tão logo ele me contou o que havia acontecido, ocorreu-me dizer que, se saída houvesse, ele teria que abrir mão de uma — com as duas é que não poderia ficar. Qual delas preferia?

— A minha noiva, é lógico - afirmou ele, sem muita convicção: É com ela que vou me casar.

E torcia as mãos, nervoso:

— Pretendia, né? Imagino o que a esta hora já não devem ter dito uma para a outra. O pior é que minha noiva é meio esquentada, para acabar no tapa não custa.

Respirou fundo, mudando o tom:

— Também, que diabo tinha ela de tomar exatamente aquele ônibus? E o que é que estava fazendo àquela hora no Flamengo? De onde é que ela vinha?

— Eu que sei? — e comecei a rir: — Me desculpe, meu velho, mas essa não pega.

Ele se deixou cair na poltrona.

— É isso mesmo. Não pega. Nenhuma pega. Estou liquidado. Não tem saída.

— Só vejo uma — e fiz uma pausa, para dar mais ênfase: — O golpe do comendador.

Marido exemplar, pai extremoso, avô dedicado, como se usava antigamente, o ilustre comendador era de uma respeitabilidade sem jaça. Vai um dia sua digníssima consorte, chegando inesperadamente em casa, dá com o ilustre na cama da empregada. Com a empregada.

Enquanto a esposa ultrajada se entregava a uma crise de nervos lá na sala, o comendador se recompunha no local do crime, vestindo meticulosamente a roupa, inclusive colete, paletó e gravata. Em seguida se dirigiu a ela nos seguintes termos:

— Reconheço que procedi como um crápula, um canalha, um miserável. Cedi aos sentidos, conspurcando o próprio lar.

Você tem o direito de renegar-me para sempre, e mesmo de me expor à execração pública. E provocar em consequência a desgraça de nosso casamento, a desonra de meu nome e o opróbrio de nossos filhos e netos. A menos que resolva me perdoar, e neste caso não se fala mais nisto. Perdoa ou não?

Aturdida com tão eloquente falatório, a mulher parou de chorar e ficou a olhá-lo, apalermada.

— Vamos, responda! — insistiu ele com firmeza: — Sim ou não?

— Sim — balbuciou ela, timidamente.

Ele cofiou os bigodes e, do alto de sua reassumida dignidade, declarou categórico:

— Pois então não se fala mais nisto.

Tão logo ouviu o caso do comendador, o noivo desastrado resolveu imitá-lo. De minha casa mesmo telefonou para a noiva, dizendo-lhe atropeladamente que ele era um crápula, um canalha — em resumo: o ser mais ordinário que jamais existiu na face da terra. Depois, sem lhe dar tempo de retrucar, despejou-lhe uma cachoeira de declarações amorosas, invocando o casamento marcado, a felicidade de ambos para sempre perdida, os filhos que não mais teriam... Não faltaram nem reminiscências dos primeiros dias de namoro - tanto tempo já que se amavam, ela não tinha treze anos quando se conheceram, as trancinhas que usava, lembra-se? Tudo isso ia por água abaixo — a menos que o perdoasse.

Desligou o telefone, vitorioso.

— Concordou em se encontrar comigo.

— Não se esqueça. O comendador.

— Já sei. Não se fala mais nisto.

E se foi, alvoroçado. Nem comigo se falou mais nisto, mas de alguma forma deu certo, pois acabou se casando, teve vários filhos e, segundo ouvi dizer, vive feliz até hoje.

Com a outra.

Texto extraído do livro "Fernando Sabino – Obra Reunida", Volume III, Editora Nova Aguilar S.A. – Rio de Janeiro, 1996, pág. 148.

Atividade de pré-leitura

1.Após ver o vídeo com uma curta fala de Fernando Sabino sobre a profissão de escrito, respondas as seguintes questões:

a.Se Fernando Sabino não fosse escritor, qual seria a sua outra profissão ?
b.O que é escrever para Fernando Sabino?
c.Vocês concordam com a afirmação de Fernando Sabino sobre o que é escrever?

Abaixo, encontra-se o link para o vídeo.

http://www.youtube.com/watch?v=on66qzbsnBM

Atividade de leitura

1.Leitura

2.Enumere as sentenças abaixo de acordo com a sequência do texto:

( ) Encontravam-se na hora do almoço, ou em algum barzinho do centro, ao cair da tarde.
( ) — Pare! Pare que eu preciso descer!
( ) — Reconheço que procedi como um crápula, um canalha, um miserável. Cedi aos sentidos, conspurcando o próprio lar.
( ) Foi numa tarde em que os dois voltavam de ônibus para Copacabana.
( ) Amigo é para essas coisas, mas não me dou por bom conselheiro em tais questões.
( ) — A minha noiva, é lógico - afirmou ele, sem muita convicção: É com ela que vou me casar.
( ) Pois acabou se casando, teve vários filhos e, segundo ouvi dizer, vive feliz até hoje.Com a outra.
( ) Num gesto meio vago, que se dirigia tanto a uma como a outra, fez a apresentação com voz sumida.
( ) — Só vejo uma — e fiz uma pausa, para dar mais ênfase: — O golpe do comendador.
( ) Ele era noivo, à antiga: pedido oficial, aliança no dedo, casamento marcado.

2.Leitura

3. Relacione as expressões idiomáticas com os seus significados:

a. .acabar mal
b. um dia a casa cai
preocupações
c. a emenda em geral é pior que o soneto acaba em problemas
d. vivia no bem bom
e. amigo é para essas coisas explicar uma mentira
f. tudo isso ia por água abaixo seu amigo o ajudará

( ) tudo ia acabar
( ) levava uma vida sem
( ) uma situação que
( ) a mentira será
( ) é perda de tempo
( ) em qualquer situação

4. Responda as perguntas abaixo:

a. Qual foi o conselho do amigo?	c. Você conhece alguém que já viveu uma situação parecida com a do noivo?
b. O que aconteceu após o noivo ter conversado com o amigo?	d. Você recomendaria o golpe do comendador a um amigo? Por quê?

Pós-leitura

O professor deve entregar aos alunos o quadro "Proposta de atividade" com a descrição da atividade que encontra-se no corpo do texto.

Quadros de avaliação

Avaliação do trabalho em grupo – o aluno avalia o grupo				
Os membros do grupo	Insatisfatório	Satisfatório	Bom	Muito bom
Entenderam o propósito da tarefa				
Compartilharam suas ideias e recursos para o desenvolvimento da atividade				
Foram receptivos às ideias dos colegas				
Foram receptivos às correções feitas pelo professor				
Ficaram satisfeitos com o resultado final				
O trabalho em grupo nos ajudou a ...				

Quadro 4-Avaliação do trabalho em grupo – o aluno avalia o grupo

Auto-Avaliação				
	Insatisfatório	Satisfatório	Bom	Muito bom
Cooperei com o grupo				
Fui responsável				
A minha pronúncia foi				
Minha expressão corporal foi				
Minha representação do personagem foi				

Quadro 5-Auto-Avaliação

Avaliação – professor- grupo				
	Insatisfatório	Satisfatório	Bom	Muito bom
Pontualidade no cumprimento das datas previstas				
Receptividade às correções				
Respeitou as características da atividade proposta				
Observações				

Quadro 6-Avaliação – Professor- grupo

Avaliação- Eu e a atividade
O meu personagem foi...
Eu gostei de.... porque....
Eu não gostei de.... porque....
A atividade me ajudou a utilizar os conteúdos estudados em sala de aula... porque...
Ao desenvolver a atividade, eu percebi que os meus pontos fortes em língua portuguesa são.... e os meus pontos fortes em língua portuguesa são....

Quadro 7- Avaliação- Eu e a atividade

4.4 A aplicação de técnicas de teatro no ensino de PLE
Denise Maria Osborne

Embora a aplicação do teatro na educação tenha sido abordada há séculos (e.g., Platão discute o papel das artes na educação da moral em *A República* [qtd. in Blackenship 67]), a sua aplicação no ensino de língua estrangeira (LE) é ainda uma abordagem nova. De acordo com Marini-Maio e Ryan-Scheutz (1), somente nas décadas recentes, o teatro e o estudo de LE tem tido uma aboradagem interdisciplinar. Mesmo sendo consideradas duas áreas de conhecimento separadas, muitos dos conceitos associados às áreas do ensino e aprendizagem de LE e as artes cênicas compartilham pontos em comum. Por exemplo, tanto o ensaio de peças de teatro quanto a sala de aula compartilham certas dimensões linguísticas, culturais e cognitivas, como a gramática, os aspectos culturais, a pronúncia, a intonação, a paráfrase, a comunicação não verbal, a memória, a interpretação de textos e subtextos, a leitura e os traços extralinguísticos (Smith). Além disso, as técnicas de teatro podem ajudar a desenvolver nos alunos um sentido de autoria e responsabilidade pelo seu próprio aprendizado, bem como a autoconfiança na produção da língua alvo (e.g., Boudreault). Provavelmente, a conexão mais importante entre o aprendizado de PLE e as técnicas de teatro é que este fornece aos alunos oportunidades de praticar português de uma forma espontânea e interativa, ajudando-os a se prepararem para usar a língua em situações fora da sala de aula.

O que a pesquisa acadêmica tem a dizer sobre a aplicação de técnicas de teatro no ensino de língua estrangeira?
Os benefícios da aplicação de técnicas de teatro nas aulas de LE têm sido investigados e constatados tanto na prática da sala de aula quanto nas pesquisas acadêmicas (e.g., Baraldi; Bournot-Trites, Belliveau, Spiliotopoulos e Séror; Dicks e Le Blanc; Güngör; Liu; Ryan-Scheutz e Colangelo; Shand; Stinson e Freebody; Zerey; Zyoud). Estes benefícios incluem o papel que as técnicas de teatro têm na motivação e na confiança dos alunos, na sensibilidade cultural, na exatidão e detalhes na escrita, no progresso da proficiência oral e na compreensão da leitura, no engajamento dos estudantes no processo da aprendizagem, entre outros benefícios (e.g., Miccoli; Ryan-Scheutz e Colangelo; Bournot-Trites, Belliveau, Spiliotopoulos e Séror; Beraldi; Shand; Zyoud). Essas técnicas contribuem para criar um ambiente relaxante e confortável, diminuindo o filtro afetivo[39] (Krashen 30-31). O

---

[39] De acordo com Stephen D. Krashen (1981), a hipótese do filtro afetivo está relacionada com as variáveis afetivas e o processo de aquisição de segunda língua. Essas variáveis incluem a motivação, a ansiedade e a autoconfiança. Um aprendiz com alta motivação, por

Quadro 1 traz um resumo geral dos benefícios provenientes da implementação das técnicas de teatro nas aulas de língua estrangeira.

Quadro 1: Benefícios da aplicação das técnicas de teatro nas aulas de LE

Boudreault	• Oferece oportunidades de autoexpressão e pensamento independente. • Oferece oportunidades para os alunos terem orgulho de seu próprio trabalho. • Ajuda os alunos a desenvolverem confiança na sala de aula.
Maley e Duff	• Integra as habilidades linguísticas de forma natural (e.g., audição, fala, leitura, escrita). • Integra os aspectos verbais e não verbais da comunicação. • Explora os domínios afetivos e cognitivos • Completa contextualização da língua. • Promove confiança, autoconhecimento e conhecimento do outro. • Estimula o sentido de responsabilidade com relação à própria aprendizagem. • Fornece oportunidades para criação e imaginação.
Spolin	• Melhora as habilidades do/a aluno/a para se comunicar na forma oral e escrita. • Ajuda os alunos a desenvolverem habilidades de concentração, solução de problemas e interação em grupo. • Energiza o ambiente da sala de aula. • Dá aos alunos oportunidades iguais de liberdade, respeito e responsabilidade dentro da comunidade da sala de aula. • Fornce aos alunos oportunidades de usarem sua intuição, um aspecto da aprendizagem que é muitas vezes negligenciado.
Desiatova	• Oferece oportunidades aos alunos de participarem em interações genuínas e de situações de vida real. • Transforma a sala de aula em uma experiência dinâmica e ativa com a língua. • Ajuda os alunos a ser mais confiantes ao usarem a língua espontaneamente. • Traz o mundo real para dentro da sala de aula. • Faz com que o aprendizado seja mais memorável.

exemplo, diminuirá o filtro afetivo e, portanto, terá maiores possibilidades de sucesso na aquisição da segunda língua.

	• Dá aos alunos oportunidades de usarem vários canais de comunicação (e.g., gestos e movimentos do corpo).
McCaslin	• Oferece oportunidades para o grupo desenvolver suas próprias ideias. • Trabalha a cooperação. • Proporciona alívio saudável das emoções. • Possibilita experiência com a literatura.
Greene	• Cria um ambiente que se distancia da inércia, repetitividade e uniformidade. • Promove modos múltiplos de perceber significados e construir diálogos através da criatividade e imaginação. • Remove a posição de controlador que o professor geralmente assume. Quando nos aventuramos no desconhecido, libertamos nossos alunos das nossas próprias percepções. • Promove a pluralidade de visão.

Uma visão bakhtiniana e vygotskyniana das aulas de PLE
O uso de drama como processo e produto no ensino de PLE envolve trabalhos e interações em grupo. Essas atividades ajudam os alunos a se tornarem mais conscientes uns dos outros e de si próprios, o que é importante para que se obtenha um engajamento significativo na comunicação. Bakhtin afirma que o conceito de *outsideness* é necessário para que o diálogo aconteça (Hall, Vitanova e Marchenkova 177). *Outsideness* se refere à ideia de que os participantes de um diálogo devem ser distintos uns dos outros e devem manter os seus *selves*. A relação do *self* e do outro é relevante para as aulas de PLE porque o aprendizado de outra língua envolve o relacionamento entre duas culturas e duas línguas, fazendo com que o *self* e o outro estejam presentes. Estas relações são a base para os alunos entenderem e aprenderem a língua alvo.
Para Bakhtin, o outro tem um papel significativo na consciência linguística (Marchenkova 175). O outro é necessário para formação da identidade e da autodefinição, assim como para a língua e o pensamento. "*Our speech, that is, all our utterances [are] . . . filled with the words of our others*"[40] (Bakhtin 89). As palavras que estamos em contato são reusadas, recriadas, reflexivas e moldadas de forma diferente pelo falante. O trabalho criativo dos alunos quando envolvidos com a arte é sempre uma resposta ao outro e as nossas experiências de vida (Haynes 295). É uma construção em conjunto onde os

---

[40] A nossa fala, isso é, nossas declarações [estão]... repletas de palavras dos outros. (tradução da autora)

alunos estabelecem um diálogo entre eles e o mundo através das formas artísticas.

As técnicas de teatro podem transformar a aula em um espaço de aprendizado cooperativo. De acordo com Marini-Maio e Ryan-Scheutz (5), a natureza interativa do teatro promove o diálogo mental e processos socioculturais, encorajando o trabalho de equipe e a estrutura organizacional, assim como distanciando os alunos da competição e os aproximando do processo cooperativo de aprendizagem.

A Zona de Desenvolvimento Proximal[41] (ZDP) e o *outsideness* Bakhitiano parecem compartilhar uma estrutura conceitual (Marchenkova 178). Na ZDP, o aprendizado é dialógico, isto é, envolve dois participantes em uma interação comunicativa. Para que o aprendizado ocorra, os dois participantes tem que estar numa relação desigual, isto é, um é o expert e o outro, o aprendiz. O diálogo Bakhitiano propõe que o diálogo só é possível quando existem diferenças entre os interlocutores. Se eles são idênticos, não há diálogos, somente monólogos.

Embora possa parecer que Bakhtin e Vygotsky estejam falando do mesmo conceito, há importantes diferenças entre eles (Marchenkova 179). Enquanto que Bakhtin fala de interlocutores (o *self* e o outro) de forma igualiária, Vygotsky se refere a um relacionamento assimétrico (o expert e o aprendiz). Atualmente o conceito de ZDP tem sido expandido para outros aspectos da aprendizagem no qual a co-construção de novas ideias são identificadas (Connery, John-Steiner e Marjanovic-Shane 9). A aplicação das artes e do teatro nas aulas de PLE pode contribuir para a expansão do conceito de ZDP, na medida em que o *output* não pode ser predito, pois se trata de imaginação e a criatividade.

As técnicas de teatro dão aos alunos de PLE oportunidades de se expressarem, tomarem a iniciativa e mostrarem seu conhecimento do material. Neste sentido, a ZDP pode funcionar nos dois sentidos, tanto para professores quanto para os alunos, pois os professores são capazes de reconhecer a autonomia dos seus alunos na aprendizagem, afastando-se da visão tradicional de que os professores são os competentes enquanto os alunos são os menos competentes. O uso das técnicas de teatro nas aulas de PLE cria um ambiente ideal para a ZDP onde criatividade e aprendizado ocontecem juntos.

As técnicas de teatro nas aulas de PLE

As técnicas de teatro discutidas neste capítulo são jogos de nomes, aquecimento, construção de comunidade, improvisação, prevendo o texto,

---

[41] A Zona de Desenvolvimento Proximal é a diferença entre o que o/a aprendiz pode fazer sem ajuda (nível de desenvolvimento real) e que ele ou ela pode fazer com orientação (nível de desenvolvimento potencial). (Vygostky 86)

trabalhando com o texto e criando seu próprio texto. Apresentam-se os objetivos de cada técnica, assim como sugestões de atividades para as aulas de PLE. Todas as atividades apresentadas neste livro são originárias de técnicas tradicionais de teatro, implementadas em cursos de *Educational Drama*, e que podem ser encontradas em várias fontes (e.g., Maley e Duff; McCaslin; Spolin); as atividade, porém, foram adaptadas para as aulas de PLE pela autora do capítulo, moldadas pela sua experiência em sala de aula e tendo em vista perspectivas da acquisição do português como língua estrangeira. No apêndice A, encontra-se um plano de aula para que o/a professor/a possa, a partir do modelo, planejar sua prórpria aula. Além da bibliografia, o/a professor/a interessado/a em aprimorar seu conhecimento nessa área encontrará no apêndice B uma lista de websites dedicados às técnicas de teatro.

Antes de começar:
- ❖ Pratique a atividade com seus amigos antes de implementá-la. É importante ter uma boa ideia do que esperar da atividade. Esteja preparado para conduzir a atividade de forma organizada e planejada (e.g., o momento apropriado para a atividade, como introduzi-la, quais são os passos a serem seguidos, o tempo previsto, a transição de uma atividade para a outra, quais são as atividades complementares, as formas de avaliação do entendimento dos alunos, etc.).
- ❖ Sinta-se confortável com as atividades escolhidas. Se você não se sentir confortável, é melhor adiar a atividade para outro momento. Por outro lado, é uma boa ideia não se limitar somente às atividades que você já está acostumado. Um equilíbrio entre a rotina da sua aula e imprevisibiliade ajuda os alunos a se sentirem engajados. Tente algo novo! Experimente modos inovativos! Desafie-se!
- ❖ Sempre acomode os alunos com deficiências adaptando a atividade de forma que os incluam. Como exemplo, pode-se substituir o movimento por gestos (caso tenha alunos com deficiência física), fazer grupos de três ao invés de pares (alunos com deficiência mental) e usar cartões com as palavras escritas (alunos com deficiência auditiva).
- ❖ Existem várias formas de avaliação alternativas que podem ser usadas (e.g., autoavaliação, avaliação em pares, portfolio, autoreflexão, observação, etc.). Independente da forma de avaliação que o professor achar mais apropriada, é importante ter uma rubrica onde as expectativas e os objetivos estejam claramente estipulados. Os alunos devem ter acesso a tal rubrica antes da avaliação.
- ❖ A reflexão deve se tornar parte integral das aulas. Permita que os alunos reflitam sobre seu aprendizado (e.g., os estudantes podem

refletir sobre o que eles aprenderam, os desafios que eles enfrentaram, de que forma as atividades têm ajudado melhorar o português, etc.). As reflexões também podem estar relacionadas ao o jogo teatral implantado (e.g., *O que você faria se você fosse o personagem principal?*). As avaliações podem ser orais (individuais, em pares, discussões em grupo) ou escritas (diários, desenhos, reflexões no papel de um personagem, etc.).

❖ Planeje a transição de uma atividade para a outra de forma que crie uma conexão entre a atividade que acabou de ser feita e introduza a próxima. As transições ajudam os alunos a entenderem o propósito da aula como um todo e os guiam na passagem de uma atividade para a outra de forma tranquila, além de ajudar a maximizar o tempo de instrução e manter o ambiente de aprendizado.

A seguir, apresento sugestões de atividades envolvendo jogos de nomes, aquecimento, construção de comunidade, improvisação, prevendo o texto, trabalhando com o texto e criando seu próprio texto. Reitero que as atividades apresentadas nesse capítulo são originárias de técnicas tradicionais de teatro (e.g., Maley e Duff; McCaslin; Spolin) e foram adaptadas para as aulas de PLE pela autora do capítulo.

Jogos de nomes

Os nomes são parte da nossa identidade e do nosso *self*; são um lembrete constante de que o resultado das atividades em grupo são construídas pela junção das diferenças. Saber os nomes representa um sinal de respeito e cria um ambiente convidativo à participação.

Festa	
Objetivo	Apresentações de alunos no primeiro dia de aula de forma natural e espontânea
Nível	Todos
Material	Nenhum
Procedimentos	Convide os alunos a participarem de uma festa: *Imagine que estamos em uma festa; algumas pessoas nós conhecemos e outras não. Por exemplo* (dirigindo-se a um/a aluno/a), *eu não conheço você. Muito prazer. Meu nome é Denise. Tudo bem?* (o professor cumprimenta o/a aluno/a). *Quero que todos vocês cumprimentem todas as pessoas da sala. Por favor, levantem-se e podem começar.*

Nome no cartão	
Objetivo	Praticar os nomes dos alunos e envolver os alunos na troca pessoal de informação genuína
Nível	Todos
Material	Folhas de papel ou cartões e pincéis atômicos
Procedimentos	Faça um grande círculo com os alunos. Peça para eles escrevam seus nomes e desenham qualquer coisa que eles queiram em uma folha. Cada um dos participantes se apresenta, mostra o que desenhou e fala por que escolheu fazer esse desenho.
Sugestão para reflexão	*O que vocês aprenderam sobre os seus colegas?*

Jogando a bola	
Objetivo	Praticar os nomes, encorajar visualização, conhecer os colegas e criar sentido de grupo
Nível	Todos
Material	Nenhum
Procedimentos	Faça um grande círculo com os alunos. Dirija-se a alguém do grupo pelo nome e jogue para ele ou ela uma bola imaginária (essa bola pode ser pequena, grande, pesada, leve, etc.). Você não diz que tipo de bola é, apenas usa gestos e movimentos. A pessoa que pegar a bola deve colocar a bola no chão e dizer uma coisa que não é possível saber apenas olhando para ela. Por exemplo, *Eu sou estudante de português* não vale porque todos sabem disso. Depois, essa pessoa se dirige a outra no grupo pelo nome e joga a bola (pode ser a mesma bola ou outra). O jogo termina quando todos tiverem participado.
Avaliação	*O que vocês acharam desta dinâmica? Por que jogar a bola um para o outro?*

A história do seu nome	
Objetivo	Praticar os nomes dos alunos e encorajar os alunos a uma escuta cuidadosa e precisa ao relatar o que ouviram
Nível	Todos
Material	Nenhum
Procedimentos	Peça aos alunos para formarem pares ou grupos de três. Cada participante compartilha a história do seu nome (e.g., como surgiu a ideia do seu nome, se ele tem um significado, se o/a aluno/a tem apelido, etc.). Forme um grande círculo. Cada participante apresenta um colega e diz para os outros a história do nome deste colega.
Sugestão para reflexão	*O que aprendemos nessa atividade que não sabíamos antes?*

Aquecimento

O objetivo das atividades de aquecimento é chamar a atenção dos alunos para que se concentrarem na aula. Tais atividades também estimulam a mente, promovem o pensamento criativo e criam um ambiente onde os alunos se arriscam e se sentem mais confortáveis uns com os outros. Em geral, essas atividades são rápidas e podem ou não usar a língua alvo.

Batendo palmas juntos	
Objetivo	Promover a concentração e despertar a consciência de grupo
Nível	Todos
Material	Nenhum
Procedimentos	Faça um círculo com os alunos. Sem dizer uma palavra ou fazer gestos, os alunos devem bater palmas juntos. Deixe os alunos livres para começar quando se sentirem preparados.
Variação	O jogo pode ser feito com os olhos fechados, de forma lenta ou de forma rápida.

Movimento um-dois-três	
Objetivo	Direcionar os alunos para concentração e relaxamento, introduzir movimentos
Nível	Iniciante
Material	Nenhum
Procedimentos	Em pares, os alunos contam 1-2-3 de forma ritmada (aluno/a1 diz *um*, aluno/a 2 diz *dois*, aluno/a 1 diz *três*). Quando os alunos tiverem mantido um ritmo, o professor anuncia que agora eles devem substituir o número *um* por um som e movimento e continuar contando, sempre tentando manter um ritmo. Quando os alunos conseguirem manter um ritmo, o professor para o jogo novamente e pede para os alunos substituirem também o número *dois* por um som e um movimento, mantendo o ritmo. Por fim, o professor pede para substituir o número *três* e os alunos então contam de 1 a 3 usando apenas sons e movimentos.
Avaliação	*Vocês gostaram desta atividade? Por quê? Que dificuldades encontraram?*
Variação	Ao invés dos números 1-2-3, os alunos podem escrever em cartões 3 palavras difíceis que aprenderam e trabalhar com essas palavras acrescentando algum movimento que de alguma forma capte a essência do significado das palavras. Estes cartões são então trocados com outros pares e o jogo reiniciado.

Nossa![42]	
Objetivo	Desenvolver um sentido de grupo e comunidade; ajudar os alunos a estarem concentrados para a aula
Nível	Todos
Material	Nenhum
Procedimentos	Faça um círculo com os alunos. Eles devem olhar para o chão. Conte até três, logo todos devem olhar para frente, ou para direita ou para esquerda. Quando dois alunos fizerem contato pelo olhar, a dupla deve se sentar. O jogo continua até que todos estejam sentados.
Variação	O jogo também pode ser feito com o 'grito silencioso', que não envolve gritos, mas apenas o gesto do grito.

Alienígena, onça, cascavel	
Objetivo	Desenvolver reações rápidas, concentração; ajuda os alunos a adquirirem a disposição necessária para as atividades da aula
Nível	Todos
Material	Nenhum
Procedimentos	Em grupos de três, os alunos devem escolher mentalmente entre o alienígena, a onça e a cascavel. Para cada animal há um som e um movimento. Para o alienígena, as mãos fazem o gesto de pequenas antenas e o som é *bip-bip*. Para a onça, os gestos são de garras e o som é de um rugido. Para a cascavel, juntam-se os dedos imitando uma cobra e o som é de um sibilo *ssssssss*. O grupo conta 1-2-3. Ao chegar no 3, todos devem fazem o som e o gesto do animal que escolheu. O objetivo é que todos no grupo escolham o mesmo animal. O jogo se repete quantas vezes forem necessárias e deve ser jogado em ritmo rápido.

---

[42] Em inglês, esta atividade se chama *Jeepers Peepers*. *Jeepers* é uma expressão de surpresa, um eufemismo para 'Jesus!' e *peeper* é uma gíria para olho. *Jeepers Peepers* pode ser entendido como um trocadilho com a expressão *Jeepers Creepers*, uma música popular nos anos 30 (também é o nome de uma série de filmes de terror). O nome que uso 'Nossa!' é uma tentativa de manter uma ligação com o título original em inglês, levando-se em conta a atividade proposta.

Energia de 1 a 10	
Objetivo Nível Material	Promover energia e concentração; apresentar palavras de forma cinestésica. Iniciante-Intermediário Nenhum
Procedimentos	Em pares, um de frente para o outro, alunos contam de 1 a 10 e depois regressivamente de 10 a 1. Ao contar de 1 a 10, eles começam de forma reduzida, voz baixa e postura um pouco encurvada. À medida que a contagem progride, a postura se torna mais reta, os braços vão se levantando e a voz se torna mais alta. Quando chega no 10, os braços estão para cima e a voz está bem alta. O mesmo processo é feito agora em reverso contando de 10 a 1. O jogo pode ser repetido conforme desejável.

Rostos	
Objetivo Nível Material	Promover um ambiente descontraído e de concentração; praticar adjetivos Iniciante-Intermediário Nenhum
Procedimentos	Em pares, os alunos ficam de costas um para o outro. O professor anuncia os adjetivos. Para cada adjetivo, o par deve se voltar um para o outro e fazer o gesto facial do adjetivo correspondente e imediatamente voltar à posição inicial em que estavam (de costas um para o outro).
Sugestões	Triste, nervoso, com raiva, inocente, com medo, surpreso, com sono, feliz.

Construção de comunidade

As atividades que envolvem construção de comunidade ajudam a criar o ambiente ideal para a aprendizagem, pois conduzem o grupo a compartilhar a mesma estrutura mental e a criar um ambiente unificado. Essas atividades também dão aos alunos um sentido de segurança, pois todos participam em conjunto usando a língua portuguesa em contextos significativos.

Joelho, palma, estralo, estralo	
Objetivo Nível Material	Sentido de grupo; revisão e prática de vocabulário Iniciante-Intermediário Nenhum
Procedimentos	Forme um círculo grande. Os alunos irão praticar vocabulário juntamente com gestos. Os gestos seguem essa sequência: bater as mãos nas coxas uma vez, bater palmas uma vez, estralar os dedos da mão direita e estralar os dedos da mão esquerda. Os gestos são repetidos nessa ordem sem interrupção, criando-se um ritmo. Ao estralar os dedos da mão direita, o/a aluno/a repete o que o/a aluno/a da direita disse. Ao estralar os dedos da mão esquerda, o mesmo aluno/a acrescente um vocabulário novo. Quando todos do círculo tiverem contribuído, uma nova categoria de palavras se inicia.
Sugestões de categorias	Nomes das pessoas do grupo, números, dias da semana, meses do ano, partes do corpo, cores e associação livre.

A verdade sobre mim é que...	
Objetivo Nível Material	Conhecer melhor os membros do grupo, motivar, desenvolver sentido comunitário, encorajar respostas rápidas, descobrir o que o grupo tem em comum Todos Nenhum
Procedimentos	Formar um círculo grande. Uma pessoa fica no centro e diz algo sobre ela mesmo começando com a frase *A verdade sobre mim é que...* (e.g., *A verdade sobre mim é que eu gosto de gatos*). Todos do grupo que compartilham a mesma 'verdade' devem ir imediatamente para o centro do grupo e ao mesmo tempo voltar para o círculo; entretanto, eles não podem voltar para o mesmo lugar onde estavam. Sempre vai sobrar uma pessoa no centro.
Sugestão para reflexão	*O que o grupo mais tem em comum? O que não temos em comum?*

10 dedos	
Objetivo	Trabalhar perguntas diretas, cujas respostas são *sim/não*; encorajar a escuta cuidadosa; desenvolver sentido de grupo
Nível	Iniciante-intermediário
Material	Nenhum
Procedimentos	Em círculo, os alunos devem ter as palmas abertas na altura do peito, de modo que todos possam ver seus 10 dedos. Os alunos devem então fazer perguntas para o grupo. Para aqueles cuja resposta for *não*, um dedo é abaixado. Se a resposta for *sim*, os dedos continuam na mesma posição. As perguntas são espontâneas e improvisadas. Qualquer pessoa do grupo pode fazer as perguntas.

Improvisação

Será que o que ensinamos na sala de aula representa o que os alunos irão encontrar no mudo real? Uma das formas de ajudar os alunos é criar situações em que eles têm que improvisar, já que na vida real não existem roteiros prontos e as possibilidades de como uma conversa vai se desenvolver são infinitas. As atividades de improvisação apresentadas são praticadas em um ambiente de cooperação que ajudam o/a aluno/a a desenvolver suas habilidades para serem usadas em situações de improviso quando falando português.

Choque cultural	
Objetivo	Desenvolver o conhecimento cultural; despertar a consciência e a sensiblidade culturais quanto ao diferente
Nível	Intermediário
Material	Nenhum
Procedimentos	Em grupos, os alunos discutem momentos de estranhamento, surpresa ou irritação vividos em alguma cultura diferente (e.g., ao visitar uma comunidade em outros estado ou país). Os alunos fazem uma lista. Em um círculo grande, os grupos leem o que escreveram e explicam porque esses comportamentos são 'estranhos'. Para cada frase, os outros colegas devem mostrar as vantagens. Por exemplo: *Nos Estados Unidos, as loja abrem muito tarde, às 10:00 horas da manhã!* Vantagem: *A vantagem é que as lojas fecham bem tarde, por volta das 9:00 horas da noite. Assim, quem trabalha tem tempo suficiente para fazer compras à noite.*
Avaliação	Os alunos escrevem sobre o que aprenderam com essa atividade. Depois de escrever, cada aluno/a escolhe uma frase e a sublinha. Voluntários compartilham a frase com os colegas da sala.

Persuasão	
Objetivo	Praticar uma conversa natural e espontânea; desevolver habilidades de comunicação
Nível	Todos
Material	Uma folha de papel
Procedimentos	Peça aos alunos para escreverem uma palavra qualquer. Em pares, os alunos devem manter uma conversa descontraída e natural, mas ao mesmo tempo devem tentar fazer com que o companheiro diga a palavra que escreveu, mas de uma forma sutil e indireta.
Sugestão para reflexão	*Como foi o processo? Que palavra foi mais difícil/fácil? Que estratégias vocês usaram? As estratégias funcionaram bem?*
Variação	Os alunos podem trabalhar com palavras que aprenderam durante o curso.
Avaliação	Os alunos escrevem nos seus diários um paráfrago narrando um momento em que tiveram que usar o português de forma natural. *Como foi a experiência?*

Contando uma história juntos	
Objetivo Nível Material	Usar o vocabulário aprendido para gerar uma narrativa coerente e espontânea Intermediário Nenhum
Procedimentos	Em um círculo, um voluntário diz a primeira frase de uma história. Cada aluno contribui de forma aleatória, repetindo o que foi dito antes e acrescentando uma frase nova à história. Quando os alunos sentirem que já podem terminar a história, um/a aluno/a acrescenta a frase final e diz 'Fim'. O jogo então se inicia novamente.
Variação	O professor pode dar aos alunos uma lista de palavras trabalhadas no curso e pedir que os alunos incluam as palavras da lista na narrativa.
Observação	Não é necessário que os alunos repitam exatamente as mesmas palavras dos seus colegas. Eles podem parafrasear o que foi dito, o que é também uma habilidade linguística importante.

Escrevendo uma história juntos	
Objetivo Nível Material	Desenvolver a habilidade da escrita espontânea em narrativas Intermediário Folha com a primeira frase da história e demais linhas em branco
Procedimentos	Cada aluno/a recebe uma folha contendo apenas a primeira frase da história. Os alunos escrevem a frase seguinte e passam a folha para o colega a direita. Os alunos devem ler o que está na folha e acrescentar mais uma frase nova à história. Quando os alunos terminarem de escrever, divide a sala em grupo de cinco. O grupo lê e escolhe a melhor história do grupo. As melhores histórias de cada grupo são lidas para a sala.
Sugestão para reflexão	*O que vocês acharam de escrever a história em conjunto? Alguma surpresa?*
Observação	Oriente os alunos ao escrever uma última frase, sendo que esta deve concluir a história. Para trabalhar o passado, basta colocar a frase inicial no passado.
Avaliação	Peça aos alunos para escreverem 1-2 palavra(s) que reflitam a sua impressão pessoal da atividade que acabaram de fazer. Voluntários podem compartilhar o que escreveram com os colegas.

Prevendo o texto
Sendo o processo de leitura uma interação ativa entre o texto e o leitor, as atividades de pré-leitura se tornam então importantes pois ajudam a ativar o conhecimento de mundo ao qual os alunos recorrem para a compreensão do texto. As atividades de previsão do texto envolvem processos dinâmicos e podem ser realizados através da interação entre os alunos.

Mapa de palavras	
Objetivo Nível Material	Explorar relacionamento entre palavras e ideias Todos Uma folha grande ou o quadro
Procedimentos	O professor escreve na folha ou no quadro uma palavra-chave relacionada com o texto que os alunos irão trabalhar. Os alunos vão até o quadro e acrescentam palavras relacionadas com a palavra-chave ou relacionadas com outras palavras que estão no quadro.
Sugestão para reflexão	*Alguma surpresa nessa ligações?*
Variação	Para grupos mais avançados, pode-se trabalhar frases, comentário ou perguntas. Para grupos mais jovens, os alunos podem fazer a associação de palavras usando a arte do grafite.
Observação	As palavras escritas pelos alunos podem ser usadas em exercícios posteriores, como na criação de textos.

Desenhando	
Objetivo	Ativar a percepção, imaginação e sensibilidade ao texto a ser dado; interagir de forma pessoal com o texto
Nível	Todos
Material	Folha para desenho
Procedimentos	Leia o texto para seus alunos. Peça aos alunos que desenhem algo enquanto você lê o texto. Leia o texto pela segunda vez. Agora os alunos devem escolher uma palavra do texto e escrever ao lado do desenho. Os alunos apresentam ao grupo o que e porque fez tal desenho e mostram a palavra que escolheram.
Sugestão para reflexão	*Por que eu pedi para vocês desenharem? O que vocês têm em comum? Por que temos desenhos tão diferentes uns dos outros?*
Variação	Se o texto está disponível online (e.g., o poeta lê seu poema), use a gravação ao invés de ler o texto (neste primeiro momento, sugiro não mostrar imagens e somente trabalhar com o audio).
Avaliação	Peça aos alunos para escreverem um paráfrafo explicando seu desenho e a relação com o texto.

Trabalhando com o texto

Há várias formas de se trabalhar um texto. Nesta seção, apresento formas de se fazer uma leitura e trabalhar a ideia central do texto.

Lendo o texto	
Objetivo	Explorar as várias formas de se ler um texto, fazendo com que a leitura se torne prazeirosa e ganhe múltiplos significados
Nível	
Material	Todos
	O texto a ser trabalhado
Procedimentos	Os alunos recebem o texto (e.g., um poema). As formas de leitura podem seguir a sguinte ordem: 1. Leitura silenciosa 2. Leitura em conjunto (toda a sala) 3. Leitura em grupos: Divide a sala em dois grupos. Cada grupo lê uma estrofe. O refrão deve ser repetido por todos. Outras variações podem ser criadas (e.g., os dois últimos versos de cada estrofe são lidos por todos). 4. Apoderando-se da leitura: de forma espontânea e sem seguir nenhuma ordem, os alunos leem o texto. Qualquer aluno/a a qualquer momento (e.g., no meio de uma frase) pode se apoderar da leitura. Essa atividade pode ser repetida.
Sugestão para reflexão	Pergunte aos alunos sugestões de outras formas possíveis para variar a leitura.

Escolhendo o que é importante	
Objetivo	Ajudar os alunos a desenvolverem estratégias para perceber o que é importante no texto; trazer a voz dos alunos para o texto
Nível	
Material	Todos
	O texto a ser trabalhado
Procedimentos	Com o texto em mãos, peça aos alunos para escolherem uma frase (ou verso) crucial do texto. De forma aliatória, cada aluno/a apresenta sua frase e explica porque esta frase lhe pareceu importante. Segue-se uma discussão em grupo.
Sugestão para reflexão	*O que faz uma frase ser importante no texto?*
Avaliação	Em pares, os alunos discutem com o colega quais estratégias eles usaram para saber qual é a frase crucial do texto. Suas conclusões são compartilhadas com os colegas da sala.

Criando seu próprio texto

Nestas atividades, os alunos expandem seu conhecimento do texto, indo além do próprio texto e contribuindo com sua visão pessoal, emocional e intelectual do entendimento do texto. Os alunos usam a imaginação, a criatividade e o conhecimento linguístico apreendido de forma colaborativa e dialógica.

Trabalhando com rimas	
Objetivo	Expandir o vocabulário; trabalhar com poemas; usar a criatividade e construir um texto coletivamente
Nível	Intermediário-Avançado
Material	Nenhum
Procedimentos	Peça aos alunos para escreverem uma palavra que eles pensam estar relacionada com o texto que acabaram de trabalhar. Em grupo de 4, os alunos selecionam uma única palavra para o grupo. Eles devem então escrever a maior quantidade possível de palavras que rimam com a palavra escolhida. Usando estas palavras, eles criam um poema curto. Este poema é memorizado (se possível) e é apresentado para os colegas da sala.
Sugestão para reflexão	*Que parte foi fácil/ difícil nessa atividade?*
Variação	Peça aos alunos para acrescentarem algum tipo de movimento ou gestos, de forma que a recitação do poema se torne dinâmica. Os alunos também pode variar a forma como recitam o poema (e.g., fazendo ecos ou repetindo estrofes).
Avaliação do entendimento	Peça aos alunos para rescreverem em uma frase o que acharam da atividade. Voluntários podem compartilhar a frase com os colegas.

Através das técnicas de teatro, os professores de PLE permitem que seus alunos se expressem, usem as suas próprias vozes e coloquem as suas próprias questões; os alunos sentem que podem transcender a lição da aula. Vamos deixar que nossos alunos nos surpreendam!

Referências

Bakhtin, Mikhail M. *Speech Genres and Other Late Essays*. Eds. Caryl Emerson e Michael Holquist. Trans. Vern W. McGee. Austin: U of Texas P, 1986. Print.

Baraldi, Sara Margarita (2009). *Drama and Theatre Practices in the Elementary Classroom that Create Conducive Environments for Non-English Speakers' English Language Acquisition.* (Unpublished doctoral dissertation). Arizona State University, Phoenix, Arizona.

Blackenship, J. David. "Education and the Arts in Plato's Republic." *Journal of Education* 178.3 (1996): 67-98. Print.

Boudreault, Chris (2010). "The Benefits of Using Drama in the ESL/EFL Classroom." *The Internet TESL Journal* XVI.1 (2010). Web. 10 June 2013.

Bournot-Trites, Monique; Belliveau, George; Spiliotopoulos, Valia; e Séror, Jérémie. "The Role of Drama on Cultural Sensitivity, Motivation and Literacy in a Second Language Context." *Journal of Learning Through the arts* 3.1 (2007). Web. 15 June 2013.

Connery, M. Catherene, John-Steiner, Vera P., e Marjanovic-Shane, Ana. *Vygotsky and Creativity.* New York: Peter Lang, 2010. Print.

Desiatova, Liubov. "Using Different Forms of Drama in EFL Classroom." *Humanizing Language Teaching Magazine,* 11.4 (2009). Web. 5 May 2013.

Dicks, Joseph E., Le Blanc, Barbara. "Using Drama for Learning to Foster Positive Attitudes and Increase Motivation: Global Simulation in French Second Language Classes." *Journal for Learning Through the Arts* 5.1 (2009). Web. 20 May 2013.

Greene, Maxine. *Landscapes of Learning.* New York: Teachers College P, 1978. Print.

---. *Releasing the Imagination.* San Francisco: Jossey-Bass, 1995. Print.

Güngör, Arzu. "Effects of Drama on the Use of Reading Comprehension Strategies and on Attitudes Toward Reading." *Journal for Learning Through the Arts* 4.1 (2008). Web. 11 April 2013.

Hall, Joan Kelly, Vitanova, Gergana, & Marchenkova, Ludmila A. *Dialogue with Bakhtin on Second and Foreign Language Learning.* Mahwah, New Jersey: Lawrence Erlbaum, 2005. Print.

Haynes, Deborah J. "Bakhtin and the Visual Arts." *A Companion to Art Theory.* Eds. Paul Smith e Carolyn Wilde. London: Blackwell, 2002. 292-303. PDF file.

Krashen, Stephen D. *Principles and Practice in Second Language Acquisition.* London: Prentice-Hall, 1981. Print.

Liu, Jun. "Process Drama in Second and Foreign Language Classrooms." *Body and Language. Intercultural Learning Through Drama.* Ed. Gerd Bräuer. Westport, Connecticut and London: Ablex, 2002. 51-70. PDF file.

Maley, Alan, & Duff, Alan. *Drama Techniques: A Resource Book of Communication Activities for Language Teachers.* Cambridge: Cambridge UP, 2005. Print.

Marchenkova, Ludmila. "Language, Culture, and Self: The Bakhtin-Vygotsky Encounter." *Dialogue with Bakhtin on Second Language and Foreign Language Learning.* Eds. Joan Kelly Hall, Gergana Vitanova e Ludmila A. Marchenkova. Mahwah, New Jersey: Lawrence Erlbaum, 2005. 171-188. PDF file.

Marini-Maio, Nicoletta e Ryan-Scheutz, Colleen, eds. *Set the Stage! Teaching Italian Through Theater. Theories, Methods, and Practices.* New Haven: Yale UP, 2009. Print.

McCaslin, Nellie. *Creative Drama in the Classroom and Beyond.* 8th ed. Boston: Pearson, 2006. Print.

Miccoli, Laura. "English Through Drama for Oral Skills Development." *ELT Journal* 52.2 (2003): 122-129. PDF file.

Rubright, Lynn. *Beyond the Beanstalk. Interdisciplinary Learning Through Storytelling.* Portsmouth, NH: Heinemann, 1996. Print.

Ryan-Sheutz, Colleen, e Colangelo, Laura M. "Full-scale Theater Production and Foreign Language Learning." *Foreing Language Annals* 37.3 (2004): 374-389. PDF file.

Shand, Jennifer W. (2008). *The Use of Drama to Reduce Anxiety and Increase Confidence and Motivation Towards Speaking English with Two Groups of English Language Learners.* (Unplished master's thesis). University of Arizona, Tucson, Arizona.

Smith, Stephen M. *The Theater Arts and the Teaching of Second Languages.* Massachusetts: Addison-Wesley, 1984. Print.

Spolin, Viola. *Theater Games for the Classroom. A teacher's Handbook.* Evanston, IL: Northwestern UP, 1986. Print.

Stinson, Madonna e Freebody, Kelly. "The Dol Project: The Contributions of Process Drama to Improved Results in English Oral Communication." *Youth Theater Journal* 20:1 (2006): 27-41. PDF file.

Vygotsky, Lev Semyonovich. *Mind in Society: The Development of Higher Psychological Processes.* Cambridge, MA: Harvard University Press, 1978. Print.

Zerey, Özge Gül. (2008). *Impact of Theater Production on ELT Students' Foreign Language Speaking Anxiety.* (Unplished master's thesis). Mustafa Kemal University.

Zyoud, Munther. "Using Drama Activities and Techniques to Foster Teaching English as a Foreign Language: A Theoretical Perspective." TEFL Methods & Practices at Palestinian Universities. Al-Quds Open University, Palestine. 20 October 2010. Conference Presentation.

Apêndice 1: Plano de aula para PLE
Professor: Denise M. Osborne

Tópico: Contação de histórias

Turma: Estudantes universitários no nível intermediário ou avançado

Objetivos:
- Os alunos se tornarão conscientes dos efeitos que a voz pode ter na leitura e na comunicação.
- Desenvolver pronúncia, entonação, ritmo e volume.
- Conhecer mitos e histórias do folclore dos países lusófonos.

Material: Texto com história da *Vitória-régia*, um desenho ou foto da flor vitória-régia.

Aquecimento: <u>Pingue-pongue</u>. (5 minutos)
Os alunos fazem par com alguém que eles ainda não trabalharam. Ao anunciar a categoria (exemplificadas abaixo), os alunos devem dizer o máximo de palavras possíveis relacionadas com categoria escolhida (e.g., cada aluno/a diz uma palavra por vez). O jogo se mantém de forma rápida. Os alunos têm por volta de 1 minuto para cada categoria.
Sugestões de categorias: nomes de mulheres, roupas e acessórios, frutas, animais, atividades para o fim de semana, palavras que começam com a letra *M*.
Variação: Os alunos criam uma frase portadora[43] para inserir as palavras sugeridas por eles.

Introdução: (5 minutos) Na aula de hoje vamos falar de contação de histórias. *Vocês ouviam histórias quando eram crianças? Que tipo de histórias? Que estratégias o contador de história pode usar ao contar a história?*

Frases de transição: Um bom contador de histórias usa o tom de voz, o volume, a entonação, os gestos e movimentos para dar vida a sua história. Contar histórias é talvez uma das formas mais antigas de atuação. Muitos mitos e histórias folclóricas passam de geração a geração através da contação de histórias. Hoje vou contar a vocês uma história do folclore brasileiro.

---

[43] Frase portadora (em inglês, *carrier phrase*) é uma frase usada repetitivamente, mudando apenas a(s) última(s) palavras(s) da frase.

Contando a história: (10 minutos) A história que vou contar hoje é sobre uma flor chamada vitória-regia (mostrar a foto da flor) e sua lenda. Esta é uma lenda tupi-guarani, um povo indígena da Floresta Amazônica do Brasil. Vocês estão prontos para ouvir essa linda história? Então, vamos voltar há muitos e muitos anos atrás...

Sugestões para a contação de histórias:
- Memorize a história ao invés de simplesmente lê-la.
- Mude a voz e a entonação para cada personagem e tente manter as mesmas características de vozes para cada personagem da história.
- Use de uma dicção clara, de ritmos e velocidades adequados.
- Os gestos e postura devem complementar e dar suporte a história. Cuidado para não fazer gestos demais pois podem ser uma distração ao invés de ser um suporte à história.
- Inclua os ouvintes na história (e.g., quando dizer *Jaci*, os alunos completam com *o guerreiro da lua*; ou lance uma pergunta, *Vocês acham que o guerreiro vai salvar Naiá?*).
Observação: Para estratégias na contação de histórias, leia Lynn Rubright (1996).

Transição para o Jogo 1: *Vocês gostaram da história? Se vocês pudessem encontrar os personagens dessa história, que perguntas vocês fariam a eles? Que comentários vocês diriam a eles?*

Jogo 1- Cadeia Quente: (8 minutos) Preciso de 3 voluntários para serem os personagens principais: o Pajé, a Naiá e o Jaci (colocar 3 cadeiras no centro da sala). Os outros alunos irão fazer perguntas ou comentários aos nossos personagens.

Transição para o Jogo 2: *O que nosso personagens estão pensando? O que se passa na cabeça deles?*

Jogo 2 – Rastreando o pensamento: (7 minutos) Cada aluno/a se levanta, vai até um dos alunos nos papéis dos personagens, toca no seu ombro e diz uma coisa que o personagem diria.

Transição para o Jogo 3: A lenda da vitória-régia é muito antiga, mas podemos relacionar com a história nos identificando com seu tema de alguma forma. *Que temas estão presentes nessa história? Como poderíamos retratar essa lenda nos dia de hoje? Que situação do mundo moderno poderíamos relacionar com os temas do mito?*

Jogo 3 – Improvisacão: (20 minutos) Divida a sala em grupos de 4-5 pessoas. Cada grupo imagina uma cena cotidiana do mundo moderno em que a lenda da vitória-régia possa estar de alguma forma relacionada (e.g., um amor impossível; crianças que acreditam em história de fantasmas, etc.). Cada grupo cria um tableau (um quadro vivo) da cena. Cada aluno/a do tableau diz uma frase no papel do personagem da sua história. Os outros colegas da sala tentam adivinhar o local, quem são os personagens involvidos e a situação ou problematização.

Extensão: Os alunos escrevem sobre a cena que imaginaram e como ela se relaciona com o mito da vitória-régia.

Avaliação: (3 minutos) Os alunos fazem uma autoavaliação escrevendo um parágrafo sobre o que aprenderam nessa aula, qual a atividade que mais gostou e por quê. Os alunos também devem acrescentar o que eles acham que precisam trabalhar mais para aprimorar seu português.

Atividade complementar:
Cada aluno/a escolhe uma história para contar. Usando as estratégias fornecidas, o/a aluno/a se prepara para contar sua história (por volta de 4 minutos). O/A aluno/a conta a história de forma natural envolvendo a audiência.
Sugestão para reflexão: *Do que vocês mais gostaram? O que vocês não entenderam? O que vocês acham do fim da história?*
Avaliação: Em grupos pequenos, os alunos discutem sobre a atividade de contação de história (e.g., *Qual a sua opinião sobre a atividade de contação de história? O que você aprendeu? O que foi fácil/difícil?*)

Apêndice B: Websites que exploram o uso de técnicas de teatro

- Instituição que desenvolve trabalhos nas escolas de Chicago, integrando arte de forma inovadora no currículo de escolas públicas (em inglês): *Chicago Arts Partnerships in Education* www.capeweb.org
- Jogos teatrais (em inglês): *Creative Drama* http://www.creativedrama.com
- Jogos teatrais e outros recursos para professores (em inglês): *Drama Resource* www.dramaresource.com
- Técnicas teatrais para estudantes de inglês como segunda língua. *Drama Strategies for ESL* http://www.prel.org/eslstrategies/drama.html#
- Jogos de improvisação (em inglês): *Friday Nite Improv* http://www.fnipgh.com/index.html
- Jogos de improvisação (em inglês): *Improv Encyclopedia* http://improvencyclopedia.org/index.html
- Vídeos ensinando jogos de improvisação (em inglês): *Improvisational games by expertvillage* www.youtube.com
- Jogos de improvisação (em inglês): Learning Prov http://learnimprov.com/
- Desenvolvem projetos com peças de teatros em português e espanhol para estudantes dos idiomas (em português): *Quadra Mais – Teatro e Entretenimento Educativo em Português e Espanhol* www.quadramais.com.ar/index.php
- Grupo de professores de inglês como segunda língua que usam teatro e técnicas teatrais nas suas práticas. Realizam um workshop todo ano, online e gratuito, aberto ao público. (em inglês): *TESOL Drama* http://tesoldrama.wordpress.com/
- Desenvolve projetos com estudantes e professores usando o teatro e suas técnicas (em inglês): *The ArtsLit Project at Brown University* http://www.artslit.org/

4.5 Lendas indígenas: gênero do discurso e ensino integrado de língua e cultura na aula de PLE

Sulamita Bomfim Almendra
Filipe Pereira de Jesus Flores
Jancleide Teixeira Góes

Novos professores, e os mais experientes também, sempre se defrontam com a questão de como ensinar língua e cultura de forma integrada. Muitas vezes, os livros didáticos separam o que é intrinsecamente uma coisa só, uma vez que todo ato comunicativo é também um ato cultural (P. Santos; Álvarez, 2010). Como exemplifica Bakhtin (1997, p. 303), "são muitas as pessoas que, dominando magnificamente a língua, sentem-se logo desamparadas em certas esferas da comunicação verbal, precisamente pelo fato de não dominarem, na prática, as formas do gênero de uma dada esfera". Assim, este capítulo visa exemplificar como podemos fornecer aos nossos estudantes subsídios para que sejam sujeitos interculturais que usam a língua estrangeira, o português neste caso, de forma precisa, significativa e adequada. Primeiramente, discutiremos alguns conceitos teóricos sobre o ensino de língua estrangeira na contemporaneidade. Depois, usando o gênero discursivo lendas, exemplificaremos como uma sequência didática pode ser construída tendo em conta tais princípios norteadores do ensino integrado de língua e cultura.

O lugar da cultura no ensino de língua estrangeira

Normalmente, cursos de idiomas buscam ser mais atraentes por afirmarem que são "comunicativos"; vários livros didáticos usam também o termo comunicativo em suas apresentações, como por exemplo, a descrição disponível no site da editora do livro *Falar... Ler...Escrever...* afirma que "este livro, através de método *estrutural-comunicativo* (grifo nosso), leva o aluno totalmente principiante a entender, falar, ler e escrever português com fluência e segurança, em nível de linguagem coloquial correta." (Lima; Iunes, 1999) Mas, quando se trata do estudo de cultura, muitos a colocam para segundo plano, reservando um lugar como "curiosidades" e não como centro do curso, de importância realmente relevante para que a tão aclamada "comunicação" ocorra. Por que esse não deveria ser o lugar da cultura nos cursos de língua estrangeira?
Aprender cultura é importantíssimo para a sobrevivência, pois as palavras e ações de cada ser humano são sempre envoltas por questões culturais. Ou seja, não basta saber cumprimentar é preciso entender se pode abraçar, beijar,

como apertar a mão e quais as implicações destes comportamentos para cada contexto social e sua lógica no processo comunicativo. Segundo Damen,
> a interação de padrões culturais variados, crenças e valores que cada interlocutor traz ao processo de comunicação intercultural deve ser reconhecido em todo ato comunicativo; quanto maior a variação destes padrões, mais forte torna-se a força divisiva de tais variantes e maiores são as chances de falhas na comunicação. (1987, p. 24) *(tradução nossa)*

É sob tal perspectiva que se percebe a importância da comunicação intercultural para compreensão do sistema linguístico em uso e inserção no contexto social. De modo que, mesmo um falante tido como "avançado", caso não tenha também desenvolvido uma percepção cultural aguçada, pode se tornar um "fluent fool [fluente tolo]", ou seja, embora seja considerado fluente no idioma, ele tem problemas em interagir por não entender os aspectos culturais intrínsecos à situação, o que, em algumas circunstâncias, pode causar grave constrangimento para os envolvidos no ato comunicativo. (Bennett, 1997, p.16). Exemplos de que tanto língua quanto cultura fazem-se presentes na comunicação em português podem ser encontrados em C. Santos (2010) e P. Santos e Álvares (2010). Mas, afinal, o que é cultura? Segundo Eagleton (2005, p 9), "cultura é considerada uma das duas ou três palavras mais complexas de nossa língua", isso por conta da abrangência conceitual. Strauss (1983), em, *Le regard éloigné*, aponta que uma cultura é um conjunto de aspectos, em que alguns se aproximam socialmente e outros se distanciam devido às diversidades. Para Hall (1988), "cultura é comunicação", de modo que as comunicações culturais são mais complexas do que a fala ou escrita e a interculturalidade permite maior possibilidade de ter as respostas coerentes no contexto exigido. Nessa afirmação, reforça-se a relação entre ambos os conceitos, sendo inevitável a aprendizagem da língua e sua relação com a cultura. Compreender a cultura é possibilitar o entendimento de determinados comportamentos sociais existentes no uso da língua.

A dimensão do estudo intercultural é um suporte para compreensão textual, entretanto, mais que uma mera função estratégica para o uso coerente dos signos linguísticos, é um importante momento de interação social, pois é assim que a comunicação realiza-se. Sendo este o objetivo principal do aprendizado de uma língua não materna. Segundo Camilleri,
> Ao passo que os alunos se tornam conscientes, não apenas dos novos elementos culturais, mas notadamente daqueles aspectos de padrões comportamentais e mentais que distingam dos seus próprios, suas percepções se tornarão mais refinas e complexas na interação, habilitando-os a identificar várias variações e nuances do novo contexto social e nas relações que se estabelecem. Quanto mais conhecimento e experiência compartilharem com os interlocutores, mais fácil se faz a comunicação. (2002, p. 11) *(tradução nossa)*

Nesse contexto, é possível verificar que o conhecimento cultural nas aulas de língua portuguesa reforça uma comunicação eficaz, além da compreensão dos atos sociais. Uma vez que,

> a dimensão intercultural nas aulas de línguas estrangeiras é especialmente importante para evitar a estigmatização de identidades nacionais e a criação de estereótipos, o que reduz indivíduos a meros representantes de uma cultura ou país e, eventualmente, pode levar ao preconceito. Assim, através da consciência e das habilidades interculturais os aprendizes de uma segunda língua adquirem também o respeito às diferenças entre indivíduos, tornando-se pessoas mais abertas e tolerantes. (Beltrão, 2007, p. 289)

Similarmente, ao analisar as percepções sobre cultura, Holiday (1999) diferencia duas perspectivas de cultura: a grande cultura e a pequena cultura. A primeira refere-se à noção de cultura que prioriza os aspectos étnicos ou nacionais, enquanto a segunda se refere aos aspectos de coesão comportamental de qualquer grupo social. Contrastando-as, observa-se que a primeira tende a reduzir os membros de determinada etnia, nação ou país a uma descrição única, já a segunda permite afirmar que, em cada situação, as atitudes e comportamentos do indivíduo não são predeterminados pela sua etnia, antes são construídas em cada contexto social pelas relações estabelecidas a partir da individualidade e multiplicidade de cada participante do ato comunicativo. Concluindo seu artigo, Holliday declara que analisar a pequena cultura é o mais adequado para o mundo multicultural onde vivemos, sendo também o único modo de esclarecer plenamente a complexidade intercultural de qualquer mundo (1999, p. 260).

Segundo, Moran (2001) e Bryram (1997), deve-se auxiliar o estudante a desenvolver sua competência intercultural comunicativa, ou seja, a habilidade de *interagir efetivamente e apropriadamente em situações interculturais, quaisquer que sejam as culturas envolvidas*. Tal abordagem intercultural fará com que o estudante torne-se até mesmo mais ciente de sua própria cultura Assim, na proposta pedagógica que apresentaremos, levaremos em conta que os participantes da aula, conscientemente ou não, têm ambos os pontos de vista sobre a cultura; mas, o professor terá o papel orientar os estudantes na problematização da grande cultura e na aproximação à cultura pequena tanto dos grupos sociais presentes nos textos em estudo quanto da própria cultura dos aprendizes. Nesta perspectiva, como serão desenvolvidas as habilidades linguísticas?

Gêneros do discurso: integrando língua e cultura

Muitas vezes, o ensino de gramática na aula de língua estrangeira tem se reduzido somente à análise das estruturas gramaticais dentro de frases isoladas, como se nós, seres humanos, falássemos usando frases isoladas, descontextualizadas, sem relação entre si. Bakhtin (1997, p. 302), afirma

justamente o contrário: "falamos por enunciados e não por orações isoladas e, menos ainda, é óbvio, por palavras isoladas". E acrescenta: "Os gêneros do discurso organizam nossa fala da mesma maneira que a organizam as formas gramaticais (sintáticas)" (ibidem, p. 302).
Segundo ele,
> A utilização da língua efetua-se em forma de enunciados (orais e escritos), concretos e únicos, que emanam dos integrantes duma ou doutra esfera da atividade humana. O enunciado reflete as condições específicas e as finalidades de cada uma dessas esferas, não só por seu conteúdo (temático) e por seu estilo verbal, ou seja, pela seleção operada nos recursos da língua — recursos lexicais, fraseológicos e gramaticais —, mas também, e sobretudo, por sua construção composicional. Estes três elementos (conteúdo temático, estilo e construção composicional) fundem-se indissoluvelmente no *todo* do enunciado, e todos eles são marcados pela especificidade de uma esfera de comunicação. Qualquer enunciado considerado isoladamente é, claro, individual, mas cada esfera de utilização da língua elabora seus *tipos relativamente estáveis* de enunciados, sendo isso que denominamos *gêneros do discurso*. (ibidem, p. 179).

Assim, se queremos que os nossos estudantes sejam proficientes em uma língua estrangeira, é imprescindível o estudo dos gêneros do discurso a fim de que eles interajam de forma eficiente em situações de comunicação para além da sala de aula. Segundo Kock (2004), o professor deve propiciar aos estudantes o trabalho com um amplo leque de gêneros do discurso, tanto com os que eles lidam cotidianamente quanto com outros que lhes sejam necessários para que galguem uma melhor atuação social.

Letícia Santos e Baumvol (2012), ao tratarem de uma sequência didática preparatória para o Exame Celpe-Bras (Certificado de Proficiência em Língua Portuguesa para Estrangeiros), enfatizam que o estudo de gêneros do discurso inclui a conscientização de seus aspectos contextuais e textuais, "para que ele se utilize da experiência de leitor-analista para produzir seus textos e possa constituir-se como sujeito discursivo nos campos de atividade social em que pretende atuar" (p. 46).

Uma frase no imperativo pode estar adequada num contexto, porém, a mesmíssima frase pode gerar sérios problemas de relacionamento entre os envolvidos. Portanto, ao se ensinar elementos linguísticos por meio de gêneros do discurso, reforça-se a aprendizagem destes, pois a seleção por uma forma em detrimento de outra ocorre por causa do contexto de produção/recepção: quem fala/escreve? Quem escuta/lê? Por quê? Ademais, cultura, como já discutido neste capítulo, está presente de forma indissociada em todo ato comunicativo, assim, ao se estudarem textos para se aprender aspectos gramaticais, este mesmos textos obrigatoriamente conterão também aspectos culturais que podem ser analisados na aula de língua estrangeira.

Conforme pondera Larsen-Freeman (2001), estruturas gramaticais não são somente a *forma* (morfossintaxe), mas também são usadas para expressar *significado* (semântica) apropriado ao contexto de *uso* (pragmática). Não necessariamente o professor explicará cada um destes aspectos de forma explícita, mas servem como referência para identificar com que aspecto de determinado elemento linguístico o estudante está tendo maior dificuldade. Exercícios com frases soltas para simplesmente completar com o verbo conjugado no futuro do subjuntivo não necessariamente garantem que o estudante tenha aprendido o elemento linguístico gramatical em sua totalidade, antes, indica que, quando o uso e o significado já estiverem marcados e o único que lhe resta fazer é colocar a forma, ele vai saber fazer isso. Na vida fora da aula, no entanto, tal atividade não o ajudará a discernir *quando usar*. Exemplo disso é que muitos estudantes preenchem muito bem os exercícios de completar que só exigem que ele conheça a forma e não o seu significa ou uso, porém, estes mesmos estudantes não usam de forma adequada quando falam ou escrevem. Destarte, por esse viés tridimensional, trabalharemos tais estruturas a fim de que o estudante seja capaz de usá-las de forma precisa, significativa e adequada.

Os povos indígenas: representação nos livros didáticos para brasileiros e de PLE.

Para exemplificar como trabalhar língua e cultura de forma integrada, escolhemos tratar da questão indígena no Brasil a partir de narrativas de criação. Um dos objetivos é resignificar a concepção que tanto os próprios brasileiros quanto os estrangeiros têm sobre os povos indígenas no Brasil. Por que isso é importante? Porque além da mídia em geral (Melo, 2003; Oliveira, 2006), muitos livros, sejam eles direcionados para a formação dos próprios brasileiros na escola, sejam de português para estrangeiros, reproduzem e disseminam visões estereotipadas sobre os povos indígenas, mesmo tendo tais materiais a função de educar os seus usuários.

Marin (2008) analisa as representações de povos formadores do Brasil (indígenas, africanos, europeus e asiáticos) em quatro livros didáticos de português para estrangeiros. Enquanto os dois últimos grupos estavam separados por nacionalidades, tais como japoneses, portugueses, espanhóis, etc., os dois primeiros grupos eram sempre mencionados de forma generalizada, apesar de haver grande heterogeneidade nas nações que os formam. Apesar de serem citados em todos os livros analisados, os indígenas sempre eram apresentados como exóticos, pertencentes ao passado do Brasil, tendo sua imagem congelada à do período da chegada dos europeus, como se nada houvesse mudado. Ou seja, repete-se o discurso colonizador, apagando a história e a contemporaneidade, impedindo o indígena de ser considerado um sujeito brasileiro presente e ativo na sociedade brasileira do século XXI, como qualquer outro cidadão brasileiro não indígena. De forma análoga, O. Carvalho (2008), em um estudo com oito livros didáticos de português para estrangeiros, afirma que estes, ao tratar dos indígenas brasileiros, descartam toda a diversidade de suas línguas e etnias, sem qualquer relação com as problemáticas atuais destes povos, refletindo o discurso do colonizador. Estudos sobre a representação dos povos indígenas em livros didáticos para crianças e adolescentes brasileiros têm chegado a conclusões similares (K. Santos 2012, Palhares 2012). Por haverem concluído a educação básica antes da Lei 11.645 de 10 de março de 2008 que estabeleceu o estudo da história e cultura afro-brasileira e indígena no currículo obrigatório das escolas brasileiras, muitos dos professores crescidos no Brasil que agora atuam ensinado português para estrangeiros foram ensinados a partir de uma visão estereotipada e colonizadora a cerca dos povos que formaram o Brasil, e, muitos acabam ensinando aos seus próprios estudantes usando livros que continuam propagando essa mesma ideia. Assim, faz-se necessário que, ao tratar de tais assuntos em aula, o professor busque novas informações em fontes confiáveis a fim de quebrar tal ciclo vicioso perpetuador de discriminação.

Lendas indígenas: leituras de mundos
Em nosso trabalho decidimos ter o gênero discursivo lendas como elemento base para estudos de questões linguístico-culturais. Partindo do pressuposto de que pelas narrativas "os sujeitos constroem sua compreensão das ações humanas, ao mesmo tempo em que constroem uma compreensão de seu estatuto de agente" (Bronckart, 1999:61), mais importantes ainda se tornam as narrativas criacionais. Até mesmo na "cientificamente esclarecida" sociedade ocidental, relatos criacionais escritos por Moisés há mais de 3 mil anos têm sido amplamente usados que para explicar e legitimar discursos e posturas sociais, enquanto condena outros. Por exemplo, afirmam que os negros são amaldiçoados e devem ser escravizados (*Tradução do Novo Mundo das Escrituras Sagradas com Referências*, Gênesis 9: 20-27[44].), e que o casamento, mesmo civil, deve-se restringir a um homem e uma mulher (Gênesis 2: 18-25). É digno de nota que de todos os 1.189 capítulo da *Bíblia*, tais informações são encontradas em seus 9 primeiros capítulos. Ou seja, mesmo sendo muito antigas e tidas como "mitos" por muitas pessoas, tais narrativas criacionais ainda exercem poder sobre o pensamento ocidental.
Em sua tese de doutorado, *As Narrações da Cultura Indígena da Amazônia: Lendas E Histórias*, Coelho nos esclarece que, embora não ainda não haja uma definição clara do termo *lenda*, elas

---

[44] O próprio texto bíblico não aprova tal interpretação. (Associação Torre de Vigia De Bíblias e Tratados, p. 625-628)

- são narrativas;
- são textos que ora descrevem entes sobrenaturais, ora apresentam uma história;
- referem-se a acontecimentos do "passado distante", enfocando feitos de personagens, explicando particularidades anatômicas de certos animais;
- podem ser contadas por qualquer pessoa a qualquer momento;
- podem transmitir os ensinamentos e os valores da sociedade à qual estão vinculadas; apresentam regras de conduta;
- explicam fenômenos da natureza. (Coelho, 2003, p. 18)

Assim, através das narrativas de criação de coisas, procuramos entender a visão de mundo que perpassa tais textos. Pelo fato de todos os professores serem originários de Salvador, onde dois dos autores se formaram em Licenciatura em Letras Vernáculas e Português como Língua Estrangeira pela Universidade Federal da Bahia, deu-se preferência às lendas transcritas em Coelho (2008) que tratassem de coisas existentes nesta cidade (por exemplo, mandioca, beija-flor, guaraná, e açaí), pois, fora da sala os estudantes convivem com os objetos de estudo, tornando-os algo próximo deles e não como pertencente a uma cultura longínqua.

Teoria na prática: descrição da aplicação da sequência didática

A sequência didática apresentada a seguir foi aplicada nos cursos do Nível Básico 2[45] da Casa do Brasil no México e Português 2 do Núcleo Permanente de Extensão em Letras da Universidade Federal da Bahia, ou seja, já foi validada tanto em contexto de imersão quanto de não imersão, e envolve o estudo dos seguintes aspectos:

✓ Formação e situação étnica do país de origem do estudante;
✓ Formação e situação étnica do Brasil, com foco nas questões indígenas;
✓ Lendas brasileiras e do país de origem do estudante;
✓ Estudo do gênero discursivo lenda;
✓ A relação homem-natureza-espiritualidade;
✓ Pretérito perfeito e imperfeito do Indicativo;
✓ Estudo de aspectos das sociedades indígenas brasileiras.

Sendo um ponto de passagem crítico para muitos por acharem que a 'teoria na prática é outra' (J. Carvalho, 2011) e tendo este livro também o objetivo de orientar novos professores e atualizar os conhecimentos dos mais experientes, descreveremos a sequência didática passo a passo a partir do

---

[45] Como a distribuição de horas de aulas por encontro varia dentro dos próprios institutos, a organização da distribuição das atividades tem sido adaptada de acordo com as características de cada grupo.

relato de uma oficina ministrada no primeiro semestre de 2013 na Casa do Brasil do México pelos professores Filipe Pereira de Jesus Flores e Sulamita Bomfim Almendra. Outras experiências com o uso deste material serão inseridas em alguns momentos da narrativa. Para tal atividade, foram convidados os estudantes que estavam em turmas do Básico 2, o número máximo de estudantes aceito foi 12, pois a ideia era imitar o contexto de curso regular da escola, a qual tem como 12 o número máximo de inscritos por turma. Foram programados 3 encontros de 2 horas uma vez por semana. Em cada aula, os estudantes recebiam o material a ser usado naquele dia, e a dianteira da aula era compartilhada entre os professores.

No primeiro dia, depois de uma breve apresentação de todos e de como seriam cada um dos dias da oficina, iniciou-se uma conversa onde foram discutidas algumas perguntas:

- ❖ O que você sabe sobre os povos que formaram e/ou têm formado o seu país?
- ❖ Todos eles recebem o mesmo valor? Por quê?
- ❖ Como é a relação entre eles hoje?
- ❖ O que você sabe sobre os povos que formaram o Brasil?
- ❖ O que você sabe sobre a atual situação indígena no Brasil?
- ❖ Você gosta de lendas? Por quê?
- ❖ Elas têm alguma importância? Justifique.
- ❖ Em grupos, definam o que é uma lenda.

O início da sequência didática baseou-se em perguntas para discutir a formação histórica tanto do país do estudante, quanto do Brasil. Assim como Méndez e Hernández (2010), acreditamos que os estudantes devem primeiro refletir sobre sua própria cultura para então fazê-lo com a cultura que estão estudando, pois no ato comunicativo há o encontro das culturas dos enunciadores envolvidos. Conforme os relatos sobre aplicação dessas perguntas em uma turma no México e outra no Brasil comprovaram, os debates fomentados por tais perguntas têm atingido o seu objetivo, sensibilizando os estudantes a rever seus conceitos sobre si e seu país bem como sobre o Brasil, ajudando-os a se tornarem sujeitos interculturais do mundo contemporâneo.

Na turma de estudantes mexicanos em questão, eles comentaram que no México o valor dado à determinada cultura indígena depende de seu poderio militar, religioso e arquitetônico no período pré-colombiano, sendo os considerados mais importantes bem aclamados em museus, sítios arqueológicos e na educação primária, embora na vida diária o "indígena" não receba valor. Pesquisas sobre a representação de indígenas no México confirmam as informações discutidas pelos estudantes. Muñiz et al. (2010, p. 95) concluem que há três principais perspectivas sobre os indígenas na sociedade mexicana: o *indígena histórico*, com estereótipos positivos, que exaltam sua grandiosidade, sendo considerado como o verdadeiro nativo do país; o *indígena em sua própria comunidade*, estereotipado como pobre e que não aceita as mudanças para tornar-se parte da nação mexicana; e *o indígena na cidade*, que não se adapta à vida urbana, contaminando-a, cujo excesso de inocência faz com que seja facilmente enganado e explorado.

Assim, pode-se dizer que há *continuum* estético que vai do mais indígena ao mais caucasiano, este é representado como melhor enquanto que aquele como pior. Ao pesquisar sobre a representação dos indígenas na televisão no estado de Nueva León, Lazcano e Muñiz (2012) afirmam que "la televisión local discrimina al indígena", pois "a pesar de que aparecen en televisión y en ocasiones son exaltados por su grandeza histórica, generalmente son utilizados para hacer reír y divertir, siendo una especie de 'payasos' y por lo tanto no se toma en serio la etnicidad que representan", relacionando-os a trabalhos não identificáveis ou como empregados domésticos, e seu vestuário é uma espécie de figurino folclórico. Tal atitude em relação ao personagem indígena explica o porquê de sua presença ser maior em programas humorísticos do que em qualquer outro tipo. Por isso, pode-se observar que atores e modelos com traços mais marcadamente europeus são a maioria em propagandas e programas televisivos voltados para o próprio público mexicano, embora não representem a maioria demográfica nacional.

Numa turma de estudantes universitários estadunidenses em intercâmbio em Salvador, houve uma discussão acalorada sobre a formação de seu país a partir da problematização do Dia de Ação de Graças, relacionando o evento histórico e a celebração com o genocídio indígena no país, uns ferrenhamente defendendo o massacre e outros criticando com o mesmo vigor, de modo a criar na sala um debate que reflete os diferentes pontos de vista dos próprios estadunidenses sobre a formação de seus país. Coincidência ou não, os que defendiam o processo colonizatório eram "caucasianos" e os que o criticavam eram de origem "hispana". Quando um estudante relatou que os indígenas ajudaram os colonos, celebraram Ação de Graças juntos, e depois os colonos os mataram, outro arguiu dizendo que não havia sido bem assim, que isso aconteceu "depois", mas não logo "depois". Neste momento, outra questionou se havia diferença entre matar na hora da sobremesa ou na semana ou mês seguinte. Outro argumento a favor das guerras de colonização é que os indígenas já batalhavam entre si, apenas chegou outro povo mais forte e venceu as guerras. Quanto uma estudante perguntou se ela podia pegar uma arma e invadir a casa da outra, matá-la ou expulsá-la de casa com o argumento de possuir melhor poderio bélico, a outra disse que agora é diferente porque há leis que impedem isso, mas na época da colonização não havia legislação a respeito. Deste modo, conscientizam-se os estudantes de que, não só outros países no mundo têm problemáticas profundas quanto ao discurso oficial de formação nacional e suas implicações na vida atual de seus habitantes, mas também o seu próprio país possuem tais feridas. Em se tratando da história do Brasil, na maioria das turmas, os estudantes só tinham informações que eles mesmos consideravam vagas e superficiais: era habitado por indígenas, foi colonizado por portugueses, e africanos foram trazidos quais escravizados[46].

As últimas questões focam o grupo social e o gênero discursivo discutidos na unidade temática. Além de dar ao professor uma noção sobre os conhecimentos prévios dos estudantes, a pergunta *O que você sabe sobre a atual situação indígena no Brasil?* também visa esclarecer ao estudante que as questões indígenas são presentes na contemporaneidade do Brasil.

Direcionou-se mais claramente para o estudo do gênero discursivo ao discutir a definição e importância das lendas. Os estudantes mencionaram vários aspectos que podem ser resumidos como: uma história com base verdadeira passada de geração a geração que explica de forma sobrenatural a visão de como o grupo entende o seu entorno, possuindo, muitas vezes, lições de moral. E como importância dessas narrativas na sociedade, foi destacado o aspecto de união e preservação cultural de seu povo. Depois, os professores apresentaram a descrição de Coelho (2003, p.18), comparando-a com as propostas de definição fornecidas pelos estudantes. Tendo esse conceito em mente, mostraram-se aos estudantes fotos da mandioca e do guaraná e pediu-se que imaginassem que viviam no Brasil antes de 1500 e viam pela primeira vez essas plantas. Explicamos alguns aspectos do atual uso de tais produtos e, em grupo, deviam criar uma lenda explicando a origem de cada uma para ser contada para o restante da turma.

Então, passamos à análise de duas lendas brasileiras: *a Lenda da Mandioca* e *a Lenda Coacyaba, o primeiro Beja-flor*. O trabalho com os textos incluiu: a leituras das lendas, explicando as palavras que os estudantes não conheciam, análise das características textuais e discursivas que as configuravam como lendas, e a elaboração de 4 perguntas sobre cada uma, para que fossem respondidas por outros grupos. Com tal dinâmica, foi possível perceber as crenças deles quanto às "perguntas de interpretação de textos", pois, a orientar os grupos durante a atividade, via-se que a maioria criava perguntas superficiais, que podiam ser respondidas com simples cópias do texto, o que mostra que, na formação destes estudantes, esse deve ter sido o tipo mais comum de perguntas quando "interpretavam textos". Então, os professores pediram que também criassem perguntas que relacionassem o texto com outras coisas da realidade, como o ponto de vista do leitor sobre determinado aspecto, por exemplo. Após responder e discutir as questões, explicamos as atividades extensivas. Para a aula seguinte, os estudantes teriam de pesquisar uma lenda de um de seus ancestrais, de preferência uma que explicasse a criação de algo, para apresentação oral e escrita. Para o último encontro, haveria apresentações sobre aspectos de sociedades indígenas brasileiras. Em duplas,

---

[46] Em uma pesquisa futura, poder-se-ia analisar o lugar do ensino de história dos países lusófonos no ensino de português como língua estrangeira.

pesquisariam e apresentariam um tópico pelo qual se interessassem. A apresentação duraria de 5 a 7 minutos e um resumo[47] deveria ser entregue aos professores. Os temas sugeridos em si já funcionam como um convite para os estudantes reverem seus conceitos sobre os povos indígenas, foram estes: sociedades indígenas pré-colombianas; genocídio de povos indígenas (passado e presente); revoltas, guerras e armamento; demarcação de terras; grupos étnicos; relação com o meio ambiente; demografia; preservação cultural; línguas; música; artesanato; religiões; culinária; vestuário; educação; arquitetura; estereótipos e representação em cinema, literatura, pintura, fotografia e outras artes; etc.

O segundo dia teve começou com o estudo das lendas trazidas pelos estudantes, citando algumas: Milho, Morcego, Baunilha, Xóchitl, Agave, Ehécatl. Os textos escritos foram recolhidos para serem devolvidos com comentários e sugestões na aula seguinte. Depois de discutir sobre a estrutura das lendas, dividiu-se a turma em grupo de três, cada grupo recebeu um pacote com as três lendas a serem trabalhadas: Guaraná, Açaí e Tamba-Tajá[48]. Entretanto, cada parágrafo estava em um pedaço de papel individual, ademais, tinham espaços seguidos de verbos no infinitivo, estes deviam ser conjugados ou no pretérito perfeito ou no imperfeito do indicativo a fim de completar o texto. Logo, a primeira tarefa foi organizá-las de forma lógica e coerente, de acordo com o que foi discutido sobre a estrutura das lendas.

Antes de completar com os verbos conjugados, pediu-se aos grupos que, analisando as lendas já estudadas, criassem teorias de a) quando se usa o pretérito perfeito e quando se usa o imperfeito do indicativo; b) que diferença há na percepção de um evento dependendo de qual dos dois passados é usado, e c) como os verbos se conjugam nesses tempos. O objetivo de tal tipo de atividade não era que eles encontrassem necessariamente a resposta certa em si, antes o mais importante era ajudá-los a aguçar suas habilidades quais "linguistas", pois, em interações com lusófonos, estes nem sempre saberão explicar como usar certo recurso linguístico de forma muito clara. Estamos assim ajudando os alunos a serem aprendizes independentes, no sentido de que podem procurar aprender novas coisas com base na observação do uso que as pessoas ao seu redor fazem da língua. Depois, discutimos as teorias criadas pelos estudantes e as analisamos com base nas explicações de Osório e Fradique, (2008) sobre o uso dos pretéritos perfeito e imperfeito em português e então eles conjugaram os verbos.

Voltando-se novamente para os aspectos discursivos dos textos, discutimos a partir de três perguntas: a) Como tais narrativas podem nos ajudar a compreender melhor as sociedades que as produziram/produzem? b) Que

---

[47] Entre 200 e 500 palavras, fonte 12, margem esquerda e superior a 3 cm; direita e inferior de 2 cm, 1,5cm de entrelinhas.
[48] Planta também conhecida como tinhorão, taiá, tajá, tajurá, tembatajá.

semelhanças e diferenças há entre as lendas estudadas? c) O que se pode inferir sobre as sociedades indígenas que as produziram? (Por exemplo, religiosidade, relação com meio ambiente, família, vida em comunidade e organização social, valores, etc). Assim, foi possível um aprofundamento em aspectos sociais e linguísticos na produção, socialização, recepção e preservação das lendas. Terminamos, relembrando as diretrizes para os seminários da aula seguinte.

O último dia foi reservado para as apresentações e as considerações finais sobre as temáticas abordadas. As apresentações dos seminários serviram para a socialização, a organização e o debate, tudo em plena sintonia com a proposta da oficina, isto é, um processo participativo e integrativo de aprendizagem de duas culturas diferentes e dois países com a presença indígena. Dentre os temas escolhidos, os que tratavam das línguas indígenas, das políticas governamentais e das questões de posse de terra foram os mais recorrentes tanto nessa turma em análise quanto em outras. Mas, em relação ao México, é digno de nota que os estudantes sempre comparavam com a realidade dos povos indígenas do México, discutindo os problemas que estes enfrentam neste país, cuja Constituição, em seu segundo artigo, define como uma "nación pluricultural sostenida originalmente en sus pueblos indígenas". Todos os estudantes da presente oficina declararam que gostariam de ter suas aulas da maneira como foi conduzida a oficina, pois a aprendizagem foi mais ativa e relacionada com a vida real.

Considerações finais

Ao entrar em uma sala de aula de língua estrangeira, cada estudante e professor traz consigo seus conhecimentos, condutas, e atitudes a partir da visão de mundo estabelecidas em seus relacionamentos com os outros e com o universo físico. Temos de ajuda-los a ver o mundo em que vivemos a partir de diferentes perspectivas. Na aula, não deveria ser objetivo do professor fazer com que seus estudantes abdicassem de sua cultura e assimilassem exclusiva e cegamente a cultura-alvo. Antes, o professor deve preparar os estudantes para que, nos momentos de encontros interculturais, eles saibam analisar o contexto e tomarem decisões conscientes e respeitosas quanto a como se comportar de modo a zelar por um relacionamento amigável e cortês entre os envolvidos. Nessa perspectiva, acredita-se que a cultura não é um pretexto de ensino, mas sim um conteúdo formativo imprescindível no ensino da língua.

Para ser fluente em uma língua, conhecer as regras gramaticais não é suficiente, é imperativo adequar este conhecimento às práticas culturais dos campos discursivos através dos quais os seres humanos se comunicam. E o estudo de gêneros discursivos fomenta tal integração de saberes, uma vez que, as lendas, bem como outros gêneros do discurso, possibilitam o acesso a conhecimentos de diversas ordens que marcam comportamentos e traços linguístico-culturais de uma sociedade por meio do instrumento que os seus indivíduos usam para interagir entre si e o mundo, a saber, o texto. Essas informações são importantes para a construção conceitos sobre o lugar da língua-alvo. Assim, percebe-se que o que está em jogo é um conjunto de relações sociocomunicativas que não se limitam a signos linguísticos. As relações que se estabelecem são a todo tempo de sujeitos sociais de diferentes contextos que precisam se comunicar e trocar informações, para isto, fazem-se necessárias reflexões sobre a língua em seus contextos socioculturais. Essas informações não podem estar presentes apenas na aplicação de atividades gramaticais, mas também em atividades reflexivas que visem a participação de qualidade dos estudantes nos encontros interculturais.

Referências

Associação Torre de Vigia de Bíblias e Tratados. "Cus". In.: _____. *Estudo Perspicaz das Escrituras*. Cesário Lange: Associação Torre de Vigia de Bíblias e Tratados, 1990. v. 1. p. 625-628.

Bakhtin, M. *Estética da criação verbal.* 2ª ed. São Paulo: Martins Fontes, 2003.

Beltrão, A. C. W. "Comunicação intercultural: novo caminho para as aulas de língua estrangeira". *Itinerários*, vol. 6/2007. PDF.

Bennett, M. J. "How not to be a fluent fool: Understanding the cultural dimentsions of language". In.: Fantini, A. E. (Ed. do volume); Richards, J. C. (Ed. da série). *New ways in teaching culture. New ways in TESOL series II:* Innovative classroom techniques. Alexandria, EUA: TESOL, pp. 16–21, 1997.

Bronckart, J. P. *Atividade de Linguagem textos e discursos.* Por um interacionismo sócio-discursivo. Trad. Anna Rachel Machado, Péricles da Cunha. São Paulo: Educ, 1999. PDF.

Byram, M. *Teaching and assessing intercultural communicative competence.* Clevedon: Multilingual Matters, 1997.

Camilleri, A. *How Strange! The use of anecdotes in the development of intercultural competence.* Graz: Council of Europe Publishing – European Centre for Modern Languages. 2002

Carvalho, J. S. F. de. *A teoria na prática é outra?* Considerações sobre as relações entre teoria e prática em discursos educacionais. Rev. Bras. Educ. [online]. 2011, vol.16, n.47, pp. 307-322.

Carvalho, O. L. de S. *Aspectos da Identidade Brasileira em Livros Didáticos de Português para Estrangeiros:* um estudo lexical. Revista Intercâmbio dos Congressos Internacionais de Humanidades (UnB), v. 1, p. 1-15, 2008. PDF.

Coelho, M. do C. P. *As Narrações da Cultura Indígena da Amazônia:* Lendas e Histórias. Tese de doutorado. Pontifícia Universidade Católica de São Paulo, 2003.

Damen, L. *Culture Learning*: The fifth Dimension on the Language Classroom. Reading. Massachusetts: Addison-Wesley, 1987.

Eagleton, T. *A ideia de cultura*. São Paulo: Editora Unesp, 2005.

Hall, E.T. "The power of hidden differences". In: Bennett, M. J. (Ed.). *Basic concepts of intercultural communication – selected readings*. Yarmouth: Intercultural Press, p. 53-67, 1988.

Koch, I. G. V. "Os gêneros do discurso". In.:____. *Introdução à Linguística Textual*: trajetória e grandes temas. 1. ed. São Paulo: Martins Fontes, 2004. v. 1, p.159-168.

Larsen-Freeman, D. "Teaching Grammar". In: Celce-Murcia, M. *Teaching English as a Second or Foreign Language*. 3rd ed. Boston: Heinle & Heinle, 2001. p. 251-266.

Lazcano, F. de J. M.; Muñiz, C. "Estereotipos Mediáticos de los Indígenas. Análisis de las Representaciones en Programas de Ficción y Entretenimiento de Televisoras en Nuevo León." *Razón y Palabra*. Comunicación como valor de desarrollo social. Número 80, Agosto - Octubre 2012. Disponível em: <http://www.razonypalabra.org.mx/N/N80/V80/20_MaranonMuniz_V80.pdf>

Lima, E. O. F.; Iunes, S. A,. Descrição do livro *Falar...Ler...Escrever...português*: um curso para estrangeiros. 2ª edição. São Paulo: EPU, 1999. Disponível em: <http://www.grupogen.com.br/ch/prod/9559/5780/falar-ler-escrever-portugues---um-curso-para-estrangeiros.aspx>

Marin, C. C. F. *Povos no Brasil*: Quem são eles nos livros didáticos de Português como língua estrangeira? Dissertação de mestrado. Universidade Estadual de Campinas, 2008. PDF.

Melo, P. B. *O índio na mídia: discurso e representação social*. III Jornada Internacional e I Conferência Brasileira sobre Representações Sociais - Relações entre Práticas e Representações, Rio de Janeiro, v. 1, p. 2375-2389, 2003. PDF.

Méndez, E. H.; Hernández, S. V. El papel del profesor en el desarrollo de la competencia intercultural. Algunas propuestas didácticas. In____ *Decires, Revista del Centro de Enseñanza para Extranjeros*. vol. 12, núm. 14, primer semestre 2010, pp. 91-115.

Moran, P. *Teaching culture*: perspectives in practice. Massachussets: Heinle & Heinly-Thomson Learning, 2001.

Muñiz, C., et al. *Estereotipos Mediáticos o sociales*. Influencia del consumo de televisión en el prejuicio detectado hacia los indígenas mexicano. Global Media Journal México, 2010. pp. 93-113. PDF.

Oliveira, M. F. *Significações históricas do "índio"*: leituras da mídia impressa e da literatura. Dissertação de mestrado. Universidade Federal da Bahia, 2006. PDF.

Osório, P.; Fradique, F. "O uso do pretérito perfeito e imperfeito por aprendentes de português língua segunda." In: *Linguanet*. (Revista Electrónica, bianual, da Faculdade de Ciências Humanas da Universidade Católica Portuguesa). Lisboa: Faculdade de Ciências Humanas da Universidade Católica Portuguesa, 2008. PDF.

Palhares, L. M. *Entre o verdadeiro histórico e a imaginação criadora:* ilustrações sobre história e cultura dos povos indígenas em livros didáticos de história. Dissertação de mestrado. Universidade Federal de Minas Gerais, 2012. PDF.

Santos, C. A. B. dos. "Orientações culturais para o ensino de português como segunda língua (PSL) direcionado a estudantes dos Estados Unidos." In.: Santos, P.; Álvarez, M. L. O. *Língua e cultura no contexto de português língua estrangeira*. Campinas: Pontes, 2010.

Santos, L. G.; Baumvol, L. K. "Gêneros discursivos em uma sequência didática para o ensino de português como língua adicional". In: Schoffen, J. R.; Kunrath, S. P.; Andrighetti, G. H.; Santos, L. G.. (Org.). *Português como Língua Adicional:* reflexões para a prática docente. Porto Alegre: Bem Brasil, 2012, v. 1, p. 45-70.

Santos, K. R. *Representações sobre os indígenas em textos escritos e imagéticos visuais de livros didáticos de História do Brasil (1920/2010)*. Dissertação de mestrado. Universidade Federal de Sergipe, 2012. PDF.

Santos, P.; Álvarez, M. L. "Aspectos culturais relevantes no ensino de espanhol: as expressões idiomáticas e a carga cultural compartilhada". In.: _____ *Língua e cultura no contexto de português língua estrangeira*. Campinas: Pontes, 2010.

Strauss, L. *Le regard éloigné*. Paris: Plon, 1983.

Tradução do Novo Mundo das Santas Escrituras com Referências. Cesário Lange: Associação Torre de Vigia de Bíblias e Tratados, 1986. ed. 2006.

4.6 S´tora ou Senhora Doutora: da questão do ensino das formas de tratamento em PLE

Isabel Roboredo Seara
Isabelle Simões Marques

O primeiro passo na interação oral dos estudantes de PLE, quando se encontram em contexto português, é naturalmente a apresentação aos interlocutores ou o questionamento destes para eventuais explicações complementares, esclarecendo dúvidas ou elucidando ambiguidades. Complementarmente, pode existir uma primeira abordagem escrita, em que o estudante de PLE necessita de dominar alguns mecanismos linguísticos mais formais para se dirigir ao seu interlocutor. Estes são apenas exemplos que ilustram a importância da aprendizagem correta das formas de tratamento e de cortesia em contexto de aprendizagem do PLE.

Face à relevância de que estas formas se revestem no quotidiano de qualquer falante, seria expectável que os manuais de PLE, nomeadamente os que se destinam a um público adulto (pensando, inclusivamente, nos que são adotados nas universidades, para o ensino do português, em contexto ERASMUS) integrassem unidades didáticas em que fosse conferida a devida relevância ao tema. Como o tema é insuficientemente abordado na maioria dos manuais consultados e, inclusivamente, é preterido e obnubilado em outros, propomo-nos, neste capítulo proceder à:

- recensão dos estudos teóricos sobre formas de tratamento e de cortesia, que existem para o Português Europeu, configurando esta primeira parte a fundamentação teórica do que nos propomos desenvolver;
- descrição das formas de tratamento mais comuns no Português Europeu com realce para as regras e regularidades no usos do quotidiano;
- seguidamente realçaremos a importância destes conteúdos (formas de tratamento e de cortesia) na aprendizagem do PLE;
- por fim, apresentaremos duas propostas de unidades didáticas para o ensino deste tema, em que serão destacadas as formas mais comuns na oralidade e na escrita, e em que serão valorizadas nomeadamente as variações diastráticas e diafásicas, explicitando os contextos de uso formal e informal.

Formas de tratamento no Português Europeu: recensão dos principais estudos

O sistema de tratamento em Português Europeu é consagradamente qualificado de complexo[49], na medida em que apresenta uma variabilidade nas formas, sobretudo no tratamento nominal em contexto profissional, em que a estratificação social e profissional impõem formas assaz distintas que inclusivamente se apresentam divergentes ou mesmo inversas, no âmbito diatópico. Este capítulo visa simplificar essa reconhecida complexidade[50] e esclarecer algumas dúvidas que habitualmente se colocam, sobretudo a falantes de PLE, partindo de uma reflexão teórica sobre os principais estudos, para ancorar os pressupostos que serão seguidamente apresentados nas propostas didáticas sobre o tema.

Importa referir *ab initio* que na obra *Estilística da Língua Portuguesa* (1945), do filólogo português Rodrigues Lapa, o tópico «Fórmulas de modéstia, majestade e cortesia» surge associado, de forma pertinente[51], ao estudo dos pronomes, concretamente do «pronome pessoal». Sobre este, o autor reflete sobre determinados usos e explica como alguns enunciados, marcadamente dominados pelo pronome *eu*, remetem egocentricamente para o seu locutor, dando um exemplo curioso da obra *O Presidente Negro*, de Monteiro Lobato:

> ... Muito bem, Senhor Ayrton Lobo! Sempre contei com a sua presteza, quando o senhor me andava a pé. Agora, que se deu ao luxo de um automóvel, gasta-me vinte e tantos dias numa simples

---

[49] Atente-se na repetição deste qualificativo pelos mais consagrados especialistas do tema para o panorama português europeu. Assim, Lindley Cintra adjetiva-o de **complexo e original** sistema em vigor no Português atual (1972:16); por sua vez, Maria Helena Araújo Carreira ao referir-se aos estudos anteriores sobre o "tratamento" em português reforça que a **complexidade** de um tal sistema permite exprimir não só as hierarquizações, mas também as *nuances* da regulação da proximidade ou da distância (2004:5) E fundamenta historicamente essa complexidade: "La **complexité** du système de l'adresse du portugais contemporain, en particulier celui des formes allocutives, prend ses racines dès la fin du XVe siècle. Les formes nominales d'adresse se sont développées de sorte qu'il en résulte un ensemble de formes d'allocution capables d'exprimer différents types de hiérarchisations (sociales et professionnelles, familiales et d'âge), mais aussi de moduler la proximité ou la distance interlocutive"; Isabel Margarida Duarte reforça essa complexidade na abertura do seu capítulo *da Gramática: Histórias, Teoria e Aplicações* (2010:133) ao afirmar que «as formas de tratamento são, em português, um item de reconhecida dificuldade...»

[50] A complexidade das formas de tratamento em Português agigantar-se-ia se tivéssemos em linha de conta as duas variedades (PE e PB), mas as autoras, como falantes de PE, restringir-se-ão a esta variedade, sem, contudo, deixar de sublinhar que, mesmo circunscrevendo ao PE, será imprescindível recensear as variações diatópicas e diastráticas.

[51] Subscrevemos esta associação, na medida em que consideramos que os conteúdos gramaticais devem ser lecionados, segundo uma abordagem comunicativa do ensino da língua, referindo os contextos em que vulgarmente são utilizados. Ver a este propósito o capítulo intitulado «Competências do utilizador/aprendente» do *Quadro Europeu Comum de referência pas as Línguas* (2001:156-157).

cobrança e aparece-me com essa cara de cachorrinho que me quebrou a panela!

Me, me, me, me... tudo para aquele homem se relacionava egoisticamente à sua pessoa (1925: 194)

Rodrigues Lapa inaugura o tópico sobre fórmulas de modéstia, delucidando sobre se a forma de tratamento *nós* - uma fórmula de humildade e de modéstia, que contraria a vaidade e o orgulho que subjazem à forma de primeira pessoa *eu* - remetendo para a perspetiva histórica, e mostra como nos documentos da chancelaria dos antigos reis portugueses, quando estes «tinham o bom costume de ouvir os povos, convocando cortes, especialmente durante o período que vai de D. João I até D. Afonso V», usavam essa fórmula de modéstia da 1ª pessoa do plural nos documentos oficiais, podendo encontrar-se expressões do tipo «*Nós, el-rei, fazemos saber...*». Essa forma, que mostrava como o Rei se autodenominava, espelhava uma conceção que apenas permaneceu até reinado de D. João III que, ao subscrever o absolutismo régio, prefere a forma do singular, ditando: «*Eu, el-rei, faço saber....*».

A fórmula *nós*, segundo Rodrigues Lapa, é designada como «plural de majestade», registando-se, com curiosidade, a denominação irónica de Eça de Queirós que a cognominou de «plural de casta nobre».

É igualmente classificada como fórmula de modéstia, com um uso cerimonioso de distanciamento, a 3ª pessoa do singular, quando empregada em requerimentos, petições e documentos oficiais dirigidos a pessoas de hierarquia superior (exemplo: *Fulano de tal vem solicitar a Vossa Excelência se digne aceitar...*).

Sobre a forma pronominal de 2ª pessoa do plural, *vós*, singularmente, Rodrigues Lapa, em 1945 (data da primeira edição da *Estilística*), antecipava já que «na linguagem de todos os dias, já não existe em português o pronome *vós*, salvo no falar de algumas regiões portuguesas do Norte e da Beira».

Na verdade, em algumas zonas de Portugal continental, nomeadamente as que são consideradas como pertencentes aos dialetos setentrionais (por oposição aos dialetos centro-meridionais, de acordo com a classificação de Lindley Cintra)[52] é frequente este uso, sobretudo nos meios rurais e por pessoas de idade mais avançada. Atente-se em alguns exemplos do quotidiano: «*Vindes almoçar a que horas?*»; «*Provai este petisco acabadinho de fazer!*», «*Vós não sabeis bem ...*». Todavia, nas últimas décadas, este emprego é considerado manifestamente um arcaísmo em Português Europeu, pois cada vez menos se usa esta 2ª pessoa do plural, o que inclusivamente, traz consequências na aprendizagem, dado que no panorama atual de ensino da língua, os alunos apresentam graves dificuldades na conjugação verbal desta

---

[52] *Vide*: Nova Proposta de Classificação dos Dialectos galego-Portugueses in *Boletim de Filologia*, Lisboa, Centro de Estudos Filológicos, 22, 1971, pp. 81-116.

pessoa e, inclusivamente zombam dos falantes que as usam, instituindo-se quase um preconceito linguístico.

Face a esta realidade, a forma *vós* tem sido progressivamente substituída pela forma *vocês*, seguida da conjugação na terceira pessoal do plural (*Vocês vão hoje ao cinema?* em substituição de *Vós ides hoje ao teatro?*).

No caso da forma de 2ª pessoa do singular *tu*, esta é utilizada quando há conhecimento e familiaridade entre os interlocutores.[53] No entanto, Rodrigues Lapa não especifica os usos de *tu*, anotando apenas o caso peculiar que decorre de constrangimentos sociais. Assim, explica que, em certas regiões do norte de Portugal, os namorados tratavam-se, no início do relacionamento por *tu*, mas quando o «namoro estava pegado» (p. 154) passavam a tratar-se cerimoniosamente por *vós*, tentando mostrar socialmente que não havia demasiada intimidade, o que poderia ser comprometedor.

Anote-se, em seguida, o estudo de Lindley Cintra, intitulado *Sobre Formas de Tratamento na língua portuguesa*, que configura uma referência clássica e que foi dado à estampa em Lisboa, pelos Livros Horizonte, em 1972.

Do ponto de vista morfológico, para este filólogo, o sistema de tratamento da maioria das línguas divide-se em três categorias:

- Tratamentos pronominais do tipo de *tu, você, vocês, V. Exª, VV. Exas* (...)
- Tratamentos nominais do tipo de: a) *o senhor, a senhora, os senhores, as senhoras;* b) *o senhor doutor, o senhor Ministro;* c) *o pai, a mãe, o avô;* d) *o António, a Maria;* e) *o meu amigo, o patrão, etc.* (...)
- Tratamentos verbais, ou seja, a simples utilização de desinência do verbo como referência ao interlocutor-sujeito: *Queres?, Quer?, Querem?* (1972: 12-13)

Nos anos setenta, Lindley Cintra reiterou algumas das afirmações já anunciadas por Rodrigues Lapa nos anos quarenta, prognosticando a tendência crescente para a eliminação da forma de tratamento *V. Exª* na língua falada e a sua conservação na língua escrita; a generalização da forma da 2ª pessoa do singular, que deixará de estar restrita às camadas sociais mais jovens, para se estender aos mais velhos; a expansão da forma *você* que passa a ter um caráter mais afetuoso; e, por fim, a conservação dos tratamentos nominais.

---

[53] Esta forma de proximidade é substituída no Brasil pela forma *você*, embora em alguns estados se mantenha este tratamento de 2ª pessoa. Como constatamos, as formas de tratamento no Brasil estão reduzidas a duas: *você*, como forma de intimidade, usada no tratamento familiar, e *o senhor*, como forma de respeito, usado no tratamento cerimonioso. A forma *tu* é vista como um uso relativamente restrito, mas frequente em algumas regiões do Norte (Estado do Maranhão) e no extremo sul do país (Estado do Rio Grande do Sul).

Maria Emília Ricardo Marques dedica longos anos da sua carreira como investigadora ao estudo das formas de tratamento em Português, nomeadamente nos seus aspetos semânticos, morfossintáticos e lexicais, a partir do estudo dos discursos dos deputados na Assembleia Nacional. A vasta tese, em quatro volumes, *Complementação Verbal. Estudo Sociolinguístico* sublinha que o estudo das formas de tratamentos é um campo sociolinguístico privilegiado para "correlacionar escolhas verbais e fatores sociais e culturais" (1988: 141). A investigadora procedeu a uma análise exaustiva dos discursos dos deputados na Assembleia Nacional, nos anos de 1972-1976, para perceber como a escolha e o emprego de determinadas formas de tratamento ou de cortesia estão relacionadas com escolhas verbais e fatores sociais e culturais.

Maria Emília Marques afirma que «na língua portuguesa continuamos a ter dois polos orientadores das escolhas designativas de O OUTRO: por um lado é poder/*status*, por outro é solidariedade. Entre os primeiros, distinguimos a idade como fator determinante nas escolhas: lembrem-se expressões como «não andei consigo na escola» ou «não comemos no mesmo prato» (Marques, 1988: 168).

Na senda das reflexões feitas por outros linguistas, corrobora a ideia de que nas relações formais não há mudanças significativas nas formas, já que estas, como formas ritualizadas conservam-se invariáveis, ao passo que assinala uma mudança significativa em relação à igualdade, sustentando um uso crescente de formas familiares, do uso do tratamento de 2ª pessoa, de você ou inclusivamente nome próprio.

As ideias, defendidas na tese de doutoramento referida, são posteriormente ampliadas no manual de *Sociolinguística*, dado à estampa na Universidade Aberta, em 1995, em que a autora no segundo capítulo 2, propõe um macrossistema de análise das formas de tratamento, utilizadas, na terminologia da autora, em situação de *auto-* ou *hetero-* referência, explicando com detalhe, quer as diferentes ocorrências das formas pronominais, quer das formas nominais. Nesta última secção reflete sobre o uso de apelidos, títulos, nomes próprios ou formas nominais que identifiquem a pessoa, especificando as várias componentes sociolinguísticas que estão circunscritas no discurso ritual e formalizado da Assembleia da República, dado os exemplos serem referentes a este universo. Será, contudo, interessante, realçar a originalidade com que se refere à terceira pessoa verbal e ao apagamento das formas pronominais e nominais de sujeito que se regista nos sistemas fortemente hierarquizado e ritual.

Maria Helena Araújo Carreira (1994, 1995, 2001, 2004, 2008) uma das maiores estudiosas das formas de tratamento e de cortesia para o Português Europeu, propõe, de forma inovadora, uma classificação das formas de tratamento, alicerçada em critérios semântico-pragmáticos[54], tendo proposto uma tripartição a partir do ponto de vista dos participantes: **formas elocutivas** (designação do locutor, em português *eu* e *nós*), **formas alocutivas** (designação do alocutário, em português *tu, você, o(a) senhor(a), o(a) doutor(a), o João, a Maria* etc.) e, por fim, **formas delocutivas** (designação do delocutário (em português *ele(s), ela(s), o(s) senhor(es), a(s) senhora(s)* etc.).

Um dos pontos mais originais do seu trabalho prende-se com a análise das escolhas de formas de tratamento relacionadas com as representações esquemáticas do espaço interlocutivo. Com base nestes esquemas também elaborou um quadro sobre as posições simétricas e assimétricas dos interlocutores na utilização das formas de tratamento em Português Europeu contemporâneo onde o espaço interlocutivo pode ser de aproximação, de afastamento ou de contacto.

+ FAMILIARIDADE - DISTÂNCIA	+- FAMILIARIDADE +- DISTÂNCIA	- FAMILIARIDADE + DISTÂNCIA
Tu Você(s) o/a nome próprio e nome apelido	o/a Sr/ª/Dª o/a título	o/a Sr/ª+título V.Exª/Srª
- CORTESIA	+- CORTESIA	+ CORTESIA

As formas de tratamento e as relações interpessoais. (Carreira, 1995, 1997 2001)

Subscrevendo as posições de Maria Helena Carreira, Maria Aldina Marques, em *Funcionamento do Discurso Político Parlamentar: a organização enunciativa no debate de interpelação ao governo* (2000) alude, no capítulo quarto, a «O estatuto linguístico da pessoa», sintetizando a partir das três vertentes (locução, alocução e delocução) as implicações pragmáticas muito diversas que resultam da escolha, por exemplo, de «nós inclusivo» ou de «nós exclusivo», centrais no discurso político parlamentar, exclusivo da sua investigação[55].

Alina Villava, outra linguista que se tem distinguido no panorama linguístico português pelos estudos sobre Morfologia, corrobora a ideia de que a oposição entre a escolha entre as formas de tratamento *tu* e *você*, por si só,

---

[54] Maria Helena Araújo Carreira justifica: «La délimitation sémantico-pragmatique des différentes formes d'adresse se fonde nécessairement sur un ensemble de valeurs et de facteurs sociaux et intersubjectifs dont il convient de dégager les éléments les plus pertinentes» (1997: 66).

[55] Em 2008, num artigo de referência intitulado «Quando a cortesia é agressiva. Expressão de cortesia e imagem do outro», Maria Aldina Marques prossegue a sua reflexão sobre formas de tratamento formal e deferente em contexto político parlamentar e neste contexto inclui estas formas no domínio mais lato das formas de cortesia e exemplifica com o pronome *ele*: «O uso do pronome pessoal de 3ª pessoa (*ele/ela*) constitui um FTA. A agressividade de falar do alocutário sem lhe falarmos, tira-o da relação interlocutiva, desclassifica-o" (Marques, 2008: 285).

não é suficiente para determinar, numa interação verbal, o grau de formalidade:

> A marcação do grau de formalidade não se esgota na oposição entre *tu* e *você*, já que o Português faz largo uso de expressões nominais classificadoras do interlocutor. Se *tu* é a forma de tratamento que exibe maior grau de proximidade entre o locutor e o interlocutor, *você* é a opção intermédia e tratamentos do tipo *Senhor Engenheiro* são aqueles que codificam a relação mais distante. No plural, a escolha fica limitada a estas duas últimas possibilidades, daí que o tratamento por *vocês* assuma o papel semântico de tratamento mais próximo. (Villalva 2004: 22)

Em 2008, na obra *O fascínio da Linguagem*, resultante das atas do colóquio de homenagem a Fernanda Irene da Fonseca, Carlos Gouveia sintetiza o seu ponto de vista sobre formas de tratamento na atualidade do Português Europeu, partindo da constatação de que se assiste a um «fenómeno de mudança ao nível da sua expressão» (2008: 91), decorrente das políticas de globalização e das metamorfoses das formações sociais. Esta mudança pode ser atestada, como o linguista exemplifica, no «uso generalizado do pronome *si* (exemplo do empregado ao balcão do café: *E para si, o que vai ser?*) e a quase generalização do uso de *você*, em vez de *o senhor, a senhora*.

Carlos Gouveia, adotando uma perspetiva de cariz mais sociológica e de analista crítico do discurso, subscreve, a partir de exemplos do quotidiano pedagógico e relembrando alguns casos do jornalismo televisivo português, que nas últimas décadas se assiste a um fenómeno de «coloquialização» ou «conversacionalização» do discurso, que decorre de uma mudança progressiva no sistema das faces e da solidariedade que evolui da sua base mais tradicional, hierárquica e diferencial, para um sistema de base mais igualitária e de maior envolvimento, logo mais próximo e familiar[56].

Outro artigo de referência sobre «Formas de tratamento» é da autoria de Isabel Margarida Duarte, que alia a sua sólida formação linguística à preocupação diligente e constante com o ensino da língua materna, refletindo sobre as formas de tratamento como item gramatical no ensino do Português. Inaugura a sua reflexão, justificando as dificuldades acrescidas que o ensino deste item coloca e aludindo às hesitações de tradutores de obras literárias[57]. As suas conclusões decorrem de um estudo exploratório que realizou em dois

---

[56] É também de notar que em programas televisivos e radiofónicos cujo público-alvo é sobretudo juvenil, a forma de tratamento *tu* tem ganho um lugar relevante em contraste com o que seria expectável em anos anteriores, corroborando assim a constatação de Gouveia.
[57] Afirma Isabel Margarida Duarte a este propósito: "No que toca à tradução e só para verificarmos, de passagem, as dificuldades que as formas de tratamento colocam, veja-se o exemplo eloquente retirado da tradução francesa de *O ano da Morte de Ricardo Reis* (1984), de José Saramago, em que a primeira ocorrência de «Vossa Senhoria» se transforma em «Diable»?, a segunda é traduzida por «Monsieur» e a terceira desaparece". (Duarte 2010: 133).

contextos pedagógicos distintos, para indagar quais as dificuldades no emprego das formas de tratamento, bem como as razões que as despoletavam. Apesar de as conclusões terem sido favoráveis, na medida em que nas respostas ao questionário, «a forma de tratamento é quase sempre adequada ao destinatário do discurso», Isabel Margarida Duarte (2010: 140) não deixa de assinalar o uso problemático de *você* que se pospõe a diferentes formas nominais (exemplos: *Setora, você... D. Rosa, você podia-guardar a mochila...*).

Na *Gramática da Língua Portuguesa*, de Maria Helena Mira Mateus *et alii*[58] que, para além de ser uma referência no panorama linguístico-filológico nacional, é indubitavelmente uma das mais utilizadas nas universidades portuguesas há duas breves referências às formas de tratamento: no capítulo 3, intitulado «Dialetos e variedades do português» (da autoria de Maria Helena Mira Mateus) no ponto 3.4.3 lista-se a diferença entre as formas *tu* e *você* do PE e do PB, explicitando que «enquanto o PE o tratamento deferente usa o nome próprio, o cargo, o título ou grau de parentesco, no PB utiliza-se o senhor, a senhora e, no interior dos grupos profissionais, o cargo ou título» (2003: 50). Por sua vez, a outra parca referência que é feita às formas de tratamento está incluída no capítulo 4 «O uso da linguagem» (da autoria de Isabel Hub Faria) em que a autora, após a exemplificação no contexto de uma interação verbal concreta médico-doente afirma que: «O reconhecimento da relação social tem também tradução nas **formas de tratamento** que cada locutor utiliza para se dirigir ao outro» (2003: 60).

Inversamente a *Nova Gramática do Português Contemporâneo*, de Celso Cunha e Lindley Cintra, que é igual e consabidamente uma obra de grande difusão na comunidade académica, mantém, tal como já tinha sido preconizado por Rodrigues Lapa e por nós subscrito, a reflexão sobre os pronomes de tratamento num item subsequente à descrição da classe morfológica dos pronomes. Neste subcapítulo (11. *Pronomes de tratamento*), de enorme utilidade num compêndio gramatical, Cunha e Lindley Cintra definem pronomes de tratamento como «certas palavras e locuções que valem por verdadeiros pronomes pessoais, como: *você, o senhor, Vossa Excelência* (1987: 292), explanando detalhadamente as circunstâncias do seu uso e ilustrando, a par e passo, com exemplos literários de extrema oportunidade.

O autor considera que o sistema português apresenta uma «escala riquíssima» de tratamentos de cortesia que decorre de uma «sociedade fortemente hierarquizada» e de «um certo gosto na própria hierarquização e na matização estilística» (Cintra 1972: 15-16). Procede a uma classificação das formas de tratamento, quer numa perspetiva morfossintática, quer numa abordagem semântico-pragmática, focando as relações interpessoais de simetria e

---

[58] A edição que consultámos e referimos é a 5ª edição, revista e aumentada, publicada em 2003.

assimetria, de proximidade e de distanciamento, distinguindo os tratamentos de intimidade, de igualdade, de superior para inferior, de reverência e de cortesia.

Por seu turno, na gramática escolar, *Gramatica de Português 3º ciclo do Ensino Básico e Ensino Secundário*, da autoria de Vasco Moreira e Hilário Pimenta, com revisão de Maria Aldina Marques, no capítulo 8 sobre «Análise do Discurso, Retórica, Pragmática e Linguística Textual», define-se com extrema brevidade o item formas de tratamento como «conjunto de expressões de que o locutor dispõe para designar o seu interlocutor. São recursos da língua que têm por função discursiva regular a comunicação/interacção verbal, evitando obstáculos ou rupturas» (2009: 270-271).

Na *Gramática da Língua Portuguesa*, de Mário Vilela, não existe nenhum capítulo dedicado a esta temática, aparecendo diluída nas categorias gramaticais e sua classificação, mais precisamente no ponto 1.3.2.1. que diz respeito aos pronomes pessoais. Refere-se de forma simplista que: «nas formas de tratamento, em português, usa-se o pronome pessoal: *tu*, oposto a *você* (equivalente a *tu* em algumas zonas geográficas, ou situando-se num nível de distanciamento em relação ao interlocutor que fica entre *tu* e o *senhor*), *o senhor, vossemecê, vossa excelência, vossa senhoria*, etc. *Você(s)* exige a terceira pessoal do singular/plural», indicando-se em seguida alguns enunciados exemplificativos de situações em que a utilização de *vocês* equivale a *vós* e o caso particular do uso de *gente* (1999: 211). Esta abordagem que privilegia a notação gramatical é manifestamente insuficiente para a aprendizagem deste conteúdo e corrobora a necessidade da lecionação em contexto, nomeadamente ancorando na perspetiva pragmático-enunciativa.

Numa abordagem que concilia a recensão das principais correntes linguísticas com a sua aplicação na análise de texto literário, David Rodrigues defende na sua tese de doutoramento intitulada *Cortesia Linguística, uma competência discursivo-textual. Formas verbais corteses e descorteses em português* (2003), por seu turno, que as formas de tratamento podem ser analisadas através de critérios morfossintáticos (formas pronominais, nominais e verbais) ou de critérios semântico-pragmáticos (elocutivos, delocutivos e alocutivos).

Regras e regularidades nos usos do quotidiano: formas de tratamento mais comuns no Português Europeu

As formas de tratamento são formas linguístico-discursivas que os locutores têm ao seu dispor, no sistema de tratamento da língua e que lhes permite estabelecer e desenvolver relações interpessoais de harmonia e equilíbrio em qualquer interação verbal, tendo, na sua génese, uma natureza e função relacionais, pois a importância destas formas reside no facto de serem consideradas reguladoras, por excelência, da relação interpessoal[59].

A escolha da forma de tratamento adequada à situação comunicacional implica que o locutor tenha conhecimento dos papéis sociocomunicativos que determinam a interação, nomeadamente as diferenças sociais, de idade, a proximidade ou a distância da relação, a formalidade ou informalidade da situação discursiva.

As formas de tratamento, como foi anteriormente sublinhado, configuram uma das formas mais importantes de valorização positiva ou negativa do interlocutor, permitindo igualmente a regulação das relações intersubjetivas[60].

Tu
É a forma de tratamento de proximidade/intimidade. É uma forma de tratamento que domina nas relações familiares (entre iguais) e que se emprega nas relações espontâneas entre amigos. É usada de pais para filhos, de avós ou tios para netos ou sobrinhos, respetivamente, entre irmãos, entre primos, entre amigos, entre marido e mulher e entre colegas de faixa etária próxima, de resto como está preconizado em Cunha & Lindley Cintra (1987: 293). Esta forma não é aceitável em interações formais, não é igualmente recomendável entre pessoas desconhecidas e/ou entre pessoas com estatuto social desigual ou pertencentes a distintas faixas etárias. No entanto, na sociedade portuguesa atual, assiste-se, no período pós 25 de abril[61], a um emprego crescente da forma de 2ª pessoa do singular, quando os filhos interagem com os progenitores ou elementos familiares mais velhos, o que mostra uma mudança no sentido da maior igualdade e de um menor respeito,

---

[59] Registe-se, como exemplo, do poder por excelência da construção de uma relação interpessoal, o caso da mudança nas formas de tratamento, documentado na correspondência de uma dos maiores epistológrafos e romancistas portugueses Eça de Queirós. Na correspondência de noivado do escritor, podemos constatar essa evolução nas formas de tratamento: passa-se de uma forma "*Minha senhora*" distante e formal (14 de Setembro de 1885) para "*Minha adorada Emília*", carinhosa e indiciadora de uma proximidade ou, inversamente, de "*Senhor Queiroz*" (18 de Setembro de 1885) para "*Meu querido noivo*" (20 de Outubro de 1885), importando sublinhar que esta proximidade foi exclusivamente construída através da correspondência escrita, dado o afastamento geográfico dos correspondentes (Cf. Seara 2007: 273).

[60] Complementarmente, Duarte considera ainda que as formas de tratamento «São atravessadas pela atitude subjectiva do locutor, o respeito pelas convenções sociais os sentimentos em relação àquele com quem fala e o lugar que se lhe atribui» (2010: 135).

[61] Este facto é, de resto, corroborado por investigadores estrangeiros e surge explicitado na obra de Béatrice Coffen, *Histoire culturelle des pronoms d'adresse. Vers une typologie des systèmes allocutoires dans les langues romanes*" em que a autora afirma: «Plus particulièrement depuis 1974, il est courant de rencontrer un *tu* réciproque au sein de certains partis ou syndicats pour des raisons politico-idéologiques. Aujourd'hui, le *tu* est répandu au sein des familles et employé dans un cercle de plus en plus large d'amis ou de personnes d'une même communauté solidaire» (Coffen, 2002: 258).

corroborando, no fundo, o que Lindley Cintra defende ao afirmar que tuteamento tende «a ultrapassar os limites da intimidade propriamente dita, em consonância com uma intenção igualitária ou, simplesmente, aproximativa» (1984: 293).
Assim, atentemos nos seguintes exemplos de alguns empregos de formas interlocutivas de 2ª pessoa:

>Mano (forma carinhosa diminutiva para *irmão*), *podes ligar para o pai para saber se ele autoriza?* (a forma pronominal *tu* está expressa na pessoa verbal *podes*)
>
>*Tu podes fazer esse favor à mãe?*
>
>*Rita, quando é que tu podes passar em nossa casa?*

Você
Sobre esta forma de tratamento pronominal importa constatar que, nas últimas décadas, o seu uso se tem tornado crescente na sociedade portuguesa[62]. Esta forma é utilizada no tratamento igualitário ou de superior para inferior, como é acentuado por Cunha & Cintra:

>É este último valor de tratamento igualitário ou de superior para inferior (em idade, em classe social, em hierarquia), e apenas este, o que você possui no português normal europeu, onde só excepcionalmente - e em certas camadas sociais altas – aparece usado como forma carinhosa de intimidade. No português de Portugal não é ainda possível, apesar de certo alargamento recente do seu emprego, usar você de inferior para superior, em idade, classe social ou hierarquia (1987: 294).

Maria Helena Araújo Carreira constata igualmente esta extensão no uso da forma *você*, considerando-a uma situação irreversível, na medida em que os portugueses, que assistem quotidianamente às telenovelas brasileiras são influenciados passivamente pelo uso desta forma de tratamento, manifestamente mais frequente no Brasil[63].

No panorama atual português, verifica-se igualmente um uso crescente da forma *você*, explicitada, em grupos sociais economicamente mais favorecidos (ou pretensamente), que desejam exibir, de forma ostensiva, através do uso recorrente e, muitas vezes, caricato, desta forma de tratamento, uma superioridade social, que espelha manifestamente uma forma de snobismo. Trata-se possivelmente de um fenómeno de imitação da forma de tratamento mais tradicional, que vigorava nas classes mais abastadas, de nobres e

---

[62] A este propósito convém relembrar o que, de forma muito pertinente, Maria Helena Araújo Carreira anota no seu artigo «Les formes allocutives du portugais européen: évolutions, valeurs et fonctionnements discursifs», em que mostra que são expectáveis as tensões «surdas ou explosivas» entre os jovens de estratos socialmente inferiores e os interlocutores de faixas etárias mais avançadas ou de classe social mais alta (Carreia, 2004: 8).
[63] Cf. Carreira, 2004: 8.

burgueses do século XIX e que muitos tentam apropriar-se, de forma, nem sempre adequada. Assim, em algumas famílias de classe mais elevada, a forma de tratamento mesmo de pais para filhos, entre irmãos e entre cônjuges é marcada pelo uso de *você* ou *o menino, a menina*.

A forma *você* não deve ser usada indiscriminadamente em situações de interlocução com interlocutores de classe social superior ou de faixa etária mais elevada, pois o sistema social ainda coloca algumas reservas relativamente a esse uso. Atente-se no (ab)uso desta forma por parte de jornalistas em situações de entrevista (radiofónica, televisiva ou outra), com pessoas relevantes do panorama nacional e que são alvo de crítica por parte de falantes mais conservadores que consideram esta forma desrespeituosa. Esta constatação é válida para o contexto escolar em que não é aceitável (ao contrário do que sucede na sociedade brasileira) que o aluno se dirija, em qualquer grau de ensino, ao seu professor, utilizando esta forma *você*.

Por fim, somos de parecer que a forma *você* ainda carece de estabilização no panorama do sistema de tratamento em português europeu, sendo aconselhável que os falantes, quando não conhecem o interlocutor a quem se dirigem, privilegiem a forma neutra da 3ª pessoa verbal, sem a explicitação do pronome, neutralizando assim alguns efeitos menos aceitáveis do uso explícito de *você*.

Atentemos nos exemplos:

- *Joaquim, você sabe quem ganhou o jogo de ontem?* (uso entre amigos de faixa etária bem distinta)

- *Você não imagina como foi chique o cocktail de ontem! Foi uma pena você não estar presente! Você teria adorado!* (uso entre amigas de um grupo restrito de Cascais)

O senhor/ a senhora

As formas *o senhor/ a senhora* são consideradas formas corteses, mais delicadas e respeitosas. Empregam-se sobretudo em interações em que o locutor se dirige a alguém que não conhece ou conhece mal ou com quem tem uma relação respeitosa (alguém mais velho, hierarquicamente superior etc.). Relativamente à forma precedente *você* veicula um grau de maior formalidade. A complexidade na utilização da forma *o/a senhor/ senhora* decorre da utilização acoplada a diferentes termos: nome próprio, apelido, títulos hierárquicos e honoríficos, grau académico, título profissional, civil ou militar ou, ainda, religioso.

Assim, a dificuldade na adequada utilização destes pares adjacentes advém dos diferentes valores que socialmente assumem essas combinações.

O/a senhor/ senhora + nome próprio (exemplos: *o senhor António, a senhora Maria*) é considerada a forma menos deferente e a sua utilização é habitual para pessoas de estatuto social inferior, não revelando, todavia, menos consideração, como alguns investigadores assinalam. Na verdade, é uma forma usual, por exemplo, para as vendedoras dos mercados e comum nas comunidades rurais.

Realce-se, a este propósito, duas variações que apenas se verificam para interlocutoras do género feminino. Assim, é frequente a forma **a dona + nome próprio** (exemplos: *a dona Ana, a dona Maria, a dona Leonor*), mais frequente do que a anterior entre interlocutores próximos, mas que mantêm alguma distância social.

Por fim, ainda para as interlocutoras femininas, pode usar-se a forma ternária: **a senhora + dona + nome próprio** (exemplos: *a senhora dona Maria, ou a senhora dona Leonor*) que indicia uma maior distância, maior formalidade e consideração, sendo usada para senhoras em posição hierárquica mais elevada.

Por seu turno, é considerada mais familiar a utilização da forma **o senhor + nome próprio** (exemplo: *o senhor António*).

As variações, com base na escala de familiaridade/distância estão minuciosamente descritas para o Português Europeu por Maria Helena Araújo Carreira (1997: 68 e seg.), sublinhando-se as formas para o tratamento alocutivo que constam do quadro (2001: 72-73).

Por sua vez, esta forma ***o/a senhor/a*** surge acompanhada da menção do respetivo cargo profissional ou título. Assim, em situações de interlocução, podemos encontrar, a formulação simples: *o/a senhor diretor/a; o/a senhor arquiteto/a; o/a senhor doutor/a; o/a professor/a*. Neste caso, tal como afirma Carreira (2001: 71) as formas são simétricas para o género masculino e para o feminino. Regista-se, todavia uma assimetria, na medida em que, em PE, se aceita o título seguido de nome próprio no caso de interlocutores de género feminino, ao passo que para o género masculino, a forma normal exige o senhor + apelido, excetuando-se em relações de maior familiaridade.

Esta forma *o/a senhor/senhora* é hoje considerada uma forma pronominal ou pronominalizada, surgindo na *Nova Gramática do Português Contemporâneo* de Lindley Cintra e Celso Cunha referenciada como um «pronome de tratamento», sendo estes definidos como «certas palavras e locuções que valem por verdadeiros pronomes pessoais como: você, o senhor, Vossa Excelência» (1987: 292).

Setôr/a ou senhor/a doutor/a
A propósito destas formas combinadas, muito usuais na oralidade, detemo-nos, em particular - explicitando o sentido do título deste capítulo - na forma que se é recorrente nas escolas secundárias portuguesas (12 aos 18 anos) em que os alunos se dirigem quotidianamente às professoras, pelo apelativo *Setôra*, que é a forma sincopada de *senhora doutora*.

Realce-se, contudo, que na maioria das universidades portuguesas, em que os professores detêm o grau de doutor, a forma de tratamento que é recomendada, na oralidade, é senhor professor ou senhora professora, sendo que, na escrita, deverá escrever-se por extenso: *Senhor(a) Professor(a) Doutor(a)*. A exceção a esta prática, instituída como norma na comunidade universitária, acontece na Universidade de Coimbra, em que um professor universitário deve ser tratado somente por *Senhor(a) Doutor(a)* ou apenas *Doutor(a)*, sem o título de professor(a)[64].

A forma **o/a senhor/a** surge, em contextos mais formais de oralidade ou no registo escrito, antecedida do determinante possessivo *meu(s), minha(s)* e vocativo *(meu(s) senhor(es)/ minha(s) senhora(s)* e expressam graus mais elevados de cortesia. É comum o seu uso em situações de oralidade (exemplo: *Os senhores desejam ver a ementa?* empregado de restaurante dirigindo-se a clientes), em contextos formais, quando os oradores se dirigem ao auditório (abertura de espetáculos, contexto parlamentar, entre outros).

Ainda, a propósito da forma **o/a senhor/a** registe-se que ocorre frequentemente em expressões afirmativas e de concordância ou negativas e de discordância: *sim senhor/a, não senhor/a*, em geral, seguidas de uma fórmula de agradecimento, tal como é assinalado na tese de Rodrigues (2003: 366).

Vós
Como anteriormente referimos (vide página 4) a 2ª pessoal do plural *vós* é hoje considerada um arcaísmo, ficando o seu uso confinado a determinadas regiões do norte de Portugal e, sobretudo, a pessoas mais idosas, confinando-se também a comunidades mais rurais.

A forma foi gradualmente substituída por *vocês*, que embora configure uma forma de 2ª pessoa plural, exibe um comportamento sintático diferente, dado que é conjugada com a terceira pessoa do plural: *Vocês chegam a que horas do aeroporto?* (em vez de *Vós chegais a que horas?*) *Querem ir almoçar a uma esplanada?* (em vez de *Quereis ir almoçar a uma esplanada?*), *Vão encontrar-se com a Maria* (em vez de *Ides encontrar-vos com a Maria?*).

Esta forma pronominal de tratamento, naturalmente dada a sua natureza mais vernácula/ arcaizante, continua a ser utilizada na linguagem litúrgica, nas cerimónias protocolares, nos acontecimentos solenes, respeitosos ou ultra-formais.

Vossa Excelência
Esta forma, no Português Europeu atual, está quase limitada ao emprego escrito. Trata-se de uma forma tratamento que é empregue quando nos dirigimos a pessoas hierarquicamente superiores, mostrando consideração e

---

[64] Esta exceção, dada a vetusta idade da Universidade de Coimbra e as tradições seculares muitíssimo inculcadas, não aceita transgressões e quando algum estudante se «atreve»a dirigir-se a um douto professor da Universidade de Coimbra por *senhor professor*, é criticado, explicitando-se que essa forma se destina a professores primários, ou seja, professores dos primeiros graus de escolaridade.

respeito. Todavia, tal como Cunha & Cintra (1987: 296-297) constataram, já nos anos oitenta do século XX, ainda se usa a forma *Vossa Excelência* na linguagem oral em determinados ambientes, por exemplo, no corpo diplomático, na Assembleia da República, altas patentes militares e eclesiásticas, e os mais altos dignatários da nação, quer do poder executivo, quer do poder legislativo, quer do poder judiciário.

Inversamente, o seu uso é muitíssimo frequente na linguagem escrita, nomeadamente no que se designa por correspondência oficial e administrativa.

Exemplos:

Esperamos que V. Ex.ª cumpra todas as suas promessas eleitorais!
Queira V.Exª fazer o obséquio de assinar a deliberação.
Senhor Ministro da Educação, queira V. Exª escutar os comentários da oposição.
Escutadas as testemunhas, meritíssimo Senhor Juiz, digne-se V. Exª ouvir o arguido.
Excelentíssimo e Reverendíssimo Senhor Bispo, é do conhecimento de Vossa Excelência a situação de enorme privação que assola os nossos irmãos... (carta formal)
Magnífico Reitor, tomo a liberdade de me dirigir a Vossa Excelência para solicitar (carta formal)

Aplicação didática

A importância das competências comunicativas e pragmáticas no ensino-aprendizagem de línguas estrangeiras, e, mais concretamente, no ensino-aprendizagem de Português Língua Estrangeira (PLE), é largamente reconhecida. Para desenvolver tais competências que estão intimamente relacionadas com questões socioculturais e sociolinguísticas, revela-se essencial refletir sobre aspetos socioculturais e pragmáticos, dos quais fazem parte as formas de tratamento. Essas mesmas formas linguísticas enquadram as relações sociais, incluindo o respeito mútuo e implícito entre intervenientes numa dada interação comunicativa, que pretendem preservar, regra geral, as faces dos interlocutores, as suas próprias e as do outro. Este fenómeno de autorregulação, fundador de equilíbrio social, favorece a criação e a manutenção de ambientes comunicativos cooperativos, essenciais para uma comunicação bem sucedida.

Pela sua reconhecida relevância, defendemos que é necessário dedicar mais atenção às potencialidades pedagógico-didáticas das formas de tratamento, inseridas numa perspetiva comunicativa que considere os aspetos pragmáticos, de acordo com o preconizado pelo *Quadro Europeu Comum de Referência para as Línguas*.

O propósito das duas unidades didáticas que apresentamos a seguir decorre da necessidade de aprofundamento dos usos e valores das formas de tratamento em Português Europeu. Assim, optamos por atividades para um público adulto com conhecimentos alargados da língua portuguesa, destinando-se mais concretamente a alunos de nível B1-B2 segundo o Quadro Europeu Comum de Referência para as Línguas (QECR)[65].

Assim, pretende-se com estas duas unidades didáticas:
- refletir sobre as formas de tratamento em Português Europeu;
- sistematizar os seus usos e os seus efeitos comunicativos;
- reconhecer as formas adequadas/inadequadas de tratamento[66];
- compreender e interpretar um texto de opinião sobre formas de tratamento;
- identificar os valores sociolinguísticos das formas de tratamento na sociedade portuguesa atual;
- sensibilizar os alunos para o aspeto social, cultural e intercultural das formas de tratamento;
- saber identificar e utilizar as formas de tratamento em situações contextualizadas tanto a nível formal como informal;
- demonstrar capacidade crítica recorrendo a uma linguagem metalinguística.

Na prossecução destes objetivos escolhemos dois artigos de imprensa recentes que abordam a questão das formas de tratamento na sociedade portuguesa e mais concretamente as formas pronominais e nominais de tratamento.

Primeira unidade didática
O primeiro texto (Apêndice II), inserido num *site* sobre língua portuguesa (www.ciberdúvidas.pt) debruça-se sobre o pronome pessoal *tu* e o seu uso por lojas/empresas internacionais em território português. Assim, o objetivo desta atividade será a compreensão do valor e do uso deste pronome pessoal que é normalmente reservado ao tratamento familiar, entre pessoas que se conhecem bem ou no tratamento de uma pessoa mais nova, no tratamento de uma pessoa hierarquicamente inferior ou mesmo num tratamento pouco respeitoso. Não é costume ser usado, por exemplo, em *sites* ou para fornecer indicações neutras como em instruções, receitas, manuais, guias ou afins, a não ser que os destinatários sejam crianças ou adolescentes. Dessa forma,

---

[65] Neste âmbito do QECR pode ler-se: «[o aluno é] capaz de ler artigos e reportagens sobre assuntos contemporâneos em relação aos quais os autores adoptam determinadas atitudes ou pontos de vista particulares. [...] capaz de compreender textos literários contemporâneos em prosa». A nível da produção oral o aluno é: «[...] capaz de se exprimir de forma clara e pormenorizada sobre uma vasta gama de assuntos relacionados com os meus centros de interesse. [...] capaz de explicar um ponto de vista sobre um dado assunto, apresentando as vantagens e desvantagens de diferentes opções».
[66] Para o efeito, disponibiliza-se no Apêndice I um quadro sintético com as formas de tratamento mais usadas em PE.

pode-se verificar que o uso deste pronome pessoal faz parte, claramente, de uma estratégia de *marketing* que pretende criar uma maior familiaridade e intimidade com o consumidor/cliente.

Assim, num primeiro momento, o professor poderá contextualizar/apresentar a empresa/loja aos alunos, utilizando material autêntico, nomeadamente folhetos informativos, *site* internet da empresa, publicidades retiradas do Youtube ou de qualquer outro suporte que lhe pareça conveniente. Abordará assim a questão da presença do pronome pessoal *tu* como forma de tratamento e poderá comparar com outras empresas/marcas/lojas que também recorrem a esta forma pronominal. De seguida, far-se-á a análise do uso desse pronome e a sua adequação ou não com o público-alvo. Serão abordadas as estratégias *marketing* em Portugal e os alunos poderão fornecer material proveniente dos seus países de origem e apresentá-los aos colegas. Far-se-á uma leitura atenta e crítica do texto de Paulo Barata, o que permitirá o levantamento dos argumentos apresentados pelo autor que participam da crítica do uso desse pronome. Perceber-se-á, assim, a fundamentação do autor. Finalmente poderá fazer-se uma aproximação com as línguas maternas dos alunos ou outras línguas como o inglês se o espanhol e proceder a uma comparação com a língua portuguesa. Será também abordada a questão da evolução de uma língua.

Segunda unidade didática

A segunda unidade didática apresentada (Apêndice III) tem como suporte uma crónica escrita por Ricardo Araújo Pereira presente na revista *Visão*. A crónica, que por definição, é um texto jornalístico baseado em acontecimentos quotidianos, dá-lhes um toque próprio, incluindo no seu texto elementos como ficção, fantasia e crítica, elementos que o texto essencialmente informativo não contém. As crónicas de Ricardo Araújo Pereira têm-se destacado pelo estilo humorístico que acompanham muitas vezes o tom pessoal, crítico e irónico do autor.

Este texto surge no seguimento do caso mediático ligado a problemas de autenticidade do diploma do antigo Ministro dos Assuntos Parlamentares, Miguel Relvas, no governo de coligação PSD-CDS, liderado pelo atual primeiro-ministro, Pedro Passos Coelho. O ministro visado, alvo de acesa crítica por parte da comunicação social, pediu a sua demissão no dia 4 de abril de 2013.

Neste texto, que trata da questão das formas nominais de tratamento, encontramos o título académico "doutor" e várias formas nominais de tratamento (almirante, bispo, escuteiro-chefe, visconde, juiz desembargador). O propósito desta crónica aparece logo no título "Ontologia de Relvas". De facto, a crónica trata da categorização desta personagem pública. Assim, a ironia do texto reside na atribuição de formas de tratamento inadequadas e desajustadas ao antigo ministro. O facto de usar várias formas de tratamento,

ora militares, ora religiosas, ou nobiliárquicos em vez de mostrar uma marca de respeito e de deferência para com o ministro vem denegrir e ridicularizar o seu estatuto social de licenciado - cujo tratamento seria *senhor doutor* - a falso licenciado cujo tratamento passaria ser outro, nomeadamente *senhor*.
Assim, num primeiro momento, o professor na sala de aula terá de explicitar que existe uma confusão/diferença entre títulos académicos e formas de tratamento, dando o caso concreto da expressão *senhor doutor* forma nominal de tratamento que remete para uma posição social na hierarquia da sociedade portuguesa atual. Assim, parece-nos importante que seja contextualizado o uso de *senhor doutor*, destinado a cidadãos que possuem uma licenciatura (mas nem para todos os cursos já que os licenciados em engenharia são apelidados de *senhor engenheiro* e os de enfermagem de *senhor enfermeiro*). Assim, enquadrar-se-á com mais facilidade a importância de ser *doutor* em Portugal e de ter ou não um curso superior (como ilustração poderá abordar-se outros casos mediáticos de falsas licenciaturas).
Num segundo momento, a atenção será focada no seguinte enunciado: "Creio que cada pessoa devia poder escolher a forma de tratamento deferente que lhe parecesse mais apropriada e aplicá-la ao ministro sem necessidade da mesquinha verificação de que ele possui realmente as habilitações que permitem esse tratamento" que remete para a questão já evocada da legitimidade ou direito em usar esse título académico que aliás constitui o ponto de viragem da crónica. Serão assim abordadas na sala de aula a questão da ironia e da crítica à sociedade portuguesa, e não só, que reside na escolha livre (ou não) da categorização da população em Portugal e consequentemente da sua estratificação social. Assim, o facto de tratar o senhor ministro de bispo, visconde, almirante, ou seja, posições elevadas na sociedade, contribui para a desvalorização da sua posição social e forma um ato ameaçador[67]. Tratar-se-á de salientar que a crónica humorística alicerça-se na simbiose entre transgressão e cooperação, visto que o autor convida o leitor a seguir o seu pensamento, sendo que aquilo que é visado em permanência é a comunicabilidade, através do jogo de conivências e de implícitos estabelecidos no texto. Daí que, no convite tácito feito ao leitor para participar da sua visão crítica, o cronista convoque cumplicidade, capacidade de inferência, atenção aos pressupostos e mobilização dos universos de referência que com ele partilha. Será fundamental perceber na sala de aula de que modo é que as inter-relações contextuais e co-textuais, que têm lugar neste tipo de discurso, permitem o acesso à compreensão da mensagem. De facto, e não tendo acesso a outros referentes que não os que estão implicitamente contidos no enunciado, é fundamental para a compreensão entender a forma como o texto se constrói.

---

[67] Segundo a "teoria das faces" de Brown e Levinson (1987).

Considerações finais

Justificamos a escolha destas duas unidades didáticas pelo facto de considerarmos fulcral a construção de uma competência crítica nos alunos através do cuidado posto na seleção, conceção e produção de materiais didáticos que, promovendo o exercício sistemático de atividades motivadoras e criativas permitam a descoberta e a apropriação dos mecanismos que explicam as formas de tratamento. Como sabemos, os atos de fala são marcados linguisticamente, mas esse facto não basta para desfazer a ambiguidade e descobrir o que se realiza efetivamente numa dada situação de comunicação. É na tensão entre as virtualidades da língua e a atualização dos discursos que a negociação ocorre. As formas de tratamento têm como pano de fundo um conjunto de informações linguísticas e não linguísticas que são mutuamente partilhadas (ou não) e dependem, como vimos, da capacidade de inferência do locutor.

O uso adequado das mesmas formas linguísticas implica, pois, o estabelecimento de competências culturais e interculturais que obrigam a postular uma noção mais alargada de contexto, entendendo-o como aquilo que os interlocutores pressupõem e o conjunto das informações e das crenças que partilham.

Se é inegável que, para um falante não nativo, a utilização das formas de tratamento pode revelar-se, em certos contextos, uma prática portadora de complexidade, essa condição não retira legitimidade ao seu carácter cooperativo no quadro mais alargado da comunicação em que os falantes (nativos e não nativos) se inserem.

A implementação de estratégias e atividades didáticas na aula de PLE conducentes à descoberta e ao progressivo controlo dos mecanismos que permitem entender as formas de tratamento na língua portuguesa podem constituir um precioso instrumento de inclusão social. Só assim poderão ter livre acesso às potencialidades da língua estudada, muitas vezes ignoradas por objetivos demasiado rígidos que visam apenas a interiorização de modelos reguladores de atos comunicativos.

Em conclusão, será importante reter que em qualquer interação verbal, a forma de tratamento é determinante e reveste-se de uma importância capital para o relacionamento interpessoal. Assim, como ficou explicitado, um falante (ou escrevente) quando se dirige ao seu interlocutor deverá ter em conta os papéis sociocomunicativos, ou seja, as diferenças sociais, de idade, a proximidade ou a distância da relação, a formalidade ou informalidade da situação discursiva.

As formas de tratamento são, em suma, meios linguísticos privilegiados, na medida em que se constituem como um dos meios mais eficazes para estabelecer relacionamentos interpessoais, regular as relações comunicativas e, assim, valorizar positiva ou negativamente o outro. Estão, pois, ao serviço da construção dos relacionamentos, se as escolhas dessas formas forem as corretamente aprendidas e as socialmente preconizadas, auxiliam edificação de relações de equilíbrio e de harmonia sociais.

Referências

Bravo, Diana. Ed. *Estudios de la (des)cortesía en español. Categorias conceptuales y aplicaciones a corpora orales y escritos*. Buenos Aires: Editorial Dunken, 2005. Print.

Brown, Penelope, and Stephen C. Levinson. *Politeness – Some Universals in Language Usage*. Cambridge: Cambridge University Press, 1987. Print.

Carreira, Maria Helena Araújo. "Pedido de desculpa e delicadeza: para o estudo dos seus processos linguísticos em português." *Actas do X Encontro Nacional da Associação Portuguesa de Linguística*. Évora: Universidade de Évora, 1994. 105-116. Print.

---. *Modalisation linguistique en situation d'interlocution. Proxémique verbale et modalités en portugais*. Thèse de Doctorat d'État en Linguistique. Paris: Université de Paris IV- Sorbonne, 1995. Print.

---. *Semântica e discurso, Estudos de Linguística Portuguesa e Comparativa (Português/Francês)*. Porto: Porto Editora, 2001. Print.

---. *Les formes d'allocution du portugais européen: valeurs et fonctionnements discursifs*. *Franco-British Studies*, 2004, 35-45. Web. 10 Jun. 1013. <http://cvc.cervantes.es/obref/coloquio_paris/ponencias/pdf/cvc_araujo.pdf>.

---. "Adresse allocutive et délocutive en portugais européen, tendances et évolutions du point de vue de la proxémique verbale". *Mignonne, allons voir si la rose…" Termes d'adresse et modalités énonciatives dans les langues romanes, Travaux et Documents 40*. Paris: Université Paris 8 Vincennes Saint- Denis, 2008. 195-202. Print.

Cintra, Luís Filipe Lindley. "Nova Proposta de Classificação dos Dialectos galego-Portugueses". *Boletim de Filologia*. Lisboa: Centro de Estudos Filológicos, 22, 1971. 81-116. Print.

---. Sobre "Formas de tratamento na língua portuguesa". Lisboa: Livros Horizonte. 1986 [1ª edição1972]. Print.

Coffen, Béatrice. *Histoire culturelle des pronoms d'adresse, Vers une typologie des systèmes allocutoires dans les langues romanes*. Paris: Honoré Champion, 2002. Print.

Cunha, Celso, e Luís Filipe Lindley Cintra. *Nova Gramática do Português Contemporâneo*. Lisboa: Edições João Sá da Costa, 1987 [1ª edição1984]. Print.

Conselho da Europa. *Quadro Europeu Comum de Referência para as Línguas – Aprendizagem, Ensino, Avaliação*. Porto: Edições Asa, 2001. Print.

Duarte, Isabel Margarida. "Formas de tratamento: item gramatical no ensino do Português Língua Materna". Ed. Ana Maria Brito.

Gramática: história, teorias, aplicações. Porto: Fundação Universidade do Porto Faculdade de Letras, 2010. 133-146. Print.

Faria, Isabel. Hub, Emília Ribeiro Pedro, Inês Duarte, Carlos Gouveia. *Introdução à Linguística Geral e Portuguesa*. Lisboa: Caminho, 1996. Print.

Kerbrat-Orecchioni, Catherine. "Es universal la cortesía?", Eds. Diana Bravo, António Briz. *Pragmática sociocultural: estúdios sobre el discurso de cortesía en español*. Barcelona: Ariel, 2004. 35-54. Print.

---. (ed.) *S'adresser à autrui, les formes nominales d'adresse en français*. Chambéry: Université de Savoie, 2010. Print.

Gouveia, Carlos. "As dimensões da mudança no uso das formas de tratamento em Português Europeu". Eds. Fátima Oliveira, Isabel Margarida Duarte. *O Fascínio da Linguagem – Actas do Colóquio de Homenagem a Fernanda Irene Fonseca*. Porto: Centro de Linguística da Universidade do Porto, 2008. 91-100. Print.

---. "Actos de Fala", Eds. Maria Helena Mira Mateus, Dulce Pereira e Glória Fischer. <u>Diversidade Linguística na Escola Portuguesa</u>. Lisboa: Fundação Calouste Gulbenkian, 2008. 207-212. Print.

Hammermüller, Gunther. *Die Anrede im Portugiesischen. Eine soziolinguistiche Untersuchung zu Anderkonventionen und Portugiesischen*. Chemnitz: Nov Never Verlag, 1993. Print.

Haverkate, Henk. *La cortesía verbal: estudo pragmalinguístico*. Madrid: Gredos, 1994. Print.

Lapa, Manuel Rodrigues. *Estilística da língua portuguesa*. Coimbra: Coimbra Editora Limitada, 1975 [1ª edição1945]. Print.

Marques, Maria Emília Ricardo. *Complementação verbal. Estudo sociolinguístico* (Tese de doutoramento), Lisboa: Faculdade de Ciências Sociais e Humanas da Universidade Nova de Lisboa, 1988. Print.

---. *Sociolinguística*. Lisboa: Universidade Aberta, 1995. Print.

Marques, Maria Aldina. *Funcionamento do Discurso Político Parlamentar, A organização enunciativa no debate da interpelação ao Governo*. Braga: Universidade do Minho, 2000. Print.

---. "Quando a cortesia é agressiva. Expressão de cortesia e imagem do outro", Eds. Fátima Oliveira, Isabel Margarida Duarte. *O Fascínio da Linguagem – Actas do Colóquio de Homenagem a Fernanda Irene Fonseca*. Porto: Centro de Linguística da Universidade do Porto, 2008. 277-296. Print.

Mateus, Maria Helena Mira, Ana Maria Brito, Inês Duarte, Isabel Hub Faria, et alii. *Gramática da Língua Portuguesa*. Lisboa: Editorial Caminho, 2003 [1ª edição 1983]. Print.

Moreira, Vasco, e Hilário, Pimenta. *Gramática de Português – 3º ciclo do Ensino Básico – ensino secundário*. Porto: Porto Editora, 2009. Print.

Preti, Dino. Ed. *Cortesia verbal*. São Paulo: Humanitas, 2008. Print.

Rodrigues, David Fernandes. *Cortesia Linguística, uma competência discursivo-textual. Formas verbais corteses e descorteses em português.* Tese de doutoramento, Lisboa, Faculdade de Ciências Sociais e Humanas, Universidade Nova de Lisboa, 2003. Print.

Seara, Isabel Roboredo. "Formas de Felicitação e Congratulação: elementos para o seu estudo". *Actas do XIV Encontro Nacional da Associação Portuguesa de Linguística,* Volume II, Braga, 1999. 419-431. Print.

Vilela, Mário. *Gramática da língua portuguesa.* Lisboa: Almedina, 1999 [2ª edição]. Print.

Villalva, Alina. *Pequenos ensaios de jornalismo linguístico,* 2004. Web. 20 Jun. 2013.
<http://www.clul.ul.pt/files/alina_villalva/2003_Pequenos_ensaios.pdf>.

Apêndice 1
Quadro das formas de tratamento mais usadas na oralidade

Contextos	Formas	Exemplos
Familiares	Pai/mãe/tio/tia/avô/avó + 3ª pessoa do singular	*A mãe já chegou?*
	Diminutivo + 3ª pessoa do singular	*O paizinho/ a mãezinha*
	Papá/Mamá + 2ª/3ª pessoa do singular	*Papá, estás muito bonito!*
	Pais/avós/tios aos flhos/netos/sobrinhos: 2ª pessoa do singular / 3ª pessoa do singular	*João, estás atrasado!* *O João está atrasado!*
	Filhos/netos/sobrinhos aos pais/avós/tios: 2ª pessoa do singular / 3ª pessoa do singular	*Estou com saudades tuas, avó!* *Estou com saudades suas, avó!*
	Marido/mulher: 2ª pessoa do singular / 3ª pessoa do singular	*Tu estás bem?* *Vocês está bem?* *O menino está bem?*
Amigos	Nome/Alcunha/Diminutivo + 2ª pessoa do singular	*Ritinha, quando é que tu podes passar em nossa casa?*
	Nome/Alcunha/Dimutivo + 3ª pessoa do singular	*Joaquim, você sabe quem ganhou o jogo de ontem?*
	Apelido + 3ª pessoa do singular	*Alves venha cá!*
	Você(s) + 3ª pessoa do sing./pl.	*Onde é que vocês vão?*

	2ª pessoa do plural	*Vindes almoçar a que horas?*
Escolar	Professores/ educadores de infância para alunos: 2ª/ 3ª pessoa do singular	*Por que razão não veio à escola ontem?* *Por que razão não vieste à escola ontem?*
	Alunos para funcionários	*D. Isabel podia-guardar a mochila?*
	Docentes não doutorados	*Sr Dr./ Setôr*
	Docentes doutorados	*Senhor Professor Doutor* *Senhor Doutor* *Senhor Professor*
	Reitores de Universidade/ pró-reitores/ vice-reitores	*Magnífico Reitor da Universidade de Coimbra*
No dia a dia (por exemplo serviços de atendimento ao público)	Funcionários para clientes: 3ª pessoa do sing./pl.	*Boa tarde, o que deseja(m)?* *E para si, o que vai ser?*
	O senhor + profissão ou título académico:	*o/a senhor diretor/a; o/a senhor arquiteto/a; o/a senhor doutor/a deseja um café?*
	possessivo + senhor(a)(s)	*meu(s) senhor(es)/ minha(s) senhora(s)*
	a utilização da forma X decorre de um conhecimento prévio de um interlocutor	*a senhora Antónia* *a dona Ana* *a senhora dona Maria* *a sra dra Luísa*

	Clientes para funcionários:	
	categoria vazia na forma de tratamento	----, *queria um café por favor*
	a utilização da forma X decorre de um conhecimento prévio de um interlocutor	*Sr. António, hoje queria uma bica!*
	3ª pessoa do sing./pl. + o senhor(a)/a dona/ a senhora dona/ a Sra Dra	*Sra António, queria uma alface bem fresquinha! Dona Ana, precisava de cortar o cabelo*
	a utilização da forma X decorre de um conhecimento prévio de um interlocutor	*Dra Júlia, venho busccar o meu ofício*
	Utentes para Médicos	*Sr. Dr., estou muito doente!*
	Utentes para Enfermeiros	*Bom dia Sr. Enfermeiro, vinha para a injeção*
Institucional	Membros de Tribunais, Juízes	*Vossa Excelência*
	Magistrados do Ministério Público:	*Digno; Ilustre Digno Procurador-Geral da República Adjunto junto do Supremo Tribunal de Justiça*
	Juízes quando se dirigem a advogados	*Ilustre Advogado*
	Advogados quando se dirigem a juízes	*Meritíssimo; Venerando*
Político	Presidente da República/ deputados/ ministros/ embaixadores/ cônsules,...: Vossa Excelência (V. Ex.ª) *Excelentíssimo Senhor* + cargo respectivo	*Excelentíssimo Senhor Presidente da República Senhor Presidente, o senhor sabia que isto iria acontecer?*

Religioso	Papa	*Vossa Santidade*
	Cardeais	*Vossa Eminência /* *Vossa Eminência* *Reverendíssima* *Vossa Excelência*
	Arcebispos e Bispos	*Reverendíssima*
	Monsenhores, Cônegos e superiores religiosos:	*Vossa Reverendíssima /* *Vossa Senhoria* *Reverendíssima*
	Sacerdotes, clérigos e demais religiosos	*Vossa Reverência*
Realeza	Reis e Imperadores	*Sua/Vossa Majestade*
	Príncipes, Princesas, Infantes e Duques de Casas Reais	*Sua/Vossa Alteza Real*
	Príncipes, Princesas e Duques de Casas Imperiais	**Sua/Vossa Excelência/Graça** *Sua/Vossa Alteza Imperial*
	Arquiduques	*Sua/Vossa Alteza Sereníssima*
	Marquês/Marquesa/Conde/Condessa	*Sua/Vossa Graça/Excelência*
	Conde-Barão	*Sua/Vossa Graça/Senhoria*
	Visconde/Viscondessa	*Sua/Vossa Graça*
	Barão/Baronesa	*Sua/Vossa Graça/Senhoria*

Apêndice 2

Barata, Paulo J. S. "O tuteio da Media Markt: *Lutamos por ti!*".*Ciberdúvidas*, 28 Jan. 2011. Web. 4 May 2013.
<http://www.ciberduvidas.pt/idioma.php?rid=2283>

Lutamos por ti!
 Cumulativamente com o *Eu é que não sou parvo*, a cadeia de lojas Media Markt, a maior empresa europeia daquilo que se designa por electrónica de consumo, tem agora o *slogan*: *Lutamos por ti!* Constatei isso numa recente visita a uma das lojas em que, depois de uma compra, me entregaram um cartão no qual creditaram o valor do IVA de um determinado produto, resultante de uma promoção, lá vindo impante o dito *slogan*. Estranhei! E estranhei não apenas pela forma de tratamento usada, mas sobretudo pela utilização do pronome pessoal **ti** em vez de **si**. A frase não era *Lutamos por si*, mas sim *Lutamos por ti?*! Não se trata aqui apenas, como já se vai vendo em certos *slogans*, do uso de um verbo conjugado na 2ª pessoa do singular, mas, sim, do uso ostensivo do pronome pessoal **ti**. E não apenas num anúncio televisivo, múpi, *outdoor* ou afim, dirigido a um colectivo de incertos, mas, sim, aposto num cartão entregue pessoalmente ao cliente! Só faltou mesmo que quem o entregou verbalmente me tuteasse!
 Ora, no português europeu, os pronomes pessoais **tu/ti** são usados como formas de tratamento de intimidade, entre familiares, entre amigos, entre colegas, pressupondo sempre familiaridade/proximidade. Este uso é, aliás, bastante estrito, havendo muito poucas excepções a esta regra, como sejam os mais velhos dirigirem-se aos mais novos ou em raras situações de hierarquia social e profissional muito vincada mas que têm, aliás, vindo a atenuar-se. A única excepção aceitável para este tuteio da Media Markt seria a da idade, de cima para baixo. Ou seja, o *slogan* dirigir-se ao segmento jovem, mas não é o caso, já que o mesmo, tanto quanto parece, abarca o universo de potenciais clientes da empresa. Assim sendo, aquele **ti** parece-me pouco aceitável ou pelo menos muito pouco convencional.
 A Media Markt é conhecida por ter campanhas publicitárias com *slogans* fortes e que ficam facilmente na memória de quem os lê ou ouve, de que é exemplo aquele: *Eu é que não sou parvo*. Também é sabido que em comunicação e em publicidade há estruturas muito profissionais em que nada é deixado ao acaso. Embora haja nódoas em alguns panos, como, por exemplo, até já aqui abordámos. Como justificar, então, aquele inusitado **ti**? Lembrei-me do espanhol, em que o tratamento pela 2ª pessoa do singular tem informalmente um uso mais alargado e admissível do que no português, e descobri um vídeo de uma campanha

simétrica da Media Markt espanhola com o *slogan Luchamos por ti*, anterior à portuguesa e ao seu *Lutamos por ti*. Ainda em Portugal, aproveitando o balanço, a loja de Alfragide, para assinalar três anos de existência, adoptou o lema: *Lutamos para que não pagues IVA*, assumindo inequivocamente na conjugação do verbo **pagar** o tratamento pela 2ª pessoa do singular.

Embora não seja de excluir, acho pouco crível que tal se fique a dever a um menor cuidado na eventual transposição da campanha espanhola para a realidade portuguesa, pelo que me parece haver ali algo de deliberado, de intencional, visando uma maior aproximação e vinculação entre a marca e o cliente, a que se associa o tratamento por **tu**. Aliás, na esteira da Media Markt e configurando o que pode bem ser uma tendência, a campanha da ZON de promoção de um novo produto de fibra óptica, denominado Íris, é igualmente conjugada na 2ª pessoa do singular, no *site* do produto, no Facebook, e, ainda que só no *slogan*, na televisão, mantendo, porém, na *newsletter* em papel, entregue por via postal aos clientes, o tratamento na terceira pessoa do singular, o que parece indicar que também o meio influencia a opção de tratamento, aceitando-se melhor o tratamento por **tu** na Internet, nas redes sociais e mesmo em anúncios televisivos do que por correio postal.

Ora, este tuteio, que poderá resultar de um fenómeno de contaminação linguística, por via do espanhol ou do inglês, de um fenómeno de contaminação de meios, dos novos para os tradicionais, ou apenas de um refinamento das técnicas de comunicação e publicidade, é, em si mesmo, interessante, enquanto estratégia comunicacional, sobretudo se puder vir a traduzir-se num uso mais alargado, quebrando algum do formalismo que ainda persiste nas formas de tratamento do português europeu.

Apêndice 3

Pereira, Ricardo Araújo. "**Ontologia de Relvas**". *Revista Visão*. 8 Nov. 2012. Web. $ May 2013.
<http://visao.sapo.pt/gen.pl?sid=vs.sections/23462&page=2&num=10&npages=20>

Miguel Relvas, que foi licenciado antes de o ser, pode agora deixar de o ser sem nunca o ter sido.
Quando, na semana passada, se soube que o ministro Miguel Relvas até teve equivalências a três cadeiras que não existiam, a notícia levantou sobretudo problemas filosóficos. Problemas políticos, mais uma vez, nem um. Mas, filosoficamente, a questão é, de facto, muito complexa, uma vez que o ministro arrisca mesmo perder o grau académico.
Ou seja, Miguel Relvas, que foi licenciado antes de o ser, pode agora deixar de o ser sem nunca o ter sido. Quem está em maus lençóis não é Relvas (como, aliás, é costume sempre que há problemas com Relvas) mas a Lusófona. Pode uma universidade tirar ao ministro algo que ele nunca teve? E se Miguel Relvas se licenciar na floresta e não estiver lá ninguém para ouvir, a licenciatura fará barulho? Porque é disso que se trata: do barulho que se pode fazer com a licenciatura.
Um curso universitário habilita pouco e tem ainda menos serventia. Antigamente, a licenciatura servia para arranjar emprego. Hoje, é capaz de atrapalhar.
Nisso, o caso de Miguel Relvas é exemplar: mesmo não sendo licenciado, sempre conseguiu arranjar emprego, não só para si como, a fazer fé no que dizem os jornais acerca do caso Tecnoforma, também para os amigos.
A licenciatura é só para enfeitar.
Acaba por ser um escândalo que Miguel Relvas precise mesmo de se licenciar para que o tratem por doutor.
Creio que cada pessoa devia poder escolher a forma de tratamento deferente que lhe parecesse mais apropriada e aplicá-la ao ministro sem necessidade da mesquinha verificação de que ele possui realmente as habilitações que permitem esse tratamento. É o que vou passar a fazer relativamente ao almirante Miguel Relvas.
Todos os manifestantes que empunharam cartazes facetos sugerindo ao bispo Miguel Relvas que fosse estudar também devem estar a sentir-se bastante estúpidos. Os novos factos revelam que o ministro estudou não só cadeiras que existiam como cadeiras que não existiam. Normalmente, a matéria das últimas é bastante mais vasta do que a das primeiras. E a bibliografia bem mais difícil de encontrar. "Vai estudar matérias que existam, Relvas" poderia ser um cartaz mais próximo da verdade mas,

mesmo no âmbito das matérias existentes, o maestro Miguel Relvas tem equivalências para exibir.
O escuteiro-chefe Miguel Relvas encontra-se agora, injustamente, numa posição ingrata. Já se sabia que tinha feito um curso com equivalências, e sabe-se agora que eram equivalências a cadeiras imaginárias. Por isso, o visconde Miguel Relvas tem com a sua licenciatura a mesma relação que Portugal tem com a dívida: talvez consiga cumprir as suas obrigações, mas precisa de mais tempo.
O melhor é reestruturar a licenciatura.
Vamos esperar que o juiz desembargador Miguel Relvas consiga chegar a um acordo com a universidade.

Capítulo 5
A gramática

5.1 Do "foco nas formas" ao "foco na forma": contributos para o ensino /aprendizagem do Português L2 em Cabo Verde

Jorge Pinto

Neste capítulo, faremos uma breve revisão histórica do papel da gramática no ensino das línguas desde a segunda metade do século XX até à atualidade. Consideramos ser pertinente traçar este percurso do ensino das línguas para a compreensão do modo como as sociedades se foram organizando e revelando a necessidade de terem acesso à aprendizagem de línguas segundas e estrangeiras para comunicarem entre si. Neste sentido, o surgimento dos estudos linguísticos foi de extrema importância para o ensino das línguas, em geral, e da gramática, em particular.

Num segundo momento, daremos uma especial atenção à abordagem foco na forma, fazendo uma revisão dos seus princípios fundamentais e indicando as vantagens na implementação desta inovação pedagógica, relativamente recente, para o ensino/aprendizagem da gramática em português língua segunda. Referiremos ainda as condições nas quais o foco na forma pode funcionar efetivamente.

Por último, é nossa intenção apresentar parte de um estudo de caso realizado em Cabo Verde, na cidade da Praia, ao nível do 7.º ano do Ensino Secundário, que teve como finalidade observar e descrever a realidade do ensino/aprendizagem do português língua segunda (PL2), em geral, e da gramática em particular, e, consequentemente, verificar se os professores se encontram capacitados para utilizar estratégias didáticas atuais para o ensino da gramática, como a abordagem foco na forma. Neste sentido, daremos conta da prática pedagógica observada dos três professores participantes e das suas perceções relativamente à experiência com a abordagem foco na forma, durante o mês em que decorreu a aplicação de novas estratégias planificadas especificamente para o estudo.

A gramática e o ensino das línguas estrangeiras e segundas: da segunda metade do século XX aos nossos dias

As mudanças que se verificaram nos métodos de ensino de línguas, ao longo da história, refletiram o reconhecimento de atender às necessidades dos alunos, como, por exemplo, a necessidade de uma sólida competência oral como objetivo do estudo de línguas; refletiram ainda as novas teorias sobre o estudo da natureza da linguagem e da natureza da aprendizagem das línguas, que geraram controvérsias que se prolongaram até aos nossos dias, buscando-se novas respostas nas teorias atuais.

Durante a segunda metade do século XX, a gramática teve uma tendência para perder relevância nas prioridades dos estudos sobre o ensino de línguas, resultante da coincidência de dois fenómenos: em primeiro lugar, pela constatação da falta de adequação das propostas da gramática tradicional e das adaptações escolares das teorias estruturalistas e generativo-transformacionais às necessidades funcionais da formação linguística dos alunos no ensino das L1; em segundo lugar, pelo desenvolvimento de metodologias de ensino de línguas estrangeiras (LE), baseadas em conceções da aquisição das línguas (behaviorismo e psicolinguística inatista de raiz chomskiana), que viam qualquer tipo de reflexão sobre a linguagem e o seu uso como uma prática contraproducente para a aprendizagem (Dulay, Burt & Krashen, 1982; Richards & Rogers, 2001); e, mais tarde, pelos programas organizados em torno dos aspetos semânticos e pragmáticos que entram em jogo na atividade comunicativa (métodos nocionais-funcionais para a língua estrangeira, por exemplo) (Van Ek & Alexander, 1980; Yalden, 1983) e pelos programas organizados a partir das características das tarefas e dos processos para os levar a cabo (Littlewood, 1984; Breen, 1991).

Há um aumento do interesse pelos aspetos sociais da linguagem, com uma preocupação com o discurso e o uso efetivo da língua para comunicar e não apenas com o código linguístico. A língua nesta perspetiva é encarada como uma atividade destinada à realização de interações sociais. Inicia-se, então, uma convergência das teorias linguísticas, pragmáticas, sociológicas, etnográficas, com vista a um ensino de línguas de âmbito comunicativo.

A nova situação provocou, por vezes, algumas discussões simplistas entre os chamados métodos gramaticais, que se associavam às propostas tradicionais, e os métodos comunicativos, aos que se concedia o mérito de romperem com critérios e práticas didáticas obsoletas. Os primeiros defendiam a memorização exaustiva de regras e exceções gramaticais, a mecanização de atos verbais e a automatização de estruturas linguísticas; os segundos, por sua vez, defendiam a aquisição de uma competência comunicativa percebida como a capacidade de realizar atos de linguagem adequados aos diversos contextos socioculturais e discursivos (Canale & Swain, 1980). Todavia, à semelhança do que se verificou com o método audiovisual, a gramática, a apresentação dos conteúdos gramaticais, foi relegada para segundo plano e à margem dos trabalhos sobre metodologia (Martínez González, 1999).

No entanto, ultrapassado o entusiasmo inicial da abordagem comunicativa, os olhares tornaram-se mais críticos (Swain, 1985). As questões voltaram-se mais para a formação de professores, materiais de ensino e de avaliação, para a explicação do processo ensino/aprendizagem de línguas. O ensino de línguas não se reduz ao ensino da gramática, mas também já não o exclui, propondo-se aos alunos a construção de um saber na língua, ou seja, não apenas de um saber, mas de um saber fazer. Por conseguinte, o ensino da língua não afasta o recurso a um saber gramatical ou linguístico. Os conhecimentos linguísticos explícitos e implícitos que o professor possui e transmite e os materiais didáticos que utiliza constituem uma verdadeira gramática pedagógica que ajudará os alunos na construção da sua gramática da aprendizagem.

Neste sentido, o professor não se baseará na gramática em termos científicos, mas criará condições para os alunos, primeiro, aprenderem a comunicar em situações reais, segundo, refletirem e discutirem sobre os itens gramaticais indispensáveis à realização dessas situações de comunicação. Assim, o professor pode recorrer a uma descrição gramatical que corresponda o mais possível à intuição gramatical que o aluno já adquiriu na sua língua materna e que se prepara para adquirir na língua-alvo.

O que se propõe é que o aluno adquira uma competência comunicativa na língua-alvo, integrando uma competência linguística, pois concebe-se a língua em termos de desempenho e de comportamentos adequados, no âmbito de uma interação entre indivíduos com uma finalidade social, em que língua e cultura são indissociáveis.

A vigência das propostas behavioristas e inatistas foi posta em causa pela formulação de outras teorias acerca da aquisição e do desenvolvimento do conhecimento linguístico (o neoconstrutivismo, o conexionismo, a teoria sociocultural) que constituem a base de trabalhos que, de perspetivas diversas, põem em relevo o papel da consciência nos processos de aprendizagem de línguas estrangeiras (Bialystok, 1991; Schmidt, 1990; Swain, 1996; Ellis, 1990; VanPatten & Cadierno, 1993; Daughty & Williams, 1998a; Dabène, 1992; entre muitos outros) e nos processos do uso das línguas, em geral. A atividade reflexiva sobre as línguas e o seu uso (a atividade metalinguística) e a explicitação dos conhecimentos implícitos – de um modo especial nas L1 – voltaram a ser considerados como fatores centrais na formação linguística dos alunos. Logo, tendo em conta esta dimensão cognitiva da aprendizagem, é desejável que se estimulem o desenvolvimento de outras competências na aula de língua como, por exemplo, a competência analítica.

Este novo foco na atividade metalinguística como algo inerente aos usos em contextos diversos e com objetivos diversos deu lugar, tanto para as L1 como para as L2 e as LE, a propostas que preconizavam uma atenção à reflexão gramatical como algo subordinado aos usos. Estas atividades metalinguísticas são efetuadas conscientemente pelo sujeito, exigem habilidades de reflexão e autocontrolo como, por exemplo, corrigir a sintaxe de uma frase ou de um texto, e permitem que os alunos descubram as regras da gramática.

Esta capacidade de os alunos refletirem sobre a língua, de verbalizarem essa reflexão e de fazerem uso da língua, tendo em conta o conhecimento que possuem sobre as regras da mesma, designa-se por consciência linguística (Alegre, 2000; Ançã & Alegre, 2003; Ançã, 2008).

O movimento *British Language Awareness*, que originou esta designação, surgiu, em 1980, no Reino Unido, ligado a Hawkins, como forma de combater a iliteracia em inglês e os maus resultados em línguas estrangeiras (Hawkins, 1999; James & Garrett, 1991) e tornar os alunos mais conscientes "of the value of language as part of human life" (James & Garrett, op. cit.: 4). A *Language Awareness* era vista como um campo de trabalho sólido, pensado para gerar uma mudança na forma das pessoas encararem a língua, para possibilitar uma reflexão sobre a língua através da própria língua e para diminuir o calão (Donmall, 1997). No entanto, anteriormente, já Jakobson (1963) se tinha referido à função metalinguística como sendo o uso da linguagem para falar da própria linguagem, embora o entendimento de competência metalinguística não incluísse nenhuma dimensão cognitiva. Hawkins (1996) foi um dos primeiros a propor o desenvolvimento da consciência linguística através de uma ligação mais próxima entre língua materna e língua não materna. Ele tinha uma visão ampla do conceito *Language Awareness*, não se aplicava apenas ao sistema linguístico, mas também à função sociocultural da língua (van Essen, 1997).

As questões em torno do papel dos processos conscientes e inconscientes na aprendizagem de uma língua materna são também fulcrais para as de aquisição de uma língua segunda. O interesse recente nestas questões torna-se evidente pela proliferação de termos como *"focus on form"* vs *"focus on formS"* (Long, 1988), *"input enhancement"* (Sharwood Smith, 1991, 1993), *"input processing"* (VanPatten & Cadierno, op. cit.), *"language awareness"* (James & Garrett, op. cit.), *"consciousness raising"* (Rutherford, 1995).

Então, dentre estas questões acerca da consciência linguística, surge o estudo de Rutherford (op. cit.), no âmbito do ensino da gramática de uma língua estrangeira. Rutherford utiliza o termo *"grammatical consciousness-raising"* que define como "the drawing of the learner's attention to features of the target language." (op. cit.: 189). Ele rejeita a visão da aprendizagem da língua como uma acumulação de conteúdos linguísticos, em que a aprendizagem do último conferiria um domínio total da língua. Por oposição, defende que a sequência dos aspectos da língua bem como o ritmo a que são aprendidos são definidos pelo aluno e não pelo currículo ou pelos manuais e são baseados em princípios universais. Por isso, a função da *"grammar consciousness-raising"* é destacar determinados tópicos gramaticais para o aluno desenvolver o seu conhecimento dos mesmos, inseri-los no sistema da LE e, então, adquiri-los. Rutherford considera ainda que os alunos já possuem um largo conhecimento linguístico de tipo específico ou universal, mas só quando são expostos a informação da nova língua é que a aprendizagem realmente acontece.

James e Garrett (op. cit.), mais tarde, tomando como ponto de partida o trabalho de Hawkins, procuraram caracterizar esta consciência através de cinco parâmetros essenciais: o cognitivo, que se prende com o conhecimento da(s) língua(s) e a reflexão sobre a(s) mesma(s); o afetivo, que tem em conta as atitudes dos aprendentes face à(s) língua(s); o social, que se relaciona com o uso da(s) língua(s) em sociedades; o poder, que se refere ao uso da(s) língua(s) como um instrumento de manipulação; e, o desempenho, que analisa se o conhecimento sobre a língua melhora o desempenho ou o domínio da língua pelos aprendentes.

O objetivo central do ensino de língua é desenvolver a competência linguístico-discursiva dos alunos, além de promover também a sua competência metalinguística, a qual não se restringe ao conhecimento refletido, explícito e sistematizado sobre as entidades e regras formais do sistema linguístico, deve ser alargado de forma a acrescentar conhecimentos de natureza metapragmática e metatextual (Gombert, 1990). O trabalho ao nível da componente semântica da língua permite uma ligação permanente entre gramática e discurso e abre perspetivas interessantes ao nível da superação da dicotomia estrutura *vs* uso.

As profundas mudanças operadas, nas últimas décadas do século XX, nas diferentes perspetivas que foram surgindo na abordagem do fenómeno linguístico, procuraram acompanhar as próprias mudanças do contexto de ensino. Atualmente, a gramática já não se subordina da mesma forma a critérios de normatividade pedagógica, mas prende-se diretamente com a descrição do modo como qualquer língua funciona. O espaço da gramática normativa foi sendo preenchido por uma reflexão sobre a língua como instrumento ativo que o homem utiliza a cada instante. Atualmente, a análise do texto e o abandono do exclusivismo da frase vai sendo, cada vez mais, uma realidade.

Hoje, o que se propõe é que o aluno desenvolva a sua competência comunicativa, numa determinada língua, em consonância com a competência linguística, pois a língua é concebida em termos de desempenho e comportamento adequados, exercitados em atividades diversas com um propósito social nas quais língua e cultura são indissociáveis. A preocupação básica no ensino de línguas é levar o aluno não apenas ao conhecimento da gramática da sua língua, mas torná-lo competente linguisticamente falando, isto é, dar-lhe condições para desenvolver a capacidade de refletir criticamente sobre o mundo do qual faz parte e, principalmente, sobre a utilização da língua como instrumento de interação social. Portanto, os professores precisam lançar mão de uma gramática reflexiva, isto é, de uma gramática que ajude o aluno a usar a língua com mais eficácia e adequação do que apenas aulas de gramática teórica (enquanto pura aprendizagem de categorias e tipos de unidades em diferentes níveis e a metalinguagem de análise dos mesmos). O ensino fragmentado da gramática, ou seja, um ensino da regra pela regra, não proporciona aos alunos condições para desenvolverem a sua capacidade linguística e se tornarem competentes na língua-alvo. Para obter efeito, a gramática precisa estar contextualizada, possuir significado para os alunos; caso contrário, ela torna-se ineficiente, pois o aluno não consegue aplicar o seu conhecimento gramatical em discursos próprios. Neste sentido, é fundamental o papel do professor, na medida em que é este que terá o conhecimento para saber em que momento se deve pôr a tónica no significado e em que momento deve fazer apelo ao estudo da forma – o foco na gramática – para que os alunos atinjam o melhor desempenho possível na língua-alvo. Atualmente, espera-se que os alunos usem a língua de acordo com o contexto social e cultural e não apenas com a correção gramatical devida. Assim sendo, o professor deve trazer para a sala de aula situações que se aproximem o mais possível do real e que exijam um desempenho dos alunos direcionado para o contexto em que estão integrados.

O foco na forma: uma abordagem eficaz no ensino/aprendizagem de PL2

Long (1991) realça a importância do *foco na forma* para aprendizagem de uma L2 e de uma LE, no contexto de uso da língua pelo sentido, como forma de orientar a atenção dos alunos para aspetos do input que de outra forma poderiam passar despercebidos e não aprendidos. Defende, por isso, esta abordagem como uma tentativa de manter a atenção dos alunos direcionada principalmente para a comunicação, rompendo, simultaneamente, com os problemas enfrentados no *foco no sentido*. De acordo com o autor, a comunicação permanece como o objetivo central da instrução, sendo que a diferença principal é a tentativa de resolver problemas que surjam na interação, focalizando brevemente a atenção em aspetos linguísticos. Para Long (op. cit.) e Long e Robinson (1998), o ensino através do foco no sentido detinha-se pouco tempo ou tempo nenhum nas particularidades da língua; em vez disso, o interesse era essencialmente o uso da língua em situações reais de comunicação. Este tipo de ensino está presente na Abordagem Natural (Krashen, 1985), que, em teoria, proíbe o ensino direto da gramática. Ao contrário, aqueles autores afirmam que o foco ocasional em formas da L2/LE através da correção, explicações diretas, reformulações, etc., pode ajudar os alunos a terem consciência delas, compreenderem-nas, e, por fim, adquirirem essas formas mais complexas.

Observa-se, pois, uma mudança ocasional da atenção para a forma linguística, resultando numa intervenção reativa, já que tem por origem as formas que geram problemas na interação. Neste caso, professor e alunos estão primeiramente concentrados na utilização da língua com fins comunicativos e não na aprendizagem sobre a língua. Apesar deste foco no sentido, surgem momentos em que é necessário recorrer ao foco na forma. O foco na forma permite, pois, aos alunos fazerem uma pausa no foco no sentido para prestarem atenção a determinadas formas gramaticais que normalmente constituem um problema para aqueles. Por isso, Basturkmen, Loewen e Ellis (2002) argumentam que o foco na forma leva os alunos a prestarem atenção às formas gramaticais no input e que esta atenção permite o desenvolvimento da sua interlíngua. Schmidt (op. cit.) é igualmente da opinião de que a atenção na forma é importante, pois a aquisição só ocorre se os alunos tiverem uma perceção consciente da forma no input.

Para Long (op. cit.) e Long e Robinson (op. cit), a abordagem foco na forma é diferente dos modos de ensino que, normalmente, tinham como objetivo ensinar formas gramaticais específicas na L2/LE, em vez de apresentarem a língua como um sistema de comunicação. Este tipo de ensino, que Long e Robinson designam *"focus on forms instruction"*, era característico dos programas de métodos como, por exemplo, o audio-oral. Nestes métodos, o ensino progride à medida que os alunos demonstram dominar as sequências gramaticais estudadas, não havendo, pois, uma preocupação comunicativa, um envolvimento dos alunos em situações reais de comunicação. Estes métodos centram-se nas formas gramaticais da L2/LE determinadas pelos programas e que os professores transmitem aos seus alunos; assim, são métodos centrados no professor. Pelo contrário, a abordagem foco na forma é centrada no aluno, devido ao seu objetivo de dar resposta às necessidades demonstradas pelos alunos de uma maneira espontânea.

As asserções de VanPatten e Cadierno (op. cit.), paralelamente às de Long (op. cit.) e Long e Robinson (op. cit), estipulam que o *"processing instruction"* é melhor do que o *"traditional instruction"*. O primeiro integra o foco no sentido e o foco nas formas, e, por isso, é, efetivamente, a abordagem foco na forma. Contrariamente, o segundo só diz respeito a exercícios mecânicos dos itens gramaticais em estudo – uma típica abordagem foco nas formas.

O foco na forma pode possibilitar a aquisição da língua de outro modo: fornece o impulso para o que Swain (1985, 1995) designou *"pushed output"*, ou seja, o output aumenta a competência dos alunos pela necessidade de exprimirem uma ideia na língua de forma correta e apropriada. Por exemplo, quando o professor reage aos erros dos alunos através de um feedback corretivo, ele cria condições para os alunos produzirem eles mesmos as formas corretamente em usos posteriores, a que Lyster e Ranta (1997) chamam *"'uptake' moves"*. Então, o *"uptake"* pode ser visto como uma indicação de que os alunos prestaram atenção às formas linguísticas e tentaram incorporá-las corretamente nos seus discursos. Embora o *"uptake"* possa não ser entendido como uma evidência de aquisição, Lightbown (1998: 193) defende que "[a] reformulated utterance from the learner gives some reason to believe that the mismatch between learner utterance and target utterance has been noticed, a step at least toward acquisition".

O foco na forma produz-se quando um professor isola uma ou duas formas específicas para o estudo, estruturas gramaticais específicas ou realizações funcionais, e começa a trabalhar essas formas fora do contexto de uma atividade comunicativa, que serão posteriormente integradas na realização de uma outra atividade comunicativa (Willis & Willis, 2007).

Doughty e Williams (op. cit.) sugerem que a intervenção foco na forma deve ter três aspetos claros, a saber:
- antes de dar atenção aos itens linguísticos, os alunos devem ter trabalhado com o sentido, certificando-se de que as formas-alvo são necessárias para que a tarefa seja completada;
- os itens linguísticos devem ser escolhidos através de uma análise das necessidades dos alunos, feita de forma reativa ou pró-ativa;
- tratamento dado a esses itens deve ser breve e claro, garantindo que não constitua, por um lado, nenhum constrangimento à atividade comunicativa principal, mas, por outro, que seja relevante para os alunos.

O foco na forma (realizações que incluem noções como *consciousness-raising*, *form-focused instruction*, ou *form-focused intervention*) também pode incorporar as interações conversacionais modificadas, com a finalidade de tornar a mensagem compreensível, chamando a atenção dos alunos para as relações de forma, de sentido e de função da L2 e da LE (Pica, 2002).

Outra forma pela qual o foco na forma se pode concretizar é através de comentários explícitos sobre a forma linguística implicando a metalinguagem (Basturkmen, et al., op. cit.). Segundo estes autores, o uso da metalinguagem pode desempenhar um papel importante tornando as formas linguísticas mais explícitas e assim mais percetíveis. No entanto, também são da opinião que são necessários mais estudos que provem claramente que a presença da metalinguagem no foco na forma pode ajudar os alunos a prestarem atenção aos itens linguísticos e a introduzi-los nos seus discursos.

Como selecionar os tópicos para o foco na forma?

A escolha depende, normalmente, de uma maneira geral, da natureza da tarefa e dos textos associados. O professor pode identificar os itens e isolá-los do contexto; pode também ajudar os alunos a identificarem eles próprios, ou ainda recorrer à correção como uma parte de uma atividade focalizada na forma (Ellis, 2003; Willis & Willis, op. cit.). De acordo com Willis e Willis (op. cit.), este tipo de correção realiza três funções importantes:
- prevenir a fossilização: os alunos são alertados para o facto de ainda poderem dominar uma determinada forma complexa;
- motivar os alunos, se usada moderadamente: quase todos os alunos esperam e querem ser corrigidos pelo professor, pois veem isso como uma necessidade;
- fornecer feedback negativo útil: por vezes, o feedback negativo é a forma mais eficiente para colocar os alunos no caminho correto.

Willis e Willis (op. cit.) defendem ainda que o foco na forma deve ocorrer apenas depois dos alunos estarem envolvidos com a tarefa, apresentando três argumentos para que se verifique apenas no fim da tarefa:

- Ajuda os alunos a tomarem consciência do uso que fizeram da língua. Primeiro, tiveram contato com a forma através do professor ou de textos escritos e/ou orais; depois, esta fase de foco na forma oferece-lhes a oportunidade de observarem detalhadamente a forma que estiveram a usar, tendo por base um contexto que os ajudará a compreender o sentido dessas novas formas da língua.
- Destaca aspetos da língua que os alunos usarão certamente no futuro. Uma vez estudada, essa forma da língua fica em destaque, ou seja, no futuro, será mais facilmente apercebida e, nesse caso, mais facilmente aprendida.
- Motiva. Os alunos normalmente querem saber o que estiveram a estudar, o que significa, por outro lado, que querem saber o que aprenderam. O professor deve mostrar-lhes que oportunidades de aprendizagem lhes foram proporcionadas na aula. Ao colocar a gramática no fim das sequências da tarefa, existe uma maior possibilidade de aumentar a motivação. Enquanto os alunos estiveram a executar as fases anteriores da tarefa, estiveram a trabalhar com sentidos e a esforçar-se para utilizarem a língua a fim de expressarem esses sentidos. O foco na forma dá-lhes respostas para as questões sobre a língua, aspetos sobre os quais já tinham começado a auto-interrogar-se.

Nunan (2004) também propõe que o foco na forma surja numa fase avançada da tarefa. Segundo ele, existem várias razões para que o foco na forma seja abordado num momento avançado e não no início da tarefa. Primeiro, a sequência começa com o foco nos fins comunicativos e não nos recursos linguísticos. Nos momentos seguintes, os alunos preparam-se para ver, ouvir e usar a língua-alvo numa perspetiva comunicativa. Eles vão ver e ouvir a língua a ser usada, num contexto comunicativo, por falantes nativos ou falantes competentes na L2/LE. Estas fases, facilitarão aos alunos estabelecerem ligações entre as formas linguísticas e as funções comunicativas que estas realizam. As formas gramaticais devem ser apresentadas aos alunos dentro de um contexto que torne claro aos alunos o uso comunicativo das estruturas.

Parece-nos consensual, entre os autores, que, na aprendizagem de uma L2/LE, as atividades de foco na forma não interferem no processamento do sentido, mas que, pelo contrário, estão ao serviço deste. O importante, segundo Doughty e Williams (op. cit.), é dar atenção à forma numa tarefa comunicativa, em vez de partir de um objetivo comunicativo para abordar um conteúdo linguístico. Também para Long (op. cit.) e Long e Robinson (op. cit.) quer o ensino através do foco nas formas, quer através do foco no sentido são válidos, e devem complementar-se em vez de se excluírem. O ensino pelo foco na forma, no seu ponto de vista, mantém um equilíbrio entre os dois levando a que o professor e os alunos se centrem na forma quando necessário, num contexto comunicativo.

O estudo: perceções dos professores após a experiência com o foco na forma e necessidades de formação

O estudo realizado permitiu-nos verificar como os professores percecionam o ensino da gramática e como essa perceção influencia a sua prática de ensino, que também procurámos descrever, após um período de observações das suas aulas. Passámos por diferentes momentos como a observação de aulas; a construção de um guião com estratégias baseadas no ensino de línguas baseado em tarefas e na abordagem foco na forma (*v.* apêndice), para ser utilizado, como recurso didático, por três professores do 7.º ano, de três escolas da Praia, durante um mês; a realização de entrevistas que nos permitiram ter um feedback relativamente às perceções dos docentes após a aplicação das estratégias.

As práticas escolares observadas caracterizam-se pelo recurso a textos essencialmente literários com o objetivo de, a partir deles, se desenvolverem atividades de leitura, de produção textual e de gramática – atividades metalinguísticas ao nível da palavra ou da frase. Os textos não são escolhidos em função de unidades didáticas temáticas, de objetivos comunicativos, mas em função do item gramatical que se pretende abordar. Estas estratégias e atividades desenvolvidas pelos professores, na sala de aula, são adequadas à faixa etária dos alunos, sendo, no entanto, grande parte das vezes, inadequadas para satisfazer as suas necessidades comunicativas específicas, pois o input continua a ser pensado para recetores nativos, não potenciando deste modo uma aprendizagem significativa. De acrescentar que o método seguido está ainda muito arreigado ao modelo tradicional. Brown (1994) afirma que esta situação se verifica porque, primeiro, este método não exige grande habilidade por parte dos professores para planificarem as suas aulas e, além disso, é muito fácil formular e corrigir avaliações que se baseiam em regras gramaticais. A tónica é, pois, colocada na forma escrita da língua, desde os exercícios iniciais até à leitura de textos do manual, de forma que o domínio da oralidade não é considerado, pelo professor, um aspeto importante. Dá-se mais ênfase ao domínio da terminologia gramatical e ao conhecimento aprofundado de todas as regras da língua.

Contrariamente, considera-se, hoje, de forma generalizada, que o ensino/aprendizagem baseado em exercícios mecânicos, centrado demasiadamente nas formas, não é suficiente para conduzir os alunos de uma língua a uma competência comunicativa satisfatória, em situações de uso real, e que o recurso a atividades comunicativas, que envolvem os alunos em situações de uso contextualizado da língua-alvo, é uma alternativa para o processo de aprendizagem de uma L2/LE. Sem, no entanto, se descurar a forma.

Com as entrevistas pretendemos obter o retorno relativamente à aplicação das estratégias que planeámos para serem testadas pelos professores numa das suas turmas. De salientar que nenhum dos professores, por desconhecimento, havia experimentado anteriormente esta forma de ensino da gramática. Tiveram o primeiro contato com o foco na forma, quando lhes apresentámos esta abordagem e trabalhámos a preparação do mês de aulas, e a primeira vez que a utilizaram nas suas práticas letivas foi, pois, durante esse mesmo mês.

Os três professores acreditam que a abordagem foco na forma é mais vantajosa para o ensino da língua, contrapondo-a ao foco nas formaS (cf. Long, 1991) e ao foco no sentido. Aquela revelou ser uma novidade positiva para estes docentes, dado estarem familiarizados apenas com as duas últimas. Na primeira, há uma visão da língua segmentada em léxico, morfologia, fonologia, sintaxe (Long & Robinson, op. cit.), sendo os conteúdos apresentados de forma linear e cumulativa. Neste tipo de abordagens, há uma desvalorização do processo de aprendizagem, adotando-se mesmo, em alguns casos, uma visão behaviorista da aprendizagem. Na segunda, o modelo de aquisição de uma L2 aproxima-se dos modelos de aquisição de uma L1. E como já tivemos a oportunidade de demonstrar anteriormente (Pinto, 2011), neste tipo de abordagem, em que o nível de input é elevado, os alunos são capazes de alcançar um bom nível de fluência, mas não adquirem a competência linguística, caracterizadora dos falantes nativos.

Contrariamente, os professores ao direcionarem a atenção dos alunos para aspetos fundamentais da gramática da L2, no decorrer de uma tarefa comunicativa, que privilegia a troca de sentidos, não interromperam o ato comunicativo para o estudo e prática de itens gramaticais, de uma maneira isolada, mas apenas provocaram um desvio temporário da atenção dos alunos, enquanto estes estão empenhados em realizar uma determinada tarefa de compreensão e/ou de produção. A abordagem foco na forma chama a atenção para a forma, mas não a isola da comunicação (Doughty & Williams, 1998b). Por isso, elaborámos uma série de tarefas diferentes que criaram oportunidades para os alunos usarem diferentes itens gramaticais e refletirem sobre os seus usos, no próprio contexto em que os utilizam para cumprirem as tarefas comunicativas.

No guião elaborado, as atividades de estudo gramatical dividem-se em dois tipos: atividades de análise e atividades de prática. As primeiras visam despertar a consciência dos alunos para os aspetos da língua (consciência linguística), conduzindo-os à dedução das regras por si mesmos. Pretendíamos que o aluno prestasse atenção à gramática enquanto resolvia as tarefas que focalizavam o sentido. Esta análise e reflexão sobre a língua contribuirão para que a sua interlíngua progrida. O segundo tipo de atividades baseia-se na prática. Estas podem incluir exercícios que abordem uma determinada estrutura já analisada e que visem automatizar o uso de determinada forma gramatical.

Através da análise das entrevistas, verificámos ainda, relativamente ao ensino da gramática, que os professores participantes demonstraram reconhecer as limitações do ensino tradicional da gramática, que praticam, de carácter predominantemente prescritivo, e a necessidade de adotar novas abordagens, mas também que evidenciaram ter dificuldades em relação ao que se desvia desse ensino tradicional. Contudo, esse reconhecimento não invalida as suas preocupações e as suas dúvidas face às consequências da substituição dessas práticas de pendor mais tradicionalista por práticas centradas na reflexão linguística, seguindo uma abordagem foco na forma.

Percebemos que a falta de prática dos professores originaram algumas dificuldades na implementação das estratégias. Os professores revelaram também que a falta de conhecimentos teóricos prejudicou de algum modo a boa execução dos planos elaborados por nós. De facto, o desconhecimento teórico subjacente à prática e o facto de nunca terem utilizado esta abordagem foram elementos prejudiciais à boa implementação das estratégias. Por conseguinte, a formação contínua específica nesta área poderia complementar a formação inicial que receberam e colmatar as necessidades metodológicas que sentem. Tal como verificámos, os docentes consideram as ações de formação, em geral, como sendo de grande utilidade ou mesmo indispensáveis. Os dados evidenciam que os professores entrevistados, embora não revelem ter consciência de que a formação inicial é insuficiente, que foi apenas uma primeira etapa, demonstram ter necessidade de uma atualização contínua que lhes permita enriquecer a sua atuação e a própria aprendizagem dos alunos, rompendo, deste modo, com as práticas comuns, que distanciam cada vez mais os alunos do prazer de aprenderem português; uma atualização/formação que seja uma reflexão permanente sobre quais são os saberes fundamentais à prática educativa, crítica e transformadora.

Relativamente às necessidades formativas que os professores sentem para poderem inserir nas suas práticas letivas uma abordagem foco na forma, no ensino da gramática, aqueles referiram sobretudo aspetos externos à sua formação (p.e. o número de alunos por turma, a falta de material didático), embora os três tenham, de alguma forma, mencionado a questão da formação complementar como sendo necessária para os preparar adequadamente para esta nova abordagem.

Considerações finais

Os métodos e abordagens de ensino das línguas evoluíram em consonância com a transformação dos conceitos de sociedade, de mundo e de língua em vários momentos. Como pudemos verificar o avanço dos estudos linguísticos gerou alterações na didática das línguas. No entanto, se por um lado, devemos reconhecer a importância da Linguística e a aplicação das suas descobertas no ensino/aprendizagem da gramática, por outro lado, é evidente que houve certas distorções na interpretação de algumas teorias linguísticas, que conduziram à adoção de metodologias questionáveis em relação ao ensino da língua.

Atualmente, o ensino de línguas, de um modo geral, deverá capacitar os alunos para uma intervenção quer em termos meramente linguísticos, quer em termos interculturais, de forma que eles se transformem em agentes sociais em contínua interação com os seus pares, e para tal deverão desenvolver competências a diversos níveis, com particular realce para a discursiva e estratégica. Por isso, os professores devem ter em conta que também são agentes sociais e que esta dimensão deve estar presente nas suas práticas.

Numa perspetiva comunicativa, na seleção dos conteúdos gramaticais a abordar, devemos ter em conta uma abordagem nocional, funcional e situacional (Besse, 1992). Os aspetos formais da língua são relegados para segundo plano e atribui-se uma maior atenção à mensagem ou ao conteúdo a comunicar. Não pretendemos com isto eliminar a gramática, mas, pelo contrário, pô-la ao serviço das necessidades comunicativas dos alunos. O modo de abordagem de um elemento gramatical não deve ser intensivo, mas sim relacionado com as necessidades do momento e de forma sequencial. Há, pois, uma preocupação com o desenvolvimento da competência comunicativa dos alunos e com o foco na competência linguística contextualizada nos propósitos comunicativos da estrutura em causa, o que é sugerido pela abordagem foco na forma.

No estudo apresentado, os professores demonstram estar conscientes de que o tipo de ensino seguido – de vertente tradicional – é prejudicial à aprendizagem da língua portuguesa e de que é desmotivante para os próprios alunos. Com base nas observações das aulas, verificámos que estamos perante um ensino voltado para preocupações analíticas, normativas e corretivas; um ensino da gramática normativa como fim (principalmente a análise morfossintáctica); uma acentuada preocupação com o certo e o errado, definindo-se esse binómio a partir da gramática normativa; uma excessiva correção do discurso que inibe e frustra o aluno; o predomínio do uso de textos literários escritos; o predomínio da leitura e da escrita, em detrimento do trabalho com a linguagem oral do aluno.

No sentido de contrariar este ensino infrutuoso da gramática, propusemos uma nova abordagem, naquele contexto, recorrendo à abordagem foco na forma, com o intuito de provarmos que o ensino da gramática pode ser bem mais significativo do que a simples memorização e o uso de regras descontextualizadas. Parece-nos, por isso, ser essencial que o professor atue de forma diferente, promovendo uma reflexão sobre a língua, orientando-a como uma tarefa de descoberta e pesquisa, que venha a fomentar nos alunos um desenvolvimento das suas capacidades cognitivas ao mesmo tempo que se produz um aprofundamento do conhecimento da língua e a consciencialização daquilo que ele sabe.

Referências

Alegre, Maria Teresa. *Tradução pedagógica e consciência linguística – a tradução como estratégia de consciencialização da estrutura da língua alemã em aprendentes portugueses*. Tese de doutoramento não publicada. Aveiro: Universidade de Aveiro, 2000.

Ançã, Maria Helena. *Da competência metalinguística à consciência linguística: conceitos e percursos em didáctica das línguas. Lição de Síntese*. Aveiro: Universidade de Aveiro, 2008

Ançã, Maria Helena, e Maria Teresa Alegre. "A Consciencialização Linguística em Português Língua Materna e em Alemão Língua Estrangeira". *Palavras* 24 (2003): 31-38.

Basturkmen, Helen, Shawn Loewen, e Rod Ellis. "Metalanguage in Focus on Form in the Communicative Classroom". *Language Awareness* 11.1 (2002): 1-13.

Besse, Henri. *Méthodes et pratiques des manuels de langue*. Paris: Didier, 1992.

Brown, H. Douglas. *Teaching by principles: an interactive approach to language pedagogy*. New Jersey: Prentice Hall, 1994.

Bialystok, Ellen. "Metalinguistic dimensions of bilingual language proficiency". *Language processing in bilingual children*. Ed. Ellen Bialystok. Cambridge: Cambridge University Press, 1991. 113-140.

Canale, Michael, e Merrill Swain. "Theoretical basis of communicative approaches to second language teaching and testing". *Applied Linguistics* 1.1 (1980): 1-47.

Dabène, Louise. "Le développement de la conscience métalinguistique". *Repères* 6 (1992): 13-21.

Donmall, Barbara. "The history of language awareness in the United Kingdom". *Encyclopedia of Language and Education*, v. 6. Eds. Leo van Lier, e David Corson. Dordrecht: Kluwer Academic Publishers, 1997. 21-30.

Doughty, Catherine, e Jessica Williams. "Pedagogical choices in focus on form". *Focus on Form in Classroom Second Language Acquisition*. Eds. Catherine Doughty, e Jessica Williams. Cambridge: Cambridge University Press, 1998a. 197-262.

---. "Issues and terminology". *Focus on Form in Classroom Second Language Acquisition*. Eds. Catherine Doughty, e Jessica Williams. Cambridge: Cambridge University Press, 1998b. 1-14.

Dulay, Heidi, Marina Burt, e Stephen Krashen. *Language Two*. New York: Oxford University Press, 1982.

Ellis, Rod. *Task-Based Language Learning and Teaching*. Oxford: Oxford University Press, 2003.

---. *Instructed second language acquisition*. Oxford: Basil Blackwell, 1990.
Gombert, Jean Émile. *Metalinguistic development*. Chicago: University of Chicago Press, 1990.
Hawkins, Eric. *Awareness of language: an introduction*. Cambridge: Cambridge University Press, 1996.
---. "Foreign Language Study and Language Awareness". *Language Awareness* 8.3&4 (1999): 124-142.
Jakobson, Roman. *Essais de Linguistique Générale: les fondations du langage*. Paris: Les Editions de Minuit, 1963.
James, Carl, e Peter Garrett. "The scope of Language Awareness". *Language Awareness in the Classroom*. Eds. Carl James, e Peter Garrett. London: Longman, 1991. 2-23.
Krashen, Stephen. *The natural approach language acquisition in the classroom*. Oxford: Pergamon Press, 1985.
Lightbown, Patsy. "The importance of timing in focus on form". *Focus on Form in Classroom Second Language Acquisition*. Eds. Catherine Doughty, e Jessica Williams. Cambridge: Cambridge University Press, 1998. 177-196.
Littlewood, William. *Foreign and second language learning: language acquisition research and its implications for the classroom*. Cambridge: Cambridge University Press, 1984.
Long, Michael. "Focus on Form: a design feature in language teaching methodology". *Foreign-Language Research in Cross-Cultural Perspective*. Eds. Kees de Bot, Ralph Ginsberg, e Claire Kramsch. Amsterdam: Benjamins, 1991. 39-52.
Long, Michael, e Peter Robinson. "Focus on form: theory, research, practice". *Focus on Form in Classroom Second Language Acquisition*. Eds. Catherine Doughty, e Jessica Williams. Cambridge: Cambridge University Press, 1998. 15-63.
Lyster, Roy, e Leila Ranta. "Corrective feedback and learner uptake: Negotiation of form in communicative classrooms". *Studies in Second Language Acquisition* 19.1 (1997): 37-66.
Martínez González, António. "Gramática e Ensino de Língua". *Gramática e Ensino das Línguas*. Orgs. Jorge Barbosa, et al. Coimbra: Almedina, 1999: 71-86.
Nunan, David. *Task-Based Language Teaching*. Cambridge: Cambridge University Press, 2004.
Pica, Teresa. "Subject matter content: How does it assist the interactional and linguistic needs of classroom language learners?". *The Modern Language Journal* 86.1 (2002): 1-19.
Pinto, Jorge. "O ensino de línguas baseado em tarefas e o foco na forma: contributos para uma didáctica do PL2 em Cabo Verde". *Linguarum Arena* 2 (2011): 27-41.

Richards, Jack, e Theodore Rodgers. *Approaches and Methods in Language Teaching*. Cambridge: Cambridge University Press, 2001.

Rutherford, William. *Second Language Grammar: Learning and Teaching*. New York: Longman, 1995.

Schmidt, Richard. "The role of consciousness in second language learning". *Applied Linguistics* 11.2 (1990): 129-158.

Sharwood Smith, Michael. "Input enhancement in instructed SLA: Theoretical bases". *Studies in Second Language Acquisition*, 15.2 (1993): 165-179.

---. "Speaking to many minds: on the relevance of different types of language information for the L2 learner". *Second Language Research*, 7.2 (1991): 118-132.

Swain, Merrill. "Integrating language and content in immersion classrooms: Research prospectives". *The Canadian Modern Language Review* 52.4 (1996): 529-548.

---. "Three functions of output in second language learning". *Principle and practice in applied linguistics*. Eds. Henry Widdowson, Guy Cook, e Barbara Seidlhofer. Oxford: Oxford University Press, 1995. 125-144.

---. "Communicative competence: Some roles of comprehensible input and comprehensible output in its development". *Input in Second Language Acquisition*. Eds. Susan Gass, e Carolyn Madden. Rowley, MA: Newbury House, 1985. 235-256.

van Ek, Jan, e Louis Alexander. *Threshold Level English*. Oxford: Pergamon, 1980.

van Essen, Arthur. "Language awareness and knowledge about language: an overview". *Encyclopedia of Language and Education*, v. 6. Eds. Leo van Lier, e David Corson. Dordrecht: Kluwer Academic Publishers, 1997. 1-10.

VanPatten, Bill, e Teresa Cadierno. "Explicit instruction and input processing". *Studies in Second Language Acquisition* 15.2 (1993): 225-243.

Yalden, Janice. *Communicative Syllabus*. Oxford: Pergammon Press, 1983.

Willis, Dave, e Jane Willis. *Doing Task-based Teaching*. Oxford: Oxford University Press, 2007.

Apêndice

Tarefa de antevisão
1. Preparação da tarefa:
1.1. Centrar a atenção dos alunos no título do texto – tentar prever o conteúdo do texto, através de uma "chuva de ideias". A título de exemplo, propomos "A esperteza da velha" de José Viale Moutinho.

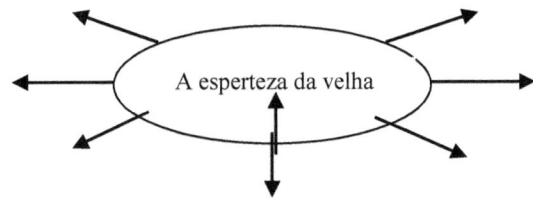

1.2. Em grupo, os alunos vão pensar no maior número de hipóteses possível sobre o conteúdo do texto. Trabalham alguns minutos nesta tarefa e, posteriormente, partilham com a turma as suas hipóteses.
2. Tarefa:
2.1. A partir da primeira frase – "Era uma vez uma velha que vivia sozinha numa cabana à saída da aldeia." – e da última do texto – "Claro, os vizinhos perceberam que a velha estava em perigo e, armados de grandes paus, apareceram-lhe em casa e prenderam o ladrão que se escondera debaixo da cama!" –, os alunos continuam a trabalhar em grupo, procurando desenvolver, através das pistas dadas, a sua previsão da história.
2.2. Posteriormente, um dos alunos de cada grupo prepara-se para contar à turma a história que criaram.
2.3. O membro escolhido em cada grupo conta a sua história à turma, que escuta atentamente a fim de comparar as histórias todas.
2.4. Seguidamente, distribuir o texto original aos alunos e proceder à leitura do mesmo: os alunos leem-no com o objetivo de comprovarem se as suas histórias se aproximam da verdadeira ou não.
2.5. Após a leitura, solicitar aos alunos que reajam à história comparando-a com as versões previamente criadas por cada grupo.
2.6. Após a leitura do texto, o professor apresenta as sete afirmações seguintes, informando que contêm 15 erros, ou seja, palavras ou expressões que não estão de acordo com o conteúdo do texto. Convém que os alunos procurem detetar esses erros. Ganha o primeiro grupo a descobrir os erros todos, ou, se ninguém o conseguir, o grupo que detetar maior número, dentro do tempo combinado previamente (por ex. 10 minutos).

   a) Numa vila, havia uma velha que vivia sozinha num grande casarão.

b) Uma noite, quando já estava deitada, reparou que um ladrão estava escondido por trás da sua cama.
c) Com um ar assustado, convidou-o para comer um pão com chouriço e beber um copo de cerveja.
d) Quando o viu mastigar com gosto aquele pequeno-almoço, a velha disse-lhe que, naquela vila, era hábito cada um contar a sua vida quando se sentava à mesa.
e) Então o ladrão contou que, em pequeno, não fora à escola, porque tinha fugido, e que, agora, andava pelos campos a ver o que arranjava.
f) Por sua vez, a velha contou que, quando era pequena, ao atravessar uma floresta longe de casa, apareceram três lobos e ela teve e subir ao cimo de um rochedo e gritar: "Ai que me matam! Ai que me matam!"
g) Como a velha berrou muito alto, umas pessoas que iam a passar na rua ouviram-na e, armadas de caçadeiras, entraram em casa e prenderam o ladrão.

3. Foco na forma:
3.1. Centrar a atenção dos alunos na utilização dos verbos reflexos no texto, dando um exemplo:
"estava ela a **preparar-se** para **se deitar**"
3.2. Pedir aos alunos que sublinhem no texto outros exemplos e analisar com eles o seu emprego.
3.3. Sistematizar regras de uso.
3.4. Realizar exercícios de aplicação (completamento de frases, de espaços, escolha múltipla…). Exemplos:
1. Complete as frases seguintes com as formas adequadas dos verbos reflexos entre parênteses:

   a. Eu _____ (levantar-se) sempre às sete horas.
   b. Eles _____ (encontrar-se) muitas vezes na praça.
   c. Nós _____ (ver-se) há três meses pela última vez.
   d. Ele _____ (sentir-se) completamente isolado na Covilhã e foi por isso que voltou para a Lisboa.
   e. Vocês _____ (entender-se) tão bem!
   f. Tu _____ (lembrar-se) do nosso professor da escola primária?
   g. Nós não _____ (concentrar-se) bem nas aulas.
   h. Como é que vocês _____ (chamar-se)?

2. Antes ou depois do verbo? Coloque o pronome reflexo.
   a. Eu nunca ____ levanto ____ cedo.
   b. A que horas é que elas ____ deitam ____ ?
   c. Vocês ____ sentem ____ ?

d. Nós também ____ sentamos ____ no sofá.
e. Enquanto eu ____ visto ____, tu ____ lavas ____.
f. Tu ainda não ____ sentes ____ bem?

3. Responde com o verbo da pergunta.
a. Eu levanto-me às 7h00. E tu?
b. Eu também _____ às 7h00.
c. A que horas é que nos encontramos?
d. _____ às 12h30 à porta da escola.
e. Lembras-te da Samira?
f. _____ muito bem.
g. Onde é que te esqueceste da carteira?
_____ no autocarro.

4. Tarefa final: solicitar aos alunos que produzam um pequeno texto onde apliquem a estrutura aprendida, utilizando, entre outras, as expressões: deitar-se tarde / levantar-se cedo / divertir-se no campismo com os amigos / banhar-se no rio / aventurar-se na floresta / perder-se dos amigos / sentir-se cansado / ...

5.2 As gramáticas e suas aplicações no ensino de Português
Lilia Llanto Chávez

Geralmente se entende que gramática é só aquela que se refere à norma culta da língua, porém, de acordo com o uso oral ou escrito, tem duas gramáticas que devem ser tomadas em conta. No entanto, neste capítulo deve se estabelecer esta diferença de gramáticas, suas naturezas, os aspetos estruturais e funcionais, com o fim de ajudar na tarefa do ensino ao professor da língua. Quando o ensino é do português como língua de herança, tem também duas perspectivas de gramática que vêm numa ordem de desenvolvimento: primeiro se cria a gramática da aquisição natural, e segundo, se constrói a gramática normativa. A gramática da aquisição é de jeito natural, isto acontece desde antes do nascimento; o sujeito adquire constantemente regras próprias dos padrões básicos fonológicos e após nascer, com o convívio entre pessoas do entorno desenvolvem-se as estruturas e funções semânticas, as quais incluem aspetos morfológicos e sintáticos. Por sua parte, a gramática normativa, a partir das habilidades de leitura e escrita, corresponde à forma culta e é utilizada na maior parte de textos escritos e discursos cujos estilos são formais.

Além disso, a linguagem que utilizamos não transmite apenas ideias gerais sob formas normativas. Exprime também um conjunto de informações sobre nossa realidade social e cultural. Desse jeito para quem apreende a língua como LE ou L2, ela deve ser também programada de maneira funcional, à medida que se resolvem problemas de comunicação natural, mas sempre com o roteiro de se aprimorar gradualmente. Com esta visão, viramos os olhos para abordagens da linguística cognitiva e suas relações com outras disciplinas como a psicologia, a antropologia, a história, a filosofia e mais.

Conceptualização da gramática
A gramática, para a Linguística Teórica, é um sistema abstrato com regras que fazem possível a construção de signos linguísticos como a palavra, a frase e a oração. Com certeza que este conceito de gramática não é aquele que deve ser utilizado na tarefa de ensino de uma língua. Para o processo de ensino-aprendizagem de línguas, segundo a Linguística Aplicada, os professores devem saber que existem diferentes tipos de gramática. As diversas gramáticas surgem dinamicamente e respondem a processos e uso da comunicação, é dizer, a gramática por sua natureza se conceptualiza conforme a suas características verbais e culturais: informal ou formal, oral ou escrita.

A gramática ou gramáticas do monolíngue

Um monolíngue tem duas possibilidades de desenvolver a gramática como língua de herança: a gramática de aquisição. Esta é aquela que a criança adquire de forma natural paralelamente no processo de desenvolvimento biológico desde o primeiro patrão básico fonológico. Além disso, quando a criança vai para a escola e começa o processo de alfabetização, aparece a gramática oral e escrita normativa. Deste jeito, temos as seguintes situações:

a. **O monolíngue não alfabetizado** só conhece a **gramática da aquisição**, oral e informal de seu entorno limitado e restringido pela qualidade pobre do seu input. As características são variadas de acordo com as diferenças sociais ou regionais que se evidenciam nos fenómenos fonéticos e lexicais, também da sintaxe própria da oralidade que não é estimulada pela mídia nem por outras ajudas devido à carência de recursos económicos das famílias das áreas rurais ou da periferia das cidades grandes. Nestes casos, os professores de línguas não intervêm de jeito nenhum.

b. **O monolíngue alfabetizado e a gramática de aquisição e a normativa.** A primeira é aquela da oralidade num processo de emergência natural, **gramática de aquisição** da primeira língua e/ou língua materna cujo input é alimentado pelo contexto sóciocultural no entorno familiar e da escola até aproximadamente seus cinco anos de idade. A gramática da oralidade das crianças que ainda não escrevem é cada vez mais desenvolvida pela influência da mídia, tem muitos programas de televisão cujos conteúdos levam os meninos a criar discursos bem completos e com estruturas sintáticas bem conseguidas. Por isso, os professores de português como língua de herança devem ir ao ritmo do progresso dos alunos do primeiro ano de primária, e não assim atuar com preconceitos já que muitas vezes eles acham que tanto vocabulário como sintaxe devem ser muito simples sem conteúdos variados.

Gramática normativa.

Aos seus seis anos, e segundo a lei de educação, as crianças têm direito aos estudos na escola onde se deve receber o ensino formal, isto implica a imposição da **gramática normativa** com regras de uso próprios da escrita. Nesta etapa do nível primário, deve começar a aprendizagem da leitura e da escrita, cujas estruturas são mais rígidas, procura-se um léxico menos frequente na fala, por isso o uso de dicionário se faz obrigatório. A frequência de uso da forma escrita da expressão se impõe e, geralmente, as habilidades orais vão se desmanchando gradualmente. Este fato faz com que os alunos deixem de falar, que tentem usar códigos escritos, mas com dificuldade. Na verdade, esta confusão da natureza das gramáticas, talvez por total desconhecimento da diferença entre estruturas e regras da oralidade e da escrita, faz com que as competências linguísticas e comunicativas das pessoas possam mostrar problemas e cheguem a causar dificuldades nas atividades do dia a dia e nas tarefas acadêmicas e profissionais. Um sinal visível é o vestibular, em que os candidatos às universidades atingem notas baixas, sob um nível acadêmico aceito.

Português, língua de herança e gramática normativa.
Segundo muitos professores e autoridades educativas deve se ensinar a gramática normativa nas escolas de nível básico, e com maior ênfase nas instituições de ensino superior. Esta gramática é aquela que corresponde ao uso da norma culta ou norma padrão. Esta variedade linguística própria dos usos nos âmbitos administrativos, da educação e de toda situação oficial da comunicação, é ensinada na escola, utilizada na maior parte de textos formais escritos: livros, jornais, revistas, documentos administrativos e outros. Por isso, a gramática deve ser objeto do ensino consciente do modelo formal desde que a criança começa a ler. Assim, deve se preparar um programa adequado e graduado com conteúdo próprio de cada nível acadêmico do aluno. Esta gramática é muito útil para também estabelecer um elo de união entre pessoas que usam a mesma língua e podem entender as mensagens escritas mutuamente, embora os distintos usuários de português, na forma oral façam muita diferença, especialmente entre lugares geográficos com mais ou menos afastamento. Por exemplo, quando se lê um texto narrativo (contos, novelas) com o objeto de se acrescentar o vocabulário é melhor contar com textos de diferentes autores e de diferente origem social ou mesmo procedência geográfica. O domínio da gramática normativa propicia um status de privilegio social, ajuda a encontrar bons e melhores empregos; é valorizada como uma das características marcantes da alta performance pessoal.
O ensino desta gramática tem recebido muita atenção ao longo do desenvolvimento da própria língua, na história e na literatura lusitana. Daí que se tem espalhado diversos materiais didáticos como textos de gramática, dicionários, textos literários e outros para lecionar esta gramática. O último se relaciona com a metodologia aplicada no ensino do idioma português, é dizer, o método gramatical centrado na estrutura da língua e nos significados dos termos isolados, fora da sentença, sem contexto: professor e aluno dependem muito do dicionário, esta é uma prática ainda muito frequente. Esta prática tem a ver com abordagens muito tradicionais, que vêm desde tempos antigos na Europa com métodos tradicionais chamados de gramaticais. Pensava-se que a metodologia do ensino de línguas deveria ser igual para diferentes línguas. Por isso, também tem sido levada ao ensino do português como língua estrangeira e como segunda língua, o qual traz como consequência muitos erros. A metodologia não corresponde a todos os tipos

de língua senão à língua de herança que, como vemos, prioriza esta gramática. No entanto, a língua de herança deve também ser desenvolvida na gramática da aquisição que foca nos usos orais e de comunicação espontânea durante a vida inteira das pessoas de uma comunidade linguística.

Português, língua de herança e gramática de aquisição.
Esta é a gramática que pode expressar as variedades linguísticas que cada um de nós faz no uso do dia-a-dia. É obtida diretamente oralmente, em contato com outras pessoas em casa, na rua, na escola, no trabalho. É com ela que a criança já vem para a escola, com um nível de conhecimento gramatical muito bom, adequado para a interação com pessoas de sua idade, do mesmo interesse e de costume com os membros da sua família. Assim, a linguagem que utilizamos não transmite apenas ideias gerais, abstratas; exprime também um conjunto de informações sobre nossa realidade social e cultural. No processo de aquisição, segundo alguns pesquisadores, se tem vários umbrais de acordo com diferentes períodos de idades: (I) de dois a sete anos, (II) de oito a doze anos, (III) de treze a dezenove anos e (IV) de vinte a mais, é dizer, não termina aos cinco anos. Mas na prática, ela é deixada quando a criança entra no primeiro ano do nível primário aos seus seis anos de idade. A metodologia, na escola, centra-se no ensino consciente das regras do uso formal, que são da gramática normativa: mais uma vez, acha-se que é a única gramática a desenvolver.

O professor de português como LH tem ainda a tarefa de fazer mais pesquisas e levá-las à aplicação do ensino com propostas reais. O objeto deve ser aprimorar a competência oral dos estudantes, e corresponde a trabalhar com abordagens da linguística textual-discursiva. Os materiais devem incluir vídeos, entrevistas a pessoas importantes, palestras sobre diferentes tópicos na escola, participar em peças teatrais nas quais os alunos podem mostrar suas capacidades orais; também em outras atividades que permitam a fala mais fluida, onde a coesão e a coerência sejam construídas sem problemas. A habilidade oral já tem sido programada pelo Ministério de Educação, mas devido a poucos estudos sobre o desenvolvimento dessa habilidade na primeira língua, as estratégias para esses propósitos são poucas ou deficientes. A proposta de novos métodos de ensino de português como LH, especialmente, para as habilidades orais com abordagens da linguística cognitiva dá uma melhor visão do que entendemos por aquisição, como desenvolver as competências gramaticais, mas também as competências comunicativas na primeira língua.

Então a aprendizagem da primeira língua deve ser complementada e focar nas duas gramáticas: a gramática de aquisição (no percurso da vida toda) e a gramática normativa, a que começa nas primeiras etapas de capacidades da escrita. Uma não exclui a outra. Uma ordem lógica é estabelecida desde cedo:

a oralidade primeiro, depois a escrita; cada uma com estruturas e regras próprias.

Texto da oralidade, com marcas da gramática de aquisição: de conectividade, coesão, conferir compreensão, implicações, redundância e outros [...]

Este texto foi criado em resposta a um comentário que Lilia faz sobre Andreia:

- Lilia: Oi, Lúcia, eu conheci Andreia, ela é de Minas Gerais!

- Lúcia: "Eu **[também]** sou de Minas Gerais. Eu nasci na cidade chamada Pedras de Maria da Cruz, **[também]** fica na divisa com a Bahia. Eu morei pouco tempo lá até o meu ano de idade, depois fui morar a um povoado chamado Serraria, lá eu morei até os meus três anos, foi quando eu perdi a minha mãe, **[né?]** E fui morar com minha tia **[num sitio]**, **[também morei]** muito pouco tempo **[com ela]**. Depois fui **[morar]** na casa da Andreia **[quem foi lá]** em Jaíba, **[Lá em Jaíba]** eu morei dos meus seis anos aos meus 18 anos. **[Ai]** fui embora para Belo Horizonte também, passei **[poucas e boas]** **[lá também]**, dificuldades; e retornei para **[minha cidade também que é]** Jaíba, E chegando lá a Andreia tinha ido passear e passar o Natal **[lá]**. Ai ela me fez o convite de vir morar com ela em São Paulo. **[Em São Paulo]** estou morando há dois anos, **[né?]** **[Também]** estou passando por certos **[momentos assim]**, **[meios turbulentos]**, mas sei que aqui **[quero]** conseguir o que eu quero: as minhas metas."

As marcas são próprias da oralidade espontânea e características locais da pessoa que fala.

Texto escrito, segundo a gramática normativa, sem cada marca da oralidade.

"Eu [...] sou de Minas Gerais, [...] nasci na cidade chamada Pedras de Maria da Cruz, [...] que fica na divisa com a Bahia. Eu morei pouco tempo lá até o meu ano de idade, depois fui morar a um povoado chamado Serraria, ai eu morei até os meus três anos, foi quando minha mãe morreu. Logo fui morar com minha tia por muito pouco tempo. Depois fui morar em casa da Andreia em Jaíba, ai vivi dos meus seis anos aos meus dezoito anos. Nessa idade, fui para Belo Horizonte, onde também, passei [...] [...] dificuldades. Depois de um tempo, [...] retornei para Jaíba, [...] [...]. e chegando lá encontrei a Andreia quem tinha ido passear e passar o Natal [...]. Ai ela me fez o convite de vir morar com ela em São Paulo, [...] onde estou morando há dois anos, [...] [...]

Estou passando por certos [...], [...] problemas, mas sei que aqui posso conseguir o que eu quero: as minhas metas."

Se aplicasse o estilo, o texto ainda mudaria mais:

"Eu nasci em Pedras de Maria da Cruz (Minas Gerais), que fica na divisa com a Bahia. Eu morei lá até o meu ano de idade, depois fui morar a um povoado chamado Serraria, onde minha mãe morreu quando eu tinha três anos de idade. Logo fui morar durante curto tempo com minha tia. Depois fui para Jaíba, à casa da Andreia, onde eu vivi desde meus seis anos; e quando fiz o dezoito aniversário, fui para Belo Horizonte, passei dificuldades; por isso, retornei para Jaíba depois de pouco tempo. Quando cheguei lá, encontrei a Andreia quem tinha ido passear e passar o Natal. Nessa oportunidade, ela me fez o convite de vir morar em São Paulo, onde estou morando há dois anos. Agora também estou passando por certos problemas, mas sei que aqui posso conseguir o que eu quero: as minhas metas."

Em vista disso, no ensino de língua portuguesa nas escolas, compete ao educador o ensino da gramática normativa quando trabalha as habilidades da escrita para construir textos com elementos ortográficos, léxicos, sintáticos e semânticos adequados ao padrão estabelecido. Isto em cumprimento dos Parâmetros Curriculares Nacionais, e de acordo com a norma culta imposta. Não entanto, se diz que a cultura dos estudantes que, muitas vezes, é incompatível, leva os mesmos a concluírem a vida escolar sem saberem ler e escrever adequadamente. Mais uma vez, devemos lembrar que a competência oral foi quebrada no momento de começar a escola aos seis anos. Então a gramática de aquisição foi interrompida. Por isso, deve se refletir como escrever sem ter estruturas subjacentes no conhecimento que se fixa pelo input oral e depois da escrita.

Essa realidade faz com que o professor de língua portuguesa deva adotar novos recursos didáticos, a fim de garantir um ensino eficaz que leve o aluno a ter verdadeiramente uma aprendizagem significativa: primeiro oral e logo escrita; primeiro com a gramática da aquisição e oralidade, depois com a gramática normativa, a de escrita.

O professor de português, como o de qualquer outra língua, não deve estar confuso sobre o que ensinar, e quando ensina gramática normativa nas aulas de língua portuguesa, deve saber que ela em si só ensina o aluno a falar com formas rígidas para apresentar palestras ou discursos formais; para, ler e escrever com estruturas fixas e precisão léxica.

Assim, os estudantes farão a diferença entre os usos orais e escritos; terão interesse pelo estudo da língua, por terem condições de entender o sentido e conteúdo ministrado em sala de aula, resultando assim em logros, facilidade de comunicação oral e escrita, e como interagir com a sociedade, atividade que iniciam pela própria escola e sem preconceitos linguísticos.

Português, língua estrangeira PLE e segunda língua PL2

As gramáticas da aquisição e a normativa têm de ser aplicadas no PLE ou PL2 como métodos, não como assuntos teóricos só. Os professores e linguistas confrontam perguntas comuns a respeito do ensino de gramática nas aulas de língua portuguesa:

a) A gramática deve ou não ser ensinada?
b) A gramática deve ser o foco, embora seja trabalhada de outra forma?

A primeira pergunta, a gramática deve ou não ser ensinada?, motiva várias respostas:

1. A gramática é quase sinônimo de língua, assim é impossível afastar gramática de língua.
2. A língua de herança junto com sua gramática são adquiridas não apreendidas, por tanto não ensinadas.
3. As línguas estrangeiras e L2, ao começo, devem passar por métodos de aquisição, por isso, devem ter acesso à gramática da oralidade como processo não consciente para desenvolver habilidades de comunicação oral.
4. As línguas estrangeiras e L2, no segundo momento, devem passar por métodos de ensino-aprendizagem de escrita, por isso, devem ter acesso à gramática normativa como processo consciente para desenvolver habilidades de compreensão e produção escrita.
5. Não existe só uma gramática, como já se explicou, pode haver
   a. Gramática de aquisição : na língua de herança
   b. Gramática da oralidade : na comunicação oral e espontânea
   c. Gramática normativa : na comunicação escrita e oral formal
6. Em conclusão, para desenvolver PLE ou PL2, deve se ensinar a gramática oral de maneira não consciente como método de aquisição, e a gramática normativa com regras conscientes, rígidas (para contextos de uso formal).

A segunda pergunta "a gramática deve ser o foco, embora seja trabalhada de outra forma?"
Esta pergunta já foi respondida nas linhas anteriores, isto é, a gramática da língua está presente uma vez que é parte inerente dela: falar de língua é falar de gramática, e falar de gramática é mesmo que falar de língua. Por isto, a gramática sempre é o foco, seja consciente ou inconsciente; embora o professor deva distinguir os diferentes tipos e níveis de língua.

Neste capítulo já especificamos quando e como ensinar a gramática da língua portuguesa como LH. Nesta parte desenvolvemos algumas ideias e conceitos de gramáticas que se relacionam ao ensino de português como PLE e PL2. Para desenvolver habilidades comunicativas do português como PLE, o dever da instituição ou do centro de ensino de línguas é ensiná-lo oferecendo condições ao aluno de adquirir competência para usá-lo de acordo com a situação vivenciada, é dizer, assumir a gramática de aquisição, que é própria da língua de herança, mas neste caso como método e não como teoria gramatical.

Há muitas décadas, Krashen apresentou uma abordagem chamada de "Aquisição de Línguas" para o ensino de línguas estrangeiras como o inglês. Ele defende a ideia de que uma pessoa deve internalizar estruturas e usos da língua alvo de maneira inconsciente como se faz com a língua de herança, por isso, tem aplicação no ensino formal em sala de aula.

Esta metodologia se faz mais eficiente, já que a língua estrangeira é tratada como nos primeiros momentos de aquisição da língua materna. É marcante a natureza oral, mas deve ser desenvolvida mais com métodos e estratégias adequadas. Acontecerá que a gramática da oralidade partilhe atividades com a gramática normativa, uma vez que as habilidades orais estejam num estágio melhor com possibilidades de se empregar na comunicação básica, com a qual o aluno possa resolver problemas de sobrevivência.

PLE e a gramática de oralidade.
O português é o idioma alvo para o estrangeiro que procura atingir competências orais e escritas eficientes na sua comunicação. O que se deve aplicar são métodos de aquisição, para isso, a gramática da oralidade deve surgir como processo não consciente, do mesmo jeito que a língua natural é adquirida. O input deve ser de boa qualidade, este tem de ser o ponto de inicio para desenvolver habilidades de comunicação oral. O professor de PLE deve propiciar atos de fala natural ou quase natural na sala de aula desde o começo. Deve produzir contato entre o estudante e a língua com propósitos comunicativos orais e espontâneos.

É importante enfatizar que a assimilação de patrões linguísticos em situações comunicativas orais funcionais vai salvando a necessidade de se estabelecer uma gramática inconsciente com maior possibilidades de fixação no cérebro do novo usuário da língua. O contato do estudante com a língua deve ser uma experiência grata porque descobre que cada ato de fala tem uma função específica, resolve problemas de comunicação direta para satisfazer necessidades primárias. A gramática não deve ser tida como uma entidade complexa e difícil, ela deve ser apreendida em um ambiente tranquilo que permita que todos os sentidos estejam abertos a pegar cada forma e significado que traz um signo linguístico comunicativo, chame-se de palavra, frase oração ou texto. A língua vai se fixando de forma permanente e acabada com o uso. Seus conceitos como elementos isolados da gramática devem ser nulos ou relativizados para a explicação só quando for necessário.

Ao pensar na preparação da lição, deve se ter cuidado com o tópico e como a sua função serão desenvolvidos na seguinte aula. Depende disso para escolher os materiais, não se pode esquecer o conceito de mediação, o qual é o centro do pensamento proposto por Vygotsky. Ele diz que interagir com outra pessoa, adulto ou colega, é a melhor maneira de a criança avançar no aprendizado, principalmente no da Língua Estrangeira, que precisa de habilidades comunicativas. Lembre-se que essas habilidades começam com as que são orais. Neste caso, se segue a lógica de aquisição oral primeiro; mais tarde, quando o aluno já tem capacidade de oralidade, aprende a gramática normativa que geralmente trata de habilidades formais escritas.

A oralidade precisa da mediação que pode ser feita também com informação tirada de livros, revistas, DVD, CD, internet e outros para atividades orais de discussão em mais de uma situação ou ato de fala.

É importante a conceção de abordagens e métodos que valorizem não só o desenvolvimento de hábitos linguísticos, mas também os atos que acontecem em contexto social com interação e a mediação linguística que acontece na prática num momento e lugar dados, e se consideram os valores culturais e ideológicos que sempre vão estreitamente associados à língua. Esta é uma razão para que os professores tenham de pesquisar e de ter conhecimento do processo, seus requisitos e aonde leva uma boa programação do ensino da língua.

Nestas últimas décadas, a gramática que descreve e explica a linguística cognitiva contem uma boa quantidade de atividades de pesquisa para que os professores saibam o que, o como, e para quem devem trabalhar ao momento de preparar materiais didáticos, ou quando têm de programar conteúdos de ensino da língua oral. O educador deve também orientar ao aluno sobre a produção de seu próprio conhecimento linguístico para a produção oral. Esta gramática deve servir como uma ferramenta eficaz para a produção refletida e crítica do uso da língua em diálogos, palestras de diferentes tópicos, entrevistas a personagens de diferentes profissões e outras atividades..

Através desse conceito, a gramática deve ser mais uma ajuda para o ensino da língua nas escolas, do ponto de vista prático mais que teórico, bem como o código de uso oral. Os gramáticos cognitivistas procuram facilitar aos professores e aos alunos com propostas mais eficazes. O professor deve ser mais dinâmico, deve desenvolver as habilidades de conversa ou diálogo ministrando o conteúdo temático de forma reflexiva em atividades contextualizadas, com aspetos culturais, de forma que o aluno possa conhecer as variedades da língua através de pesquisas, as quais envolvam a leitura e produção textual, construindo seu próprio conhecimento linguístico e cultural na língua alvo.

Assim, o ensino de gramática da oralidade nas escolas, deve acontecer de forma viva, real, devido à aplicação de métodos comunicativos e culturais, com boa relação de significação na vida prática dos alunos.

A conceção de que língua e gramática são uma coisa só deve servir aos linguistas para descrever e explicar como se organizam as estruturas linguísticas. Esta conceção não é aplicável ao ensino de línguas como há já algum tempo foi dito por N. Chomsky. Por outro lado, é importante ressaltar que o ensino de gramática deve ocorrer para ajudar o usuário e falante no conhecimento de outra língua possibilitando-lhe as características essenciais que pertencem à cultura alvo. Deve ser também, um ensino num ambiente relaxado para fazer com que o estudante fique mais à vontade quando se entra no momento de adquirir uma língua diferente.

Com estas ideias, pretende se que os professores e alunos tenham consciência de que o ensino da gramática de oralidade é o primeiro no desenvolvimento social e cultural dos alunos, logo será importante a gramática normativa.

PLE e a gramática normativa.

Esta gramática refere-se mais às habilidades escritas, embora também se possa aplicar às formas orais formais. Usa ferramentas escritas como o dicionário e textos de gramática estrutural. O importante é saber que depois de adquirir competências comunicativas orais, se devem usar diferentes recursos para entender as práticas sociais de leitura e produção escrita e participar delas. Os professores devem preparar atividades significativas para as aulas. Elas devem começar com textos de pouca extensão: anúncios, rótulos de produtos, as instruções de uso de um aparelho eletrônico.

A gramática normativa aparecerá pouco a pouco, pois a natureza da linguagem exige que se considere seu uso oral e social, e não apenas sua capacidade escrita. O importante é incorporar o contexto de compreensão e produção dos discursos, permitindo a compreensão do uso que as pessoas fazem do idioma ao agir na sociedade com sua intervenção oral.

O ensino que, geralmente, se resume a vocabulário, gramática estrutural e funções e questões ligadas ao conhecimento sistêmico não permitem a comunicação clara e espontânea, a própria língua e sua estrutura passam a ser entendidas como objeto de ensino.

Em termos conceituais de gramática de aquisição, é preciso pensar na língua como instrumento e resultado do ensino. Por outro lado, quando escrevemos ou lemos é importante analisar o que e com que objetivos fazemos a intertextualidade desde nosso conhecimento até o texto que é ouvido ou lido. Isso significa que, ao participarem de uma atividade comunicativa escrita, os alunos vão aprender os conteúdos temáticos e linguísticos e também outros ligados à própria ação da leitura. Por exemplo, ao buscarem informação numa revista em português, além do vocabulário e da organização do enunciado, poderão interpretar diversos conteúdos relacionados ao assunto da pesquisa.

Ao aprender uma língua estrangeira ou segundo idioma, o aluno usa conhecimentos prévios como faz com sua língua materna. Existe um conceito abrangente, vindo da experiência de ler e de escrever em outra língua sobre temas culturais diferentes também. Os principais instrumentos para trabalhar nessa perspetiva são os diversos gêneros textuais ou discursivos.
A inclusão dos aspectos culturais deve ser tomada em conta com a devida responsabilidade nas novas abordagens teórico-metodológicas como a da linguística cognitiva.
Neste caso, a pesquisa mostra a relação entre uma teoria específica e sua aplicação, entre uma abordagem e um método, isto é, a Gramática Cognitiva e sua aplicação na aquisição de uma primeira língua, segunda ou, com uma metodologia adequada, língua estrangeira. De modo específico, apresenta-se o caso de desenvolvimento de significado por processos polissêmicos, graças às extensões do significado evidenciados no uso de diálogos ou em discursos nos fatos de fala. Por exemplo, o verbo *ficar.*

Protótipo   Nível 0 Esquema cognitivo idealizado de *ficar*
　　　　　　Nível 1 **Permanecer; não sair de.**
　　　　　　　　Lúcia **fica** em casa aos sábados. Ela prefere ler ou assistir à TV.
　　　　　　Nível 2 Assentar, combinar
　　　　　　Nível 3 Tornar-se em
　　　　　　Nível 4 **Obter o resultado** (indicado pelo adjetivo).
　　　　　　　　Lúcia **fica** contente pela visita de Ana, quem é madrinha dela.
　　　　　　Nível 5 ...

Assim, **ficar** pode ser apreendido, ao começo, em níveis diferentes. Nem sempre consecutivos, mas eficazes na comunicação natural: "permanecer" e "tornar-se em", em dois blocos. Quando a língua é exposta ao uso com estruturas textuais o resultado é muito melhor.

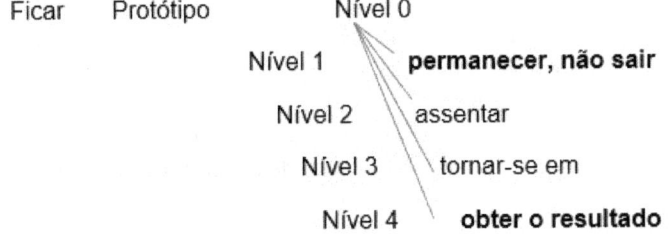

Outros exemplos com os verbos segundo categorias de significado e de uso

A. Os verbos existenciais são: *existir, haver, ter*, etc.
Há *vezes que não descobre-se os fatos reais.*
Entre os continentes, **existem** *oceanos.*

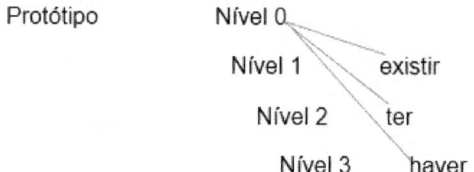

Os verbos comunicativos são: *dizer, falar, ler, negar, perguntar, responder*, etc
Ninguém nos **disse** *o que deveria ser feito.*
Respondeu *ogo após a pergunta.*

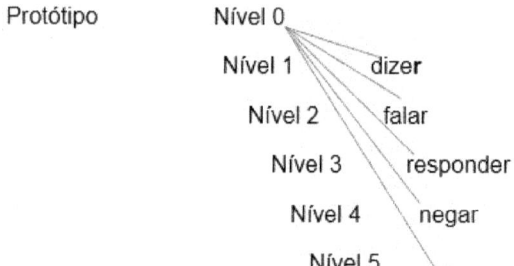

Mais verbos a serem categorizados cognitivos: indicam entendimento. Exemplo: *entender, explicar, saber*, etc.
     Eu **entendi** *a lição.*
     Os peixes **sabem** *nadar.*
emotivos: indicam emoção. Exemplo: *confundir, entristecer, magoar*, etc.
     O paciente **entristeceu-se** *por estar doente.*
sensoriais: indicam sinestesia. Exemplo: *cheirar, sentir, ver*, etc.
     Ninguém **viu** *o gol contra.*
     Muitos **ouviram** *aquelas mentiras.*

Estes e outros verbos devem ser descritos com a ideia de como o professor deve visualizar os esquemas, mas ainda tem de desenhar esquema conceptuais Por exemplo os verbos
"levar"
    a. Ela **leva** sua filha para o parque.
    b. José **leva** uma gravata azul.
    c. O pintor **leva** a escova à direita.

"tirar"
a. O aluno **tira** boas notas.
b. Eu **tiro** dados desse livro.
c. Ela **tira** uma caneta dessa gaveta.

Estas categorizações ajudam a saber qual é o sentido mais frequente e qual é mais afastado, levando a uma escolha do significado mais funcional.

A língua como LE ou L2 deve ser também programada de maneira funcional, à medida que se resolvem problemas de comunicação natural. Finalmente, as gramaticas se complementam, e com certeza as gramáticas devem ser objeto de ensino. Nas práticas escritas é adequada a gramática normativa, a que é consciente, sua estrutura e regras são rígidas. Nas práticas de comunicação oral, deve se aplicar a gramática de aquisição ou de oralidade, esta é natural e suas regras se fixam de maneira inconsciente. Por tanto, pode se atingir níveis de bilinguismo coordenado com sucesso.

Referências

Almeida, Napoleão Mendes de. *Gramática Metódica da Língua Portuguesa*. 44ª edição. São Paulo: Editora Saraiva, 2001.

Bagno, Marcos. *Preconceito linguístico. O que é, como se faz.* 17ª edição. São Paulo: Edições Loyola, 1999.

Barros, Enéas Martins de. *Nova Gramática da Língua Portuguesa*. São Paulo: Editora Atlas S.A., 1985.

Coelho, M. & Oliveira, C. *Gramática aplicada 1 Português língua estrangeira (A1 - B1)*. Lisboa: Editorial Texto Editora, 2007.

Cunha,C. & Cintra, L,.Lindley. *Nova Gramática do Português Contemporâneo*. 3ª edição. Rio de Janeiro: Editora Nova Fronteira, 2001.

Diringer, David. A. *Escrita*. Lisboa: Editorial Verbo, 1968.

Garcia, Luiz (org). *Manual de Redação e Estilo – O Globo*. São Paulo: Editora Globo S.A., 1992.

Lobato, Lúcia Maria Pinheiro. *Sintaxe Gerativa do Português: da Teoria Padrão à Teoria da Regência e Ligação*. Belo Horizonte: Editora Vigília, 1986.

Macambira, José Rebouças. *A Estrutura Morfo-sintática do Português*. . São Paulo: Pioneira Thomson Learning, 2001.

Perini, Mário A. *Gramática Descritiva do Português*. 4ª edição. São Paulo: Editora Ática, 2000.

---. *Sofrendo a Gramática*. São Paulo: Editora Ática, 2002.

5.3 O ensino de gramática para aprendizes de português como língua de herança
Gláucia V. Silva

Há várias definições para o que constitui um aprendiz de língua de herança. Uma definição ampla nos é oferecida por Fishman, que caracteriza tal aprendiz com alguém que tem laços ancestrais com a língua (81). Valdés ("Heritage Language Students") nos apresenta uma caracterização mais estreita. Para essa pesquisadora, um aprendiz de língua de herança é alguém que foi exposto a uma língua não dominante no ambiente familiar e é, até certo ponto, bilíngue (38).

Neste capítulo, trabalhamos com a definição proposta por Valdés ("Heritage Language Students"), considerando que a aprendiz de português como língua de herança (PLH) chega às aulas com alguma habilidade nesta língua. É certo que os níveis de bilinguismo variam muito entre esses aprendizes, como ilustra a autora (41). No entanto, o traço que os une é a aquisição da língua num ambiente natural, não num ambiente acadêmico. Assim sendo, em princípio, os aprendizes de língua de herança (LH) demonstram necessidades que são diferentes daquelas apresentadas por aprendizes de língua estrangeira (LE).

Apesar das diferenças que há entre aprendizes de LH e alunos de LE, pesquisas relativamente recentes evidenciam que o aprendizado de LH apresenta alguns aspectos semelhantes ao aprendizado de LE (Lynch 264). Como a LH é aprendida num ambiente natural (ou seja, não acadêmico), o aprendizado de LH também apresenta algumas características semelhantes à aquisição de uma língua nativa (L1), como a compreensão aural (Polinsky e Kagan 371), embora, obviamente, outros traços sejam distintos. Portanto, em termos de ensino e aprendizagem, fica claro que os aprendizes de herança apresentam características e necessidades próprias e peculiares, como já ficou estabelecido em muitos estudos (a título de exemplo, podemos citar os estudos nos volumes organizados por Brinton, Kagan e Bauckus e por Valdés, Lozano e García-Moya). O aprendizado de estruturas gramaticais não poderia fugir a esse princípio.

Antes de continuarmos, é importante discutir o conceito de "gramática". Para muitos, "gramática" remete a regras fixas, impostas por compêndios e ensinadas (embora nem sempre aprendidas) em sala de aula--seja de L1, LE ou LH. Entre estudiosos de linguística, a palavra tem outro significado. Por "gramática", entendemos o conjunto de estruturas que são de fato utilizadas numa determinada língua. Para ilustrar a diferença entre a gramática imposta (prescritiva) e a gramática como a entendem os linguistas, podemos exemplificar uma estrutura em português brasileiro. De acordo com a gramática prescritiva, não se deve começar frase com pronome átono. Portanto, deveríamos dizer "Empresta-me o lápis", por exemplo. No entanto, essa construção, apesar de corrente em Portugal, é no mínimo rara no Brasil, onde o comum seria encontrar "Me empresta o lápis". A frase começando com "empresta-me" segue a gramática prescritiva, mas não corresponde à língua falada no Brasil, mesmo em meios escolarizados. A outra frase, que começa com o pronome átono, segue uma construção muito comum no português brasileiro. Essa construção é usada e aceita na língua falada, e é uma construção perfeitamente gramatical (no sentido utilizado em linguística). Neste capítulo, o conceito de gramática normalmente remete a construções utilizadas na língua falada em meios escolarizados, mesmo que tais construções não correspondam exatamente às regras prescritivas.

Como mencionado acima, as aulas de gramática costumam girar em torno de regras. No caso de aulas de LE, é comum a instrução gramatical ocorrer em L1, para que os alunos possam entender a regra (embora isso não garanta que vão saber utilizá-la). Vários estudos deixam claro que os aprendizes de língua de herança costumam extrair pouco ou nada de aulas de gramática de LE (p.ex., Parodi 211; Schwarzer & Petrón 574). Isso ocorre porque os aprendizes de herança muitas vezes já utilizam as estruturas ensinadas e as aulas de língua estrangeira tradicionais enfatizam regras que esses aprendizes conhecem intuitivamente. Por outro lado, aulas e materiais projetados para falantes nativos não atendem às necessidades dos aprendizes de herança (Douglas 238-9), já que estes não utilizam a língua de herança em ambientes acadêmicos (e, portanto, não são normalmente expostos a certa terminologia). No entanto, vários estudos argumentam que os aprendizes de herança podem se beneficiar da instrução gramatical (p.ex., Montrul e Bowles 61; Potowski, Jegerski e Morgan-Short 561), especialmente se levarmos em consideração questões sociolinguísticas com as quais esses aprendizes lidam, tais como variação dialetal e empréstimos lexicais (Villa 93-4).

A esta altura, o/a professor/a de português como língua de herança se pergunta: o que fazer com a gramática? Abordar em aula ou esperar que o/a aprendiz assimile de maneira naturalística? E se ensinarmos gramática, de que maneira devemos fazer isso?

Este capítulo trata dessas perguntas e considera possíveis respostas à luz da premissa que o aprendiz constrói conhecimento a partir da interação, tanto com colegas (Swain e Lapkin 333) quanto com o texto (Hutchinson e Torres 317) . Outras noções importantes relativas ao ensino e aprendizagem do português como língua de herança também são abordadas. De acordo com o que sugerem autores como Montrul (*Incomplete Acquisition*) e Polinsky, os falantes de herança apresentam aquisição incompleta da LH, o que pode levar a fatores socio-afetivos que precisam ser considerados. Não é incomum que aprendizes de herança se sintam inseguros em relação à sua capacidade na LH (Parodi 199). Assim, é importante que a jornada desses aprendizes não seja prejudicada pelo ensino de algo potencialmente desestimulante, como pode ser a gramática do português (Rocha 16) quando abordada a partir de regras prescritivas.

Para iniciar a discussão sobre o ensino de gramática em PLH, começamos com um apanhado de alguns trabalhos que discorrem sobre pesquisa realizada na área de gramática de línguas de herança. Em seguida, passamos ao ensino de PLH, tendo como base tanto pesquisas realizadas em outras línguas de herança como o que já foi feito até agora em relação ao PLH. A seção seguinte trata do ensino de gramática especificamente, oferecendo (no Apêndice) uma sugestão de atividade. A última seção traz alguns comentários finais.

O Conhecimento Gramatical de Aprendizes de Herança

Esta seção expõe alguns pontos a respeito do conhecimento e produção de estruturas gramaticais em línguas de herança, tais como revelados por pesquisas recentes. Começamos pela noção de aquisição incompleta, mencionada acima. De acordo com Montrul (*Incomplete Acquisition* 20), é possível que uma língua se fossilize (ou seja, pare de se desenvolver) num determinado falante quando o insumo nessa língua se torna reduzido ou é interrompido antes do final do período crítico, ou seja, antes do final da adolescência (para uma explicação sobre a Hipótese do Período Crítico, veja Lenneberg). Tanto Montrul como Polinsky consideram que os falantes de herança apresentam aquisição incompleta da LH. Polinsky define aprendiz de herança como alguém que cresceu falando, ou mesmo apenas ouvindo, a sua LH. No entanto, mais tarde, a LH deixou de ser a língua dominante, lugar que passou a ser ocupado por outra língua (Polinsky 40). A autora também nos lembra que os aprendizes de herança formam um grupo bastante heterogêneo, indo dos que conseguem apenas entender o que ouvem àqueles que têm desenvoltura linguística, faltando-lhes apenas certos registros da LH (Polisnky 40-1).

Tendo em mente a noção de aquisição incompleta e a ideia de que o conhecimento dos aprendizes de LH pode variar bastante antes mesmo de eles chegarem à sala de aula, passemos a alguns pontos que sabemos a respeito de gramáticas de LHs amplamente documentadas, como o russo e o espanhol. Em relação ao primeiro, Polinsky deixa claro que a gramática de russo como LH sofre uma reestruturação no sistema de gênero. Russo L1 exibe três gêneros (masculino/feminino/neutro) e várias classes de substantivos, cujas terminações variam de acordo com o caso (nominativo, acusativo, dativo etc.). Em russo como LH nos Estados Unidos (ou o que Polinsky chama de "russo americano"), esse sistema é reestruturado: os falantes mais fluentes mantêm três gêneros, mas num sistema simplificado, que leva em consideração apenas a terminação do substantivo: masculino para os que terminam em consoantes, neutro para os que terminam em -o e feminino para todos os outros. Os falantes menos fluentes simplificam o sistema ainda mais e utilizam apenas dois gêneros: masculino para substantivos que terminam em consoante e feminino para os que terminam em vogal (Polinsky 55). Além disso, a pesquisadora demonstrou também que os falantes de russo americano são menos fluentes que os falantes de russo L1 (o que não chega a surpreender): ao se medir a velocidade do discurso, constatou-se que os falantes de LH narram mais lentamente que os falantes de russo L1 (54).

Também temos conhecimento de várias características da gramática de espanhol como LH. Discuto aqui apenas alguns dos trabalhos relativos a essa língua. Assim como os falantes de russo LH, os falantes de espanhol LH também podem apresentar certa dificuldade com concordância de gênero. Numa investigação longitudinal com duas crianças bilíngues em inglês e espanhol, Anderson constatou que as duas crianças produziram mais erros com o passar do tempo, levando à conclusão que a redução do insumo em espanhol (devido ao contato com o inglês) pode ter limitado o acesso ao léxico nessa língua, afetando assim a proficiência no que diz respeito à concordância de gênero (401). No entanto, a criança que usava mais o espanhol apresentou perda menor do que a criança que preferia usar o inglês (403). Numa comparação entre aprendizes de espanhol como LE e como LH, Montrul ("Morphological Errors") confirma dificuldades em concordância de gênero entre adultos aprendizes de espanhol LH. No estudo de Montrul os falantes de LH apresentaram melhores resultados do que os aprendizes de LE numa tarefa oral, enquanto as tarefas escritas exibiram o contrário (os alunos de LE se saíram melhor do que os falantes de LH). De qualquer forma, os resultados para os falantes de LH ficaram bem abaixo daqueles do grupo de controle, composto por falantes de L1 (177).

Tal como aprendizes de LE, aqueles que falam espanhol como LH também podem demonstrar certa insegurança em relação ao uso de tempo/aspecto e modo verbal. No caso da distinção aspectual entre o pretérito perfeito e o pretérito imperfeito, Montrul ("Morphological Errors") mostra que, apesar de exibirem problemas em tarefas escritas (especialmente em relação ao pretérito imperfeito), os falantes de LH tiveram melhores resultados que os aprendizes de LE na produção oral dessas duas formas verbais (embora novamente abaixo dos falantes de L1). A mesma coisa ocorre em relação aos modos indicativo e subjuntivo. No entanto, os resultados relativos ao modo subjuntivo foram fracos entre os falantes de LH (mesmo sendo melhores do que os dos aprendizes de LE), com precisão de apenas 65.7% na tarefa escrita e 69.6% na tarefa oral (186).

As diferenças entre as formas verbais usadas por falantes de espanhol L1 e LH também foram atestadas por Silva-Corvalán ("Current Issues") na região de Los Angeles. A pesquisadora constatou alguma simplificação no sistema aspectual do espanhol LH, nomeadamente a simplificação da morfologia do pretérito perfeito e imperfeito. Tal simplificação afeta os verbos de estado (*stative verbs*) e de ação (*non-stative verbs*) de maneira diferente: os verbos de estado típicos em espanhol, tais como *ser, estar* e *tener*, costumam aparecer no pretérito imperfeito, mesmo em situações perfectivas (ou seja, onde o pretérito perfeito seria utilizado em L1). Por outro lado, os verbos de ação costumam aparecer no pretérito perfeito, mesmo em contextos imperfectivos (168). Num estudo com crianças, Silva-Corvalán ("Linguistic Consequences") discute o uso do aspecto (perfeito/imperfeito) e do modo subjuntivo entre bilíngues espanhol-inglês. Tal como Anderson, a autora conclui que as crianças que receberam menos insumo em espanhol e que utilizavam essa língua menos do que o inglês levaram mais tempo para descobrir os padrões do espanhol e possivelmente nunca chegariam a adquirir o sistema no que se refere a interpretações aspectuais, utilizando, portanto, um sistema simplificado (396).

Apesar de ainda não haver muitos estudos sobre o português como LH, já há pesquisa que descreve alguns aspectos dessa variante. Em relação ao uso do subjuntivo no presente, passado e futuro, Silva ("Heritage Language Learning") compara a compreensão e a produção de estudantes de PLH com as de alunos de PLE e constata que os primeiros demonstram certa vantagem sobre os últimos, especialmente nos níveis iniciais. No entanto, tal vantagem praticamente desaparece nos níveis mais avançados (10). Diante desse cenário, conclui-se que o conhecimento que os aprendizes de PLH trazem consigo pode não estar sendo bem explorado na sala de aula: embora estes aprendizes demonstrem certo conhecimento do subjuntivo em níveis iniciais, tal conhecimento ainda está distante daquele apresentado por falantes nativos e parece avançar apenas modestamente à medida que os alunos progridem nos cursos.

Continuando a pesquisa com usos do subjuntivo, Silva ("If I Knew") constatou que as estruturas hipotéticas que envolvem o imperfeito do subjuntivo (p.ex., "Se eu estudasse, teria boas notas") também podem causar insegurança aos aprendizes de PLH. No nível intermediário, as estruturas hipotéticas são bastante problemáticas para os aprendizes de PLH. Os alunos de nível avançado se saíram melhor do que os dos outros níveis tanto na produção quanto na compreensão dessas estruturas, mas mesmo estes, que estavam no terceiro ano de estudo universitário, ficaram bem aquém das formas alvos. Portanto, fica claro que as estruturas hipotéticas apresentam dificuldades para os alunos de PLH.

Amaral, Cunha e Silva também abordaram o contraste entre o modo indicativo e o modo subjuntivo em PLH. A pesquisa focalizou a diferença entre hábito no presente (expresso pelo presente do indicativo, como em (1)) e possibilidade futura (expressa pelo futuro do subjuntivo, exemplificada em (2)):

(1) Se os alunos *estudam*, tiram boas notas.
(2) Se os alunos *estudarem*, vão tirar boas notas.

O estudo testou se os participantes (falantes de português L1 e aprendizes de PLH e PLE) bloqueavam o uso do presente do indicativo para expressar situações futuras. Os falantes nativos usaram a forma alvo em 90.5% dos casos, enquanto os aprendizes de PLH fizeram-no em 64.8% das situações. Os falantes de PLH tiveram resultados melhores do que os aprendizes de PLE, mas não significativamente: os últimos acertaram a forma verbal em 54.4% das ocorrências. Portanto, confirmou-se o que se verificou antes tanto para o espanhol como para o português: o modo subjuntivo apresenta desafios para os falantes de PLH.

A partir de pesquisa realizada tanto em relação a outras línguas como em relação ao português, podemos ter uma ideia inicial das características gramaticais presentes em PLH e de como estas diferem das formas alvos (ou seja, das formas em L1). Porém, antes de passarmos ao ensino de gramática propriamente dito, lancemos o nosso olhar sobre o ensino de PLH em termos gerais.

O Ensino de Português como LH

Pelo menos desde um artigo pioneiro de Valdés-Fallis, publicado em 1975, temos propostas de ensino de línguas de herança. O livro organizado por Valdés, Lozano e García-Moya, por exemplo, contém várias sugestões relativas ao ensino de espanhol como LH que podem ser extrapoladas para outras línguas. Nesse volume, Valdés ("Pedagogical Implications") faz uma importante recomendação: que a língua padrão seja ensinada como um segundo dialeto, adicionado à variante linguística que a estudante traz consigo. Desse modo, o objetivo do ensino de LH não seria a erradicação do dialeto familiar, e sim o bidialetalismo. A língua padrão deve ser ensinada como complemento à variante que já é utilizada pela estudante, que aprenderia em que situações deveria usar qual dialeto.

Podemos encontrar sugestões também num volume mais recente (Brinton, Kagan e Bauckus), que abrange desde políticas educacionais a avaliação de programas de LH, passando por perfis de aprendizes de LH e análises de suas necessidades. Em sua colaboração a esse volume, Parodi oferece um modelo de ensino de espanhol como LH partindo de uma variante estigmatizada. Depois de discutir alguns dos problemas enfrentados pelos estudantes em relação ao ensino e à aprendizagem da variante padrão, a autora defende que as aulas para falantes de herança devem incluir o aspecto linguístico (gramática, vocabulário, escrita, leitura, fala, audição) bem como aspectos sociolinguísticos e culturais (veja-se também o artigo de Villa). Os alunos devem ter consciência das principais características do bilinguismo, tais como mudança de código e empréstimos lexicais (Parodi 210). Como ressalta

Carvalho (139), a mudança de código fluente é uma marca de competência bilíngue e, como toda língua, é governada por regras e tem várias funções linguísticas, além de estabelecer o falante como membro de um grupo (veja-se também o trabalho de Palmer). Portanto, a mudança de código e o empréstimo lexical, como características inerentes a línguas em contato, não devem ser ignorados, e sim incorporados à educação em LH, pois permitiriam melhor aproveitamento da habilidade oral dos alunos (Carvalho 149).

A incorporação de características linguísticas adotadas pelos estudantes de LH pode ajudá-los a lidar com sua insegurança em relação à LH em ambientes acadêmicos e com o possível estigma associado à variante que os alunos já conhecem, como ressalta Parodi (211). Os fatores socio-afetivos são de extrema importância no ensino de LH, como destacam vários outros autores (Roca 58; Villa 94; entre outros). Em relação à aprendizagem de PLH, os trabalhos de Ferreira e Gontijo e de Jouët-Pastré realçam a importância dos fatores afetivos para os estudantes. Ferreira e Gontijo notam que a motivação integrativa está presente tanto para alunos de PLH como para alunos de PLE. No entanto, enquanto o primeiro grupo quer aprender a língua para se comunicar com parentes, o segundo deseja se comunicar com amigos (11). De qualquer modo, é importante valorizar a contribuição dos estudantes, que inclui aspectos linguísticos diferentes dos da língua padrão, para que os alunos não se sintam desmotivados. Num estudo envolvendo várias universidades dos EUA, Jouët-Pastré também investigou as razões para os alunos estudarem PLH ou PLE e encontrou, numa escala muito maior, resultados até certo ponto semelhantes aos de Ferreira e Gontijo: tanto alunos de PLH como alunos de PLE demonstram motivação integrativa para estudar a língua. A autora destaca a importância de se trabalhar com materiais que apresentam as culturas lusófonas de maneira crítica, mas positiva, permitindo que os aprendizes de PLH aprofundem e valorizem o conhecimento das suas raízes culturais (19). Como ressalta Lico, essa valorização tem início no seio familiar (2). Quando incentivadas desde cedo, as crianças querem continuar aprendendo a língua e a cultura da sua família. Se nós, professores, negarmos as formas linguísticas e culturais manifestadas pelos nossos alunos, seremos responsáveis pelo seu afastamento, já que eles não reconhecerão nas aulas uma oportunidade para aumentar o conhecimento que trazem consigo.

Os artigos de Lico, de Jouët-Pastré e de Ferreira e Gontijo confirmam o que estudos relativos a outras línguas já defendiam: os aprendizes de PLH são geralmente motivados por laços familiares e precisam que a sua variante linguística e cultural seja valorizada para não se sentirem desmotivados. Além disso, Ferreira mostra que os aprendizes de PLH podem ser receptivos a variantes diferentes daquelas que eles já conhecem (858). No caso da língua portuguesa, é importante trazermos a diversidade linguística para a sala de aula: com dois padrões (Português Europeu e Português Brasileiro) e incontáveis variantes, a riqueza da nossa língua deve ser realçada, não reprimida. Para os aprendizes de PLH, o contato com diversas variantes permite abrir janelas para o mundo lusófono, que começa no seio familiar mas se estende pelo mundo.

Outras descrições do conhecimento e do aprendizado de PLH são encontradas nos trabalhos de Silva ("Textbook Activities") e de Santos e Silva ("Making Suggestions"). O primeiro artigo enfoca atividades do livro didático, comparando opiniões e interações entre alunos de PLE e de PLH. Os resultados da pesquisa revelam que os aprendizes de PLH negociam respostas, fornecendo andaimento quando necessário. No entanto, evitam corrigir os colegas, mesmo quando um deles é mais fluente e tem, potencialmente, condições de corrigir eventuais erros linguísticos (Silva "Textbook Activities" 740). Além disso, apesar de se sentirem relativamente confiantes em suas habilidades de fala e compreensão oral, os aprendizes de PLH não demonstram convicção em relação à escrita. Durante uma atividade focada na produção oral, os aprendizes de PLH utilizaram a língua-alvo, mas uma atividade focada em gramática/escrita foi realizada exclusivamente em L1 (inglês), confirmando a insegurança em relação à escrita: a língua de negociação foi aquela com a qual os alunos se sentem mais à vontade no meio acadêmico (743). Mesmo assim, em nenhum momento os alunos de PLH que participaram do estudo consultaram o livro didático (ou mesmo o professor), preferindo confiar nas habilidades de uma participante mais fluente, mesmo quando as soluções propostas por ela eram equivocadas. Já os alunos de PLE, apesar de não utilizarem o livro extensivamente, pelo menos buscaram alguma confirmação de vocabulário e de formas verbais. Diante desses resultados, a autora sugere que os alunos de português sejam incentivados a interagirem com o livro didático, um recurso pouco utilizado na sala de aula, especialmente entre estudantes de PLH (747). Seguindo Vygotsky, é importante ressaltar que o conhecimento é construído a partir da interação, como também demonstrado por Swain e Lapkin (333).

A interação entre falantes nativos é a base do estudo de Santos e Silva ("Making Suggestions"), que investigou a produção de sugestões no ambiente de trabalho. Partindo de atos de fala produzidos em reuniões de trabalho, as autoras investigaram as estratégias linguísticas utilizadas por aprendizes de PLH e de PLE em relação a sugestões. Os resultados obtidos evidenciam que os alunos de PLH utilizam elementos mitigadores em maior proporção que os alunos de PLE (658). Este uso, que entre os alunos de PLH incluía percepção de diferenças hierárquicas, reflete o que se constatou nos dados dos falantes nativos. As autoras concluem que o uso de dados extraídos de corpora podem ser bastante úteis em casos que envolvem escolhas linguísticas que dependem de vários fatores contextuais--neste caso, a hierarquia entre os falantes, o tipo de situação, o local etc. (661). A percepção que os alunos de PLH parecem já possuir torna evidente a necessidade do desenvolvimento de materiais que permitam avançar esse conhecimento.

Em suma, o ensino de PLH deve incorporar sugestões comuns a todas as línguas de herança, tais como discussões sobre fatores sociolinguísticos e a adição (em vez de substituição) do dialeto padrão à variante já utilizada pelos aprendizes. Alguns estudos sobre aprendizagem de PLH mostram os motivos que levam os alunos à sala de aula, reforçando a ideia de que, por um lado, a variante dos aprendizes deve ser valorizada e, por outro lado, os alunos devem ser expostos a diversas variantes do mundo lusófono. Na sala de aula, a interação deve ocorrer não somente entre os alunos mas também com o texto quando apropriado. Algumas sensibilidades linguísticas que os aprendizes de PLH demonstram, tal como uso de mitigadores ou formas diferentes de acordo com hierarquia, podem ser aproveitadas e trabalhadas para que esse conhecimento avance, possivelmente até com produção de materiais didáticos pelos próprios alunos (veja-se Santos e Silva "Authenticating Materials").

O Ensino de Gramática

Combinando o que se sabe a respeito do conhecimento gramatical de aprendizes de espanhol e de português como LH ao que já foi recomendado em termos de ensino, podemos tecer algumas sugestões em relação ao ensino de gramática em particular. Para começar, lembramos o que foi dito por Schwarzer e Petrón (574): da maneira como normalmente acontece em aulas de LE, o ensino de gramática é pouco aproveitado por estudantes de LH. Parodi afirma que a abordagem metalinguística normalmente encontrada em lições gramaticais de LE tem pouca utilidade para aprendizes de LH porque estes já usam muitas das estruturas ensinadas: enquanto os alunos de LE usam a gramática para acessar a língua, os alunos de LH usam a língua para ter acesso à gramática (211). Portanto, uma descrição de casos onde se usam, por exemplo, os verbos *ser* e *estar* ou o pretérito perfeito e o pretérito imperfeito (ou o nome dessas formas verbais) tende a ser praticamente inútil para aqueles aprendizes que já usam essas estruturas. Os alunos de LH podem chegar a adquirir conhecimento explícito da gramática, mas somente quando têm oportunidade de conectar essa descrição ao que eles já sabem (Parodi 211).

Se as aulas de gramática de LE tradicionais não atendem às necessidades dos aprendizes de LH, as aulas e os materiais gramaticais projetados para falantes nativos também não são muito melhores. Em geral, os materiais utilizados em aulas para falantes de L1 não se adequam a aulas de LH, como explica Douglas (239). Por outro lado, alguns estudos mostram que os aprendizes de LH podem se beneficiar, pelo menos a curto prazo, da instrução gramatical explícita (Montrul e Bowles 65) e/ou focalizada (Potowski, Jegerski e Morgan-Short 564).

O quadro que se forma diante de nós parece complicado. Se as lições de gramática tradicionais em LE não são adequadas para alunos de LH, os materiais e aulas projetados para falantes de L1 tampouco o são. No entanto, a literatura mostra que a instrução gramatical pode ser útil a aprendizes de LH. Cabem, então, as perguntas: o que devemos fazer com as estruturas gramaticais? Devemos ensiná-las ou deixar que os alunos as assimilem de maneira natural? Se decidirmos incluir gramática nas nossas aulas, de que maneira devemos fazer isso?

Consideremos algumas possibilidades para as questões acima. Em princípio, é possível dispensar a instrução acadêmica e esperar que a aluna de PLH assimile certas estruturas gramaticais naturalmente, da mesma maneira que já assimilou outras quando aprendeu a se comunicar com a família em LH. O problema é que o contato com a LH em meio acadêmico é reduzido e a aprendiz provavelmente continuará usando as mesmas estruturas utilizadas na comunicação oral informal. Como vimos, vários desses usos exibem sinais de aquisição incompleta e são, portanto, distintos do que se encontra em L1/língua padrão.

Outra possibilidade seria usar a abordagem gramatical encontrada em materiais de LE. No entanto, como mencionamos acima, esse tipo de abordagem não é considerado útil por aprendizes de LH (Schwarzer e Petrón 572). E se ensinássemos gramática como se fosse em L1? Nesse caso, além das objeções aos materiais de L1 apontadas por Douglas, temos outras preocupações, como aquelas levantadas por Rocha. O autor argumenta que o ensino de gramática de português como L1 incorpora, tradicionalmente, conceitos que não são necessários para o uso da língua padrão, tais como classificação de orações e a diferença entre raiz e radical (Rocha 67). Se os materiais que se encontram normalmente para o ensino de gramática de português como L1 não são, como defende Rocha, apropriados sequer para os fins a que se pretendem, certamente não serão adequados para aprendizes de PLH, cujas necessidades linguísticas diferem daquelas dos alunos de português como L1.

Falando do ensino de gramática em contextos de L1, Rocha defende que as aulas de português devem tratar da língua padrão, abordando também o dialeto não-padrão que os alunos possam utilizar (40). Tal como Valdés em relação a aprendizes de LH ("Pedagogical Implications"), Rocha argumenta que o aluno de português como L1 deve dominar o dialeto padrão (35). Porém, Rocha afirma que "[s]aber Português e saber gramática são duas atividades distintas" (68). Ou seja, conhecer termos de análise sintática (i.e., termos metalinguísticos) não ajuda os falantes a usar a língua. Segundo Rocha, pode-se refletir sobre a língua através do estudo de textos (79), mas sem a utilização de terminologia metalinguística. Naturalmente, essa ideia não é exclusiva ao contexto de L1. Comparando alunos de LE com estudantes de LH, Bowles mostra que, ao contrário dos alunos de LE, os aprendizes de LH não se saem bem em tarefas que envolvem conhecimento metalinguístico (261). Apesar de elaborada para o contexto brasileiro, ou seja, para aulas de português como L1, a proposta de Rocha pode ser incorporada ao contexto do ensino de PLH: (a) não é preciso saber falar da língua para saber usar a língua, (b) a variante linguística dos alunos deve ser incorporada às aulas, (c) a meta do ensino deve ser o bidialetalismo (variante padrão além do dialeto já conhecido) e (d) deve-se refletir sobre a língua a partir de textos (lembrando que "texto" não se refere apenas a textos escritos).

O exposto acima nos leva a outra alternativa para o ensino de gramática em LH em geral e em PLH em particular. Como sugerem Potowski, Jegerski e Morgan-Short (564), o ensino gramatical para estudantes de LH pode incluir uma análise contrastiva entre o que é usado na língua padrão e o que esses alunos normalmente utilizam, nos casos em que as duas formas divergem. Naturalmente, não podemos deixar de lado a contribuição da pesquisa em LE. No caso do ensino de estruturas gramaticais, é especialmente relevante o conceito de foco na forma proposto por Long (188): durante uma aula/interação que privilegia os significados, dirige-se a atenção dos aprendizes de maneira contextualizada para as características linguísticas que se apresentam ou que causam problemas em tarefas comunicativas. E, conforme destaca Rocha (67), pode-se dispensar completamente os termos metalinguísticos.

Considerando-se o que já sabemos a respeito da produção e compreensão linguística dos aprendizes de PLH, sugere-se a título de exemplo uma atividade que parte de uma discussão sobre dever cívico, eleições e sistemas políticos (ver Apêndice). O exemplo dado foi elaborado tendo em mente alunos adolescentes e/ou adultos. A essência da atividade--ou seja, uma breve discussão contextualizada da forma linguística a partir de atividades focadas em significado--pode e deve ser adaptada para diversos níveis de conhecimento linguístico e diferentes faixas etárias.

Considerações finais
Este capítulo defende o ensino de gramática para aprendizes de PLH a partir da informação proporcionada pela pesquisa no campo de ensino/aprendizado de línguas de herança em geral e de PLH em particular. No entanto, a pesquisa sobre PLH é recente e precisa continuar evoluindo. Ainda sabemos muito pouco, por exemplo, a respeito do que acontece entre crianças que utilizam PLH e sobre como o PLH evolui. Sendo um campo tão novo, a pesquisa em PLH precisa tanto de estudos transversais como de estudos longitudinais, em todas as áreas de conhecimento linguístico. A partir do que já se sabe, podemos continuar explorando tanto o ensino como a aprendizagem de PLH para que possamos esboçar um quadro cada vez mais claro das necessidades dos aprendizes e como atendê-las.

Em relação ao ensino de LH, é fundamental lembrar que a aluna já traz consigo algum conhecimento linguístico. A intenção das aulas de língua de herança deve ser o avanço desse conhecimento e o aprendizado de estruturas e vocabulário utilizados na língua padrão, para que a estudante alcance o bidialetalismo. Apesar de não ser necessário o ensino de termos metalinguísticos tais como nomes de formas verbais ou tipos de oração, é importante que o professor de PLH esteja familiarizado com as regras da língua padrão, para poder guiar os alunos na descoberta e utilização dessa variante. No caso de dúvida (que atire a primeira pedra aquele/a que nunca se deparou com uma dúvida sobre como se escreve alguma coisa ou como se diz algo em contextos acadêmicos/formais), consulte algum/a colega e livros disponíveis. Ao preparar algum material para uso em sala de aula, é importante contar com a colaboração de colegas que possam revisar esse material. A colaboração é essencial para o êxito da nossa jornada como professores, e, o que é mais importante, para o sucesso da descoberta dos aprendizes de português como língua de herança.

Referências

Amaral, Luiz, Flávia Cunha e Gláucia Silva. "The Acquisition of a Semantic Contrast in Subordinate Clauses by Heritage Speakers of Portuguese." American Association for Applied Linguistics (AAAL) Conference. Chicago, IL. 26-29 março, 2011. Apresentação em Congresso.

Anderson, Raquel. "Loss of Gender Agreement in L1 Attrition: Preliminary Results." *Bilingual Resarch Journal* 23.4 (1999): 389-408. Impresso.

Bowles, Melissa. "Measuring Implicit and Explicit Linguistic Knowledge: What Can Heritage Language Learners Contribute?" Studies in Second Language Acquisition 33 (2011): 247-71. Impresso.

Brinton, Donna M., Olga Kagan e Susan Bauckus (Orgs.). *Heritage Language Education: A New Field Emerging*. New York & London: Routledge, 2008. Impresso.

Carvalho, Ana M. "Code-Switching: From Theoretical to Pedagogical Considerations." *Spanish as a Heritage Language in the United States: State of the Field*. Orgs. S. Beaudrie e M. Fairclough. *Washington, DC: Georgetown University Press, 2012. 139-60. Impresso.*

Douglas, Masako. "Curriculum Design for Young Learners of Japanese as a Heritage Language." *Teaching Chinese, Japanese, and Korean Heritage Language Students: Curriculum Needs, Materials, and Assessment*. Orgs. K. Kondo-Brown e J. D. Brown. New York: Lawrence Erlbaum, 2008. 237-70. Impresso.

Ferreira, Fernanda. "That's Not How My Grandmother Says It: Portuguese Heritage Learners in Southeastern Massachusetts." *Hispania* 88.4 (2005): 848-62. Impresso.

Ferreira, Fernanda e Viviane Gontijo. "Why, Who and Where? Portuguese Language Learners and Types of Motivation." *Portuguese Language Journal* 5 (2011). <http://www.ensinoportugues.org/archives/>. Web. 20 abril 2013.

Fishman, Joshua. "300-Plus Years of Heritage Language Education in the United States." *Heritage Languages in America: Preserving a National Resource*. Orgs. J. K. Peyton, D. A. Ranard e S. McGinnis. McHenry, IL: Delta Systems e Center for Applied Linguistics, 2001. 87-97. Impresso.

Jouët-Pastré, Clémence. "Mapping the World of the Heritage Language Learners of Portuguese: Results from a National Survey at the College Level." *Portuguese Language Journal* 5 (2011). <http://www.ensinoportugues.org/archives/>. Web. 20 abril 2013.

Hutchinson, Tom e Eunice Torres. "The Textbook as Agent of Change." *ELT Journal* 48.4 (1994): 315-28. Impresso.

Lenneberg, Eric H. *Biological Foundations of Language*. New York: Wiley, 1967. Impresso.

Lico, Ana Lúcia. "Educação e Cultura Brasileira para Falantes de Herança na Região de VA, MD e DC." *Portuguese Language Journal* 5 (2011). <http://www.ensinoportugues.org/archives/>. Web. 20 abril 2013.

Long, Michael. "Focus on Form in Task-Based Language Teaching." *Language Policy and Pedagogy: Essays in Honor of A. Ronald Walton*. Orgs. R. D. Lambert e E. Shohamy. Amsterdam/Philadelphia: John Benjamins, 2000. 179-92. Impresso.

Lynch, Andrew. "The Linguistic Similarities of Spanish Heritage and Second Language Learners." *Foreign Language Annals* 41.2 (2008): 252-81. Impresso.

Montrul, Silvina. *Incomplete Acquisition in Bilingualism. Re-examining the Age Factor*. Amsterdam: John Benjamins, 2008. Impresso.

---. "Morphological Errors in Spanish Second Language Learners and Heritage Speakers." *Studies in Second Language Acquisition* 33 (2011): 163-92. Impresso.

Montrul, Silvina e Melissa Bowles. "Is Grammar Instruction Beneficial for Heritage Language Learners? Dative Case Marking in Spanish." *Heritage Language Journal* 7 (2010): 47-72. < http://hlj.ucla.edu/>. Web. 20 abril 2013.

Palmer, Deborah K. "Code-Switching and Symbolic Power in a Second-Grade Two-Way Classroom: A Teacher's Motivation Gone Awry." *Bilingual Research Journal* 32 (2009): 42-59. Impresso.

Parodi, Claudia. "Stigmatized Spanish inside the Classroom and out: A Model of Language Teaching to Heritage Speakers." *Heritage*

Language Education: A New Field Emerging. Orgs. D. M. Brinton, O. Kagan e S. Bauckus. New York & London: Routledge, 2008. 199-214. Impresso.

Polinsky, Maria. "Gender under Incomplete Acquisition: Heritage Speakers' Knowledge of Noun Categorization." *Heritage Language Journal* 6 (2008): 40-71. <http://hlj.ucla.edu/>. Web. 20 abril 2013.

Polinsky, Maria e Olga Kagan. "Heritage Languages: In the 'Wild' and in the Classroom." *Language and Linguistics Compass* 1.5 (2007): 368-95. Impresso.

Potowski, Kim, Jill Jegerski e Kara Morgan-Short. "The Effects of Instruction on Linguistic Development in Spanish Heritage Language Speakers." *Language Learning* 59.3 (2009): 537-79. Impresso.

Roca, Ana. "La Realidad en el Aula: Logros y Expectativas en la Enseñanza del Español para Estudiantes Bilingües." *La Enseñanza del Español a Hispanohablantes: Praxis y Teoría*. Orgs. M. C. Colombi e F. X. Alarcón. Boston: Houghton Mifflin, 1997. 55-64. Impresso.

Rocha, Luiz Carlos de Assis. *Gramática: Nunca Mais. O Ensino da Língua Padrão sem o Estudo da Gramática*. São Paulo: WMF Martins Fontes, 2007. Impresso.

Santos, Denise e Gláucia V. Silva. (2008). "Authenticating Materials through Critical Thinking: The Case of Teaching and Learning Suggestions in Portuguese." *Hispania* 91.1 (2008): 110-22. Impresso.

---. "Making Suggestions in the Workplace: Insights from Learner and Native Speaker Discourses." *Hispania* 91.3 (2008): 651-64. Impresso.

Schwarzer, David e Maria Petrón. "Heritage Language Instruction at the College Level: Reality and Possibilities." *Foreign Language Annals* 38 (2005): 568-78. Impresso.

Silva, Gláucia V. "Heritage Language Learning and the Portuguese Subjunctive." *Portuguese Language Journal* 3 (2008). <http://www.ensinoportugues.org/archives/>. Web. 20 abril 2013.

---. "If I Knew: Use of Hypotheticals among Learners of Portuguese." First International Conference on Heritage/Community Languages. UCLA, Los Angeles, CA. 19-21 fevereiro, 2010. Apresentação em Congresso.

---. "Textbook Activities among Heritage and Non-Heritage Learners of Portuguese." *Hispania* 94. 4 (2011): 734-50. Impresso.

Silva-Corvalán, Carmen. "Current Issues in Studies of Language Contact." *Hispania* 73.1 (1990): 162-76. Impresso.

---. "Linguistic Consequences of Reduced Input in Bilingual First Language Acquisition." *Linguistic Theory and Language Development in Hispanic Languages*. Orgs. S. Montrul e F. Ordóñez. Somerville, MA: Cascadilla Press, 2003. 375-97. Impresso.

Swain, Merrill e Sharon Lapkin. "Interaction and Second Language Learning: Two Adolescent French Immersion Students Working Together." *The Modern Language Journal* 82.3 (1998): 320-37. Impresso.

Valdés, Guadalupe. "Pedagogical Implications of Teaching Spanish to the Spanish-Speaking in the United States." *Teaching Spanish to the Hispanic Bilingual: Issues, Aims, and Methods*. Orgs. G. Valdés, A. Lozano e R. García-Moya. New York: Teachers College Press, 1981. 3-20. Impresso.

---. "Heritage Language Students: Profiles and Possibilities." *Heritage Languages in America: Preserving a National Resource*. Orgs. J. Peyton, D. Ranard e S. McGinnis. McHenry, IL: Delta Systems e Center for Applied Linguistics, 2001. 37-77. Impresso.

Valdés, Guadalupe, Anthony Lozano, e Rodolfo García-Moya (Orgs.). *Teaching Spanish to the Hispanic Bilingual: Issues, Aims, and Methods*. New York: Teachers College Press, 1981. Impresso.

Valdés-Fallis, Guadalupe. "Teaching Spanish to the Spanish Speaking: Classroom Strategies." *System* 3 (1975): 54-62. Impresso.

Villa, Daniel. "Theory, Design, and Content for a 'Grammar' Class for Native Speakers of Spanish." *La Enseñanza del Español a Hispanohablantes: Praxis y teoría*. Orgs. M.C. Colombi & F. X. Alarcón. Boston: Houghton Mifflin, 1997. 93-102. Impresso.

Vygotsky, Lev S. *Mind in Society: The Development of Higher Psychological Processes*. Cambridge: Harvard University Press, 1978. Impresso.

Apêndice

Exemplo de atividade: Estruturas hipotéticas/Imperfeito do subjuntivo

Contexto: Ensino de PLH nos Estados Unidos

Faixa etária: jovens adolescentes a adultos

1. Professor/a inicia uma discussão sobre eleições, inclusive quando se vota, quem vota, se os alunos podem votar, se gostariam de votar. Em seguida, apresenta o texto abaixo e convida os aprendizes a discutirem o gênero textual (que tipo de texto é, onde aparece).

Datafolha: se eleição fosse hoje, Dilma venceria em 1º turno com 58%
Se a próxima eleição presidencial fosse hoje, a presidente Dilma Rousseff (PT) teria 58% dos votos, seguida pela ex-senadora Marina Silva, com 16%, seguida de Aécio Neves (PSDB-MG) com 10%. Os percentuais foram divulgados nesta sexta feira (22) pelo Datafolha.
(<http://www.jb.com.br/pais/noticias/2013/03/22/datafolha-se-eleicao-fosse-hoje-dilma-venceria-em-1o-turno-com-58>. Acesso em 30 abril 2013.)

2. Compreensão: O que diz a notícia? Quem é Dilma Rousseff? O que é o PT? PSDB? O que faz um/a senador/a? No Brasil, onde a presidente e os senadores trabalham? Por que a notícia se refere a 1º turno? Como lemos 58%, 16%, 10%? (aprendizes podem usar celulares, tablets para buscar informação em português e compartilhar com a turma)

3. Professor/a convida os aprendizes a compararem os sistemas políticos brasileiro e norte-americano, partindo do que sabem a respeito do último (p.ex., ambos elegem presidentes, têm senadores; as eleições brasileiras para presidente podem ter dois turnos, nos EUA só há um turno etc.).

4. Aprendizes conversam sobre hipóteses: se você votasse, em quem votaria? O que você faria se fosse presidente?

5. Estrutura hipotética: se eleição fosse hoje. Aprendizes são convidados a discutir o uso da estrutura. Por que "fosse"? "Venceria"? Comparar com outras estruturas: que diferenças de significado encontramos?
-- Se o/a presidente fosse eficiente, o país iria bem.
-- Se o/a presidente é eficiente, o país vai bem.
-- Se o/a presidente for eficiente, o país irá bem.

5.4 Gramática é língua, mas língua não é só gramática: o que ensinar nos contextos de ensino-aprendizagem de PLE?

Milena Fernandes da Rocha

Inicio este capítulo com uma breve reflexão acerca do título, questionando: "língua não é só gramática, mas gramática é língua" ou "gramática é língua, mas língua não é só gramática"? Embora as duas orações de cada período tenham igual valor sintático, ou seja, estejam em relação de coordenação, exerçam diferentes funções, fazendo com que uma simples alteração na ordem em que são dispostas determine um significado e um sentido diferentes, denunciando, também, o posicionamento do autor quanto ao tema em discussão. Como estudante, professora e pesquisadora, reconheço a inquestionável verdade presente nas entrelinhas dos dois períodos. Todavia, optei por destacar no título a segunda alternativa, visto que, ainda que eu venha a me debruçar sobre as exigências que se colocam diante do professor de português como língua estrangeira (doravante PLE) quanto ao ensino de gramática e suas implicações, me oponho ao pensamento de que o estudo estrutural de gramática encerra todas as possibilidades da língua em estudo ou todas as demandas do aprendiz de língua estrangeira (doravante LE). Sendo assim, antes mesmo de expor meus argumentos e minhas sugestões, ambos pautados por minha experiência como professora de PLE, o leitor deste capítulo já deve ter em mente, a partir dessa breve reflexão inicial, as minhas tendências teórico-metodológicas.

Desde a teoria — cursos de formação de professores — até a prática — os próprios contextos de ensino-aprendizagem de LE —, discute-se acerca do ensino de gramática, reiterando-se a sua importância para uma aprendizagem plena da língua-alvo ou questionando-se sua aplicabilidade ao uso real e efetivo da língua.

A névoa que cobre o tema não é exclusividade dos estudos acerca do ensino-aprendizagem de LE, considerando-se que ela compromete ainda mais a visibilidade nos campos de estudos referentes ao ensino de língua materna, visto que estes devem levar em consideração o conhecimento legítimo que o aprendiz tem acerca da língua, adquirido espontaneamente e antes do contato regular e formal com a aprendizagem.

Sendo assim, propõe-se, neste capítulo, elucidar alguns pontos a respeito da importância do ensino da gramática no contexto de PLE do século XXI, explorando, também, seus pressupostos e suas implicações teóricas para o ensino de línguas estrangeiras.

Deve-se ressaltar que, a despeito de o conceito de PLE fazer referência à unidade da língua portuguesa, este capítulo se debruça sobre o português falado no Brasil (doravante PB). Elia (2003) salienta que a língua, constituída de sistema e norma, é a realização histórica do sistema e, portanto, real, enquanto o sistema tem caráter virtual. Com base nessa análise, só se fala em línguas diferentes, portanto, quando se trata também de sistemas diferentes. Sendo assim, na esfera político-econômica, deve-se compreender a língua portuguesa como um sistema único, composto, todavia, de diversas variantes. Se a discussão e a análise estiverem inseridas na esfera sociolinguística e, principalmente, na esfera educacional, porém, merecem relevo e tratamento diferenciado os diversos contextos socioculturais em que o português é falado e escrito no mundo e suas especificidades.

Tendo em vista seus fins didáticos, este artigo encontra-se dividido em cinco seções, além da introdução e da conclusão. Como não poderia deixar de ser, após introduzir as intenções e pretensões deste artigo, na primeira seção, me debruçarei brevemente sobre o conceito de gramática em discussão, buscando também esclarecer alguns equívocos que compreendem a gramática como instrumento de aquisição da modalidade escrita da língua; na segunda, a partir de uma breve retrospectiva histórica — que levam o leitor até o período colonial do Brasil —, exponho algumas conclusões científico-acadêmicas quanto à diferença conceitual e prática entre *norma-padrão* e *norma culta*, sem a pretensão de esgotar as discussões acerca dessa polêmica questão; na terceira seção, apresento um breve levantamento do atual contexto sociolinguístico do português do Brasil (PB); na quarta seção, explicito argumentos que compõem a justificativa de "por que e para quê ensinar gramática no contexto de ensino-aprendizagem de PLE?"; na quinta seção, aponto algumas diferenças entre o ensino de gramática no contexto de língua materna e o ensino de gramática no contexto de LE que merecem relevo em uma perspectiva de pesquisa e investigação, destacando, também, quando essas diferenças possuem origens ou implicações semelhantes; por fim, concluo este artigo sintetizando o que considero estar em evidência quando se trata de ensino de gramática no contexto de PLE, com a sincera expectativa de ter contribuído de alguma forma para a formação inicial e contínua de professores de língua estrangeira.

Conceito de gramática

Em primeiro lugar, convém deixar claro qual conceito de *gramática* foi considerado neste capítulo ao refletir-se sobre o ensino de PLE.

Embora haja, na esfera acadêmica, definições de *gramática* mais coerentes com os pressupostos e escopos da pesquisa linguística, o senso comum resume a gramática à esfera sintática da língua ou à norma prescritiva dos parâmetros tradicionais e canônicos da modalidade escrita da língua, restringindo-a, muitas vezes, apenas às gramáticas-livros e a seus consagrados autores. Cabe ao linguista, então, ir de encontro ao senso comum, reconhecendo como gramática o sistema autêntico e legítimo que rege a construção de palavras, sentenças e enunciados de determinada língua. Conceituada dessa forma, *gramática* se distancia tanto da linha teórica da Gramática Tradicional (doravante GT) quanto do conceito de norma-padrão, sobretudo em dois aspectos: sua legítima autenticidade e sua ampla produtividade.

Quanto à inadequada compreensão de que o ensino de gramática corresponde ao ensino da modalidade escrita da língua e vice-versa, é suficiente o posicionamento de Perini (2010, p. 18), linguista comprometido com a descrição de variantes legítimas e produtivas do PB, inclusive variantes da modalidade oral da língua:

> Esperar do estudo de gramática que leve alguém a ler ou escrever melhor é como esperar do estudo da fisiologia que melhore a digestão das pessoas. E, como evidência bastante clara do que estou dizendo, todos conhecemos pessoas que escrevem, leem ou falam em público muito bem, e que se confessam seriamente ignorantes em gramática.

O autor salienta que, no contexto de ensino de português do Brasil como língua materna, o ensino de gramática deve assumir caráter científico, tal como o ensino de outras disciplinas que compõem o currículo das escolas brasileiras, como química, história, geografia etc., alegando que "o *analfabetismo científico generalizado* também compromete coisas como o desenvolvimento econômico, a autonomia de decisões mesmo quanto a problemas internos e, em casos extremos, a própria sobrevivência" (Perini, 2010, p. 30).

Ao ser inserido no contexto de ensino de PLE, o conceito de *gramática* adquire uma responsabilidade ainda maior. Se, por um lado, é inquestionável que o professor de LE deve se preocupar em afastar da sala de aula ocorrências agramaticais[68] da língua ensinada, por outro, resta a escolha de qual norma ensinar. Compete ao professor selecionar insumos do PB que representem a variante de prestígio da língua, a fim de evitar que o aprendiz seja colocado à margem dos falantes nativos no que diz respeito ao uso estigmatizado/não estigmatizado da língua. Por outro lado, é dever do professor, também, apresentar ao aprendiz uma variante efetiva da língua-alvo, em uso, potencializando a natureza comunicativa da língua e, também, possibilitando reflexões acerca da pluralidade de vozes que compartilham o território brasileiro.

Ainda que fazendo referência ao ensino de português como língua materna, contribui para a discussão o professor, gramático e linguista Celso Pedro Luft (1985, p. 17), ao afirmar que não só a sintaxe, como "toda a língua: semântica, léxico, morfologia, fonologia e fonética — tudo é questão de USO. *Vale o que*

---

[68] Ressalta-se, não tendo me aprofundado em sua definição, utilizo o conceito de *agramatical* para caracterizar construções absolutamente impossíveis em determinada língua, independentemente da variante em questão.

a comunidade dos falantes tacitamente (raro explicitamente) determina que vale. A língua é *autodeterminada* pelos seus usuários" (grifos do autor). Essas palavras esclarecem um pouco o conceito de gramática no que diz respeito à norma que professores de LE devem apresentar a seus alunos. Compreendendo língua como uma norma *consuetudinária*, ou seja, determinada pelo costume, Luft afirma que os falantes nativos de certa língua são os reais responsáveis por determiná-la e legitimá-la. Não restam dúvidas, então, de que são as variantes produzidas por esses falantes e produtivas para as suas práticas sociais que devem estar presentes na sala de aula de PLE.

Gramática da lei ou gramática do uso?: a oposição entre norma-padrão e norma culta e sua origem histórica

Embora não só o senso comum como muitos autores façam uso indiscriminado dos termos *norma-padrão* e *norma culta*, há importante divergência entre esses conceitos. A partir de uma breve distinção entre norma-padrão e norma culta, percebe-se que a primeira equivale a uma variante artificial e idealizada da língua, ausente até dos textos e contextos de circulação mais formais do PB, enquanto a segunda corresponde a um dos reais "falares" brasileiros, de maior prestígio e uso corrente nos estratos sociais urbanos mais altos e cujo nível de instrução e escolaridade é razoavelmente maior.

Estudos diversos sugerem que essa discrepância é, em certa medida, universal, ou seja, está presente em todas as línguas. Por se tratar do ensino de PLE, no entanto, este capítulo põe em evidência apenas aspectos sócio-históricos e linguístico-culturais do Brasil.

Ao longo do período colonial, em meio a tantas e diversas línguas, foi o português que se estabeleceu no Brasil, em decorrência do genocídio cometido contra os indígenas — que, até então, detinham a maior representatividade linguística no território brasileiro — e da seleção negativa a que eram submetidos os escravos ainda nos portos africanos — estratégia que segregava escravos que compartilhavam a mesma etnia, visando a impedir que se comunicassem e planejassem rebeliões.

Ainda no período colonial, houve registros de que o português, no Brasil, se afastava paulatinamente dos parâmetros estabelecidos em Portugal: "as várias nações da Ásia sabem falar a língua portuguesa, 'mas cada uma a seu modo, como no Brasil os de Angola e da terra'" (Pe. Antônio Vieira); "podemos dizer que as nações de África, Guiné, Ásia, Brasil barbarizam quando querem imitar a nossa [língua]" (João de Barros)[69].

No século XVIII, o ensino de línguas gerais foi interrompido pela Lei Pombalina, que expulsou os jesuítas, suspendendo a catequização e criminalizando o uso de outras línguas além do português. O sistema de

---

[69] Citações retiradas de NARO; SCHERRE, 2007, p. 29.

ensino de língua até então vigente sofreu grande impacto e, embora, com a vinda do príncipe regente D. João (em 1808), tenha havido sutis progressos no âmbito educacional, o Brasil só voltou a ascender nessa esfera com a emancipação política, marcada, também, pela produção literária independente.

O distanciamento da língua portuguesa falada no Brasil daquela vigente em Portugal — decorrente dos processos de transmissão linguística irregular (Naro; Scherre, 2007) e do deficiente sistema de ensino de língua — foi explicitado no século XIX, quando, no turbulento período de (des)construção da própria identidade nacional, rumo ao estabelecimento de uma república independente, o Brasil foi emancipado, oficial e politicamente, da tradição canônica portuguesa no que diz respeito ao português herdado e inaugurou, com o romantismo literário, a literatura nacional propriamente brasileira. Com isso, ganhavam, mediante o registro literário — de prestígio —, espaço e legitimidade as especificidades da língua falada no Brasil, o que acentuava as diferenças linguísticas e socioculturais entre o PB e o português europeu, privilegiando-se este em detrimento daquele, tendo em vista que, em nossa elite cultural, continuavam ativos vários letrados portugueses.

O registro literário dessas diferenças — assim como a vinda da família real portuguesa para o Brasil, que re-instaurou momentaneamente a coexistência do pensamento português e do brasileiro — potencializou conflitos entre a identidade brasileira e a identidade portuguesa, representadas, por exemplo, pelo romancista brasileiro José de Alencar e pelo escritor português Pinheiro Chagas, respectivamente, este que sugeria, equivocadamente, que as divergências surgiam por "mania do brasileiro" de se separar e se distanciar de Portugal.

Sendo assim, a literatura brasileira foi reconhecida por sua autêntica linguagem literária, porém condenada por seu insipiente racionalismo linguístico, traduzido, segundo a crítica erudita, no uso de formas divergentes daquelas empregadas em Portugal.

Embora condenada, já estava inaugurada uma variante brasileira legítima e de prestígio, e os literatos brasileiros se armaram de consciência linguística, o que lhes possibilitou reivindicar o direito de participar das questões acerca da língua portuguesa: "já é tempo dos brasileiros escreverem como se fala no Brasil e não como se escreve em Portugal" (Soares apud Elia, 2003). Por uma confluência de motivos diversos, criam-se grandes instituições culturais e surgem cada vez mais gramáticas descritivas da língua portuguesa falada especificamente no Brasil.

Destarte, uma das principais consequências de a variante de prestígio brasileira (literária) ter nascido afastada dos parâmetros europeus é a distinção terminológica entre norma-padrão e norma culta, segundo a qual a norma-padrão — análoga ao português europeu — é uma variante utópica e não produzida espontaneamente por nenhum brasileiro, nem mesmo em contextos formais da modalidade escrita, enquanto a norma culta — análoga à linguagem literária brasileira do século XIX — é a real variante brasileira de prestígio, utilizada por cidadãos letrados e com elevado nível de instrução ou em contextos formais de comunicação.

Nessa mesma perspectiva, é inquestionável a contribuição do Projeto de Estudo da Norma Linguística Urbana Culta no Brasil (Projeto NURC), iniciado no fim da década de 1960 em cinco grandes capitais brasileiras — Recife, Salvador, Rio de Janeiro, São Paulo e Porto Alegre —, para os estudos de documentação, análise e descrição linguística da modalidade oral do português do Brasil. Alinhando esse projeto às intenções desta seção, podemos dizer que o Projeto NURC explicitou a distinção entre norma-padrão e norma culta, ao documentar e descrever os padrões reais de uso na comunicação oral adotados pelo estrato social urbano constituído de falantes com escolaridade de nível superior.

As cidades foram selecionadas de acordo com: (i) sua idade, calculada a partir de sua fundação, que deveria superar os 100 anos; (ii) seu contingente demográfico, que deveria corresponder a, no mínimo, um milhão de habitantes; e, indiretamente, (iii) sua estratificação social, que deveria ser acentuada o suficiente para atender às exigências do projeto. Dessa forma, o projeto buscou cidades com potencial representativo da esfera urbana escolarizada brasileira, compreendendo que seria inquestionável afirmar que as práticas sociais daqueles contextos se pautassem por prestígios e estigmas socioeconômicos e linguístico-culturais.

Ao recolher, documentar, analisar e descrever a fala de sujeitos brasileiros com escolaridade de nível superior nascidos e criados em zona urbana — homens e mulheres, a partir dos 25 anos —, o Projeto NURC apontou que a norma-padrão da língua portuguesa estava ausente até mesmo da esfera urbana culta de prestígio, não correspondendo a nenhuma variante real do português do Brasil, mas a uma prescrição idealizada e arbitrária.

Contexto sociolinguístico atual do português do Brasil (PB)
É sabido que é grande a distância entre as modalidades (oral e escrita) e entre as variantes linguísticas (padrão, culta, coloquial, entre outras) e, também, que a norma-padrão é um instrumento idealizado, abstrato e utópico se comparado às ocorrências reais do PB — mesmo em documentos formais escritos. Ao lado disso, sabe-se também que a norma-padrão (e a gramática que a toma como base e objetivo, de forma prescritiva, com fim em si mesma) compõe importante instrumento de segmentação e segregação sociolinguística, privilegiando um construto artificial de língua, em detrimento dos diversos "falares" legítimos e autênticos daquela língua.

Como apresentei brevemente na seção anterior, esses fatos têm origem no processo de instauração da língua portuguesa no Brasil, ainda no período colonial. Assim como a relação metrópole-colônia entre Portugal e Brasil deixou como herança, por exemplo, a língua portuguesa, o contexto político-histórico em que se inseriu o processo de emancipação política do Brasil com relação a Portugal, no século XIX, afetou a consolidação dessa língua no território brasileiro. Além de a vinda da língua portuguesa para a colônia portuguesa já ter sido de forma irregular e diversa, o processo de independência do Brasil incluiu, também, o desenvolvimento de uma literatura própria, ou seja, despertou nos escritores brasileiros a consciência acerca da própria língua, favorecendo o desenvolvimento da metalinguagem da língua portuguesa, a partir da perspectiva brasileira, que viria a tornar legítimas formas divergentes daquelas correntes em Portugal.

É notável a ênfase que dou, ao longo deste capítulo, ao contexto sócio-histórico da colonização do Brasil, assim como da instauração da língua portuguesa. Isso porque se mantém, hodiernamente, a segmentação sociolinguística mediante a atribuição de prestígio ou estigma a determinadas variantes e considero ingênuo crer que essa segmentação tem raízes essencialmente linguísticas, pautando-se por princípios de conservadorismo ou liberalismo exclusivamente linguístico. Em um país em que é demasiadamente elevado o índice de concentração de renda e cujos sistemas públicos — de transporte, educação, saúde, segurança etc. — carecem de investimentos, a fronteira entre classes e estratos sociais é praticamente inexistente, assim como a renda salarial do indivíduo possui íntima relação não com seu nível de escolaridade, como poderia sugerir uma análise superficial de alguns fenômenos sociais, mas sim com a amplitude do acesso à educação que lhe foi proporcionado.

Dessa forma, também é estreita e, por vezes, parece ser perpétua a relação entre segregação linguística e segregação econômica e sociocultural. Curioso é pensar que, conforme fora discutido no contraste conceitual e prático entre norma-padrão e norma culta, o critério estabelecido para esse julgamento sociolinguístico é uma variante da língua portuguesa obsoleta e absolutamente improdutiva para os brasileiros.

Por que e para quê ensinar gramática no contexto de PLE?

Tendo em mente o conceito linguístico de gramática, fica explícita a necessidade de dar relevo a ela no âmbito de ensino-aprendizagem de PLE. Afinal, o aprendiz prototípico, diferentemente do brasileiro, não faz uso espontâneo do PB, carecendo de direcionamentos específicos acerca da língua, mesmo quando estiver em contexto de imersão.

Além disso, embora considerado extremamente limitado o potencial didático-pedagógico do estudo direcionado para a estrutura gramatical no processo de ensino e aprendizagem de língua estrangeira, ele desenvolve no aprendiz uma interlíngua consciente, tornando mais estreito e crítico o diálogo entre a língua-alvo e a língua materna do aprendiz, afastando conclusões meramente comparativas — que surgem naturalmente a todo

momento — e potencializando reflexões que minimizem estranhamentos, sejam estruturais, sejam culturais, visto que é inquestionável a face estrutural da língua e que compartilho da compreensão de que língua é cultura.
Novamente referindo-se ao ensino de língua materna, Luft (1985, p. 16) afirma que "qualquer ato de comunicação só é possível mediante a aplicação de *todas* as regras envolvidas nas respectivas frases. Mas, todas elas, regras naturais, da *gramática natural*, interior, dos falantes" (grifos do autor). Bagno (2003, p. 18-19), por outro lado, afirma que

> "a língua" como uma "essência" não existe: o que existe são *seres humanos* que falam línguas. A língua não é uma abstração [...]. [na prática, isso] Significa olhar para a língua dentro da realidade histórica, cultural, social em que ela se encontra, isto é, em que se encontram os *seres humanos* que a falam e escrevem. Significa considerar a língua como uma *atividade social*, como um trabalho empreendido conjuntamente pelos falantes toda vez que se põem a interagir verbalmente, seja por meio da fala, seja por meio da escrita" (grifos do autor).

Embora os dois autores estejam em posição contrária no que diz respeito à natureza de língua, visto que Luft considera a existência de uma *gramática natural* inata, enquanto Bagno compreende a língua como *atividade social* em sua essência, os dois posicionamentos contribuem para os objetivos deste artigo. Não aprofundarei minhas reflexões nas limitações teórico-metodológicas de algumas correntes da linguística, sobretudo da vertente gerativo-transformacional, que pressupõem a existência de uma *gramática inata*, universal a todo ser humano genérico, que se particulariza conforme cada sociedade/comunidade/língua. Destaco apenas que, ainda se tratando de posicionamentos *a priori* contraditórios, ao confrontarmos as palavras de Luft com o posicionamento de Bagno e, também, com o contexto de ensino-aprendizagem de PLE, concluímos, simultaneamente, que: (i) qualquer que seja a origem — genética ou social — da língua para seus falantes nativos, o aprendiz de língua estrangeira não possui aquilo que Luft chamou de "gramática natural" daquela língua, explicitando-se, dessa forma, a necessidade iminente de se ensinar alguma gramática no contexto de PLE; (ii) não há espaço no ensino de PLE — tampouco deveria haver no ensino de PB como língua materna — para o ensino de uma gramática alheia ao uso, alheia aos próprios falantes daquela língua, caso contrário, estaríamos compreendendo língua como um construto abstrato e artificial. Para Almeida Filho (2012, p. 71),

> O ambiente da sala deve promover não só a aprendizagem consciente de forma aberta e tranquila, mas também a aprendizagem subconsciente e envolvida, de modo adquirido não defensivo, sem ansiedade. A sala pode ser vista como um cenário social de ensaios para o uso nos estágios muito iniciais, mas deve ser encarada

principalmente como *locus* de uso real, propositado, de linguagem para fins perceptíveis, realistas e específicos ao longo do processo de aprendizagem formal.

Fazendo uso das palavras de Almeida Filho, compreende-se que, se o professor de PLE selecionar a norma-padrão da língua portuguesa como gramática regente de suas aulas, estará transformando o processo de aprendizagem em um infindável ensaio, condenado a bastidores, diálogos combinados, interlocutores artificiais e treinados, pois aquela variante jamais permitirá ao aprendiz a comunicação e a interação real, com um interlocutor imprevisível e crítico.

Perini (2010), por sua vez, salienta que gramática não se confunde com língua escrita. Portanto, esses direcionamentos linguísticos de que precisa o aprendiz de PLE não devem fazer da gramática um instrumento de aquisição da língua escrita. O ensino de gramática no contexto de PLE deve partir do caráter essencialmente comunicativo da língua, exercendo sua função emancipadora, instrumento de ascensão social, considerando-a carregada de identidades, ideologias e poder. Para ilustrar essa natureza do ensino de gramática em contextos de PLE, novamente trago à baila as palavras de Luft (1985, p. 16): "eis um óbvio que frequentemente esquecem os que transformam o estudo da língua em estudo de Gramática. Uma crítica indireta à escola tradicional, onde é tão raro que se estude a língua como meio de comunicação — atual, vivo, eficiente". Ainda que o posicionamento de Luft diga respeito ao ensino de português como língua materna, é extremamente análogo ao que se vê nos contextos de ensino de PLE, em que também deveriam ser consideradas as pretensões que o aprendiz apresenta quanto à língua-alvo e sua aplicação real.

Depois de tantas considerações, está claro que deve haver espaço no ensino de PLE para o ensino de gramática, mas qual norma o professor deve selecionar para a sala de aula? Inserido no contexto descrito nas seções anteriores, o professor, como ator social, não deve, de forma alguma, condenar o aprendiz estrangeiro à margem da sociedade brasileira, garantindo-lhe acesso a variantes estigmatizadas da língua, enquanto o afasta das variantes de prestígio. Pelo contrário, o docente deve enxergar a variante culta da língua como alternativa que garante ao aprendiz que sua voz seja ouvida, empoderando-o até que lhe seja garantido o direito de preservar, quando conveniente — para ele, não para os normativos —, seus regionalismos e idiossincrasias.

Sendo assim, o ensino de gramática no contexto de PLE deve incluir a apresentação da norma culta do PB, visando ao desenvolvimento pleno e protagonista da língua-alvo por parte do aprendiz. Fala-se em desenvolvimento pleno porque uma aprendizagem bem sucedida inclui, entre outras coisas, a desestrangeirização (ALMEIDA FILHO, 2008) da língua-alvo por inteiro, o acesso livre e consciente a todas as suas facetas e variantes.

Fala-se em desenvolvimento protagonista, porque o aprendiz é sujeito da própria aprendizagem e lhe deve ser permitido caminhar entre as diferentes variantes do PB, incluindo, de um lado, as variantes de prestígio sociolinguístico e, de outro, as variantes mais correntes e produtivas da língua, empregadas em uma comunicação mais espontânea e natural. O aprendiz deve se considerar capaz não só de identificar essas variantes como também de compreendê-las e aplicá-las com autonomia.

É importante ressaltar, no entanto, que eu não tenho a pretensão de esgotar em tão poucas palavras todas as exigências dos diversos contextos de ensino-aprendizagem de PLE. O professor deve ser sensível às necessidades e pretensões do aprendiz diante da língua-alvo, flexibilizando seu cronograma e seu planejamento de acordo com as novas demandas que se fazem visíveis a cada encontro com o aluno. Dessa forma, em uma perspectiva geral, pode-se dizer que, a fim de evitar condenar o aluno à margem da sociedade brasileira, seja por fazer uso de uma variante obsoleta e improdutiva, seja por dominar apenas variantes estigmatizadas socialmente, o professor pode dar início ao estudo de aspectos gramaticais partindo do que há em comum entre a norma-padrão e a norma culta.

Para justificar essa sugestão, ressalto a inquestionável importância das quatro competências comunicativas na aprendizagem de LE, acompanhada da permanência da norma-padrão nos parâmetros prescritivos da modalidade escrita da língua portuguesa. Por outro lado, como demonstrei ao longo deste capítulo, não é produtivo que sejam levadas para a sala de aula estruturas e normas obsoletas no PB, por isso mesmo falo da intersecção entre a norma-padrão e a norma culta.

Ao tratar de textos formais escritos, cabe ao professor selecionar, em um primeiro momento, o que a norma-padrão pode oferecer ao aprendiz de produtivo e real. Quanto ao "restante" da língua — o que não está na intersecção entre norma-padrão e norma culta —, sugiro que se invertam os papéis. Geralmente, as reflexões em torno de *variação linguística* são agregadas aos materiais didáticos e aos programas dos professores de PLE como curiosidades ou pequenas observações. Proponho, a partir da minha breve, porém muito produtiva experiência com ensino de PB para hispano-falantes (alunos da pós-graduação em Ciências Sociais na Universidade de Brasília), que questões relacionadas a variações linguísticas sejam promovidas ao posto de componente curricular dos cursos de língua, enquanto paradigmas e construções obsoletas no PB sejam apresentados como curiosidades, relacionando-os sempre ao processo de mudança linguística e à natureza não só linguística como sócio-histórica desse processo.

Diferença entre ensinar gramática na L1 e na LE
Esta é a diferença entre ensinar gramática no contexto de L1 e fazê-lo no contexto de LE, responsável por alguns equívocos teóricos: os aprendizes de

L1 já têm conhecimento autêntico, legítimo e genuíno acerca da própria língua. Então, muitas vezes, seria mais adequado fazer uso de abordagens menos prescritivas e mais descritivas, como pretendido com o *knowledge about language* (KAL), desenvolvido, na década de 80, para o ensino de inglês a falantes nativos da língua, visando ao ensino enraizado na língua em uso corrente e real.

Quanto ao ensino de LE, algumas abordagens usufruem do fato de os aprendizes, a princípio e no geral, não possuírem conhecimento prévio acerca da língua-alvo, e centralizam o ensino de língua, sobretudo de gramática, na transmissão mecânica da norma-padrão, prescrita pela GT. Deve-se considerar, no entanto, as ambições do aprendiz de PLE, que anseia pela aplicação do PB, por seu uso, visando ao contato com a cultura-alvo. Restringindo o ensino de gramática à norma-padrão, o docente não favorece essa aplicação e esse uso, tendo em vista a sua baixíssima produtividade no contexto brasileiro, mesmo quando se trata de textos escritos formais, em que há grande monitoramento. Então, como fora dito anteriormente, deve-se falar em norma culta, e, aí sim, se estará falando de algo produtivo e eficaz para o estrangeiro, ao lado da produtividade e aplicabilidade de outras variantes de menor prestígio, visando ao desenvolvimento flexível e autônomo das quatro habilidades comunicativas, posicionamento compartilhado por Luft (1985, p. 17) quanto ao ensino de língua materna: "Dispensáveis todas as regras que não contribuem para a eficiência comunicativa [...]. Todas as regras inúteis e retrógradas deveriam ser eliminadas, proibidas".

Traçando um paralelo entre o brasileiro inserido no contexto formal de ensino e aprendizagem de língua portuguesa e o aprendiz de PLE, percebe-se que a frustração diante da língua decorrente de uma despreparada seleção de normas, variantes e materiais didáticos por parte do professor ocupa diferentes espaços: (i) para o brasileiro, a frustração reside no processo e nos espaços de aprendizagem, quando ele se avalia como incapaz diante da própria língua, semeando-se e alimentando-se o que Bagno (2001, p. 40) denomina "baixa autoestima linguística"; (ii) para o aprendiz de PLE, a frustração não habita o processo de aprendizagem, mas se faz evidente no que compõe o seu produto, visto que surge do fracasso comunicativo do aluno quando em contextos reais e imprevisíveis de uso da língua. O ensino restrito de determinada norma no contexto de PLE — seja restrito à norma-padrão da língua portuguesa, seja restrito a variantes estigmatizadas socialmente —, além de frustrar o aprendiz, inibe a sua atuação comunicativa e bloqueia seu potencial criativo, elevando exponencialmente o seu filtro-afetivo diante da língua-alvo e contribuindo para que nunca se sinta "autorizado" a se expressar naquela língua.

Infelizmente, mais equívocos surgem de nossa concepção de ensino de gramática no contexto de PLE. É perpetuado o mito de que linguistas e/ou professores adeptos das teorias sociolinguísticas e variacionistas se opõem ao ensino de gramática e vice-versa. Contudo, compreendendo o professor como sujeito também ativo no processo de ensino-aprendizagem de línguas, suas inclinações teóricas não devem comprometer o rigor científico-acadêmico tampouco o compromisso profissional exigido pela prática docente. Professores, linguistas e gramáticos que se dispõem à complexa e gratificante tarefa de ensinar uma língua devem estar conscientes de todas as suas possibilidades, despindo-se de seus preconceitos pessoais e até teóricos, visando, principalmente, ao exercício consciente e responsável de sua profissão.

Considerações finais

Ao longo deste capítulo, busquei orientar meus posicionamentos para a conclusão de que os profissionais comprometidos com o ensino de PLE devem reservar espaços de sua sala de aula para o ensino de gramática, seja mediante a produção e a seleção de materiais didáticos que viabilizem essa possibilidade, seja por meio da própria elaboração de suas aulas. Consequentemente, esse espaço garante não só o tratamento de gêneros orais diversos e autênticos, como também que a gramática ensinada serja a gramática em uso na língua-alvo. Caso contrário, o aprendiz há de aumentar filtros afetivos, desenvolver baixa autoestima quanto à cultura-alvo e aos sujeitos daquela cultura.

No contexto de ensino-aprendizagem de PLE, a gramática deve ser ensinada com o intuito de desenvolver no aprendiz consciência linguística acerca do PB, possibilitando-lhe fazer uso ativo e crítico daquilo que os brasileiros, falantes nativos de PB, produzem inconscientemente, espontaneamente. Assim, pode-se falar no desenvolvimento de uma metalinguagem consciente do PB, destacando-se a necessidade de serem distinguidas, diante do aprendiz, a língua de que se fala (variantes de prestígio, que pressupõem e implicam elevado grau de monitoramento) e a língua que é usada para falar (variantes cujo monitoramento é reduzido, podendo ser variantes não marcadas socialmente, como a norma culta, ou variantes estigmatizadas).

Após ter trazido para a discussão a voz de gramáticos e linguistas — e até de gramático-linguistas —, respeitada a legitimidade que cada um possui para se posicionar quanto ao espaço que deve ser reservado para o ensino de gramática no ambiente de ensino-aprendizagem de línguas, seja no contexto de língua materna, seja no contexto de língua estrangeira, encerro este capítulo com as palavras de Perini (2010, p. 18-19):

> Por ora, portanto, vamos deixar claro que os estudos de gramática oferecem uma visão da estrutura e do funcionamento da língua, esse maravilhoso mecanismo que, ao permitir a comunicação, possibilita a própria existência da complexa sociedade moderna. A gramática não esgota nem o estudo da língua, nem o da comunicação humana;

mas é um ingrediente fundamental dela. Assim como nenhuma sociedade humana prescinde de comunicação, nenhuma existe sem uma língua, e todas as línguas têm gramática.

Referências

Almeida Filho, José Carlos Paes de. *Glossário de termos da Lingüística Aplicada*, 2008, mimeo.

---. *Quatro estações no ensino de línguas*. Campinas: Pontes Ed., 2012.

---. (Org.). *Parâmetros atuais para o ensino de Português Língua Estrangeira*. Campinas: Pontes, 1997.

Bagno, Marcos. *Gramática pedagógica do português brasileiro*. São Paulo: Parábola Ed., 2011.

---. *A norma oculta:* língua & poder na sociedade brasileira. 7. ed. São Paulo: Parábola Ed., 2003.

---. *Português ou brasileiro?:* um convite à pesquisa. São Paulo: Parábola Ed., 2001.

Baxter, Alan N.; Lucchesi, Dante. *A relevância dos processos de pidginização e crioulização na formação da língua portuguesa no Brasil*. Revista de estudos linguísticos e literários, n. 19, mar. 1997, UFBA.

Bizon, Ana Cecília Cossi. Leitura e escrita no processo de ensino-aprendizagem de português língua estrangeira. In: Almeida Filho, José Carlos Paes de. (Org.). *Parâmetros atuais para o ensino de Português Língua Estrangeira*. Campinas: Pontes, 1997.

Botelho, André; Stolberg, Daiane. *As origens do português brasileiro*. Revista Eletras, vol. 18, n. 18, jul. 2009.

Elia, Sílvio. *Fundamentos histórico-linguísticos do Português do Brasil*. Rio de Janeiro, Lucerna, 2003.

Faraco, Carlos Alberto. *Linguística histórica:* uma introdução ao estudo da história das línguas. São Paulo: Ática, 1991.

Luft, Celso Pedro. *Língua e liberdade:* por uma nova concepção da língua materna e seu ensino. 6. ed. Porto Alegre: L&PM, 1985.

Mattos e Silva, Rosa Virgínia. *Ensaios para uma sócio-história português brasileiro*. São Paulo: Parábola Ed., 2004.

Naro, Anthony Julius; Scherre, Maria Mata Pereira [organização]. *Garimpo das origens do português brasileiro*. São Paulo: Parábola Ed., 2007.

Perini, Mário Alberto. *Gramática do português brasileiro*. São Paulo: Parábola Ed., 2010.

Trask, R. L. *Dicionário de linguagem e linguística*. Tradução Rodolfo Ilari; revisão técnica Ingedore Villaça Koch, Thaïs Cristófaro Silva. 3. ed. São Paulo: Contexto, 2011.

Capítulo 6
Tecnologia na aula de PLE

6.1 As Tecnologias de Informação e Comunicação, TIC no ensino de PLE
Luiza Carravetta

Há que se considerar a evolução das mídias e das tecnologias de Informação e Comunicação, para relacioná-las com as práticas pedagógicas em PLE.

Para Briggs e Burke (2004), as tecnologias tornaram mais rápidas as comunicações através do tempo. Assim, num resgate histórico tem-se: em 1932, o telégrafo; em 1876, o telefone; em 1925, a televisão; em 1947, o computador; em 1969, a Internet e a rede mundial de computadores.

Vive-se, hoje, em estado permanente de mudanças no tocante às novas tecnologias de comunicação e informação. Do período da linguagem oral à escrita, o ritmo das inovações evoluiu de modo lento. Mas foi a partir da televisão e do computador e da Internet que teve início a grande revolução das mídias e da tecnologia.

A televisão constitui-se no meio de comunicação mais influente da sociedade, e um dos mais utilizados para obter informações e entretenimento. Com os avanços tecnológicos, passou-se da TV preto e branco, para a colorida, dos programas ao vivo, para os gravados com a chegada do videoteipe. E, agora, presencia-se a transferência do sinal analógico para o digital.

No início do terceiro milênio, prevê-se uma mudança maior com a chegada da TV Digital que, além de benefícios como a melhoria de som e imagem, trará uma nova concepção de convergência de mídias, com a integração de tecnologias, oriundas da televisão, do computador e da Internet.

Os computadores, cada vez menores e mais potentes, oportunizaram um maior acesso às informações com a banda larga e o wireless. A integração com as imagens das câmeras digitais, de foto e de vídeo, com o celular, com as webcams trouxeram o mundo para dentro de casa e para a sala de aula.

Em face do exposto, é importante concordar com Castells (2005, p. 68), quando diz que o "[...] cerne da transformação que estamos vivendo na revolução atual refere-se às tecnologias da informação, processamento e comunicação".

Para Lévy (1993, p. 103), "[...] é possível (será possível em breve) trabalhar com a imagem e o som, tão facilmente quanto trabalhamos hoje com a escrita, sem necessidades de materiais de custo proibitivo, sem a aprendizagem excessivamente complexa".

O autor ainda diz que:
> [...] a multimídia interativa, graças à sua dimensão reticular ou não linear, favorece uma atitude exploratória, ou mesmo lúdica, face ao material a ser assimilado. É, portanto, um instrumento bem adaptado a uma pedagogia ativa (LÉVY, 1993, p. 40).

Pierre Lévy (1993) antevê o uso da multimídia interativa e concebe o uso da imagem, da mesma forma como se trabalha com a escrita. Ora, para isso, é preciso que estudos e pesquisas sejam feitos, em relação ao uso dos recursos multimídia e das tecnologia da informação e da comunicação e sua apropriação nas práticas docentes.
Os pesquisadores Bolaño e Brittos contribuem, também, no cenário que se descortina com a convergência midiática:
> O cenário da convergência comumente apresentado é assim resumido: uma rede de banda larga comutada oferecendo todos os serviços eletrônicos para os lares e empresas, todos eles, em alguns casos, em um terminal informático multimídia, o que não levará apenas à distribuição de todos os serviços de teledifusão e de novos serviços interativos de entretenimento e informação – videojogos, telecompras e outros nem sequer imaginados (Bolaño e Brittos, 2007. p.76-77).

A TV Digital constitui-se num desafio, no tocante à convergência entre audiovisual, telecomunicações e informática. Além da qualidade técnica de imagem e de som, com 1080 por 1920 linhas de resolução, tela 16/9, no formato widescreen, e seis canais de áudio, traz os conceitos de interatividade, acessibilidade e mobilidade.
Quanto à interatividade, prevê-se o uso de dados armazenados, canais de retorno com possibilidades de escolher câmeras para assistir à programação, receber informações personalizadas (via e-mail, por exemplo), produzir conteúdo com Internet, com a quebra de verticalização na programação, ou seja, escolher hora e programação de acordo com o interesse pessoal de cada usuário.
A acessibilidade é a facilidade de acesso com as múltiplas emissões de programas, facilidade para a gravação de programas com gravadores digitais, incluídos nos receptores ou conversores.
Além disso, é preciso considerar a acessibilidade em dispositivos móveis, o que poderá direcionar para outros questionamentos, com a sua utilização nos locais onde estão presentes e que não há a possibilidade de outros recursos.
Nesta lógica, a produção de TIC para a aplicação em práticas pedagógicas precisa prever uma equipe multimídia, com a presença de especialistas de conteúdo, profissionais da comunicação e da informática, para o desenvolvimento de ferramentas que sejam apropriadas para os objetivos previstos e para as múltiplas propostas de mediação através da seleção de plataformas e de redes sociais.
Com a TV digital, amplia-se a interface entre Comunicação, Informática e Educação. Sabe-se da importância das mídias no processo ensino-aprendizagem e a dificuldade que os docentes têm em trabalhar novas tecnologias no espaço educativo.

É indiscutível a presença da televisão e da informática nas escolas e nas universidades e é preciso trabalhar as possibilidades de convergência midiática, trazidas pela TV digital.

Nota-se que estudos sobre a televisão e vídeos na sala de aula são poucos e que há muito a fazer nesta área. De acordo com Freire (2006, p. 139) "[...] como educadores e educadoras progressistas não apenas não podemos desconhecer a televisão, mas devemos usá-la, sobretudo discuti-la".

A autora Rosa Maria Bueno Fischer (2003, p. 137) vai mais além, quando diz que:

> é [...] em relação a uma área que nos interessa sobremaneira, a da formação de professores para o trabalho com a mídia no cotidiano da escola – que se promova a apropriação efetiva, por parte dos docentes em exercício ou em formação, dos diferentes recursos de linguagem, utilizados na criação de programas e comerciais de TV.

Ora, para uma apropriação efetiva por parte dos docentes dos recursos de linguagem, utilizados na TV e no vídeo, é preciso conhecê-los, reconhecer suas funções, decodificar as mensagens implícitas, contidas na imagem.

Fischer (2003) ainda diz que entre os tantos saberes que circulam na sociedade e que participam da formação entre crianças e jovens estão os saberes e práticas tratados nas imagens, textos e sons produzidos e veiculados pela televisão. Acrescenta-se a isto as tecnologias, oriundas do computador e da Internet.

A interatividade e a convergência midiática, aliadas à acessibilidade, e as tecnologias, principalmente, relacionadas à mediação tecnológica propõem um novo olhar para televisão, o computador e a Internet como aliados ao processo do ensinar e do aprender.

Organização do conteúdo

A organização do conteúdo consiste na estrutura da matéria de ensino e no modo como ela vai ser conceituada e apresentada sequencialmente.

É preciso estabelecer elos de ligação do conteúdo com os objetivos propostos e selecionar os meios disponíveis, para facilitar a aprendizagem dos alunos.

Para que os alunos sejam estimulados, os conteúdos podem ser apresentados através de recursos, advindos das TIC, tais como documentos eletrônicos, planilhas eletrônicas, enciclopédias virtuais e apresentação de slides.

Os documentos eletrônicos ajudam o professor na organização do conteúdo com a participação dos alunos, que se tornam agentes de sua aprendizagem. São eles: texto e hipertexto.

Texto	Microsoft Word e Open Office Writer: oportunizam edições e reedições de texto, compartilham o desenvolvimento de conteúdos.

Hipertexto	Conteúdo digital em formato multimídia.
	Navegação entre textos, sons, vídeos de modo interativo.

As planilhas eletrônicas colocam as informações em linhas e colunas. Os softwares Microsoft Excel e o Open Office Calc são os mais utilizados para produzir planilhas.

A Wikipédia é a enciclopédia virtual com mais visualizações na Internet. Ela foi desenvolvida de modo colaborativo. É um recurso interessante para pesquisa. Entretanto, outras fontes merecem ser consultadas, pois ela não deve ser usada única e exclusivamente como referência bibliográfica.

A apresentação de slides consiste na visualização do conteúdo de modo dinâmico e agradável. É, geralmente feita pelo professor, com prezi, slideshow e slideshare.

Prezi	Apresentação é dinâmica e interativa.
	Apresentação é linear ou não linear.
	Navegação ocorre nos mais variados sentido: esquerda, direita, acima, abaixo.
Slideshow	Utiliza texto, foto, música de fundo.
	Permite colocar título, selecionar, renomear, exportar, colocar abas, etc.
slideshare	Aloja as apresentações em ppt, partilha, comenta cria etiquetas, adiciona no blog.

Algumas ferramentas, como Google Docs, CmaTools e Wordle envolvem os alunos no desenvolvimento dos conteúdos.

Google Docs	Criam e compartilham trabalhos on-line (documentos, planilhas, apresentações, desenhos, fotos, etc.).
	Visualizam e editam documentos de qualquer computador ou smatphone.
CmaTools	Definem conceitos, conceitos-relações.
	Desenvolvem mapas conceituais.
	Constroem relações entre conceitos.
	Acrescentam comentários, armazenam, criam.
Wordle	Cria grupos (nuvens) de palavras.
	Cola ou digita textos.
	Gera imagens com as palavras do texto.
	Edita fontes, cores, letras.

Interatividade e mediação tecnológica

Para uma melhor compreensão da interatividade e da mediação tecnológica, é importante ressaltar os tipos de aprendizagem: síncrona e assíncrona.

Na aprendizagem síncrona, professores e alunos estão em aula em tempo real e a interatividade está relacionada a perguntas e respostas que podem ser feitas presencialmente ou por mediação eletrônica através de telefone, chats de discussão, videoconferência, web conferência e skype.

Na aprendizagem assíncrona, professores e alunos encontram-se em tempos diferentes. Neste caso, o ritmo individual dos alunos é respeitado e a mediação é eletrônica, podendo ocorrer através de e-mails, fóruns e grupos de discussão.

A exposição e a exposição dialogada, na era das TIC, deram lugar aos programas de texto e hipertexto, com a mediação através de e-mails e chats, nas mais variadas formas de organização e plataformas. Foi introduzida, também, a expressão mediação feita pelo computador.

Para Souza (2002, p.111), "a expressão "comunicação mediada pelo computador" é utilizada para referir-se tanto às possibilidades de interação pessoa/computador como à interação pessoa/pessoa por meio do computador."

Os trabalhos em grupo permitem discussões on-line ricas, pois os alunos têm tempo para organizar o pensamento e selecionar o que vão dizer.

Ainda para Souza (2002), a comunicação mediada pelo computador refere-se a e-mails, correio eletrônico e a chats, como ICK - WLM, Yahoo Messenger, Google Talk, fóruns de discussão, grupos e comunidades virtuais, reuniões e videoconferências, blogs e Web TV. Para fins pedagógicos, as mediações são feitas, geralmente, por correio eletrônico, skype, Google Talk, chats.

Correio Eletrônico

Correio eletrônico, correspondência através de e-mails, constitui-se numa forma de comunicação assíncrona, pois a troca de mensagens não é feita em tempo real. Na mediação pedagógica, ele é usado, normalmente, de pessoa a pessoa ou para um grupo definido, como uma turma, por exemplo. Neste caso, a troca de mensagens é mais sigilosa.

Skype

O skype é uma troca de mensagens, na qual se usa a imagem e o áudio em tempo real. De acordo com Carvalho e Ivanoff (2009, p.67), " Para finalidades acadêmicas, o Skype pode ser utilizado para conectar pessoas em diferentes localidades e permitir troca de mensagens eletrônicas, conversação on-line, reuniões e videoconferências".

Google Talk

Para Carvalho e Ivanoff (2009), o Google Talk propõe uma interatividade instantânea a membros do Google.

Chats
Chat é uma sala de bate-papo virtual em tempo real, através do uso de computadores. Os chats aproximam as pessoas, localizadas em qualquer lugar do mundo. Nas práticas pedagógicas, o uso de chats serve para esclarecer dúvidas, levantar questionamentos sobre determinados assuntos, aprofundar conceitos, etc.

As salas de bate-papo dos portais não foram criadas com fins pedagógicos. Entretanto, é possível a participação dos alunos em grupos de discussões, criados especificamente nas salas de chat com fins educativos. Grupos são criados com fins específicos, para uma determinada disciplina ou turma.

Grupos e comunidades virtuais
Há uma vasta possibilidade na construção de grupos. Pode-se experimentar o aprendizado em grupos interdisciplinares ou mesmo em grupos com focos em disciplinas e programas educacionais. Compartilham-se arquivos com o grupo, além dos seguintes recursos: e-mails, fotos, agendas, banco de dados, lista de e-mails, etc..

Fóruns de discussão
Os fóruns de discussão, como o próprio nome diz, destina-se à troca de ideias, ao debate. Perguntas são colocadas, discutidas e respondidas pelo grupo que faz parte do fórum. Em situações específicas de ensino-aprendizagem, é um recurso muito útil, tanto no ensino presencial, quanto no a distância.

Reuniões e videoconferências/Web conferência
A videoconferência tem o objetivo de reunir pessoas nos mais variados lugares, para apresentar e discutir um determinado tema. A grande vantagem da videoconferência é que os participantes veem e ouvem os componentes do grupo. A web conferência realiza-se através do computador, via web.

Redes sociais
As principais redes de relacionamento, também chamadas de redes sociais, são: Orkut, Twitter, Facebook, Linkedin, My Space e Instagran.

O Twitter, o Facebook, o Instagran e o Youtube são as redes sociais mais utilizadas e que podem permitir um maior compartilhamento e interatividade na sala de aula.

Para Ferrari (2010), o Twitter surgiu em 2006 com uma característica que mistura um estilo de rede social com serviço de mensagens instantâneas com postagens de até 140 caracteres.

Por constituir-se num grupo de discussão com mensagens curtas, é possível realizar discussões de caráter mais objetivo, escolhendo-se temas que permitam objetividade e rapidez para a leitura e para as colocações do grupo.

Para Ferrari (2010), o Facebook foi criado em 2004, sendo, atualmente, uma das redes sociais mais utilizadas.

O Facebook é um grupo de discussão que possibilita publicar e compartilhar informações, textos, fotos, vídeos, utilizando o critério de instantaneidade

com o bate-papo em tempo real. O Facebook reúne até 5.000 amigos. Apresenta botões de curtir, comentar e compartilhar. É possível criar comunidades, como páginas de fãs, fanpages.
É possível criar grupos específicos no Facebook. Com isto, há um leque muito grande de possibilidades na área do ensino. Num grupo específico de PLE, por exemplo, podem ser publicados textos, fotos, áudios, vídeos, com conteúdos que estão sendo trabalhados pela turma. Os alunos podem estar envolvidos com os posts. A utilização do bate-papo contribui para a troca de experiências, para sanar possíveis dúvidas e mesmo para trazer novas informações e/ou consolidar novos conceitos.
O Youtube é uma rede social que compartilha vídeos. Além de assistir aos vídeos, eles podem ser compartilhados e comentados.
Como a produção de vídeos é complexa e exige, no caso de vídeos profissionais, trabalho de equipe, a utilização de vídeos, disponibilizados na rede torna-se um material rico e importante no processo de ensino-aprendizagem. Há um leque muito grande de vídeos que podem ser selecionados pelo professor, para serem utilizados na sala de aula
No Youtube, o internauta pode, além de assistir vídeos, comentar e compartilhá-los, formando uma rede de conhecimento coletivo.
O Instagram reúne fotos ou álbuns de fotos. Os celulares e as máquina fotográficas, nas mãos dos alunos, conseguem reunir um repertório significativo de fotos, relacionadas ao processo educativo.

Blog
Para Carvalho e Ivanoff (2009), blogs são páginas da web, weblogs, semelhantes a um diário, contendo fotos, comentários e recados com atualizações periódicas. Eles, normalmente, são temáticos, podendo ser atualizados de modo rápido, individualmente ou por grupos.
Quanto à temática, os blogs têm links para outros blogs, páginas da web e para outras mídias que se relacionem à sua proposição.
Gomes (2005) ratifica a definição de blog, como abreviatura da expressão inglesa "weblog", usada pela primeira vez em 1997, por JornBarger.

> Na sua origem e na sua acepção mais geral, um weblog é uma página na Web que se pressupõe ser atualizada com grande frequência através da colocação de mensagens – que se designam 'posts' – constituídas por imagens e/ou textos normalmente de pequenas dimensões (muitas vezes incluindo links para sites de interesses e/ou comentários e pensamentos pessoais do autor) e apresentadas de forma cronológica, sendo as mensagens mais recentes normalmente apresentadas em primeiro lugar. (Gomes, 2005, p. 311).

Ainda para Gomes (2005), na sua pesquisa, realizada em 2005, apresentada no VII Simpósio Internacional de Informática Educativa em Leiria, Portugal, o uso do blog é enfatizado como um recurso pedagógico no processo de ensino e aprendizagem em escolas.

A utilização de blogs como um espaço de acesso à informação especializada decorre da pesquisa e inventariação de blogs que tratem de temáticas com possíveis enquadramentos curriculares ou extracurriculares, que apresentem informação cientificamente correta e adequada aos níveis etários com os quais cada professor esteja a trabalhar e que seja de autoria e responsabilidade de pessoas e/ou instituições de mérito e credibilidade. (Gomes, 2005, p. 313).

É fácil criar blogs educativos, usando sistemas populares gratuitos, como blogger e wordpress, encontrados na Internet.

Textos, fotos, imagens, áudio, músicas, vídeos, espaços para comentários são publicados com facilidade e de modo muito rápido.

Os blogs constituem-se numa proposição metodológica importante no ensino de PLE,

através de questões, relacionadas à variação linguística, à gramática, à oralidade, (diálogos e conversação), à troca de experiências, à cultura, etc.

Os podcasts, arquivos de áudio digital, em formato mp3 ou aac, são fundamentais no ensino de línguas, pois oportunizam estudos de fonética e de prosódia através de diálogos e de conversação de falantes nativos. Além disso, poderá, também, haver link, dos textos orais para a degravação escrita, podendo facilitar a aprendizagem dos alunos.

Videocasts são podcasts em vídeo, apresentados em formatos como mp4 ou streaming.

É preciso que o professor tenha uma visão multimídia apurada para propor podcasts e videocasts. É importante lembrar que, numa perspectiva de co-criação, os alunos são os produtores deste tipo de material, bem como os responsáveis pelas atualizações dos blogs.

Em relação aos videocasts, há uma variedade de vídeos e videoclips que podem ser buscadas no Youtube, vídeos curtos e que muito auxiliam na aula de PLE.

Para a criação de blogs, sugere-se a criação de um menu, de acordo com a proposta metodológica e do nível de ensino dos alunos. A partir daí, são desenvolvidas competências como: compreender e falar a língua, desenvolver a escrita, desenvolver padrões gramaticais, inserir-se na cultura através de seu povo e de seus costumes, etc.

As mais variadas seções são criadas, de acordo com as necessidades, incluindo textos, exercícios, podcasts, videocasts, links para a temática e espaços de discussão.

O design do blog precisa ser amigável, para facilitar a navegação dos alunos.

Trabalho pedagógico com as TIC

Atualmente, o trabalho pedagógico dos professores de PLE precisa considerar a abordagem comunicativa e as possibilidades, criadas pelas TIC, no processo de ensino-aprendizagem.

De um lado, há a exploração de material já existente e de outro o desafio de produzir material didático novo com metodologias, técnicas e recursos, advindos da televisão, do computador e da Internet.

A capacitação e/ou letramento dos professores de qualquer área de ensino, mormente de PLE, é inevitável em relação à utilização das tecnologias da informação e da comunicação.

Algumas considerações sobre objetivos, contexto de ensino, público-alvo, seleção e produção de material didático são levantadas, para uma melhor utilização das TIC.

Público-alvo

Aqueles alunos, perfilados como eucaliptos, prestando somente atenção ao professor, já não existem mais. Ao invés disso, há os multitarefas, os que são capazes de, simultaneamente, fazer várias coisas como falar ao celular, participar de um bate-papo numa rede social e, também, interagir com os colegas e ouvir a explicação do professor.

Além disso, o domínio que os alunos têm em relação à tecnologia é muito superior, na maioria das vezes, ao do professor. Considere-se que eles já nasceram na era do computador, com o digital fazendo parte de suas vidas.

Em relação à TV, os alunos não são telespectadores passivos, pois já fazem parte da geração da segunda tela, em que podem, por exemplo, assistir a um filme com um tablet conectado à TV, fazendo comentários no Youtube, participando como co-autores das produções televisivas.

Portanto, os estudantes, colocados no centro do processo de ensino-aprendizagem, são, hoje, um público-alvo diferenciado, como multitarefas e absorvendo a segunda tela.

Objetivos

Ressalta-se a importância dos objetivos da utilização de TIC na sala de aula. Os recursos de aprendizagem são usados com propósitos específicos, tais como sensibilizar, questionar, problematizar, interpretar, informar, bem como os mais diretos, relacionados a pronunciar corretamente palavras e frases.

É a partir da formulação clara e definida dos objetivos da aula ou da unidade de ensino que irá ocorrer a seleção de material instrucional.

Contexto de ensino-aprendizagem

As TIC precisam estar articuladas ao processo pedagógico, pois só assim terão sentido na sala de aula.

Objetivos claros e definidos justificam o uso de tecnologias de comunicação e de informação, estabelecendo relações com o contexto e com a estrutura da matéria de ensino. Têm-se objetivos específicos para conteúdos específicos, bem como recursos adequados para a sua concretização.

Repertório

Para selecionar recursos das TIC, é necessário que o professor tenha repertório, conhecimento do que existe, ou mesmo paciência para buscar aquilo que lhe interessa para aquela situação específica.

Há uma diversidade de produções on-line, que são gratuitas, nas mais variadas formas: programas de TV, documentários, filmes, vídeos, comerciais, videoclips, reportagens, podcasts, etc.

Considere-se que as produções audiovisuais como recursos pedagógicos precisam ser curtas, ocupando somente parte do tempo da aula, pois são inseridas dentro de um determinado propósito. Exceção se faz, quando a meta é somente fruição. Neste caso, justifica-se um tempo maior.

Entrar nas plataformas virtuais, descobrir materiais inusitados, garimpar o que a Internet oportuniza, tudo é uma aventura multimídia indescritível para o professor.

Seleção de TIC

É a partir do repertório que o professor possui que permitirá que ele selecione o material didático para a sua sala de aula, para a sua situação específica de ensino-aprendizagem. Levar em consideração o público-alvo, as expertises dos alunos, os objetivos propostos e o contexto da estrutura do conteúdo são fundamentais para a seleção de recursos instrucionais.

Há tecnologias relacionadas à informação, ao entretenimento e também à educação. Determinar o que ser quer e buscar as específicas são desafios constantes para a abordagem didática que se quer seguir.

Produção de TIC

Por incrível que pareça, é escassa a produção de material didático atualizado, utilizando metodologias inovadoras com as tecnologias de informação e comunicação. Este é um nicho de mercado que está em aberto, esperando ser explorado.

Para a produção de produtos de qualidade, exige-se equipe multidisciplinar, constituída de especialistas de conteúdo, pedagogos, comunicadores e web designers. Há uma tendência de criação de laboratórios de mídias e práticas educativas, nos quais a ênfase recai em pesquisa e em produção de materiais com propósitos pedagógicos. Infelizmente, as iniciativas ainda são incipientes. Para a implementação de tais laboratórios, os equipamentos são caros e exige-se, também, equipe técnica, o que encarece ainda mais as produções.

Por outro lado, com a democratização de equipamentos alternativos, como por exemplo, as máquinas fotográficas e os celulares, é possível produzir material pedagógico atualizado com a participação dos alunos, colocando-os no centro do processo, como co-autores das práticas pedagógicas, relacionadas às TIC.

Desta forma, a expertise que os alunos trazem com o uso de tecnologias será de grande valia e tornará a sala de aula dinâmica e diferenciada.

Fotografias, vídeos curtos, reportagens, videoclips, podcasts, espaços virtuais interativos, podem ser produzidos com câmeras e celulares de baixo custo, o que tornará a sala de aula mais interessante e trará os alunos para o centro do processo de aprendizagem.

Quanto à edição de vídeo, há softwares de edição gratuitos, como o movie maker de fácil utilização pelos alunos. Dependendo dos laboratórios de informática das escolas, é possível comprar licenças como a do Adobe Premiere, para PC, ou Final Cut, no caso da plataforma ser Aple.

Os blogs podem hospedar podcasts, vídeos, textos, bem como permitir a interatividade através de fóruns de discussão. Os alunos podem se encarregar da colocação de posts, e os trabalhos passam a ser colaborativos na esfera virtual.

Exemplo De Atividades Com O Uso De TIC em PLE

Como exemplo de atividade com o uso de TIC, apresenta-se a série **Da Oralidade à Produção Textual**. O objetivo geral da série consiste em aprender brincando, cantando, ouvindo, lendo e escrevendo.

A série consiste em cinco módulos, cada um contendo sugestões de uso de tecnologias de informação e comunicação.

Sugere-se a criação de um blog, que será feito com trabalhos, produzidos pelos alunos numa comunidade colaborativa virtual.

É possível, também, utilizar os recursos de modo independente, de acordo com a unidade de ensino e com os objetivos, propostos para aquele grupo de alunos.

Em relação ao áudio, o próprio professor selecionará e gravará os textos. Entretanto, o áudio poderá ser gravado pelos alunos com o telefone celular e, no caso do blog, disponibilizado em podcast.

Ressalta-se a importância do texto escrito. Os alunos iniciam com a oralidade e, depois, partem para o texto escrito. No blog, a seção texto conterá os textos selecionados.

Quanto à imagem, têm-se desde fotos até a produção de vídeos. Tanto o professor como os alunos podem realizar o processo de captação. O instagram é muito bom para galeria de fotos. Os vídeos, sempre curtos, de preferência, em torno de 3 a 5 minutos, participarão da seção de videocast no blog, ou serão usados, de acordo com os objetivos estabelecidos.

Algumas máquinas fotográficas e celulares com boa resolução são ótimos para a captação.

A mediação tecnológica é indispensável e será feita, de acordo com os propósitos previamente definidos, em chats, fóruns, etc.

A seguir, estão descritos os módulos com as sugestões de recursos, advindos da tecnologia.

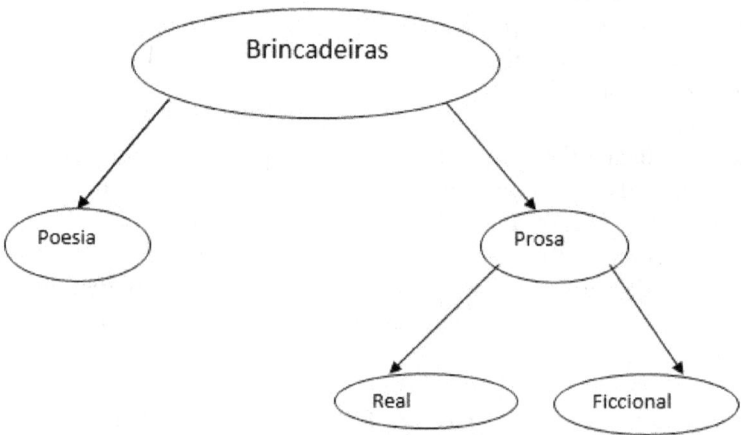

Módulo 1 – Brincadeiras Cantadas (Brincadeiras de roda de domínio público)
- ➢ Resgatar o ludismo nas cantigas de roda de domínio público.
- ➢ Chamar atenção para o ritmo, para a rima e para a sonoridade.
- ➢ Trabalhar as cantigas como fruição, colocando a oralidade da palavra na vida dos alunos.
- ➢ Chamar atenção para a composição do fonema, da frase e do texto.

Sugestões para a produção de TIC com áudio e imagem
Áudio: marcado pela cadência do ritmo, rima e sonoridade
- ➢ Musicalidade: explorar voz e música
- ➢ Repetição (refrão) marcando fonema, frase e texto

Imagem: seleção de imagens no correspondente ao áudio, no que se refere "a repetição", marcado por vários ângulos dos objetos repetidos.
- ➢ Participação de crianças para dar a visão de brincadeira (ludismo), crianças brincam e ao mesmo tempo interpretam o texto por meio corporal da dança e de ações referentes ao conteúdo das cantigas.

Módulo 2 – Poesia (Sonoridade e Oralidade)
- ➢ Compreender e interpretar o texto, usando critérios de oralidade na comunicação de mensagens.
- ➢ Resgatar o ludismo nas poesias com ritmo, rima e sonoridade.
- ➢ Criar uma antologia poética baseada na oralidade.
- ➢ Explorar temas, de acordo com a vivência dos alunos e com a cultura (rua, cidade, estado, país e mundo).
- ➢ Criar uma antologia e analisar a poesia pelo conteúdo e pela interpretação.

Sugestões para a produção de TIC com áudio e imagem
Poesia 1
Áudio: Leitura interpretativa dos poemas, marcando ritmo, rima e sonoridade. Presença de música de fundo (BG)
Imagem: Correspondente à locução, imagens em planos fechados e repetidas (mudando o ângulo, plano e wipes), desta forma enaltece a importância dos elementos de áudio como ritmo, rima e sonoridade. Deve existir um paralelo entre " jogo de palavras" e "jogo de imagens", referentes às palavras do texto.
Poesia 2
Áudio: Locução dos poemas em ritmo mais narrativo
Imagem: Estruturar vários poemas, conforme os temas, com ganchos de passagens de um assunto a outro, criando desta forma continuidade de temas para se chegar a um todo único de conteúdo. Ex: rua, cidade, região, país e mundo.
Na análise das metáforas, criar várias interpretações de imagens a partir das figuras de linguagens apresentadas.
Para este módulo, serão úteis os livros "Poesias: ou isto ou aquilo" de Cecília Meireles e " A arca de Noé" de Vinícius de Moraes.

Módulo 3 - Prosa Poética (narrativa com ritmo poético)
- Aproximar a narrativa da poesia.
- Explorar a narrativa com ritmo, lirismo.

Sugestões para a produção de TIC com áudio e imagem
Áudio: Locução marcando o ritmo poético dos textos
Imagem: Mistura de gêneros, ou seja, usar o documental para revelar conteúdos educativos (ex: o certo e o errado, o bem e o mal). Por outro lado, usar o ficcional para retratar as histórias em si, criadas pelo autor ou personagem principal.
Neste módulo, os livros de Ruth Rocha, como "Marcelo, marmelo, martelo" são fundamentais.

Módulo 4 - Prosa Real
- Ler textos narrativos de diferentes mídias (jornal , publicidade e revistas).
- Produzir textos (notícias e histórias de vida).

Sugestões para a produção de TICs com áudio e imagem
Áudio: Descritivo e narrativo
Imagem: Histórias com início, meio e fim. Gênero: crônica

Módulo 5 – Prosa Ficcional
- Mostrar a possibilidade de interpretação, transportando a linguagem denotativa para a linguagem conotativa.
- Transpor textos literários para outras mídias (jornal , publicidade e revistas).
- Produzir textos partindo do texto literário.

Sugestões para a produção de TIC com áudio e imagem
Áudio: Interpretativo (presença do personagem da história contando a história, mudança de foco narrativo), presença de representação por meio de atores.
Imagem: Adaptação das histórias à mídia televisiva, adaptação das histórias a um texto publicitário e jornalístico (enaltecendo fatos que podem ser noticiosos, tal como poder vender algum produto ou mesmo virar matéria de revista).
Os professores de PLE devem adaptar a utilização dos módulos, bem como o uso de recursos de TIC, de acordo com a faixa etária dos seus alunos e com o nível de sua classe.

Considerações finais
As tecnologias da informação e da comunicação, TIC, advindas da televisão e da web, podem contribuir para o ensino de PLE, quer esteja ele relacionado aos estudos de língua como aos de cultura.
Utilizar tecnologias existentes e também produzi-las é um desafio a ser enfrentado. Equipamentos alternativos e de baixo custo estão à disposição, tanto do professor como dos alunos multitarefas. Espaços virtuais são alternativas a serem criadas. Desenvolver dispositivos tecnológicos que apoiem o ensino de PLE é um grande desafio.
Enfim, é preciso trazer as TIC para a sala de aula, como aliadas à prática pedagógica do ensino de PLE.

Referências
Bolaño, César Ricardo Siqueira and Valério Cruz Brittos. *Capitalismo e política de comunicação: a TV digital no Brasil.* In: Haussen, Doris Fagundes; Brittos, Valério Cruz (Orgs.). Economia política, comunicação e cultura: aportes teóricos e temas emergentes na agenda política brasileira. Porto Alegre: EDIPUCRS, 2009, p.17-36.

---. *A televisão brasileira na era digital: exclusão, esfera pública e movimentos estruturantes.* São Paulo: Paulus, 2007. p76-77.

Briggs, Asa; Burke, Peter. *Uma história social da mídia: de Gutenberg à Internet.* Rio de Janeiro: Jorge Zahar, 2004.

Carravetta, Luiza. *Métodos e Técnicas no ensino do Português.* Porto alegre: Mercado Aberto, 1991.

Carravetta, Luiza and Marta Coelho. *O vídeo educativo: uma ferramenta para o professor.* Porto Alegre: Algo Mais, 2010.

Carravetta, Luiza and Elvira Hoffmann. *Expressão Oral: teoria e prática.* Porto Alegre: Jurídica, 1984.

Castells, Manuel. *A sociedade em rede.* São Paulo: Paz e Terra, 2005.

Carvalho, Paulo Araújo Câmara de; Ivanoff, Gregorio Bittar. *Tecnologias que educam: ensinar e aprender com as tecnologias de informação e comunicação.* São Paulo: Pearson Prentice Hall, 2010.
Ferrari, Pollyana. *Jornalismo digital.* São Paulo: Contexto, 2010.
Fischer, Rosa Maria Bueno. *Televisão e educação – fruir e pensar a TV.* Belo Horizonte: Autêntica, 2003.
---. "Técnicas de si" na TV: a mídia se faz pedagógica. In: *Educação* UNISINOS, São Leopoldo, v. 4, n. 7, p. 111-139, jul./dez. 2000.
Freire, Paulo. *Educação e mudança.* São Paulo: Paz e Terra, 1979.
---. *Pedagogia da autonomia.* São Paulo: Paz e Terra, 2006.
Gomes, Maria João. Blogs: um recurso e uma estratégia pedagógica. In: *VII Simpósio Internacional Deinformática Educativa.* 2005. Disponível em: http://repositorium.sdum.uminho.pt/handle/1822/4499. Acesso em: 24 mar. 2013.
Gontijo, Silvana. *O mundo em comunicação.* Rio de janeiro: Aeroplano, 2001.
Jenkins, Harry. *Cultura da convergência.* São Paulo: Aleph, 2009.
Lévy, Pierre. *Cibercultura.* São Paulo: editora 34, 1999.
Meireles, Cecília. *Poesias: Ou isto ou aquilo e inéditos.* São Paulo: Melhoramentos, 1972.
Moraes, Vinicius de. *A arca de Noé.* São Paulo: companhia das Letrinhas, 2008.
Pinho, J.B. *Jornalismo na Internet: planejamento e produção da informação on-line.* São Paulo: Summus, 2003.
Prado, Magaly. *Webjornalismo.* Rio de Janeiro: LCT, 2011.
Rocha, Ruth. *Marcelo, marmelo, martelo e outras histórias.* São Paulo: Salamandra, 1999.
Souza, Ricardo Augusto de. Comunicação mediada pelo computador: o caso do chat. In: Coscarelli, Carla Viana (Org.) *Novas tecnologias, novos textos, novas formas de pensar.* Belo Horizonte: Autêntica, 2002.

6.2 Uso da Mídia em aula de PLE: à procura de sentido para a exploração de vídeos publicitários
Ana Clotilde Thomé Williams

É inegável o interesse pela aplicação de produtos da mídia em sala de aula, sobretudo pela facilidade com que se tem acesso aos diferentes tipos de comunicação em massa hoje em dia. No entanto, é necessário observar a prática de forma crítica. Quando se fala em Mídia e ensino de língua estrangeira, deve-se ter em mente o *conteúdo* veiculado, bem como o *meio* em si. Mas não se pode esquecer que o sentido maior do uso de mídia em sala de aula é integrar o estudante de língua estrangeira ao contexto de significação cultural do produto e permitir que haja um constante diálogo entre a sua língua e cultura com a língua e cultura alvo.

Ofereço aqui uma reflexão sobre a aplicação de *vídeos publicitários* em aula de PLE, focalizando o desenvolvimento da competência comunicativa intercultural a estudantes de nível básico superior, intermediário e avançado.

Mídia e ensino da língua
O que é mídia e para que serve em sala de aula?
O dicionário Aurélio da Língua Portuguesa, assim define a palavra em sua primeira acepção: "Qualquer suporte de difusão de informações (rádio, televisão, imprensa escrita, livro, computador, videocassete, satélite de comunicações etc.) que constitua simultaneamente um meio de expressão e um intermediário capaz de transmitir uma mensagem a um grupo como também meios de comunicação, comunicação de massa.
E em sua segunda acepção: "Publicidade Atividade e departamento de uma agência especializados em selecionar e indicar os veículos de propaganda (televisão, jornal, mala-direta etc.) mais favoráveis à divulgação de determinada mensagem, de forma a atingir seu público-alvo; veiculação.
Neste artigo, vamos abordar a mídia como um instrumento de uma mensagem, e também como a própria mensagem que, por meios de comunicação em massa, pode ser adaptada pelo professor como recurso de ensino de PLE.
Chan, Chin e Nagami (2011:1,2) argumentam que, desde há muito, educadores procuram utilizar em sua prática objetos do próprio ambiente ou mesmo desenvolver instrumentos que possam oferecer ao aluno uma experiência de aprendizagem mais enriquecedora. Essa busca por materiais traduz, na verdade, uma necessidade específica: dar um sentido ao que se faz. A preocupação em se transferir conhecimento de maneira a facilitar a compreensão leva educadores a procurar ou a adaptar recursos que

estabeleçam uma relação do material escolhido com o significado que se quer transmitir.

Para que se dê sentido ao uso de produtos da mídia como um recurso pedagógico para aulas de língua estrangeira, urge compreender o que é a mídia em relação a quem faz uso dela. Para Mc Luhan (1994), a mídia, como um instrumento que veicula uma mensagem, é uma extensão do homem. O homem se reinventa através de instrumentos que cria. Seus instrumentos sempre trazem uma mensagem. Na verdade, mais do que isso, eles são uma mensagem. Cada vez que aprimora seus instrumentos, o homem se recria, dá uma nova dimensão a si próprio e às suas relações. Por exemplo, McLuhan afirma que as rodas são uma extensão dos pés; a roupa, uma extensão da pele; o livro, uma extensão do olho. E assim, o martelo é uma extensão das mãos; o rádio, uma extensão dos ouvidos; o telefone, uma extensão da boca e dos ouvidos; a televisão, por sua vez, é uma extensão dos olhos e dos ouvidos. Fabricamos e usamos instrumentos que interferem no ambiente em que vivemos para que alcancemos nossos objetivos e também sejamos alcançados por objetivos de outrem. A evolução da tecnologia vai originando novas experiências. Hoje em dia, um *smartphone,* além de ser extensão da boca, do ouvido, do olho e da mão, é uma extensão de nossos espaços sociais: a sala de visitas, o botequim da esquina, a sala de aula, um centro esportivo, etc. A tecnologia permite que nosso corpo e as relações dele com o mundo se estendam.

Todos os instrumentos que usamos para facilitar nossa inserção no ambiente em que vivemos são extensões de nós mesmos e são mensagens. Por exemplo, a roupa que usamos é uma segunda "pele" que nos reveste de muitos significados. O que a roupa diz para os outros sobre quem somos? Um revolucionário, um almofadinha, uma pessoa elegante, alguém que privilegia certa cor, marca ou estilo, ou que quer revelar suas identidades culturais? A roupa veste uma ideia, não apenas um corpo e cria uma situação enunciativa, gera um discurso. Da mesma forma, ao usarmos um objeto como nosso "ouvido estendido" para obter novas informações, também revelamos gostos, interesses, e maneiras com que preferimos nos estabelecer, agir e ser na sociedade. Um rádio de pilha pode trazer a mesma informação que um aparelho de som, mas nunca a mesma "mensagem". A mensagem se transforma de acordo com o meio utilizado e também transforma as relações humanas. Como afirma Bakhtin (2000:8), "a forma linguística é sempre percebida como um signo mutável. A entonação expressiva, a modalidade apreciativa sem a qual não haveria enunciação, o conteúdo ideológico, e o relacionamento com uma situação social determinada afetam a significação. O valor novo do signo, relativamente a um "tema" sempre novo, é a única realidade para o locutor-ouvinte. Só a dialética pode resolver a contradição aparente entre a unicidade e a pluralidade da significação".

Hoje em dia, é muito comum utilizar diferentes tipos de mídia no ensino de língua estrangeira. E, para dar sentido a seu uso em sala de aula, é necessário compreender sua ecologia, o ambiente em que tais produtos são originalmente planejados, produzidos, veiculados e depois, reproduzidos, reveiculados, revistos, reinstaurados em diferentes situações, inclusive no meio digital. O ambiente em que a mensagem é produzida e reproduzida afeta sua significação. São vários meios interconectados que veiculam a informação. Quando se muda o meio, a mensagem, por ser intrinsicamente social, também se transforma, ganha novos contornos, novas interpretações e produz novas mensagens.

Isso me leva a pensar em um tipo de mídia não muito mais usado hoje em dia em aulas de língua estrangeira: a realia. Realia são objetos autênticos usados no dia a dia, tais como entradas de cinema, menus de restaurante, embalagens de certas lojas, cartões postais, selos, bilhetes de transporte público, moedas, etc. A realia, por ser um objeto com um propósito específico de facilitar a interação entre as pessoas de um determinado país ou região proporciona uma instantânea conexão entre língua e cultura. Suas características como o tamanho, a textura, as cores, entre outros aspectos podem fazer a ponte entre dois espaços distintos: a sala de aula e a aventura num país estrangeiro. Trata-se de objetos que trazem mensagens. Contam histórias. Ativam memórias. Hoje, a tecnologia digitalizou a realia. Com o fim de facilitar o trabalho do professor de língua estrangeira, Smith (1997) dispôs material digitalizado de realia na internet, como brochuras turísticas, mapas, etc. No entanto, nem todos apreciam a realia dessa forma por causa justamente de questões de "autenticidade". A realia que se tornou digitalizada possui uma outra mensagem. Por outro lado, atualmente, a própria realia é também originalmente digital! A mídia digital é muito mais prática. Objetos virtuais estão à disposição 24 horas por dia, não se perdem facilmente e podem ser compartilhados com apenas um clique. O meio mudou a forma de apresentação dessa mídia. Um documento autêntico, como um bilhete de avião comprado num outro país, praticamente já não existe mais. Compra-se uma passagem de avião pela Internet, não é necessário um objeto concreto. Cartões e papel têm sido substituídos por um código apenas, o suficiente para que se confirme o ingresso do passageiro no avião. O ambiente para a compra de uma passagem aérea mudou. Os personagens envolvidos e suas necessidades também mudaram. É uma outra situação, uma outra enunciação, um outro discurso, consequentemente, uma outra mensagem. Há menos interlocutores, maior agilidade, mais autonomia.

Retomando a relação entre meio e mensagem, no mundo interconectado e digitalizado em que hoje vivemos, é necessário que o professor de línguas tenha em mente o jogo de interpretações que a mídia favorece. Um mesmo comunicado dissemina diferentes mensagens conforme o meio por onde é transmitido: um convite para um casamento feito por telefone, enviado por e-mail ou pelo correio em um sofisticado papel muda sua mensagem, transforma a relação entre emissor e destinatário. Embora tenham o mesmo conteúdo, um vídeo postado no *Youtube* ou enviado a alguém pelo celular são diferentes mensagens, pois o contexto muda a situação enunciativa. O meio é a mensagem. Se queremos implementar produtos de mídia em aulas de língua estrangeira, temos que ter a noção da completude da mensagem, e isso significa compreender o meio de veiculação que vai proporcionar diferentes reações e percepções em quem recebe a mensagem. A comunicação por qualquer mídia que seja, em especial meios de comunicação em massa, só pode ser efetiva quando o conhecimento de mundo transmitido é compartilhado por pessoas de uma mesma comunidade, de uma mesma cultura e língua. Kramsh (2001:2) esclarece que uma comunidade de falantes não apenas transmite conhecimento e experiência através da língua, mas cria essas experiências através da língua falada ou escrita por meio de diferentes canais. A língua é a forma mais comum de interação entre pessoas da mesma comunidade. A comunicação em massa reforça as características linguístico-culturais dos falantes de uma mesma língua, e proporciona a criação de experiências em seu respectivo contexto cultural.

Kramsh (2002:11), com base em descrições da língua que propõe Graddol (1994), delineia um modelo semiótico social para o estudo de uma língua estrangeira. Tal modelo nos interessa porque é fundamentado em princípios pós-estruturalistas, ou seja, vão além da abordagem comunicativa, e incorpora quaisquer textos escritos ou falados por uma comunidade no âmbito específico de sua significação. Esse modelo possui três premissas, interligadas entre si, que comento a seguir:

- A primeira premissa é que toda prática linguística envolve usuários da língua. Absolutamente não pode haver uma língua viva sem falantes. O contexto da comunicação de massa dirige-se aos falantes da língua e cultura que vão abstrair significados desses textos e "dialogar" com eles.
- A segunda premissa é a da intertextualidade. Tudo o que vier a ser falado ou escrito é historicamente situado em práticas comunicativas passadas que se revitalizam, voltam à tona, inovam-se. Existe sempre um propósito na comunicação verbal ou escrita: incitar um debate, rever posições, manifestar desejos, provocar uma ação, etc. A intertextualidade propõe essa renovação. Cabe ao professor levar o estudante a compreender a intertextualidade na produção da língua. Não é tarefa fácil. Exige-se aculturamento bem como um conhecimento mais profundo da língua e de suas possíveis realizações para que se possa fazer a relação de um discurso com outros.
- A terceira premissa é o processo dialógico de construção do sentido. Um modelo de semiótica social possui uma rede holística de

relações. Inclui todos os signos do contexto comunicativo que servem para o diálogo. Além da palavra falada ou escrita, gestos, pausas e silêncio, linguagem corporal, sinais acústicos, símbolos visuais, entonação e ritmo da voz dão enfoque ao sentido da comunicação e incita o interlocutor ao diálogo.

O dialogismo nos remete novamente a Bakhtin (1992: cap.5), para quem o outro é fundamental na realização do discurso. A *palavra sempre se dirige a um interlocutor*. É modulado por ele, mesmo que não esteja fisicamente presente. O discurso falado ou escrito não existe se não se considerar a quem ele se destina.

Vídeos publicitários como gênero do discurso e aplicação ao ensino de línguas

Existe uma relação intrínseca entre o gênero do discurso e as premissas sóciosemióticas mencionadas acima. "On est là pour dire ou faire quoi?", "estamos aqui para falar ou fazer o quê?" pergunta-se Charaudeau (1995:102). É por causa da utilidade e necessidade de comunicação no dia a dia que as pessoas produzem diferentes gêneros de discurso. Os gêneros do discurso são tipologias da comunicação que, segundo Maingueneau (2000) especificam a ação de um sobre o outro através do uso da língua. Ao interagirmos na sociedade, tornamo-nos capazes de identificar os gêneros que a ela pertencem e a moldar nossa fala segundo formas e normas de um determinado gênero (Bakhtin 1984:285). Quando damos a oportunidade aos estudantes de "experimentarem" os diferentes gêneros discursivos em uma nova língua, eles devem buscar responder as seguintes perguntas: Quais são os pontos em comum e distintos desse gênero discursivo em relação à minha língua materna? Como compreender seu contexto cultural? Quais são as intenções do falante em relação ao seu ouvinte? Que efeitos de sentido posso deduzir ou provocar nessa língua? Essas indagações remetem a um padrão de comportamento linguístico-cultural para determinadas situações que nem sempre encontram uma equivalência em uma situação semelhante na cultura da língua alvo. Para o mesmo gênero discursivo podem haver roteiros sócioculturais diferentes.[70]

A publicidade é um gênero de discurso muito comum na sociedade moderna. Campos-Toscano (2009: 50) destaca alguns de seus objetivos como vender um produto, promover uma marca ou criar um clima de fidelidade do consumidor com o produto. Às vezes, o objetivo principal é propagar uma ideia. Trata-se de um discurso altamente persuasivo. Publicitários no mundo todo usam diferentes estratégias para difundir ou gerar a necessidade de um

---

[70] St Clair & Thomé-Williams (2005) refletem sobre a diferença cultural de roteiros sociais em situações do dia a dia, como a ida a um restaurante, por exemplo. Thomé-Williams (2013) observa a diferença de *script* entre locutores de futebol franceses e brasileiros ao narrarem gols na Copa do Mundo.

produto, de um serviço ou de uma forma de crer ou agir. A criatividade pelo uso de imagens, metáforas, sonoridades, frases de efeito, slogans pode trazer o efeito que se espera num mercado cada vez mais competitivo.

Devido à sua elasticidade (qualquer objeto pode ser o cerne de uma peça publicitária), universalidade (a publicidade pode dirigir-se a qualquer pessoa) e, por despertar o diálogo sócio-linguístico-cultural, a publicidade, em suas diversas formas e meios, tem servido como recurso didático em aulas de língua estrangeira. O interesse em utilizar comerciais de TV em sala de aula tem suscitado professores de diversas línguas a abrir espaço em seus cursos para implementá-los com criatividade e tecnologia.

Smith e Rawley (1997) sugerem um plano de aula com comerciais televisivos no ensino de uma língua estrangeira, pois possuem uma linguagem acessível, causam impacto, são materiais autênticos da língua falada, introduzem valores culturais e incitam ao pensamento crítico. Purpura (2013), aponta quatro grandes vantagens para o uso de comerciais italianos em suas aulas: 1) a brevidade do vídeo: numa curta duração de tempo, existe uma narrativa completa; 2) a familiaridade com o discurso persuasivo da publicidade por parte dos estudantes; 3) a intertextualidade e a alusão a outros tipos de documentos autênticos da mesma cultura e 4) a especificidade cultural, ou seja, o que o produto em questão representa para uma determinada cultura e o que pode ser aprendido, absorvido, referido por estudantes estrangeiros. Ele sugere que estudantes após a análise de comerciais façam uma experiência em produzir um comercial de um produto italiano para o público americano e vice-versa.

Cunningham (2011) desenvolveu um curso de um semestre inteiro em torno da análise e produção de comerciais de TV para favorecer a proficiência cultural e linguística de seus estudantes japoneses aprendendo inglês. Ariougul e Uzun (2012) passaram a favorecer aparatos eletrônicos como telefones celulares para dar maior mobilidade e acessibilidade a comerciais produzidos por seus estudantes de inglês na Turquia. Nah et allii (2013), com o intuito de promoverem a autonomia na língua francesa, relatam um experimento com a utilização de espaços Wiki para que estudantes de culinária e de francês explorassem o uso de comerciais de TV. E, em estudo sobre o ensino do aspecto em português para estudantes falantes de inglês) reforço a criação de comerciais em vídeo, em que os estudantes empregam o pretérito perfeito e imperfeito para evidenciar uma relação de causa e efeito (Thomé-Williams e Amorim, 2013).

Faz muito tempo, a utilização de comerciais em sala de aula de LE me motiva[71]. É um gênero discursivo muito apelativo, facilmente reconhecido e

---

[71] Nos anos 90, quando eu lecionava francês no Brasil, passei a utilizar a publicidade em diversas formas em sala de aula. Na época, os alunos produziam breves comerciais (em fitas VHS) onde se refletiam, entre outras coisas, características que acreditavam ser as verdadeiras da "vida francesa". Muitas vezes havia uma clara intersecção de culturas ou o

veiculado por diversos meios e não raro reproduzido em conversas do quotidiano, em redes sociais na Internet, o que lhe dá diferentes leituras, novas dimensões. A sequência narrativa de um comercial possibilita a exploração de tempos verbais, de características de seus personagens actantes, e dos produtos veiculados, e principalmente, promove a compreensão de sua significância em uma determinada cultura. Nada é aleatório na composição de um comercial de TV: tempo, espaço, escolha de personagens, frases feitas... todos os seus elementos giram em torno da ideia ou do produto propagado e em como conquistar o telespectador.

Quando se trabalha com comerciais de TV em aula de língua estrangeira, a questão da interculturalidade deve ser levada em conta. Estimula-se o desenvolvimento da competência comunicativa intercultural a partir de técnicas de warm-up que vão preparar o estudante para assistir e interagir estimulados pela peça publicitária, bem como atividades de compreensão e análise e atividades de produção ou reprodução do comercial. É importante analisar as mensagens das imagens, das palavras, dos gestos, das expressões linguísticas, até da música e dos sons presentes no comercial. A construção do sentido na perspectiva sócio-semiótica se faz na associação com o todo. E as atividades elaboradas devem conservar o todo e auxiliar o estudante a extrair significados desse material autêntico.

Byram (1997:91) propôs um modelo em que revela fatores para o desenvolvimento da competência comunicativa intercultural. São eles: a <u>atitude</u> em relação a outras culturas, que valoriza a curiosidade, a abertura e a prontidão para reconhecer e aceitar o elemento novo, sem que haja julgamento ou preconceitos; o <u>conhecimento</u> de si mesmo e de outros que evidencia regras para a interação social e as práticas culturais de grupos de ambas as culturas; as <u>habilidades para interpretar, explicar e fazer relações</u> entre eventos e documentos de uma cultura para sua própria cultura; e as <u>habilidades para descobrir elementos culturais novos</u> e para usar o conhecimento e atitudes previamente adquiridas em interações interculturais.

---

reforço de estereótipos: um francês de boina lendo um jornal e tomando café com pão e manteiga, por exemplo. Será que é essa uma imagem segura do francês que lê jornal? Mas o interlocutor do comercial é o próprio estudante. E para ele, sim é essa a imagem que ele faz de um francês, nos cafés de Paris... até ir a França ou conviver mais de perto com nativos franceses, ou ter uma experiência mais enriquecedora com a cultura e perceber que nem todo francês usa boina, lê jornal nos cafés, e especialmente come pão com manteiga com seu cafezinho, um hábito, aliás, bem brasileiro.

Meu interesse pelo discurso publicitário fez-me também analisar a tradução de produtos franceses, como cremes da Lancôme e carros da Peugeot no Brasil. Uma mesma peça publicitária teria o mesmo efeito em São Paulo e em Paris? Essa era uma pergunta que eu fazia a estudantes de tradução, muitas vezes desafiados pelos efeitos que se queria produzir em um interlocutor final.

Esses fatores devem se fazer presentes na exploração de comerciais de TV em sala de aula. O sentido que se busca na utilização de vídeos é destacado por Leffa e Irala (2012:94) em função das possibilidades de relações que os vídeos geram em aula de LE: 1) relações entre os participantes representados no vídeo, 2) relações entre os participantes e o telespectador e 3) relações entre os elementos do próprio vídeo.

Essas relações devem evidenciar elementos da interculturalidade bem como de códigos linguísticos que se quer marcar.

Charaudeau (1984) enfatiza tais elementos quando revela alguns cuidados na observação da linguagem dos meios de comunicação. Deve-se atentar para: 1) as <u>condições de produção</u> do texto, ou mais exatamente, o suporte em que o texto é produzido (reforçando o que já foi exposto, um comercial pelo rádio será veiculado de forma diferente do que na televisão ou uma publicidade no jornal, dependendo, inclusive, do alcance do público e das intenções de comunicação); 2) <u>uma análise contrastiva de tempo e lugar</u> que aborde os aspectos lexicais, sintáticos, fonéticos, prosódicos, gestuais, proxêmicos, etc. do discurso (as variações de tempo permitem evidenciar contrastes de peças publicitárias em função da época de circulação, e as de lugar consistem em observar as características de um mesmo gênero em contextos sócio-culturais diferentes); e a <u>interpretação</u> por parte dos consumidores da mídia (a interpretação sempre é subjetiva, pois é apenas possível induzir os *efeitos produzidos* a partir dos *efeitos possíveis*).

Tendo em vista o tratamento intercultural de um texto de mídia, as relações que estabelece com seus elementos internos e externos e os aspectos da linguagem dos meios de comunicação, cabe agora refletir sobre um planejamento de aula de PLE ao redor de comerciais de TV que incentive o desenvolvimento da competência comunicativa intercultural.

Mendes (2011:146) sugere uma organização pedagógica em três planos. São eles:

O plano dos conteúdos, o plano da interação e o plano da sistematização. Embora esses planos não sejam necessariamente sequenciais, eu gostaria de interpretá-los dessa forma. O **plano dos conteúdos**, com o foco no sentido, caracteriza as áreas de uso culturais e interculturais, como ponto de partida para as experiências de interação na e com a língua. Chamemos de fase 1, quando se anuncia o tópico a ser explorado e se desenvolvem atividades para "warm up", motivando os estudantes a discutirem e a analisarem o tema e a se prepararem para a atividade a seguir.

O **plano da interação**, com foco na competência linguístico-comunicativa, representa os contextos para vivenciar a interação, as atividades, os jogos, as tarefas que vão eliciar o uso da língua. Chamemos de fase 2, onde as interações em torno do assunto escolhido são encorajadas e desencadeadas pelo professor, através de uma amostra autêntica de uso da língua alvo, como por exemplo, um artigo de jornal, um filme, uma reportagem, um documentário, uma peça publicitária, uma carta, um entrevista no radio, um programa de TV, uma conversa telefônica, etc.

O **plano da sistematização**, com foco no interesse e necessidades dos alunos, representa ambientes para focalizar a forma, reflexão sobre situações de uso da língua, problemas/achados extraídos da interação com o professor e outros colegas de classe. Chamemos de fase 3, embora este plano, na minha visão possa estar sobreposto à fase 2, já que existe sempre espaço para a negociação de significados, vocabulário, regras de gramática durante a interação. Nesta fase, o aluno está mais atento às possibilidades linguístico-culturais da língua e às suas realizações.

Eu gostaria de adicionar mais um plano a este modelo: **o plano da experienciação**, com foco na experiência do estudante em situações de uso da língua fora do ambiente de sala de aula. Nesta fase, o estudante poderá aplicar os conhecimentos adquiridos nos outros planos/fases em um projeto comunicativo, intercultural, em situações de seu interesse, transformando ações pedagógicas em realidade de uso da língua em seu contexto natural. Chamemos de fase 4, em que o aluno aplica seu conhecimento interagindo online, convivendo com falantes nativos em comunidades do país estrangeiro ou no país da cultura alvo, fazendo um telefonema, escrevendo uma carta, etc. sem que haja necessariamente nesse plano, a interferência direta do professor. Qualquer ação indireta que facilite a interação com o mundo real, por menor que seja, poderá ter efeitos positivos no aprendiz. Acredito que esta fase 4 é a fase de maior desafio, e nem sempre poderá ser oferecida, mas não deve ser negligenciada. Pelo contrário, devemos preparar nosso estudante pouco a pouco para se soltar completamente no mundo da língua e cultura alvo. Oferecer possibilidades paulatinas de interação com esse mundo-alvo ou encorajá-lo a fazê-lo permite conexões cada vez mais fortes entre duas realidades: a da língua materna e a da língua estrangeira. Vejo como uma extensão dos planos anteriores, a culminação de todo um projeto pedagógico.

Utilizando um comercial de TV em curso de PLE

Um dos maiores desafios para a aplicação de comerciais em curso de LE é justamente encontrar um comercial de um produto cultural da língua alvo e adaptá-lo de acordo com os objetivos específicos do ensino. Dentro de uma perspectiva interculturalista, qualquer comercial da cultura alvo pode ser selecionado, no entanto, para trabalhar de forma mais ampla o plano dos conteúdos, da interação e da sistematização, o ideal é que:

- O produto (ou serviço) veiculado esteja diretamente relacionado ao dia a dia das pessoas do país alvo. Com a globalização, muitos produtos perdem a "nacionalidade". O melhor é encontrar um comercial que valorize a cultura local, os costumes dos habitantes, e as empresas nacionais. Ou então, sob um âmbito mais amplo, proporcionar um diálogo multicultural ou transcultural de um produto que não é nacional, mas que influencia a vida das pessoas daquela região ou país.

- O ideal é também que o comercial tenha insumo na língua alvo, como por exemplo, pessoas conversando ao redor de um produto. Isso vai proporcionar a observação de escolhas lexicais, sintáticas, prosódicas em um contexto social de uso do produto. É possível trabalhar um comercial em que haja apenas interação não-verbal, mas perde-se a oportunidade de observar detalhes da fala na língua alvo, focando-se apenas na interpretação de signos visuais (gestos ou palavras escritas).

O outro desafio é elaborar atividades interativas para o nível adequado dos estudantes.

Proponho uma atividade realizada com um comercial das conhecidas sandálias Havaianas.

Sandálias Havaianas

Um dos produtos de constante uso do brasileiro, bastante divulgado no Brasil e fora dele, e 100% nacional são as Sandálias Havaianas, de fabricação do Grupo Alpargatas. Interessante é observar a interculturalidade desse produto: foi inspirado nas sandálias japonesas Zori, feitas de palha de arroz e tem o nome "Havaianas" porque nos anos 60, época do seu lançamento, o Havaí era um local de glamour, favorito para as férias dos americanos. No entanto, trata-se de um produto unicamente brasileiro que pode ser usado todos os dias do ano num país tropical como o Brasil. Por 30 anos, a publicidade ao redor do produto, que insistia em qualidades como sua legitimidade (porque outros chinelos passaram também a ser produzidos) e sua estabilidade ("não deforma, não tem cheiro, não solta as tiras") atraíam principalmente o público da classe menos favorecida. A partir dos anos 90, a marca tomou um novo impulso. Novos estilos, cores e design, e principalmente a publicidade com pessoas famosas, levaram a marca Havaianas a um patamar dos mais altos do mercado brasileiro. Segundo o que informa a jornalista Musarra, ao completar 50 anos em 2012, a marca Havaianas demonstrou-se ser líder absoluta na fabricação de chinelos de borracha no Brasil. Hoje, as sandálias calçam os pés de 2 a cada 3 brasileiros e conquistou milhares de estrangeiros pelo mundo a fora. Atualmente, há 211 franquias das Havaianas no Brasil e no exterior e figura em concorridas vitrines internacionais da moda, A cada ano, surgem novas ideias para promover o produto, que já é exportado para 85 países.

No ano de 2013, um dos comerciais de TV que mais chamou a atenção do público no Brasil foi o da "Havaianas Flat", uma sandália tipo rasteirinha, com tiras mais curtas e cores bem diversificadas. O comercial, estrelado pela atriz Cleo Pires, pode ser encontrado no YouTube, em: https://www.youtube.com/watch?v=EO_wzpQ0O7U&feature=kp.

No cenário, a atriz está no Espaço Havaianas, uma loja situada em bairro nobre da cidade de São Paulo. A atriz está escolhendo um modelo de Havaianas Flat, quando um rapaz que se passa por vendedor se aproxima para ajudá-la. Ela diz que não encontra as Havaianas no tamanho que ela quer e ele então, pegando um bloco de papel e uma caneta, pede que ela lhe dê seu telefone para ele poder avisar quando o tamanho estiver disponível. A atriz agradece, escreve o número para ele e ele se afasta. Ela só descobre a real intenção do rapaz quando uma outra atendente se aproxima e pergunta se ela precisa de ajuda. Cleo disse que já havia sido ajudada e indica quem a ajudou. A atendente afirma que aquele rapaz não trabalha ali. Depois de um olhar duvidoso dirigido ao moço que está agora num ângulo distante, Cleo descobre que foi alvo de uma cantada. Ele indica com as mãos que vai lhe telefonar. A atriz não se incomoda, sorri. A atendente demonstra com seu olhar, depreciação pela situação que o rapaz causou.

Sugestão de atividades

São várias as formas de exploração dessa publicidade. Elaborei tabelas em que sugiro atividades que podem ser aplicadas para o nível básico superior, intermediário e avançado em PLE nos planos de conteúdo, interação, sistematização e experienciação. As atividades foram elaboradas seguindo descrições das habilidades de estudantes desses níveis segundo os parâmetros da American Association on the Teaching of Foreign Languages (ACTFL, 2012), bem como manuais de ensino de PLE.

Nível Básico Superior[72]

| I – Plano do Conteúdo Tópico: Os sapatos | O aluno será exposto a uma situação de compra de sapatos. Como preparação, sugiro um pequeno questionário com perguntas com resposta de múltipla escolha, por exemplo: 1) Onde você compra seus sapatos? a) lojas de departamento, b) supermercados, c) lojas especializadas d) outro. 2) Com que frequência você faz essa compra? a) uma vez por mês, b) duas vezes por ano c) a cada semana, d) outro. 3) Que tipo de sapato você mais usa? (tênis, sandálias, chinelos, sapatos fechados, botas, sapatilhas – é importante haver figuras para ajudar a |

---

[72] Nesse nível, os estudantes podem realizar tarefas descomplicadas, mas a conversação é restrita a tópicos de sobrevivência na língua, referente a informação pessoal, gostos e atividades do dia a dia. Seu nível de conversação e compreensão detém-se principalmente a frases no presente. Podem escrever pequenos textos comunicativos, como cartões postais, preenchimento de formulários, agendas e calendários. A compreensão de textos escritos ou orais estará muito apoiada em aspectos não-verbais que facilitam a interpretação, como imagens, tabelas, gestos, gráficos. O estudante usa fórmulas fixas para perguntas e respostas.

		apreensão do vocabulário). 4) Qual é seu número de calçado no Brasil? 5) Que tipos de sapatos você usa para: ir à praia, ao cinema, à uma festa, à igreja, ao clube. 6) Entre os seus sapatos, qual é o preferido? Descreva-o. O estudantes discutem sobre o assunto e comparam suas respostas.
	II – Plano da Interação: Conversa sobre a situação do comercial e role play sobre compra de sapatos	Esta fase tem várias partes: 1) O vídeo é exibido sem o som. Antes da visualização, os estudantes deverão atentar a perguntas que vão guiá-los para ver o vídeo, tais como: a) Onde se passa a situação, que elementos ou objetos caracterizam o local? b) Quantas pessoas estão envolvidas no comercial? c) Na sua opinião, qual é a profissão dessas pessoas? d) Existe alguma relação entre elas? (amigos, familiares, colegas, desconhecidos). O vídeo tem apenas 30 segundos, pode ser visualizado mais de uma vez. 2) O vídeo é exibido com o som. Antes da exibição do comercial, o professor dá uma lista de palavras que podem ser reconhecidas. O campo semântico deve envolver expressões de cortesias, cores, tamanho, números, verbos do dia a dia. Em grupos, eles selecionam palavras que acreditam fazer parte do comercial. Assistem ao vídeo para confirmar suas hipóteses. 3) O vídeo é exibido novamente com o som. Agora, visando uma compreensão mais aprofundada, o professor lança perguntas sobre os personagens do vídeo. As perguntas, sempre no presente, devem ser feitas antes da nova visualização e as respostas, para facilitar a compreensão, estarão em múltipla escolha. Exemplos: 1) O rapaz trabalha nessa loja? a) não b) sim c) está em treinamento. 2) Por que ele pede o telefone da compradora? a) Ele quer ajudar a moça b) ele quer namorar a moça c) ele quer trabalhar na loja. 4) A compradora: a) conhece o rapaz b) despreza o rapaz c) acha o rapaz interessante. 5) A atendente: a) conhece o rapaz b) conhece a compradora c) Não conhece ninguém. Depois da visualização, os estudantes poderão ter acesso ao roteiro do vídeo. 3) Role play: Loja de sapatos. O professor e os alunos vão providenciar sapatos para fazerem uma pequena loja na sala de aula. Vão pensar numa situação bem simples para vender sapatos: as frases do diálogo da publicidade

	devem estar presentes, como expressões de cortesia, aspecto descritivo do sapato, e o número do calçado no Brasil, etc. Utilizar frases feitas para perguntar e comentar sobre preço, tamanho, cor, por exemplo: "quanto custa?", "tem na cor azul", "qual é seu número?" "posso experimentar?" "é grande/pequeno para mim", "é caro", "é barato", etc.
III – Plano da Sistematização	Durante a interação, vão ocorrer possibilidades de sistematização da língua. O professor deve estar preparado para rever verbos irregulares no presente (tais como, poder, fazer, pedir); sistematizar o uso de pronomes pessoais e interrogativos, preposições, e vocabulário concernente à esfera de compras de sapatos.
IV – Plano da Experienciação	Para experienciar o tópico trabalhado fora de aula, a sugestão é que os estudantes elaborem um questionário sobre uso de sapatos e entrevistem falantes nativos da língua. O professor deve deixar que eles mesmos elaborem suas perguntas. Podem se inspirar nas perguntas praticadas no plano do conteúdo e formular outras. Depois eles farão uma análise das respostas. Podem também comparar os resultados com perguntas feitas a pessoas de outro país.

Nível Intermediário[73]

I – Plano do Conteúdo Tópico: Os sapatos e as amizades	Como preparação para a discussão do assunto do comercial, além das perguntas sugeridas para o plano de conteúdo do nível básico superior, cabem ainda outros grupos de questões: Por exemplo: que tipos de sapatos podem identificar a atividade de uma pessoa? A cor do sapato também pode estar relacionada a uma profissão? E inúmeras possibilidades de discussão sobre o uso dos sapatos em diversas situações culturais (festas, estações do ano, atividades profissionais ou de lazer). Deve-se focalizar também ações no passado em perguntas como: Quando foi a última vez que você comprou um par de

---

[73] Os estudantes deste nível podem descrever e narrar pequenos textos. Possuem mais firmeza para falar de atividades do seu quotidiano. Usam o presente e o futuro imediato com mais facilidade. Passam a incorporar verbos no passado em suas interações e a fazer a distinção entre tempos do pretérito perfeito e imperfeito. Podem facilmente fazer perguntas e dar respostas diretas tanto oralmente quanto por escrito. Podem escrever mensagens, cartas, pedidos de informação e notas. Compreendem facilmente frases com informações básicas e vocabulário de alta frequência. Elementos icônicos facilitam a compreensão de textos escritos.

	sapatos? Onde comprou? Que tipo de sapatos comprou? Quanto custou? Onde você usou seus sapatos novos? E ampliando para outras possibilidades de interação que podem ocorrer em locais públicos, oferecer perguntas como: É possível fazer amigos numa loja de sapatos? Você já fez amigos em situações de compra? Quando, onde, e em que circunstância?
II – Plano da Interação: Conversa sobre aspectos do comercial, jogo e Role Play	Como no nível anterior, este plano tem várias partes: 1) O vídeo é exibido sem o som. Antes da visualização, os estudantes refletem sobre as mesmas perguntas colocadas para o nível básico superior, e poderão também discutir questões sobre: a forma de se vestir e a personalidade ou a profissão das pessoas do vídeo (que tipo de roupa as pessoas do vídeo usam? O que suas roupas podem revelar sobre sua personalidade, profissão). Antes de uma segunda exibição sem o som, pedir para os estudantes prestarem atenção a expressões faciais, gestos, linguagem corporal que podem dar margem para a interpretação de como as pessoas se relacionam no vídeo. 2) O vídeo é exibido com o som. Antes da exibição do comercial, o professor fornece aos estudantes uma lista de palavras que podem estar no comercial. Além das palavras usadas para os estudantes do nível básico, o vocabulário se estende agora para campos semânticos envolvendo compras de sapatos e relacionamentos. Em grupos, eles selecionam palavras que acreditam fazer parte do comercial. Depois, assistem ao vídeo e confirmam suas hipóteses. 3) O vídeo é exibido novamente com o som. Antes da visualização, discutem-se perguntas, com respostas livres (não em múltipla escolha) Exemplos: o rapaz trabalha na loja? Por que ele oferece um bloco de notas e uma caneta para compradora? O que a compradora escreve? Ela está entusiasmada para escrever no bloco? A compradora sabe quem o rapaz é? E a atendente, você acha que ela o conhece? Depois da visualização, os estudantes poderão ter acesso ao script do vídeo. Outras perguntas, comentários podem ser feitos depois, como: O que você acha da forma como o rapaz obteve o telefone da compradora? Qual seria sua reação no lugar da moça? 3) Jogo/Role Play: Um sapato escondendo uma grande quantia de dinheiro foi encontrado num aeroporto internacional. O professor vai mostrar o sapato, os

	estudantes devem imaginar a que tipo de pessoa pertence (idade, profissão, estilo, hábitos). Em seguida, vão encenar um interrogatório dessa pessoa com as autoridades do aeroporto. Perguntas com verbos no perfeito, imperfeito e presente devem ser incentivadas, como por exemplo: Como pode provar que esse sapato é seu? Para onde você ia? O que ia fazer com o dinheiro? Onde você comprou esse sapato? Onde mora? etc.) 4) Role Play: Uma outra possibilidade de Role Play. Os estudantes vão encenar a mesma história do comercial, com alguém interessado em comprar sapatos, mas fazendo alterações no script original. Devem alterar um desses elementos: o estilo do calçado, os personagens envolvidos, ou a tentativa de paquera.
III – Plano da Sistemati- zação	Durante o plano da interação, vão ocorrer muitas possibilidades de sistematização da língua. O professor deve estar preparado para rever o uso de verbos irregulares no presente e no passado, e a relação entre verbos no pretérito perfeito e imperfeito do indicativo. Também deve-se atentar para adjetivos comparativos e superlativos.
IV – Plano da Experien- ciação	Se estiverem no Brasil, os estudantes de PLE podem ir até uma loja de sapatos e fazer uma entrevista com compradores ou vendedores. A sugestão é que elaborem perguntas curiosas no presente e no passado. Por exemplo: (para comprador) você sempre compra aqui? Que tipo de sapato você procura hoje? Quanto você acha que vai gastar? etc; (para vendedor) quantos sapatos você vende por dia, quantos você vendeu ontem? Quais são os tipos de sapatos mais procurados na sua loja? Qual é o sapato mais caro da sua loja? E o mais barato? Quais são características mais importantes de um bom vendedor de sapatos? Se estiverem num país de língua estrangeira, os estudantes devem procurar falantes nativos e fazer perguntas sobre compras de sapato, se já compraram sapatos brasileiros no exterior, as diferenças entre comprar sapato no Brasil e em outros países, etc.

Nível Avançado[74]

I – Plano do Conteúdo Tópico: Comerciais de TV e paquera	O aluno será exposto a um comercial em que ocorre uma paquera numa loja de sapatos. Como preparação, o estudante vai refletir sobre o que é a paquera e lugares em que ocorre, e contrastar essa situação com seu país de origem. Perguntas para reflexão do conteúdo: No seu país de origem a paquera entre jovens solteiros é sempre vista com bons olhos? Existem lugares em que uma situação de paquera não pode ocorrer? A Marca Havaianas sempre tem colocado o tema da paquera em seus comerciais. Existe algum comercial de TV em seu país de origem que também usa esse tema para vender algum produto?
II – Plano da Interação: Conversa sobre aspectos do comercial e Role Play: criação de um novo comercial para as Havaianas	Igualmente, há várias partes no plano da interação nesse nível: 1) O vídeo é exibido sem o som. Antes da visualização, os estudantes deverão estar preparados para observar o cenário onde se passa o comercial, as sequências das ações, as pessoas envolvidas e em especial, os gestos, a distância entre as pessoas, as expressões faciais, as características de cada um. Depois de visualizar uma ou duas vezes, os estudantes interagem para discutir a respeito. 2) O vídeo é exibido com o som. Antes da exibição, o professor fornece algumas palavras que fazem parte do comercial aos estudantes. Os estudantes vão tentar encaixar essas palavras em falas que supõem ser dos personagens. Depois, irão ver o vídeo para comparar as frases que escreveram com as que ouviram.

---

[74] No nível avançado, os estudantes têm condição de compreender e discutir idéias principais e secundárias de narrativas autênticas tanto de textos narrativos como descritivos. Eles sabem usar o contexto para inferir significado quando não compreendem uma palavra. Eles podem compreender discursos orais e se apoiam no contexto verbal e não-verbal para extrair significados de expressões desconhecidas. Conseguem desenvolver suas ideias por escrito para narrarem ou descreverem um fato. Apoiam-se no seu conhecimento de mundo para interagir. Participam de conversas cujo tópico pode ser de interesse nacional ou internacional. Possuem suficiente competência linguística para se fazerem entender de forma genérica por nativos da língua. Em português, além dos tempos do indicativo e o modo imperativo, que já estão bem consolidados, passam a usar o subjuntivo de forma mais frequente para expressar seus sentimentos e desejos.

	3) O vídeo é exibido novamente com o som. Agora com o objetivo de uma compreensão mais aprofundada, o professor lança perguntas sobre aspectos culturais observados nas atitudes dos personagens. Os estudantes vão comparar atitudes dos personagens do vídeo com atitudes de pessoas de seu país em situação semelhante. 4) Tarefas do jogo e de Role Play para o nível intermediário podem ser usadas neste nível também. Role Play: estudantes vão criar um novo comercial para as Havaianas Flat, um novo diálogo, nova situação, mas devem conservar <u>um</u> desses aspectos do comercial original: o local, os três personagens envolvidos ou a situação de paquera.
III – Plano da sistematização	Durante a interação, vão ocorrer possibilidades de sistematização da língua. O professor deve estar preparado para: rever verbos irregulares e regulares no indicativo, subjuntivo, imperativo bem como vocabulário e expressões usadas para compras. Expressões idiomáticas envolvendo o campo semântico de sapatos são encorajadas nesse nível. Alguns exemplos dessas expressões são: "Bater as botas", "entrar de salto alto", "fazer de gato sapato", "pendurar as chuteiras", "sair no chinelo", "uma pedra no sapato", "um pé de chinelo".
IV – Plano da experienciação	Neste plano, a sugestão é que os estudantes façam uma pesquisa sobre marcas brasileiras, sua história, suas conquistas e preparem um comercial para difundir um produto brasileiro pouco conhecido em outro país. Os comerciais serão produzidos em vídeo. Para essa produção, deverão contar com o apoio de software, e tecnologia de base. Os estudantes deverão usar o português, com subtítulos na sua língua materna. Esse plano experiencial tem muitas etapas. Os estudantes deverão entrevistar brasileiros, pesquisar, interagir, escrever. Depois de prontos, os comerciais estarão online, numa página interativa, onde poderão receber comentários e votos de brasileiros e estrangeiros. Os estudantes podem explorar também outras mídias além do comercial para difundir o produto, como por exemplo, camisetas, jingles para radio, encartes em revistas, jornais etc. Isso lhes permitirá experimentar um diálogo multidirecionado e intertextual na língua estrangeira.

Considerações finais

Neste artigo, procurou-se ressaltar a importância de imprimir um significado para a aplicação de comerciais de TV em aula de PLE. Apenas há sentido em usar mídia, como recurso pedagógico, se se levar em conta os aspectos culturais de produção dessa mídia e se permitir que haja um diálogo entre a cultura da língua alvo e da língua materna. Sem esse diálogo intercultural, o uso de mídia em sala de aula perde sua significação.

O discurso publicitário possibilita inúmeras leituras, interpretações, e terá diferentes efeitos, dependendo da interação que se sustém. É importante oferecer ao estudante, de diferentes níveis, oportunidades de vivenciar as situações que são produzidas por comerciais de mídia. Mais do que isso, é essencial que esse gênero de discurso possibilite que o aluno perceba as diferentes dimensões da comunicação e que consiga transformar suas trocas linguístico-culturais em sala de aula em experiências que levará para a vida.

Referências

"ACTFL Proficiency Guidelines." *ACTFL Proficiency Guidelines*. American Council for the Teaching of Foreign Languages, n.d. Web. 9 July 2013. <http://www.actfl.org/publications/guidelines-and-manuals/actfl-proficiency-guidelines-2012>

Ariogul, S. and Terek Uzun. "Student-Generated TV Commercials through Mobile Technology for Foreign Language Learning". Ed. P. Resta, *Proceedings of Society for Information Technology & Teacher Education International Conference. 2012:* 1312-1316. Chesapeake, VA: AACE. PDF.

Bakthin, M. *Esthétique de la création verbale*. Paris: Gallimard, 1984. Print.

---. *Marxismo e filosofia da linguagem*. Trad. Michel Lahud e Yara Frateschi Vieira. São Paulo: Hucitec, 2000. Print.

Byram, M. *Teaching and assessing intercultural communicative competence*. Multilingual Matters: Philadelphia, 1997. Print.

Campos-Toscano, Analúcia Furquim. *O percurso dos gêneros do discurso publicitário : uma análise daspropagandas da Coca-Cola* São Paulo: Cultura Acadêmica, 2009. PDF.

Chan, Wai Meng, Kwee Nyet Chin and Masanori Nagami. *Studies in Second and Foreign Language Education: Media in Foreign Language Teaching and Learning*. Walter de Gruyter: Berlin, 2011. Print.

Charaudeau, Patrick. "Problèmes d'analyse des medias." Ed. Patrick Charaudeau. *Aspects du discours radiophonique*. Paris: Didier, 1984: 5-9. Print.

---. "Une analyse sémiolinguistique du discours". *Langages* Paris: Larousse. 29.117. (1995): 96-111. Print.

Cunningham, Joyce. "Student-generated TV commercials enhanced by computer technology." *The Jalt Call Journal* 7. 2 (2011): 151–175.

PDF.
Graddol, David. "Three Models of Language Description" *Media Texts: Authors and Readers*. Ed. Graddol and Olivier Boyd-Barrett. Clevedon, Eng.: Multilingual Matters, 1994: 1–21. Print.
Kramsh, Claire. *Language and Culture*. New York: Oxford University Press, 3rd Edition 2001.
---. "Language and Culture: A Social Semiotic Perspective" *ADFL Bulletin* 33. 2 (2002): 8–15
Leffa, Vilson e Valesca Irala "O video e a construção da solidariedade na aprendizagem da LE" . Eds Denise Sheyerl e Sávio Siqueira. *Materiais didáticos para o ensino de línguas na contemporaneidade*. Salvador: Universidade Federal da Bahia, 2012: 83-108. Print.
Maingueneau, Dominique. *Analyser les Textes de Communication*. Paris: Nathan Université, 2000. Print.
Mendes, Edleise. "O português como língua de mediação cultural: por uma formação intercultural de professor e alunos de PLE". Ed. Edleise Mendes. *Diálogos interculturais. Ensino e formação em português língua estrangeira*. 2011:139-158. Print.
McLuhan, Marshall. *Understanding Media. The Extensions of men*. Cambridge: MIT Press Ed, 2nd edition, 1994. Print.
Mussarra, F. " Com os pés no mundo". *Revista Brasileiros,* 30 de junho de 2012. Web 30 agosto, 2013.
<http://www.revistabrasileiros.com.br/2012/07/30/com-os-pes-no-mundo/#.U7qdMI1dWv0>.
Nah, E. et al. "Enhancing Student-Centered Learning through usage of Television Commercials via Wiki". *Procedures of the The Third International Conference on e-Learning* ICEL 2011 23-24 November 2011. Bandung: Procedia - Social and Behavioral Sciences. 67. (2012): 14. PDF.
Purpura, Marco. *Learning Italian through TV Advertising*. Manuscript http://blc.berkeley.edu/images/uploads/Purpura_BLC_Report_Revised.pdf, 2013. PDF.
Shrosbree, M. "Digital Video in the Language Classroom" *The JALT CALL Journal*, 4. 1, 2008: 75-84. PDF.
Smith, Alfred and Lee Ann Rawley. "Using TV Commercials to Teach Listening and Critical Thinking". *The journal of the imagination and language learning and teaching*, v. 4. Web 29 January 2013 <http://www.njcu.edu/cill/vol4/smith-rawley.html>.
Smith, Bryan. "Virtual Ralia". *The Internet TESL Journal*, III. 7, July 1997 <http://iteslj.org/Articles/Smith-Realia>.
St. Clair, Robert, Ana C. Thome-Williams, and Lichang Su. "The role of social script theory in cognitive blending". Eds. M. Medina & L.

Wagner. *Special Issue of the Journal of the International Association of Intercultural Communication Studies*, XIV (2005): 1-14. Print.

St. Clair, R. N. and Ana C.Thomé Williams "The Framework of Cultural Space Intercultural Communication Studies". *Journal of the International Association of Intercultural Communication Studies*, 17.1 (2008): 1-14. Print.

Thomé Williams, Ana & Raquel Amorim "Aplicação de publicidade e tecnologia interativa ao ensino dos tempos verbais em Português como Língua Estrangeira". *Proceedings of the 'IV World Symposium of Portuguese Language Studies* , *Macao*, University of Macao, 2013. CD-ROM.

Thomé Williams, Ana C. *O jogo narrado. Um cruzamento linguístico-cultural da narração de futebol.* São Paulo: Paco Editorial, 2013. Print.

Apêndice

Comercial da Havaianas Flat (2013)
Título: Vendedor
Protagonista: Atriz Cleo Pires
Localidade: Espaço Havaianas, Rua Oscar Freire, São Paulo.
Criação do comercial: AlmapBBDO
LocalizaçãoWeb:
https://www.youtube.com/watch?v=EO_wzpQ0O7U&feature=kp

Transcrição:
R (rapaz) C (Cleo) A (moça atendente):
(Atriz concentrada escolhendo a sandália, o rapaz aproxima-se)
R: Oi, posso ajudar?
C: Você tem Havaianas Flat 36?
R: Havaianas Flat...
C: É essa aqui fininha com a tira mais curta (diz segurando um par de sandálias)
R: Ah, claro, não.. cabou... mas faz seguinte (o rapaz alcança um bloco de papel e uma caneta e estende à Cleo) deixa seu telefone assim que chegar eu te aviso.
C: Pode ser (pega o bloco e escreve seu número, enquanto coloca as sandálias embaixo do braço)
R: (enquanto a atriz escreve): fazendo sucesso (diz expandindo a mão direita perto do rosto).
(Cleo devolve o bloco ao rapaz)
R: Eu te ligo
C: Brigada
R (saindo de cena): oh, que é isso...
C (demonstra expressão de frustração por não encontrar a sandália em seu número, dirige o olhar para a sandália que tem em mãos)
A (chegando por trás da arara onde estão as sandálias, sorrindo): posso ajudar?
C: (olhando para a atendente): ah, não brigada. Ele já me ajudou (diz virando-se na direção do rapaz)
A (com um olhar sério): Ele? Ele não trabalha aqui.
C (volta-se para o rapaz com um olhar de dúvida)
R (à distância, gesticulando com a mão perto do ouvido, fazendo um sinal de telefone, fala com um tom de sussurro): te ligo
C (retorna o olhar para as sandálias na arara, com uma expressão de bom humor).
A (de braços cruzados, em segundo plano, lança um olhar reprovativo na direção do rapaz)

6.3 Ensino de PLE e as novas tecnologias: o uso dos blogues
Davi Borges de Albuquerque
Aurelie Marie Franco Nascimento

Ultimamente tem se falado muito das novas tecnologias em sala de aula e a respeito de como o professor pode utilizá-las na forma de um aliado no processo de ensino-aprendizagem em todas as áreas do saber.
Mas, surge a pergunta: o que são exatamente essas novas tecnologias? Desde a II Guerra Mundial, o entusiasmo pelas novas tecnologias vem crescendo, com a produção e distribuição dos livros com preços mais acessíveis, a arte no cinema, a escuta do mundo através do rádio, entre outros. Este entusiasmo persiste até os dias atuais, com os computadores pessoais e os sistemas de hipermídia. Ainda, sobre as novas tecnologias, é importante o que Lamb (1992, p.33) afirma:

> "...todos os recursos didáticos que surgiram nos últimos séculos, desde livros-texto e quadros a projetores de slides, vídeos e computadores, reúnem-se agora em uma única estação de trabalho interativa unidos a redes de alcance mais amplo que farão chegar informação áudio, vídeo e oferecidos aos estudantes tanto nas escolas como fora delas..."

Assim, os professores precisam buscar estes recursos, citados anteriormente, como ferramentas importantes na maneira de facilitar o ensino, tornando-o mais eficaz, agradável e realista para o aluno. Dessa maneira, o professor passa a aproveitar e desenvolver todo ambiente favorável à pesquisa e exploração de conhecimentos, os quais são somados à sala de aula e o ensino tradicional.
Os ambientes multimídia ativos favorecem a comunicação, a cooperação e a colaboração entre o professor e o aluno (Sancho, 2001, p.45), por isso sua importância. Ainda, os interesses de técnicos da educação surgiram com a constante inovação das tecnologias da informação e da comunicação e, assim, pensou-se como aplicá-las no planejamento do professor para se desenvolver ambientes de ensino com maior aplicabilidade e sistematização. Contudo, a distribuição igual dos recursos tecnológicos ainda está longe do sonho de muitos educadores, principalmente os brasileiros, porém podemos focar em meios tecnológicos mais versáteis através da internet.
Sobre o ensino de PLE, há uma infinidade de sugestões a serem discutidas e inseridas no planejamento, assim como várias técnicas[75] de ensino que estão

---

[75] Seguimos aqui as definições dos termos 'abordagem', 'método' e 'técnica' para o ensino de PLE e de outras línguas de acordo como foram expostas em Almeida Filho (1993) e Leffa

por ser exploradas. Dessa maneira, o objetivo deste capítulo é propor uma técnica de ensino de PLE que enfatiza o uso do blogue[76] na produção textual, pode ser desenvolvida de diversas maneiras: podendo ser acrescentados elementos no decorrer do curso, para tal técnica fazer parte do planejamento; esta técnica pode ser expandida para se relacionar com a produção textual em PLE nas redes sociais e em outras novas tecnologias; além da produção textual, esta técnica pode ligar-se também com a produção e recepção orais, a depender da forma que o professor a utilizar com seus alunos. Todos esses elementos da proposta de atividade serão explorados devidamente na seção deste capítulo destinada à descrição dela, em (3). Porém, antes de ser iniciada tal tarefa, apresentaremos algumas noções do que entendemos como ensino de PLE e o que permeia a atividade do professor de PLE, juntamente com algumas palavras sobre o uso das novas tecnologias no ensino de PLE. Finalmente, as considerações finais serão feitas em (4).

Ensino de PLE e novas tecnologias
A pesquisa em linguística aplicada vem se desenvolvendo significativamente, conforme mostra Almeida Filho (2011: 113) todo histórico da preocupação em relação ao ensino de línguas e às conquistas atingidas pela disciplina. Assim, na década de 1970 muitos avanços foram alcançados, destacando-se a abordagem comunicativa e certos recortes metodológicos, que serão apresentados brevemente a seguir devido à importância e à pertinência deles para a prática do professor de PLE.
Primeiramente, definiremos e diferenciaremos os conceitos de 'abordagem', 'método' e 'técnica'. Vários autores acabam por usar esses termos com diferentes significados ou como sinônimos, especificamente abordagem e método, como bem destacam Almeida Filho (1993: 19) e Leffa (1988: 212), o que acaba por causar uma confusão na definição de tais termos e em seu uso. Desta maneira, seguiremos a definição de abordagem proposta por Almeida Filho (1993: 17), já que para ele: "Uma abordagem equivale a um conjunto de disposições, conhecimentos, crenças, pressupostos e eventualmente princípios sobre o que é linguagem humana, LE, e o que é aprender e ensinar uma língua-alvo". Esta definição foi baseada nas publicações conceituadas de Anthony (1963) e Richards e Rodgers (1982), que foram os precursores no debate a respeito de abordagem, método e técnica. Ainda, para o mesmo autor, Almeida considera que:
   "chamamos convencionalmente de métodos as distintas e reconhecíveis práticas de ensino de línguas com seus respectivos

---

(1988). Ainda, posteriormente serão discutidos tais conceitos em consonância com a presente atividade proposta aqui, o ensino de PLE e o uso de blogues.
[76] Optamos no presente trabalho pelo uso da forma *blogue*, adaptada ao português e com plural *blogues*, no lugar da forma anglófona *blog*. Lembrando que ambas as formas são aceitas, porém a forma *blog*, como estrangeirismo, deve sempre aparecer grafada em itálico.

correlatos, a saber, os planejamentos das unidades, os materiais de ensino produzidos e as formas de avaliação do rendimento dos aprendizes." (Almeida Filho 1993: 35).

Em outras palavras, podemos resumir que abordagem é a perspectiva teórico-filosófica com que o professor encara a língua e seu ensino, enquanto o método é o conjunto de práticas que o professor efetivará, dentro e fora de sala de aula, de acordo com a abordagem que ele segue. Finalmente, as técnicas são as estratégias e as ferramentas didáticas que o professor fará uso em sala de aula para conseguir alcançar os objetivos de seu planejamento para a língua-alvo, em nosso caso o PLE.

Vale a pena também escrevermos algumas palavras sobre a abordagem e os métodos utilizados por nós e que, desta maneira, permeiam nossa prática como professores de PLE e nossa proposta de atividade, que será descrita na seção seguinte. A abordagem que nós utilizamos é a abordagem comunicativa pelo fato de ela focar na significação, e não na estrutura (gramática) como as demais abordagens fazem (Leffa 1988: 230). Ainda, a abordagem comunicativa nos interessa por encarar a língua como um conjunto de função ligada a eventos comunicacionais, fazendo com que o próprio material de ensino esteja preocupado com a comunicação, apresentando situações reais de comunicação e textos autênticos da língua-alvo. Assim, Almeida Filho (1993: 36) fala de métodos comunicativos (não um apenas, mas vários), baseados na abordagem comunicativa, que possuem algumas caraterísticas em comum, sendo elas: estabelecimento de clima e confiança; apresentação de amostras significativas de linguagem; ensaio para fluência coerente e uso real; fechamento do encontro, compensações, estratégias de aquisição (Almeida Filho 1993: 52). Estas características são destacadas por nós pelo fato de elas serem imprescindíveis para a prática comunicativa na sala de aula de PLE e para a condução da atividade com o uso de blogues proposta por nós.

Primeiramente, o professor deve estabelecer um clima amigável e descontraído em sala de aula para que os alunos sintam-se confiantes para iniciarem suas práticas comunicativas na língua-alvo, aqui entre em cena a hipótese do filtro afetivo de Krashen (1982). Após isso, o aluno deve ser apresentado a estímulos autênticos da língua-alvo, o insumo ou *input*, sendo sempre a cada aula exposto a uma quantidade maior de dados da língua, essa característica também está ligada à hipótese de Krashen; a hipótese do input, em que o aprendiz deve ser exposto a $i + 1$, sendo i o input e o $+1$ representando o aumento da exposição (Krashen 2003). A terceira característica dos métodos comunicativos concentra-se no uso efetivo em situações comunicativas dos dados a que os alunos foram expostos, e a quarta característica, tendo ligação com a terceira, trata-se de o professor realizar estratégias que façam o aluno adquirir o insumo a que foi exposto e também praticou, ocasionando a naturalidade do uso e da comunicação na língua-alvo, ocorrendo aqui a diferenciação também proposta por Krashen (2003) entre aquisição, como processo subconsciente e natural onde o indivíduo não percebe que está internalizando a língua-alvo, e aprendizado, ensino formal da língua-alvo com o indivíduo cônscio dos atos de ensino e focando principalmente em regras e estruturas.

Buscando uma abordagem que facilite a aprendizagem destes indivíduos, utilizar as novas tecnologias voltadas para o ensino de PLE, dentre outras maneiras, vê-se como umas das ferramentas para aprendizagem, além possuir um leque de estratégias e recursos que o professor poderá usar para melhor interagir com seus aprendizes.

Em se tratando das novas tecnologias, podemos citar o trecho de um artigo que fala sobre o complexo mundo da comunicação:

> A difusão das tecnologias digitais e a consequente convergência das áreas de comunicação, informática e telecomunicações está transformando a atividade jornalística. As mudanças atingem a pesquisa, a produção e a difusão da informação. Possibilitam outras formas de relacionamento entre leitor e jornalista, exigindo a redefinição de técnicas. O novo quadro demanda, assim, alteração no perfil do profissional da informação. (Murad,2008).

Neste trecho o autor enfatiza a complexidade que iniciou conjunto com as novas tecnologias, o que trouxe de mudanças e o pedido urgente de um novo quadro, ou seja, uma redefinição das técnicas de ensino e aprendizagem. Ainda, O trecho aponta para o perfil de um jornalista, mas não quer apenas que este profissional mude, mas o de todas as áreas, porque o autor está analisando questões de interpretação da comunicação e das novas tecnologias.

Especificamente para o professor de PLE, este deve focar nas problemáticas atuais do ensino de português, procurando novas estratégias de ensino e buscando técnicas mais próximas à nova realidade tecnológica, ou mesmo a que lhe é oferecida em seu ambiente de trabalho. Para Sacristán (1981, p.85) "a técnica pedagógica deve partir de um conhecimento da realidade, de sua gênese e funcionamento, mas a sua missão é guiar a configuração dessa realidade na relação marcada pelos objetivos". Conhecendo a realidade tecnológica, o professor deve optar por um recurso que possa trazer resultados positivos e mais abrangentes. Assim, para isso deve elaborar uma proposta que leve o aluno a contextualizar todo seu aprendizado com a tecnologia que está sendo ofertada, não esquecendo que as inovações tecnológicas requerem que o seu uso seja ministrado com eficácia, tão logo para que não se torne um fracasso ou um desastre.

O uso de blogues no ensino de PLE

Antes de iniciarmos a descrição de nossa proposta atividade de uso de blogue no ensino de PLE, faz-se necessário expormos aqui o que entendemos por 'blogue'. Devido a sua propagação e uso intenso, é possível encontrar diversas definições para 'blogue' na internet. Como não é nosso objetivo discutir questões teóricas da informática, que foge ao escopo de nossa proposta aqui, optamos definir como blogue qualquer espaço na internet que possibilita a seu usuário fazer qualquer tipo de registro, seja escrito, de imagem, de áudio, de vídeo, de hiperlinks, ou uma mistura de todos esses, juntamente com a elaboração estética do espaço digital que tal registro ocupará, desde a definição do nome do URL, passando pela imagem de plano de fundo até opções de inserção de *widgets* ou *gadgets*, de maneira rápida e simplificada, de maneira simplificada, possibilitando um uso rápido dessas interfaces, o que torna o ato de registro pelo usuário uma tarefa simples, ou seja, não exige grande conhecimento de linguagem de programação e de web design por parte do blogueiro.

A proposta de ensino a ser desenvolvida no presente capítulo é original, atual e está voltada para um público-alvo específico, assim como há uma exigência que o público-alvo também faça parte de um segmento socioeconômico específico, já que alguns pré-requisitos serão necessários, conforme será descrito abaixo, podemos citar alguns que antecipadamente influenciam na seleção da turma de PLE para a realização desta técnica por parte do professor, entre eles: acesso à internet e a computador dentro e fora de sala de aula; certo grau de conhecimento na utilização de blogues e algumas interfaces das redes sociais com os blogues; o foco da atividade será a produção textual em língua portuguesa, o que requer alunos em nível intermediário ou avançado; a expansão da proposta será baseada no aumento da produção textual e em compartilhamentos da experiência da produção textual, exigindo da mesma maneira os níveis intermediário e avançado já citados.

O primeiro passo da atividade é o professor orientar os alunos a criarem um blogue em língua portuguesa (de preferência todos hospedados no mesmo domínio para uma futura comparação entre os diferentes modelos escolhidos pelos alunos para a formatação[77]), utilizando as várias ferramentas que o blogue possui, destacando-se a parte de identificação do perfil, onde o autor escreve sobre si mesmo. O professor de PLE deve também deixar claro o principal objetivo da atividade que é a produção textual, por meio da criação de um personagem no qual o blogue discorrerá a respeito.

Na etapa seguinte, o professor deve orientar as postagens iniciais que devem conter as características físicas do personagem, outra postagem que

---

[77] O domínio para hospedar os blogues escolhido pelos autores foi o *blogger* (www.blogger.com), que hospeda os endereços com o URL como o modelo fictício: *www.xxx.blogspot.com.br*. A escolha do *blogger* deu-se apenas pelo fato dos autores já terem trabalhado com ele e ter experiência em elaboração de blogues neste domínio, porém é possível utilizar os vários outros locais de elaboração/hospedagem de blogue, como: UOL, Wix, Via Blog, Blig, Sapo.pt e Big Blogger.

identifique características comportamentais e/ou psicológicas deste mesmo personagem, informações sobre seu passado, familiares etc. Desta maneira, as postagens iniciais serão a ficha técnica do personagem criado pelo aluno, que deve ser elaborada em sala de aula, terminada em casa e posteriormente apresentada à turma e ao professor para a interação com os colegas e a revisão do professor.

Assim, nesse primeiro momento da atividade o enfoque será na produção escrita, que envolverá aspectos da liberdade da criação literária, juntamente com o uso da gramática sendo colocada em prática e a expansão do vocabulário de maneira natural (o aluno pensa as características de seu personagem e procura redigi-las em português). Ainda, para incentivar a interação e a leitura dos blogues entre os alunos, o professor precisa chamar a atenção de possíveis ferramentas, chamadas de *gadgets*, que permitem: a visualização dos seguidores ou leitores do blogue; a publicação das postagens dos blogues selecionados, neste caso devem ser os blogues dos colegas de classe; adicionar os marcadores sobre as temáticas das postagens; realizar em um momento posterior enquetes onde toda a turma deve votar em qual é a melhor postagem de cada blogue.

Enquanto a primeira fase, dividida em duas partes[78], é mais dinâmica e pode ser conduzida em duas ou três aulas (de duas horas/aula cada), a segunda fase será mais lenta, pois tratará do desenvolvimento dos capítulos da história do personagem criado pelo aluno. Assim, para não se exigir em demasia do aluno, o professor deve pedir para o aluno redigir um pequeno texto por semana, narrando um acontecimento na vida do personagem. Desta maneira, cada capítulo (ou evento, ou acontecimento) narrado no blogue corresponderá a uma postagem. Outra sugestão, a depender da criatividade do aluno, é a criação de somente uma história longa, na qual o aluno a divida em várias partes/postagens a serem redigidas somente uma por semana, no decorrer do curso. O professor durante esta segunda fase deve reservar uma aula somente por semana (duas horas/aula) para se dedicar à produção textual do aluno. Lembrando também que para a tarefa e o papel do professor de PLE não ficarem repetitivos em sala de aula, o professor precisa ir além da simples correção dos textos produzidos no blogue, negociando com a turma e intercalando em diferentes semanas diversas atividades de retextualização, que, segundo as definições de Dell'Isola (2007) e Marcuschi (2001), trata-se da transformação do texto de uma modalidade da língua para outra[79], assim oferecemos sugestões como: a leitura de cada postagem feita

---

[78] Ao final da descrição da atividade, no término desta seção, será apresentado o passo a passo simplificado dela em forma de um quadro-resumo para fins didáticos e para um melhor manuseio para o professor.

[79] Enfatizamos que retextualização trata-se de um texto sendo transformado de uma modalidade da língua para outra, pois na terceira faze da tarefa, a fase de expansão, falaremos de tarefas de reescrita ou refacção do texto, que se trata de transformar o texto em outro,

pelos alunos; a narração e explicação da postagem para os colegas da turma com as próprias palavras; diálogos, conversas, questionários rápidos (em formato de *quiz*), entre outras estratégias que envolvam toda a turma e faça com que todos os personagens construídos sejam de conhecimento da turma e sejam discutidos por todos.

Finalmente, se o professor tiver a intenção de expandir tal atividade pode fazê-lo de diversas maneiras diferentes, enfocado tanto as habilidades orais (fala e audição), quanto as habilidades escritas da língua (leitura e escrita). Em relação às habilidades orais, o professor de PLE pode expandir a tarefa de uso dos blogues dentro e fora de sala de aula por meio da mobilização da turma para a organização de um evento que envolva a apresentação formal das histórias: a leitura de trechos que os alunos-autores acharem mais importantes, a narração para uma audiência maior ou até a dramatização envolvendo os demais colegas da turma se necessário. Digno de nota é que tal tarefa de mobilização e organização do evento também deve ser supervisionada pelo professor, além de incentivada por ele, já que muitas dimensões comunicativas estarão em ação: diálogos, conversas em grupo, negociações, dúvidas e questionamentos, e discussões, todas elas sendo realizadas em língua portuguesa. De maneira diferente, a expansão de nossa atividade proposta aqui voltada para as habilidades escritas se preocupará mais com os aspectos formais da língua portuguesa, pois as estratégias de expansão podem ser as seguintes: organização de grupos de leitura para que ocorra a correção gramatical das postagens, porém as correções gramaticais inicialmente devem partir das discussões e interações dos membros de cada grupo, o professor de PLE servirá apenas como o mediador que intervirá somente quando necessário; a necessidade da intervenção do professor ocorrerá para a explicação de tópicos gramaticais da escrita em que a turma como um todo apresente a mesma dúvida e/ou os mesmos erros recorrentes na produção escrita; tarefas de reescrita das postagens, entendendo aqui reescrita ou refacção conforme Dell'Isola (2007) e Marcuschi (2001), como um processo de transformar o mesmo texto em outro, mas mantendo-se dentro da mesma modalidade da língua e, por isso, se difere da retextualização, assim há a possibilidade de relacionar as postagens com outros gêneros textuais, quando possível, ou fazendo atividades de resumos/paráfrases das várias postagens em apenas uma, sendo que tal tarefa pode ser feita tanto pelo autor das postagens, quanto pelos colegas do mesmo grupo, podendo ocorrer uma comparação entre os diferentes textos; após a comparação entre os textos produzidos é possível ser direcionada pelo professor uma discussão sobre os motivos que fizeram ocorrer tais

---

porém na mesma modalidade da língua. Desta maneira, os conceitos de retextualização e reescrita não devem ser confundidos. Para uma discussão dos conceitos de retextualização e reescrita a fim de diferenciá-los, ver d'Andrea e Ribeiro (2007).

diferenciações, o que foi deixado de fora, por que isso ocorreu, quais foram os trechos considerados mais importantes e compartilhados nos resumos de todos etc.

Antes de finalizar a descrição de nossa proposta de tarefa para o uso de blogues no ensino de PLE, chamamos atenção para o cuidado que o professor deve ter ao fazer uso, tarefas e recomendar aos seus alunos a elaboração e manuseio de blogues, juntamente com suas interações com as redes sociais. Tal cuidado deve ocorrer por diversos fatores, já que há uma grande quantidade de usuários da rede mundial de computadores, a internet, que a usam com má fé e também a crescente onda de crimes virtuais. Apenas para o leitor ter um exemplo, a ideia original de nossa proposta envolvia também a criação de um perfil de usuário fictício/falso, conhecido como *fake*, e sua interação e produção textual ocorreriam também nas redes sociais, além de somente no blogue, porém, após um dos autores refletirem sobre aspectos perniciosos das novas tecnologias, chegamos a um acordo de que seria arriscado tanto para o professor, como para os alunos e para todos que interagissem com esses alunos, porque poderiam ocorrer situações de desconforto, risco ou até de crimes virtuais que poderiam ser atribuídos ao professor e/ou a instituição onde o professor ministra as aulas de PLE, já que poderia ser argumentado que o professor incentivou/orientou a elaboração de perfil *fake* e sua interação com tal perfil. Desta maneira, limitamos somente o uso do blogue e as interações virtuais (conversas, leitura, troca de mensagens) entre os colegas de curso, e entre os colegas de curso e o professor, lembrando, ainda, que nas diferentes fases da tarefa o professor acompanha o blogue de cada um, isso se dá pelo motivo didático da tarefa, mas também como uma ferramenta de segurança a todos (professor e aluno). Assim, pode-se perceber que a atividade descrita anteriormente enfatiza uso do PLE em situações reais, há inicialmente a ênfase na produção escrita e um espaço para a reflexão em torno da gramática e seu uso, mas a atividade não se limita somente a isso, pois há diferentes momentos de interações comunicacionais, onde o aluno usa a língua-alvo efetivamente dentro e fora de sala de aula, assim como com e sem a supervisão do professor. Ainda, na atividade há momentos em que ocorrem tarefas de reescrita e retextualização, exigindo do aluno o uso autêntico, a prática e a comunicação em português nas diferentes modalidades da língua e de diversas maneiras e situações sociais, tanto formais quanto informais.

Tabela 1. Quadro-resumo sobre a proposta de uso de blogues

FASE 1	• Passo 1: Orientar os alunos para a criação do blogue, onde será criado o personagem e sua história; • Passo 2: Criar o perfil do aluno e a formatação do layout do blogue; • Passo 3: Elaborar as primeiras postagens com as características do personagem (físico, mental, comportamental, histórico etc.).
FASE 2	• Passo 1: Apresentar o cronograma da atividade, com uma postagem a cada semana que narrará um capítulo da história do personagem; • Passo 2: Separar uma ou outra aula para discutir alguns aspectos gramaticais problemáticos da produção escrita dos blogues dos alunos; • Passo 3: Intercalar as diferentes atividades de retextualização: leitura, diálogo, debate, *quiz* etc.
FASE 3 (EXPANSÃO)	• Passo 1: Desenvolver a modalidade oral da língua por meio de leitura, narração, seminário, organização de um evento, dramatização da história etc.; • Passo 2: Desenvolver a modalidade escrita da língua por meio de tarefas de reescrita, transformando as postagens em outros gêneros textuais, como: resumo, notícia, propaganda etc.

Considerações finais

De acordo com o que foi exposto neste capítulo, as novas tecnologias possuem muitos benefícios para o ensino, especialmente quando se trata de línguas estrangeiras. Em nosso caso, as novas tecnologias podem contribuir muito para um melhor ensino de PLE, facilitando tanto o professor, quanto os alunos, assim como o próprio processo de ensino-aprendizagem.

As novas tecnologias também acabam por apresentar uma série de ferramentas, como: internet e seus vários recursos (canais de vídeos e de música, blogues, vlogues, sites etc.); multimodalidade no ensino de PLE; redes sociais e seus vários níveis de interação e dinamicidade; a produção textual típica dos hipertextos. Essas e outras opções oferecidas podem ser úteis tanto no método, como nas técnicas de ensino, porém faltam muitos aspectos a serem explorados para cada uma dessas opções citadas, assim como seus suportes teóricos, e as sugestões e contribuições para a prática do professor de PLE dentro e fora de sala de aula.

No presente capítulo, oferecemos uma contribuição ao professor de PLE ao apontar as vantagens de uma dessas novas tecnologias, o blogue, e como utilizá-la em sala de aula com os alunos, por meio da proposta de uma série de atividades, ou uma grande atividade que possui várias divisões, já mostradas no decorrer do capítulo, assim como resumida na tabela 1.

Nossa proposta de atividade também acaba por servir como um guia ou um suporte para o professor, pois oferece autonomia para o profissional, já que ela pode ser usada conforme é descrita aqui de maneira integral, (como um guia, ou passo a passo) mas pode ser utilizada apenas parcialmente, de acordo com a necessidade do professor, dos alunos e do planejamento do curso. Outra aplicação de nossa proposta é que ela pode ser estendida com sugestões dos professores e pode ser aplicada, com suas devidas restrições e limitações, a outros suportes da internet, como as redes sociais. Isto faz com que nossa contribuição seja válida para diferentes objetivos e práticas do professor PLE.

Referências

Almeida Filho, José C. P. *Dimensões comunicativas no ensino de línguas.* Campinas: Pontes, 1993.

---. *Fundamentos de abordagem e formação de professores de línguas.* Campinas: Pontes, 2011.

Anthony, Edward M. "Approach, method and technique." *English Language Teaching* 17.1 (1963): 63-57.

D'Andrea, Carlos F. B., e Ribeiro, Ana E. "Retextualizar e reescrever, editar e revisar: Reflexões sobre a produção de textos e as redes de produção editorial." *Revista de Estudos Linguísticos – Veredas* 14.1 (2010): 64-74.

Dell'isola, Regina L. *Retextualização de gêneros escritos.* Rio de Janeiro: Lucerna, 2007.

Krashen, Stephen D. *Principles and Practice in Second Language Acquisition.* Oxford: Pergamon, 1982.

---. *Explorations in Language Acquisition and Use.* Portsmouth: Heinemann, 2003.

Lamb, Annette C. "Multimedia and the Teaching-Learning Process in Higher Education." *Teaching in the Information Technology Age: The Role of Educational Technology.* Ed. Michael J. Albright e David L. Graf. São Francisco: Jossey-Brass Publishers, 1992. p. 33-42.

Leffa, Vison. "Metodologia do ensino de Línguas." *Tópicos em linguística aplicada: o ensino de línguas estrangeiras.* Org. Hilário Bohn e Paulino Vandresen. Florianópolis: UFSC, 1988. p. 211-236.

Marcuschi, Luiz A. *Da fala para a escrita: atividades de retextualização.* São Paulo: Cortez, 2001.

Murad, Angèle. "Oportunidades e desafios para o jornalismo na internet". *Ciberlegenda* 2, 1999. http://www.uff.br/mestcii/angele1.htm. 20 de junho de 2013.

Richards, Jack C., e Rodgers, Theodore S. "Method: Approach, design and procedure." *TESOL Quarterly* 16.1 (1982): 153-168.

Sacristán, José G. *Teoria de la ensenanza y desarollo del curriculum*. Madri: Anaya, 1981.

Sancho, Juana M. "A tecnologia: um modo de transformar o mundo carregado de ambivalência." *Para uma tecnologia educacional*. Org. Juana M. Sancho. Porto Alegre: ArtMed, 2001. p. 23-49.

6.4 Estratégias de sempre, tarefas de agora: Construção de conhecimento em chat didático de PLE
Ida Maria Rebelo Arnold

Considerando as variadas discussões voltadas para as práticas de sala de aula de LE e os consequentes questionamentos sobre a sua real eficácia, voltamo-nos, neste capítulo, para a utilização de estratégias de comunicação e aprendizagem no desenrolar de tarefas de interação em aulas de Português Língua Estrangeira e Português como Segunda Língua, doravante substituídos pela sigla PLE. Nosso interesse recai, por um lado, sobre o modus operandi dos estudantes ao buscarem concluir, de forma satisfatória, a tarefa comunicativa e, por outro lado, apresentamos uma sistematização desse modus operandi à luz de trabalhos originados tanto na Linguística Aplicada como na Didática de Línguas, de forma a criar subsídios para os professores de PLE.

Retomamos visões sobre correção de erro e sobre construção do conhecimento entre estudos mais e menos recentes (Corder,1981; Long, 1983; Ellis,1985; Krashen, 1998; Doughty&Long, 2003; Rebelo, 2008), com o intuito de apresentar: (i) bases de sistematização de metodologias que tratem as incorreções produzidas pelos estudantes de LE, incorreções essas que seriam, sob nosso ponto de vista, nada mais do que fases do percurso de um aprendiz em direção a uma produção estável e aceitável na língua alvo, essa classificação de aceitabilidade não se baseia, porém, na aplicação de conceitos que tomem como padrão a produção de um falante nativo nessa língua; (ii) estratégias recorrentes e que se revelam eficazes para a construção colaborativa de conhecimento em LE, a concretização dessas estratégias é exemplificada com dados retirados de tarefas de sala de aula de LE constituídas por eventos de chat entre aprendizes e professor; (iii) indícios de que tanto as metodologias como as estratégias levadas a cabo por estudantes e professores implicam a aplicação - consciente ou não - dos princípios Foco na Forma (Long, 1991; Lyster, 1994 e 1998; Swain, 1995; Doughty & Williams, 1998; Lima, 2002; Abrams, 2003, entre outros), cujos adeptos consideram as inadequações e idiossincrasias verificadas no comportamento linguístico dos aprendizes de LE como uma oportunidade de se criar condições de autocorreção e de construção colaborativa de hipóteses, na LE, mais conformes ao uso efetivo que dela fazem os falantes considerados competentes, sejam eles nativos ou não.

Para Long (1983) os estudantes necessitam, não necessariamente de simplificação das formas linguísticas, em um foreigner talk, conforme caracterizado por Ellis (1985), e sim de oportunidade para interagir com outros falantes que irão naturalmente, ao longo da interação, e instigados por estratégias de que lança mão o falante da LE, adaptando seu uso da língua alvo e construindo significados e conhecimentos em colaboração com o falante menos competente.

Buscamos, em última análise, lançar luz sobre práticas ainda pouco utilizadas no ensino de PLE por acreditarmos, a partir da análise de resultados, que professores e alunos de PLE muito se beneficiariam da compreensão de determinados mecanismos usados pelos aprendizes e da aplicação da sistematização aqui apresentada, no seu dia-a-dia. Conceitos como interlíngua, andaime, estratégias de comunicação e aprendizagem, são aqui utilizados para qualificar e clarificar o fazer do aprendiz e busca-se levar o professor a deixar comportamentos tipificados e dicotômicos, de certo e errado, em direção a um fazer mais produtivo e equânime na interação com os aprendizes. Esse fazer revelaria, por sua vez, os diferentes estágios da interlíngua (ALBER & PY, 1985) em que se encontram os participantes e possibilitaria a atribuição de níveis de competência comuns ao grupo uma vez que os seus indivíduos estão em constante processo de ajuste dentro do contexto didático-interacional em que se encontram. Ajustes esses que se concretizam pela construção colaborativa do conhecimento que se dá, neste caso específico, durante a interação em situação de chat didático. Essa interação segue as normas de um contrato didático preestabelecido e reconhecido por todos os participantes e se atualiza como uma tarefa da aula de PLE.

Dos dados à luz da teoria
Relacionamos, de um lado, os conceitos de correção e erro por estarem na base do tratamento intuitivo dado pelos professores, em geral, às incorreções e inadequações produzidas pelos alunos em interação em LE. Comentamos esses conceitos sob dois parâmetros: (i) eficácia linguística e (ii) coerência. No caso dos dados aqui analisados, busca-se coerência em relação aos objetivos da tarefa que envolve princípios de interação simulada. De outro lado, fazemos observações sobre o comportamento apresentado pelos estudantes e pelo professor de PLE, em interação, no intuito de negociar forma e significado de estruturas lexicais de Português durante uma tarefa em sala de aula.

A coleta de dados se fez ao longo de eventos de conversação em chat. Esses eventos faziam parte das atividades propostas em uma turma de nível intermediário do curso de PLE, em universidade privada no Rio de Janeiro, havia regras precisas, como a impossibilidade de recorrer ao uso do Inglês e a obrigação de participação efetiva, o silêncio não era uma opção, como tantas vezes ocorre em atividades de conversação presencial em aula. O objetivo da discussão era verificar a leitura de capítulos de dois livros, leitura essa proposta previamente à realização da tarefa.

Correção e erro
Tomamos, aqui, para o termo CORREÇÃO, duas, entre várias definições, conforme explanamos a seguir.
1) Ato de oferecer um aperfeiçoamento que substitua um engano ou erro. Essa definição está diretamente relacionada a uma noção expressa por autores de Linguística Aplicada. Essa noção é designada pelo termo andaime. Mercer (1994) usa esse termo para identificar a ajuda que capacita o aprendiz a levar a cabo uma tarefa que ele não seria capaz de executar sozinho. É um auxílio direcionado a alçar o aprendiz a um estágio de competência no qual encontra a possibilidade de concluir, sozinho, aquela tarefa.
2) Punição ou penalização dada (e merecida) por cometer-se um erro ou transgredir uma regra ou lei. Durante muito tempo, e ainda hoje, em alguns meios, esse conceito se confunde com o que seria uma definição seminal e universal para o termo, fazendo com que os aprendizes sofram sanções por estarem envolvidos num processo que é, hoje, compreendido como parte integrante da construção do conhecimento em LE. Segundo os estudos que nos servem de base e a nossa própria compreensão do percurso de aprendizagem de uma LE, fazer escolhas inadequadas e cometer erros na língua-alvo faz parte da sistematização da interlíngua e é um estágio natural da aprendizagem. (Lyster, 1998).

Existe, para o termo ERRO, igualmente, uma variedade de definições conforme a escola teórica ou metodológica a que se pertença. Adotamos, aqui, uma definição que nos parece compatível com a aprendizagem de uma LE, ainda que possamos fazer-lhe emendas e acréscimos.

Lyster (1998) nos contempla com uma definição ampla e detalhada. De modo geral, esse autor classifica, como erro, qualquer uso que se afaste da forma como um falante nativo se expressa. Embora adotemos, aqui, sua definição, o fazemos com algumas ressalvas, tendo em mente o avançado grau de desenvolvimento dos estudos sobre Interlíngua e conscientes de que está longe o tempo em que o padrão do falante nativo jazia como um inalcançável pote de ouro. Essa atitude, que privilegiava o padrão nativo como modelo, promovia nos aprendizes, ao mesmo tempo, uma permanente sensação de frustração.

Nosso ponto de partida é uma análise que busca interpretar aspectos da resolução de inadequações na expressão e falhas na comunicação, em LE, entre aprendizes e professor. Apresentamos, a seguir, as categorizações, propostas por Lyster, que nos parecem adequadas a essa análise.

Erros gramaticais:
1. no uso de classes fechadas como determinantes, preposições e pronomes;

2. na atribuição de gênero (incluindo seleção inadequada de determinantes, e a concordância nome/adjetivo);
3. na concordância de tempo e pessoa verbal, além da morfologia e seleção dos auxiliares;
4. na atribuição de número, formação de interrogativa, relativização e ordem de palavras.

Erros lexicais:
1. escolhas imprecisas ou incorretas de itens lexicais;
2. uso incorreto de afixos dando origem a derivações inexistentes no uso da língua;

Foram deixados de lado, neste estudo, erros fonológicos devido ao fato de ser o nosso corpus composto de exemplos que ocorrem em situação de interação escrita em chat.

Por outro lado, esse estudo faz referência a erros atribuídos ao uso de registro *substandard* que inclui imprecisões lexicais e inadequações sociolinguísticas. Ora, esse tipo de imprecisão e inadequação é muito comum nas interações, sejam elas orais ou escritas, com participação de estrangeiros, e foram, aqui, deixadas de lado, uma vez que, para efeitos de análise, concentramo-nos exclusivamente nas estratégias de negociação de forma e sentido que compõem as sequências analisadas.

A propósito de erros e inadequações, há que referir, também, o modo de levantamento de dados e a tarefa escolhida em si. O uso do chat propicia a ocorrência de falhas que não são de ordem linguística, como a troca acidental de letras ou sua repetição por problemas de letramento digital, de habilidade na digitação ou, simplesmente, pela pressão do tempo e/ou urgência de acompanhar o desenvolvimento do evento nas suas características intrínsecas. Há, igualmente, erros ortográficos por interferência da língua materna. Todas essas questões são postas de lado para privilegiar a atividade cognitiva complexa de se expressar de forma coloquial e interativa em um meio escrito que supõe uma quantidade significativa de solicitações cognitivas, para além do fazer linguístico por si só. Optamos por manter os dados tais como foram recolhidos e fazemos esta ressalva esperando que os leitores não se detenham demasiado nessa aparente "incorreção". Esperamos que se concentrem nas questões que nos interessam, relacionadas com a capacidade dos estudantes de fazerem escolhas e construírem, individualmente e em conjunto, discurso significativo na LE que aprendem. Falamos de discurso significativo por oposição às conhecidas simulações e sketches usados em sala de LE que, embora úteis em determinados contextos, não se traduzem por construção de discurso significativo, uma vez que não representam trocas linguísticas em que haja real necessidade comunicativa da parte dos participantes. A tarefa do chat em que foram recolhidos os dados representava uma atividade real para a compreensão de leituras feitas previamente e carregava uma necessidade real de expressão e troca de informação.

Tratamento do erro em sala de le
McDonough (2002) aponta algumas controvérsias que mobilizam os investigadores e a maneira como as discussões teóricas se cruzam com as descrições linguísticas. Esse cruzamento tem consequências, eventualmente positivas, na formação dos professores de LE, mas podem, em alguns casos e devido a interpretações equivocadas, ter consequências danosas para o ensino e aprendizagem de LE. Duas dessas controvérsias vêm ao encontro das nossas preocupações neste artigo e são elas:

- ✓ O papel das explicações e explicitações gramaticais na sala de aula
- ✓ Uso de metalinguagem de forma que os alunos sejam eles mesmos capazes de processar os dados da língua de forma consciente.

Veremos, ao longo deste capítulo, que, se são pontos controversos nas reflexões e no fazer dos especialistas, são, igualmente, aspectos da maior relevância para a criação de uma metodologia de trabalho.

Ao longo das últimas décadas assistimos ao surgimento de enfoques diferenciados no ensino-aprendizagem de LE, como segue: de gramática e tradução, natural, de leitura, direto, audiolingual, audiovisual, logico-estrutural, cognitivo e comunicativo, para citar apenas os mais difundidos. Alguns enfoques enfatizam o papel do professor como vetor de conhecimento e, portanto, valorizam as suas explicações e explicitações recorrentes no intuito de redirecionar os aprendizes "em falta" para o "bom caminho" da correção, sobretudo, gramatical. Essa atitude estaria no centro da primeira controvérsia mencionada acima. Outros enfoques têm uma visão mais flexível das inadequações produzidas pelos aprendizes. Nenhum dos enfoques, porém, consegue criar uma sistematização para balizar o fazer de professores e alunos na busca por uma produção mais aceitável sem a camisa de força das listas de regras e sem o constante "gongo" reprovador acionado, ainda que metaforicamente, pela conduta do professor ou pela própria reação do estudante e de seus pares. Tal sistematização visaria a um equilíbrio entre a prescrição e a liberdade de expressão em uma língua que o estudante não domina mas na qual busca e é incitado a expressar-se de forma significativa e com um grau satisfatório de aceitabilidade por parte dos falantes nativos ou por parte de outros falantes estrangeiros com um nível mais avançado de competência nessa LE.

Ao constatar que a produção dos aprendizes, expostos ao enfoque comunicativo, ainda que, comparativamente à produção resultante de outras metodologias, se apresentasse mais fluida e mais significativa nos aspectos socioculturais, seguia apresentando problemas recorrentes sob o aspecto estrutural, alguns investigadores (Doughty & Varela, 1998; Gass & Varonis, 1994; Lyster, 1994; Spada, 1997) propuseram adaptações sistemáticas nas práticas, ditas, comunicativas em sala de aula. Assim, em busca de maior precisão e correção na produção dos alunos, em contexto de ensino-aprendizagem sob enfoque comunicativo, esses autores deram origem ao que é conhecido como Foco na Forma.

Praticar os princípios que preconizam a colocação do foco da aprendizagem nas formas
linguísticas caracteriza uma prática através da qual se incentiva os alunos a buscarem, não apenas solidariedade do ouvinte e complacência pelas inadequações na produção compensadas por uma maior fluência como, eventualmente sugerido, em alguns direcionamentos do enfoque comunicativo. Busca-se, para além disso, ao aplicar esse enfoque, uma melhoria na produção do aprendiz através de reformulações orientadas pela correta avaliação (do próprio aluno, dos colegas ou do professor) das formas linguísticas produzidas e a consequente aproximação da sua produção a um padrão satisfatório de precisão e clareza na língua-alvo.

Apresentamos, inicialmente, os resultados de um estudo, sobre a aplicação do foco na forma, expressos por Lima (2002). As questões levantadas são referentes ao modo como alguns autores avaliam as maneiras encontradas por professores e alunos, em sala de aula de LE, para lidar com incorreções e inadequações produzidas na interação, seja com fins exclusivamente de comunicação, seja em trocas metalinguísticas com vistas a esclarecer dúvidas de vocabulário e/ou gramática.

Lima (2002) explicita as funções da produção do aluno L2 que se encontram conceitualizadas por Swain (1995). As funções mencionadas são (i) a de "testagem de hipóteses, pois produzir a fala é, potencialmente, um modo de o aprendiz testar suas hipóteses sobre a língua-alvo"; (ii) a "metalinguística, considerando que a reflexão sobre o uso da língua-alvo pode capacitar o aprendiz a controlar e internalizar o conhecimento linguístico" já que mesmo sem recorrer à terminologia "tal comportamento pode contribuir para a consciência dos aprendizes quanto às regras e formas linguísticas e suas relações"; (iii) a percepção, pois, "ao produzirem na língua-alvo, os aprendizes podem perceber uma lacuna entre o que eles querem dizer e o que conseguem produzir, o que pode contribuir para que percebam o que não sabem".

As funções acima, diretamente relacionadas com algumas das preocupações de linguistas e professores expressas nas controvérsias mencionadas anteriormente, adicionam, porém, um dado atual às tentativas de resolução dessas questões que é a autonomia dada e esperada do aluno. Se, ao produzir de forma compreensível na LE o aluno está, por si mesmo, refletindo, elaborando e construindo, de forma colaborativa com seus pares, estágios mais avançados de conhecimento na LE, verifica-se assim a aplicação de noções ligadas aos princípios de construção colaborativa do conhecimento, flexibilidade e autonomia na aprendizagem relatados em trabalhos dos mais variados (Kramsch, 1986; Motta-Roth, 2001; Kern, 2000; Mercer, 1994).

Transformando o erro em acerto
Py (1993) faz coincidir a noção de interlíngua com a de sistema, sendo, a interlíngua, o conjunto mais ou menos organizado e estabilizado de conhecimentos do aprendiz na LE. O pesquisador suíço lembra, ainda, as implicações do uso dessa interlíngua com relação à norma linguística e à pressão exercida por essa norma tanto de fora para dentro como de dentro para fora no comportamento do aprendiz estrangeiro. Ou seja, a pressão da norma linguística se faz sentir tanto de fora pra dentro, na recepção da produção do aprendiz estrangeiro por parte dos falantes nativos com uma consequente reação – positiva ou negativa, solidária, colaborativa ou não - aos problemas e inadequações gerados nos discursos desse falante estrangeiro, quanto de dentro para fora, expressa pela autocensura exercida pelo aprendiz estrangeiro no momento da sua produção na língua alvo. Essa autocensura se torna perceptível por meio de estratégias negativas, como o evitamento, ou positivas, como o guessing.
Na interação em chat, porém, a pressão externa é, em geral, transformada em andaime e um dos objetivos da construção colaborativa do conhecimento linguístico, revelados no curso dessas interações, é aproximar-se da norma para ser compreendido pelo outro.
Entendemos que, no evento do chat em sala de aula, há a pressão explícita das prescrições aprendidas no fazer metalinguístico da sala de aula de LE. Essa pressão das prescrições se atualiza seja pelo reconhecimento da tarefa como parte de um contrato didático, seja pela intervenção dos outros participantes através de atos de solicitação e/ou retomada de explicação, reforçando o caráter didático da tarefa.
Os exemplos, a seguir, pretendem ilustrar o que acontece no chat com fins didáticos e de que maneira os estudantes, mesmo que intuitivamente, colocam o foco nas formas linguísticas. Consideramos da maior relevância, por intuitivo que seja esse procedimento da parte dos aprendizes, seja percebido pelo professor para que possa vir a ser capitalizado com vantagens para o desenvolvimento do aprendiz na língua alvo. Esse posicionamento dos estudantes é concretizado pela negociação de forma e sentido com a atualização de diferentes estratégias que vamos comentar em breves exemplos, mais adiante.

Negociação da forma
Nesta primeira sequência, estão envolvidas duas das funções preconizadas por Swain5 a saber: a de testagem de hipóteses e a de percepção. Nesse caso específico, as lacunas vão sendo preenchidas com contribuições dos alunos geridas pelo professor que, neste trecho, vai conduzindo a construção

colaborativa do conhecimento através de elicitações com repetição de perguntas de outros alunos "Como se diz, gente, ...?" ou através de pedidos de esclarecimento "Pode explicar?"

(03:34:35) Antti fala para rebelo: Quando eu era criança meus pais tinham um barco a vela e por isso eu gosto muito do mar a velear
(03:35:28) emily fala para Antti: eu também, meus pais ainda têm um barco vela, e eu gosto de velar, mesmo que eu não gosto das grandes ondas
(03:35:51) rebelo fala para Antti: \" do mar a velear\"??? Pode explicar?
(03:36:02) rebelo fala para emily: velar?
(03:36:42) emily fala para rebelo: como se diz o verbo?
(03:37:11) Antti fala para rebelo: Esqueci \"e\"
(03:37:22) rebelo fala para emily: Como se diz, gente, \"velar\", \"velear\"???
(03:43:42) Aude fala para rebelo: Velear= navegar
(03:44:30) rebelo fala para Aude: mas também temos o termo mais específico do que navegar... velejar!

Negociação do sentido da enunciação

Na sequência abaixo, há uma negociação de sentido que diz respeito a um trecho do livro que não tinha sido bem compreendido por alguns dos participantes. É de assinalar a disposição dos alunos para chegar a um ponto de maior clareza na leitura. O professor continua a gerir a negociação de sentido através de elicitações "Vc sabe o que é um Galeão?" e complementação da informação fornecida por um dos participantes sem, no entanto, assumir um comportamento claramente corretivo "Sim... acho que funcionava com velas e remos", o que feriria a proposta de centralização da aprendizagem no aluno e nas suas estratégias de construção de conhecimento, com retirada do foco no professor como vetor único de conhecimento.

(03:43:20) emily fala para Todos: porque ele falou muito sobre Galeão no final do capitulo dez? porque estava isso importante para ele quando ele estava no mar, muito longe de casa e Rio?
(03:44:02) Pearl fala para emily: galeão é o aeroporto internacional, ele estava falando do sobrinho dele
(03:45:08) rebelo fala para emily: Vc sabe o que é um Galeão? E a que ele estava se referindo com essa palavra?
(03:46:14) rebelo fala para Todos: Vc sabe o que é um Galeão? E a que ele estava se referindo com essa palavra?
(03:46:22) Antti fala para Todos: para mim foi primeiro vez quando ouvi a explicaçao para o nome 'galeao\"
(03:46:54) Olivier fala para emily: é um barco antigo nao á ?
(03:48:05) rebelo fala para Olivier: Sim.... acho que funcionava com velas e remos

Negociação do sentido de itens lexicais específicos

Na sequência a seguir, o professor não intervém o que talvez revele uma certa predisposição, que viria da experiência linguística, em geral, dos alunos para lidar de forma mais autônoma e imediata com desconhecimento lexical e buscar soluções para os impasses dessa natureza. São os próprios alunos que fazem as elicitações e pedidos de esclarecimento.

(03:44:54) Antti fala para Pearl: É possivel ligar GPS para o leme, e vc não precisa fazer nada para pensar aondo ir, só precisa dar as coordenadas

(03:45:50) Pearl fala para Antti: não sei o que é GPS? Desculpa

(03:45:51) Aude fala para Antti: leme??

(03:47:10) Antti fala para Pearl: GPS...não posso falar em ingles, mas mais e menos sistema global de posicionamento

(03:48:15) Antti fala para Aude: leme é a coisa vc precisa para dirigir, como volante no carro

(03:48:20) Pearl fala para Antti: voce sabe muito dessas coisas?

Lyster (1998) avança algumas considerações sobre o tipo de correção ou feedback oferecido pelo professor em casos de erro ou inadequação dos alunos e os comportamentos que se observam de ambas as partes. Na nossa breve análise atribuímos um julgamento do que consideramos mais ou menos bem sucedido nos resultados obtidos nas sequências analisadas.

Julgamos bem sucedida a atitude reflexiva gerada entre os alunos e a prática de estratégias de construção colaborativa observadas nos exemplos de sequências selecionados.

Os aspectos menos bem sucedidos residem nas dificuldades que os alunos demonstram, ao não conseguir reformular adequadamente os trechos que suscitam comentários da parte do professor ou de outros alunos. Seja por limitação na competência linguística na LE, seja pelas condições de expressão no chat, o tópico pode, eventualmente, mudar e o aluno com dificuldades deixa de se preocupar com as elicitações oferecidas pelo professor ou pelos colegas. Algumas vezes, os colegas insistem e passa-se à explicitação da situação, em outras ocasiões, quando os colegas não se dão conta do recast ou solicitação (como é o caso no exemplo a seguir), o professor/moderador do chat pode abandonar o tópico problemático e dar continuidade a outros tópicos. Isso acontece pela própria configuração da tarefa em chat, onde os tópicos se sucedem na tela e é preciso acompanhar a sequência das intervenções que estão sendo constantemente elaboradas.

Intervenção não concluída com abandono de tópico

No trecho a seguir, um dos participantes sugere uma explicação para uma negociação de sentido de enunciação, mas faz uma má seleção lexical, por interferência da sua língua materna. Confrontado pelo professor sobre o sentido do termo mal escolhido, o aluno não faz o reparo necessário, aparentemente por não se dar conta de que o professor estava solicitando esclarecimento para que ele fizesse o reparo, caso se tratasse, apenas, de uma falha no desempenho. Como aluno desconhece o sentido do termo escolhido na língua alvo, ele nem faz o reparo, nem se dá conta do procedimento do professor. Este, repete a pergunta, e acaba abandonando o tópico.

De referir a tentativa infrutífera, de um outro participante, de explicitar o significado oferecendo um item lexical que considera sinônimo ou o correspondente mais adequado na língua alvo, "concorrência" para substituir "competência" quando o mais adequado seria "competição".

(15:00:27) hmmmm: eu nunca entendi porque ele fez o viagem
(15:00:48) Legalzissimo: ele foi sozinho
(15:01:04) hippo: acredito com hmmmmm. ele nunca explicou o porque ou o motivo do viagem
(15:01:08) hmmmm: porque pessoas querem passar por todo isso só por fama ou o que seja?
(15:01:23) Jen: paul 2: já falamos sobre isto ontem!
(15:02:15) bigdaddymike: ele falou que o viagem era um sonho velho dele. mesmo coisa porque gente quer subir Mt. Everest
(15:02:34) joanna fala para fairy: para as pessoas que leeram mais do livro, ele explica porque fez o viagem?
(15:02:35) hmmmm: oh só isso?
(15:02:36) Legalzissimo suspira por TODOS: bam!
(15:02:52) joanna: isso era para todos, disculpa...
(15:03:15) rebelo: QUem aqui subiria o Everest? E por que?
(15:03:16) hmmmm: para joanna, porque?
(15:03:21) flor: paRA HIPPO, O MOTIVO DA VIAGEM ? SEGUNDO ENTENDI ERA UMA COMPETENCIA NO MAR , ALGUNOS BARCOS YA TINHAM NAUFRAGADO
(15:04:02) rebelo fala para flor: o que vc quer dizer com competencia?
(15:04:21) Ademar: concorrencia
(15:04:35) Quincinha: eu concordo com o Waldemar!
(15:04:48) hmmmm: eu subiria mount everest mas nao falaria tanto como sufri se eu escolhi subir
(15:05:18) bigdaddymike: acho que o Mt. Everest pode ter muito sofrimento na viagem
(15:05:54) flor: VARIAS EMBARCAÇÕES ESTAVAM EM COMPETENCIA
(15:06:40) rebelo: alguem sabe o que quer dizer competencia?

Na continuação desta sequência há mudança de tópico já que, passados cinco minutos, o professor não tinha ainda obtido resposta à sua elicitação.

CONCLUSÃO

Tentamos, aqui, apontar possibilidades de aplicação dos princípios provenientes dos estudos sobre foco na forma, feedback corretivo e tratamento de erro a um tipo específico de tarefa de interação, também pouco conhecido, que é o chat com fins didáticos.

Os princípios mencionados acima ainda parecem pouco divulgados no Brasil e pouco familiares aos principais interessados que são os professores de LE, grupo em que se incluem os professores de PLE. Temos a convicção de que esses professores teriam um importante aperfeiçoamento nas suas estratégias para o tratamento dos erros e inadequações produzidas por seus alunos ao se familiarizarem com os princípios e as categorizações de estratégias aqui apresentados.

Partimos da crença, comprovada ao cabo de alguns anos de pesquisa e prática, de que, quando solicitado a reformular sua produção por questões de incompreensão do interlocutor, o estudante de LE tende a buscar precisão e clareza fazendo uso significativo da língua alvo. Esse tipo de prática, que parece levar o aluno a monitorar a sua produção, suscita um comportamento mais autônomo e tem como consequência uma comprovada evolução na sua competência em LE com reemprego de formas adequadas sob o ponto de vista estrutural (língua como sistema) e pragmático (língua como instrumento de comunicação).

Referências

Abrams, Z. (2003). The effect of synchronous and asynchronous CMC on oral performance in German. In: *The Modern Language Journal*, 87. 157-167.

Abreu, L.S. (2005) O chat educacional: o professor diante desse gênero emergente. In: Dionisio, A., Machado, A.R. & Bezerra, M.A. (Orgs.) *Gêneros textuais e ensino*. Rio de Janeiro: Lucerna. 87-94.

Alber, J.-L. & Py, B. (1985) Interlangue et communication exolingue. In : *Cahiers du département des sciences du langage*, nr. 1. Lausanne : Université de Lausanne.

---. (1986) Vers un modèle exolingue de la communication interculturelle. *Études de Lingüistique Appliquée, 61*. 78-90.

Corder, P. (1981) *Error analysis and interlanguage.* Oxford: O.U.**P**.

---. (1983) Strategies of communication. In: Faerch, C. & Kasper, G. *Strategies in interlanguage communication.* London: Longman. 15-19.

Doughty, C. & Long, M. (2003) Optimal psycholinguistic environments for distance foreign language learning. In: *Language Learning & Technology*, V.7, Nr. 3. 50-80.

Doughty, C. & Varela, E. (1998). Communicative focus on form. In: Doughty, C. & Williams, j. (Eds). Focus on form in classroom second language acquisition. New York: C.U.P 114-138.

Doughty, C. & Williams, J. (1998) *Focus on form in classroom second language acquisition.* Cambridge: C.U.P.

Ellis, R. (1985) *Understanding second language acquisition.* Oxford: O.U.P.

Faustini, C. H. (2001). Educação à distância: o trabalho interativo e a aprendizagem colaborativa na busca pela autonomia. In: Leffa, V. (Org.) *O professor de línguas: construindo a profissão*. ALAB. Pelotas: EDUCAT. 211-223.

Figueiredo, A.D. (2001) Novos Media e Nova Aprendizagem. In: Carvalho, A.D. et allii. *Textos da conferência internacional: Novo conhecimento, nova aprendizagem*. Lisboa: Fundação Calouste Gulbenkian. 71-82.

Hegelheimer, V. & Chapelle, C. (2000). Methodological issues in research on learner-computer interactions in CALL. In: *Language Learning & Technology*, V.4, Nr. 1. 41-59.

Kramsch, C.J. (1986) From language proficiency to interactional competence. Modern Language Journal, 70, 366-372.

Krashen, S. (1998) Comprehensible output? *System*, 26. 175-182

Lima, M.S. (2002) Aquisição de L2/LE e o insumo instrucional na sala de aula. In: Araújo, D. & Sturm, L. (Orgs.) *Século XXI: Um novo olhar sobre o ensino e a aprendizagem de línguas estrangeiras*. Passo Fundo:UPF Editora, 2002. 22-34.

Long, M. (1983). Does second language instruction make a difference? *TESOL Quaterly*, 17, 3, 409-422.

---. (1991). Focus on form: a design feature in language teaching methodology. In K. DeBot, R.Ginsberg & C. Kramsch (eds), *Foreign language research in cross-cultural perspectives*, 40-52.

Long, M. & Robinson, P. (1998) Focus on form: theory, research and practice. In: Doughty, C. & Williams, J. (Eds.) *Focus on form in classroom second language acquisition*. Cambridge: C.U.P. 15-41

Lyster, R. (1994). La négociation de la forme: stratégie analytique en classe d'immersion. *The canadian modern language review*, 50. 447-465.

Lyster, R. (1998). Negotiation of form, recasts, and explicit correction in relation to error types and learner repair in immersion classrooms. In: *Language Learning*, 48:2, 183-218.

Mcdonough, Steven. (2002). Applied Linguistics in Language Education. New York: O.U.P. 30-31.

Mercer, N. (1994). Neo-vygotskian theory and classroom education. In: Stierer, B. & Maybin, J. Language, literacy and learning in educational practice. Clevedon: Multilingual Matters ltd. 92-110.

Motta-Roth, D. (2001). De receptador de informação a construtor de conhecimento: o uso do chat no ensino de inglês para formandos de letras. In: Paula, M.R.B. de & Paraense, S.C.L. Estudos em lingüística e literatura. Santa Maria: UFSM/Pallotti.

Py, B. (1993). L'apprenant et son territoire: système, norme et tâche. In: AILE, 2, Paris. 9-24.

Rebelo, I.M.M. (2008). O uso do chat em sala de aula de L2/LE : entre a simultaneidade do paradigma e a intermitência do sintagma. In:

Revista Intercâmbio, LAEL – PUC-São Paulo, Vol. XVII, 193-212, impresso e eletrônico.
http://www.pucsp.br/pos/lael/intercambio/pdf/artigos_xvii/15_i_da_rebelo.pdf

Spada, N. (1997). Form-focused instruction and second language acquisition: a review of classroom and laboratory research. Language teaching, 29. 1-15.

Swain, M. (1995). Three functions of output in second language learning. In: Cook, G. & Seidlhofer, B. (Eds). *Principles and practice in applied linguistics: studies in honour of H.G. Widdowson.* Oxford: O.U.P. 125-144.

Zitzen, M. & Stein, D. (2004) Chat and conversation : a case of transmedial stability? *Linguistics* 42 – 5. Berlin; New York: Walter de Gruyter. 983-1021.

6.5 Oralidade e novas tecnologias: uma experiência na aula de PLE
Adriana Cabrera Garcia

É difícil se exprimir numa língua estrangeira. Como Almeida Filho (1993) afirma: "aprender uma língua é (...) aprender a significar nessa nova língua e isso implica entrar em relações com os outros numa busca de experiências, profundas, válidas, pessoalmente relevantes, capacitadoras de novas compreensões e mobilizadoras para ações subsequentes".

Ong (Ong, 1997) define oralidade secundária como a maneira de se comunicar daqueles que conhecem a escrita, a impressão, e outras novas formas, como o telefone, a televisão, o rádio, e mais atualmente o hipertexto, e que dependem da escrita para o seu funcionamento. A fala é uma atividade mais central do que a escrita no dia a dia das pessoas. A posse generalizada de dispositivos móveis, como telefones celulares, assistentes digitais pessoais, telefones inteligentes e laptops sem fio significa que a "aprendizagem móvel" já não é o domínio exclusivo de técnicos e pesquisadores com experiência especializada. Professores e alunos passaram a integrar as tecnologias todos os dias. A aprendizagem de línguas é uma das disciplinas que parece destinada a se beneficiar destes avanços. Os alunos podem fazer bom uso das instalações para gravar e ouvir o áudio a qualquer momento, com o apoio da crescente disponibilidade de dispositivos portáteis que incentivam a interação espontânea. A aprendizagem promete proporcionar maior integração com as necessidades diárias de comunicação e experiências culturais. (Kukulzca, Agnes,2006) Morrissey (2008) aponta como um exemplo do uso de telefones celulares, o projeto de aprendizado do gaélico no ensino secundário para estudantes irlandeses. Nesse projeto, os alunos utilizaram telefones celulares para praticar o uso da linguagem e aquisição de vocabulário, além de servir para os alunos se autoavaliarem e para a avaliação dos professores. A experiência conseguiu um aumento na motivação para o estudo da língua gaélica, e uma maior confiança e autonomia na aprendizagem da língua por estudantes irlandeses.

O uso do diálogo à distância (Morita, 1997) é um componente valiosíssimo para o desenvolvimento individual da oralidade. Os diálogos à distância são todas as ocasiões em que o professor e o aluno se "correspondem" através das trocas de gravações em fitas-áudio (Morita, 1997). Para trabalhar com o ensino/aprendizagem da linguagem oral o professor pode se "corresponder" oralmente com os alunos, gravando no celular, "essa caixinha fechada onde a gente comunica-se, guarda dados e consegue escrever textos" (Lucia Santaella, 2009). Esta troca cria um recurso que ajuda o aluno a participar do seu processo de aprendizagem e permite a intervenção de professor ao mesmo tempo, pois cada aluno apresenta maneiras e momentos específicos para aprender (Skehan,1989). Como o diálogo à distância é um instrumento específico para conseguir estas condições, a sua aplicação como extensão de experiência fora da sala de aula é um desenvolvimento natural.

Um exemplo da utilização desta tecnologia é-nos dado por um instituto de ensino público, no interior do Uruguai. Os cursos oferecidos são de nível básico (três anos). A maioria dos alunos são adolescentes, numa faixa etária de 12 a 15 anos, todos pouco expostos à língua (música, compras na fronteira, férias).

Uma pesquisa sobre celulares apontou que todos os alunos levavam o seu telefone para a aula. Os alunos participaram de um projeto em que após a entrega do material houve um momento para refletir de maneira oral e também escrita. O conteúdo do diálogo à distância foi objeto de estudo linguístico criando assim uma fonte de insumo e um meio de avaliação para o contínuo aprimoramento do processo de ensino e aprendizagem (Scaramucci,1995).

Planejamento básico
As vantagens de proximidade entre o português e o espanhol permite a total adequação de um planejamento que Almeida Filho (1996) classifica como "evolutivo", em que a experiência de aprender línguas torna-se parte de uma "experiência maior de aprender outras coisas... os conhecimentos de outras disciplinas como ciência, história, artes...".

A partir da configuração inicial do celular em língua portuguesa, realizou-se um planejamento básico dos temas apontados como necessários pelos alunos. Criou-se um universo compartilhado pelo professor e aprendizes e elaborou-se um espaço de autêntica interação e desempenho de uso real da língua. Os tópicos foram definidos a partir do interesse dos alunos em conhecer costumes, tradições e produtos da economia brasileira (cana-de-açúcar, café, minérios, os símbolos nacionais representados por elementos da natureza).

Estrutura do projeto
1) Quem é você? Nome, sobrenome, apelido, Endereço
2) A família e os bichinhos de estimação
3) Soletrar (área lúdica)
4) Agenda: o seu dia-a-dia
5) O que você fez ontem (5 atividades)
6) O meu quarto. As lembrancinhas e os aniversários.
7) Ciclos econômicos do Brasil. O café.
8) Contar uma lenda do seu país

A análise dos dados
Realizou-se a troca de oito pares de ligações num período de quatro meses. O tempo de cada aluno foi negociado de maneira individual. A princípio, os

diálogos eram lentos e o aluno preocupava-se mais com a parte linguística formal, tentando não errar no processo da identificação pessoal.
A1) Oi/ profe! Meu nome é xxxx/ meu ... sobrenome é xxxx /AH!/ meu apelido é xxxx. Muito prazer/ PROFE/ é complicado "eso" "del " apelido e sobrenome!!/
A2) Oi/ Adriana/ meu sobrenome é xxxx.... NOooo!!! Meu nome!!!/sempre me "equivoco"...e o meu sobrenome é xxx/
A3) Alô./professsora! O meu nome é xxxx e o meu sobrenome é xxxx./Não... tenho apelido/

O grau de compreensibilidade da língua alvo permite mais segurança, mas também há uma importante contradição porque a proximidade leva os falantes a perceberem mais facilmente as semelhanças do que as diferenças. Este fato cria uma interlíngua que o professor tem que direcionar a um padrão aceitável da língua

A1) Alô/ (ah) /aquí fala xxxx/ (soletra o nome)/ lig.... o "despois".../tchau/
O uso da interjeção "alô" como marcador de início de conversa, e a expressão de alívio "ah", apontam a preocupação do aprendiz em aplicar a palavra certa (em espanhol o marcador
de início de conversa é "hola").
A2) Alô/Adriana! xxxxx ligou pra você/ (soletra o nome) ligo mais...tarde/
A3) Alô /professora/aquí fala xxxx....você não está/vou soletrar.....nome (soletra o nome)

Mas depois de várias semanas e trocas de informação a atenção dos alunos começou a se centrar em assuntos mais complexos que lhes exigiam uma maior reflexão e postura pessoal.
A1) Alô /Adriana/eu não sabia muito sobreeeee...o café/e tenho uma pesquisa para você/ você sabia que o café não era do Brasil?/...eh/a origem era Etiopia/Africa /.../chegou no ség.../século dez...oito/
A2) Alô/minha professora !nós/ uruguaios,não temos cultura do café.../no dicionário encontrei a etimologia/quero contar para você que é árabe e...su...seu significado é..."estimulante"/no Brasil é produto nacional.../
A3) Alô/professora/vou falar do café/que o Brasil é produtor/e...plantava /nos começos... (eh) com mão de obra escrava /e depois com os italiano...s que chegavam da Europa/

Percebe-se a criação de um espaço de aprofundamento ao nível formal, temático e interacional respondendo às questões do professor.
A1) Alô/Adriana,/o meu nome é xxxx e vou contar uma lenda do meu país/ "a chorona"/fala de uma mulher que abandonou os filhos.........e.../busca

os filhos pelas ruas da" ciudade"/gritando e chorando/grita onde estão os meus filhos.../é triste /MUITO triste.../
A2) Adriana/ eu vou... te contar a lenda da flor de CEIBO/ símbolo do meu país/havia uma tribo.../uma moça esperou o namorado/ perto da árvore...antigamente essas ...árvores não tinham uma/....uma cor vermelha/... como agora.../"
A3) Alô/ professora,eu gostaria de lhe contar uma linda história do nosso país...a lenda dos índios que moraram aquí/ neste/ ...lugar/a lenda se chama Arequita/a palavra é guaraní/ e significa "águas das pedras altas"/ e contam que... três mulheres "charruas",/eh...os "charrúas""eran" os nossos índios.../bem/essas mulheres eram muito....sábias/...e...faziam "SALAMANCAS"/atos religiosos entre os índios/per.../mas...um dia.../

É importante estimular o aluno desde o começo a falar sem ler pois não é comum termos tempo para escrever o que vamos falar mas, é aconselhável, se necessário, fazer um esquema do que vão falar. Nas primeiras trocas observamos que a tendência do aprendiz é falar muito devagar, com varias interrupções, mas com o tempo, tudo foi se tornando mais natural e com pouco uso de preenchedores de lacunas (ah,eh,ta).

A princípio procurou-se discutir tópicos mais simples do dia-a-dia e pouco a pouco houve um avanço para espaços mais polêmicos e opinativos. O foco na interação fez com que o aprendiz se preocupasse em construir uma mensagem real. Foi o momento em que cada um dos alunos falou de acordo com seu ritmo individual, sem a pressão do tempo, como muitas vezes acontece na sala de aula.

Os erros recebem um tratamento especial porque foram encarados como um meio de interação entre o aluno e o professor e a sua correção também assumiu um papel produtivo, pois foram uma parte natural do processo. Usando a frase correta e salientando as palavras nas respostas dos alunos, o professor procurou esclarecer aqueles pontos da língua-alvo que apresentaram dificuldade. Assim cada insumo apresentado foi estimulando a estudar outros aspectos linguísticos.

A1)-Professora/eu nao entendi na aula a diferença entre manhã e amanhã./você podia me dizerrrr (ah).....porquê/
P) Pois não/tudo começa na diferença do Português e a Língua Espanhola.....

A tarefa do professor foi de ajudar o aluno a entender os fenômenos linguísticos que lhe causaram confusão. Estabeleceu-se uma relação onde coube ao professor pedir e dar esclarecimentos, possibilitando e criando momentos específicos para refletir e analisar sobre o próprio processo de ensinar/aprender.

Considerações finais

As mudanças e revoluções científicas acontecem quando as velhas teorias e métodos já não podem resolver os novos problemas. Devemos definir a meta de transformar ou adaptar os nossos modelos e abordagens tradicionais em que os alunos são agentes comprometidos no processo ensino/aprendizagem e devemos também procurar ter em primeiro plano os objetivos, necessidades e interesses dos aprendizes. Assim a aprendizagem de uma nova língua no século XXI implica uma nova maneira de pensar e sentir, e uma mudança nos conceitos de como aprender e como ensinar. As TICs oferecem ferramentas que podem ajudar a transformar as aulas e, para enfrentar esses desafios com sucesso, devemos tirar proveito das novas tecnologias e aplicá-las na aprendizagem. É necessário, no entanto, ressaltar que os usos das TICs são instrumentos indicados para estender e aprofundar o contato iniciado na classe, mas não substituem a interação que acontece no lugar privilegiado para aprender a língua e cultura-alvo, que é a sala de aula.

A revolução digital permite abrir os processos de comunicação à distância, de indivíduo para indivíduo em qualquer parte do mundo e esta experiência é uma opção para otimizar o trabalho em conjunto do professor e do aprendiz. Cabe ao professor comunicar e organizar saberes, porque a informação é só um enunciado e, se não for contextualizada, não será capaz de formar o ser humano (Paulo Freire, 2001).

Convenções
P- professor
A1,A2,A3- aluno identificado
...pausa breve
......pausa longa
Letras maiúsculas: maior ênfase

Referências
Almeida Filho, J. C. P. *Dimensões Comunicativas no Ensino de Línguas.*
    Campinas. Pontes, 1993.
---.*Parâmetros Atuais para o Ensino de Português Língua
    estrangeira.*Campinas.Pontes, 1997.
Freire, Paulo. *Conscientização. Teoria e Prática da Libertação.* São Paulo.
    Centauro, 2001.
Svensson, Patrik. *Språkutbildning och Informationsteknik (De la visión a la práctica:
    el aprendizaje de idiomas e informática).*Vision Suecia(Nätuniversitetet)
Morita, Marisa Kimie. Diários dialogados e diálogos à distância. In:
    Parâmetros Atuais Para O Ensino de Português Língua Estrangeira.
    Almeida Filho (Org.). Campinas: Pontes, 1997.
Morrissey, Jerome (2008), "El uso de TIC en la enseñanza y el aprendizaje.
    Cuestiones y desafíos" In: Magadán Cecilia y Valeria Nelly [Org.].

Las TIC: del aula a la agenda política 2007. Ponencias del Seminario internacional Cómo las TIC transforman las escuelas. Buenos Aires, Instituto Internacional de Planeamiento de la Educación-UNESCO, UNICEF Fondo de las Naciones Unidas para la Infancia, pp. 81-90).

Scaramucci,M.V.R. Dúvidas e questionamentos sobre a avaliação em um contexto de ensino de línguas.Outras Palavras. In: *Anais da V Semana de Letras Universidade Estadual de Maringá.* 1993.

6.6 Preparatório para o Celp-Bras: ensino de PLE totalmente à distância
Ana Luíza Gabatteli

A contribuição da internet no aumento das informações disponíveis em rede e o desenvolvimento das tecnologias de cunho colaborativo da *web* 2.0, que, segundo O'Reilly, é a mudança para uma internet em que as ferramentas se tornam melhores quanto mais são usadas pelas pessoas, proporcionaram uma revolução no pensamento acerca do saber e um impacto em diversas dimensões, com diferentes resultados e compreensões no contexto educativo.

Neste novo paradigma, as tecnologias da informação e comunicação (doravante TICs) proporcionam uma constante reformulação das relações entre alunos e professores e da concepção de sala de aula ao diversificar os espaços de construção do conhecimento, viabilizando funções em que não só os estudantes, mas os próprios professores podem desenvolver suas atividades de um modo colaborativo. Assim sendo, no âmbito do ensino de línguas estrangeiras, tem-se discutido muito a importância das ferramentas tecnológicas no desenvolvimento de cursos presenciais e a distância, sendo este último o foco deste capítulo.

Leffa (13) aponta que a visão que prevalece entre os estudiosos da área de ensino de línguas mediado por computador é a de que o computador seja um suporte ao ensino. Porém, tem-se observado, nos últimos anos, uma crescente procura por cursos inteiramente mediados por computador, devido a sua característica flexível, que se adequa às características individuais dos aprendizes, tais como ritmo, disponibilidade de tempo e local.

Analisando esse crescente interesse por cursos de língua a distancia e o aumento significativo de estrangeiros, atraídos pelo desenvolvimento social e econômico pelo qual passa o Brasil, que procuram alternativas para aprender a Língua Portuguesa, contata-se então uma lacuna entre a demanda de interessados e o número de cursos e instituições especializados que ofereçam ensino a distancia de Português como Língua Estrangeira (PLE).

Esses estrangeiros, muitas vezes, com o intuito de trabalhar ou estudar no Brasil, optam por fazer o Celpe-Bras – Certificado de Proficiência em Língua Portuguesa para Estrangeiros – o único exame de proficiência em Língua Portuguesa reconhecido oficialmente pelo governo do Brasil. O exame é desenvolvido e outorgado pelo Ministério da Educação e aplicado pelo Instituto Nacional de Estudos e Pesquisas Educacionais Anísio Teixeira (INEP), duas vezes ao ano, geralmente em abril e outubro, em todas as regiões do Brasil e em vários países no exterior, com apoio do Ministério das Relações Exteriores.

As universidades brasileiras exigem o Celpe-Bras de estrangeiros para o ingresso em programas de pós-graduação e em cursos de graduação, bem como para validação de diplomas de profissionais. Além disso, o certificado é requisito para inscrição profissional em algumas entidades de classe, a exemplo do Conselho Regional de Medicina (CRM). No exterior, esse exame é aceito em instituições de ensino e empresas como comprovação de proficiência linguística em Língua Portuguesa (Brasil 4).

Esse exame foi proposto para ser um exame de proficiência com base comunicativa, que, de acordo com Schlatter (99), parte do princípio de que os atributos medidos devem refletir o uso da língua em situações reais de comunicação, ou seja, o exame testa a capacidade dos candidatos de compreender e de produzir a língua de forma adequada a situações cotidianas. Tendo em vista a importância desse exame de proficiência, a escassez de cursos especializados a distância, no Brasil e no exterior, que preparem os candidatos a fazerem uso da língua nos mais diversos contextos socioculturais, e o crescente desenvolvimento das TICs, apresenta-se aqui um projeto piloto de um curso totalmente a distância voltado à preparação para o Celpe-Bras.

A Tecnologia no ensino de línguas

Não é novidade que a inserção das novas TICs no cotidiano das sociedades atuais vem possibilitando novas práticas sociais. Percebe-se, então, no campo da educação, possibilidades de estudos orientados para a compreensão da relação entre ensino e aprendizagem em Ambientes Virtuais de Aprendizagem (AVAs), no contexto da educação a distância (EaD).

Os AVAs são definidos como sistemas que recorrem à tecnologia de comunicação para conferir flexibilidade no espaço e/ou tempo aos sistemas de instrução e, também como forma de proporcionar soluções de acesso a sistemas de instrução (qtd. in Paula 56).

Assim, de acordo com Paula (64), a EaD baseada em TICs caracteriza-se por um ambiente educacional formado por relações interativas entre os atores comprometidos com o processo de ensino e aprendizagem. Ou seja, um cenário em que o instrutor e os alunos, embora separados geograficamente, estabeleçam uma comunicação baseada em *feedback*, o qual consiste em uma:
> reação à presença ou ausência de alguma ação com o objetivo de avaliar ou pedir avaliação sobre o desempenho no processo de ensino-aprendizagem e de refletir sobre a interação de forma a estimulá-la, controlá-la, ou avaliá-la. (Paiva 219)

Mesmo que, no âmbito da EaD, seja esperado dos alunos uma autonomia para buscar e construir seu próprio conhecimento, o papel do professor torna-se fundamental, pois os alunos de um curso virtual podem se sentir isolados ou excluídos sem terem conhecimento da sua atuação dentro do curso.

Assim, para que cursos desenvolvidos a distância sejam bem sucedidos, além dessa relação de *feedback* entre professor e aluno, é importante que sejam suportados por material didático adequado à nova mídia, ou seja, baseado em uma perspectiva que vai de encontro à mera tradução de aulas presenciais para aulas virtuais. Assim, um curso totalmente a distância deve buscar novas alternativas à simples digitalização de livros e apostilas para o novo ambiente de aprendizagem.

Ainda, para se chegar ao resultado esperado de um curso a distância, a aprendizagem,

> os profissionais da educação precisam se conscientizar das diferenças pessoais de cada indivíduo, das suas necessidades próprias, das suas metas a serem atingidas por meio de um estilo cognitivo único, usando estratégias e um ritmo de aprendizagem que lhe são mais favoráveis. O público precisa ser conhecido, definido, para que a proposta de EaD atenda às diferentes disponibilidades de horários, às responsabilidades ou à capacidade de motivação pessoal para aprender em um ambiente on-line. (Martins 25)

Isto é, na EaD, é imprescindível o fornecimento de um material pedagógico centrado no usuário, que seja autoexplicativo, motivador e elaborado para permitir intervenções dos usuários e controle do curso das atividades por meio da comunicação entre os sujeitos, suprindo assim a ausência do professor presencial.

Como bem ressalta Martins (49), o grande desafio para a EaD é manter a motivação dos alunos e envolvê-los nos processos participativos, afetivos e interativos. Assim sendo, para a formulação e para o desenvolvimento de um bom curso mediado totalmente pelo computador, é importante estabelecer o contexto metodológico do ambiente *online* e, também, um engajamento, baseado em *feedbacks*, dos participantes do processo.

Entendendo o Celpe-Bras e sua base comunicativa
Como citado anteriormente, de acordo com Schlatter (99), o Celpe-Bras foi proposto para ser um exame de proficiência com base comunicativa. Segundo Scaramucci (109), uma avaliação comunicativa caracteriza-se pelo desenvolvimento de uma habilidade de expressão ou de uma competência de uso, que requer mais do que a utilização de formas e de regras linguísticas, mas também o conhecimento de regras de comunicação, de forma que sejam não apenas gramaticalmente corretas, mas socialmente adequadas.

Para refletir a abordagem comunicativa, o exame foi elaborado com base em um tipo de atividade denominada *tarefa*, termo usado na Linguística Aplicada (LA) para se referir a uma atividade de ensino ou de avaliação que possibilita a apresentação de conteúdos autênticos, isto é, extraídos de jornais, revistas e livros, não necessariamente elaborados para o ensino de línguas, mas que levam em consideração os aspectos socioculturais no conjunto da avaliação (Schlatter 99).

Scaramucci (80) destaca que, por ter um propósito comunicativo, a *tarefa* "procura especificar, para a linguagem, usos que se assemelham ou estão mais próximos daqueles que têm na vida real", como, por exemplo: ler um artigo de revista e escrever uma carta ao espaço para opinião dos leitores; assistir a um vídeo e ser capaz de se posicionar a respeito do assunto; entre outros.

Scaramucci (80) também aponta três vantagens na utilização de *tarefas*: a avaliação integradora; a não necessidade de avaliação de sub-habilidades de leitura e a apresentação de um objetivo claro. A tarefa como avaliação integradora permite avaliar mais de uma habilidade de comunicação (ler e escrever; ouvir e anotar; ver, ouvir e falar), refletindo a maneira como essas habilidades são usadas no cotidiano. Para ilustrar, pode-se pensar que para ler um artigo de revista e escrever uma carta ao espaço dos leitores, a pessoa usará suas habilidades de leitura e escrita; já para se posicionar a respeito de um vídeo, a pessoa precisará ver, ouvir e escrever para um interlocutor.

A outra vantagem do uso das tarefas é a avaliação da habilidade de síntese do candidato, sendo assim, desnecessário o julgamento das sub-habilidades de leitura, como a inferência de palavras e informações implícitas, a separação da ideia principal dos detalhes, entre outras. A terceira vantagem é a apresentação de um propósito claro, que cria o contexto e os limites da avaliação.

Essencialmente, a tarefa envolve uma ação, com um propósito, direcionada a um ou mais interlocutores (Brasil 5), como: escrever um *post* em um *blog* (ação) destinado às pessoas de sua cidade (interlocutor) sugerindo atividades para o fim de semana (propósito), com base na leitura da seção de programação de um jornal local (ação). Portanto, o exame avalia a competência do candidato de entender e de usar a língua conforme as regras socioculturais do dia-a-dia dos brasileiros.

O Celpe-Bras é estruturado em duas partes: Parte Escrita e Parte Oral. A Parte Escrita tem duração de 3 horas e é composta de 4 Tarefas baseadas em textos autênticos, publicados no Brasil, em jornais, revistas, páginas eletrônicas etc. A Tarefa 1 é realizada com base em um vídeo de aproximadamente 2 minutos, a Tarefa 2 tem por base um áudio também de duração aproximada de 2 minutos e as Tarefas 3 e 4 fundamentam-se em textos escritos de, no máximo, uma página. O tempo estipulado já inclui a leitura dos textos e a apresentação do áudio e do vídeo.

Já a Parte Oral, com duração aproximada de 20 minutos, baseia-se na interação com 2 examinadores, 1 entrevistador e 1 observador, que usam uma grade de avaliação que inclui aspectos, como: compreensão do fluxo natural da fala, produção de recursos interacionais e estratégicos, fluência, pronúncia, gramática e léxico (Brasil 11). Basicamente, "o entrevistador faz uma avaliação holística do desempenho demonstrado pelo/a candidato/a enquanto a avaliação do/a observador/a é analítica, mais detalhada por possuir 6 descritores" (qtd. in Cota 31).

Cota (31) aponta que, nos primeiros 5 minutos, há uma conversa sobre atividades e interesses do examinando, com base em dados preenchidos por ele no questionário de inscrição. Nos 15 minutos seguintes, são apresentados Elementos Provocadores (imagens e textos curtos e versam sobre assuntos variados e do cotidiano), que deverão motivar diálogos de, aproximadamente, 5 minutos cada. Espera-se, então, que o candidato leia o elemento provocador em até 1 minuto e que o entrevistador consiga estabelecer uma interação tranquila para que o candidato se sinta à vontade.

Por meio de um único exame, são avaliados, para efeito de certificação, quatro níveis de proficiência: Intermediário, Intermediário Superior, Avançado e Avançado Superior. A certificação acontece a partir do nível Intermediário por meio de um equilíbrio entre o desempenho na Parte Escrita e na Parte Oral (Brasil 6). Assim:

> O desempenho final do/a candidato/a está condicionado ao menor nível alcançado entre as duas Partes, ou seja, caso o/a candidato/a alcance o nível Avançado na Parte Coletiva e o nível Intermediário Superior na Parte Individual, o desempenho final será Intermediário Superior (Cota 31)

O Celpe-Bras é um exame que tem chamado muita atenção internacionalmente e o crescente número de candidatos inscritos confirma sua expressividade, como aponta o gráfico apresentado por Damazo (22):

Fig.1. Crescimento do número de estrangeiros inscritos no Celpe-Bras[80].

---

[80] O ano de 2012 está representado somente com os dados da 1ª edição.

Dessa forma, o Celpe-Bras constitui-se como um importante veículo de representação da Língua Portuguesa e da cultura brasileira. Unindo esse papel de difusor da língua e cultura do Brasil, o crescente interesse pelo exame e a ausência de cursos a distancia voltados para fins específicos, encontra-se aí uma oportunidade de apresentar um curso *online* que prepare o aprendiz a ser capaz de utilizar o português nos mais diversos contextos socioculturais brasileiros, permitindo que ele "vá além do apenas *comunicar-se* (fazer-se entendido) em direção a um *comunicar-se adequadamente dentro de cada situação ou tarefa*" (Scaramucci 89).

Da teoria à prática: Preparatório para o Celpe-Bras totalmente a distância

Como a proposta do curso consiste em um preparatório para um exame específico, o objetivo é atender cada aprendiz individualmente, oferecendo um suporte pedagógico personalizado e baseado em tarefas. Ou seja, a proposta é fornecer, a cada um, momentos autênticos do uso do português e condições de expressar-se mais naturalmente nas habilidades oral e escrita da língua, seguindo sempre os pressupostos teóricos do Celpe-Bras e tendo como base um AVA adequado à finalidade do curso.

Dentre as plataformas de aprendizagem pesquisadas, julgou-se essencial a escolha de uma que se apresentasse totalmente em Língua Portuguesa e permitisse a divisão do curso em tarefas. Assim a escolhida para este curso foi o Moodle, um sistema de código aberto que pode ser baixado, utilizado, copiado, modificado e redistribuído gratuitamente. Esse AVA permite a integração de outras ferramentas e também possibilita uma navegação interativa dos aprendizes e dos professores, permitindo uma avaliação eficiente de mais de uma habilidade (ler, escrever, ouvir e falar) ao mesmo tempo, como realizada pela equipe de correção do Celpe-Bras.

Antes de iniciar o curso, o aprendiz poderá acessar alguns materiais e recursos de apoio na tela inicial, como: um Fórum de notícias, onde o professor o manterá atualizado acerca de novidades referentes à aplicação do exame; o Guia do Examinando; o Programa de Curso, contendo todas as informações básicas sobre o desenvolvimento do preparatório; uma apresentação das professoras; um Guia do Aprendiz, contendo tutoriais sobre como utilizar o Moodle e suas ferramentas; um *link* para seção de Perguntas Frequentes; e uma Biblioteca composta de apostilas com explicações importantes acerca de tópicos que, geralmente, causam dúvidas nos aprendizes de PLE, como, por exemplo, a diferença entre os verbos *ser* e *estar;* os diferentes usos do verbo *ficar* etc[81].

Após essa parte inicial, o curso é apresentado em tópicos contendo tarefas escritas e interações face a face baseadas nos modelos exigidos pelo Celpe-

---

[81] Essas apostilas são produzidas a partir da experiência em sala de aula.

Bras. Todas as tarefas e, claro, todas as interações face a face terão o acompanhamento de um professor, o qual fornecerá orientações necessárias para o alcance dos objetivos do curso, síncrona e assincronamente, dependendo da atividade realizada.

Em cada tarefa escrita proposta haverá um propósito de comunicação (escrever um texto para reclamar, para informar, para discordar etc.) e um interlocutor (que pode ser um jornal, um amigo, um chefe etc.), de forma que o aprendiz possa adequar seu texto à situação de comunicação. Após a produção do texto, o aprendiz deverá enviá-lo ao professor, que o corrigirá e enviará um *feedback* sobre sua produção.

A correção do professor considerará os critérios de correção estipulados pelo Guia do Examinando (Brasil 7), em que a avaliação deverá envolver a compreensão e a produção de forma integrada, considerando então a adequação da produção textual ao contexto. Isso significa que, mesmo que o aprendiz apresente coesão e adequação linguística, a produção será julgada como inadequada se não cumprir o solicitado na tarefa.

Para exemplificar, uma das tarefas proposta para o curso envolve a leitura do artigo "Um professor que deixou a universidade para ser educador", publicado pela Revista Você S/A, que conta a história de Tião Rocha, que abandonou a carreira de professor universitário para ir para o interior de Minas Gerais e fundar o Centro Popular de Cultura e Desenvolvimento (CPCD), uma Organização Não Governamental que oferece diversos projetos que vão desde atividades para crianças até oficinas profissionalizantes para jovens.

Após a leitura da matéria, o aprendiz deverá realizar a seguinte tarefa: Você é diretor de uma escola de educação infantil. Como os professores estão voltando das férias, escreva uma carta de boas-vindas que tenha o objetivo de motivá-los para o retorno às aulas. Aproveite a história de Tião Rocha para inspirar os professores com exemplo de um bom educador.

Dessa maneira, a correção do professor considerará, primordialmente, se o aprendiz conseguiu fazer uma leitura crítica do artigo, atribuindo sentidos autorizados pelo texto e selecionando e relacionando informações relevantes para o propósito da tarefa, que consistia em escrever um texto motivacional para os professores da escola em que trabalha como Diretor. Em resumo, além da adequação linguística, o professor verificará se o aprendiz, no papel de Diretor de uma escola, apontou adequadamente em sua produção a ação (escrever uma carta de boas-vindas), o propósito (motivar os professores), e os interlocutores (os professores).

Já as interações face a face ocorrem por meio de uma ferramenta de *web* conferência, integrada ao Moodle, chamada BigBlueButton[82] (veja Fig.1),

---

[82] Saiba mais sobre a ferramenta em: http://bigbluebutton.org

uma ferramenta de código aberto, gratuita e especialmente pensada para aulas a distância. Com ela pode-se criar salas de bate-papo (modalidade escrita), compartilhar o que vemos na tela, realizar apresentações, transmitir vídeo em tempo real por meio de uma *webcam* instalada, realizar comunicação apenas por voz, além de outras funcionalidades. À primeira vista, a ferramenta pode parecer intimidadora, mas são fornecidos ao aprendiz tutoriais, em forma de vídeo e de apostila, de como utilizá-la adequadamente.

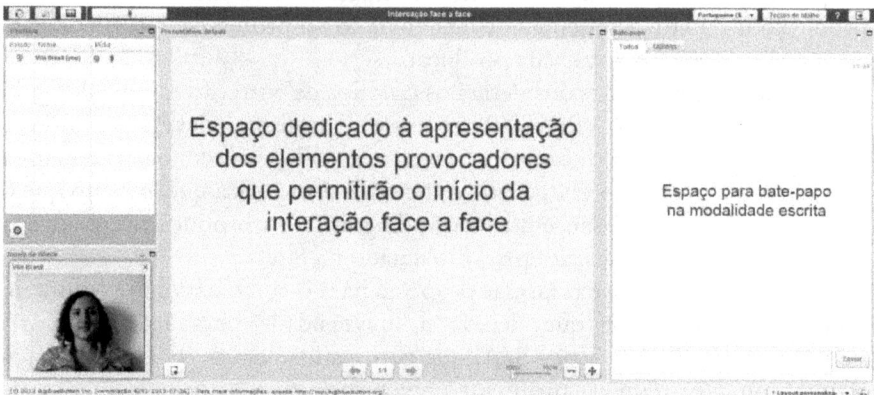
Fig.1. Interface da ferramenta BigBlueButton.

As interações também acontecerão nos moldes propostos pelo Celpe-Bras: nos minutos iniciais, o professor conduzirá uma conversar com o aprendiz a respeito de atividades de seu interesse. Após essa interação, o professor apresentará um ou mais elementos provocadores, no espaço indicado na Figura 1, e o aprendiz deverá se posicionar a respeito das informações apresentadas.

Durante a conversa, o professor fará anotações e, ao final, ele enviará um *feedback* imediato ao aprendiz, considerando sua compreensão do fluxo natural da fala; sua contribuição para o desenvolvimento da conversa; suas estratégias comunicativas; sua pronúncia, seu ritmo e sua entonação; e, claro, o uso de estruturas linguísticas e adequação vocabular (Brasil 11).

Portanto, vale ressaltar que o *feedback* do professor é o ponto chave desse processo de aprendizagem voltado à preparação para o Celpe-Bras, pois será por meio dele que o aprendiz saberá como melhor adequar sua escrita ao propósito das tarefas; que entenderá os parâmetros de textualização de diferentes gêneros discursivos (mensagem eletrônica, cartas do leitor, texto publicitário etc); e que perceberá suas inadequações linguísticas mais frequentes, tendo a chance de corrigi-las antes do exame.

Este curso, mesmo tendo como finalidade principal a preparação para o exame Celpe-Bras, também permitirá que os aprendizes, ao receberem *feedbacks* de todas as suas produções feitas com base em materiais autênticos, desenvolvam sua compreensão oral e escrita da língua e tenham uma maior facilidade em se comunicarem quando em contato com brasileiros, pois a utilização de textos autênticos em todo o processo "ajuda a recriar situações reais, a aprender a usar expressões dentro de determinados contextos e a absorver dados socioculturais imprescindíveis a um bom desempenho linguístico" (Carvalho 118).

Então, devido à impossibilidade de se deslocarem ao Brasil ou à falta de cursos especializados a distância, este curso visa ao atendimento personalizado tanto das pessoas interessadas em prestar o Celpe-Bras quanto daquelas que queiram apenas melhorar seu desempenho em Língua Portuguesa, pois, como citado anteriormente, a proposta deste curso é unir a preparação para um exame específico ao desenvolvimento da compreensão e da produção da língua em diversas situações do dia-a-dia dos brasileiros.

Considerações finais

A EaD vem sendo apontada como uma alternativa ao ensino tradicional, pautada em um bom custo-benefício, pois com o aumento dos usuários da internet, devido à diminuição de seus custos de conexão e dos próprios equipamentos, pode-se alcançar grandes grupos de pessoas que veem nessa nova modalidade de ensino uma oportunidade de novos conhecimentos, muitas vezes restritos a lugar e tempo determinados.

Assim, ao oferecer flexibilidade de espaço, tempo e ritmo de aprendizagem, ao respeitar as necessidades e preferências de cada indivíduo e ao permitir uma participação ativa no processo de aprendizagem, a EaD passou a ter grande expressividade no ensino de língua estrangeira devido às suas facilidades de interação e de retorno imediato ou quase imediato.

No âmbito do ensino de línguas, a crescente evolução das TICs tem favorecido o desenvolvimento de cursos baseados na abordagem comunicativa, pois essas tecnologias têm proporcionado aos alunos formas de interagir com outras pessoas e de utilizar a língua em contextos que lhe eram significantes.

Dessa maneira, considerando o crescente interesse de estrangeiros em aprender o Português do Brasil; a representatividade do exame Celpe-Bras; e a escassez de cursos *online* que busquem ensinar ao aluno não somente a língua, mas também aproximá-lo a situações reais de uso da Língua Portuguesa, este projeto visa ao desenvolvimento da "competência comunicativa" (Scaramucci 79) de seus aprendizes.

Para isso, o curso foi elaborado com o intuito de facilitar o contato entre os aprendizes de PLE e os falantes nativos de português, por meio de tarefas e interações face a face que motivem e busquem envolver questões que promovam reflexões, discussão de assuntos relevantes e expressão de opinião do aprendiz, provocando, assim, sua participação ativa nesse processo de aprendizagem.

Além desses fatores, mesmo com o progressivo desenvolvimento das TICs, a presença de um professor ainda é essencial para o sucesso da aprendizagem, pois somente outra pessoa, com experiências e conhecimentos que podem ser compartilhados, é capaz de atender individualmente os aprendizes, enviando *feedbacks* pertinentes às suas produções, diminuindo, assim, o distanciamento entre os participantes do processo e as dúvidas relativas às tarefas e interações.

Portanto, tendo em vista que a preparação de um curso totalmente a distância não seja uma tarefa simples e que sejam necessários conhecimentos que vão além do conteúdo e da forma de conduzir o curso, este projeto piloto tem como alicerces um AVA que permite a interação personalizada entre professor e aprendiz; uma estrutura pedagógica baseada em tarefas, que permite aproximar os aprendizes da língua e da cultura brasileira; um acompanhamento constante da produção dos aprendizes, tendo por base *feedbacks*; e um suporte técnico que fornece todo o apoio necessário para uma utilização adequada das ferramentas digitais.

Referências

Brasil. "Guia do Examinando ao Exame Celpe-Bras." Brasília: Instituto Nacional de Estudos e Pesquisas Educacionais Anísio Teixeira (INEP), MEC, 2013.
<http://download.inep.gov.br/outras_acoes/celpe_bras/manual/2012/manual_examinando_celpebras.pdf>

Carvalho, Ana Amélia C. da C. A. S. "Materiais autênticos no ensino de línguas estrangeiras." *Revista Portuguesa de Comunicação*. 1993: 117-124. Print.

Cota, Ailana A. *Inter-ação, representação e identificação do Brasil em textos escritos do exame Celpe-Bras*. MA thesis. Universidade de Brasília, 2013. PDF File.

Leffa, Vilson J. "A aprendizagem de línguas mediada por computador." *Pesquisa em Linguística Aplicada: temas e métodos*. Ed. Vilson J Leffa. Pelotas: Educat, 2006. 11-36.

Louback, Artur. "Um professor que deixou a universidade para ser educador". *Você S/A*. 09 Mai. 2013. Web. 06 Jun 2013.
<http://exame.abril.com.br/revista-voce-sa/edicoes/180/noticias/educador-e-aprendiz>.

Martins, Maria de L. O. *O papel da usabilidade no ensino mediado por computador*. MA thesis. Centro Federal de Educação de Minas Gerais, CEFET-MG, 2004. Digital File.

O'Reilly, Tim. "What Is Web 2.0: Design Patterns and Business Models for the Next Generation of Software" *O'Reilly: Spreading the knowledge of innovators*. 30 Set. 2005. Web. 10 Fev. 2013.< http://oreilly.com/web2/archive/what-is-web-20.html>.

Paiva, Vera Lúcia M.O. "Feedback em ambiente virtual." *Interação na aprendizagem das línguas.* Ed. Vilson J. Leffa. Pelotas: Educat, 2003. 219-254. Digital File

Paula, Lorena T. *Informação em ambientes virtuais de aprendizado (AVAs).* MA thesis. Universidade Federal de Minas Gerais, 2009. PDF File.

Scaramucci, Matilde V. R. "CELPE-BRAS: um exame comunicativo." *Ensino e Pesquisa em Português para Estrangeiros.* Ed. Maria Jandyra Cunha; Percília Santos. Brasília: Edunb, 1999. 75-81. Print

---. Matilde V. R. "O projeto Celpe-Bras no âmbito do MERCOSUL: contribuições para uma definição de proficiência comunicativa." *Português para estrangeiros interface com o espanhol.* Ed. José Carlos P. Almeida Filho. Campinas: Pontes, 2001. 77 – 90. Print.

Schlatter, Margarete. "Celpe-Bras: Certificado de Língua Portuguesa para Estrangeiros - Breve Histórico." *Ensino e pesquisa em português para estrangeiros.* Ed. Maria Jandyra Cunha; Percília Santos. Brasília: Edunb, 1999. 97-104. Print.

Capítulo 7
Estudos de caso

7.1 O ensino de português como língua estrangeira no contexto universitário: uma análise da formação do professor de PLE na UFMG

Simone Garofalo
Monique Longordo
Mônica Brum
Cíntia Antão

A economia brasileira tem crescido e, em decorrência disso, o país tem recebido muitos estrangeiros para atuar no mercado de trabalho ou para estudar por meio dos intercâmbios firmados entre países. Nesse cenário, os estrangeiros buscam aprender a língua portuguesa para diversos fins. Tal situação suscita a seguinte pergunta: como são formados os professores que atuam na área de ensino de Português como Língua Estrangeira? Nosso olhar recai sobre a formação do professor de Português como Língua Estrangeira (doravante PLE) na Faculdade de Letras da Universidade Federal de Minas Gerais (FALE/UFMG), que, mesmo sem um curso específico na área, forma professores para atuar nesse mercado de trabalho. Por isso, nossa reflexão busca entender como se dá o desenvolvimento do aluno de Letras até tornar-se um professor de PLE e trazer à tona a discussão sobre essa formação, uma discussão pouco realizada, mas que tem crescido juntamente com o crescimento da área.

O cenário de crescimento do ensino de Português como Língua Estrangeira

A crescente demanda por aulas de português no mundo inteiro, atrelado ao crescimento socioeconômico do Brasil, exige um investimento em formação de professores de PLE para atuarem no ensino da língua portuguesa aos estrangeiros. Conforme o Portal Brasil[83], "o português é a oitava língua mais falada no mundo e a terceira entre os países ocidentais – atrás apenas do inglês e espanhol. Cerca de 240 milhões de pessoas se comunicam por meio deste idioma". Santos e Alvarez (2010, p.15) afirmam que o português é:

> [...] a língua de comunicação de doze organizações internacionais, entre elas a União Europeia, UNESCO, Organização dos Estados Americanos (OEA), Aliança Latino-Americana de Comércio Livre (ALALC), Organização dos Estados Ibero-Americanos (OEI), Organização de Unidade Africana (OUA), além de ser idioma

---

[83] Portal Brasil. Disponível em: <http://www.brasil.gov.br/sobre/o-brasil/estado-brasileiro>. Acesso em: 09 nov. 2012.

obrigatório nos países do MERCOSUL e língua oficial da Comunidade de Desenvolvimento da África Austral (SADC), o que mostra o processo de acelerada expansão da língua portuguesa nos diversos continentes.

Diante desse cenário, há a necessidade de se falar sobre a formação do professor de PLE, que tem sido requisitado em várias partes do globo por estrangeiros interessados em ampliar suas oportunidades no mercado de trabalho e em estudar no país, que têm expandido seus convênios com instituições de ensino por todo mundo, promovendo a capacitação de profissionais para atuar nesse mercado de trabalho em expansão. Urge, portanto, a necessidade de se pensar na formação do professor de PLE que vai não apenas atender a esse público estrangeiro crescente, mas também impulsionar o reconhecimento do português como língua internacional no cenário mundial.

A procura por professores de PLE aumenta em outros países e também no próprio território nacional, pois o atual momento econômico do Brasil tem atraído imigrantes estrangeiros, como afirma o relatório da Organização Internacional do Trabalho (OIT), que foi divulgado em 19 de julho de 2012 e publicado pelo *site* UOL Notícias:

> Em apenas um ano, segundo relatório da OIT (Organização Internacional do Trabalho) divulgado nesta quinta-feira (19), o número cresceu 25,9%: eram 56 mil os trabalhadores estrangeiros que foram autorizados a trabalhar no país em 2010, cifra que saltou para 70 mil em 2011. Durante os anos de 2008 e 2009, esse contingente situava-se em torno de 43 mil[84].

Em publicação no *site* Rede Brasil Atual, segundo a Coordenação Geral de Imigração do Ministério do Trabalho e Emprego, "trabalhadores vindos dos Estados Unidos continuam em primeiro lugar na concessão de autorizações: 2.247 no primeiro trimestre. Em seguida, vieram haitianos (1.568), filipinos (1.267) e do Reino Unido (1.109) e da China (866)[85]". Outra explicação para esse aumento significativo de estrangeiros no país é a crise econômica no exterior, que torna o Brasil um país de oportunidades. De acordo com a reportagem do Jornal Estado de Minas, publicada no Portal UAI[86], o

---

[84] UOL Notícias. "Em um ano, número de estrangeiros que vêm trabalhar no Brasil cresce 25%, afirma OIT." Brasília, 17 jul. 2012. Disponível em: <http://noticias.uol.com.br/cotidiano/ultimas-noticias/2012/07/19/em-um-ano-numero-de-estrangeiros-que-vem-trabalhar-no-brasil-cresce-25-afirma-oit.htm>. Acesso em: 10 nov. 2012.

[85] Nuzzi, Vitor. "Número de trabalhadores estrangeiros no Brasil cresceu 31% no primeiro trimestre." *Rede Brasil Atual*. São Paulo, 12 jun. 2012. Disponível em: <http://www.redebrasilatual.com.br/temas/trabalho/2012/06/numero-de-trabalhadores-estrangeiros-no-brasil-cresceu-31-no-primeiro-trimestre>. Acesso em: 10 nov. 2012.

[86] Paranaíba, Guilherme. "Número de estrangeiros impedidos de entrar em BH por Confins sobe mais de 100%." *Portal UAI. Jornal Estado de Minas*. 31 mar. 2012. Disponível em:

crescimento percentual do número de estrangeiros que chegam ao Aeroporto Internacional Tancredo Neves, em Confins, na Grande Belo Horizonte foi de 16%, passando de 24,6 mil em 2010 para 28,7 mil no ano passado, segundo a Polícia Federal em Minas Gerais. Essas informações foram retiradas de portais de notícias, que têm dado destaque ao crescimento da chegada de estrangeiros ao Brasil, reforçando o crescimento da demanda por profissionais da área de PLE.

Entretanto, ainda que a demanda tenha aumentado, percebe-se que poucas instituições oferecem formação para profissionais que queiram atuar na área, sobretudo no Estado de Minas Gerais. Pode-se afirmar também que há um número significativo de professores de PLE sem formação em Letras, ou seja, sem formação específica para o ensino de língua portuguesa como língua estrangeira. Assim, como fixado na introdução deste capítulo, busca-se trabalhar com o contexto da FALE/UFMG, de forma a verificar como tem sido a formação do professor de PLE. Para tanto, o próximo tópico tem como objetivo apresentar o espaço do PLE na instituição.

O Português como Língua Estrangeira na FALE/UFMG

Muitas das informações aqui apresentadas foram obtidas por meio de entrevistas e troca de *e-mails* com a coordenação da área de PLE da FALE/UFMG e de *sites* dos programas. Não encontramos documentos ou artigos que nos levassem a traçar a história dessa área de pesquisa e ensino na instituição. Permanece, portanto, como objeto de futura investigação o histórico do PLE na universidade. Sabemos, apenas que o primeiro curso dessa modalidade foi oferecido, na UFMG, no ano de 1970, segundo informações da coordenação da área.

Atualmente, os cursos de PLE são ofertados pelo Centro de Extensão da Faculdade de Letras (CENEX/FALE), que tem como objetivo, de acordo com o *Projeto pedagógico de curso* da FALE/UFMG (2007, p.15):

> [...] o intercâmbio dos conhecimentos produzidos pela Faculdade e a comunidade em que está inserida através de projetos de extensão, tais como:
> - a educação continuada para professores de Língua Portuguesa e de Línguas
> Estrangeiras;
> - o desenvolvimento de projetos centrados sobre o texto – oral e escrito – e sua circulação nas sociedades;
> - a oferta de cursos de línguas clássicas e modernas, abertos ao público em geral, permitindo o desenvolvimento da prática de

---

<http://www.em.com.br/app/noticia/gerais/2012/03/31/interna_gerais,286516/numero-de-estrangeiros-impedidos-de-entrar-em-bh-por-confins-sobe-mais-de-100.shtml>. Acesso em: 10 nov. 2012.

ensino pelos alunos do Curso de Letras, bem como a interação entre os saberes e as práticas produzidas no curso e a comunidade em geral;
- a formação universitária para os povos indígenas na UFMG[87].

Ainda conforme o *Projeto pedagógico de curso* da FALE/UFMG (2007, p.15), "o Cenex-Fale possui uma trajetória de mais de trinta anos de serviços prestados à comunidade e, principalmente, à formação didática do próprio aluno do Curso de Letras". Essa formação didática acontece porque o próprio aluno em formação na graduação é aquele que irá ministrar as aulas dos cursos oferecidos pelo CENEX/FALE. Esses alunos "são supervisionados por docentes da FALE através de visitas às salas de aula, reuniões e grupos de estudo" (FALE/UFMG, 2007, p.15). Também é permitida a participação de alunos da pós-graduação e ex-alunos da Faculdade de Letras, sendo que o programa envolve "uma média semestral de 2.200 alunos da comunidade interna e externa à UFMG, 120 professores-estagiários e 15 professores-supervisores" (FALE/UFMG, 2007, p.15). Por tudo isso, é reconhecida a imensa importância desse centro de extensão para a formação do futuro professor, seja de qual língua for. Em relação à área de PLE, o *Projeto pedagógico de curso* da FALE/UFMG (2007, p.16) apresenta:

> O CENEX oferece ainda o curso de Português para Estrangeiros (Brazilian Portuguese for Foreigners / Portugués Brasileño para Extranjeros), que tem por objetivo capacitar estudantes a se comunicarem nas modalidades oral e escrita da língua portuguesa e, ao mesmo tempo, propiciar aos alunos do Curso de Letras o desenvolvimento de competências nessa atividade profissional de ensino.

A seleção dos professores que atuarão nos cursos de PLE inicia-se a partir de um edital divulgado para toda a comunidade acadêmica. Podem se inscrever os alunos regularmente matriculados no curso de Letras (graduação ou pós-graduação). De acordo com a coordenadora da área de PLE, o exame é dividido em duas etapas: a primeira consiste em uma prova escrita que avalia alguns conhecimentos básicos sobre a área de PLE e a habilidade de produção textual do candidato; a segunda etapa consiste em uma prova didática, examinada por uma banca, que avalia o desempenho do candidato em relação à organização de uma aula, ao planejamento, à expressão oral e à capacidade de reunir textos de acordo com o nível da turma.

O curso regular de PLE é oferecido, pelo CENEX/FALE, a qualquer estrangeiro da comunidade local e aos alunos estrangeiros que cursam a graduação ou a pós-graduação na universidade e divide-se nos seguintes

---

[87] Faculdade de Letras da Universidade Federal de Minas Gerais. *Projeto pedagógico de curso*. 2007. Disponível em: <http://grad.letras.ufmg.br/o-curso-de-letras/grades-curriculares/Projeto%20Pedagogico%20do%20Curso%20de%20Letras%20UFMG%202007.pdf>. Acesso em: 11 nov. 2012.

níveis: elementar, básico, intermediário I, intermediário II e avançado. As salas são multiculturais, ou seja, há estrangeiros de várias nacionalidades tendo aulas em conjunto em todos os níveis de aprendizagem e cada nível tem a carga horária de 52 horas, nos períodos de março a junho e de agosto a novembro.

Outro curso de PLE ofertado pelo Centro de Extensão é o Programa Intensivo de Língua Portuguesa e Cultura Brasileira[88], com carga horária de 120 horas/aula, durante o mês de julho, com duração aproximada de três semanas. Esse programa é oferecido apenas a estudantes de instituições no exterior (parceiras da UFMG) e interessados em aperfeiçoar seus conhecimentos de Língua Portuguesa e Cultura Brasileira. O curso é gratuito e oferecido nos níveis pré-intermediário e intermediário. Os conteúdos e habilidades focados pelo curso são: leitura, escrita, conversação e gramática. Somam-se seminários temáticos, aulas de pronúncia de português e visitas culturais que ocorrem ao longo do curso.

No *site*[89] da Diretoria de Relações Internacionais (DRI) da UFMG podemos encontrar, também, informações, não muito específicas, sobre as disciplinas regulares de Português como Língua Estrangeira, que valem créditos na graduação. São ofertadas quatro disciplinas, a saber:

a) Português como Língua Estrangeira: Nível Básico
Conhecimento básico da Língua Portuguesa. Sistematização das regras gramaticais. Aprimoramento da pronúncia. Desenvolvimento da competência comunicativa. Carga horária de 60 horas.

b) Português como Língua Estrangeira: Nível Intermediário
Aprimoramento das quatro habilidades (expressão oral e escrita, compreensão auditiva e leitura) e de aspectos linguísticos da Língua Portuguesa. Carga horária de 60 horas.

c) Português como Língua Estrangeira: produção oral e escrita a partir de tarefas comunicativas
Aprofundamento de competências comunicativas em diversos contextos sociais e o desenvolvimento de leitura e de produção oral e escrita de gêneros textuais variados. Carga horária de 60 horas.

d) Português como Língua Estrangeira: Escrita Acadêmica
Leitura e produção de gêneros acadêmicos: resumos, resenhas, textos expositivos, artigos e ensaios. Carga horária de 60 horas.

---

[88] Informações sobre o *Programa Intensivo de Língua Portuguesa e Cultura Brasileira* foram retiradas do *site* da Diretoria de Relações Internacionais (DRI) da UFMG. Disponível em: <https://www.ufmg.br/dri/proficiencia/portugues-lingua-estrangeira/cursos-para-estrangeiros/>. Acesso em: 15 nov. 2012.

[89] Informações sobre as disciplinas regulares de Português como Língua Estrangeira foram retiradas do site da Diretoria de Relações Internacionais (DRI) da UFMG. Disponível em: <https://www.ufmg.br/dri/proficiencia/portugues-lingua-estrangeira/disciplinas-regulares-de-portugues/>. Acesso em: 16 nov. 2012.

Por meio do CENEX/FALE, também é ofertado o curso intensivo para os alunos não lusófonos conveniados do Programa de Estudantes-Convênio de Graduação (PEC-G). De acordo com o *site*[90] da Diretoria de Relações Internacionais da UFMG, "o PEC-G é um programa de cooperação educacional do Governo brasileiro com outros países em desenvolvimento, especialmente da África e da América Latina". Esse programa proporciona oportunidades de formação em nível superior a cidadãos desses países, com os quais o Brasil mantém acordos educacionais e culturais, e foi desenvolvido pelo Ministério das Relações Exteriores (MRE) e Ministério da Educação (MEC), em parceria com universidades públicas – federais e estaduais – e particulares. Conforme o Portal do MEC[91], "o PEC-G seleciona estrangeiros, entre 18 e 25 anos, com ensino médio completo, para realizar estudos de graduação no país". O aluno estrangeiro selecionado cursa gratuitamente a graduação; contudo, em contrapartida, deve atender a alguns critérios: entre eles, provar que é capaz de custear suas despesas no Brasil, ter certificado de conclusão do ensino médio ou curso equivalente e proficiência em língua portuguesa, no caso dos alunos de nações fora da Comunidade de Países de Língua Portuguesa (CPLP). Isto significa que os candidatos não lusófonos precisam da aprovação no exame para a obtenção do Certificado de Proficiência em Língua Portuguesa para Estrangeiros - Brasil (CELPE-Bras). Consoante ao Protocolo do PEC-G, que regulamenta o programa e está disponível no *site* do MEC[92], "para candidatos de países que não dispõem de Centros de Estudos Brasileiros (CEBs), será permitida a realização de exames no Brasil, após conclusão do curso de Português para Estrangeiros em IES credenciadas". Consequentemente, como já dito, há o curso de PLE voltado aos alunos conveniados ao PEC-G que irão realizar o exame para obtenção do CELPE-Bras. Esse curso tem a duração de aproximadamente sete meses e seu objetivo é a preparação dos alunos para o exame CELPE-Bras. Os alunos que não obtiverem a aprovação nesse exame de proficiência não poderão ingressar na universidade no Brasil e deverão retornar ao seu país de origem.

A UFMG, além de ministrar o curso preparatório para o exame de proficiência aos alunos conveniados ao PEC-G, também é um dos postos aplicadores desse exame, sendo o único posto em Minas Gerais, segundo informações do Instituto Nacional de Estudos e Pesquisas Educacionais

---

[90] Diretoria de Relações Internacionais (DRI) da UFMG. PEC-G. Disponível em: <https://www.ufmg.br/dri/programas/aluno-estrangeiro/pec-g/>. Acesso em: 15 nov. 2012.
[91] Brasil. Ministério da Educação. PEC-G. Disponível em: <http://portal.mec.gov.br/index.php?option=com_content&view=article&id=12276:pec-g&catid=253:pec-g&Itemid=530>. Acesso em: 15 nov. 2012.
[92] Brasil. Ministério da Educação. Protocolo. Disponível em: <http://portal.mec.gov.br/index.php?option=com_docman&task=doc_download&gid=661&Itemid=>. Acesso em: 16 nov. 2012.

Anísio Teixeira (INEP)[93], que é o responsável pelo exame. O CELPE-Bras é o único certificado de proficiência em português como língua estrangeira reconhecido oficialmente pelo governo brasileiro. É aplicado no Brasil e em outros países com o apoio do Ministério das Relações Exteriores (MRE), e desenvolvido e outorgado pelo Ministério da Educação. Esse certificado é aceito em empresas e instituições de ensino como comprovação de competência em língua portuguesa e, no Brasil, é exigido pelas universidades para ingresso em cursos de graduação e pós-graduação, bem como para a validação de diplomas de profissionais estrangeiros que queiram exercer sua profissão no Brasil. O CENEX/FALE é o responsável pela aplicação do exame dentro da UFMG e forneceu, através de trocas de *e-mails*, os dados que compõem o gráfico a seguir:

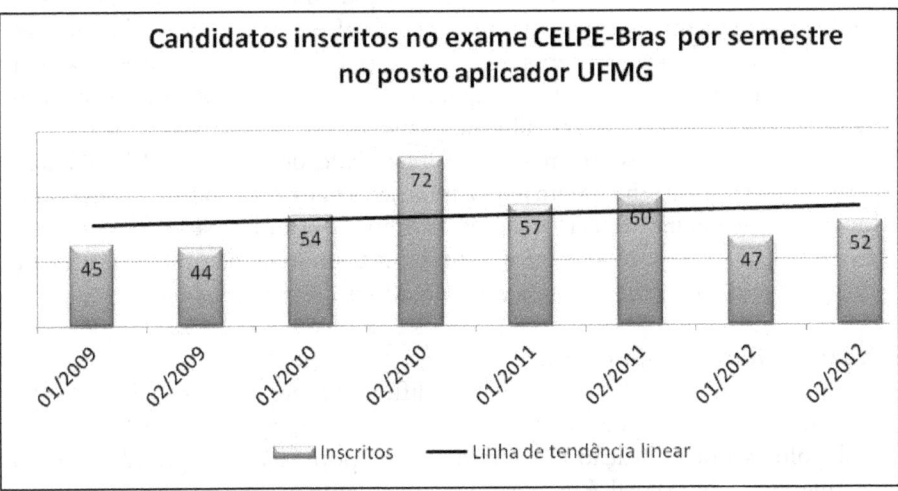

Figura 1: Candidatos inscritos no exame CELPE-Bras por semestre no posto aplicador UFMG

O gráfico 1 apresenta o crescimento do número de candidatos ao exame desde o primeiro semestre de 2009 até o segundo semestre de 2012, demonstrado pela linha de tendência, e tem como ápice o ano 2010. Esse ano (2010) foi marcado por uma crise internacional, no entanto o Brasil continuou a crescer economicamente, conforme manchetes a seguir: "Apesar da crise mundial, número de empresas ativas no Brasil cresceu 6,1% de 2009

---

[93] Brasil. Instituto Nacional de Estudos e Pesquisas Educacionais Anísio Teixeira. Postos aplicadores. Disponível em: <http://portal.inep.gov.br/postos-aplicadores>. Acesso em: 16 nov. 2012.

para 2010"[94]; "Economia brasileira cresce 7,5% em 2010, mostra IBGE"[95]. De acordo com o *site* da Revista Veja, em reportagem publicada no dia 05/07/2012[96], "o Brasil subiu três posições, do oitavo para o quinto lugar, no ranking dos principais destinos de <u>Investimentos Estrangeiros Diretos (IED)</u> na passagem de 2010 para 2011". Esse dado pode explicar o grande número de estrangeiros no Brasil, em 2010, à procura de trabalho e estudo.

Por fim, a coordenação da área de PLE da FALE/UFMG, em conjunto com outros profissionais da área da instituição, criou o Núcleo de Ensino e Pesquisa em Português como Língua Adicional (NEPPLA). Esse Núcleo vincula-se à área de Linguística Aplicada ao Ensino de Línguas Estrangeiras e tem como perfil a pesquisa de maneira sistemática e formal de temas relacionados ao ensino e à aprendizagem de português para falantes de outros idiomas. É objetivo geral do núcleo: agrupar alunos de graduação, pós-graduação, recém-doutores, professores da FALE/UFMG e de outras instituições, nacionais e internacionais, que trabalham em pesquisas na área de PLE para que, em conjunto, compartilhem ideias e consolidem o potencial de internacionalização do trabalho de pesquisa.

Por tudo isso, pode-se afirmar que a Faculdade de Letras da UFMG tem contribuído significativamente para a internacionalização do Português como Língua Estrangeira. Resta analisar, portanto, como esse contexto tem propiciado a formação dos professores para atuarem nas modalidades de cursos oferecidas, tema que será apresentado no tópico a seguir.

A sala multicultural de PLE

O multiculturalismo é um termo já difundido em outros países, como Estados Unidos, Canadá, Alemanha, Portugal e outros que adotam políticas multiculturais de educação por terem em sua população um grande número de imigrantes. No Brasil, é um termo relativamente novo e o utilizamos, neste trabalho, para descrever uma sala de aula de PLE com alunos de variadas culturas, com crenças, valores, línguas e visões de mundo diferentes, sem que uma cultura se sobreponha a outra. Segundo Paulo Freire (1992 apud Almeida e Silva, 2005, p.4):

> A multiculturalidade não se constitui na justaposição de culturas, muito menos no poder exacerbado de uma sobre as outras, mas na

---

[94] Oliveira, N. "Apesar da crise mundial, número de empresas ativas no Brasil cresceu 6,1% de 2009 para 2010." *Agência Brasil*. Disponível em: <http://agenciabrasil.ebc.com.br/noticia/2012-11-14/apesar-da-crise-mundial-numero-de-empresas-ativas-no-brasil-cresceu-61-de-2009-para-2010>. Acesso em: 16 nov. 2012.
[95] G1: Portal de notícias da Globo. "Economia brasileira cresce 7,5% em 2010, mostra IBGE." Disponível em: <http://g1.globo.com/economia/noticia/2011/03/economia-brasileira-cresce-75-em-2010-mostra-ibge.html>. Acesso em: 16 nov. 2012.
[96] Revista Veja online. "Brasil salta para 5º lugar em investimento estrangeiro direto." Disponível em: <http://veja.abril.com.br/noticia/economia/brasil-salta-para-5o-lugar-em-investimento-estrangeiro-direto>. Acesso em: 16 nov. 2012.

> liberdade conquistada de mover-se cada cultura no respeito uma da outra, correndo o risco livremente de ser diferente, sem medo de ser diferente, de ser cada uma "para si", somente como se faz possível crescerem juntas e não na experiência da tensão permanente, provocada pelo todo poderosismo de uma sobre as demais, proibidas de ser.

Dessa forma, numa sala multicultural, o professor de PLE está diante de uma diversidade linguística e cultural. Além disso, cada um tem seu objetivo para aprender o português: trabalho, estudo, relacionamentos pessoais. Assim, muitas vezes, cada aluno tem uma postura diferente em relação à cultura brasileira e à língua portuguesa. O professor deve estar atento e sensível a essas diferenças para poder transpô-las e interagir com seus alunos num ambiente de respeito e tolerância (não necessariamente aceitação) ao outro. Todas as questões de diferenças podem ser abordadas de forma a gerar mais conhecimento, ampliar visões de mundo, enriquecer a aprendizagem do português, não esquecendo que o respeito à alteridade é fundamental para se criar um ambiente propício ao ensino de PLE, que não deve ter apenas como objetivo o desenvolvimento da proficiência linguística e comunicativa, mas também da compreensão intercultural. Ainda segundo Paulo Freire (1992 apud Almeida e Silva, 2005, p.5):

> É preciso reenfatizar que a multiculturalidade como fenômeno que implica a convivência num mesmo espaço de diferentes culturas não é algo natural e espontâneo. É uma criação histórica que implica decisão, vontade política, mobilização, organização de cada grupo cultural com vistas a fins comuns. Que demanda, portanto, uma certa prática educativa coerente com esses objetivos. Que demanda uma nova ética no respeito às diferenças.

É importante ressaltar que, quando falamos em aulas de PLE no Brasil, pressupomos um contexto de imersão, pois os aprendizes não estão em contato com a língua portuguesa apenas em sala de aula, mas também fora dela. É diferente de se ensinar uma língua estrangeira, como o inglês ou francês, no Brasil. Na imersão, a língua é aprendida dentro e fora da sala de aula. Nesse caso, língua e cultura estão indissociáveis e, portanto, a experiência na UFMG vincula o ensino da língua portuguesa à cultura brasileira em seus aspectos históricos, sociológicos e artísticos.

Sendo assim, o professor de PLE deve refletir constantemente sobre sua prática, levando em consideração as especificidades desse tipo de ensino. O contexto de imersão dos alunos, as salas de aulas multiculturais, que suscitam a interculturalidade, o ensino da língua associada à cultura do país, entre outras, são especificidades que aparecem no cotidiano, na prática diária do professor. É sobre a prática reflexiva constante no cotidiano do professor de PLE na UFMG que discutiremos brevemente no próximo tópico.

A formação do professor de PLE na UFMG

No Brasil, para ser um professor profissional de língua portuguesa, é necessário ter uma formação acadêmica num curso universitário, com duração de quatro anos, normalmente. Findo o curso de graduação, em Letras, com licenciatura em português, é possível estender a formação fazendo uma pós-graduação *lato sensu* (especialização) ou pós-graduação *stricto sensu* (mestrado e doutorado) direcionados para a pesquisa científica. Aquele que pretende trabalhar com o português como língua estrangeira enfrenta algumas limitações para sua formação, pois apenas em alguns poucos lugares do Brasil é oferecida uma especialização para o professor que procura atuar nessa área.

A formação do professor de PLE, no âmbito da UFMG, vem de sua prática e não de uma formação específica na área. A prática reflexiva, portanto, passa a ser a base necessária a esse professor. Para Darsie e Carvalho (1996, p.93), essa prática reflexiva é entendida como:

> [...] a possibilitadora de tomada de consciência do próprio conhecimento, teórico e/ou prático, e a partir dessa tomada de consciência a possibilidade de reorganização desse conhecimento. Assim, reconhecemos a importância do trabalho reflexivo na formação de professores, em que alunos-professores e futuros professores são levados a refletir sobre seus conhecimentos e, por essa reflexão, à permanente reelaboração dos mesmos.

Ou seja, o professor de PLE, a partir de suas reflexões, pode reelaborar seu conhecimento sobre a língua e usá-lo, em sala de aula, de acordo com as necessidades diversificadas de seus alunos. Pode ainda interagir com seus pares, de forma a aprender a lidar com as situações específicas do dia a dia, em conjunto, por meio de suas próprias experiências e de experiências dos outros, colegas, coordenadores e orientadores. É interessante observar que a prática reflexiva pode surgir a partir das próprias aulas ministradas pelo professor ou a partir da observação de aulas ministradas por outrem, ou, ainda, a partir de suas próprias experiências como aluno. Conforme Perrenoud (1999, p.11), podemos acrescentar que:

> [...] uma prática reflexiva profissional jamais é inteiramente solitária. Ela se apóia em conversas informais, momentos organizados de profissionalização interativa, em práticas de *feedback* metódico, de *debriefing*, de análise do trabalho, de reflexão sobre sua qualidade, de avaliação do que se faz. A prática reflexiva até pode ser solitária, mas ela passa também pelos grupos, apela para especialistas externos, insere-se em redes, isto é, apoia-se sobre formações, oferecendo os instrumentos ou as bases teóricas para melhor compreender os processos em jogo e melhor compreender a si mesmo.

No tocante à formação do professor de PLE, que irá se formar na prática, concordamos com a afirmação de Perrenoud (1999, p.9): "qualquer um que é projetado numa situação difícil, sem formação, desenvolve uma atitude reflexiva por necessidade". Desse modo, a prática formará esse profissional que, na rotina do seu trabalho, terá de tomar decisões, fazer avaliações e desenvolver competências em seus alunos, a partir da sua vivência, de suas percepções e reflexões em sala de aula, aprendendo, muitas vezes em tempo real, a refletir sobre a sua própria língua e sobre os aspectos culturais que circundam as aulas de PLE em território nacional. Em resumo, o profissional vai construindo seu conhecimento e sua formação à medida que desenvolve a sua prática de ensino.

Por fim, em consonância com Grannier (2001), verificamos, nesta pesquisa, que a maioria dos profissionais que atuam na área de PLE na UFMG, por um lado, são professores de línguas estrangeiras (LE) que, transferindo seus conhecimentos de ensino de LE, passam a se dedicar ao português, aprendendo de forma autodidata quais aspectos do português são enfocados no ensino de PLE; ou, por outro lado, professores de português como língua materna que, transferindo seus conhecimentos da língua portuguesa, aprendem de forma autodidata como ensinar o português como língua estrangeira e quais os aspectos são enfocados. Das duas maneiras, a prática reflexiva está implícita no perfil do profissional, que de uma forma ou de outra, transfere seus conhecimentos para aplicá-los na prática.

A fim de levantar o perfil do professor de PLE da UFMG, apresentaremos, a seguir, a metodologia deste trabalho e os dados analisados.

Análise dos dados

Neste tópico, procederemos à análise dos dados obtidos por meio dos questionários aplicados. Basicamente, a análise consistiu na verificação das respostas dos entrevistados e no levantamento quantitativo dessas respostas, permitindo-se, assim, a criação de gráficos de setores. Em cada gráfico, serão apresentadas as perguntas e as respostas, de modo a delinear o perfil e a formação do professor de PLE.

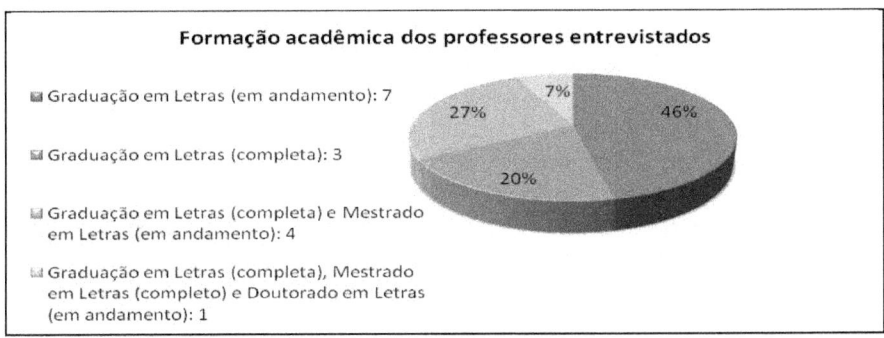

Figura 2: Formação acadêmica dos professores entrevistados

O gráfico 2, acima, trata da formação acadêmica dos professores de PLE na UFMG. De um total de 15 (quinze) professores entrevistados, 7 (sete) cursam a graduação em Letras e 9 (nove) já são graduados, sendo que, desses, 5 (cinco) estão na pós-graduação: 4 (quatro) no mestrado e 1 (um) no doutorado. É interessante observar que os entrevistados compõem uma amostra de professores em vários estágios de sua formação, ou seja, podemos encontrar graduandos e pós-graduandos, retratando os diversos níveis pelos quais o professor de PLE passa em sua formação. Além disso, podemos afirmar que há uma preocupação desses profissionais em continuar a sua formação acadêmica após a graduação.

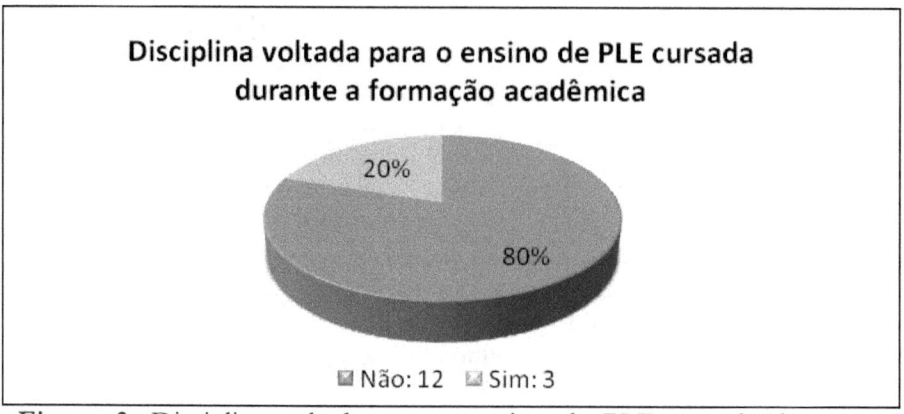

Figura 3: Disciplina voltada para o ensino de PLE cursada durante a formação acadêmica

Em seguida, apresentamos o gráfico 3, que representa a resposta à pergunta: *fez alguma disciplina relacionada a PLE durante a formação acadêmica?* Podemos verificar que apenas 3 (três) professores responderam positivamente à pergunta. Com o intuito de entender este resultado, buscou-se analisar a grade curricular ofertada pelo curso de Letras da UFMG a partir do primeiro semestre de 2007 até o segundo semestre de 2012, ou seja, um período de cinco anos. Em cada semestre há uma oferta, totalizando dez ofertas ao longo de cinco anos verificadas. Ainda que tenham sido encontradas disciplinas voltadas para o ensino de língua estrangeira, uma vez que a FALE/UFMG oferece um número relativamente grande de idiomas aos seus alunos, apenas uma disciplina neste período foi exclusivamente direcionada para o ensino de PLE. Tal disciplina intitulada *O Ensino do Português como Língua Estrangeira: Língua e Cultura* foi ofertada uma única vez no primeiro semestre de 2012. Vale ressaltar que não há como desprezar todo o trabalho realizado nas disciplinas sobre ensino de línguas estrangeiras e sobre reflexão linguística na graduação. No entanto, chamamos atenção para o fato de não haver disciplinas destinadas especificamente ao ensino de PLE, o que reforça o pressuposto de que o professor de PLE forma-se, sobretudo, na prática e a partir das suas reflexões, inclusive teóricas.

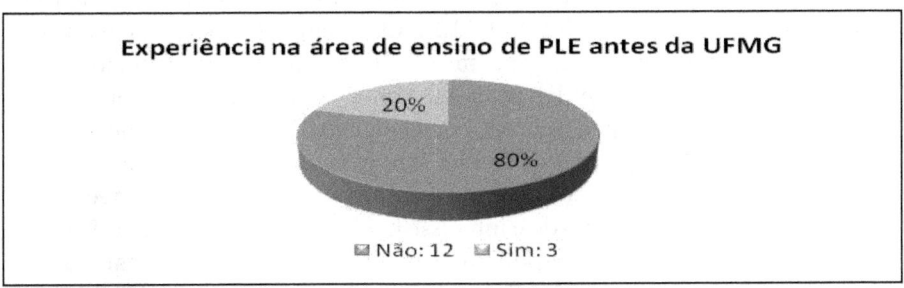

Figura 4: Experiência anterior em ensino de PLE

Podemos observar, no gráfico 4, que a maioria dos professores (80%) que atuam ou atuaram na sala de aula de PLE na UFMG não teve experiência anterior com a área. Apenas três professores já tinham alguma experiência prévia com o ensino de PLE. Um deles, por meio de aulas particulares para estrangeiros que trabalhavam em empresas de Belo Horizonte; outro, com aulas particulares para uma intercambista que recebeu em sua casa; e o terceiro, com o trabalho em um intercâmbio cultural, que recebia estudantes estrangeiros no Brasil. Isso demonstra que o CENEX/FALE tem um grande papel na divulgação da área entre os alunos da graduação da FALE/UFMG, juntamente com a atuação do DRI/UFMG[97], principalmente se conjugarmos esse dado com o do gráfico anterior, que mostra que apenas uma disciplina apresentou a área de PLE na faculdade. Além disso, podemos afirmar que o CENEX/FALE é o responsável por proporcionar aos professores de PLE a sua primeira experiência na área. Assim, reforça-se, mais uma vez, a importância da prática reflexiva desses professores, conforme explicitada anteriormente, que contribuirá para a sua formação e capacitação na área.

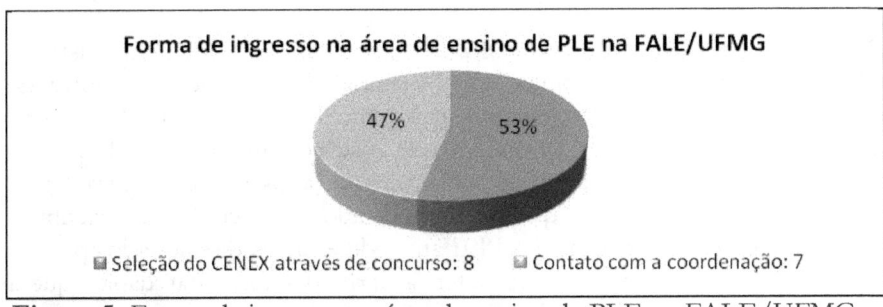

Figura 5: Forma de ingresso na área de ensino de PLE na FALE/UFMG

---

[97] Diretoria de Relações Internacionais da Universidade Federal de Minas Gerais.

Em relação ao gráfico 5, nota-se que as formas de entrada para a área de ensino de PLE estão bem equilibradas entre si. Dos 15 (quinze) entrevistados, 53% ingressaram na carreira de professor de PLE por meio do edital de seleção para atuar no CENEX/FALE. O restante (47%) principiou sua carreira no ensino de PLE por meio do contato com professores da coordenação, demonstrando interesse pela área. Cabe lembrar que, diferentemente da área de ensino de língua inglesa, por exemplo, que tem seu espaço muito concorrido, a área de PLE não é muito procurada pelos alunos. Dessa forma, engajar-se em pesquisas com os professores responsáveis pela área de PLE e ter pró-atividade e interesse em busca de conhecimento define muito a entrada nesse campo. No entanto, podem-se levantar alguns questionamentos para reflexão: a baixa procura pela área de PLE não seria pelo fato de ela não ser apresentada aos alunos de Letras nas disciplinas ofertadas pela graduação? Não seria essa baixa procura relacionada à falta de contato com a área ou mesmo ao desconhecimento de que existe uma área específica que trabalha com o ensino de português para estrangeiros? Essas perguntas se justificam, principalmente, ao levarmos em conta os dados do gráfico 4, e*xperiência anterior em PLE*.

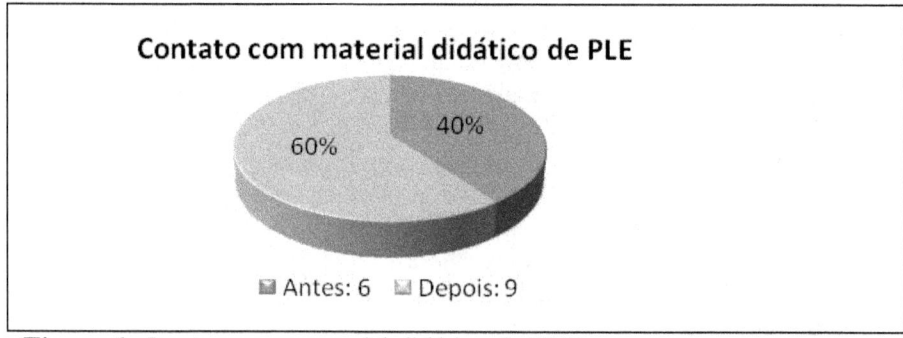

Figura 6: Contato com material didático de PLE

No gráfico 6, *Contato com material didático de PLE*, 40% dos entrevistados afirmaram que tiveram contato com material didático de PLE antes de começarem a ensinar. No entanto, pelo fato de terem respondido uma pergunta aberta, também afirmaram que esse contato ocorreu durante o treinamento para ministrarem as aulas, ou seja, após a seleção para serem professores. Isso significa que os entrevistados não conheciam nenhum material didático voltado para o PLE antes de estarem direcionados para as aulas. Também é importante ressaltar, a partir das respostas dadas, que a maioria dos entrevistados declarou que o livro didático não era suficiente para as aulas e tiveram que procurar material extra. Talvez possamos refletir, neste ponto, que ainda são poucas as obras de cunho didático que oferecem um material amplo direcionado a essa área, diferentemente do farto material oferecido para o processo de ensino/aprendizagem de outras línguas. Entretanto, podemos também observar que o crescimento da área tem contribuído para a criação de novos materiais didáticos, para o crescimento de opções no mercado de livros, inclusive com o uso das novas tecnologias.

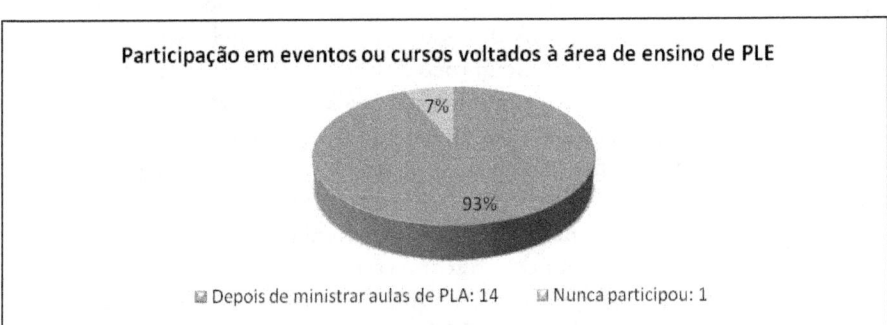

Figura 7: Participação em eventos ou cursos voltados à área de ensino de PLE

Perguntamos aos professores entrevistados se participaram de eventos ou cursos voltados à área de ensino de PLE. Um número alto se revelou no gráfico 7. Dos quinze entrevistados, 93% afirmaram ter participado de eventos ou cursos após ter iniciado as aulas de PLE. Apenas uma pessoa não se envolveu em alguma atividade extra na área. A partir desse número, podemos depreender que o aluno integrante da área é envolvido academicamente, participando de cursos e eventos. Também podemos fazer uma referência ao gráfico 2, *Formação acadêmica dos professores de PLE na UFMG*, que mostra que as pessoas que atuam na área buscam especialização, mestrado, doutorado, ou seja, uma continuidade no mundo acadêmico, que possui um espaço institucionalizado para o PLE.

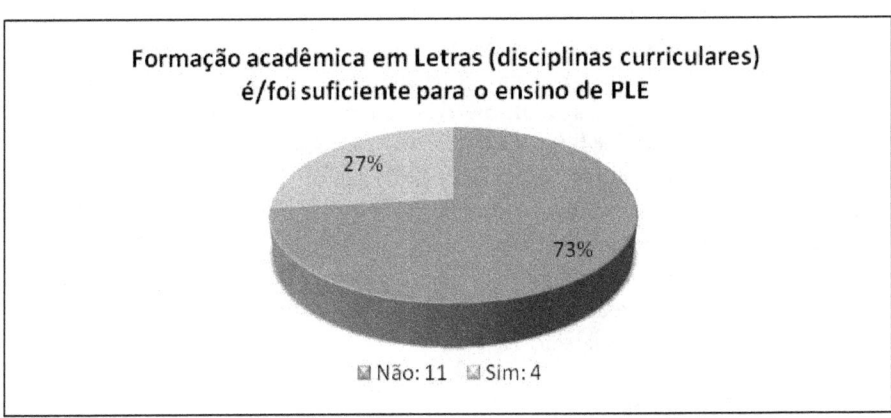

Figura 8: Formação acadêmica em Letras é/foi suficiente para o ensino de PLE

Conforme o gráfico 8, 73% dos entrevistados afirmaram que a sua formação acadêmica em Letras não foi ou é suficiente para se considerarem professores de PLE. Declararam, ainda, que a grade curricular da graduação não oferece disciplinas que ajudem na formação desse professor, pois falta base teórica e prática para atuação numa sala de aula. Concluíram que apenas a experiência em sala de aula os tornou professores de PLE. Essa conclusão se apresenta em consonância com a análise do gráfico 3, *Disciplina relacionada a PLE durante a formação acadêmica*, e com o levantamento realizado sobre as disciplinas de PLE ofertadas na graduação, no qual se revelou que apenas uma disciplina foi ofertada em cinco anos. Além disso, corrobora com a análise do gráfico 4, *Experiência anterior em PLE*, no qual foi demonstrado que o CENEX/FALE proporciona aos profissionais de PLE a experiência na área. E essa prática docente vai direcionar os alunos em formação a uma prática reflexiva, que os capacitará como professores de PLE. Ou seja, é reforçado, mais uma vez, o pressuposto de que o professor de PLE forma-se, sobretudo, na prática e a partir das suas reflexões.

Figura 9: Formas de atuação na área de PLE

Finalmente, perguntamos aos entrevistados se e como estão atuando na área de PLE. As respostas permitiram a criação do gráfico 9 e, de acordo com ele, a UFMG continua sendo o local de maior atuação do professor de PLE (46%). Ressalta-se que a maioria dos entrevistados (46%) atua como professor nos cursos ofertados pela instituição. O restante se divide, principalmente, entre aulas particulares (20%) e fora do mercado de trabalho (20%). Com isso, podemos afirmar que a UFMG tem contribuído significativamente para a formação de professores de PLE. Ao mesmo tempo, cabe questionarmos qual o espaço do professor de PLE fora dessa instituição. O que parece é que o mercado de trabalho ainda não absorve esses profissionais especializados.

Considerações finais

Neste trabalho, buscamos compreender como se dá o desenvolvimento do aluno de Letras até tornar-se um professor de PLE e trazer à tona a discussão sobre essa formação. Entendemos que a área de PLE tem crescido nos últimos anos e, portanto, muitas pesquisas começam a investigar o perfil desse profissional e suas condições de formação e de atuação. Sendo assim, este foi um pequeno esforço dentre muitos que já vieram e virão na tentativa de entender o processo de formação desse profissional na Faculdade de Letras da UFMG. Durante as análises realizadas, foi possível perceber a importância de se conduzir uma pesquisa sobre este tema "dando voz" ao professor de PLE, que atua na sala de aula e que acaba se tornando o principal responsável pela sua própria formação.

Ao levar em consideração tudo o que foi exposto, podemos afirmar que este estudo revelou que a Faculdade de Letras da UFMG tem contribuído significativamente para a internacionalização do Português como Língua Estrangeira. Por outro lado, cabe a análise crítica de uma relativa concentração de profissionais e, consequentemente, de alunos demandantes na própria instituição. Ao mesmo tempo em que ela se torna um polo para a formação do profissional em ensino de PLE, a instituição acaba se tornando praticamente o único destino para esse profissional, que, se não consegue ocupar esse espaço, acaba por não encontrar outro.

Cabe, ainda, propor que se encontrem meios para sistematizar uma investigação sobre a formação eminentemente prática dos professores de PLE. O que, por sua vez, aponta também para a necessidade da proposição de uma formação específica: se não por meio de uma titulação própria, pelo menos através da oferta de disciplinas mais diretamente voltadas para o assunto.

Referências

Almeida, Julio Gomes; Silva, Edileine Vieira Machado da.
    Multiculturalismo: A produção da diferença no cotidiano da escola. In: *V Colóquio Internacional Paulo Freire* – Recife, 19 a 22 de setembro de 2005. Disponível em: <http://www.paulofreire.org.br/pdf/comunicacoes_orais/MULTICULTURALISMO-%20A%20PRODU%C3%87%C3%83O%20DA%20DIFEREN%C3%87A%20NO%20COTIDIANO%20DA%20ESCOLA.pdf>. Acesso em: 17 set. 2012.

Brasil. Instituto Nacional de Estudos e Pesquisas Educacionais Anísio Teixeira. *Postos aplicadores*. Disponível em: <http://portal.inep.gov.br/postos-aplicadores>. Acesso em: 16 nov. 2012.

Brasil. Ministério da Educação. *PEC-G*. Disponível em: <http://portal.mec.gov.br/index.php?option=com_content&view

=article&id=12276:pec-g&catid=253:pec-g&Itemid=530>. Acesso em: 15 nov. 2012.

Brasil. Ministério da Educação. *Protocolo*. Disponível em: <http://portal.mec.gov.br/index.php?option=com_docman&task=doc_download&gid=661&Itemid=>. Acesso em: 16 nov. 2012.

Darsie, M. M. P.; Carvalho, A. M. P. O início da formação do professor reflexivo. In: *Revista da Faculdade de Educação*, São Paulo, v.22, n.2, p.90-108, jul./dez. 1996. Disponível em: <http://educa.fcc.org.br/scielo.php?script=sci_arttext&pid=S0102-25551996000200005&lng=pt&nrm=iso&tlng=pt>. Acesso em: 20 jun. 2012.

Diretoria de Relações Internacionais da Universidade Federal de Minas Gerais. Disponível em: < https://www.ufmg.br/dri/>. Acesso em: 15 nov. 2012.

Faculdade de Letras da Universidade Federal de Minas Gerais. *Projeto pedagógico de curso*. 2007. Disponível em: <http://grad.letras.ufmg.br/o-curso-de-letras/grades-curriculares/Projeto%20Pedagogico%20do%20Curso%20de%20Letras%20UFMG%202007.pdf>. Acesso em: 11 nov. 2012.

G1: Portal de notícias da Globo. Economia brasileira cresce 7,5% em 2010, mostra IBGE. Disponível em: <http://g1.globo.com/economia/noticia/2011/03/economia-brasileira-cresce-75-em-2010-mostra-ibge.html>. Acesso em: 16 nov. 2012.

Grannier, D.M. Perspectivas na formação do professor de português como segunda língua. *Cadernos do Centro de Língua*, São Paulo: USP, v.4, p. 1-14, 2001.

Nuzzi, Vitor. Número de trabalhadores estrangeiros no Brasil cresceu 31% no primeiro trimestre. *Rede Brasil Atual*. São Paulo, 12 jun. 2012. Disponível em: <http://www.redebrasilatual.com.br/temas/trabalho/2012/06/numero-de-trabalhadores-estrangeiros-no-brasil-cresceu-31-no-primeiro-trimestre>. Acesso em: 10 nov. 2012.

Oliveira, N. Apesar da crise mundial, número de empresas ativas no Brasil cresceu 6,1% de 2009 para 2010. *Agência Brasil*. Disponível em: <http://agenciabrasil.ebc.com.br/noticia/2012-11-14/apesar-da-crise-mundial-numero-de-empresas-ativas-no-brasil-cresceu-61-de-2009-para-2010>. Acesso em: 16 nov. 2012.

Paranaíba, Guilherme. Número de estrangeiros impedidos de entrar em BH por Confins sobe mais de 100%. *Portal UAI. Jornal Estado de Minas*. 31 mar. 2012. Disponível em: <http://www.em.com.br/app/noticia/gerais/2012/03/31/interna_gerais,286516/numero-de-estrangeiros-impedidos-de-entrar-em-

bh-por-confins-sobe-mais-de-100.shtml>. Acesso em: 10 nov. 2012.

Perrenoud, Philippe. *Formar professores em contextos sociais em mudança*: Prática reflexiva e participação crítica. In: Revista Brasileira de Educação. n.12. Set/Out/Nov/Dez, 1999. Disponível em: <http://educa.fcc.org.br/pdf/rbedu/n12/n12a02.pdf>. Acesso em: 22 jun. 2012.

Portal Brasil. Disponível em: <http://www.brasil.gov.br/sobre/o-brasil/estado-brasileiro>. Acesso em: 09 nov. 2012.

Santos, Percilia; Alvarez, Maria Luisa Ortiz. (Orgs.). *Língua e Cultura no Contexto de Português Língua Estrangeira*. Campinas: Ed. Pontes, 2010.

UOL Notícias. Em um ano, número de estrangeiros que vêm trabalhar no Brasil cresce 25%, afirma OIT. Brasília, 17 jul. 2012. Disponível em: <http://noticias.uol.com.br/cotidiano/ultimas-noticias/2012/07/19/em-um-ano-numero-de-estrangeiros-que-vem-trabalhar-no-brasil-cresce-25-afirma-oit.htm>. Acesso em: 10 nov. 2012.

Revista Veja online. Brasil salta para 5º lugar em investimento estrangeiro direto. Disponível em: <http://veja.abril.com.br/noticia/economia/brasil-salta-para-5o-lugar-em-investimento-estrangeiro-direto>. Acesso em: 16 nov. 2012.

7.2 Ações e reflexões no ensino de Português como Língua Estrangeira no interior do Estado de São Paulo: focalizando a cultura

Nildicéia Aparecida Rocha
Heloísa Bacchi Zanchetta

O ensino e aprendizagem de português como língua estrangeira têm ganhado um espaço cada vez maior com a globalização e o crescente intercâmbio de pessoas no Brasil. De acordo com Zoppi Fontana (2009), o Brasil tornou-se, nos últimos anos um país em desenvolvimento, muito atrativo para turistas e governos internacionais. Dessa maneira, razões políticas e mercadológicas projetaram o português do Brasil para o espaço internacional, redefinindo nossa língua como "língua de comunicação internacional" (22), que passou a ser mais valorizada e divulgada, aumentando o interesse de pessoas de outras nacionalidades por aprendê-la.

Visando atender ao crescente número de intercambistas, advindos de muitas universidades estrangeiras para a Universidade Estadual Paulista "Júlio de Mesquita Filho" - UNESP – campus de Araraquara, foi desenvolvido o Projeto de Extensão intitulado "Ensino de Português como Língua Estrangeira (PLE) para estrangeiros", coordenado pela Profa. Dra. Nildicéia Aparecida Rocha, junto à Pró-Reitoria de Extensão Universitária - PROEX. Esse projeto de extensão oferece aulas presenciais para os estrangeiros que frequentam as unidades da UNESP de Araraquara – Faculdade de Ciências e Letras, Faculdade de Ciências Farmacêuticas, Faculdade de Odontologia, Instituto de Química e Pós-Graduações das quatro unidades – promovendo a aprendizagem de PLE e desenvolvendo nos aprendizes a competência linguístico-discursiva e acadêmica necessárias para conviver no Brasil, em especial, no estado de São Paulo.

Nesse sentido, o presente texto tem o objetivo de apresentar as ações e reflexões teórico-metodológicas no ensino de PLE a estrangeiros intercambistas que o grupo envolvido no referido projeto tem desenvolvido na UNESP de Araraquara, como perspectiva de desenvolvimento do processo de internacionalização das universidades e da sociedade brasileiras na atualidade.

A inserção das aulas de PLE na UNESP: o Projeto de Extensão

O projeto de extensão "Ensino de Português como Língua Estrangeira (PLE) para estrangeiros" propõe-se a promover cursos de PLE a alunos intercambistas estrangeiros, contando com os seguintes objetivos gerais:

a) propiciar espaços de aprendizagem de PLE na Faculdade de Ciências e Letras – FCLAr/UNESP a intercambistas advindos de universidades estrangeiras parceiras da UNESP;
b) acompanhar o processo de ensino e aprendizagem de PLE durante o desenvolvimento do projeto, realizado pelos bolsistas e voluntários, orientando-os e supervisionando seus percursos docentes;
c) realizar reuniões semanais com os bolsistas e voluntários a fim de discutir textos teóricos, planejar aulas e refletir sobre o processo de ensino e aprendizagem desenvolvido, elaborando conjuntamente com a coordenadora relatórios parcial e final;
d) promover debates on-line (*Moodle* e *Facebook*), entre os intercambistas e os participantes do projeto, assim como entre coordenadora, bolsistas e voluntários;

Por sua vez, os objetivos específicos do projeto competem em:
a) desenvolver e praticar as habilidades de compreensão e produção discursivo comunicativas em nível básico e intermediário-básico, equivalentes ao Quadro Europeu Comum de Referência para Línguas aos níveis A1, A2 e B1, B2;
b) (re)conhecer as estruturas linguístico-discursivas de uso e funcionamento de PLE;
c) (re)conhecer a diversidade histórico-cultural do mundo lusófono por meio da expressão de vários gêneros discursivos, dentre eles a música brasileira representativa de cada região do Brasil;
d) produzir textos escritos e orais em língua portuguesa falada no Brasil, especificamente, textos de nível acadêmico quando necessários;
e) desenvolver uma atitude de reflexão e autonomia frente à diversidade cultural e intercultural que se poderá observar em cada grupo de alunos, na relação da língua estrangeira com a língua portuguesa falada no Brasil.

Em suma, o projeto pretende, por meio da prática de PLE, propiciar aos estrangeiros, estratégias linguístico-discursivas e culturais, promovendo maior extensão interna ao campus da UNESP, assim como efetiva participação dos intercambistas comunicativamente, tanto no nível das aulas da graduação como da pós-graduação e com a comunidade acadêmica em geral. Destaca-se também o intuito de inseri-los no meio citadino, regional e brasileiro, favorecendo a dinâmica e a relação dos estrangeiros na realidade nacional com o povo brasileiro. Numa perspectiva externa e internacional, preocupa-se com a institucionalização do português do Brasil como língua internacional, dando maior visibilidade e representatividade das ações da UNESP referentes ao ensino de PLE.

Metodologicamente, os alunos estrangeiros são divididos em turmas de acordo com o nível de conhecimento da língua portuguesa, avaliado por meio de um diagnóstico inicial, e também de acordo com a proximidade entre suas línguas maternas e a língua portuguesa, por exemplo, falantes de inglês, alemão, polonês ficam em uma turma, enquanto falantes de espanhol ficam em outra. Cada turma possui até dez aprendizes e as aulas acontecem duas vezes por semana, com duração de aproximadamente duas horas cada aula, sendo ministradas por bolsistas orientados pela coordenadora do projeto. Também são realizadas entrevistas com cada intercambista, a fim de conhecer o nível de conhecimento de língua portuguesa oral, assim como a disponibilidade de horários de cada um para remanejá-los nas turmas. Além disso, no primeiro dia de aulas, verifica-se os interesses e necessidades de aprendizagem de cada turma formada, os quais servem de orientação quanto aos conteúdos a serem trabalhados. As aulas acontecem em salas de aulas regulares da Faculdade de Ciências e Letras – FCLAr/UNESP, campus de Araraquara.

Vale ressaltar que, inicialmente, a proposta do projeto de extensão previa três bolsistas que pudessem ministrar aulas de PLE para os seguintes grupos: falantes nativos de língua inglesa, alemã e outras línguas desde que fosse possível utilizar a língua inglesa como língua comum; nativos hispano-falantes, uma vez que a proximidade entre o português e o espanhol pressupõe um tratamento de ensino e aprendizagem específico; falantes de Português como segunda língua – PL2, caso dos africanos, considerando que a variedade de língua portuguesa destes é uma variedade outra que não a veiculada no Brasil. Mas nos últimos três anos o projeto tem trabalhado com 6 a 10 bolsistas e voluntários, dado o significativo interesse dos alunos do curso de Letras em se aperfeiçoar nesta área de ensino e também ao crescente número de intercambistas presente na universidade.

Com relação ao plano de curso de PLE organizado, contemplamos as necessidades e interesses de cada grupo. Em geral, pressupõe-se o desenvolvimento do seguinte conteúdo programático:

1. Noções gramático-textuais: pronúncia dos sons da língua portuguesa do Brasil, assim como das regiões brasileiras, destacando a língua enquanto seu uso; formas e valores de artigos, substantivos, adjetivos, pronomes pessoais, demonstrativos, numerais, advérbios, conjugação verbal regular e formas irregulares do indicativo, subjuntivo, imperativo, gerúndio, particípio e infinitivo; introdução das formas de mecanismo de coesão e coerência descritiva, narrativa e argumentativa, etc.;
2. Práticas linguístico-discursivas: expressão e compreensão de marcas de pessoa, espaço e tempo; expressões de gostos e opiniões; formas ligadas à cortesia; produção oral e escrita de textos; aquisição de vocabulário, etc;

3. Noções histórico-regionais: focalização das cinco regiões do Brasil por meio, textos, poemas, fotos, músicas, expressões que representam a história e a cultura de cada região brasileira;
4. Aspectos culturais e interculturais que representam o Brasil, tanto internamente como frente aos países estrangeiros.

Neste recorte, considera-se que estudar uma língua estrangeira não é só instruir-se de estruturas gramaticais, lexicais e sintáticas, é também encontrar-se com uma realidade diferente da que vivemos, é compreender, portanto, essa realidade e todo conjunto de normas que regulam a interação social do país cuja língua estudamos. Por isso, o conhecimento do componente cultural é de suma importância quando se deseja aprender um novo idioma, já que a cultura de determinado povo acompanha a sua linguagem.

O ensino de PLE com foco (inter)cultural

A proposta de ensino de PLE do vigente projeto de extensão mantem como foco das aulas o componente cultural brasileiro, com efeito, os princípios e metodologias utilizados para a elaboração das aulas decorrem do embasamento nos aspectos culturais brasileiros, a fim de integrar os estudantes estrangeiros em nosso meio sociocultural, bem como abrir espaço para um momento intercultural.

O termo cultura assumiu diversos conceitos ao longo dos anos desde sua origem até os dias de hoje e é classificado em diferentes vertentes de estudos. Segundo o *Dicionário Houaiss da Língua Portuguesa* (2001: 888), a palavra teve seus primeiros registros datados do século XV e originou-se do latim *cultura* a partir dos vocábulos *cŏlo, is, ŭi, cultum, ĕre*, que significam cultivar, habitar, cultuar, cuidar, tratar bem e prosperar algo. Essa palavra era originalmente usada para designar o cuidado com a terra, a agricultura, adquirindo outros significados com o passar do tempo.

De acordo com o sociólogo John B. Thompson (1990: 165-180), os diferentes sentidos do conceito de cultura estão atrelados à história e à vida social das civilizações, sendo que o sentido assumido por esse termo atualmente é produto de sua história. O autor explica que na concepção clássica, a palavra cultura teve seu sentido aliado ao latim *cultura*, designando o cultivo de uma propriedade ou o cuidado com algo. A partir do século XVI, esse significado se expandiu do cultivo da terra para o cultivo da mente e do desenvolvimento humano. Já no início do século XIX, o vocábulo aparece relacionado ao conceito de civilização, assumindo uma vertente etnográfica. A palavra se destaca por descrever um processo progressivo de desenvolvimento humano, tomando como base o espírito Iluminista europeu, um movimento descrito como "culto" ou "civilizado". Desde então, o termo cultura passou a ser utilizado para descrever qualidades físicas e intelectuais das faculdades humanas.

Posteriormente com a antropologia, acrescentou-se ao conceito de cultura a elucidação de costumes, práticas e crenças de uma sociedade. O termo se ampliou e passou a caracterizar sociedades à nível de hábitos, costumes, tradições, arte e formas de conhecimento que são adquiridos e transmitidos por membros de uma sociedade.

Todas as definições estão intimamente relacionadas, já que a concepção de cultura evoca tudo aquilo que caracteriza um povo ou um grupo social, é uma maneira de vida, constitui-se de conhecimentos, crenças, costumes, hábitos, tradições, vestuário, alimentação, lazer, leis, valores intelectuais, morais, espirituais, padrões sociais, tendência de atitudes, linguagens, música, literatura, arte, folclore, cinema e tudo mais que esteja arraigado em um grupo social, que seja difundido através do tempo e que possa caracterizar as sociedades umas das outras. É sob a luz dessas concepções que nos referimos à palavra cultura em nosso trabalho.

No âmbito desse projeto, elegemos a definição que melhor se adapta aos nossos objetivos, desenvolvida pelo antropólogo britânico Edward Burnett Tylor:

> *Cultura* e *civilização*, tomadas em seu sentido etnológico mais vasto, são um conjunto complexo que inclui o conhecimento, as crenças, a arte, a moral, o direito, os costumes e as outras capacidades ou hábitos adquiridos pelo homem enquanto membro da sociedade. (Tylor, 1871, *apud* Cuche, 1999: 21)

Por outro lado, Claire Kramsch (1998: 3) defende que há uma relação estreita entre língua e cultura, pois *a linguagem expressa, incorpora e simboliza a realidade cultural*. Primeiro, quando utilizamos a linguagem para nos referir a experiências comuns, consequentemente expressamos fatos, ideias e eventos que se referem a uma porção de conhecimento de mundo; as palavras refletem crenças, atitudes e pontos de vista de quem está falando, por isso a linguagem expressa a realidade cultural. Em segundo lugar, um grupo social não só expõe suas experiências, mas também as cria em função da linguagem. O modo como as pessoas utilizam a linguagem, podendo esta ser falada, escrita ou visualizada, compõe significados que se tornam particulares daqueles grupos, por exemplo, gestos, tom de voz, estilo, sotaques, expressões faciais; desse modo, a linguagem incorpora a realidade cultural. Por fim, os falantes de uma língua identificam-se entre si pelo uso da língua, é como se sua linguagem fosse um símbolo de sua identidade social, a língua é um sistema de signos que possui um valor cultural; nesta linha de raciocínio, a linguagem simboliza a realidade cultural. (Kramsch, 1998: 3).

Uma vez que a cultura consiste numa dimensão histórico-social na identidade de um grupo, a aprendizagem de uma língua também depende desse componente cultural, já que a aprendizagem de uma língua envolve o conhecimento de um novo universo, um novo contexto para que o aluno possa lidar com situações de realidade.

Tendo em vista que a cultura é inerente à linguagem, a metodologia escolhida pelo curso de PLE, desenvolvido na UNESP de Araraquara, inclui aspectos culturais brasileiros, a fim da inserção dos alunos intercambistas em nosso meio acadêmico, citadino, regional e brasileiro, possibilitando acesso às informações sobre o modo de vida, os valores e tradições, práticas cotidianas, história e literatura dos falantes nativos de português. Contudo, não se exclui o ensino de tópicos gramaticais e sintáticos, necessários à expressão escrita e oral.

Para abordar o componente cultural, durante o curso, utilizou-se cenas de filmes, fotos de monumentos, pinturas, imagens e receitas de comidas típicas, vídeos, músicas, notícias jornalísticas, pequenos textos, poemas e matérias televisivas, a partir de uma perspectiva teórica dos gêneros textuais. Na aprendizagem de PLE, tudo isso estimula o interesse do aluno pela língua e amplia seu conhecimento pelo Brasil e pela forma como vive o povo brasileiro.

Associado ao conhecimento do componente cultural está o conceito de interculturalidade, uma vez que a aprendizagem de uma língua estrangeira não se limita ao conhecimento da língua em si, oferecendo também a oportunidade de troca comunicativa de informações culturais entre os estrangeiros e os brasileiros. Para tal, concordamos com Walesko (2006: 35) no sentido em que:

Desenvolver competência comunicativa intercultural significa muito mais do que ser comunicativamente competente na língua alvo: significa integrar língua e cultura, de modo que o aluno adquira, além de habilidades linguísticas que possibilitem sua comunicação com a cultura-alvo ou com diferentes culturas, a capacidade de relacionar sua cultura nacional com esta(s) outra(s) cultura(s).

Pensando na relevância desses fundamentos, descrevemos nos próximos itens algumas reflexões sobre o ensino de PLE, sob a perspectiva de um ensino comunicativo pautado no foco cultural e intercultural.

Refletindo sobre a prática docente

A reflexão a seguir é decorrente de atividades docentes junto ao projeto de extensão referente ao ensino de PLE, oferecido para estrangeiros na UNESP de Araraquara, durante o segundo semestre de 2012.

Nesse contexto, a turma em foco foi composta por alunos de diferentes etnias, oriundos da Alemanha, Eslovênia e Áustria, estudantes de Ciências Humanas, Exatas e Biológicas, os quais totalizaram seis alunos, com idades entre 21 e 24 anos. Como se pode perceber houve uma diversidade de culturas, já que a turma foi composta por estudantes de diferentes países e apesar de alguns compartilharem a mesma cultura nacional, eles diferiam entre culturas regionais dentro do mesmo país.

Os alunos não tinham nenhum conhecimento prévio da língua portuguesa, o que compôs o nível Elementar desse curso. Não obstante, eles demonstraram-se extremamente interessados e dispostos a aprender a língua portuguesa. A maioria estava interessada especificamente em um melhor convívio no Brasil e entendimento das pessoas, outros tinham o objetivo de viajar e conhecer o país, e apenas um tinha o intuito de conhecer a língua para fins acadêmicos.

A participação e o interesse dos alunos foram constantes durante todo o curso, sendo que todos faziam as tarefas solicitadas e as atividades em sala de aula, sempre anunciavam suas dúvidas e, algumas vezes, traziam para a classe algo com que se deparavam no dia-a-dia. Essas atitudes foram fundamentais para o bom relacionamento entre professor e alunos e para o bom andamento das aulas.

Os planos de aulas foram elaborados contemplando os interesses e necessidades do grupo, elencadas anteriormente por meio de um guia de interesse, respondido no primeiro dia de aula. Nesse guia, composto por algumas questões, os alunos expuseram seus interesses, suas maiores dificuldades, e o tipo de material complementar que eles gostariam que fossem utilizados em sala de aula, como filmes e músicas.

As aulas, inicialmente, foram ministradas em inglês, já que os alunos não compreendiam quase nada em português e o inglês era uma língua comum para todos. Posteriormente, à medida que eles foram aprendendo a língua portuguesa, as aulas passaram por uma fase de interface entre as duas línguas[98], inglês e português. No final, houve momentos em que foi possível ministrar as aulas quase completamente em português.

Por se tratar de um curso de PLE de nível Elementar, linguisticamente, foram abordados tópicos muito básicos, como noções fonéticas, alfabeto, acentuação, saudações, pronomes pessoais, verbos regulares e irregulares, dias da semana, meses do ano, estações, numerais, países e nacionalidades, pronomes interrogativos, pronomes adjetivos e demonstrativos, cores, preposições, horas, comparativos e superlativos, pronomes oblíquos, tempos e modos verbais. Junto aos tópicos estruturais da língua, foram abordados aspectos relacionados à diversidade cultural brasileira, como arte, história, literatura, música, culinária, relacionamentos, vestuários, arquitetura e outros, os quais constituem a identidade do povo brasileiro.

Devido ao crescente interesse na língua e a intensa participação e colaboração dos alunos, o progresso dos mesmos foi relativamente rápido, e ao final do curso, a maioria já conseguia desenvolver uma conversa perfeitamente compreensível em português.

---

[98] Fase de transição entre as línguas, em que se observou um maior empenho comunicativo dos aprendizes em falar português, provavelmente sucedida pelo intermédio da professora, que passou a empregar o vocabulário e conteúdo já aprendido para encorajar os alunos a falarem e utilizarem o que já tinham visto.

O curso totalizou trinta e nove horas, contemplando o período em que os estudantes estiveram no Brasil. As aulas foram realizadas em uma sala de aula regular na FCL-UNESP, Araraquara, dois dias por semana com duração de uma hora e trinta minutos. A estrutura da sala de aula permitiu o emprego de recursos digitais, como *data show* para a visualização de *slides* e vídeos, assim como o computador com acesso a internet e áudio (CD e DVD) permitiu exercícios auditivos e musicais, também foram utilizados recursos comuns, como lousa e pincel. Valendo-se disso, o ambiente constituiu um lugar adequado e satisfatório para as aulas.

À guisa de exemplo e com o intuito de contribuir para uma área de conhecimento emergente no Brasil e no mundo e de grande relevância acadêmica, detalhamos a seguir a prática de uma aula ministrada no referido curso.

O processo de ensinar (inter)culturamente

A aula descrita a seguir é uma proposta de como trabalhar o componente cultural brasileiro junto a um conteúdo gramatical da língua portuguesa.

O plano de curso foi orientado pela coordenadora do projeto de extensão, por meio de reuniões previstas com o grupo de bolsistas e voluntários participantes do projeto. Levando-se em conta a heterogeneidade sociocultural e linguística dos alunos, a direção indicada para a elaboração do plano das aulas integra eixos temáticos interculturais, ou seja, as diferenças culturais de cada aluno podem ser incluídas nas atividades metodológicas, compondo um espaço multicultural[99].

Para fundamentar as aulas contemplou-se a metodologia de abordagem comunicativa, baseada nas reflexões de Almeida Filho (1993), em que o autor caracteriza os métodos comunicativos como aqueles que desenvolvem atividades que façam sentido para o aluno e desperte seu interesse real, priorizando a comunicação na língua-alvo através da interação social entre os mesmos. Junto àquela, foi empregado o conceito de competência intercultural de Volkmann *et al.* (*apud* Rozenfeld; Viana, 2013), definido como a capacidade do aprendiz de conhecer e reconhecer as diferenças existentes entre a sua própria cultura e a cultura-alvo, para isso é necessário que ocorra comparações entre as culturas, a fim de possibilitar reflexões sobre valores de mundo.

Em conjunto com as perspectivas teórico-metodológicas apresentadas anteriormente, o material didático utilizado nos planos de aulas apoia-se nos seguintes livros didáticos de PLE: *Bem-Vindo!* (2004), *Muito Prazer* (2008) e *Aprendendo Português do Brasil* (2001). Os conteúdos dos livros foram adaptados de acordo com o planejamento das aulas e com o processo de

---

[99] Utilizamos o termo *multicultural* para descrever a coexistência de mais de uma cultura, priorizando a compreensão e a tolerância entre elas.

aprendizagem dos alunos. As aulas foram elaboradas a partir desses materiais e a esses foram articulados vídeos, músicas, poemas e fotos, referentes à cultura brasileira.

Os planos de aulas foram desenvolvidos a partir das reflexões e do modelo proposto por Rozenfeld e Viana (2006). Visto que o trabalho dos autores é direcionado para o ensino de Língua Estrangeira (LE) e sob a perspectiva de que a língua portuguesa está inserida no contexto de ensino e aprendizagem de língua estrangeira, sendo ensinada como uma língua estrangeira, utilizamos as reflexões dos autores a fim de garantir um ensino de PLE diferentemente do português comumente ensinado para alunos brasileiros de língua materna. De acordo com Rozenfeld e Viana (2006), uma aula é composta por oito fases, as quais têm a função de estruturar o conteúdo a ser trabalhado. Essas fases são:

- Introdução: neste instante é construído um clima de confiança entre aluno e professor, assim como é feito um aquecimento para despertar o interesse dos alunos e motivá-los para a aula.
- Preparação para o insumo: nesta fase verificamos o conhecimento prévio dos alunos e despertamos sua curiosidade para o tema que será desenvolvido.
- Apresentação: é exposto didaticamente o conteúdo estabelecido.
- Compreensão: o professor testa a compreensão dos alunos por meio de exercícios ou atividades dirigidas.
- Fixação: momento de propor exercícios e atividades a fim de fixar o conteúdo apresentado.
- Transferência: nesta fase os alunos vão aplicar o conhecimento que foi adquirido em situações semidirigidas.
- Uso livre: etapa em que os alunos utilizam o conhecimento adquirido em uma situação de comunicação próxima da realidade.
- Fechamento: é feito um retrospecto do que foi visto durante a aula, propondo trabalhos individuais e determinando a lição de casa.

Com base nessas fases foi esquematizado o seguinte plano de aula:

Fases da aula	Conteúdos e metodologia (procedimentos, estratégias, atividades)	Organização	Recursos didáticos	Duração
1. Introdução	Perguntas aos alunos sobre como estão e o que comeram de almoço.	Em grupo	Oral	5 min.
2. Preparação do insumo	Demonstração de algumas fotos de pratos típicos brasileiros, perguntar aos alunos se eles conhecem ou se já experimentaram algum prato representado nas fotos. Perguntar quais os tipos de comidas que eles mais gostam em seus países de origem e no Brasil.	Expositiva-dialogada	Slides/Oral	10 min.
3. Apresentação	Leitura e explicação de um texto sobre os hábitos e a culinária brasileira. A partir do texto, pede-se que os alunos reconheçam os tempos verbais utilizados. Introdução aos verbos no tempo Futuro Simples e Futuro com o verbo *ir*.	Expositiva-dialogada	Slides/Oral	20 min.
4. Compreensão	Aplicação de atividades sobre textos escritos de interpretação de texto e conjugação verbal.	Individual	Texto escrito	10 min.
5. Fixação	Correção das atividades realizadas com ajuda dos alunos, verificando erros e acertos, esclarecendo dúvidas.	Em grupo	Texto e atividade escritos/ Oral/ Lousa	10 min.
6. Transferência	Atividade auditiva: duas pessoas conversam num restaurante, fazem pedidos ao garçom. Os alunos empregam novo tempo verbal no corpo do diálogo e identificam o tipo de restaurante e comida a ser pedida. Usos de expressões como: "estou morrendo de fome", "estou com vontade de tomar sorvete", "eu já vou comer...", "eu pedirei...".	Expositiva-dialogada e individual	Texto escrito/ Áudio/ Lousa	10 min.
7. Uso livre	A sala é dividida em 3 grupos, cada grupo recebe um cartão com a foto de um tipo de restaurante (churrascaria, pizzaria, lanchonete), a partir disso, os alunos dramatizam um diálogo como se estivessem dentro do restaurante solicitado, fazendo uso dos verbos no futuro em seus pedidos.	Em grupo	Oral	15 min.
8. Fechamento	Pedido e explicação sobre a tarefa de casa, relacionada à aula.	Expositiva	Oral/ Atividade escrita	5 min.

O conteúdo dessa aula foi todo conduzido pelo tema cultural da culinária brasileira. Os objetivos estabelecidos dividem-se entre comunicativos e linguísticos, os primeiros se distinguem pelo fato de os alunos serem capazes de conversar sobre comidas típicas brasileiras e de seus países[100], além de aprenderem como fazer pedidos em um restaurante; e os segundos, consideram uma preocupação com a semântica e a sintaxe da língua[101], permitindo aos alunos reconhecerem os verbos no tempo futuro, assim como entenderem o uso de algumas expressões como "estou morrendo de fome" e "estou com vontade de (...)".

Como podemos observar no esquema anterior, na primeira fase, para estabelecer um clima de confiança e diminuir o filtro afetivo[102], a professora pergunta aos alunos como eles estão, como passaram o final de semana e introduz o tema da aula ao perguntar o que eles comeram no almoço daquele dia. Os alunos respondem animados, descrevem suas refeições e as sensações em relação às comidas.

Na segunda fase, a professora verifica o conhecimento prévio dos alunos por meio de uma atividade visual, em que são projetadas em forma de slides algumas fotos de comidas e bebidas típicas brasileiras (como feijoada, churrasco, tapioca, caipirinha, chimarrão, pamonha etc), ela pede para que os alunos digam se já experimentaram algum daqueles pratos, se gostaram ou não e por que. Ela também solicita que eles comparem um prato típico brasileiro que eles gostem com um prato típico de seu país de origem, explicando como essa comida é feita e em que ocasiões ela é apreciada. Essa é uma etapa muito importante da aula, já que é o momento em que os alunos trocam informações interculturais, eles integram língua e cultura, desenvolvendo a competência comunicativa intercultural, isto é, eles relacionam sua cultura nacional com a cultura brasileira por meio da comunicação numa atividade que faz sentido ao grupo, à medida que leva em consideração a opinião dos alunos.

Após contextualizar a aula, na terceira fase é apresentado um texto, retirado da internet e adaptado pela professora para a classe, sobre a culinária e os hábitos alimentares brasileiros. O texto recupera tempos verbais estudados

---

[100] Momento em que ocorre o encontro intercultural, visto que os alunos trocam informações sobre seus próprios países e relacionam essas informações com a cultura brasileira, reconhecendo semelhanças e/ou diferenças, o que proporciona uma reflexão a respeito dos costumes e comportamentos.

[101] É o estágio em que os alunos, conduzidos pelo insumo e por todo vocabulário prévio, irão trabalhar a estrutura e o uso da língua, ambos reunidos posteriormente na comunicação, junto aos fatores socioculturais.

[102] Krashen (*apud* CARIONI, 1988) advoga que a hipótese do filtro afetivo é um determinante importante no processo de aquisição de uma segunda língua, já que inclui estados emocionais, atitudes, necessidades, empatia e motivação dos alunos. Desse modo, os alunos que se sentem mais confiantes e menos ansiosos são mais bem sucedidos no processo de aprendizagem de uma língua.

anteriormente, assim como introduz o tempo Futuro, objeto novo de estudo. Desse modo, a professora conversa com os alunos sobre o texto para certificar-se de que eles entenderam e, mais uma vez, eles têm a oportunidade de relacionarem sua cultura congênita com a cultura brasileira. Posteriormente, a professora pede que os alunos reconheçam os diferentes tempos verbais expostos no texto e demonstra como se constitui o tempo Futuro Simples no português em sua forma e uso.

Com o conteúdo didaticamente demonstrado, a professora distribui uma folha com algumas atividades escritas de interpretação de texto e conjugação verbal para serem feitos individualmente, o que constitui a quarta fase da aula. Na quinta fase, ocorre a correção oral dos exercícios em conjunto com os alunos, é o momento em que a professora verifica erros e acertos, bem como esclarece dúvidas em relação aos verbos, quando isso ocorre, a professora as esclarece na lousa, assegurando que o conteúdo seja internalizado pelos alunos.

A sexta fase compõe-se de uma atividade auditiva e escrita, na qual os alunos ouvem duas vezes um diálogo entre duas pessoas em um restaurante. Há espaços no corpo do diálogo a serem completados por novos verbos, além disso, os alunos devem presumir em que tipo de restaurante as pessoas se encontram. Nesta atividade, inclui-se algumas expressões comuns do português como: *estou morrendo de fome!* e *estou com vontade de (...)*.

Na penúltima fase, é feito um exercício comunicativo que simula a realidade. A professora divide a classe em três grupos e distribui a cada grupo um cartão com uma foto de um tipo de restaurante brasileiro: churrascaria, pizzaria e lanchonete. Os alunos devem representar um diálogo no restaurante solicitado, fazendo pedidos e utilizando o tempo futuro: *eu vou querer....*, perguntando preços e conversando entre eles. Essa atividade é o momento em que a professora avalia se os alunos conseguem utilizar o conhecimento adquirido durante a aula numa situação próxima da realidade.

Na última fase, a professora explica como será feita a lição de casa, faz a chamada e entrega a cada aluno um brigadeiro, doce típico brasileiro, para eles experimentarem e dizerem o que sentiram. Todos concordam que a guloseima é muito saborosa, apesar de alguns julgarem-na muito doce. Constata-se, portanto, diferenças culturais referentes a gostos culinários.

Ressaltamos, por fim, que essa aula constitui-se como um exemplo de como articular temas culturais brasileiros com enfoque intercultural ao ensino de PLE, de uma maneira interessante e contextualizada para abordar também tópicos gramaticais e expressões da língua portuguesa.

Considerações finais

No período em que ocorreu essa aula, organizamos junto aos alunos e participantes do projeto um evento que reuniu todos os envolvidos no ensino de PLE, inclusive os alunos estrangeiros. O evento foi intitulado *I Encontro*

Intercultural Brasil-Mundo, no qual pôde-se intercambiar músicas e danças, comidas e bebidas, falares e línguas diversas no espaço cultural da UNESP de Araraquara, a Chácara Sapucaia, patrimônio da universidade, a qual serviu de cenário para que Mário de Andrade escrevesse seu memorável romance *Macunaíma*. Lugar propício para uma reunião intercultural, onde os alunos puderam compartilhar suas culturas próprias, conhecer uns aos outros e vivenciar a cultura brasileira. Outro aspecto importante desse encontro foi a oportunidade de empregar os conhecimentos apreendidos em sala de aula e fazer uso da língua portuguesa numa situação real.

Considerando que os intercambistas, geralmente, enfrentam dificuldades comunicativas desde o momento que se apresentam em território brasileiro, na faculdade, com seus professores em sala de aula, no relacionamento com o povo brasileiro, o projeto visou não só ensinar a língua portuguesa, mas também auxiliá-los e inseri-los em nosso meio sociocultural, proporcionando-lhes uma maior perspectiva interacional.

Observa-se ainda que, uma vez que os intercambistas estrangeiros tornem-se capazes de se comunicarem com maior fluidez, desenvoltura e adequação linguístico-pragmática discursiva e cultural, o impacto externo deste projeto será visível, tendo em vista a maior inserção destes alunos estrangeiros na comunidade tanto dentro como fora da universidade, e principalmente ao voltarem para suas universidades estrangeiras de origem.

Em relação à formação de professores de PLE, o projeto configura-se como uma oportunidade para os alunos do curso de Letras da universidade se profissionalizarem nessa área, já que não há uma disciplina específica para ensino e aprendizagem de PLE na grade curricular do curso.

No que concerne ao papel inerente da pesquisa, é importante destacar que a professora coordenadora deste projeto orienta, no momento, um aluno no desenvolvimento de projeto de Iniciação Científica, duas monografias de conclusão de curso e um projeto de mestrado sobre o ensino e aprendizagem de PLE, cada um sob uma perspectiva teórica específica. Portanto, a partir de estudos como esse, é possível fazer contribuições valiosas para a área de ensino e aprendizagem de PLE, produzindo materiais didáticos, desenvolvendo métodos e abordagens para o ensino, ou mesmo fomentando reflexões acerca do desenvolvimento não só linguístico e cultural do aprendiz, mas também acerca de sua formação como indivíduo.

Concluímos, a partir das reflexões realizadas, que o ensino de PLE é de extrema importância e necessidade na formação de professores de língua portuguesa na universidade, uma vez que a demanda emergente de estudantes de intercâmbio no Brasil representa o interesse estrangeiro por nosso país, por nossa língua e também por nossa cultura.

Referências

Almeida Filho, J. C. P. *Dimensões Comunicativas no Ensino de Línguas*. Campinas: Pontes, 1993.

---. *Parâmetros atuais para o ensino de Português Língua Estrangeira*. Campinas: Pontes, 1997.

---. *O professor de Língua Estrangeira em formação*. Campinas, Pontes, 1999.

---. *Projetos iniciais em português para falantes de outras línguas*. Campinas: Pontes, 2007.

Carioni, L. "Teoria de Krashen", In: Bohn, H. I.; Vandresen, P. (orgs.) *Tópicos de linguística aplicada: ensino de línguas estrangeiras*. Florianópolis: Editora da UFSC, 1988, p. 50-74.

Cuche, D. *A Noção de Cultura nas Ciências Sociais*. Bauru: Edusc, 1999.

Fernandes, G. R. R.; Ferreira, T. de L. S. B.; Ramos, V. L. *Muito Prazer: fale o português do Brasil*. Barueri, SP: Disal, 2008.

Kramsch, C. *Language and Culture*. Oxford: Oxford University Press, 1998.

Laroca, M. N. de C.; Bara, N.; Cunha, S. M. da. *Aprendendo Português do Brasil*. São Paulo: Pontes, 2001.

Ponce, M. H. de.; Burim, S. A.; Florissi, S. *Bem-Vindo! A língua portuguesa no mundo da comunicação*. São Paulo: SBS, 2004.

Rotzenfeld, C. C. de F.; Viana, N. Planejamento de aula: uma reflexão sobre o papel do livro didático e as fases da aula. In: II Colóquio de Estudos Germânicos 'Mito e Magia', 2006, Araraquara.

---. O desestranhamento em relação ao alemão na aprendizagem do idioma: um processo de aproximação ao "outro" sob a perspectiva da competência intercultural. Disponível em: <http://www.scielo.br/scielo.php?pid=S1982-88372011000100014&script=sci_arttext>. Acesso em 10 de jun. 2013.

Thompson, J. B. *Ideologia e Cultura Moderna*. Rio de Janeiro: Editora Vozes, 1990.

Walesko, A. M. H. *A interculturalidade no ensino comunicativo de língua estrangeira: um estudo em sala de aula com leitura em inglês*. Dissertação (Mestrado em Estudos Linguísticos), 2006. Setor de Ciências Humanas, Letras e Artes, Universidade Federal do Paraná, Curitiba.

Zoppi Fontana, M. G. *O Português do Brasil como Língua Transnacional*. Campinas: Editora RG, 2009.

BOAVISTA PRESS
Roosevelt, NJ
www.boavistapress.org

www.ingramcontent.com/pod-product-compliance
Lightning Source LLC
Chambersburg PA
CBHW071233160426
43196CB00009B/1037